4th Edition

파고다 토익 LC

고득점 완성

초　판 1쇄 발행 2016년 5월 2일
개정 2판 1쇄 발행 2016년 12월 26일
개정 3판 1쇄 발행 2019년 1월 5일
개정 4판 1쇄 인쇄 2023년 12월 4일
개정 4판 1쇄 발행 2023년 12월 11일

지 은 이 | 파고다교육그룹 언어교육연구소, 켈리 정
펴 낸 이 | 박경실
펴 낸 곳 | **PAGODA Books** 파고다북스
출판등록 | 2005년 5월 27일 제 300-2005-90호
주　　소 | 06614 서울특별시 서초구 강남대로 419, 19층(서초동, 파고다타워)
전　　화 | (02) 6940-4070
팩　　스 | (02) 536-0660
홈페이지 | www.pagodabook.com

ISBN 978-89-6281-908-3 (13740)

파고다북스 www.pagodabook.com
파고다 어학원 www.pagoda21.com
파고다 인강 www.pagodastar.com
테스트 클리닉 www.testclinic.com

| 낙장 및 파본은 구매처에서 교환해 드립니다.

파고다 토익 LC

4th Edition

파고다교육그룹 언어교육연구소, 켈리 정 | 저

고득점 완성

PAGODA Books

파고다 토익 프로그램

독학자를 위한 다양하고 풍부한 학습 자료

각종 학습 자료가 쏟아지는

파고다 토익 공식 온라인 카페

http://cafe.naver.com/pagodatoeicbooks

- 교재 Q&A
- 교재 학습 자료
  - 온라인 모의고사 2회분
  - 받아쓰기 훈련 자료
  - 단어 암기장
  - 단어 시험지
  - MP3 기본 버전
  - 추가 연습 문제 등 각종 추가 자료
- 나의 학습 코칭
- 정기 토익 분석 자료
- 기출 분석 자료
- 예상 적중 특강
- 논란 종결 총평

파고다 토익 기본 완성 LC/RC

토익 기초 입문서

토익 초보 학습자들이 단기간에 쉽게 접근할 수 있도록 토익의 필수 개념을 집약한 입문서

파고다 토익 실력 완성 LC/RC

토익 개념&실전 종합서

토익의 기본 개념을 확실히 다질 수 있는 풍부한 문제 유형과 실전형 연습 문제를 담은 훈련서

파고다 토익 고득점 완성 LC/RC

최상위권 토익 만점 전략서

기본기를 충분히 다진 토익 중상위권들의 고득점 완성을 위해 핵심 스킬만을 뽑아낸 토익 전략서

600+ 700+ 800+

파고다 토익 입문서 LC/RC

기초와 최신 경향 문제 완벽 적응 입문서

개념-핵심 스킬-집중 훈련의 반복을 통해 기초와 실전에서 유용한 전략을 동시에 익히는 입문서

파고다 토익 종합서 LC/RC

중상위권이 고득점으로 가는 도움닫기 종합서

고득점 도약을 향한 한 끗 차이의 간격을 좁히는 종합서

목차

PART 3

PART 4

Actual Test 3회분 및 해설은 www.pagodabook.com에서 무료로 다운로드 가능합니다.

이 책의 구성과 특징

>> **PART 1** 사진의 유형을 이해하고 유형별 사진 공략법과 시제와 태 표현을 정확하게 구분한다.

>> **PART 2** 의문사 의문문, 비의문사 의문문에 따른 다양한 응답 표현 및 빈출 오답 유형을 익힌다.

>> **PART 3** 빠르게 전개되는 대화를 정확하게 파악하는 직청·직해 능력과 더불어 문맥 파악 및 논리력 판단을 길러야 한다.

>> **PART 4** 출제되는 담화 유형을 익히고 해당 지문에 자주 나오는 빈출 어휘 및 표현을 학습한다.

OVERVIEW

본격적인 학습의 준비 단계로 각 Part별 출제 경향 및 문제 유형, 그에 따른 접근 전략을 정리하였다.

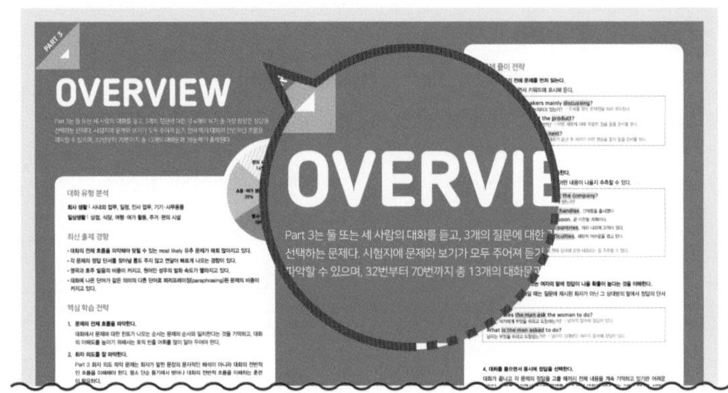

문제 풀이 전략

해당 Part의 기본 개념을 예문과 함께 익히고, 정답에 쉽게 접근할 수 있는 풀이 전략을 제시하였다.

핵심 문제 유형

문제 풀이 전략에서 학습한 내용을 바로 적용해 볼 수 있도록 해당 문제 유형의 대표 문제들을 제시하였다.

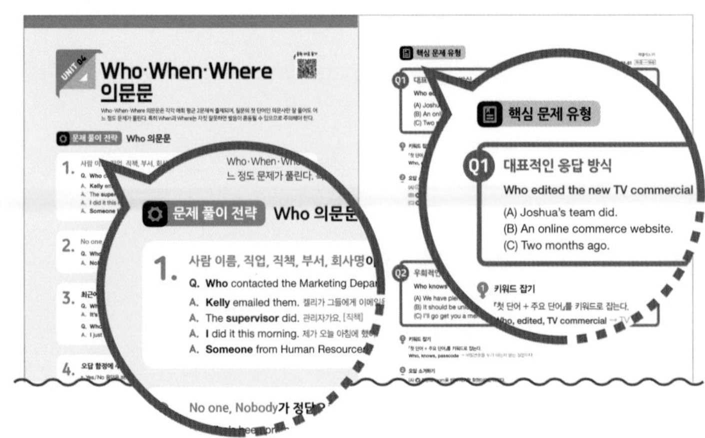

Warm-up

실전 문제 풀이에 들어가기에 앞서 학습한 이론과 토익 핵심 유형 문제를 제대로 이해했는지를 확인하기 위한 문제들로 구성하였으며 딕테이션(Dictation) 연습을 위한 공간도 마련하여 듣기 실력이 향상되도록 하였다.

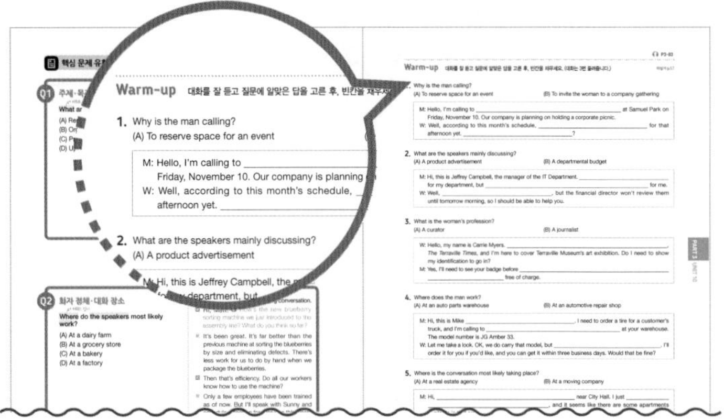

Practice

해당 UNIT에 해당하는 다양한 유형의 실전 문제를 접할 수 있도록 핵심 빈출 유형과 고난도 문제를 각 Part별로 골고루 구성하였다.

PART 1: 12문항 **PART 2**: 25문항
PART 3: 18문항 **PART 4**: 18문항

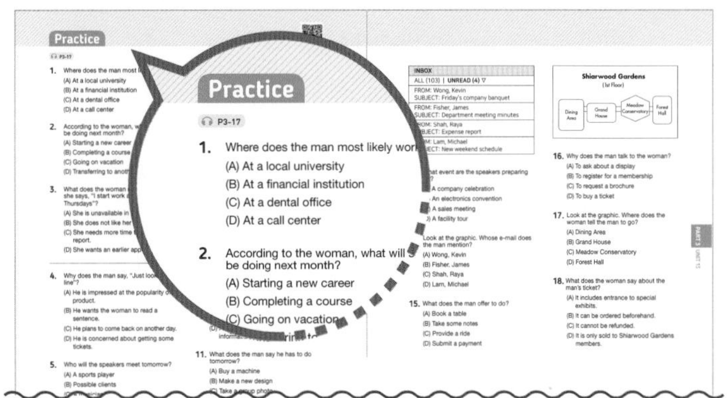

REVIEW TEST

각 Part별 학습한 내용을 마무리할 수 있도록 토익과 동일한 유형과 난이도로 구성하였다.

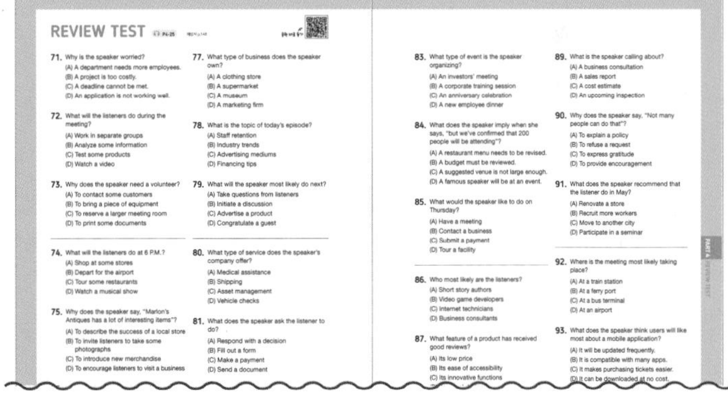

ACTUAL TEST

토익 시험 전 학습한 내용을 점검할 수 있도록 실제 정기 토익과 가장 유사한 형태의 모의고사 3회분을 제공하였다.
(www.pagodabook.com에서 무료로 다운로드 가능)

토익이란?

TOEIC(Test of English for International Communication)은 영어가 모국어가 아닌 사람들을 대상으로 일상생활 또는 국제 업무 등에 필요한 실용 영어 능력을 평가하는 시험입니다.

상대방과 '의사소통할 수 있는 능력(Communication ability)'을 평가하는 데 중점을 두고 있으므로 영어에 대한 '지식'이 아니라 영어의 실용적이고 기능적인 '사용법'을 묻는 문항들이 출제됩니다.

TOEIC은 1979년 미국 ETS(Educational Testing Service)에 의해 개발된 이래 전 세계 160개 이상의 국가 14,000여 개의 기관에서 승진 또는 해외 파견 인원 선발 등의 목적으로 널리 활용하고 있으며 우리나라에는 1982년 도입되었습니다. 해마다 전 세계적으로 약 700만 명 이상이 응시하고 있습니다.

>> 토익 시험의 구성

	파트	시험 형태		문항 수		시간	배점
듣기 (LC)	1	사진 묘사		6	100	45분	495점
	2	질의응답		25			
	3	짧은 대화		39			
	4	짧은 담화		30			
읽기 (RC)	5	단문 공란 메우기 (문법/어휘)		30	100	75분	495점
	6	장문 공란 메우기		16			
	7	독해	단일 지문	29			
			이중 지문	10			
			삼중 지문	15			
계	7 Parts			200문항		120분	990점

토익 시험 접수와 성적 확인

토익 시험은 TOEIC 위원회 웹사이트(www.toeic.co.kr)에서 접수할 수 있습니다. 본인이 원하는 날짜와 장소를 지정하고 필수 기재 항목을 기재한 후 본인 사진을 업로드하면 간단하게 끝납니다.

보통은 두 달 후에 있는 시험일까지 접수 가능합니다. 각 시험일의 정기 접수는 시험일로부터 2주 전에 마감되지만, 시험일의 3일 전까지 추가 접수할 수 있는 특별 접수 기간이 있습니다. 그러나 특별 추가 접수 기간에는 응시료가 4,800원 더 비싸며, 희망하는 시험장을 선택할 수 없는 경우도 발생할 수 있습니다.

성적은 시험일로부터 12~15일 후에 인터넷이나 ARS(060-800-0515)를 통해 확인할 수 있습니다.

성적표는 우편이나 온라인으로 발급받을 수 있습니다. 우편으로 발급 받을 경우는 성적 발표 후 대략 일주일이 소요되며, 온라인 발급을 선택하면 유효 기간 내에 홈페이지에서 본인이 직접 1회에 한해 무료 출력할 수 있습니다.

시험 당일 준비물

시험 당일 준비물은 규정 신분증, 연필, 지우개입니다. 허용되는 규정 신분증은 토익 공식 웹사이트에서 확인하시기 바랍니다. 필기구는 연필이나 샤프펜만 가능하고 볼펜이나 컴퓨터용 사인펜은 사용할 수 없습니다. 수험표는 출력해 가지 않아도 됩니다.

시험 진행 안내

시험 진행 일정은 시험 당일 고사장 사정에 따라 약간씩 다를 수 있지만 대부분 아래와 같이 진행됩니다.

>> 시험 시간이 오전일 경우

AM 9:30~9:45	AM 9:45~9:50	AM 9:50~10:05	AM 10:05~10:10	AM 10:10~10:55	AM 10:55~12:10
15분	5분	15분	5분	45분	75분
답안지 작성에 관한 Orientation	수험자 휴식 시간	신분증 확인 (감독 교사)	문제지 배부, 파본 확인	듣기 평가(LC)	읽기 평가(RC) 2차 신분증 확인

* 주의: 오전 9시 50분 입실 통제

>> 시험 시간이 오후일 경우

PM 2:30~2:45	PM 2:45~2:50	PM 2:50~3:05	PM 3:05~3:10	PM 3:10~3:55	PM 3:55~5:10
15분	5분	15분	5분	45분	75분
답안지 작성에 관한 Orientation	수험자 휴식 시간	신분증 확인 (감독 교사)	문제지 배부, 파본 확인	듣기 평가(LC)	읽기 평가(RC) 2차 신분증 확인

* 주의: 오후 2시 50분 입실 통제

파트별 토익 소개

PART 1 PHOTOGRAPHS 사진 묘사 문제

PART 1은 제시한 사진을 올바르게 묘사한 문장을 찾는 문제로, 방송으로 사진에 대한 4개의 짧은 설명문을 한 번 들려준다. 4개의 설명문은 문제지에 인쇄되어 있지 않으며 4개의 설명문을 잘 듣고 그중에서 사진을 가장 정확하게 묘사하고 있는 문장을 답으로 선택한다.

문항 수	**6문항(1번~6번에 해당합니다.)**
Direction 소요 시간	약 1분 30초(LC 전체 Direction 약 25초 포함)
문제를 들려주는 시간	약 20초
다음 문제까지의 여유 시간	약 5초
문제 유형	1. 1인 중심 사진 2. 2인 이상 사진 3. 사물/풍경 사진

>> 시험지에 인쇄되어 있는 모양

1.

>> 스피커에서 들리는 음성

Number 1. Look at the picture marked number 1 in your test book.

(A) They're writing on a board.
(B) They're taking a file from a shelf.
(C) They're working at a desk.
(D) They're listening to a presentation.

정답 **1.** (C)

PART 2

QUESTION-RESPONSE
질의응답 문제

PART 2는 질문에 대한 올바른 답을 찾는 문제로, 방송을 통해 질문과 질문에 대한 3개의 응답문을 각 한 번씩 들려준다. 질문과 응답문은 문제지에 인쇄가 되어 있지 않으며 질문에 대한 가장 어울리는 응답문을 답으로 선택한다.

문항 수	25문항(7번~31번에 해당합니다.)
Direction 소요 시간	약 25초
문제를 들려주는 시간	약 15초
다음 문제까지의 여유 시간	약 5초
문제 유형	- Who·When·Where 의문문 - Why·What·Which·How 의문문 - 일반·간접 의문문 - 부정·부가 의문문 - 제안·제공·요청문 - 선택 의문문·평서문

>> 시험지에 인쇄되어 있는 모양

7. Mark your answer on your answer sheet.

>> 스피커에서 들리는 음성

Number 7. How was the English test you took today?

(A) I took the bus home.
(B) I thought it was too difficult.
(C) I have two classes today.

정답 **7.** (B)

PART 3

SHORT CONVERSATIONS
짧은 대화 문제

PART 3은 짧은 대화문을 듣고 이에 대한 문제를 푸는 형식으로, 먼저 방송을 통해 짧은 대화를 들려준 뒤 이에 해당하는 질문을 들려준다. 문제지에는 질문과 4개의 보기가 인쇄되어 있으며 문제를 들은 뒤 제시된 보기 중 가장 적절한 것을 답으로 선택한다.

문항 수	**13개 대화문, 39문항(32번~70번에 해당합니다.)**
Direction 소요 시간	약 30초
문제를 들려주는 시간	약 30~40초
다음 문제까지의 여유 시간	약 8초
지문 유형	- 회사 생활, 일상생활, 회사와 일상의 혼합 - 총 13개 대화문 중 '2인 대화문 11개, 3인 대화문 2개'로 고정 출제 - 주고받는 대화 수: 3~10번
질문 유형	- 일반 정보 문제: 주제·목적, 화자의 신분, 대화 장소 - 세부 정보 문제: 키워드, 제안·요청, 다음에 할 일/일어날 일 - 화자 의도 문제(2문제 고정 출제) - 시각 정보 문제(62~70번 사이에서 3문제 고정 출제)

>> 시험지에 인쇄되어 있는 모양

32. What is the conversation mainly about?
(A) Changes in business policies
(B) Sales of a company's products
(C) Expanding into a new market
(D) Recruiting temporary employees

33. Why does the woman say, "There you go"?
(A) She is happy to attend a meeting.
(B) She is frustrated with a coworker.
(C) She is offering encouragement.
(D) She is handing over something.

34. What do the men imply about the company?
(A) It has launched new merchandise.
(B) It is planning to relocate soon.
(C) It has clients in several countries.
(D) It is having financial difficulties.

>> 스피커에서 들리는 음성

Questions 32 through 34 refer to the following conversation with three speakers.

M1: How have you two been doing with your sales lately?
W: Um, not too bad. My clients have been ordering about the same amount of promotional merchandise as before.
M2: I haven't been doing so well. But I do have a meeting with a potential new client tomorrow.
W: There you go. I'm sure things will turn around for you.
M1: Yeah, I hope it works out.
W: It's probably just temporary due to the recession.
M2: Maybe, but I heard that the company may downsize to try to save money.
M1: Actually, I heard that, too.

정답 **32.** (B) **33.** (C) **34.** (D)

PART 4

SHORT TALKS
짧은 담화 문제

PART 4는 짧은 담화문을 듣고 이에 대한 문제를 푸는 형식으로, 먼저 방송을 통해 짧은 담화를 들려준 뒤 이에 해당하는 질문을 들려준다. 문제지에는 질문과 4개의 보기가 인쇄되어 있으며 문제를 들은 뒤 제시된 보기 중 가장 적절한 것을 답으로 선택한다.

문항 수	10개 담화문, 30문항(71번~100번에 해당합니다.)
Direction 소요 시간	약 30초
문제를 들려주는 시간	약 30~40초
다음 문제까지의 여유 시간	약 8초
지문 유형	- 전화·녹음 메시지, 회의·사내 공지, 연설·인물 소개, 안내 방송, 방송·광고, 관광·견학
질문 유형	- 일반 정보 문제: 주제·목적, 화자/청자의 신분, 담화 장소 - 세부 정보 문제: 키워드, 제안·요청, 다음에 할 일/일어날 일 - 화자 의도 문제(3문제 고정 출제) - 시각 정보 문제(95~100번 사이에서 2문제 고정 출제)

>> 시험지에 인쇄되어 있는 모양

71. Where most likely is the speaker?
(A) At a trade fair
(B) At a corporate banquet
(C) At a business seminar
(D) At an anniversary celebration

72. What are the listeners asked to do?
(A) Pick up programs for employees
(B) Arrive early for a presentation
(C) Turn off their mobile phones
(D) Carry their personal belongings

73. Why does the schedule have to be changed?
(A) A speaker has to leave early.
(B) A piece of equipment is not working.
(C) Lunch is not ready.
(D) Some speakers have not yet arrived.

>> 스피커에서 들리는 음성

Questions 71 through 73 refer to the following talk.

I'd like to welcome all of you to today's employee training and development seminar for business owners. I'll briefly go over a few details before we get started. There will be a 15-minute break for coffee and snacks halfway through the program. This will be a good opportunity for you to mingle. If you need to leave the room during a talk, make sure to keep your wallet, phone, and ... ah... any other valuable personal items with you. Also, please note that there will be a change in the order of the program. Um... Mr. Roland has to leave earlier than originally scheduled, so the last two speakers will be switched.

정답 **71.** (C) **72.** (D) **73.** (A)

학습 플랜

4주 플랜

DAY 1	DAY 2	DAY 3	DAY 4	DAY 5
UNIT 01. 인물 사진 공략 UNIT 02. 사물·풍경 사진 공략	UNIT 03. 상황별 공략	PART 1 REVIEW TEST	UNIT 04. Who·When·Where 의문문	UNIT 05. Why·What·Which·How 의문문

DAY 6	DAY 7	DAY 8	DAY 9	DAY 10
UNIT 06. 일반·간접 의문문 UNIT 07. 부정·부가 의문문	UNIT 08. 제안·제공·요청문 UNIT 09. 선택 의문문·평서문	PART 2 REVIEW TEST	UNIT 10. 전반부 문제 유형 UNIT 11. 중반부 문제 유형	UNIT 12. 후반부 문제 유형 UNIT 13. 화자 의도·시각 정보 문제 유형

DAY 11	DAY 12	DAY 13	DAY 14	DAY 15
UNIT 14. 대화 지문 유형	PART 3 REVIEW TEST	UNIT 15. 전화·녹음 메시지 UNIT 16. 회의·사내 공지	UNIT 17. 연설·인물 소개 UNIT 18. 안내 방송	UNIT 19. 방송·광고 UNIT 20. 관광·견학

DAY 16	DAY 17	DAY 18	DAY 19	DAY 20
PART 4 REVIEW TEST	ACTUAL TEST 01	ACTUAL TEST 02	ACTUAL TEST 03	ACTUAL TEST 01-03 다시 보기 - 틀린 문제 다시 풀어 보기 - 모르는 단어 체크해서 암기하기

8주 플랜

DAY 1	DAY 2	DAY 3	DAY 4	DAY 5
PART 1 OVERVIEW	UNIT 01. 인물 사진 공략	UNIT 02. 사물·풍경 사진 공략	UNIT 03. 상황별 공략	PART 1 REVIEW TEST

DAY 6	DAY 7	DAY 8	DAY 9	DAY 10
PART 1 전체 다시 보기 - 틀린 문제 다시 풀어 보기 - 모르는 단어 체크해서 암기하기	PART 2 OVERVIEW	UNIT 04. Who·When·Where 의문문	UNIT 05. Why·What·Which·How 의문문	UNIT 06. 일반·간접 의문문

DAY 11	DAY 12	DAY 13	DAY 14	DAY 15
UNIT 07. 부정·부가 의문문	UNIT 08. 제안·제공·요청문	UNIT 09. 선택 의문문·평서문	PART 2 REVIEW TEST	PART 2 전체 다시 보기 - 틀린 문제 다시 풀어 보기 - 모르는 단어 체크해서 암기하기

DAY 16	DAY 17	DAY 18	DAY 19	DAY 20
PART 3 OVERVIEW	UNIT 10. 전반부 문제 유형	UNIT 11. 중반부 문제 유형	UNIT 12. 후반부 문제 유형	UNIT 13. 화자 의도·시각 정보 문제 유형

DAY 21	DAY 22	DAY 23	DAY 24	DAY 25
UNIT 14. 대화 지문 유형	PART 3 REVIEW TEST	PART 3 REVIEW TEST 다시 보기 - 틀린 문제 다시 풀어 보기 - 모르는 단어 체크해서 암기하기	PART 3 전체 다시 보기 - 틀린 문제 다시 풀어 보기 - 모르는 단어 체크해서 암기하기	PART 4 OVERVIEW

DAY 26	DAY 27	DAY 28	DAY 29	DAY 30
UNIT 15. 전화·녹음 메시지	UNIT 16. 회의·사내 공지	UNIT 17. 연설·인물 소개	UNIT 18. 안내 방송	UNIT 19. 방송·광고

DAY 31	DAY 32	DAY 33	DAY 34	DAY 35
UNIT 20. 관광·견학	PART 4 REVIEW TEST	PART 4 REVIEW TEST 다시 보기 - 틀린 문제 다시 풀어 보기 - 모르는 단어 체크해서 암기하기	PART 4 전체 다시 보기 - 틀린 문제 다시 풀어 보기 - 모르는 단어 체크해서 암기하기	ACTUAL TEST 01

DAY 36	DAY 37	DAY 38	DAY 39	DAY 40
ACTUAL TEST 01 다시 보기 - 틀린 문제 다시 풀어 보기 - 모르는 단어 체크해서 암기하기	ACTUAL TEST 02	ACTUAL TEST 02 다시 보기 - 틀린 문제 다시 풀어 보기 - 모르는 단어 체크해서 암기하기	ACTUAL TEST 03	ACTUAL TEST 03 다시 보기 - 틀린 문제 다시 풀어 보기 - 모르는 단어 체크해서 암기하기

리스닝
기초 다지기

미국식 발음 vs 영국식 발음

토익 리스닝 시험에서는 미국식 발음뿐만 아니라, 영국, 호주, 뉴질랜드, 캐나다 등 미국 외의 다른 영어권 나라의 발음으로 문제가 출제되기도 한다. 한국의 토익 학습자들에게는 미국식 발음이 익숙하겠지만, 그 외 나라의 발음도 숙지해 두어야 발음 때문에 문제를 풀지 못하는 당황스러운 상황을 피할 수 있다.

캐나다 발음은 미국식 발음과, 호주와 뉴질랜드 발음은 영국식 발음과 유사하므로 이 책에서는 크게 미국식 발음과 영국식 발음으로 나누어 학습하도록 한다.

자음의 대표적인 차이

1. /r/ 발음의 차이

미국: 항상 발음하며 부드럽게 굴려 발음한다.
영국: 단어 첫소리에 나오는 경우만 발음하고 끝에 나오거나 다른 자음 앞에 나오면 발음하지 않는다.

>> 단어 끝에 나오는 /r/

	미국식 발음	영국식 발음		미국식 발음	영국식 발음
car	[카r]	[카-]	wear	[웨어r]	[웨에-]
her	[허r]	[허-]	where	[웨어r]	[웨에-]
door	[도r]	[도-]	there	[데어r]	[데에-]
pour	[포우어r]	[포우어-]	here	[히어r]	[히어-]
mayor	[메이어r]	[메에-]	year	[이여r]	[이여-]
sure	[슈어r]	[슈어-]	repair	[뤼페어r]	[뤼페에-]
later	[레이러r]	[레이터-]	chair	[췌어r]	[췌에-]
author	[어떠r]	[오떠-]	fair	[f페어r]	[f페에-]
cashier	[캐쉬어r]	[캐쉬어]	hair	[헤어r]	[헤에-]

>> 자음 앞에 나오는 /r+자음/

	미국식 발음	영국식 발음		미국식 발음	영국식 발음
airport	[에어r포r트]	[에-포-트]	short	[쇼r트]	[쇼-트]
award	[어워r드]	[어워드]	turn	[터r언]	[터-언]
board	[보r드]	[보-드]	alert	[얼러r트]	[얼러트]
cart	[카r트]	[카-트]	first	[퍼r스트]	[퍼스트]
circle	[써r클]	[써-클]	order	[오r더r]	[오-더]
concert	[컨써r트]	[컨써트]	purse	[퍼r스]	[퍼-스]

2. /t/ 발음의 차이

미국: 모음 사이의 /t/를 부드럽게 굴려 [d]와 [r]의 중간으로 발음한다.
영국: 모음 사이의 /t/를 철자 그대로 발음한다.

	미국식 발음	영국식 발음		미국식 발음	영국식 발음
bottom	[바름]	[버틈]	computer	[컴퓨러r]	[컴퓨터]
better	[베러r]	[베터]	item	[아이럼]	[아이틈]
chatting	[최링]	[최팅]	later	[레이러r]	[레이터]
getting	[게링]	[게팅]	meeting	[미링]	[미팅]
letter	[레러r]	[레터]	notice	[노리스]	[노티스]
little	[리를]	[리틀]	patio	[패리오]	[패티오]
matter	[매러r]	[매터]	water	[워러r]	[워타]
potted	[파리드]	[파티드]	waiter	[웨이러r]	[웨이터]
setting	[쎄링]	[쎄팅]	cater	[케이러r]	[케이터]
sitting	[씨링]	[씨팅]	competitor	[컴패리러r]	[컴패티터]
putting	[푸링]	[푸팅]	data	[데이러]	[데이터], [다터]

3. 모음 사이의 /nt/ 발음의 차이

미국: /t/를 발음하지 않는다.
영국: /t/를 철자 그대로 발음한다.

	미국식 발음	영국식 발음		미국식 발음	영국식 발음
Internet	[이너r넷]	[인터넷]	twenty	[트웨니]	[트웬티]
interview	[이너r뷰]	[인터뷰]	advantage	[어드배니쥐]	[어드반티쥐]
entertainment	[에너r테인먼트]	[엔터테인먼트]	identification	[아이데니피케이션]	[아이덴티피케이션]
international	[이너r내셔널]	[인터내셔널]	representative	[레프레제네리브]	[레프리젠터티브]

4. /tn/ 발음의 차이

미국: /t/로 발음하지 않고 한번 숨을 참았다가 /n/의 끝소리를 [응] 또는 [은]으로 콧소리를 내며 발음한다.
영국: /t/를 그대로 살려 강하게 발음한다.

	미국식 발음	영국식 발음		미국식 발음	영국식 발음
button	[번 · 은]	[버튼]	mountain	[마운 · 은]	[마운튼]
carton	[카r · 은]	[카튼]	written	[륃 · 은]	[뤼튼]
important	[임포r · 은트]	[임포턴트]	certainly	[써r · 은리]	[써튼리]

5. /rt/ 발음의 차이

미국: /t/ 발음을 생략한다.
영국: /r/ 발음을 생략하고 /t/ 발음은 그대로 살려서 발음한다.

	미국식 발음	영국식 발음		미국식 발음	영국식 발음
party	[파리]	[파-티]	reporter	[뤼포러r]	[뤼포-터]
quarter	[쿼러r]	[쿼-터]	property	[프라퍼리]	[프로퍼-티]

모음의 대표적인 차이

1. /a/ 발음의 차이

미국: [애]로 발음한다.
영국: [아]로 발음한다.

	미국식 발음	영국식 발음		미국식 발음	영국식 발음
can't	[캔트]	[칸트]	pass	[패쓰]	[파스]
grant	[그랜트]	[그란트]	path	[패쓰]	[파스]
plant	[플랜트]	[플란트]	vase	[베이스]	[바스]
chance	[챈스]	[찬스]	draft	[드래프트]	[드라프트]
advance	[어드밴쓰]	[어드반쓰]	after	[애프터]	[아프터]
answer	[앤써r]	[안써]	ask	[애스크]	[아스크]
sample	[쌤쁠]	[쌈플]	task	[태스크]	[타스크]
class	[클래스]	[클라스]	behalf	[비해프]	[비하프]
grass	[그래스]	[그라스]	rather	[래더r]	[라더]
glass	[글래스]	[글라스]	man	[맨]	[만]

2. /o/ 발음의 차이

미국: [아]로 발음한다.
영국: [오]로 발음한다.

	미국식 발음	영국식 발음		미국식 발음	영국식 발음
stop	[스탑]	[스톱]	bottle	[바를]	[보틀]
stock	[스탁]	[스톡]	model	[마를]	[모들]
shop	[샵]	[숍]	dollar	[달러r]	[돌라]
got	[갇]	[곧]	copy	[카피]	[코피]
hot	[핟]	[혿]	possible	[파써블]	[포쓰블]
not	[낫]	[놑]	shovel	[셔블]	[쇼블]
parking lot	[파r킹 랏]	[파킹 롵]	topic	[타픽]	[토픽]
knob	[납]	[놉]	doctor	[닥터]	[독타]
job	[잡]	[좝]	borrow	[바로우]	[보로우]
box	[박스]	[복스]	document	[다큐먼트]	[도큐먼트]

3. /i/ 발음의 차이

/i/가 영국식 발음에서 [아이]로 발음되는 경우가 있다.

	미국식 발음	영국식 발음		미국식 발음	영국식 발음
direct	[디렉트]	[다이렉트]	mobile	[모블]	[모바일]
either	[이더r]	[아이더]	organization	[오r거니제이션]	[오거나이제이션]

4. /ary/, /ory/ 발음의 차이

/ary/, /ory/ 가 영국식 발음에서 /a/, /o/를 빼고 [ry]만 발음되는 경우가 있다.

	미국식 발음	영국식 발음		미국식 발음	영국식 발음
laboratory	[래보러토리]	[러보러트리]	secretary	[쎄크러테뤼]	[쎄크러트리]

기타 발음의 차이

	미국식 발음	영국식 발음		미국식 발음	영국식 발음
advertisement	[애드버r타이즈먼트]	[어드버티스먼트]	garage	[거라쥐]	[개라쥐]
fragile	[프래졀]	[프리쟈일]	often	[어픈]	[오프튼]
however	[하우에버r]	[하우에바]	schedule	[스케쥴]	[쉐쥴]

연음의 차이

	미국식 발음	영국식 발음		미국식 발음	영국식 발음
a lot of	[얼라럽]	[얼로톱]	not at all	[나래롤]	[나태톨]
get in	[게린]	[게틴]	out of stock	[아우롭스탁]	[아우톱스톡]
in front of	[인프러넙]	[인프론톱]	pick it up	[피끼럽]	[피키텁]
it is	[이리즈]	[잍티즈]	put on	[푸론]	[푸톤]
look it up	[루끼럽]	[룩키텁]	talk about it	[터꺼바우릿]	[토커바우팉]

발음 듣기 훈련

다음 문장을 듣고 빈칸을 채우세요. 음성은 미국식, 영국식으로 두 번 들려줍니다.

1. The ____________ will be held next week. 취업 박람회가 다음 주에 개최됩니다.
2. She's the ________________ a best-selling book. 그녀는 베스트셀러 도서의 작가입니다.
3. The ________________________________. 시장님은 출장 중입니다.
4. ____________________________ network technicians? 네트워크 기술자들을 더 고용하면 안 될까요?
5. We need to advertise ______________________________.
   스포츠 신발 신제품 라인의 광고를 해야 합니다.
6. She is ________________ into glasses. 그녀는 잔에 물을 붓고 있다.
7. You ______________________________________ last fall.
   작년 가을에 귀하의 업체가 저희 회사 야유회에 음식을 공급했습니다.
8. ________________________________ for me. 여섯 시 이후가 저에겐 편합니다.
9. Some ________________ have been placed in a waiting area. 대기실에 몇 개의 화분이 놓여 있다.
10. ____________________________ are the same. 많은 물건들이 똑같다.
11. Please sign on the ____________________________. 마지막 페이지 하단에 서명해 주시기 바랍니다.
12. Do you know of a ________________ in this area? 이 지역의 좋은 의사를 아시나요?
13. ____________________. 전혀요.
14. __________________________________ posted on the website.
    웹사이트에 게시된 구인 광고를 봤습니다.
15. Why don't you ____________________ and speak to him? 의사에게 전화해서 말해 보는 게 어때요?
16. What's ____________________________ to the bank? 은행까지 가장 빠른 길은 무엇입니까?
17. ______________________ if she's available. 그녀가 시간이 괜찮은지 물어보겠습니다.
18. I'm so happy to see that ____________________ are here today.
    모든 무용수 여러분이 오늘 여기에 온 것을 보니 매우 기쁩니다.
19. __________________________ holds some flowers. 유리로 된 화병에 꽃이 있다.
20. __________________________ travel in the morning or in the evening?
    오전, 오후 중 언제 이동하겠습니까?
21. The shipment is ____________________. 배송이 지연되고 있습니다.
22. ________________ is fine with me. 둘 중 아무거나 상관없습니다.
23. ______________________. 저도 해본 적이 없습니다.
24. Why wasn't ____________________________ printed in the magazine?
    왜 우리 광고가 잡지에 인쇄되지 않았나요?
25. Can you get me ______________________________________? 실험실 가는 길을 좀 알려주실 수 있나요?

정답

1. job fair 2. author of 3. mayor is out of town 4. Can't we hire more 5. our new line of sports footwear 6. pouring water 7. catered our company outing 8. After six is better 9. potted plants 10. A lot of the items 11. bottom of the last page 12. good doctor 13. Not at all 14. I saw your job ad 15. call your doctor 16. the fastest way 17. I'll ask her 18. all you dancers 19. A glass vase 20. Would you rather 21. behind schedule 22. Either one 23. Neither have I 24. our advertisement 25. directions to the laboratory

PAR

RT1

사진 문제

PART 1

OVERVIEW

Part 1은 주어진 사진을 보고, 들려주는 4개의 보기 중에서 가장 적절하게 묘사한 문장을 답으로 선택하는 문제로, 1번부터 6번까지 총 6문제가 출제된다.

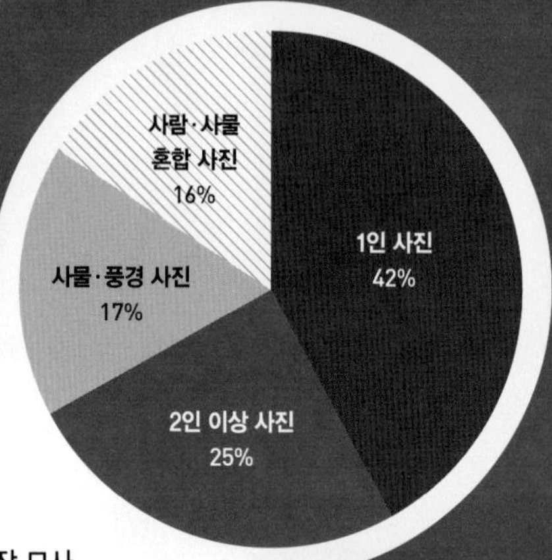

문제 유형 분석

1인 사진 I 한 사람이 등장하며, 사람의 상태 및 동작, 옷차림 등 묘사

2인 이상 사진 I 두 사람 이상이 등장하며, 사람의 공통/상호/개별 상태 및 동작 묘사

사물·풍경 사진 I 사람이 등장하지 않으며, 사물과 풍경 중심, 사물의 위치나 전체적 풍경 묘사

사람·사물 혼합 사진 I 사람과 사물이 함께 등장하며, 동시에 혼합적인 묘사

최신 출제 경향

- 사람이 등장하는 사진이 주를 이루며, 사람 중심 사진에서 주변 사물이나 풍경을 묘사하는 정답도 출제된다.
- 사진 속에 등장하는 사물을 4개의 보기 모두에서 언급하여 혼동을 주는 함정이 많이 출제된다.
- 영국과 호주 발음의 비중이 커졌고, 원어민 성우의 빠른 발화 속도로 인해 문제 난이도가 높아지고 있다.
- Part 1 후반부로 갈수록 문제 난이도가 높아지며, 최근 고난이도 어휘의 출제 빈도도 높아지고 있다.

핵심 학습 전략

1. **시험에 자주 등장하는 빈출 표현을 암기한다.**

   사진 속 상황별 빈출 표현뿐만 아니라 새롭게 알게 된 어휘가 있다면 반드시 그 어휘들을 따로 정리하여 암기한다.

2. **혼동하기 쉬운 유사 발음이나 다의어를 학습한다.**

   Part 1에서는 유사 발음의 어휘나 다의어를 이용하여 답으로 혼동하기 쉽게 출제하므로 각 어휘를 확장하여 학습한다.

3. **받아쓰기와 듣고 따라 말하는 청취 훈련을 한다.**

   문제 풀이에서 익숙지 않아 잘 들리지 않던 발음, 연음 현상 발음 등을 중점적으로 반복 청취하면서, 문장 단위의 받아쓰기(dictation) 연습 및 듣고 따라 말하는(shadowing) 청취 훈련을 꾸준히 할 필요가 있다.

문제 풀이 전략

1. **사진을 먼저 보고 표현을 떠올린다.**

   보기를 듣기 전, 사진 속 사람의 상태나 동작, 사물의 위치나 상태를 대략적으로 파악한다. 사진과 어울리는 관련 표현을 미리 떠올리며 보기를 듣는다.

2. **귀로만 듣는 것이 아닌 정답과 오답을 기록하며 듣는다.**

   보기를 하나씩 들을 때마다 정답이면 O, 잘 모를 때는 △, 오답이면 X로 기록하면서 정답을 찾아 나간다.

3. **정답이 안 들리더라도 당황하지 않고 오답 소거법을 이용한다.**

   확실한 오답인 보기를 소거하고 사진의 모습을 가장 잘 나타낸 보기를 정답으로 선택한다.

PART 1 오답 소거법

1. 혼동되는 상태 동사와 동작 동사를 이용한 오답

(A) He is wearing glasses. ⊙
남자가 안경을 착용하고 있다. [상태]

(B) He **is putting on** glasses. ⊗
남자가 안경을 착용하는 중이다. [동작]

2. 사물의 상태나 위치를 잘못 표현한 오답

(A) Some paintings have been mounted on the wall. ⊙
몇몇 그림들이 벽면에 고정되어 있다.

(B) A sofa has been placed **in a corner of the room**. ⊗
소파가 방 한구석에 놓여 있다.

3. 사진에 없는 어휘가 들리면 오답

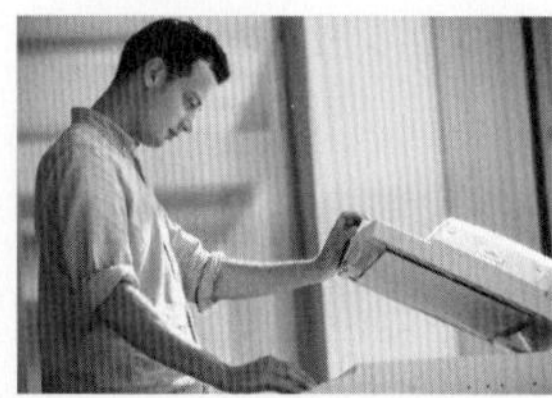

(A) He is holding a lid of a machine. ⊙
남자가 기계의 덮개를 손으로 잡고 있다.

(B) He is putting some **papers** on a machine. ⊗
남자가 기계 위에 서류를 놓고 있다.

4. 사진 속 사람, 사물, 풍경, 동작을 이용한 오답

(A) She is riding a bicycle. ⊙
여자가 자전거를 타고 있다.

(B) Some trees **are being planted**. ⊗
몇몇 나무들이 심기고 있다.

5. 고난이도 어휘를 이용한 오답

(A) Some crates are filled with crops. ⊙
몇몇 상자들이 농작물로 채워져 있다.

(B) A water sprinkler **is irrigating** the farm. ⊗
스프링클러가 농장에 물을 대고 있다.

PART 1 주의해야 할 유사 발음 어휘

[p] / [f]	copy 복사하다 / coffee 커피	peel 껍질을 벗기다 / feel 느끼다
	pan 냄비 / fan 선풍기, 부채	pull 당기다 / full 가득 찬
	pass 지나가다 / fast 빠른	pile 더미; 쌓다 / file 파일(을 철하다)
[b] / [v]	base (사물의) 맨 아랫부분 / vase 꽃병	cupboard 찬장 / cover 덮개; 덮다
	bend 구부리다 / vend 팔다	curb 도로 경계석 / curve 커브; 곡선을 이루다
[s] / [θ]	boss 상사 / both 둘 다	pass 지나가다 / path 길
[s] / [z]	close 가까운 / clothes 옷	race 경주 / raise 들어 올리다
[l] / [r]	cloud 구름 / crowd 군중	lap 무릎 / lab 실험실 / wrap 싸다
	glass 잔 / grass 잔디	lead 이끌다 / read 읽다
	lace 끈 / race 경주	lock 잠그다 / rock 바위
	lamp 등 / ramp 경사로	lid 뚜껑 / rid 없애다
	lane 차선 / rain 비	tile 타일 / tire 타이어
[t] / [d]	letter 편지 / ladder 사다리	writing 쓰기 / riding 타기
기타	alone 혼자 / along ~을 따라서 / long 긴	sail 항해하다 / sell 팔다
	horse 말 / hose 호스	stack 더미; 쌓다 / stock 채우다

PART 1 주의해야 할 다의어

assemble	모이다 / 조립하다	plant	식물 / 공장 / 심다
board	게시판 / 이사회 / 타다	point	요점 / 가리키다
book	책 / 예약하다	wave	파도 / 흔들다
carry	운반하다 / 취급하다	produce	농작물 / 생산하다
check	수표 / 확인하다	sign	간판, 표지판 / 서명하다
place	장소 / 놓다	take off	이륙하다 / ~을 벗다, 풀다
water	물 / 물을 주다	light	(전)등 / 가벼운 / 불을 붙이다
cover	덮다, 씌우다 / 포함하다	locate	두다 / ~의 위치를 찾아내다
park	공원 / 주차하다	lot	부지 / 많음
present	선물 / 참석한 / 보여 주다, 제시하다		

인물 사진 공략

음원 바로 듣기

1인 사진은 한 사람이 등장하는 사진으로 인물의 상태 및 동작, 옷차림 등을 묘사하는 유형이며, 2인 이상 사진은 두 사람 이상이 등장하는 사진으로 인물의 공통/상호/개별 상태 및 동작을 묘사하는 유형이다. 1인 사진, 2인 이상 사진 모두 인물이 부각되기는 하지만, 최근에는 주변 사물이나 풍경을 묘사하는 보기가 정답으로 자주 등장한다는 사실을 기억하자.

문제 풀이 전략 1인 사진(2~3문제 출제)

1. 인물의 상태/동작을 묘사하기 위해 현재 진행 시제가 가장 많이 쓰인다.

▸ 현재 진행 「**be + V-ing**」: 주어가 ~하는 중이다[주어가 ~하고 있다]

EX The man **is wearing** a tie. 남자가 넥타이를 매고 있다. [상태]

He **is using** some office equipment. 남자가 사무기기를 이용하고 있다. [동작]

만점 포인트 「be + V-ing」라고 해서 다 동작은 아니다. 상태 표현과 동작 표현을 구별해서 암기하자.

	상태	동작	
입다	be wearing 입고 있는 상태	be trying on 입어 보고 있는 동작 be putting on 입고 있는 동작	be removing 벗고 있는 동작 be taking off 벗고 있는 동작
타다	be riding 타고 있는 상태	be getting on/in 타고 있는 동작 be entering 들어가고 있는 동작 be boarding 타고 있는 동작 be embarking 타고 있는 동작	be getting off/out 내리고 있는 동작 be exiting 나오고 있는 동작 be stepping down 내리고 있는 동작 be disembarking 내리고 있는 동작
잡다	be holding 들고/잡고 있는 상태 be grasping/grabbing/gripping 잡고 있는 상태	be picking up 집고 있는 동작 be lifting 들어 올리고 있는 동작	be putting down 내려놓고 있는 동작 be laying down 내려놓고 있는 동작

2. 사물에 행해지는 사람의 동작을 묘사하기 위해 현재 진행 수동태가 쓰이기도 한다.

▸ 현재 진행 수동태 「**be being + p.p.**」: 주어가 ~되는 중이다

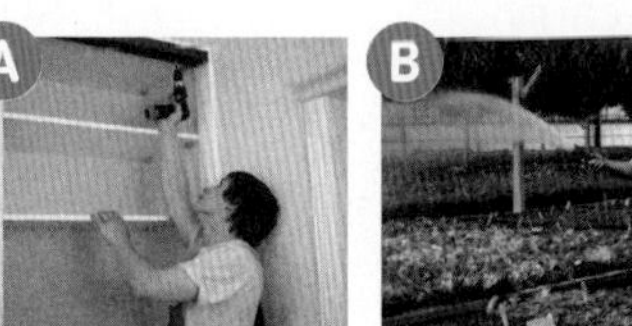

EX Ⓐ A bookshelf **is being installed.**
= He's installing a bookshelf.
책장이 설치되는 중이다. = 남자가 책장을 설치하고 있다.

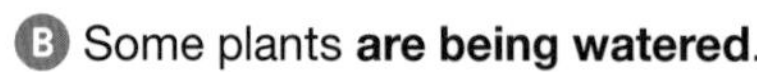

Ⓑ Some plants **are being watered.**
= The man is watering some plants. 식물에 물이 대어지는 중이다. = 남자가 식물에 물을 주고 있다.

만점 포인트 「be being + p.p.」가 정답이 되려면 p.p.를 V-ing하는 '사람의 동작'이 있어야 한다. 하지만, 예외가 있다. 사람의 동작이 없어도 정답으로 나올 수 있는 「be being + p.p.」의 예외를 알아 두자.

display	진열하다	Items **are being displayed** in the store. 상품들이 가게에 진열되어 있다.
cast	(그림자를) 드리우다	Shadows **are being cast** on the sand. 그림자가 모래 위에 드리워져 있다.
grow	자라다	Some plants **are being grown** in the garden. 식물들이 정원에서 자라고 있다.

3. 사진 속 사물이나 풍경을 묘사하는 보기가 정답으로 등장하기도 한다.

- 현재 수동태 「**be + p.p.**」: 주어가 ~되어 있다
- 현재 완료 「**have/has + p.p.**」: 주어가 ~했다
- 현재 진행 「**be + V-ing**」: 주어가 ~하는 중이다
- 「**There be + 명사**」: 주어가 (~에) 있다

Tip! 사물의 움직임이나 상태를 묘사할 때도 현재 진행 「be + V-ing」를 사용해.

C 

D 

E 

EX Ⓒ Some musical instruments **are hanging** from a wall. 악기들이 벽에 걸려 있다.

Ⓓ A bicycle **is placed** near a fence. 자전거가 울타리 옆에 있다.

Ⓔ **There is** a basket on the countertop. 조리대 위에 바구니가 있다.

4. 반쪽짜리 오답 함정을 항상 낸다.

Tip! 섣부른 판단은 금물! 문장을 끝까지 듣고 제대로 오답을 소거하자!

EX He's bending over to **pick up a tool.** ⊗
남자가 연장을 들어올리기 위해 허리를 굽히고 있다.

He's wearing a protective gear. ⊙
남자가 안전 장비를 착용하고 있다.

5. 사진 속 사물을 모두 언급하기도 하므로 오답의 근거를 빠르고 정확하게 찾아내자.

EX Some **bowls are being filled** with **vegetables**. ⊗ 사진에 없는 동작
몇몇 그릇들이 채소로 채워지고 있다.

A man **is closing** a **cabinet door**. ⊗ 사진에 없는 동작
한 남자가 캐비닛 문을 닫고 있다.

There's a vent above a cooking area. ⊙ 조리 공간 위에 환기구가 있다.

Some **curtains are in a pile** on the floor. ⊗ 사진에 없는 상태
몇몇 커튼들이 바닥에 더미로 쌓여 있다.

6. 오답 함정에 주의한다.

- 사람의 동작과 무관한 동사를 사용한 오답이 등장한다.
- 동작의 대상이 되는 사물을 잘못 언급한 오답이 등장한다.
- 사진에 등장하지 않는 사물이 언급되면 바로 오답으로 소거한다.
- 사물을 틀리게 묘사한 오답이 등장하므로 작은 사물에도 주의하며, 보기에서 나오는 주어에 따라 사진에서 시선을 재빨리 옮긴다.

1인 사진 이렇게 풀면 만점!

1. 사진 속 인물의 상태/동작, 옷차림 등을 확인하자.
2. 「동사 + 명사」를 집중해서 듣자.
3. 매회 출제되는 상태 vs. 동작 오답 함정에 유의한다.
4. 주변 사물과 풍경도 주의 깊게 살펴보자.
5. 오답 소거로 정답을 남기자.
6. 빈출 어휘가 정해져 있다. 미리 암기하자.

상태와 동작 구별하기 1

🔈 음성을 들으며 빈칸을 채우고 사진을 정확히 묘사한 문장에 V 표시를 하세요. (2번 들려줍니다.) P1-01 미국 영국

1. 쓰고 있다

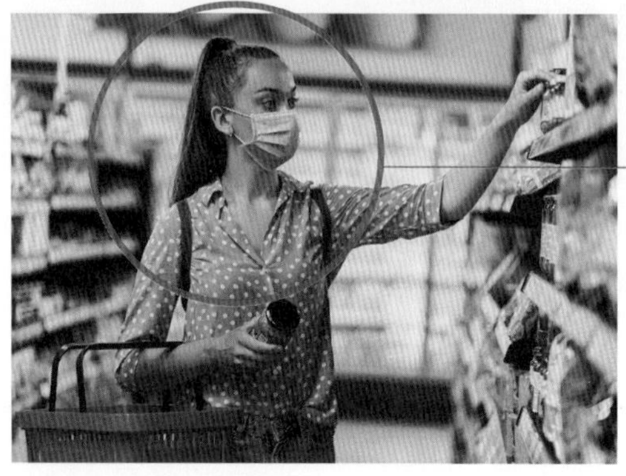

Tip 마스크를 착용한 상태인지 착용하려고 하는 동작인지를 잘 파악해야 한다.

Ⓐ She is ________ a mask. ☐

Ⓑ She is ________ ________ a mask in front of shelves. ☐

가능한 정답

A woman is carrying a shopping basket. 한 여자가 쇼핑 바구니를 들고 있다.
She's removing an item from a shelf. 여자가 선반에서 물건을 꺼내고 있다.

정답
Ⓐ wearing
Ⓑ trying on

해석
Ⓐ 여자가 마스크를 쓰고 있다.
Ⓑ 여자가 선반 앞에서 마스크를 써 보고 있다.

2. 잡고 있다

Tip 남자의 동작을 유심히 살펴보고 주변 사물 및 풍경도 미리 파악해 둔다.

Ⓐ The man is ________ a book open. ☐

Ⓑ The man is ________ ________ a book. ☐

가능한 정답

The shelves are filled with books. 책꽂이에 책이 가득 꽂혀 있다.
He's reading a book. 남자가 책을 읽고 있다.

정답
Ⓐ holding
Ⓑ picking up

해석
Ⓐ 남자가 책 한 권을 펼친 채로 들고 있다.
Ⓑ 남자가 책 한 권을 집어 들고 있다.

핵심 문제 유형

해설서 p.2

P1-02 호주

Q1

(A)

(B)

(C)

(D)

1 사진 살펴보기

❶ 인물의 상태 및 동작 확인하기 → 창문을 닦고 있다/호스를 사용하고 있다/모자를 쓰고 있다

❷ 주변 사물·풍경 확인하기 → 여자 양옆으로 나무가 심겨 있다/화분이 있다

2 오답 소거하기

(A) She's watering some trees.

···› ⊗ 창문에 물을 뿌리고 있지 나무에 물을 주는(is watering) 동작이 아니므로 오답이다.

(B) She's planting some flowers.

···› ⊗ 식물들은 있지만, 꽃을 심고 있는(is planting) 동작이 아니므로 오답이다.

(C) The door to a building has been left open.

···› ⊗ 사진에 문(door)이 보이지 않으므로 오답이다.

(D) A window is being cleaned with a hose. ⊙

P1-03

Warm-up

해설서 p.2

1.

(A)

(B)

(C)

(D)

3.

(A)

(B)

(C)

(D)

2.

(A)

(B)

(C)

(D)

4.

(A)

(B)

(C)

(D)

문제 풀이 전략 2인 이상 사진(1~2문제 출제)

1. 공통의 상태/동작인지, 일부 혹은 한 사람의 상태/동작인지 주의 깊게 살펴보자.

Ⓐ 
Ⓑ 
Ⓒ 

EX Ⓐ **People** are watching a performance. 사람들이 공연을 보고 있다. [공통 동작]

Ⓑ **People** are sharing a sofa. 사람들이 소파에 함께 앉아 있다. [공통 동작]

Ⓒ **One of the people** is holding a book. 사람들 중 한 명이 책을 들고 있다. [여럿 중 한 사람의 상태]

2. 2인 이상 사진에서 자주 등장하는 사람 주어를 알아 두자.

▶ 단체 묘사

they 사람들	the people 사람들
the men 남자들	the women 여자들
spectators 관객들	the audience 청중
pedestrians 보행자들	diners 식사하는 사람들
cyclists 자전거 타는 사람들	tourists 관광객들
workers 작업자들	passengers 승객들
a crowd 많은 사람들	a group 단체

EX **They** are descending some steps. 사람들이 계단을 내려가고 있다.

▶ 일부 묘사

some people 몇몇 사람들
some men 몇몇 남자들
some women 몇몇 여자들

EX **Some people** are raising their hands. 몇몇 사람들이 손을 들고 있다.

▶ 여러 명 중 한 명 묘사

one of the people 사람들 중 한 명
one of the men 남자들 중 한 명
one of the women 여자들 중 한 명

EX **One of the people** is standing in front of meeting participants.
사람들 중 한 명이 회의 참가자들 앞에 서 있다.

One of the people is addressing meeting participants.
사람들 중 한 명이 회의 참가자들에게 연설하고 있다.

3. 1인 사진과 마찬가지로 주변 사물이나 풍경을 묘사하는 보기가 정답으로 나올 수 있다.

▸ 사물의 상태나 위치를 묘사하기 위해 현재 수동태 「be + p.p.」, 현재 완료 「have/has + p.p.」, 「There be + 명사」 등이 사용된다.

D 

E 

F 

EX Ⓓ The office **is equipped with** computers. 사무실에 컴퓨터가 갖춰져 있다.

Ⓔ The rear door of a truck **has been left** open. 트럭의 뒷문이 열려 있다.

Ⓕ A clock **is mounted** on the wall. 시계가 벽에 고정되어 있다.

4. 사진에 없는 동작 묘사나 단어가 들리면 오답 처리한다.

EX They **are driving** through a park. ⋯→ ⊗ 사진에 없는 동작
사람들이 공원을 차를 몰고 지나가고 있다.

One of the people **is inflating** a tire. ⋯→ ⊗ 사진에 없는 동작
사람들 중 한 명이 타이어에 바람을 넣고 있다.

One of the men **is opening** his backpack. ⋯→ ⊗ 사진에 없는 동작
남자들 중 한 명이 배낭을 열고 있다.

They are riding down the road. ⊙ 사람들이 자전거를 타고 도로를 지나고 있다.

5. 오답 함정에 주의한다.

▸ 사진 속 사물을 모두 언급하여 정답을 쉽게 가려낼 수 없게 만드는 교묘한 오답 함정이 등장한다.

▸ 개별적인 동작이 인물들의 공통 동작인 것처럼 묘사한 오답이 등장한다.

▸ 사물의 상태를 잘못 묘사한 오답이 등장한다.

▸ 사진 속 인물의 동작을 사진에 없는 사물을 이용하여 묘사한 오답이 등장한다.

2인 이상 사진 이렇게 풀면 만점!

1. 주어와 동사의 상태/동작 일치 여부를 확인하자.
2. 「be being + p.p.」는 사람의 동작이 있어야 정답이다.
3. 주변 사물과 풍경도 주의 깊게 살펴보자.
4. 사진 속에 등장하지 않는 동작이나 사물이 언급되면 재빨리 소거한다.
5. 오답 소거로 정답을 남기자.
6. 빈출 어휘가 정해져 있다. 미리 암기하자.

상태와 동작 구별하기 2

🔈 음성을 들으며 빈칸을 채우고 사진을 정확히 묘사한 문장에 V 표시를 하세요. (2번 들려줍니다.) P1-04 미국 영국

1. 타고 있다

Tip 사람들의 상태 및 동작을 빠르게 파악해야 한다. 보트에 탑승한 상태인지 탑승하려고 하는 동작인지를 잘 구분해야 한다.

Ⓐ Some people are ________ a boat. □

Ⓑ Some people are ________ a boat. □

Ⓒ They are ________ ________ a boat. □

가능한 정답

One of the people is holding an oar. 사람들 중 한 명이 노를 쥐고 있다.
The buildings are overlooking the water. 건물들이 물을 내려다보고 있다.

정답
Ⓐ boarding
Ⓑ riding
Ⓒ embarking on

해석
Ⓐ 몇몇 사람들이 보트에 탑승하는 중이다. [동작]
Ⓑ 몇몇 사람들이 보트를 타고 있다. [상태]
Ⓒ 사람들이 보트에 탑승하는 중이다. [동작]

2. 쓰고 있다

Tip '모자를 쓰다'를 나타내는 동사가 상태인지 동작인지를 잘 구별해야 한다.

Ⓐ Some men are ________ ________ hats. □

Ⓑ Some men are ________ hats. □

가능한 정답

Some men are playing instruments. 몇몇 남자들이 악기를 연주하고 있다.
Some men are performing outdoors. 몇몇 남자들이 야외에서 공연하고 있다.
Some men are holding instruments. 몇몇 남자들이 악기를 들고 있다.

정답
Ⓐ putting on
Ⓑ wearing

해석
Ⓐ 몇몇 남자들이 모자를 쓰는 중이다. [동작]
Ⓑ 몇몇 남자들이 모자를 쓰고 있다. [상태]

핵심 문제 유형

해설서 p.2

P1-05 호주

Q2

(A)

(B)

(C)

(D)

1 사진 살펴보기

❶ 인물의 상태 및 동작 확인하기 → 남자가 병을 잡고 있다/남자가 무릎을 꿇고 있다/여자가 몸을 구부리고 있다

❷ 주변 사물·풍경 확인하기 → 주방 기구가 조리대 위에 놓여 있다/재활용 박스 안에 병들이 담겨 있다/싱크대 아래 문 하나가 열려 있다

2 오답 소거하기

(A) A man is filling a recycling box with water.

⋯→ ⊗ 재활용 박스에 병을 담는 동작이지 물을 채우는(filling ~ with water) 동작이 아니므로 오답이다.

(B) A man is grasping a glass bottle. ⊙

(C) A woman is emptying a glass.

⋯→ ⊗ 유리잔을 비우는 동작이 아니므로 오답이다.

(D) A woman is serving a beverage.

⋯→ ⊗ 음료를 제공하는 동작이 아니므로 오답이다.

P1-06

Warm-up

해설서 p.3

5.

(A)

(B)

(C)

(D)

7.

(A)

(B)

(C)

(D)

6.

(A)

(B)

(C)

(D)

8.

(A)

(B)

(C)

(D)

Practice

음원 바로 듣기

P1-07

해설서 p.3

1.

(A)

(B)

(C)

(D)

2.

(A)

(B)

(C)

(D)

3.

(A)

(B)

(C)

(D)

4.

(A)

(B)

(C)

(D)

5.

(A)

(B)

(C)

(D)

6.

(A)

(B)

(C)

(D)

7.

(A)
(B)
(C)
(D)

10.

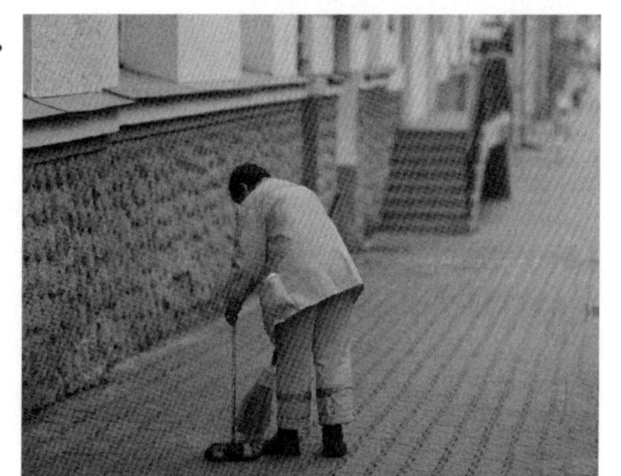

(A)
(B)
(C)
(D)

8.

(A)
(B)
(C)
(D)

11.

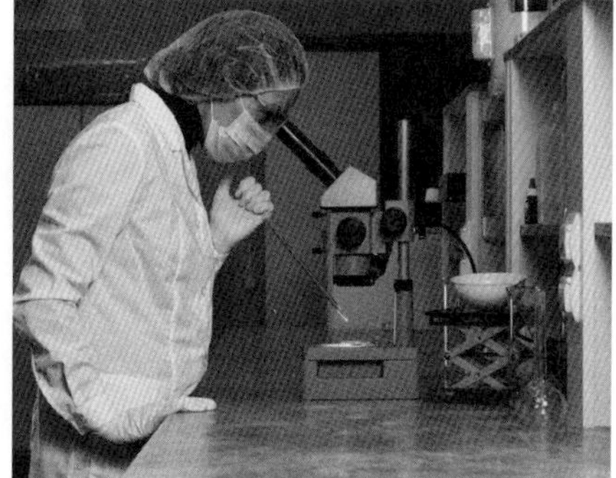

(A)
(B)
(C)
(D)

9.

(A)
(B)
(C)
(D)

12.

(A)
(B)
(C)
(D)

인물의 상태 및 동작 관련 필수 표현

1. 눈과 관련된 동작 표현

be looking 보고 있다
be reading 읽고 있다
be examining 살펴보고 있다
be gazing[staring] at ~을 바라보고 있다
be inspecting 점검하고 있다
be reviewing 검토하고 있다
be browsing 둘러보고 있다
be studying 들여다보고 있다
be checking 확인하고 있다
be glancing 훑어보고 있다
be viewing 보고 있다
be watching 보고 있다

- One of the men **is inspecting** some machinery. 남자들 중 한 명이 기계를 **점검하고 있다.**
- They **are reviewing** the contents of a notebook together. 사람들이 함께 노트의 내용을 **검토하고 있다.**
- A man **is examining** some merchandise at a store. 한 남자가 상점에서 상품들을 **살펴보고 있다.**
- Some shoppers **are browsing** at an outdoor market. 몇몇 쇼핑객들이 야외 시장을 **둘러보고 있다.**
- Some cyclists **are viewing** a city from a distance. 자전거를 탄 몇 명의 사람들이 멀리서 도시를 **보고 있다.**
- They **are gazing at** a large painting. 사람들이 커다란 그림을 **응시하고 있다.**
- Some people **are studying** a map. 몇몇 사람들이 지도를 **들여다보고 있다.**

2. 손과 관련된 동작 표현

be holding 들고 있다
be lifting[picking up] 들어 올리고 있다
be unloading (짐을) 내리고 있다
be stacking[piling] 쌓고 있다
be shaking hands 악수를 하고 있다
be handing out ~을 나누어 주고 있다
be pointing at ~을 가리키고 있다
be brushing (솔이나 손으로) 털고 있다
be grasping 잡고 있다
be carrying 나르고 있다, 가지고 있다
be hanging 걸고 있다
be (re)stocking (다시) 채우고 있다
be reaching 손을 뻗고 있다
be distributing 나누어 주고 있다
be putting away ~을 치우고 있다
be trimming 다듬고 있다
be grabbing[gripping] 잡고 있다
be loading (짐을) 싣고 있다
be adjusting 조절하고 있다
be waving (손을) 흔들고 있다
be extending (손을) 뻗고 있다
be passing[handing over] 건네주고 있다
be greeting each other 서로 인사하고 있다
be mowing (잔디, 풀 등을) 깎고 있다

- A man **is holding** a cane. 한 남자가 지팡이를 **들고 있다.**
- A man **is picking up** an umbrella. 한 남자가 우산을 **집어 올리고 있다.**
- A man **is carrying** some boxes. 한 남자가 상자를 **나르고 있다.**
- A woman **is carrying** a handbag. 한 여자가 핸드백을 **가지고 있다.**
- Workers **are loading** a truck. 인부들이 트럭에 **짐을 싣고 있다.**
- A man **is hanging** a picture on the wall. 한 남자가 그림을 벽에 **걸고 있다.**
- She **is adjusting** her chair. 여자가 자기의 의자를 **조절하고 있다.**
- A woman **is stacking** chairs by the wall. 한 여자가 벽 옆에 의자를 **쌓고 있다.**
- The man **is restocking** some supplies on a shelf. 남자가 선반에 물건을 **다시 채우고 있다.** [동작]
- A cabinet **has been stocked** with supplies. 보관함이 물건들로 **채워져 있다.** [상태]
- Some people **are waving** their hands at the dock. 몇몇 사람들이 부두에서 손을 **흔들고 있다.**
- One of the women **is reaching** under the counter. 여자들 중 한 명은 계산대 아래로 **손을 뻗고 있다.** [동작]
- One of the women **is extending** her arm. 여자들 중 한 명은 팔을 **뻗고 있다.** [동작]
- A man's arms **are extended** over a desk. 한 남자의 팔이 책상 위로 **뻗어져 있다.** [상태]
- She **is handing out** some documents. 여자가 서류를 **나누어 주고 있다.**
- One of the women **is passing** a paper to the other. 여자들 중 한 명이 상대방에게 신문을 **건네주고 있다.**
- A woman **is pointing at** a whiteboard. 한 여자가 화이트보드를 **가리키고 있다.**
- A man **is putting away** a box. 한 남자가 상자를 **치우고 있다.**
- The man **is brushing** snow off a window. 남자가 창문에 있는 눈을 **털고 있다.**
- A worker **is trimming** shrubs. 한 인부가 관목을 **다듬고 있다.**

3. 발·다리와 관련된 동작 표현

be ascending 올라가고 있다
be walking up 올라가고 있다
be walking down 내려가고 있다
be exiting 내리고 있다
be heading 향하고 있다, 가고 있다
be walking past ~을 지나가고 있다
be going up 올라가고 있다
be stepping up[onto] 오르고 있다
be stepping down 내리고 있다
be walking 걷고 있다, 산책하고 있다
be approaching 다가가고 있다
be crossing 건너고 있다
be climbing up 올라가고 있다
be descending 내려가고 있다
be getting out[off] 내리고 있다
be strolling 산책하고 있다
be passing 지나가고 있다

- People **are ascending** a staircase. 사람들이 계단을 **올라가고 있다.**
- People **are stepping onto** a boat from a pier. 사람들이 부두에서 배에 **오르고 있다.**
- People **are descending** a staircase. 사람들이 계단을 **내려가고 있다.**
- A woman **is stepping down** from a train. 한 여자가 기차에서 **내리고 있다.**
- The men **are walking** through a garden. 남자들이 정원을 지나서 **걷고 있다.**
- Some people **are strolling** along the body of water. 몇몇 사람들이 물가를 따라 **산책하고 있다.**
- Some people **are heading** toward an aircraft. 몇몇 사람들이 비행기를 향해 **가고 있다.**
- Some women **are approaching** an entrance. 몇몇 여자들이 출입구로 **다가가고 있다.**
- Some people **are passing** through a doorway. 몇몇 사람들이 문을 **지나가고 있다.**
- A woman **is walking past** a bench. 한 여자가 벤치를 **지나가고 있다.**
- A man **is crossing** at an intersection. 한 남자가 교차로에서 길을 **건너고 있다.**

4. 자세와 관련된 표현

be leaning 기대고 있다, 숙이고 있다
be squatting 쪼그려 앉아 있다
be standing 서 있다
be kneeling 무릎을 꿇고 있다
be sitting 앉아 있다
be facing 마주 보고 있다
be bending (몸을) 굽히다, 숙이다
be seated 앉아 있다
be facing away 등지고 있다

- A man **is leaning** against a pole. 한 남자가 기둥에 **기대고 있다.**
- A man **is kneeling** beside a flower garden. 한 남자가 꽃밭 옆에서 **무릎을 꿇고 있다.**
- He **is kneeling** to fix the tire of a truck. 남자가 트럭의 타이어를 고치기 위해 **무릎을 꿇고 있다.**
- A woman **is bending** over a desk. 한 여자가 책상 위로 **몸을 숙이고 있다.**
- A woman **is squatting** down to take a photo. 한 여자가 사진을 찍기 위해 **쪼그려 앉아 있다.**
- She **is sitting** on a stool. 여자가 등받이 없는 의자에 **앉아 있다.**
- They **are seated** in a waiting area. 사람들이 대기실에 **앉아 있다.**
- A woman **is standing** next to some chairs. 한 여자가 의자 옆에 **서 있다.**
- A woman **is facing** a window. 한 여자가 창문을 **마주 보고 있다.**
- A woman **is facing away** from a table. 한 여자가 탁자를 **등지고 있다.**

5. 착용과 관련된 표현

be wearing 입고 있다 [상태]
be lacing up (신발 끈을) 매고 있다
be buttoning 단추를 채우고 있다
be loosening 풀고 있다
be trying on 입어 보고 있다 [동작]
be fastening 매고 있다
be zipping up 지퍼를 올리고 있다
be taking off 벗고 있다
be putting on 입고 있다 [동작]
be tying 묶고 있다
be rearranging 재배치하고 있다
be removing 벗고 있다, 꺼내고 있다

- He **is wearing** a jacket. 남자가 재킷을 **입고 있다.**
- A man **is trying on** a business suit. 한 남자가 정장을 **입어 보고 있다.**
- One of the women **is putting on** a scarf. 여자들 중 한 명이 스카프를 **매고 있다.**
- A woman **is lacing up** her shoe. 한 여자가 신발 끈을 **매고 있다.**
- A woman **is fastening** an apron. 한 여자가 앞치마를 **매고 있다.**
- She **is taking off** her glasses. 여자가 안경을 **벗고 있다.**

사물·풍경 사진 공략

사물 · 풍경 사진은 매회 1~2문제가 출제되며 사진 속에 사람이 등장하지 않는 사진이다. 실내나 실외의 사물과 풍경을 중심으로 묘사하는 문장들이 출제된다. 따라서 사물의 상태나 위치, 사진의 배경 등에 주목해서 보기를 들어야 한다.

문제 풀이 전략

1. 사물의 상태나 위치를 묘사할 때는 주로 수동태와 현재 완료 시제가 많이 쓰인다.

- ▸ 현재 수동태 「**be + p.p.**」: 주어가 ~되어 있다
- ▸ 현재 완료 「**have/has + p.p.**」: 주어가 ~했다
- ▸ 현재 진행 「**be + V-ing**」: 주어가 ~하는 중이다[주어가 ~하고 있다]
- ▸ 「**There be + 명사**」: 주어가 (~에) 있다

A 

B 

C 

EX Ⓐ The room **is illuminated** by a lamp. 방이 전등으로 환히 밝혀져 있다.
There is a lamp on the table. 탁자 위에 램프가 있다.

Ⓑ Wheelbarrows **have been left** near a column. 손수레들이 기둥 옆에 놓여 있다.

Ⓒ Some cushions **have been placed** on the sofa. 몇몇 쿠션들이 소파 위에 놓여 있다.
A picture **is hanging** on the wall. 그림이 벽에 걸려 있다.
There are some light fixtures on the ceiling. 천장에 조명 기구들이 있다.

2. 사람 명사가 언급되면 오답이다.

EX The beach is crowded with **people**. ⊗
해변이 사람들로 붐비고 있다.

Some **people** are strolling along the water. ⊗
몇몇 사람들이 물을 따라 거닐고 있다.

3. 현재 진행 수동태 「be being + p.p.」는 오답이다.

▸ 현재 진행 수동태 「be being + p.p.」는 '~되는 중이다'라는 뜻으로 '사람의 동작'을 묘사하므로 사람이 없는 사물 및 풍경 사진에서는 오답으로 소거한다.

EX Some trees **are being planted** on both sides of the road. ⊗
몇몇 나무들이 도로 양쪽으로 심기는 중이다.

Some leaves **are being raked** on the sidewalk. ⊗
몇몇 나뭇잎들이 인도에서 갈퀴질되는 중이다.

Some houses **are being built.** ⊗ 몇몇 집들이 지어지는 중이다.

Some cars are parked along the street. ⊙ 몇몇 차들이 길을 따라 주차되어 있다.

✓ 「be being + p.p.」에도 예외가 있다. 사람의 동작이 없어도 정답으로 나올 수 있는 「be being + p.p.」!

display	be being displayed ~이 진열되어 있다
cast	be being cast ~이 드리워져 있다
grow	be being grown ~이 자라고 있다

4. 다양한 사물이 주어로 등장하므로 빈출 어휘를 암기해 두자.

EX **Chairs** are unoccupied. 의자들이 비어 있다.

The **light** is hanging from the ceiling. 등이 천장에 걸려 있다.

A **rug** is lying on the floor. 깔개가 바닥에 깔려 있다.

5. 오답 함정에 주의한다.

▸ 인물의 행동을 묘사하는 현재 진행 수동태 「be being + p.p.」를 사용한 보기는 일단 의심하고 듣는다.

▸ 사람이 없는 사진에 사람 명사가 언급되면 바로 오답으로 소거한다.

▸ 사진에 등장하지 않는 사물을 언급한 오답에 주의한다.

EX Some flowers **are being planted.** ⊗ 몇몇 꽃들이 심기는 중이다.

A woman is walking down the stairs. ⊗ 한 여자가 계단을 내려오고 있다.

Flowers are surrounded by a **fence.** ⊗ 꽃들이 울타리로 둘러싸여 있다.

사물·풍경 사진 이렇게 풀면 만점!

1. 사람 명사가 들리면 재빨리 소거한다.
2. 「be being + p.p.」를 사용한 보기는 버린다.
3. 「be being + p.p.」의 예외를 암기하자.
4. 사물의 위치가 제대로 묘사됐는지 끝까지 듣는다.

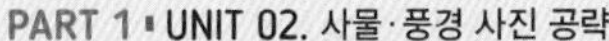

「be being + p.p.」 제대로 듣기

음성을 들으며 빈칸을 채우고 사진을 정확히 묘사한 문장에 V 표시를 하세요. (2번 들려줍니다.) P1-08 미국 영국

1. 놓여 있다 VS. 놓이고 있다

Tip 사진을 전체적으로 살펴본 후 들리는 주어에 시선을 고정하고 음성을 끝까지 들어야 한다.

Ⓐ Some microphones ______ ______ ______ on a conference table. ☐

Ⓑ Some microphones ______ ______ ______ on a conference table. ☐

정답
Ⓐ are being placed
Ⓑ have been set

해석
Ⓐ 몇몇 마이크들이 회의실 테이블 위에 놓이고 있다.
Ⓑ 몇몇 마이크들이 회의실 테이블 위에 놓여 있다.

가능한 정답

Some documents are scattered on the table. 몇몇 문서들이 테이블 위에 흩어져 있다.
None of the seats are occupied. 자리에 아무도 앉아 있지 않다.

2. 진열되어 있다 VS. 걸리고 있다

Tip 예외적으로 사람이 등장하지 않는 사진에서도 「be being + p.p.」가 정답으로 나올 수 있다는 것을 기억하자.

Ⓐ Some merchandise ______ ______ ______ in the store. ☐

Ⓑ Some posters ______ ______ ______ on the wall. ☐

정답
Ⓐ is being displayed
Ⓑ are being hung

해석
Ⓐ 몇몇 상품이 가게 안에 진열되어 있다.
Ⓑ 몇몇 포스터들이 벽에 걸리고 있다.

가능한 정답

Some bags are hanging on the rack. 몇몇 가방들이 걸이에 걸려 있다.
Some books are piled on top of each other. 몇몇 책들이 차곡차곡 쌓여 있다.

핵심 문제 유형

해설서 p.5

P1-09 영국

Q1

(A)
(B)
(C)
(D)

1 사진 살펴보기

주변 사물·풍경 확인하기 → 가구 전시장으로 보이는 곳에 소파들이 진열되어 있다/쿠션들이 소파 위에 놓여 있다/담요들이 소파에 걸쳐 있다/천장에 조명이 켜져 있다

2 오답 소거하기

(A) Some cushions are being organized.
⋯→ ⊗ 사람이 없는 사진에 사람의 동작을 나타내는 「be being + p.p.」가 나왔으므로 오답이다.

(B) Some furniture is stacked on top of one another.
⋯→ ⊗ 가구는 보이지만, 쌓여 있는(is stacked) 상태가 아니므로 오답이다.

(C) Some sofas have been set up in a display area. ⊙

(D) Some sheets have been draped on a table.
⋯→ ⊗ 천은 보이지만, 테이블에 천이 씌워져 있는(have been draped) 상태가 아니므로 오답이다.

P1-10

Warm-up

해설서 p.5

1.

(A)
(B)
(C)
(D)

2.

(A)
(B)
(C)
(D)

3.

(A)
(B)
(C)
(D)

4.

(A)
(B)
(C)
(D)

Practice

음원 바로 듣기

P1-11

해설서 p.6

1.

(A)

(B)

(C)

(D)

4.

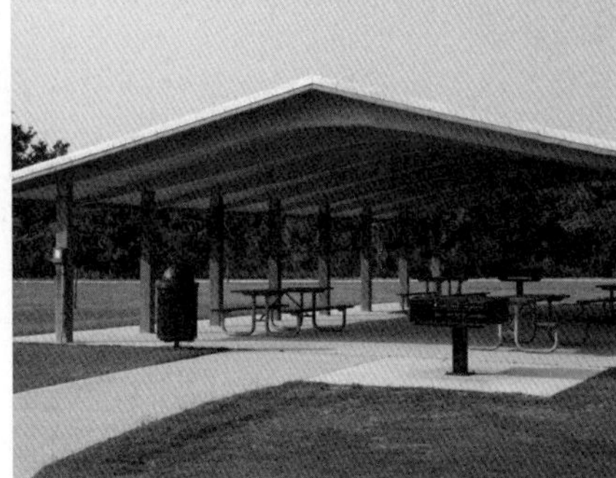

(A)

(B)

(C)

(D)

2.

(A)

(B)

(C)

(D)

5.

(A)

(B)

(C)

(D)

3.

(A)

(B)

(C)

(D)

6.

(A)

(B)

(C)

(D)

7.

(A)

(B)

(C)

(D)

10.

(A)

(B)

(C)

(D)

8.

(A)

(B)

(C)

(D)

11.

(A)

(B)

(C)

(D)

9.

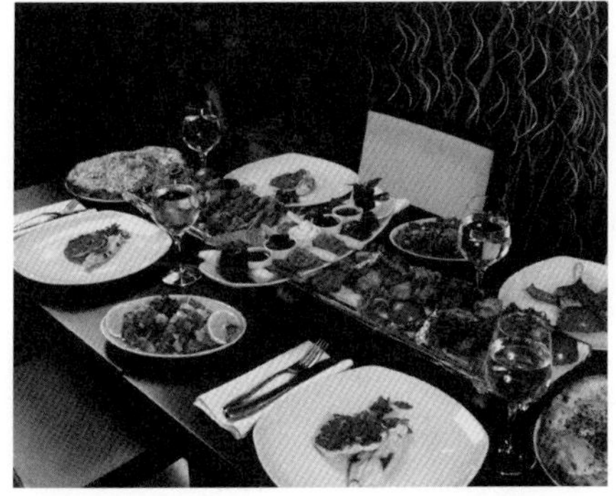

(A)

(B)

(C)

(D)

12.

(A)

(B)

(C)

(D)

사물 관련 빈출 동사 표현

1. 사물의 위치를 나타내는 동사 표현

be placed 놓여 있다
be sitting 놓여 있다
be set 놓여 있다
be left unattended 방치되어 있다
be stacked 쌓여 있다
be mounted 고정되어 있다
be strewn 흩어져 있다
be organized 정리되어 있다
be attached 부착되어 있다
be put 놓여 있다
be situated 놓여 있다
be laid 놓여[깔려] 있다
be draped 걸쳐져 있다
be propped against ~에 받쳐 놓여 있다
be spread 펼쳐져 있다
be parked 주차되어 있다
be arranged 정리되어[배열되어] 있다
litter 흐트러져 어지럽히다
be positioned 놓여 있다
be lying (바닥에) 놓여 있다
be left 놓여 있다
be piled 쌓여 있다
be leaning against ~에 기대어 있다
be scattered 흩어져 있다
be erected 세워져 있다
line ~을 따라 늘어서 있다
be taken apart 분해되어 있다

- A briefcase **is lying** open on a sofa. 서류 가방이 소파 위에 열린 채 **놓여 있다.**
- Some bags **have been set** on the ground. 가방 몇 개가 바닥에 **놓여 있다.**
- A shopping cart **has been left** by some bushes. 쇼핑 카트 하나가 덤불 옆에 **놓여 있다.**
- Some gardening equipment **has been left** outside. 몇몇 원예용 장비가 바깥에 **놓여 있다.**
- Some carts **have been left unattended.** 몇몇 카트들이 **방치되어 있다.**
- A sweater **is draped** over a chair. 스웨터가 의자에 **걸쳐져 있다.**
- Branches **are piled** on a lawn. 나뭇가지들이 잔디 위에 **쌓여 있다.**
- Baskets **have been stacked** near a cash register. 바구니들이 금전 등록기 근처에 **쌓여 있다.**
- Poles **are propped against** the railing. 막대기들이 난간에 **받쳐 놓여 있다.**
- A telephone **has been mounted** on a wall. 전화기가 벽에 **고정되어 있다.**
- Some photographs **are spread** out on the table. 사진 몇 장이 탁자 위에 **펼쳐져 있다.**
- Some bicycle parts **are strewn** on the ground. 자전거 부품 몇 개가 바닥 위에 **흩어져 있다.**
- Cars **are parked** on the road. 자동차들이 길에 **주차되어 있다.**
- Some scaffolding **has been erected** against a building. 건축용 발판이 건물에 **기대어 세워져 있다.**
- Magazines **have been organized** in a rack. 잡지가 선반에 **정리되어 있다.**
- Some merchandise **is arranged** on shelves. 상품들이 선반에 가지런히 **정리되어 있다.**
- Columns **line** a walkway. 기둥들이 통로를 **따라 늘어서 있다.**
- A lamp **has been attached** to the wall. 램프가 벽에 **부착되어 있다.**
- Broken pots **litter** the factory floor. 깨진 화분들이 **흩어져** 공장 바닥을 **어지럽히고 있다.**
- A laptop computer **has been taken apart** on the table. 노트북 컴퓨터가 테이블 위에 **분해되어 있다.**

2. 기타 사물의 위치나 상태를 나타내는 동사 표현

lead to ~으로 이어지다
span 가로지르다
be floating 떠 있다
border 경계를 이루다
be removed 제거되다
be stocked with ~으로 채워져 있다
be pushed against ~에 밀어 붙여져 있다
be reflected (in) (~에) 비치다
be packed with ~으로 가득 차 있다
run (도로 등이) 이어지다, 뻗다
be occupied 사용 중이다
be traveling 이동하고 있다
cast a shadow 그림자를 드리우다
be chained 체인으로 묶여 있다
be covered with ~으로 덮여 있다
be equipped with ~이 갖춰져 있다
be full of ~으로 가득 차 있다
extend (길 등이) 뻗다, 퍼지다
be unoccupied 비어 있다
overlook 내려다보다
be shaded 그늘져 있다
be facing 향해 있다
be illuminated 환히 밝혀져 있다
be left open 열린 채로 있다
be filled with ~으로 가득 차 있다

- A bridge **leads to** some buildings. 다리 하나가 건물들로 **이어져 있다**.
- A path **extends** along the shore. 길이 해변을 따라 **뻗어 있다**.
- A bridge **spans** a river. 다리가 강을 **가로지르고 있다**.
- All of the seats **are occupied**. 모든 좌석이 **사용 중이다**.
- Some seats **are unoccupied**. 좌석 몇 개가 **비어 있다**.
- Several boats **are floating** in a harbor. 보트 몇 척이 항구에 **떠 있다**.
- A boat **is traveling** along a waterway. 배 한 척이 수로를 따라 **이동하고 있다**.
- Cars **are traveling** in opposite directions. 차들이 반대 방향으로 **이동하고 있다**.
- A bridge **overlooks** the water. 다리에서 물이 **내려다보인다**.
- Trees **overlook** a garden. 나무들이 공원을 **내려다보고 있다**.
- A fence **borders** one side of a patio. 울타리가 테라스 한쪽의 **경계를 이루고 있다**.
- **Shadows are being cast** on a patio. **그늘이** 테라스에 **드리워지고 있다**.
- A path **is shaded** by some trees. 길이 나무 몇 그루에 의해 **그늘져 있다**.
- A lid **has been removed** from a paint can. 페인트 깡통에서 뚜껑이 **제거되었다**.
- A bicycle **is chained** near a gate. 자전거 한 대가 문 근처에 **체인으로 묶여 있다**.
- A row of windows **is facing** a street. 일렬의 창문들이 거리를 **향해 있다**.
- Shelves **are stocked with** merchandise. 선반들이 상품으로 **채워져 있다**.
- A desk **is covered with** papers. 책상이 서류로 **덮여 있다**.
- The stadium **is illuminated** by lamps. 경기장이 램프에 의해서 **환히 밝혀져 있다**.
- The office **has been equipped with** computers. 사무실에 컴퓨터가 **갖춰져 있다**.
- A door **has been left open**. 문이 **열린 채로 있다**.
- Trees **are reflected in** the water. 나무들이 물에 **비치고 있다**.
- The shelves **are filled with** goods. 선반들이 상품들로 **가득 차 있다**.

상황별 공략

음원 바로 듣기

Part 1은 각 사진의 장소와 상황에 따라 자주 나오는 단어가 어느 정도 정해져 있다. 장소 및 상황별 빈출 어휘를 암기하고 정답 찾기가 아닌 오답 버리기로 Part 1 만점에 도전하자.

문제 풀이 전략

1. 거리·교통 사진 빈출 상황

- 자동차·자전거·오토바이 등이 길가에 세워져 있는 모습
- 버스·기차·자동차·배 등을 타거나 내리는 사람(들)
- 기차역 등의 플랫폼에서 탑승을 위해 기다리는 사람(들)
- 거리를 걷는 사람(들)
- 횡단보도를 건너거나 신호를 기다리는 사람(들)
- 자전거나 오토바이를 타는 사람(들)
- 자동차·자전거 등을 수리하는 모습
- 자전거 타이어에 공기를 넣거나 자동차 주유하는 모습

사람 묘사 정답 표현

거리	People are crossing the street. 사람들이 길을 건너고 있다. A woman is strolling along the path. 한 여자가 길을 따라 걷고 있다. A man is walking with a bike. 한 남자가 자전거를 끌고 걸어가고 있다. The man is directing traffic. 남자가 교통 정리를 하고 있다. They are waving at each other. 사람들이 서로를 향해 손을 흔들고 있다.
교통	People are boarding a train. 사람들이 기차에 타고 있다. [타는 동작] People are riding a boat. 사람들이 보트를 타고 있다. [타 있는 상태] A woman is getting into a vehicle. 한 여자가 차에 타고 있다. [타는 동작] People are waiting to board a bus. 사람들이 버스를 타기 위해 기다리고 있다. People are stepping down from a train. 사람들이 기차에서 내리고 있다. A man is exiting a car. 한 남자가 차에서 내리고 있다. People are disembarking from a bus. 사람들이 버스에서 내리고 있다. People are heading toward an aircraft. 사람들이 비행기를 향해 걸어가고 있다. People are using a ramp to board a boat. 사람들이 보트에 타려고 경사로를 이용하고 있다.
자동차	A man is loading/unloading a truck. 한 남자가 짐을 트럭에 싣고/트럭에서 내리고 있다. He is inspecting under the hood of the car. 남자가 자동차 보닛 아래를 살펴보고 있다. He is working on a vehicle. 남자가 차를 수리하고 있다. He is clearing snow from a car. 남자가 차에 쌓인 눈을 치우고 있다. She is washing a car with a piece of cloth. 여자가 헝겊으로 차를 닦고 있다. A man is securing a car for towing. 한 남자가 견인을 위해 차를 고정하고 있다. A car is being repaired. 차 한 대가 수리되고 있다. A car is being towed. 차 한 대가 견인되고 있다. A car is being fueled at a gas station. 차 한 대가 주유소에서 주유되고 있다.

자전거		A woman is riding a bicycle. 한 여자가 자전거를 타고 있다. [타 있는 상태] A woman is wearing a helmet. 한 여자가 헬멧을 착용하고 있다. [착용한 상태] A woman is putting air into a tire. 한 여자가 타이어에 공기를 넣고 있다. A tire is being inflated. 타이어에 공기가 넣어지고 있다. Some spokes on a wheel are being inspected. 바퀴의 바큇살 몇 개가 점검되고 있다.

✓ 사물•풍경 묘사 정답 표현

거리		Some cars are parked side by side. 몇몇 차들이 나란히 주차되어 있다. A motorcycle is parked by a curb. 오토바이 한 대가 도로 경계석 옆에 주차되어 있다. Vehicles are parked in a multilevel structure. 차량들이 다층 건물에 주차되어 있다. Some trees line a street. 몇몇 나무들이 길을 따라 늘어서 있다. Trees are planted on both sides of the street. 나무들이 길 양쪽에 심겨 있다. A stairway is divided by a handrail. 계단이 난간으로 나누어져 있다. Some road signs are hanging from the ceiling. 몇몇 도로 표지판들이 (터널) 천장에 매달려 있다.
기차		A train is approaching the platform. 열차 한 대가 승강장에 접근하고 있다. The train is stopped at the station. 열차가 역에 정차해 있다. A train has arrived at a platform. 열차 한 대가 승강장에 도착했다. Some train rails run alongside a building. 몇몇 기차선로들이 건물 옆으로 나 있다.
비행기		Some airplanes are parked in front of the terminal. 몇몇 비행기들이 터미널 앞에 정차되어 있다. An airplane is descending toward the runway. 비행기 한 대가 활주로를 향해 하강하고 있다. An airplane is taking off from a runway. 비행기 한 대가 활주로에서 이륙하고 있다. A vehicle is transporting some cargo. 차량 한 대가 화물을 운반하고 있다. Some overhead storage compartments are open. 머리 위 짐칸 몇 개가 열려 있다.

P1-12

Warm-up

해설서 p.8

1.

(A)
(B)
(C)
(D)

2.

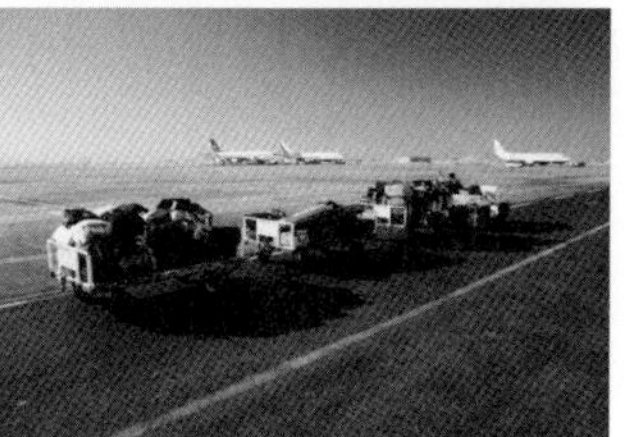

(A)
(B)
(C)
(D)

3.

(A)
(B)
(C)
(D)

4.

(A)
(B)
(C)
(D)

2. 실내 업무 사진 빈출 상황

- ▶ 사무실에서 일하는 모습
- ▶ 서류를 보거나 들고 있거나 건네주는 모습
- ▶ 복사기 등 사무기기를 이용하는 모습
- ▶ 회의실에 사람들이 모여 있거나 발표하는 모습
- ▶ 실험실에서 현미경을 들여다보는 모습
- ▶ 사무실·회의실·실험실 등의 사물 묘사

사람 묘사 정답 표현

구분	표현
사무실	She is working at a desk. 여자가 책상에서 일하고 있다. She is operating some office equipment. 여자가 사무기기를 사용하고 있다. She is using a laptop computer. 여자가 노트북을 사용하고 있다. He is looking at a sheet of paper. 남자가 서류를 검토하고 있다. He is standing in front of a workstation. 남자가 작업 공간 앞에 서 있다. He is copying some documents. 남자가 서류를 복사하고 있다. She is writing on a piece of paper. 여자가 종이에 적고 있다. She is looking in a drawer. 여자가 서랍 안을 들여다보고 있다. She is reaching for a document. 여자가 서류를 향해 손을 뻗고 있다. He is wearing a tie. 남자가 넥타이를 매고 있다. A man is giving a card. 한 남자가 카드를 건네고 있다. They are having a discussion. 사람들이 토론하고 있다. She is talking on the phone. 여자가 전화하고 있다. They are sitting side by side. 사람들이 나란히 앉아 있다. He is putting his jacket on a rack. 남자가 옷걸이에 재킷을 걸고 있다. He is placing documents in a folder. 남자가 폴더에 서류를 놓고 있다. He is filing a document. 남자가 서류를 정리하고 있다. They are assembled at a workstation. 사람들이 책상 주위에 모여 있다. He is plugging a power cord into a wall outlet. 남자가 벽 콘센트에 전선을 꽂고 있다. He is typing on a keyboard. 남자가 키보드를 치고 있다.
회의실	A woman is standing in front of an audience. 한 여자가 청중 앞에 서 있다. A woman is standing at a podium. 한 여자가 연단에 서 있다. A woman is addressing meeting participants. 한 여자가 회의 참가자들에게 연설하고 있다. A woman is delivering a presentation. 한 여자가 발표하고 있다. A woman is facing the audience. 한 여자가 청중을 마주 보고 있다. They are meeting in a conference room. 사람들이 회의실에 모여 있다. People are gathered around a table. 사람들이 탁자 주위에 모여 있다. People are attending a meeting. 사람들이 회의에 참석하고 있다. A man is writing on a whiteboard. 한 남자가 화이트보드에 쓰고 있다. A man is distributing some documents. 한 남자가 서류를 나눠 주고 있다. A woman is handing some paper. 한 여자가 종이를 건네주고 있다. A woman is reviewing a document. 한 여자가 서류를 검토하고 있다. The room is filled with people. 방이 사람들로 가득 차 있다.

실험실		She is wearing a lab coat. 여자가 실험복을 입고 있다. She is wearing safety gear. 여자가 안전 장비를 착용하고 있다. She is peering into a microscope. 여자가 현미경을 들여다보고 있다. She is looking into a cabinet. 여자가 보관함 안을 들여다보고 있다. Some laboratory equipment is being used. 몇몇 실험실 장비가 사용되고 있다.

✔ 사물•풍경 묘사 정답 표현

사무실		A workstation is unoccupied. 작업 공간이 비어 있다. None of the workstations are occupied. 작업 공간에 아무도 없다. Various objects are spread on top of the desk. 여러 물건이 책상 위에 흩어져 있다. A cabinet has been stocked with binders. 보관함 하나가 바인더로 채워져 있다. Desks are positioned one in front of the other. 책상들이 직렬로 놓여 있다. Some chairs have been stacked. 몇몇 의자들이 쌓여 있다. Potted plants are arranged on the desk. 화분들이 책상 위에 가지런히 놓여 있다. Some cords are lying across the top of a counter. 몇몇 전선들이 작업대 위에 걸쳐져 있다. The office has been equipped with computers. 사무실에 컴퓨터가 갖춰져 있다. Workstations are separated by a glass partition. 작업 공간이 유리 칸막이로 구분되어 있다. Some papers are posted on a bulletin board. 몇몇 서류들이 게시판에 게시되어 있다.
회의실		Some seats are unoccupied. 몇몇 자리가 비어 있다. Some chairs have been pushed under a table. 몇몇 의자들이 탁자 아래로 들어가 있다. A whiteboard is propped against the wall. 화이트보드 하나가 벽에 받쳐 놓여 있다. Some papers are spread out on a desk. 몇몇 서류들이 책상 위에 흩어져 있다.
실험실		Various objects are spread out on a counter. 여러 물건이 작업대 위에 흩어져 있다. A piece of equipment has been placed on a countertop. 장비 하나가 작업대 위에 놓여 있다. Some equipment is laid out on a work surface. 몇몇 장비가 작업대 위에 놓여 있다. Shelves have been stocked with supplies. 선반들이 물품들로 채워져 있다.

P1-13

Warm-up

해설서 p.9

5. 

(A)

(B)

(C)

(D)

7. 

(A)

(B)

(C)

(D)

6. 

(A)

(B)

(C)

(D)

8. 

(A)

(B)

(C)

(D)

3. 실외 작업 사진 빈출 상황

- 공사나 수리를 하는 모습
- 삽·망치·톱 등 연장을 이용하는 모습
- (중)장비를 사용하는 모습
- 공사 자재들이 놓여 있는 모습
- 안전 장비를 착용하고 있는 사람(들)
- 페인트를 칠하거나 건설 자재를 나르는 모습
- 사다리가 기대어져 있는 모습
- 정원을 손질하는 모습

사람 묘사 정답 표현

야외 공사장		The building is under construction. 건물이 공사 중이다. A building is being constructed. 건물이 지어지고 있다. A man is kneeling down. 한 남자가 무릎을 꿇고 있다. A man is pushing a wheelbarrow. 한 남자가 손수레를 밀고 있다. They are loading a truck. 사람들이 트럭에 짐을 싣고 있다. A woman is holding a paintbrush. 한 여자가 페인트 붓을 쥐고 있다. A woman is securing a box with tape. 한 여자가 상자를 테이프로 감고 있다. A man is using a shovel to move some dirt. 한 남자가 흙을 옮기려고 삽을 이용하고 있다. A woman is studying a drawing. 한 여자가 도면을 살펴보고 있다. A man is carrying boxes up a ramp. 한 남자가 비탈길 위로 상자들을 옮기고 있다. A man is sweeping the street. 한 남자가 길을 쓸고 있다. A man is emptying a bucket. 한 남자가 양동이를 비우고 있다. A man is stowing tools in the back of a car. 한 남자가 연장들을 차 뒤에 싣고 있다. A man is coiling some ropes. 한 남자가 밧줄을 감고 있다. A man is erecting a brick structure. 한 남자가 벽돌 구조물을 세우고 있다. A man is taking measurements. 한 남자가 치수를 재고 있다. He is wearing a tool belt. 남자가 공구 벨트를 착용하고 있다. Construction workers are demolishing a building. 공사 작업자들이 건물을 부수고 있다. The man is welding a steel pipe. 남자가 강철관을 용접하고 있다. The man is drilling a hole. 남자가 드릴로 구멍을 내고 있다. The man is hammering a nail. 남자가 못을 박고 있다. They are pouring cement. 사람들이 시멘트를 붓고 있다. They are lifting a wooden plank. 사람들이 나무판자를 들어 올리고 있다.
정원		She is raking the leaves. 여자가 낙엽을 긁어모으고 있다. The man is trimming bushes. 남자가 덤불을 다듬고 있다. She is watering a plant. 여자가 식물에 물을 주고 있다. The man is working with a shovel. 남자가 삽으로 작업을 하고 있다. The man is planting trees. 남자가 나무를 심고 있다. He is mowing the lawn. 남자가 잔디를 깎고 있다. He is cutting the grass. 남자가 잔디를 깎고 있다. The woman is lifting a watering can. 여자가 물뿌리개를 들어 올리고 있다.

도로 공사		They are paving a street. 사람들이 도로를 포장하고 있다. Workers are repaving a walkway. 인부들이 보도를 다시 포장하고 있다. Workers are resurfacing the road. 인부들이 도로를 다시 깔고 있다. A man is maneuvering a machine. 한 남자가 기계를 조종하고 있다. A man is painting lines in a parking area. 한 남자가 주차장에서 선을 그리고 있다. A brick wall is being measured. 벽돌 벽의 치수가 재어지고 있다.

✅ 사물•풍경 묘사 정답 표현

야외 공사장		Some ladders are leaning against a house. 몇몇 사다리들이 집에 기대어져 있다. Some ladders have been set up in a workspace. 몇몇 사다리들이 공사장에 설치되어 있다. Some tools are spread out on a platform. 몇몇 공구들이 작업대 위에 흩어져 있다. Some scaffolding has been erected against a stone wall. 몇몇 건축용 발판이 돌벽에 기대어 세워져 있다. Ladders of various heights are propped against a building. 다양한 높이의 사다리들이 건물에 받쳐 놓여 있다. Some bricks are laid on the road. 몇몇 벽돌들이 도로에 깔려 있다.
정원		Trees are growing in the garden. 나무들이 정원에 자라고 있다. A fence borders one side of a patio. 울타리 하나가 테라스 한쪽의 경계를 이루고 있다. Some gardening equipment has been left outside. 몇몇 원예용 장비가 밖에 놓여 있다. There is a rake leaning against a wall. 갈퀴가 벽에 기대어 있다. Some brooms have been placed next to a bin. 몇몇 빗자루들이 쓰레기통 옆에 놓여 있다. A water sprinkler is irrigating a farm. 스프링클러가 농장에 물을 대고 있다. Some tree trunks are stacked in a pile. 몇몇 나무줄기들이 한 더미로 쌓여 있다.

P1-14

Warm-up

해설서 p.10

9.

(A)
(B)
(C)
(D)

11.

(A)
(B)
(C)
(D)

10.

(A)
(B)
(C)
(D)

12.
(A)
(B)
(C)
(D)

4. 야외·여가 활동 사진 빈출 상황

- ▶ 악기를 연주하는 모습
- ▶ 공연을 관람하는 모습
- ▶ 미술관 등에서 작품을 감상하는 모습
- ▶ 야외에서 산책하거나 자전거를 타는 모습
- ▶ 공원 벤치에 앉아서 휴식을 취하는 모습
- ▶ 자전거를 타고 산이나 바위를 오르는 모습
- ▶ 해변에서 시간을 보내는 모습

✔ 사람 묘사 정답 표현

공연·미술관	The people are playing instruments. 사람들이 악기를 연주하고 있다. The people are holding a musical instrument. 사람들이 악기를 들고 있다. Musicians are entertaining an audience. 음악가들이 청중들을 즐겁게 해주고 있다. People are applauding. 사람들이 박수갈채를 보내고 있다. A concert is being performed outdoors. 공연이 야외에서 진행되고 있다. The people are performing music outdoors. 사람들이 야외에서 음악을 연주하고 있다. People are admiring the artwork. 사람들이 작품을 감상하고 있다.
야외 활동	A woman is wearing sunglasses. 한 여자가 선글라스를 끼고 있다. They are sitting next to each other. 사람들이 서로 나란히 앉아 있다. The people are seated at a picnic table. 사람들이 피크닉 테이블에 앉아 있다. People are having a snack. 사람들이 간식을 먹고 있다. People are gathered by the water. 사람들이 물가에 모여 있다. The man is holding a book open. 남자가 펼쳐진 책을 들고 있다. The people are approaching a bridge. 사람들이 다리 쪽으로 다가가고 있다. The woman is squatting down to take a photograph. 여자가 사진을 찍기 위해 웅크려 앉아 있다. The woman is posing for a photograph. 여자가 사진을 위해 자세를 잡고 있다. The people are walking outside. 사람들이 밖에서 걷고 있다. The woman is walking down a staircase. 여자가 계단을 내려가고 있다. The woman is walking along the water. 여자가 물가를 따라 걷고 있다. People are strolling along a shoreline. 사람들이 해안가를 따라 거닐고 있다. People are strolling past the fountain. 사람들이 분수대를 지나쳐 거닐고 있다. They are rowing a boat. 사람들이 노를 젓고 있다. They are holding an oar. 사람들이 노를 잡고 있다. The people are relaxing under a tree. 사람들이 나무 아래에서 쉬고 있다. People are barefoot. 사람들이 맨발이다. The people are sitting side by side. 사람들이 서로 나란히 앉아 있다. The people are sitting around the lake. 사람들이 호수 주위에 앉아 있다. Tents are being set up in a field. 텐트들이 들판에 설치되고 있다.

✅ 사물·풍경 묘사 정답 표현

공연· 미술관		Some instruments are placed on the ground. 몇몇 악기들이 바닥에 놓여 있다. A frame is propped against the wall. 액자 하나가 벽에 받쳐 놓여 있다. Paintings have been hung on the walls. 그림들이 벽에 걸려 있다.
공원		There is a park bench beside a path. 길옆에 공원 벤치가 있다. A bicycle is parked in front of a fountain. 자전거 한 대가 분수대 앞에 주차되어 있다. A row of tables has been set outdoors. 식탁들이 야외에 일렬로 놓여 있다. Columns line a walkway. 기둥들이 보도를 따라 늘어서 있다. Water is flowing from an outdoor faucet. 야외 수도꼭지에서 물이 나오고 있다. Some umbrellas have been set up in a courtyard. 몇몇 파라솔들이 뜰에 펼쳐져 있다. A fountain is in the center of a courtyard. 분수대 하나가 뜰 중앙에 있다. Benches are positioned along a walkway. 벤치들이 보도를 따라 놓여 있다. An athletic field is located by some trees. 운동 경기장이 나무들 옆에 있다. There is a fountain in front of a building. 건물 앞에 분수대가 있다.
물가		Many boats are docked in a harbor. 많은 배가 항구에 정박해 있다. There is a path running alongside a canal. 길이 수로를 따라 나 있다. A bridge leads to some buildings. 다리가 건물들로 이어져 있다. A bridge crosses over a waterway. 다리가 물 위를 가로질러 나 있다. A bridge extends across the canal. 다리가 운하를 가로질러 뻗어 있다. A bridge spans a river. 다리가 강을 가로지르고 있다. Several boats are floating in a harbor. 몇몇 배들이 항구에 떠 있다. Some boats are sailing under a bridge. 몇몇 배들이 다리 아래에서 항해하고 있다. A boat is moving toward a bridge. 보트가 다리 쪽으로 이동하고 있다. A path extends along the shore. 길이 해안가를 따라 나 있다. Waves are crashing against the dock. 항구에 파도가 치고 있다. The river winds around a park. 강이 공원 주변으로 굽어 있다. Some chairs are facing the water. 몇몇 의자들이 물가를 향해 있다. The surface of the water is calm. 물의 표면이 잔잔하다.

P1-15

Warm-up

해설서 p.10

13. 

(A)

(B)

(C)

(D)

14. 

(A)

(B)

(C)

(D)

15. 

(A)

(B)

(C)

(D)

16. 

(A)

(B)

(C)

(D)

5. 집·가사 사진 빈출 상황

- ▶ 주방에서 요리하는 모습
- ▶ 청소기·빗자루 등으로 청소하는 모습
- ▶ 재봉틀을 이용하는 모습
- ▶ 주방이나 거실의 사물 묘사
- ▶ 싱크대에서 설거지하는 모습
- ▶ 세탁물을 널거나 개는 모습
- ▶ 거실이나 방에서 독서 또는 컴퓨터를 사용하는 모습

사람 묘사 정답 표현

구분	표현
주방	The woman is wearing gloves. 여자가 장갑을 끼고 있다. The woman is holding a container in her hand. 여자가 손에 용기를 들고 있다. The woman is leaning over a counter. 여자가 조리대 위로 몸을 구부리고 있다. The woman is stirring a pot of food. 여자가 냄비의 음식을 젓고 있다. The woman is pouring the liquid into a container. 여자가 용기에 액체를 붓고 있다. The man is removing a kettle from a stovetop. 남자가 가스레인지에서 주전자를 치우고 있다. The man is squeezing soap from a bottle. 남자가 병에 든 비누를 짜내고 있다. The man is rinsing some bowls. 남자가 그릇을 헹구고 있다. The man is wiping off a counter. 남자가 조리대를 닦고 있다. The man is scrubbing a pan. 남자가 프라이팬을 문질러 닦고 있다. The man is chopping some vegetables. 남자가 채소를 썰고 있다. The man is washing a cup in the sink. 남자가 싱크대에서 컵을 닦고 있다. The man is preparing some food. 남자가 음식을 준비하고 있다. The man has opened a refrigerator. 남자가 냉장고 문을 열었다.
집안일 	The woman is loading a cart with laundry. 여자가 카트에 세탁물을 넣고 있다. The man is pouring some laundry detergent. 남자가 세탁 세제를 붓고 있다. The woman is folding some clothes. 여자가 옷을 개고 있다. The man is mopping the floor. 남자가 바닥을 대걸레질하고 있다. The man is vacuuming the floor. 남자가 진공청소기로 바닥을 청소하고 있다. The man is sweeping the floor. 남자가 바닥을 쓸고 있다. The man is dusting some shelves. 남자가 선반 먼지를 털고 있다. The woman is ironing a garment. 여자가 옷을 다림질하고 있다. The woman is sewing a hat. 여자가 모자에 바느질하고 있다. The woman is operating a sewing machine. 여자가 재봉틀을 사용하고 있다. The man is using a dryer. 남자가 건조대를 사용하고 있다. The man is gripping a hammer. 남자가 망치를 쥐고 있다. The man is holding a mop. 남자가 대걸레를 쥐고 있다. The man is polishing the floor. 남자가 바닥을 닦고 있다.

✓ 사물·풍경 묘사 정답 표현

거실·방		Some decorations have been mounted on the wall. 몇몇 장식품들이 벽에 고정되어 있다. A painting is mounted on the wall. 그림 한 점이 벽에 걸려 있다. There are some baskets under the table. 탁자 밑에 바구니들이 몇 개 있다. The sitting area is illuminated by floor lamps. 휴게실이 플로어 램프로 환히 밝혀져 있다. A lamp has been placed in the corner of the room. 램프 하나가 방 한구석에 놓여 있다. A light fixture is suspended above a table. 조명 기구 하나가 탁자 위로 매달려 있다. Some decorative items have been placed on the floor. 몇몇 장식품들이 바닥에 놓여 있다. Some clothing has been hung up. 몇 벌의 옷이 걸려 있다.
주방		Some kitchen appliances are set on a countertop. 몇몇 주방 기구들이 조리대 위에 놓여 있다. Some kitchen utensils are hanging on the wall. 몇몇 주방 기구들이 벽에 걸려 있다. A soap dispenser hangs on the wall. 비누통 하나가 벽에 걸려 있다. Power cords are plugged into wall outlets. 전원 코드들이 벽 콘센트에 꽂혀 있다. Some dishes are beside a sink. 몇몇 접시들이 싱크대 옆에 있다. Some cooking pots are on a counter. 몇몇 냄비들이 조리대 위에 있다. Some water jugs have been stored on a shelf. 몇몇 물 주전자들이 선반 위에 보관되어 있다. Some cans are lined up on shelves. 몇몇 캔들이 선반에 줄지어 있다. A cupboard door has been left open. 찬장 문 하나가 열려 있다.

PART 1 UNIT 03

P1-16

Warm-up

해설서 p.11

17.

(A)

(B)

(C)

(D)

19.

(A)

(B)

(C)

(D)

18.

(A)

(B)

(C)

(D)

20.

(A)

(B)

(C)

(D)

6. 그 밖의 빈출 장소(상점·식당·호텔·미용실 등) 사진 빈출 상황

▶ 상점에서 쇼핑하는 모습
▶ 식당에서 메뉴를 보거나 앉아 있는 모습
▶ 미용실에서 머리를 다듬는 모습
▶ 호텔·도서관·병원 등에서 직원과 마주 서 있는 모습

사람 묘사 정답 표현

장소	표현
상점	The woman is reaching for the top shelf. 여자가 선반 맨 위를 향해 손을 뻗고 있다. The woman is holding an item. 여자가 물건을 들고 있다. The woman is walking down a store aisle. 여자가 상점 통로를 지나고 있다. The woman is pushing merchandise on a cart. 여자가 물건이 실린 카트를 밀고 있다. A cart is being pushed down an aisle. 카트 한 대가 통로를 따라 밀리고 있다. A woman is examining an item. 한 여자가 물건을 살펴보고 있다. The woman is choosing some fruit. 여자가 과일을 고르고 있다. The woman is looking into a display case. 여자가 진열장을 들여다보고 있다. Customers are waiting to make purchases. 고객들이 계산하려고 기다리고 있다. Some people are standing in line at a checkout counter. 몇몇 사람들이 계산대에 줄 서 있다. People are browsing an outdoor market. 사람들이 옥외 시장을 둘러보고 있다. The woman is weighing some fruits on a scale. 여자가 저울로 과일의 무게를 재고 있다. Some people are gathered around a market stand. 몇몇 사람들이 시장 가판대 주변에 모여 있다.
식당	A woman is drinking from a cup. 한 여자가 컵으로 마시고 있다. A woman is raising a cup to her mouth. 한 여자가 입을 향해 컵을 들어 올리고 있다. A beverage is being poured into a glass. 음료가 유리잔에 따라지고 있다. They are studying a menu. 사람들이 메뉴를 보고 있다. People are sampling baked goods. 사람들이 제과 제품을 맛보고 있다. They are making a toast. 사람들이 건배하고 있다.
미용실	A woman is having her hair cut. 한 여자가 머리를 자르고 있다. A woman is trimming a customer's hair. 한 여자가 손님의 머리를 다듬고 있다. A woman is wearing a protective smock. 한 여자가 미용 가운을 두르고 있다.
도서관	The man is looking at a book. 남자가 책을 보고 있다. The man is reading a book. 남자가 책을 읽고 있다. The man is sitting between some bookshelves. 남자가 책장들 사이에 앉아 있다. The man is resting his arms on a counter. 남자가 카운터에 팔을 기대고 있다. The man is organizing books on a library cart. 남자가 책들을 도서관 카트에 정리하고 있다. The woman is returning books at a circulation desk. 여자가 대출대에서 책을 반납하고 있다. The woman is checking out books. 여자가 책을 대출하고 있다. The man is walking down an aisle. 남자가 통로를 걸어가고 있다. The man is standing on a footstool. 남자가 발판 위에 서 있다. The man is reaching for a book. 남자가 책을 잡기 위해 손을 뻗고 있다. The men are across the desk from each other. 남자들이 책상을 가운데 두고 마주 보고 있다.

병원	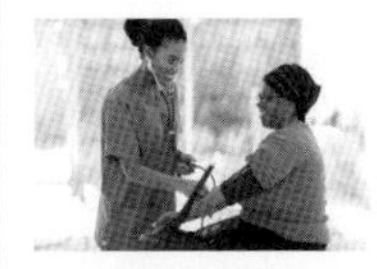	A woman is examining a patient. 한 여자가 환자를 진찰하고 있다. A woman is extending her arm. 한 여자가 (진료를 받기 위해) 팔을 뻗고 있다. People are sitting in a waiting area. 사람들이 대기실에 앉아 있다. A woman is handing over a clipboard. 한 여자가 클립보드를 건네주고 있다.

✓ 사물•풍경 묘사 정답 표현

상점		Boxes are stacked in a corner. 상자들이 구석에 쌓여 있다. Some shelves are stocked with merchandise. 몇몇 선반들이 상품들로 채워져 있다. Some food is on display. 몇몇 음식이 진열되어 있다. An awning shades a store's entrance. 차양이 가게 입구를 그늘지게 하고 있다. There is some bread on a counter. 계산대 위에 빵이 몇 개 있다.
식당		Food is on display in a cafeteria. 음식이 구내식당에 진열되어 있다. A railing surrounds some tables. 난간이 테이블들을 둘러싸고 있다. Flowers have been stitched on a tablecloth. 꽃들이 식탁보에 수 놓아져 있다. Tables have been covered with tablecloths. 식탁보가 식탁을 덮고 있다. Shadows are being cast on a patio. 그림자가 테라스에 드리워져 있다. Some tables in a restaurant are unoccupied. 식당의 몇몇 자리가 비어 있다. A dining area is set up for a meal service. 식당이 식사를 위해 준비되어 있다.
도서관		Bookshelves have been lined up in rows. 책장들이 여러 줄로 정렬되어 있다. Some books have been placed on a cart. 몇몇 책들이 카트 위에 놓여 있다. Reading material is on display in a hallway. 읽을거리가 복도에 진열되어 있다. Shelves are filled with books. 책꽂이들이 책으로 가득 차 있다. Books are piled on shelves. 책들이 선반에 쌓여 있다. Some books have been stacked on top of each other. 몇몇 책들이 차곡차곡 쌓여 있다.

P1-17

Warm-up

해설서 p.12

21. 

(A)
(B)
(C)
(D)

23.  

(A)
(B)
(C)
(D)

22. 

(A)
(B)
(C)
(D)

24.  

(A)
(B)
(C)
(D)

Practice

P1-18

해설서 p.12

1.

(A)

(B)

(C)

(D)

2.

(A)

(B)

(C)

(D)

3.

(A)

(B)

(C)

(D)

4.

(A)

(B)

(C)

(D)

5.

(A)

(B)

(C)

(D)

6.

(A)

(B)

(C)

(D)

7.

(A)

(B)

(C)

(D)

8.

(A)

(B)

(C)

(D)

9.

(A)

(B)

(C)

(D)

10.

(A)

(B)

(C)

(D)

11.

(A)

(B)

(C)

(D)

12.

(A)

(B)

(C)

(D)

꼭 알아야 하는 PART 1 빈출 명사

- **loading dock** 짐 싣는 곳, 하역장
  A truck is backed up to a **loading dock.** 트럭 한 대가 **짐 싣는 곳**에 후진되어 있다.
- **shed** 헛간, 창고
  A man is making repairs to a **shed.** 한 남자가 **헛간**을 고치고 있다.
- **story (= storey)** 층
  An apartment building is several **stories** tall. 한 아파트 건물이 여러 **층**이다.
- **paneling** 장식 판자, 패널, 벽판
  The walls have been covered with wooden **paneling.** 벽들이 나무로 된 **판자**로 덮여 있다.
- **pole** 막대기, 기둥, 장대
  Some flags are attached to **poles.** 몇몇 깃발들이 **기둥**에 부착되어 있다.
- **sign** 표지판, 간판
  Some **signs** are being mounted outdoors. 몇몇 **간판**들이 야외에 고정되고 있다.
- **workbench** 작업대
  The man is painting a **workbench.** 남자가 **작업대**를 페인트칠하고 있다.
- **tent** 텐트, 천막
  A **tent** has been set up near some trucks. **천막** 하나가 트럭들 근처에 설치되어 있다.
- **scooter** 킥보드
  A man is taking a **scooter** up some stairs. 한 남자가 **킥보드**를 들고 계단을 오르고 있다.
- **debris** 쓰레기
  A man is clearing up some **debris.** 한 남자가 **쓰레기**를 치우고 있다.
- **vent** 통풍구, 환기구
  There is a **vent** above an entrance. 출입구 위에 **환기구**가 하나 있다.
- **light bulb** 전구
  A **light bulb** is being replaced. **전구**가 교체되고 있다.
- **(potted) plant** (화분에 심어진) 식물
  A row of **plants** has been placed on a shelf. **식물**들이 선반 위에 한 줄로 놓여 있다.
- **wheelbarrow** (외바퀴) 손수레
  One of the men is transporting some logs on a **wheelbarrow.**
  남자들 중 한 명이 **손수레**로 통나무를 실어 나르고 있다.
- **counter** 조리대, 계산대
  Some plates have been placed on a **counter.** 접시 몇 개가 **조리대** 위에 놓여 있다.
  A basket has been put on a **counter.** 바구니 하나가 **계산대** 위에 놓여 있다.
- **container** 그릇, 용기
  Some **containers** are being set on a shelf. **용기** 몇 개가 선반 위에 놓이고 있다.
- **utensil** (주방)용품
  She's drying **utensils** with a cloth. 여자가 천으로 **주방용품**의 물기를 닦고 있다.
  Utensils have been laid out on the counter. **주방용품**들이 조리대 위에 놓여 있다.

- **pot** 냄비
  A **pot** is being removed from a stove. **냄비**가 가스레인지 위에서 치워지고 있다.
- **stove** 가스레인지
  A kettle has been placed on a **stove**. 주전자가 **가스레인지** 위에 놓여 있다.
- **rack** 거치대, 옷걸이(대), 선반
  A bicycle is being secured on a **rack**. 자전거가 **거치대**에 고정되고 있다.
  Some women are sorting through **racks** of clothes. 몇몇 여자들이 **옷걸이**의 옷들을 살펴보고 있다.
  He's putting his jacket on a **rack**. 남자가 **옷걸이**에 자신의 재킷을 걸고 있다.
- **clothing, garment, apparel** 옷, 의류
  Some **garments** have been hung outside the storefront. **의류** 몇 점이 가게 정면 밖에 걸려 있다.
- **box, crate, carton** 상자
  Some equipment is being put in a **crate**. 장비 몇 점이 **상자**에 넣어지고 있다.
  He's giving the woman a **carton**. 남자가 여자에게 **상자**를 주고 있다.
- **patio** 테라스, 뜰
  Some clothes are hanging on a **patio**. 옷 몇 점이 **테라스**에 걸려 있다.
  Diners are eating on the **patio**. 식사하는 사람들이 **테라스**에서 음식을 먹고 있다.
- **tray** 쟁반
  Some glasses have been placed on a **tray**. 유리잔 몇 개가 **쟁반** 위에 놓여 있다.
- **canopy** 천막
  A **canopy** is shading some merchandise. **천막**이 일부 상품에 그늘을 드리우고 있다.
  Some people are sitting under a **canopy**. 몇몇 사람들이 **천막** 아래에 앉아 있다.
- **awning** 차양
  An **awning** is shading a store's entrance. **차양**이 가게 입구에 그늘을 드리우고 있다.
- **parasol, umbrella** 파라솔
  A path is shaded by **umbrellas**. 길은 **파라솔**들에 의해 그늘이 드리워져 있다.
- **column** 기둥
  Lights are strung between two **columns**. 두 개의 **기둥** 사이로 전등들이 매달려 있다.
  A woman's leaning against a **column**. 한 여자가 **기둥**에 몸을 기대고 있다.
- **shade** 블라인드, 그늘; 그늘을 드리우다
  A woman is pulling down a **shade**. 한 여자가 **블라인드**를 내리고 있다.
- **(window) ledge** (창문 아래) 선반
  A woman is setting her helmet on a **ledge**. 한 여자가 **선반**에 자신의 헬멧을 놓고 있다.
- **windowsill** 창턱
  A plant has been placed on a **windowsill**. 식물이 **창턱**에 놓여 있다.
- **footrest** 발판
  A **footrest** has been placed in front of a sofa. **발판**이 소파 앞에 놓여 있다.
- **stool** 등받이 없는 의자
  She's sitting on a **stool**. 여자가 **등받이 없는 의자**에 앉아 있다.

- **sofa, couch** 소파
  A man is moving a **couch** toward a door. 한 남자가 문 쪽으로 **소파**를 옮기고 있다.
- **object** 사물, 물건
  Various **objects** are spread out on top of the desk. 다양한 **물건**들이 책상 위에 펼쳐져 있다.
- **stall** 가판대
  Stalls have been erected near some trees. **가판대**들이 나무들 근처에 세워져 있다.
- **vendor** 노점상
  A **vendor** is standing outside of a shop. 한 **노점상**이 상점 밖에 서 있다.
  Some **vendors** are standing outside their stalls. 몇몇 **노점상**들이 자신들의 가판대 바깥쪽에 서 있다.
- **vending machine** 자판기
  A man is selecting an item from a **vending machine.** 한 남자가 **자판기**에서 물품을 고르고 있다.
- **straw hat** 밀짚모자
  Some people are selling **straw hats.** 몇몇 사람들이 **밀짚모자**를 팔고 있다.
- **crop** 농작물
  Some **crops** are being planted. 몇몇 **농작물**들이 심어지고 있다.
- **produce** 농산물
  Baskets of **produce** are being carried across the road. **농산물** 바구니들이 도로를 가로질러 옮겨지고 있다.
- **merchandise, product, goods, item** 상품
  Some **merchandise** is on display. 몇몇 **상품**이 진열되어 있다.
  Baked **goods** are being loaded into a vehicle. 제과 **제품**들이 차량에 실리고 있다.
  A man is removing some **items** from a drawer. 한 남자가 서랍에서 **물건**들을 꺼내고 있다.
- **workstation** 작업 공간
  None of the **workstations** are occupied. **작업 공간**에 아무도 없다.
  They are seated at opposite **workstations.** 사람들은 맞은편 **작업 공간**에 앉아 있다.
- **knob** 손잡이
  There are **knobs** on the desk drawers. 책상 서랍들에 **손잡이**가 있다.
- **partition** 칸막이
  One of the men is cleaning a glass **partition.** 남자들 중 한 명이 유리 **칸막이**를 닦고 있다.
- **pottery** 도자기
  A worker is unloading **pottery** from a pallet. 인부 한 명이 화물 운반대에서 **도자기**를 내리고 있다.
- **bucket** 양동이
  He is setting down a **bucket.** 남자가 **양동이**를 내려놓고 있다.
- **broom, broomstick** 빗자루
  A man is putting away a **broom.** 한 남자가 **빗자루**를 치우고 있다.
- **dustpan** 쓰레받기
  A man is sweeping some paper into a **dustpan.** 한 남자가 종이를 **쓰레받기**에 쓸어 담고 있다.
- **lid** 뚜껑
  A **lid** has been removed from a paint can. 페인트통에서 **뚜껑**이 제거되어 있다.

- **spoke** 바큇살
  Some **spokes** on a wheel are being inspected. 바퀴에 있는 몇 개의 **바큇살**들이 점검되고 있다.
- **(power) outlet** 콘센트
  A man is plugging a power cord into a wall **outlet.** 한 남자가 전원 코드를 벽에 있는 **콘센트**에 꽂고 있다.
  A power cord has been plugged into an **outlet.** 전원 코드가 **콘센트**에 꽂혀 있다.
- **paddle, row, oar** 노; 노를 젓다
  A man is collecting **paddles.** 한 남자가 **노**를 모으고 있다.
  People **are paddling** on the water. 사람들이 물 위에서 **노를 젓고 있다.**
- **pier, dock** 부두, 항구
  Some people are fishing from a **pier.** 몇몇 사람들이 **부두**에서 낚시하고 있다.
- **reading material, publication** 출판물, 책, 읽을거리
  The women are holding **reading materials.** 여자들은 **읽을거리**를 들고 있다.
- **lamppost** 가로등 기둥
  A ladder has been set up next to a **lamppost.** 사다리 하나가 **가로등 기둥** 옆에 세워져 있다.
- **curb** 연석, 턱
  A bicycle has been propped up against the **curb.** 자전거 한 대가 **연석**에 받쳐 놓여 있다.
- **fountain** 분수대
  Some people are relaxing by a **fountain.** 몇몇 사람들이 **분수대** 옆에서 쉬고 있다.
- **water fountain** 식수대
  A woman is drinking from a **water fountain.** 한 여자가 **식수대**에서 물을 마시고 있다.
- **intersection** 교차로
  Some vehicles are stopped at an **intersection.** 차량 몇 대가 **교차로**에 서 있다.
- **railroad track** 기찻길
  Some **railroad tracks** are being repaired. **기찻길** 일부가 수리되고 있다.
  Some people are standing close to **railroad tracks.** 몇몇 사람들이 **기찻길** 가까이에 서 있다.
- **platform** 승강장
  A train has arrived at a **platform.** 기차 한 대가 **승강장**에 도착했다.
- **(train) conductor** (기차) 승무원, 차장
  A **train conductor** is collecting tickets. **기차 차장**이 표를 수거하고 있다.
- **ramp** 경사로
  Some workers are transporting cargo up a **ramp.** 인부 몇 명이 **경사로** 위로 화물을 나르고 있다.
- **overhead compartment** (기내) 머리 위 짐칸
  Bags are stored in **overhead compartments.** 가방들이 **머리 위 짐칸** 안에 보관되어 있다.
- **flyer** 전단
  The woman is organizing some **flyers.** 여자가 **전단**을 정리하고 있다.
- **office equipment** 사무기기
  A woman is operating some **office equipment.** 한 여자가 **사무기기**를 조작하고 있다.
- **scaffolding** (건축 공사장의) 비계, 발판
  Some **scaffolding** has been erected against a building. 몇몇 **발판**이 건물 옆에 설치되어 있다.

REVIEW TEST P1-19 해설서 p.14

음원 바로 듣기

1.

(A)

(B)

(C)

(D)

2.

(A)

(B)

(C)

(D)

3.

(A)

(B)

(C)

(D)

4.

(A)

(B)

(C)

(D)

5.

(A)

(B)

(C)

(D)

6.

(A)

(B)

(C)

(D)

NO TEST MATERIAL ON THIS PAGE

PA

RT2

질의응답

PART 2

OVERVIEW

Part 2는 질문을 듣고, 이어서 들려주는 3개의 보기 중에서 질문에 가장 적절한 응답을 선택하는 문제로, 7번부터 31번까지 총 25문제가 출제된다.

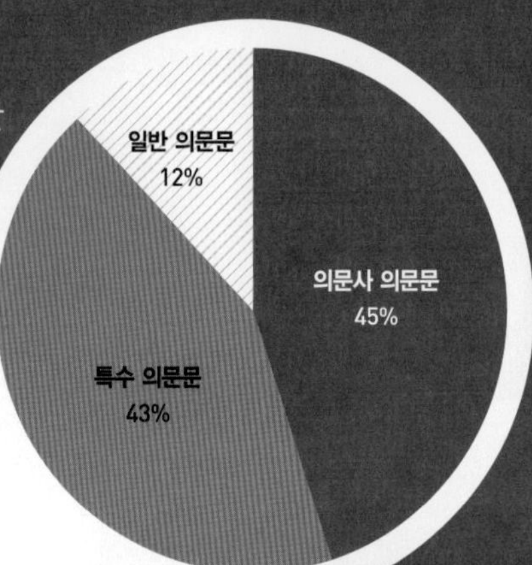

문제 유형 분석

의문사 의문문 I Who, When, Where, What, Which, How, Why

일반(Yes/No) 의문문 I Be동사 의문문, 조동사 의문문(Have, Do, Can, Will 등)

특수 의문문 I 부정 의문문, 부가 의문문, 선택 의문문, 요청 의문문(제안·요청·제공), 간접 의문문, 평서문

최신 출제 경향

- 의문사 의문문은 10문제 이상 출제되고, 평서문, 제안·요청·제공 의문문, 부가 의문문의 비중이 크다.
- 영국과 호주 발음의 비중이 커지고 있다.
- 막상 스크립트를 보면 어려운 단어는 아니나, 발화 속도를 빠르게 하거나 연음되는 단어들이 많아서 귀로 들을 때 쉽게 파악하지 못하는 경우가 많다.
- 우회적인 응답의 비중이 커지고 있다. 질문은 이해하기 쉽지만, '이게 왜 정답이지?'라고 생각되는 응답을 정답으로 출제하기 때문에 오답 버리기가 핵심이다.

핵심 학습 전략

1. **시험에 자주 등장하는 질문·응답 유형 및 필수 표현을 이해한다.**

   Part 2에 자주 출제되는 질문, 빈출 정답, 빈출 오답 패턴 및 필수 표현을 정리해서 알아두면 직청 직해가 쉬워진다.

2. **우회적인 응답 유형을 학습한다.**

   우회적인 응답의 비중이 커지고 있는 Part 2는 질문의 핵심 키워드에 어울리지 않는 오답을 소거해 정답을 남기는 것이 필수이다.

3. **받아쓰기와 따라 말하는 청취 훈련을 한다.**

   단어의 뜻만 암기한다고 끝이 아니다. 발음을 익혀야 잘 들리므로 음원을 듣고 따라 말하는(shadowing) 청취 훈련이 필요하다.

문제 풀이 전략

1. **질문 도입부를 집중해서 듣는다.**

   의문사 의문문은 앞부분의 의문사를 포착해야 정답을 선택할 수 있다. 그 외에, 일반 의문문은 동사를 주의 깊게 듣는 것이 중요하다.

2. **귀로만 듣는 것이 아닌 정답과 오답을 기록하며 듣는다.**

   보기를 하나씩 들을 때마다 정답이면 O, 잘 모를 때는 △, 오답이면 X로 기록하면서 정답을 찾아 나간다.

3. **Part 2의 오답 함정에 유의하며 오답 소거법을 이용한다.**

   정답을 찾기보다 확실한 오답인 보기를 소거한 후 가장 알맞은 응답 보기를 정답으로 선택한다.

PART 2 오답 소거법

1. 의문사 의문문에 Yes/No 등으로 답하는 오답

Q. When will Mr. Kim return from the conference? 김 씨는 언제 회의에서 돌아오나요?
(A) He was in the meeting this morning. ⊙ 아침 회의에 있었는데요.
(B) **Yes**, he will participate in the conference. ⊗ 네, 그는 콘퍼런스에 참가할 거예요.

2. 똑같은 발음 또는 유사한 발음을 이용한 오답

Q. Have you **reviewed** the report? 보고서를 다 검토했나요?
(A) I just got back from my vacation. ⊙ 휴가에서 막 돌아왔어요.
(B) It has a nice **view.** ⊗ 전망이 참 좋네요.

3. 연상되는 어휘를 이용한 오답

Q. Where is the **museum**? 박물관은 어디에 있나요?
(A) It is on 5th Avenue. ⊙ 5번가에 있어요.
(B) It was a great **exhibit.** ⊗ 아주 멋진 전시회였어요.

4. 질문과 응답의 주어 불일치 오답

Q. How did **you** enjoy your stay at our hotel? 저희 호텔에서의 숙박은 어떠셨나요?
(A) It was great. ⊙ 아주 좋았어요.
(B) **He** stayed late. ⊗ 그는 늦게까지 있었어요.

5. 질문과 응답의 시제 불일치 오답

Q. Did Ms. Chambers explain the benefits? 체임버스 씨가 혜택들을 설명해 주었나요?
(A) I will meet her tomorrow. ⊙ 내일 그녀를 만날 거예요.
(B) Yes, she **does.** ⊗ 네, 그녀가 해요.

PART 2 주의해야 할 유사 발음 어휘

질문에서 들렸던 단어와 똑같은 발음 또는 유사한 발음의 단어가 오답 함정으로 나오는 문제의 출제 비중이 매우 높다. 앞 문제에 신경 쓰느라고 질문을 제대로 못 들었을 때, 들렸던 똑같은 또는 유사한 발음의 단어가 보기에서 들리면 그 응답이 왠지 정답처럼 느껴지지만 그런 것들은 대부분 오답 함정임을 반드시 알아 두어야 한다. 아래에 최근 실제 시험에 나왔던 유사 발음 어휘의 짝을 숙지해 두어 정답률을 높이도록 한다.

hire 고용하다 / higher 더 높은
product 상품 / production 생산
post 게시하다 / post office 우체국
contract 계약서 / contact 연락하다
store 가게 / storage 저장, 저장고
place 장소, 두다 / replace 교체하다
fair 박람회 / pair 짝
loan 대출 / lawn 잔디밭
file 파일 / pile 쌓다; 더미
move 이사하다, 옮기다 / remove 치우다 / movie 영화
sign 간판 / assign 할당하다 / design 디자인
rain 비(가 오다) / train 기차 / training 교육

extension number 내선 번호 / extend 연장하다
appointment 약속 / appoint 임명하다
apartment 아파트 / department 부서
responsible 책임지고 있는 / response 응답
cut 자르다, 줄이다 / shortcut 지름길
depart 떠나다, 출발하다 / part 부품
directly 직접적으로 / directory 안내 책자
form 양식 / inform 알리다
repair 수리하다 / pair 한 쌍 / fair 박람회
up-to-date 최신의 / update 업데이트하다 / date 날짜
account 계좌 / count 세다 / accounting 회계
wait 기다리다 / weight 무게 / weigh 무게를 재다

『모르겠습니다』 류의 우회적인 응답 유형

거의 모든 유형의 질문에 응답 가능한 답변으로 매회 적어도 7문제 이상 정답으로 출제되므로 반드시 익혀 두어야 한다.

I'm not sure. 확실하지 않아요.
I have no idea. 잘 모르겠어요.
Nobody told me. 아무도 제게 말해 주지 않았어요.
I haven't been notified yet. 아직 못 들었어요.
I'm still waiting to hear. 아직 소식을 기다리고 있어요.
He didn't give a reason. 그가 이유를 말해 주지 않았어요.
It hasn't been decided. 아직 결정되지 않았어요.
It hasn't been discussed yet. 아직 논의되지 않았어요.
We'll find out in today's meeting. 오늘 회의 때 알게 될 거예요.
Let me check. 확인해 볼게요.
Ask James. 제임스에게 물어보세요.
I'll look it up. (자료 등을) 찾아볼게요.
You can find it on our website. 웹사이트에 있어요.
Check the bulletin board. 게시판을 확인해 보세요.
It depends on the salary. 급여에 따라 달라요.
I'll be on vacation then. 그때 휴가 중일 거예요.
I was out of the office then. 저는 그때 사무실 밖에 있었어요.

Who·When·Where 의문문

Who·When·Where 의문문은 각각 매회 평균 2문제씩 출제되며, 질문의 첫 단어인 의문사만 잘 들어도 어느 정도 문제가 풀린다. 특히 When과 Where는 자칫 잘못하면 발음이 혼동될 수 있으므로 주의해야 한다.

문제 풀이 전략 Who 의문문

1. 사람 이름, 직업, 직책, 부서, 회사명이나 I, Someone이 정답으로 출제된다.

Q. **Who** contacted the Marketing Department? 누가 마케팅 부서에 연락했나요?

A. **Kelly** emailed them. 켈리가 그들에게 이메일을 보냈어요. [사람 이름]
A. The **supervisor** did. 관리자가요. [직책]
A. **I** did it this morning. 제가 오늘 아침에 했어요 [I]
A. **Someone** from Human Resources. 인사부에 계신 분이요. [Someone]

2. No one, Nobody가 정답으로 출제된다.

Q. **Who**'s been promoted to vice president? 누가 부사장으로 승진했어요?
A. **Nobody** I've heard of. 제가 들어본 사람은 아니에요.

3. 최근에는 '사람'이 아닌 돌려 말하는 우회적인 응답이 정답으로 자주 등장한다.

Q. **Who** gave the presentation on current fashion trends? 현재의 패션 동향에 대해 누가 발표했나요?
A. **It's written on the handout.** 유인물에 적혀 있어요. ⋯→ 나는 모르니, 유인물을 확인하세요.

Q. **Who** has the key to the storage room? 누가 창고 열쇠를 갖고 있나요?
A. **I** just got it from the **drawer**. 방금 제가 서랍에서 꺼냈어요. ⋯→ 장소 + 내가 가지고 있다

4. 오답 함정에 주의한다.

- Yes/No 응답은 바로 소거한다.
- 동어 반복 및 유사 발음 오답에 주의한다.
- 시제 및 인칭 오류에 주의한다.
- 연상 어휘 오답에 주의한다.

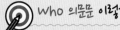

Who 의문문 이렇게 풀면 만점!

1. 첫 단어[의문사]만 잘 들어도 문제가 풀린다.
2. 「Who + 핵심 키워드」에 어울리지 않는 오답들을 하나씩 소거해 정답을 남긴다.
3. No one/Nobody가 정답으로 나온다.

핵심 문제 유형

해설서 p.16

P2-01 미국 → 미국

Q1 대표적인 응답 방식

Who edited the new TV commercial for SV Electronics?

(A) Joshua's team did.
(B) An online commerce website.
(C) Two months ago.

1 키워드 잡기

『첫 단어 + 주요 단어』를 키워드로 잡는다.

Who, edited, TV commercial ···› TV 광고 편집자가 누구인지 묻는 질문이다.

2 오답 소거하기

(A) ⊙ '누가'라는 질문에 Joshua's team은 매끄럽게 어울리므로 살려 둔다.
(B) ⊗ 질문의 commercial과 발음이 유사한 commerce는 함정이므로 버린다.
(C) ⊗ 시간 표현은 When 의문문에 어울리는 응답이므로 버린다.

P2-02 영국 → 호주

Q2 우회적인 응답 방식

Who knows the passcode to the server room?

(A) We have plenty of room.
(B) It should be unlocked.
(C) I'll go get you a menu.

1 키워드 잡기

『첫 단어 + 주요 단어』를 키워드로 잡는다.

Who, knows, passcode ···› 비밀번호를 누가 아는지 묻는 질문이다.

2 오답 소거하기

(A) ⊗ 질문의 room을 반복 사용한 함정이므로 버린다.
(B) ⊙ 열려 있어서 비밀번호를 몰라도 된다는 것을 우회적으로 말하고 있다.
(C) ⊗ 가서 가져오는 대상이 passcode가 아닌, menu이므로 버린다.

문제 풀이 전략 When 의문문

1. 시점을 나타내는 표현들이 주로 답이 된다.

Q. **When** will the road construction be completed? 도로 공사가 언제 끝날까요?
A. **Not until** the end of April. 4월 말이나 되어야 할 거예요.

2. 시제나 주어가 일치하지 않는 보기는 오답으로 버린다.

When is the Engineering Conference being held this year?
엔지니어링 회의가 올해에는 언제 열리나요?

(A) It **was** a great conference. 훌륭한 회의였어요. ···› ⊗ 시제 불일치 오답(is – was)
(B) In March. 3월에요. ⊙
(C) **She**'ll be here soon. 그녀가 곧 올 거예요. ···› ⊗ 주어 불일치 오답(the Engineering Conference – She)

3. 가격, 기간, 빈도 등 숫자를 함정으로 사용한 오답에 주의한다.

When will the next step of construction begin? 공사의 다음 단계는 언제 시작될 건가요?

(A) It's a **five-story** office building. 5층짜리 사무실 건물이에요. ···› ⊗ 숫자 오답 함정
(B) I'm not sure, ask the manager. 확실히 모르겠어요, 관리자에게 물어보세요. ⊙
(C) **Yes**, there're a lot of improvements. 네, 많이 개선되었지요. ···› ⊗ 의문사 의문문에 Yes/No 응답 불가

4. 반문하거나 돌려 말하는 우회적인 응답이 정답으로 자주 나오므로 소거법을 활용한다.

When is the renovated fitness center supposed to reopen? 수리된 헬스클럽이 언제 재개장하기로 했나요?

(A) **Are you a member there?** 거기 회원이세요? ⊙
(B) A grand opening offer. 대개장 할인이요. ···› ⊗ 유사 발음 오답(reopen – opening)
(C) Only 40 dollars for five classes. 다섯 개 수업에 단 40달러요. ···› ⊗ 연상 어휘 오답(fitness center – classes)

5. 오답 함정에 주의한다.

- Yes/No 응답은 바로 소거한다.
- 동어 반복 및 유사 발음 오답에 주의한다.
- 연상 어휘 오답에 주의한다.
- Where 의문문에 어울리는 응답 보기에 주의한다.
- 시제 및 인칭 오류에 주의한다.

When 의문문 이렇게 풀면 만점!

1. 첫 단어[의문사]만 잘 들어도 문제가 풀린다.
2. 「When + 핵심 키워드」에 어울리지 않는 오답들을 하나씩 소거해 정답을 남긴다.
3. 시제 일치 여부를 확인한다.
4. Not until/As soon as/No later than 등 정답으로 자주 출제되는 시간 표현을 암기한다.

해설서 p.16

P2-03 호주 → 미국

Q3 대표적인 응답 방식

When does the lunch meeting begin?

(A) Right down the hallway.
(B) In a couple of minutes.
(C) The new application system.

1 키워드 잡기

『첫 단어 + 주요 단어』를 키워드로 잡는다.
When, meeting, begin ···› 회의가 언제 시작하는지 묻는 질문이다.

Tip! When만 들어도 어느 정도 문제가 풀리지만 그렇게 쉽게 풀리지 않는 경우들도 있으므로 질문의 전체 의미를 이해할 수 있게 「첫 단어 + 동사 + 목적어」는 반드시 키워드로 잡아야 해!

2 오답 소거하기

(A) ⊗ 위치 표현은 Where 의문문에 어울리는 응답이므로 버린다.
(B) ◎ '시점'을 묻는 질문에 'In a couple of minutes(몇 분 후에)'라는 시간 표현이 나오므로 일단 살려 둔다.
(C) ⊗ 질문의 맥락과 전혀 통하는 부분이 없는 동문서답이므로 버린다.

P2-04 영국 → 미국

Q4 우회적인 응답 방식

When are we going to the baseball game together?

(A) To the Garrick Stadium.
(B) I've been busy at work.
(C) Let's cover all the bases.

1 키워드 잡기

『첫 단어 + 주요 단어』를 키워드로 잡는다.
When, we, going to, game ···› 우리가 언제 경기 보러 갈 건지 묻는 질문이다.

2 오답 소거하기

(A) ⊗ 질문의 baseball game을 듣고 연상하기 쉬운 Stadium은 함정이므로 버린다.
(B) ◎ 회사 일로 바빠서 언제 갈지 모르겠다는 의미이므로 일단 살려 둔다.
(C) ⊗ 질문의 baseball과 발음이 유사한 bases는 함정이므로 버린다.

문제 풀이 전략 Where 의문문

1. 장소, 위치, 방향, 출처를 나타내는 표현이 정답으로 출제된다.

Q. Where is the awards ceremony going to be held? 시상식이 어디에서 열리나요?
A. It will be **in the auditorium.** 강당에서요. [장소]

Q. Where is the Human Resources Department located? 인사부가 어디에 있나요?
A. Next to meeting room A. A 회의실 옆에요. [위치]

Q. Where can I get the registration form? 신청서를 어디에서 받을 수 있나요?
A. You can download one **online.** 온라인에서 다운로드하실 수 있어요. [출처]

2. '~해 봐라/가 봐라'의 Try ~를 사용한 응답이 정답으로 출제된다.

Q. Where can I order a replacement part for my printer? 프린터의 교체 부품을 어디에서 주문할 수 있나요?
A. Try the manufacturer's website. 제조업체의 웹사이트에서 해 보세요.

3. 사람 이름도 정답이 될 수 있다.

Q. Where is this year's annual report? 올해 연례 보고서가 어디에 있나요?
A. Dan has it. 댄이 가지고 있어요.

4. 반문하거나 돌려 말하는 우회적인 응답이 정답으로 자주 나오므로 소거법을 활용한다.

Where are the strawberries that were delivered today? 오늘 배달된 딸기는 어디 있어요?

(A) Three crates. 세 상자요. ⋯→ ⊗ How many 의문문에 어울리는 응답
(B) No, I didn't go to the grocery store. 아니요, 오늘 식료품점에 안 갔어요. ⋯→ ⊗ 의문사 의문문 Yes/No 응답 불가
(C) **I needed some for the cake.** 케이크용으로 좀 필요했어요. ⋯→ ⊙ 일부는 케이크에 사용했다.

5. 오답 함정에 주의한다.

- Yes/No 응답은 바로 소거한다.
- 동어 반복 및 유사 발음 오답에 주의한다.
- 연상 어휘 오답에 주의한다.
- When 의문문에 어울리는 응답 보기에 주의한다.

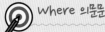

Where 의문문 이렇게 풀면 만점!

1. 첫 단어[의문사]만 잘 들어도 문제가 풀린다.
2. 「Where + 핵심 키워드」에 어울리지 않는 오답들을 하나씩 소거해 정답을 남긴다.
3. Try ~/website/사람 이름 등이 정답으로 나올 수 있다.

핵심 문제 유형

해설서 p.16

P2-05 영국 → 호주

Q5 대표적인 응답 방식

Where did you park your bike?

(A) I often take walks in the park.
(B) Here's my driver's license.
(C) Right outside the door.

1 키워드 잡기

「첫 단어 + 주요 단어」를 키워드로 잡는다.
Where, park, bike ⋯→ 자전거를 어디에 세워 놨는지 묻는 질문이다.

2 오답 소거하기

(A) ✖ 질문의 park를 반복 사용한 함정이므로 버린다.
(B) ✖ 질문의 park를 듣고 연상하기 쉬운 driver's license는 함정이므로 버린다.
(C) ⊙ 문 바로 밖이라며 장소로 대답했으므로 정답으로 고른다.

Tip! Where는 영국 발음으로 나올 때 r 발음이 생략되어 /wea/로 발음되는데, 많이들 when으로 잘못 듣는 경우가 있어. 영국과 호주식 발음에 익숙해지는 것과 첫 단어인 의문사를 정확하게 듣는 훈련이 필요해!

P2-06 영국 → 미국

Q6 우회적인 응답 방식

Where is the nearest subway station?

(A) At the police station.
(B) I'm new to the neighborhood.
(C) I usually take the green line.

1 키워드 잡기

「첫 단어 + 주요 단어」를 키워드로 잡는다.
Where, the nearest, station ⋯→ 가장 가까운 역이 어디인지 묻는 질문이다.

2 오답 소거하기

(A) ✖ 질문의 station을 반복 사용한 함정이므로 버린다.
(B) ⊙ 이 동네는 처음이라며 자기도 모르겠다는 의미이므로 일단 살려 둔다.
(C) ✖ 질문의 subway를 듣고 연상하기 쉬운 green line은 함정이므로 버린다.

Warm-up 질문에 알맞은 답을 고른 후, 빈칸을 채우고 오답 보기들에 오답의 이유를 쓰세요. (대화는 3번 들려줍니다.) 해설서 p.16

1. ________ do you expect to ______________________ of the questionnaire?

(A) Please ______________ this form.

(B) ____________________________.

(C) We're also ______________ it.

2. ________ should I ______________________________________?

(A) ____________________________.

(B) An annual ______________________.

(C) ____________________________.

3. ________ will the ______________ on 12th Avenue ______________?

(A) Yes, it was an ____________________.

(B) A number of ____________________.

(C) ____________________________.

4. ____ taking place?

(A) ______________________ suits me.

(B) ____________________________.

(C) A famous ____________________.

5. ________ will the ______________ of the ____________________________?

(A) ____________________________.

(B) She ____________________________.

(C) A different ______________.

Practice

음원 바로 듣기 

P2-08

해설서 p.17

1. Mark your answer on your answer sheet. (A) (B) (C)
2. Mark your answer on your answer sheet. (A) (B) (C)
3. Mark your answer on your answer sheet. (A) (B) (C)
4. Mark your answer on your answer sheet. (A) (B) (C)
5. Mark your answer on your answer sheet. (A) (B) (C)
6. Mark your answer on your answer sheet. (A) (B) (C)
7. Mark your answer on your answer sheet. (A) (B) (C)
8. Mark your answer on your answer sheet. (A) (B) (C)
9. Mark your answer on your answer sheet. (A) (B) (C)
10. Mark your answer on your answer sheet. (A) (B) (C)
11. Mark your answer on your answer sheet. (A) (B) (C)
12. Mark your answer on your answer sheet. (A) (B) (C)
13. Mark your answer on your answer sheet. (A) (B) (C)
14. Mark your answer on your answer sheet. (A) (B) (C)
15. Mark your answer on your answer sheet. (A) (B) (C)
16. Mark your answer on your answer sheet. (A) (B) (C)
17. Mark your answer on your answer sheet. (A) (B) (C)
18. Mark your answer on your answer sheet. (A) (B) (C)
19. Mark your answer on your answer sheet. (A) (B) (C)
20. Mark your answer on your answer sheet. (A) (B) (C)
21. Mark your answer on your answer sheet. (A) (B) (C)
22. Mark your answer on your answer sheet. (A) (B) (C)
23. Mark your answer on your answer sheet. (A) (B) (C)
24. Mark your answer on your answer sheet. (A) (B) (C)
25. Mark your answer on your answer sheet. (A) (B) (C)

Who·When·Where 의문문의 빈출 정답 유형

1. Who 의문문

Who 의문문의 정답으로 자주 나오는 직책·사람·부서 어휘

▶ 직업·직책·사람

President 회장	Vice President 부회장	department head 부서장
manager 관리자	board members 이사회 임원들	Director 이사
supervisor 상급자	contractor 도급업체	supplier 공급업체
guest speaker 초청 연설자	tenant 세입자	landlord 건물주
the public 일반 대중	local residents 지역 주민들	acquisition editor 원고 검토 편집자
outside consultant 외부 컨설턴트	projector manager 프로젝트 관리자	accountant 회계 담당자
assistant 보조	building superintendent 건물 관리인	receptionist 접수 직원
architect 건축가	plumber 배관공	electrician 전기공

▶ 부서명

Accounting Department 회계팀	Payroll Department 급여 관리팀
Technical Support Department 기술 지원팀	Tech Team 기술 지원팀
Human Resources Department 인사팀	Personnel 인사팀
Maintenance Department 관리팀	Purchasing Department 구매팀
Sales Department 영업팀	Customer Support Department 고객 지원팀
Public Relations Division 홍보팀	Security 보안팀

Who 의문문의 돌려 말하기(우회적) 응답

Q. Who's going to order more office supplies? 사무용품을 누가 더 주문할 건가요?

A. Can you do it this time? 이번엔 당신이 할래요? ⋯› 당신이 하세요.

Q. Who has the key to the conference room? 회의실 열쇠를 누가 가지고 있나요?

A. The door is unlocked. 문 열려 있어요. ⋯› 문이 열려 있어서 열쇠가 필요 없어요.

Q. Who can help me log into the website? 이 웹사이트에 로그인하는 거 누가 도와주실 수 있나요?

A. It's undergoing maintenance right now. 지금 정비 중이에요. ⋯› 지금 웹사이트 정비 중이라 로그인이 안 돼요.

Q. Who's performing at the music festival? 음악 페스티벌에서 누가 공연하나요?

A. The schedule is online. 온라인에 일정표가 있어요. ⋯› 일정표를 보면 누가 공연하는지 알 거예요.

Q. Who did the landscaping job? 조경 작업 누가 했어요?

A. I have their business card. 저한테 그들의 명함이 있어요. ⋯› 누가 했는지 궁금하면 명함을 줄 수 있어요.

2. When 의문문

When 의문문의 정답으로 자주 나오는 시점 표현

About 5 weeks **ago.** 약 5주 전에요.	**As soon as** I finish this report. 제가 이 보고서를 끝내자마자요.
By 3 today. 오늘 세 시까지요.	**In** 10 minutes. 10분 후에요.
In mid-October. 10월 중순에요.	**Right after/before** this meeting. 이 회의 직후/직전에요.

When 의문문의 돌려 말하기(우회적) 응답

Q. When do you start your new job at the library? 도서관에서의 새 일은 언제 시작하나요?
A. I got a better offer. 더 나은 (입사) 제안을 받았어요. ⋯→ 도서관에서 일 안 하게 됐어요.

Q. When are you going to start testing our new prototype? 우리의 새로운 시제품은 언제 테스트 시작할 건가요?
A. I've been assigned some major projects. 저에게 몇몇 주요 프로젝트들이 할당되었어요. ⋯→ 지금 당장은 못 해요.

Q. When will the new photocopier arrive? 새로운 복사기는 언제 도착할까요?
A. Why don't you check the invoice? 송장을 확인해 볼래요? ⋯→ 송장을 보면 언제 도착하는지 알 수 있어요.

Q. When was the delivery van last serviced? 배송 차량이 마지막으로 정비받은 게 언제였나요?
A. The records are on my desk. 그 (정비) 기록이 제 책상 위에 있어요. ⋯→ 기록을 보면 알 수 있어요.

Q. When will the air conditioner in the break room be repaired? 휴게실 에어컨은 언제 고쳐질 건가요?
A. We're moving another office next month. 우리 다음 달에 새로운 사무실로 이사 가잖아요. ⋯→ 안 고쳐요.

3. Where 의문문

Where 의문문의 정답으로 자주 나오는 장소 표현

Behind the apartment building. 아파트 건물 뒤에요.
It's **on** the 5th floor. 5층에 있어요.
At the stadium downtown. 시내 경기장에서요.
Nearby the supermarket. 슈퍼마켓 근처에요.
It is **in** Philadelphia. 필라델피아에 있어요.
In the back, right **over there**. 저기 뒤쪽에요.

Where 의문문에 '사람 (이름)'으로 응답할 수 있다!

Q. Where are the samples for the winter coats? 겨울 코트 샘플들이 어디에 있나요?
A. I have them right here. 여기 저한테 있어요. ⋯→ 제가 갖고 있으니 걱정 안 하셔도 돼요.

Where 의문문의 돌려 말하기(우회적) 응답

Q. Where can I buy a nice suit? 어디에서 좋은 정장을 살 수 있나요?
A. I have their catalog. 저한테 카탈로그가 있어요. ⋯→ 이 카탈로그를 보시고 여기서 사세요.

Q. Where was the conference held? 회의가 어디에서 열렸나요?
A. I didn't go this time. 저 이번에 안 갔어요. ⋯→ 안 가서 어디였는지 저도 몰라요.

Q. Where is the venue for this year's award ceremony? 이번 해 시상식 장소가 어디인가요?
A. Our company is trying to save money. 우리 회사가 돈을 아끼려고 해요.
⋯→ 비싼 곳에서는 할 수 없어요./그냥 회사에서 할 수도 있고요./안 할 수도 있어요.

Q. Where should I display the discounted products? 할인 상품들을 어디에 진열할까요?
A. We'll first need to clear some shelves. 먼저 선반부터 치워야겠어요. ⋯→ 선반을 치우고 그 공간에 진열하죠.

Why·What·Which·How 의문문

Why·What·Which·How 의문문은 각각 매회 1~2문제가 출제되며, 질문의 첫 단어인 의문사만 들어서는 안 되고 의문사 뒤에 따라 나오는 단어도 같이 키워드로 잡아 질문의 내용을 전체적으로 이해할 수 있어야 한다.

문제 풀이 전략 Why 의문문

1. Because, To 부정사, Since, So (that)가 정답으로 출제된다.

▶ because가 생략된 채, 부연 설명만 하는 패턴이 자주 등장한다.

Q. **Why** did you urgently get transferred to the marketing team? 왜 급하게 마케팅팀으로 이동했나요?
A. **(Because)** I had to fill in for Ms. White. 화이트 씨를 대신해야 했어요. [because 생략]

Q. **Why** were the tables moved downstairs? 탁자들이 왜 아래층으로 옮겨졌나요?
A. **To make** room for the event. 행사를 위한 공간을 확보하려고요.

2. 「Why don't you[we] ~?」는 권유·제안 표현이므로 수락·거절의 응답이 가능하다.

▶ 「Why don't you[we] ~?」는 '~하는 게 어때요?'라는 권유·제안의 표현으로 Yes나 Sure, OK 등의 수락 표현의 정답이 나올 수 있다는 점을 기억하자.

Q. **Why don't we** hold our annual sales conference next month?
우리 다음 달에 연례 영업 회의를 하는 게 어때요?
A. **OK**, that's a good idea. 네, 좋은 생각이에요.

▶ 「Why didn't[wasn't/weren't] ~?」는 왜 하지 않았는지 이유를 묻는 질문이다.

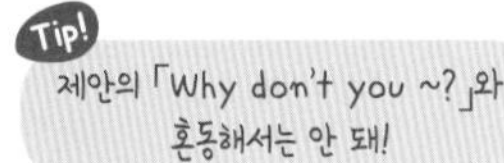

Tip!
제안의 「Why don't you ~?」와 혼동해서는 안 돼!

Q. **Why didn't** you come to the employee training on Monday?
왜 월요일 직원 교육에 오지 않았나요?
A. **(Because)** I had an important meeting. 중요한 회의가 있었어요. [because 생략]

3. 오답 함정에 주의한다.

▶ Yes/No 응답은 바로 소거한다.
▶ 동어 반복 및 유사 발음 오답에 주의한다.
▶ 연상 어휘 오답에 주의한다.
▶ 다른 의문사 의문문에 어울리는 응답 보기에 주의한다.

Why 의문문 이렇게 풀면 만점!

1. 「Why + 주어 + 본동사」를 듣고 정확하게 질문의 의미를 파악한다.
2. Why 의문문에 because가 오답 함정으로도 나올 수 있다.
3. 「Why don't you ~?」는 제안문이므로 Yes/Sure로 응답할 수 있다.
4. 우회적인 응답이 많이 나오므로 오답 소거법으로 정답을 남긴다.

핵심 문제 유형

해설서 p.21

P2-09 영국 → 미국

Q1 대표적인 응답 방식

Why did they decide to relocate the headquarters?

(A) The quarterly report is on your desk.
(B) I live in Singapore now.
(C) They needed more space.

1 키워드 잡기

『첫 단어 + 주요 단어』를 키워드로 잡는다.
Why, relocate, headquarters ···› 본사를 이전하기로 한 이유를 묻는 질문이다.

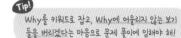

Why를 키워드로 잡고, Why에 어울리지 않는 보기 들을 버리겠다는 마음으로 문제 풀이에 임해야 해!

2 오답 소거하기

(A) ⊗ 질문의 headquarters를 듣고 연상하기 쉬운 quarterly report는 함정이므로 버린다.
(B) ⊗ 질문의 relocate, headquarters를 듣고 연상하기 쉬운 장소 표현(in Singapore)은 함정이므로 버린다.
(C) ◎ because가 생략되어 있지만, 본사를 이전하기로 한 이유로 가장 적절한 답이다.

P2-10 미국 → 영국

Q2 우회적인 응답 방식

Why does the laptop computer keep overheating?

(A) Is the fan working?
(B) It's too hot to turn on the heater.
(C) Feel free to keep it.

1 키워드 잡기

『첫 단어 + 주요 단어』를 키워드로 잡는다.
Why, computer, overheating ···› 컴퓨터가 과열되는 이유를 묻는 질문이다.

2 오답 소거하기

(A) ◎ 환풍기가 돌아가고 있냐고 되물으며 과열의 원인을 환풍기에서 찾고 있음을 우회적으로 말하고 있다.
(B) ⊗ 질문의 overheating을 듣고 연상하기 쉬운 hot, heater는 함정이므로 버린다.
(C) ⊗ 질문의 keep을 반복 사용한 함정이므로 버린다.

문제 풀이 전략 What 의문문

1. What 뒤에 오는 명사에 따라 질문의 내용과 응답이 다양하다.

▶ 의문사 What 뒤에 따라 나오는 단어도 키워드로 잡아야 문제가 풀린다.

Q. What construction project are you involved in? 어떤 공사 프로젝트에 참여하고 있나요?
A. We're building a recreation center. 레크리에이션 센터를 짓고 있어요.

Q. What color will the walls be painted? 무슨 색으로 벽을 페인트칠할까요?
A. Ivory. 아이보리요.

2. 주로 시점, 종류, 문제점, 장소, 가격, 주제, 방법, 의견 등을 묻는 질문들이 출제된다.

Q. What time can we meet to discuss the upcoming event? [시점]
곧 있을 행사를 논의하기 위해 몇 시에 만날 수 있나요?
A. Any time after 2. 두 시 이후 아무 때나요.

Q. What's the subscription **fee** for the *Finance Today* magazine? [가격]
〈파이낸스 투데이〉 잡지의 구독료가 얼마인가요?
A. Thirty dollars a year. 일 년에 30달러예요.

Q. What was the meeting **about** on Friday? [주제]
금요일 회의는 무엇에 관한 거였어요?
A. The upcoming department picnic. 곧 있을 부서 야유회요.

Q. What do you think about our new marketing strategy? [의견]
우리의 새로운 마케팅 전략에 대해서 어떻게 생각하세요?
A. It seems effective. 효과적인 것 같아요.

3. 반문하거나 돌려 말하는 우회적인 응답이 정답으로 자주 나오므로 소거법을 활용한다.

Q. What's the postage **rate** on parcels? 소포의 우편 요금이 얼마죠?
A. That depends on the weight. 무게에 따라 달라요.

4. 오답 함정에 주의한다.

▶ Yes/No 응답은 바로 소거한다.
▶ 동어 반복 및 유사 발음 오답에 주의한다.
▶ 연상 어휘 오답에 주의한다.
▶ 다른 의문사 의문문에 어울리는 응답 보기에 주의한다.

What 의문문 이렇게 풀면 만점!

1. 「What + 동사 + 주어」를 듣고 정확하게 질문의 의미를 파악한다.
2. What 뒤에 나오는 단어도 키워드로 잡아야 질문의 정확한 의미 파악이 된다.
3. 우회적인 응답이 많이 나오므로 오답 소거법으로 정답을 남긴다.
4. Yes/No/Sure/Of course로 시작하는 보기들은 오답이므로 바로 소거한다.

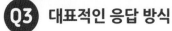

핵심 문제 유형

해설서 p.22

P2-11 미국 → 영국

Q3 대표적인 응답 방식

What do you think about the sales director candidate?

(A) The projected sales figures for next year.
(B) A Master's degree in marketing.
(C) He is very qualified.

1 키워드 잡기

『첫 단어 + 주요 단어』를 키워드로 잡는다.
What, do you think, candidate ⋯→ 후보자에 대한 의견을 묻는 질문이다.

2 오답 소거하기

(A) ⊗ 질문의 sales를 반복 사용한 함정이므로 버린다.
(B) ⊗ 질문의 sales를 듣고 연상하기 쉬운 marketing은 함정이므로 버린다.
(C) ⊙ 아주 적임이라며 질문에 적절히 응답하고 있으므로 정답이다.

P2-12 호주 → 미국

Q4 우회적인 응답 방식

What's the Wi-Fi password?

(A) I passed by the post office.
(B) The computer memory's full.
(C) The instructions are on the wall.

1 키워드 잡기

『첫 단어 + 주요 단어』를 키워드로 잡는다.
What, password ⋯→ 비밀번호가 무엇인지 묻는 질문이다.

2 오답 소거하기

(A) ⊗ 질문의 password와 발음이 유사한 passed는 함정이므로 버린다.
(B) ⊗ 질문의 Wi-Fi password를 듣고 연상하기 쉬운 computer memory는 함정이므로 버린다.
(C) ⊙ 설명이 벽에 붙어 있다며 거기서 확인할 수 있다는 것을 돌려서 말하고 있다.

문제 풀이 전략 Which 의문문

1. Which 의문문은 정해진 범위 내에서 어느 것인지를 묻는 질문이다.

Q. **Which restaurant** do you want to go to tonight? 오늘 밤 어느 식당에 가고 싶어요?
A. The Italian place on Darby Street. 다비 가에 있는 이탈리안 식당이요.

2. Which 뒤에 나오는 명사를 놓치면 안 된다.

Q. **Which floor** is the gym on? 체육관이 몇 층에 있나요?
A. Check the building directory. 건물 안내도를 확인해 보세요.

Q. **Which cable** is connected to the printer? 어느 선이 프린터에 연결되어 있나요?
A. The blue one. 파란 거요.

3. 여러 개 중 하나를 선택하는 The one(~ 것)이 정답으로 가장 많이 나온다.

Q. **Which invitation** looks best for the charity event? 자선 행사용으로 어느 초대장이 가장 좋아 보여요?
A. I like **the first one.** 저는 첫 번째 것이 좋아요.

4. 「Which + 사람 명사」는 Who와 같다.

Q. **Which applicant** do you think we should hire? 어느 지원자를 고용해야 한다고 생각하세요?
A. Ms. Song seems well qualified. 송 씨가 충분한 자격을 갖추고 있는 것 같아요.

5. 우회적인 응답이나 all(모두), both(둘 다), either(둘 중 하나) 등을 사용한 응답도 정답으로 출제된다.

Q. **Which cities** will you be visiting on your trip to New York? 뉴욕 여행 때 어느 도시를 방문할 예정인가요?
A. **The itinerary hasn't been finalized yet.** 여행 일정표가 아직 마무리되지 않았어요.

Q. **Which of these printers** do you recommend buying? 이 프린터들 중에 어느 걸 사는 것을 추천하시나요?
A. **It depends on what you'll be using it for.** 당신이 어디에 사용할지에 따라 달라요.

Q. **Which image** should we use for our new website? 어느 사진을 우리의 새 웹사이트에 사용할까요?
A. They **both** look good. 둘 다 좋아 보이네요.

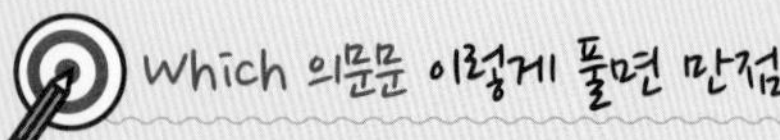

1. The one이 정답으로 자주 나온다.
2. 「Which + 사람 명사」 = Who이다.
3. '나도 모른다' 등의 돌려 말하는 우회적인 응답이나 both도 정답으로 나올 수 있다.

해설서 p.22

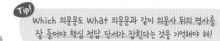

P2-13 미국 → 호주

Q5 대표적인 응답 방식

Which realtor did you contact again?

(A) The one we met last week.
(B) I have the correct phone number.
(C) The house is too big for our family.

1 키워드 잡기

Which 뒤의 명사까지 듣고 정확한 의미를 파악한다.
Which, realtor, contact ··· 어느 부동산 중개인에게 연락했는지 묻는 질문이다.

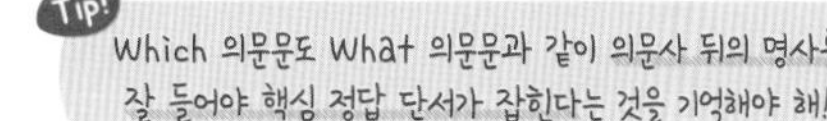

Which 의문문도 What 의문문과 같이 의문사 뒤의 명사를 잘 들어야 핵심 정답 단서가 잡힌다는 것을 기억해야 해!

Tip!

2 오답 소거하기

(A) ⊙ Which의 응답으로는 역시 'The one'이 가장 빈출이므로 일단 남겨 둔다.
(B) ⊗ 질문의 contact를 듣고 연상하기 쉬운 phone number는 함정이므로 버린다.
(C) ⊗ 질문의 realtor를 듣고 연상하기 쉬운 house는 함정이므로 버린다.

P2-14 영국 → 미국

Q6 우회적인 응답 방식

Which courier company delivers our parts to auto shops in Aaronville?

(A) It should say on the shipping invoice.
(B) Mostly to business clients in the city.
(C) Actually, my car is being repaired.

1 키워드 잡기

Which 뒤의 명사까지 듣고 정확한 의미를 파악한다.
Which, courier company, delivers ··· 어느 택배 회사가 배달하는지 묻는 질문이다.

2 오답 소거하기

(A) ⊙ 송장에 나와 있을 거라며 자기도 모른다는 걸 돌려서 말하고 있다.
(B) ⊗ 질문의 courier company를 듣고 연상하기 쉬운 business clients는 함정이므로 버린다.
(C) ⊗ 질문의 parts, auto shops를 듣고 연상하기 쉬운 car, repaired는 함정이므로 버린다.

문제 풀이 전략 How 의문문

1. How 뒤에 동사가 오면 방법·수단으로 응답한다.

▸ 방법을 묻는 경우 By ~ '~함으로써', Through ~ '~을 통해서'가 정답으로 자주 나온다.

Q. **How** can we reduce our energy costs? 우리가 어떻게 에너지 비용을 줄일 수 있을까요?
A. **By** installing thicker windows. 더 두꺼운 창문을 설치해서요.

2. 방법을 묻는 How에는 사람 이름이 정답으로 나올 수 있다.

Q. **How** do I install the shelves? 선반들을 어떻게 설치하죠?
A. **Kelly** can show you. 켈리가 당신에게 보여 줄 수 있을 거예요.

3. How 뒤의 부사나 형용사를 놓쳐서는 안 된다.

▸ How many, How much, How often, How soon 등과 같이 How만 들어서는 문제를 풀 수가 없다.

Q. **How many** people are registered for the seminar? 몇 명의 사람들이 세미나에 등록했나요?
A. We have 200 so far. 지금까지 200명이요.

Q. **How often** does the company newsletter come out? 사보가 얼마나 자주 나오나요?
A. Every month. 매달이요.

4. 해석이 빨리 되지 않는 How의 빈출 관용 표현을 암기해 둔다.

Q. **How did** the product demonstration **go** yesterday? 어제 상품 시연회는 어땠어요?
A. Much better than I thought. 제가 생각했던 것보다 훨씬 더 좋았어요.

Q. **How did you come up with** the idea for the packaging design? 포장 디자인 아이디어를 어떻게 생각해 내셨어요?
A. It was a team effort. 우리 팀의 노력이었죠.

5. 제안의 How about ~? '~하는 게 어때요?'에는 Yes/No로 응답할 수 있다.

Q. **How about** reviewing the proposal after lunch? 점심 식사 후에 제안서를 검토해 보는 게 어때요?
A. **Yes**, that's a good idea. 네, 좋은 생각이네요.

6. 오답 함정에 주의한다.

▸ Yes/No 응답은 바로 소거한다.
▸ 연상 어휘 오답에 주의한다.
▸ 동어 반복 및 유사 발음 오답에 주의한다.
▸ 다른 의문사 의문문에 어울리는 응답 보기에 주의한다.

How 의문문 이렇게 풀면 만점!

1. How 뒤에 따라오는 단어도 같이 키워드로 잡는다.
2. How의 빈출 관용 표현을 암기한다.
3. 의문사 의문문에 Yes/No 응답은 오답이지만, 제안의 How about ~?에는 정답으로 나올 수 있다.

핵심 문제 유형

해설서 p.22

P2-15 영국 → 호주

Q7 대표적인 응답 방식

How should we update our letterhead?

(A) I received an acceptance letter.
(B) The website is out of date.
(C) We should make the logo larger.

1 키워드 잡기

How 뒤의 동사까지 듣고 정확한 의미를 파악한다.
How, update, letterhead ···› 레터헤드를 업데이트하는 방법을 묻는 질문이다.

2 오답 소거하기

(A) ❌ 질문의 letterhead와 발음이 유사한 letter는 함정이므로 버린다.
(B) ❌ 질문의 update를 듣고 연상하기 쉬운 out of date는 함정이므로 버린다.
(C) ⭕ 로고를 더 키워야 한다며 방법을 알려 주고 있으므로 정답이다.

P2-16 미국 → 영국

Q8 우회적인 응답 방식

How many clients does your team work with?

(A) It depends from week to week.
(B) Customer service representatives.
(C) Probably for three months.

1 키워드 잡기

How 뒤의 부사나 형용사까지 듣고 정확한 의미를 파악한다.
How many clients, your team, work ···› 당신의 팀이 몇 명의 고객들과 일하는지 묻는 질문이다.

2 오답 소거하기

(A) ⭕ 매주 다르다며 질문에 적절히 응답하고 있으므로 일단 살려 둔다.
(B) ❌ 질문의 clients를 듣고 연상하기 쉬운 customer service representatives는 함정이므로 버린다.
(C) ❌ 질문의 How many를 듣고 연상하기 쉬운 three는 함정이므로 버린다.

Warm-up 질문에 알맞은 답을 고른 후, 빈칸을 채우고 오답 보기들에 오답의 이유를 쓰세요. (대화는 3번 들려줍니다.) 해설서 p.22

1. ______________________ at the hotel?

(A) No, it's not __________. ⓞ ⓧ

(B) I'm afraid __________. ⓞ ⓧ

(C) __________. ⓞ ⓧ

2. __________ will this __________?

(A) __________. ⓞ ⓧ

(B) At least __________. ⓞ ⓧ

(C) Jamie was __________. ⓞ ⓧ

3. __________ for the __________?

(A) Not __________ that. ⓞ ⓧ

(B) A __________. ⓞ ⓧ

(C) __________. ⓞ ⓧ

4. __________ someone __________?

(A) The __________. ⓞ ⓧ

(B) Leslie __________. ⓞ ⓧ

(C) There's __________. ⓞ ⓧ

5. __________ are you __________?

(A) A __________. ⓞ ⓧ

(B) __________. ⓞ ⓧ

(C) __________ Kent Road and Main Street. ⓞ ⓧ

Practice

P2-18

해설서 p.23

1. Mark your answer on your answer sheet. (A) (B) (C)
2. Mark your answer on your answer sheet. (A) (B) (C)
3. Mark your answer on your answer sheet. (A) (B) (C)
4. Mark your answer on your answer sheet. (A) (B) (C)
5. Mark your answer on your answer sheet. (A) (B) (C)
6. Mark your answer on your answer sheet. (A) (B) (C)
7. Mark your answer on your answer sheet. (A) (B) (C)
8. Mark your answer on your answer sheet. (A) (B) (C)
9. Mark your answer on your answer sheet. (A) (B) (C)
10. Mark your answer on your answer sheet. (A) (B) (C)
11. Mark your answer on your answer sheet. (A) (B) (C)
12. Mark your answer on your answer sheet. (A) (B) (C)
13. Mark your answer on your answer sheet. (A) (B) (C)
14. Mark your answer on your answer sheet. (A) (B) (C)
15. Mark your answer on your answer sheet. (A) (B) (C)
16. Mark your answer on your answer sheet. (A) (B) (C)
17. Mark your answer on your answer sheet. (A) (B) (C)
18. Mark your answer on your answer sheet. (A) (B) (C)
19. Mark your answer on your answer sheet. (A) (B) (C)
20. Mark your answer on your answer sheet. (A) (B) (C)
21. Mark your answer on your answer sheet. (A) (B) (C)
22. Mark your answer on your answer sheet. (A) (B) (C)
23. Mark your answer on your answer sheet. (A) (B) (C)
24. Mark your answer on your answer sheet. (A) (B) (C)
25. Mark your answer on your answer sheet. (A) (B) (C)

알아 두면 해석이 빨리 되는 의문사 의문문 덩어리 표현

Part 2에 자주 나오는 의문사 의문문 덩어리 표현을 암기해 두자. 질문의 해석이 빨리 되면 정답을 찾기도, 오답을 소거하기도 훨씬 수월해진다.

How did ~ go? ~은 어땠나요?	**Q. How did** the seminar **go**? 세미나는 어땠나요? **A.** It went well. 잘 진행됐어요.
How did you like ~? ~은 어땠어요?	**Q. How did you like** the restaurant? 그 레스토랑은 어땠어요? **A.** You were right. It was not crowded. 당신 말이 맞더군요. 붐비지 않았어요.
How soon (= When) ~? 언제까지/얼마나 빨리 ~?	**Q. How soon** will the sales report be ready? 언제까지 판매 보고서가 준비될까요? **A.** Not until next Monday. 월요일이나 되어야 할 거예요.
How often/frequently ~? 얼마나 자주 ~?	**Q. How often** do you travel for work? 얼마나 자주 출장을 가시나요? **A.** About twice a month. 한 달에 두 번 정도요.
How long does it take to ~? ~하는 데 얼마나 걸리나요?	**Q. How long does it take to** test the driver license? 운전면허증 시험 치는 데 얼마나 걸리나요? **A.** It's been too long since I took mine. 시험 친 지 너무 오래됐네요.
How do I get to ~? ~에 어떻게 가나요?	**Q. How do I get to** the conference center from the hotel? 호텔에서 콘퍼런스 센터까지 어떻게 가나요? **A.** Kelly will give you a ride. 켈리가 태워다 줄 거예요.
How long ~ last? ~은 얼마나 오래 지속되나요?	**Q. How long** will the meeting **last**? 회의를 얼마나 오래 할까요? **A.** It's been canceled. 취소됐어요.
How much does ~ cost? ~은 비용이 얼마인가요?	**Q. How much does** a gym membership **cost**? 체육관 멤버십은 비용이 얼마인가요? **A.** Let me get my manager. 매니저님을 모셔 올게요.
How much longer ~? 얼마나 더 오래 ~?	**Q. How much longer** do I have to wait? 얼마나 더 오래 기다려야 하나요? **A.** It's so busy today. 오늘 너무 바쁘네요.
How is ~ coming along? ~가 어떻게 되어 가나요? (진행 상황)	**Q. How's** the construction **coming along**? 공사가 어떻게 되어 가나요? **A.** There's a slight delay. 약간의 지연이 있어요.
What's the fee/fare/cost? 요금이 얼마인가요?	**Q. What's the** round-trip **fare**? 왕복 요금이 얼마인가요? **A.** 35 Euros. 35유로입니다.
What type/kind of ~? 어떤 종류의 ~?	**Q. What type of** job are you looking for? 어떤 종류의 일자리를 찾고 계세요? **A.** I enjoy working with computers. 컴퓨터로 작업하는 걸 좋아해요.
Which + 사람 (= Who) ~? 어떤 분 ~?	**Q. Which customer** ordered the pasta? 어떤 손님이 파스타를 주문하셨나요? **A.** The woman sitting next to the window. 창문 옆에 앉아 계신 여자분이요.
Why didn't you ~? 왜 ~하지 않았어요?	**Q. Why didn't you** have the office supplies delivered to the office? 사무용품을 왜 사무실로 배송시키지 않았어요? **A.** There's only one box. 박스가 하나뿐이라서요.

Why weren't you ~? 왜 ~에 없었나요?	**Q. Why weren't you** at work yesterday? 어제 왜 회사에 안 계셨나요? **A.** I didn't feel well. 아팠어요.
Who's responsible for ~? (= Who's in charge of ~?) ~은 누구 담당인가요?	**Q. Who's responsible for** the new project? 새 프로젝트는 누구 담당인가요? **A.** Joshua, I believe. 조슈아일 거예요.
Whose turn is it to ~? ~하는 것은 누구 차례인가요?	**Q. Whose turn is it to** take inventory? 재고 조사는 누구 차례인가요? **A.** Why don't you do it this time? 이번에는 당신이 하는 게 어때요?
Who's going to ~? (= Who will ~?) 누가 ~할 건가요?	**Q. Who's going to** train the new employees? 누가 신입 사원들을 교육시킬 건가요? **A.** Didn't you get the memo? 메모 못 받았어요?
Where ~ take place? (= Where ~ be held?) ~은 어디에서 열리나요?	**Q. Where** is the marketing conference going to **take place**? 마케팅 회의는 어디에서 열릴 예정인가요? **A.** Here's the flyer. 여기 전단요.

PART 2 UNIT 05

Why·What·Which·How 의문문의 돌려 말하기(우회적) 응답

Q. How long is the flight to Sydney? 시드니까지 비행시간이 얼마나 되죠?

A. There'll be enough time to watch three movies. 영화 세 편을 다 보기에 충분한 시간이 있을 거예요.

···› 시드니까지 가는 데 영화 세 편을 다 볼 정도의 시간이 걸릴 거예요.

Q. How often do you stop by the factory? 공장에 얼마나 자주 들르세요?

A. I haven't had a chance to lately. 최근에 갈 기회가 없었어요.

···› 갈 기회가 없어서 가지 않았어요.

Q. Why do you need the Joseph file? 조셉 파일이 왜 필요하세요?

A. I asked for the Jonathan file. 저는 조나단 파일을 요청했는데요.

···› 조셉 파일이 아니라 조나단 파일이 필요하다고 한 거였어요.

Q. How about asking for a deadline extension for the sales report?
판매 보고서 마감일 연장을 요청해 보는 게 어때요?

A. I'm printing it now. 지금 인쇄하는 중이에요.

···› 다 했어요. 마감일 연장을 요청할 필요가 없어요.

Q. What time does your restaurant open on the weekend? 식당이 주말에는 몇 시에 여나요?

A. Lunch starts at 12 P.M. 점심이 오후 12시에 시작됩니다.

···› 점심시간에 맞춰 문을 엽니다.

>> 유사 발음 오답

P2-19

질문을 완전히 이해하지 못한 당황스러운 상황에서 질문에 나왔던 단어와 비슷한 소리를 가지고 있는 보기가 들리면 왠지 나도 모르게 반기고 싶어지지만, 이러한 '유사 발음'은 100% 오답 함정이므로 소리가 비슷하다 싶으면 일단 오답으로 소거하고 본다. (❗ 발음도 같고, 의미도 같은 어휘는 정답일 수 있다. 소리가 비슷한 '유사 발음'을 오답으로 소거하도록 하자.) 아래에 유사 발음 함정 문제로 자주 출제되는 단어의 짝을 숙지해 둔다.

질문에 나오는 단어	유사 발음 오답
accept	expect, receipt
account	count, accounting
air conditioner	hair conditioner, terms and conditions
annual	manual
apartment	department
apply	reply, supply
appointment	appoint, apartment, disappointed
ate	8 (eight)
bank	banquet
base	phase
billing	building
bottle	bottom
close	closet
cold	old, called
computer	commuter
contact	contract
copier	coffee
corporation	cooperation
customer	custom
cut	shortcut
date	update
dental	rental
depart	part
description	prescription
down	town
eject	reject

질문에 나오는 단어	유사 발음 오답
entire	tired
erase	raise
errand	error
exhibit	exit
expect	inspect
extension number	extend
fare	fair
fasten	faster
find	fine
fix	fax, finish, fit
flying	trying
for	4 (four)
form	former, formal, found, from
guess	guest
handle	hand in
hear	here
pants	pens
higher	hire
interview	view, review
introduce	reduced
label	table
latest	letters
launch	lunch
learn	run
leave	live, sleeve, lease
lend	rent

질문에 나오는 단어	유사 발음 오답
letter	late, leader
maintenance	main entrance
marketing	supermarket
mine	mind, 9 (nine)
movie	move
new	news, knew
night	right
order	older
pass	past
patio	radio
pavement	payment
peace	piece
peach	speech
permission	submission
photocopier	copies
place	replace
plan	plane, plant
postpone	post office
prescribe	subscribe
price	prize
product	project, production
read	lead, live, red
ready	steady

질문에 나오는 단어	유사 발음 오답
recipient	recipe
repair	pair
reply	supply
report	sports, resort, repeated, remark
representative	present
responsible	response
scene	seen
shipment	shift
sign	assign, design
soap	soup
store	storage
supplies	surprise
team	theme
tight	type
tire	tired
train	training, rain
up-to-date	date, update
wait	weigh, weight
walk	work
weather	whether
write	right, ride
workshop	shop

❗ 발음은 같은데 의미가 다른 단어가 들리면 그 보기는 오답이다!

change 바꾸다 / change 거스름돈 complete 완벽한 / complete 완성하다 park 공원 / park 주차하다
book 책 / book 예약하다 store 가게 / store 보관하다 order 주문 / order 순서

일반·간접 의문문

일반 의문문은 Be·Do·Have·Will·Should 등 조동사로 시작하는 의문문을 말하며, 매회 평균 3문제가 출제된다. 간접 의문문은 일반 의문문에 의문사가 들어가 있는 형태로 매회 0~1문제가 출제되며, 의문사를 키워드로 잡는 것이 핵심이다.

문제 풀이 전략 일반 의문문

1. Be, Do, Have, Should 등 조동사로 시작하는 의문문으로, Yes/No 응답이 가능하다.

▶ 최근에는 Yes/No가 생략된 채, 부연 설명만 하는 패턴이 정답으로 많이 나온다.

Q. Does the proposal need a lot of revision? 제안서에 많은 수정이 필요한가요?

A. (No,) Just some small changes. (아니요.) 몇 가지 사소한 변경만요.

2. 아무리 긴 문장이 나온다 해도 「동사 + 목적어」를 핵심 키워드로 잡는다.

Does Kelly **have** all the **materials** for the sales presentation?
켈리가 영업 발표를 위한 모든 자료를 가지고 있나요?

Is Sonya going to **attend** our time management **workshop** tomorrow?
소냐는 내일 우리의 시간 관리 워크숍에 참석할 예정인가요?

3. 시제와 주어의 일치 여부를 확인한다.

Did you take the training course last week? 지난주에 연수 과정 들었어요?

(A) No, **I was** out of town. 아니요, 출장 중이었어요. ⊙

(B) I got on the train. 기차를 탔어요. ⋯ ⊗ 유사 발음 오답(training – train)

(C) **She's planning** on it. 그녀는 그것을 계획 중이에요. ⋯ ⊗ 시제 및 주어 불일치 오답(Did you – She's planning)

4. 오답 함정에 주의한다.

▶ 유사 발음 및 연상 어휘 오답에 주의한다.

▶ Yes/No와 뒤의 부연 설명 불일치 등 내용 오류 오답에 주의한다.

일반 의문문 이렇게 풀면 만점!

1. 「동사 + 목적어」는 무조건 듣는다.
2. Yes/No 응답이 가능하지만, 종종 생략되어 나온다.
3. 시제와 주어가 일치되었는지 예리하게 파악한다.

핵심 문제 유형

해설서 p.27

P2-20 미국 → 미국

Q1 대표적인 응답 방식

Do I need to submit a cover letter with my application?

(A) Yes, that's a requirement.
(B) We designed the cover page.
(C) Thanks. I had a great vacation.

1 키워드 잡기

먼저 시제와 주어를 확인하고, 『동사 + 목적어』를 키워드로 잡는다.
Do I, need to, submit, cover letter ···› 자기소개서를 제출해야 하는지 묻는 질문이다.

Tip! 「동사 + 목적어」를 키워드 잡고 질문의 시제가 현재 시제(do)인 것을 기억해야 해! 정답 찾기가 아닌 오답 버리기로 하나씩 소거해 보자!

2 오답 소거하기

(A) ⊙ Yes라고 답한 후 필수 요건이라며 적절히 덧붙여 말했으므로 일단 살려 둔다.
(B) ⊗ 질문의 cover를 반복 사용한 함정이므로 버린다.
(C) ⊗ 질문의 application과 발음이 유사한 vacation은 함정이므로 버린다.

P2-21 영국 → 호주

Q2 우회적인 응답 방식

Did you read the employee handbook yet?

(A) Until the end of the day.
(B) Isn't it optional?
(C) Can you lend me a hand?

1 키워드 잡기

먼저 시제와 주어를 확인하고, 『동사 + 목적어』를 키워드로 잡는다.
Did you, read, employee handbook ···› 직원 안내 책자를 읽어봤는지 묻는 질문이다.

2 오답 소거하기

(A) ⊗ 질문의 read와 발음이 유사한 end는 함정이므로 버린다.
(B) ⊙ 선택 사항 아니냐고 되물으며 읽지 않았음을 우회적으로 말하고 있다.
(C) ⊗ 질문의 handbook과 발음이 유사한 hand는 함정이므로 버린다.

문제 풀이 전략 간접 의문문

1. 간접 의문문은 의문사가 핵심 키워드이다.

▶ 간접 의문문은 일반 의문문에 육하원칙의 의문사를 포함한 의문문으로 의문사가 핵심이다.

Q. Do you know **who** might be able to fix the copier? 누가 복사기를 고칠 수 있는지 아세요?
A. I guess William could. 윌리엄이 할 수 있을 거예요.

Q. Have you heard **when** the new manager will start? 새 관리자가 언제 시작하는지 얘기 들었나요?
A. Yes, mid-April. 네, 4월 중순에요.

Q. Can you tell me **where** the Sales Department is? 영업부가 어디에 있는지 알려 주시겠어요?
A. Take the stairs to the second floor. 2층으로 가는 계단을 이용하세요.

Q. Do you know **how many** chairs are needed for Monday's seminar?
월요일 세미나에 얼마나 많은 의자가 필요한지 아세요?
A. More than 60 for sure. 60개보다 많아야 한다는 건 확실해요.

2. 일반 의문문에 if/whether(~인지), that(~라는 것) 등의 접속사를 넣어 묻기도 한다.

Q. Do you know **if** there's a drugstore nearby? 근처에 약국이 있는지 아시나요?
A. There's one across the street. 길 건너에 하나 있어요.

Q. Can you tell me **whether** the personnel director is back yet?
인사부장이 이미 돌아왔는지 말씀해 주시겠어요?
A. I just saw him in the lobby. 방금 로비에서 봤어요.

3. 우회적인 응답이 나오므로 오답 소거법을 활용한다.

May I ask **what** other companies were at the job fair?
그 밖의 어떤 회사들이 취업 박람회에 있었는지 물어봐도 될까요?

(A) **I have the complete list in my briefcase.** 제 서류 가방 안에 전체 명단이 있어요. ⓞ
(B) He got a job offer. 그는 입사 제의를 받았어요. ··· ⊗ 주어 불일치 오답(I – He)
(C) It'll be great if you can accompany me. 당신이 동행해 준다면 정말 좋겠어요.
··· ⊗ 시제 불일치 오답(what other companies were – It'll be)

4. 오답 함정에 주의한다.

▶ 유사 발음 및 연상 어휘 오답에 주의한다.

▶ Yes/No와 뒤의 부연 설명 불일치 등 내용 오류 오답에 주의한다.

간접 의문문 이렇게 풀면 만점!

1. 의문사를 키워드로 잡아 핵심 의문사에 가장 어울리는 보기를 고른다.
2. Yes/No 응답이 가능하지만, 생략하는 응답이 일반적이다.
3. 돌려 말하기식의 우회적인 응답을 정답으로 고르기 힘들 수 있으니, 오답을 버리는 소거법을 활용한다.

핵심 문제 유형

해설서 p.28

P2-22 영국 → 미국

Q3 대표적인 응답 방식

Do you know why the marketing workshop was canceled?

(A) Yes, it's a big market.
(B) Because of a scheduling conflict.
(C) In the afternoon.

1 키워드 잡기

질문의 앞부분은 버리고 의문사를 키워드로 잡는다.
why, workshop, canceled ···› 워크숍이 취소된 이유를 묻는 간접 의문문이다.

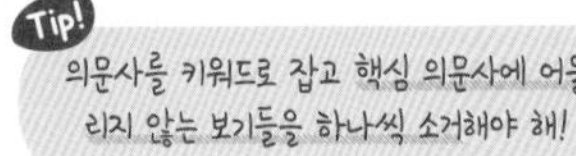

Tip!
의문사를 키워드로 잡고 핵심 의문사에 어울리지 않는 보기들을 하나씩 소거해야 해!

2 오답 소거하기

(A) ✕ 질문의 marketing과 발음이 유사한 market은 함정이므로 버린다.
(B) ◎ 일정이 겹쳐서라며 워크숍이 취소된 이유를 제시하고 있으므로 정답으로 고른다.
(C) ✕ 시간 표현은 When 의문문에 어울리는 응답이므로 버린다.

PART 2 UNIT 06

P2-23 미국 → 호주

Q4 우회적인 응답 방식

Have you decided where to go for vacation?

(A) Do you have any recommendations?
(B) Sure, but it was a long trip.
(C) I'll book the flight for you.

1 키워드 잡기

의문사를 키워드로 잡는다.
where to go, vacation ···› 휴가 장소를 묻는 질문이다.

2 오답 소거하기

(A) ◎ 추천해 줄 곳이 있는지 되물으며 아직 결정하지 않았음을 우회적으로 말하고 있다.
(B) ✕ 질문의 vacation을 듣고 연상하기 쉬운 trip은 함정이므로 버린다.
(C) ✕ 질문의 vacation을 듣고 연상하기 쉬운 book, flight는 함정이므로 버린다.

Warm-up 질문에 알맞은 답을 고른 후, 빈칸을 채우고 오답 보기들에 오답의 이유를 쓰세요. (대화는 3번 들려줍니다.)

해설서 p.28

1. Did ______________________ we proposed?

(A) Several ______________________.
(B) New ______________________.
(C) ______________________.

2. Has Derek ______________________?

(A) I ______________ page 23.
(B) ______________________.
(C) ______________________.

3. ______________ if the IT Department ______________________?

(A) We really ______________________.
(B) ______________________.
(C) I often ______________________.

4. ______________________ for me?

(A) How much ______________ for it?
(B) I just ______________________.
(C) ____, ______________________.

5. Can you show me ________ to ______________________?

(A) ____ will the ______________________?
(B) ______________________.
(C) This is ______________________.

Practice

P2-25

해설서 p.29

1. Mark your answer on your answer sheet. (A) (B) (C)
2. Mark your answer on your answer sheet. (A) (B) (C)
3. Mark your answer on your answer sheet. (A) (B) (C)
4. Mark your answer on your answer sheet. (A) (B) (C)
5. Mark your answer on your answer sheet. (A) (B) (C)
6. Mark your answer on your answer sheet. (A) (B) (C)
7. Mark your answer on your answer sheet. (A) (B) (C)
8. Mark your answer on your answer sheet. (A) (B) (C)
9. Mark your answer on your answer sheet. (A) (B) (C)
10. Mark your answer on your answer sheet. (A) (B) (C)
11. Mark your answer on your answer sheet. (A) (B) (C)
12. Mark your answer on your answer sheet. (A) (B) (C)
13. Mark your answer on your answer sheet. (A) (B) (C)
14. Mark your answer on your answer sheet. (A) (B) (C)
15. Mark your answer on your answer sheet. (A) (B) (C)
16. Mark your answer on your answer sheet. (A) (B) (C)
17. Mark your answer on your answer sheet. (A) (B) (C)
18. Mark your answer on your answer sheet. (A) (B) (C)
19. Mark your answer on your answer sheet. (A) (B) (C)
20. Mark your answer on your answer sheet. (A) (B) (C)
21. Mark your answer on your answer sheet. (A) (B) (C)
22. Mark your answer on your answer sheet. (A) (B) (C)
23. Mark your answer on your answer sheet. (A) (B) (C)
24. Mark your answer on your answer sheet. (A) (B) (C)
25. Mark your answer on your answer sheet. (A) (B) (C)

PART 2 빈출 오답 유형 2

>> 연상 어휘 오답

질문에서 사용된 단어와 관련이 있는 단어를 사용해 오답으로 제시하는 경우가 많다. 아래의 단어를 보면서 빈출 연상 어휘 오답 패턴을 익혀 보기를 소거하는 연습을 하자.

질문에 나오는 단어	연상 어휘 오답
accountant 회계사	number 숫자 accounting 회계 budget 예산(안)
airport 공항	ticket 표 airline 항공사 flight 비행편 gate 게이트 from New York 뉴욕에서 vacation 휴가
travel 여행(하다)	window seat 창가 쪽 자리 aisle seat 복도 쪽 자리
article 기사	magazine 잡지 publish 출간하다 copy (한) 부
time sheet 근무 시간 기록표	40 hours a week 일주일에 40시간
theater 극장, 영화관	performing arts 공연 예술 ticket 표 seat 좌석, 자리
book 책	library 도서관 publish 출판하다 check out 책을 대여하다 read 읽다
sale(s) 판매, 매출	store 가게 price 가격 sell 팔다 discount 할인 in stock 재고가 있는 shop 가게; 쇼핑하다
registration 등록	sign up 등록하다
warehouse 창고	inventory 재고 (조사)
stay 머물다	two nights 이틀 밤
talk 말하다; 담화	lecture 강연 telephone 전화기 conversation 대화 speech 연설
customer service department 고객 서비스 부서	return policy 환불 정책
shipment 수송품	catalog 카탈로그 warehouse 창고 order 주문(하다)
schedule an appointment 예약을 하다, 일정을 잡다	yesterday 어제
fee 요금, 비용	cash 현금 credit card 신용카드
form 양식	fill out 기입하다, 작성하다
return 반품	receipt 영수증 from the date of purchase 구매일로부터
phone number 전화번호	connect 연결하다 contact 연락하다
invitation 초대	retirement party 퇴직 기념 파티 opening ceremony 개회식
job 직업	application 지원서 applicant 지원자 résumé 이력서 hire 고용하다 employee 직원 position (일)자리, 직위
agenda 안건	meeting 회의
arrive 도착하다	bus 버스 train 기차 by plane 비행기로 drive 운전하다
bank 은행	withdraw (계좌에서 돈을) 인출하다 deposit 예금하다
Beijing 베이징	vacation 휴가
buy 사다	receipt 영수증
ceremony (의)식	award 상
computer 컴퓨터	engineer 엔지니어 software 소프트웨어

conference 학회	**hall** 강당 **hold** 개최하다
currency 통화	**price** 가격
deadline 마감(일)	**near** 가까이
due ~하기로 되어 있는	**turn in** 제출하다
electric screwdriver 전동 드라이버	**manual** 지침서, 안내서
financial 재무의	**dollar** 달러
headphone 헤드폰	**listen** 듣다
how long 얼마나 길게/오랫동안	**kilometer** 킬로미터 **month** 달
improve 개선하다	**change** 바꾸다, 변화하다
introduce 소개하다	**new** 새로운
jacket 재킷	**wool** 울
luggage 수화물	**pack** (짐을) 싸다, 꾸리다
manufacturing division 제조 부문	**product line** 제품 라인
medical clinic 병원	**much better** (몸이/느낌이) 훨씬 좋은 **receptionist** 접수원 **doctor** 의사
museum 박물관	**admission** 입장 **exhibit** 전시(회)
newest 최신의 (new의 최상급)	**largest** 가장 큰 (large의 최상급)
now 지금	**on time** 정각에
park 주차하다; 공원	**fresh air** 산뜻한 공기 **jogging** 조깅 **drive** 운전하다
mail 우편(물)	**stamp** 우표 **letter** 편지 **post office** 우체국 **address** 주소 **send** 보내다 **arrive** 도착하다
market 시장	**shop** 쇼핑을 하다 **marketing** 마케팅
monitor 모니터	**turn on** (전원을) 켜다
new 새로운	**just opened** 막 개업한
newspaper 신문	**read** 읽다
order 주문(하다)	**lunch** 점심 **fill out a form** 양식을 기입하다
payment 지불, 납입금	**price** 가격 **cash** 현금 **paid in full** 전액 지불된
performance review 인사 고과	**employee** 직원
plan 계획	**blueprint** 청사진 계획
warranty 품질 보증서	**guarantee** 품질 보증서; 보증하다
projector 프로젝터	**show** 보여 주다
magazine 잡지	**issue** (정기 간행물) 호
publish 발행하다	**renew the subscription** 구독을 갱신하다
payroll 급여 대상자 명단	**every other week** 격주로
place 장소	**apartment** 아파트
increase 증가하다	**longer** 더 길게
biology 생물(학)	**microscope** 현미경
higher 더 높은	**tall** 높은
early 이른	**as soon as possible** 가능한 한 빨리 **in advance** 사전에

부정·부가 의문문

부정 의문문은 부정어 not을 포함한 의문문으로 주로 특정 사실이나 계획 등을 확인할 때 사용되며, 부정의 형태만 가질 뿐 일반 긍정 의문문과 대답하는 방식은 동일하다. 부가 의문문은 주로 질문자가 알고 있는 사실이나 정보에 대해 상대방의 동의나 확인을 구할 때 쓰이는 의문문으로 평서문 뒤에 꼬리말이 붙는다. 부정·부가 의문문은 매회 2~3문제씩 출제된다.

문제 풀이 전략 부정 의문문

1. 질문의 not을 무시하고 답변이 긍정이면 Yes, 그렇지 않으면 No로 답한다.

Q. **Didn't** we spend over 100 pounds on flyers?
우리가 전단에 100파운드 이상을 사용하지 않았나요? ⋯ 사용했으면 Yes, 그렇지 않으면 No

A. Yes, but it was an essential expense. 네, 하지만 꼭 필요한 지출이었어요.

Q. **Isn't** the supervisor supposed to visit the factory tomorrow?
감독관이 내일 공장에 방문하기로 하지 않았나요? ⋯ 방문하기로 했으면 Yes, 그렇지 않으면 No

A. No, it's been rescheduled to next month. 아니요, 그건 다음 달로 연기되었어요.

2. not을 무시한 채, 질문의 「동사 + 목적어」를 핵심 키워드로 잡는다.

Q. Haven't you **taken inventory** yet? 재고 조사를 아직 안 한 거예요?

A. Was I supposed to? 제가 해야 했나요? ⋯ '되묻기'식 응답은 자주 나오는 정답 패턴 중 하나이다.

Q. Can't you **attend** the **welcome reception** on Friday? 금요일 환영회에 참석할 수 없나요?

A. I have to complete the sales report. 매출 보고서를 완성해야 해요.

3. 시제와 주어의 일치 여부를 확인한다.

Tip! 최근에는 Yes / No가 생략된 경우가 많기 때문에 정답을 찾지 말고 나머지 오답들을 버리며 정답을 남기는 게 현명한 방법이야!

Aren't you done preparing for the sales training workshop? 영업 교육 워크숍 준비가 다 끝나지 않았나요?

(A) It **was** an excellent workshop. 훌륭한 워크숍이었어요. ⋯ ⊗ 시제 불일치 오답(Are – was)

(B) Yes, all the materials are ready. 네, 모든 자료가 준비되었어요. ⊙

(C) **She**'s an experienced marketing representative. 그녀는 마케팅 경력자예요. ⋯ ⊗ 주어 불일치 오답(you – She)

4. 오답 함정에 주의한다.

▸ 유사 발음 및 연상 어휘 오답에 주의한다.

▸ Yes/No와 뒤의 부연 설명 불일치 등 내용 오류 오답에 주의한다.

부정 의문문 이렇게 풀면 만점!

1. 질문의 not을 무시하고 긍정이면 Yes, 부정이면 No로 대답한다.
2. not을 무시하고 「동사 + 목적어」를 키워드로 잡는다.
3. 우회적인 응답은 정답으로 고르기 힘드니 오답 버리기 훈련을 습관화한다.

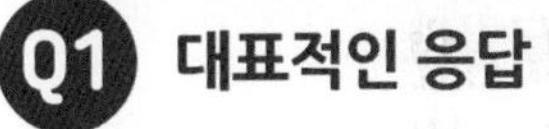

핵심 문제 유형

해설서 p.33

P2-26 호주 → 미국

Q1 대표적인 응답 방식

Didn't you get a refund for the bookshelf?

(A) Yes, I had a lot of fun.
(B) I forgot to bring the receipt.
(C) Yes, she works at the library.

1 키워드 잡기

not을 무시하고 「동사 + 목적어」를 키워드로 잡는다.
get a refund, bookshelf ···› 책꽂이의 환불을 받았는지 묻는 질문이다.

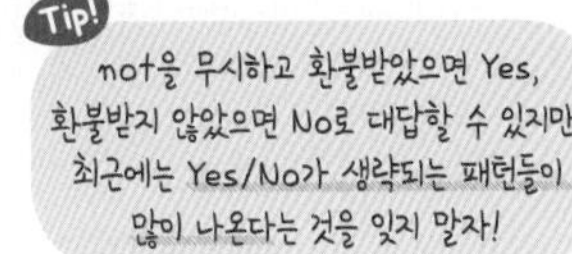

Tip!
not을 무시하고 환불받았으면 Yes,
환불받지 않았으면 No로 대답할 수 있지만,
최근에는 Yes/No가 생략되는 패턴들이
많이 나온다는 것을 잊지 말자!

2 오답 소거하기

(A) ⊗ 질문의 refund와 발음이 유사한 fun은 함정이므로 버린다.
(B) ◎ 깜빡하고 영수증을 가져가지 않아서 환불받지 못했다고 하므로 정답으로 고른다.
(C) ⊗ she를 지칭하는 대상이 질문에 없고, bookshelf를 듣고 연상하기 쉬운 library는 함정이므로 버린다.

P2-27 미국 → 영국

Q2 우회적인 응답 방식

Haven't we selected the final winner for the writing contest yet?

(A) The finalist will receive a cash prize.
(B) We had more than 500 submissions.
(C) The featured article for the November edition.

1 키워드 잡기

not을 무시하고 「동사 + 목적어」를 키워드로 잡는다.
selected, final winner ···› 최종 우승자를 정했는지 묻는 질문이다.

2 오답 소거하기

(A) ⊗ 질문의 contest를 듣고 연상하기 쉬운 prize는 함정이므로 버린다.
(B) ◎ 제출작이 많아서 아직 우승자를 정하지 못했음을 우회적으로 말하고 있다.
(C) ⊗ 질문의 writing을 듣고 연상하기 쉬운 article은 함정이므로 버린다.

문제 풀이 전략 부가 의문문

1. 질문의 not을 무시하고 답변이 긍정이면 Yes, 그렇지 않으면 No로 답한다.

Q. Bruce Han is the designer of our website, **isn't he**?
브루스 한이 우리 웹사이트의 디자이너죠, 그렇지 않나요?

A. Yes, and it looks great. 네, 그리고 웹사이트가 참 멋지네요.

Q. We can leave work early, **can't we**? 일찍 퇴근해도 되죠, 그렇지 않나요?

A. Yes, if your work is done. 네, 당신의 업무가 다 끝났다면요.

2. Yes/No로 답할 경우, Yes/No의 의미와 부연 설명이 질문과 일치하는지 파악한다.

I should present the sales figures at tomorrow's meeting, **shouldn't I**?
내일 회의 때 제가 매출액을 발표해야 하죠, 그렇지 않나요?

(A) Yes, it's a 15 percent discount. 네, 15% 할인이에요. ⋯→ ⊗ 연상 어휘 오답(sales–discount)
(B) **No, it's been canceled.** 아니요, 그거 취소됐어요. ◎ ⋯→ 내일 회의가 취소되어 발표 안 해도 돼요.
(C) Sales have increased over 30%. 판매가 30% 넘게 올랐어요. ⋯→ ⊗ 동어 반복 오답(sales)

3. 우회적인 응답이 나오므로 오답 소거법을 활용한다.

▸ 우회적인 응답은 질문과의 내용 일치 여부를 바로 판단하기 어려우므로 오답을 버려가며 정답을 남겨야 한다.

Your boss has already approved your transfer, **hasn't he**?
당신이 전근 가는 걸 사장이 이미 승인했죠, 그렇지 않나요?

(A) Transportation is convenient here. 이곳의 교통이 편리해요. ⋯→ ⊗ 유사 발음 오답(transfer–Transportation)
(B) **I just put in the request.** 방금 신청했어요. ◎
⋯→ 방금 전근 신청을 했기 때문에 사장의 승인을 받지 못했다고 돌려서 말한 우회적인 응답
(C) You can take some if you like. 원하시면 좀 가져가세요. ⋯→ ⊗ 동문서답형 오답

4. 오답 함정에 주의한다.

▸ 유사 발음 및 연상 어휘 오답에 주의한다.

▸ Yes/No와 뒤의 부연 설명 불일치 등 내용 오류 오답에 주의한다.

부가 의문문 이렇게 풀면 만점!

1. 질문의 not을 무시하고 긍정이면 Yes, 부정이면 No로 답한다.
2. 시제와 주어가 일치되었는지의 여부를 확인한다.

핵심 문제 유형

해설서 p.33

P2-28 미국 → 미국

Q3 대표적인 응답 방식

The newcomer orientation was helpful, wasn't it?

(A) I thought so.
(B) Why? What's wrong?
(C) No, I've been here before.

1 키워드 잡기

부가 의문문(wasn't it)은 무시하고 핵심 키워드에 집중한다.
orientation, helpful ···› 오리엔테이션이 유익했는지를 묻는 질문이다.

유익했으면 Yes, 그렇지 않으면 No로 답할 수 있으며 Yes / No는 생략할 수 있어.

2 오답 소거하기

(A) ⊙ 오리엔테이션이 유익했냐는 질문에 그런 것 같다며 질문에 적절히 응답하고 있으므로 정답이다.
(B) ⊗ 질문의 맥락과 전혀 통하는 부분이 없는 동문서답이므로 버린다.
(C) ⊗ No(유익하지 않았다)와 뒤의 부연 설명이 질문 내용과 일치하지 않으므로 버린다.

PART 2 UNIT 07

P2-29 영국 → 호주

Q4 우회적인 응답 방식

The external auditor hasn't arrived yet, has she?

(A) Audit the financial statements, please.
(B) Traffic is pretty bad right now.
(C) On our internal website.

1 키워드 잡기

부가 의문문(has she)은 무시하고, 핵심 키워드에 집중한다.
auditor, arrived ···› 감사관이 도착했는지를 묻는 질문이다.

2 오답 소거하기

(A) ⊗ 질문의 auditor와 발음이 유사한 audit는 함정이므로 버린다.
(B) ⊙ 교통 체증이 심하다고 하며 아직 도착하지 않았음을 우회적으로 말하고 있다.
(C) ⊗ 질문의 external을 듣고 연상하기 쉬운 internal은 함정이므로 버린다.

Warm-up 질문에 알맞은 답을 고른 후, 빈칸을 채우고 오답 보기들에 오답의 이유를 쓰세요. (대화는 3번 들려줍니다.)

해설서 p.33

1. The ____________________ can be ____________________, right?

(A) ____________________. ⓞ ⓧ

(B) I really ____________________. ⓞ ⓧ

(C) A ____________ is also ____________. ⓞ ⓧ

2. ____________________________________ this morning?

(A) Last month's ____________________. ⓞ ⓧ

(B) ____________________. ⓞ ⓧ

(C) ____________________. ⓞ ⓧ

3. The new ____________________________________, didn't it?

(A) His ____________________. ⓞ ⓧ

(B) I ______ some ____________________. ⓞ ⓧ

(C) ____, ____________________. ⓞ ⓧ

4. ____________ just ____________________________________?

(A) ____, ____________________. ⓞ ⓧ

(B) He might ____________________ today. ⓞ ⓧ

(C) The ____________________. ⓞ ⓧ

5. Ms. Harrison is ____________________ today, isn't she?

(A) It's in the ____________________. ⓞ ⓧ

(B) ____________________, ____________. ⓞ ⓧ

(C) ____________________. ⓞ ⓧ

Practice

P2-31

해설서 p.34

1. Mark your answer on your answer sheet. (A) (B) (C)
2. Mark your answer on your answer sheet. (A) (B) (C)
3. Mark your answer on your answer sheet. (A) (B) (C)
4. Mark your answer on your answer sheet. (A) (B) (C)
5. Mark your answer on your answer sheet. (A) (B) (C)
6. Mark your answer on your answer sheet. (A) (B) (C)
7. Mark your answer on your answer sheet. (A) (B) (C)
8. Mark your answer on your answer sheet. (A) (B) (C)
9. Mark your answer on your answer sheet. (A) (B) (C)
10. Mark your answer on your answer sheet. (A) (B) (C)
11. Mark your answer on your answer sheet. (A) (B) (C)
12. Mark your answer on your answer sheet. (A) (B) (C)
13. Mark your answer on your answer sheet. (A) (B) (C)
14. Mark your answer on your answer sheet. (A) (B) (C)
15. Mark your answer on your answer sheet. (A) (B) (C)
16. Mark your answer on your answer sheet. (A) (B) (C)
17. Mark your answer on your answer sheet. (A) (B) (C)
18. Mark your answer on your answer sheet. (A) (B) (C)
19. Mark your answer on your answer sheet. (A) (B) (C)
20. Mark your answer on your answer sheet. (A) (B) (C)
21. Mark your answer on your answer sheet. (A) (B) (C)
22. Mark your answer on your answer sheet. (A) (B) (C)
23. Mark your answer on your answer sheet. (A) (B) (C)
24. Mark your answer on your answer sheet. (A) (B) (C)
25. Mark your answer on your answer sheet. (A) (B) (C)

꼭 알아야 하는 빈출 우회적 응답 유형

>> 정답으로 자주 나오는 우회적 응답 패턴

정답으로 나오는 우회적인 응답 패턴이 어느 정도 정해져 있다. 매회 정기 토익 시험에서 적어도 2~3문제 이상 정답으로 출제되므로 반드시 익혀 두고 시험장에 들어가자.

유형	예시
OO 못 봤어요? ('OO을 보세요. 그럼 알잖아요'라는 의미의 우회적 응답)	**Q.** Are you giving your presentation before or after dinner? 발표를 저녁 식사 전에 하나요, 아니면 후에 하나요? **A.** Didn't you get the invitation? 초대장 못 받으셨어요? ··· 초대장을 봐요. 그럼 전인지 후인지 알 수 있잖아요. **Q.** Would you like to come on a hike this weekend? 이번 주말에 하이킹하러 갈래요? **A.** Haven't you seen the forecast? 일기 예보 못 보셨어요? ··· 일기 예보 좀 보세요. 이 날씨에 하이킹이요?
온라인/웹사이트를 보세요. ('거기 보면 다 나와 있어요'라는 의미의 우회적 응답)	**Q.** The sales event ends tomorrow, right? 그 할인 행사가 내일 끝나죠, 그렇죠? **A.** Why don't you check the website? 웹사이트를 확인해보는 게 어때요? ··· 웹사이트에 다 나와 있어요. **Q.** What's the Marketing department's extension number? 마케팅 부서의 내선 번호가 무엇인가요? **A.** All the information is available online. 온라인에 정보가 다 나와 있어요. ··· 온라인으로 확인해 보면 알 수 있어요.
OO에게 물어보세요. ('그 사람에게 물어보면 알잖아요'라는 의미의 우회적 응답)	**Q.** Why did our department budget decrease this quarter? 이번 분기에 우리 부서 예산이 왜 줄어들었어요? **A.** Check with our manager. 관리자에게 확인해 보세요. ··· 관리자에게 확인해 보면 알 수 있어요. **Q.** You know a lot about computers, right? 컴퓨터에 관해 많이 아시죠, 그렇죠? **A.** Sean works in the IT department. 션이 IT 부서에서 일하잖아요. ··· 션이 제일 잘 아니까 그분에게 물어보세요. **Q.** Where will the company retreat be? 회사 야유회가 어디서 있을까요? **A.** Why don't you check with Maria? 마리아와 확인해 보시죠? ··· 마리아가 어디인지 알 거예요. 그분에게 물어보세요.
전 몰라요. (단순히 "I don't know." 보다는 check(확인해 볼게요), ask(물어볼게요), look up(찾아볼게요), see(확인해 볼게요) 등의 동사를 이용한 우회적 '전 몰라요' 패턴이 많이 나옴)	**Q.** Where was the seminar held? 세미나가 어디에서 열렸나요? **A.** I didn't go this time. 이번에는 안 갔어요. ··· 안 갔는데 어떻게 알아요. 난 몰라요. **Q.** Do you know how long this copier has been broken? 이 복사기가 얼마 동안 고장 나 있었는지 아시나요? **A.** I'll check the maintenance report. 유지 보수 보고서를 확인해 볼게요. ··· 보고서를 봐야 알 수 있어요. **Q.** Could you tell me if you have this coat in stock? 이 코트가 재고가 있는지 말씀해 주실 수 있나요? **A.** Let's see what the computer says. 컴퓨터로 한번 확인해 봅시다. ··· 컴퓨터로 확인해야 알 수 있어요.

빈출 추임새 still / actually / well / oh	**Q.** When will the new microwave be released? 새로운 전자레인지는 언제 출시될까요? **A.** The prototype is **still** being tested. 시제품이 아직 테스트 중입니다. ⋯ 아직 테스트 단계라서 언제 출시될지 몰라요. **Q.** What size room should I reserve for the meeting? 회의를 위해 어떤 크기의 방을 예약해야 할까요? **A.** **Well**, all staff members are required to attend. 음, 모든 직원이 참석해야 하잖아요. ⋯ 저도 잘은 모르겠지만, 모든 직원이 들어갈 만한 크기의 방을 찾아보세요. **Q.** This is the address we should ship the package to, isn't it? 이게 저희가 소포를 보내야 하는 주소죠, 그렇지 않나요? **A.** **Oh**, that company has two locations. 오, 그 회사는 두 곳의 지점이 있어요. ⋯ 두 곳이라서 확인해 봐야 해요.

❗ 이 외에도 "취소됐어요", "바빠요" 또는 예산이나 돈을 언급하는 보기가 정답으로 자주 나오는 경향이 있으니 기억해 두자.

>> 되묻는 반문형 응답

상대방의 질문에 되묻는 응답 패턴은 Part 2 모든 유형의 질문에 정답으로 자주 등장하고 있다. 간혹 열 번 중에 한 번은 오답 함정으로도 나올 수 있으므로 이제는 전체적인 해석을 해 보고 해당 되묻기가 맥락에 맞는지 정확하게 파악할 필요가 있다.

Q. Are you still receiving an error message on your computer screen?
아직도 컴퓨터 화면에 에러 메시지가 떠요?

일반적인 응답 No, Greg from IT fixed it for me. 아니요, IT 부서의 그레그가 고쳐주었어요.

반문형 응답 Yes, do you know why? 네, 왜 그런지 아세요?

Q. Did Simon already speak to the supplier? 사이먼이 벌써 납품업체와 이야기했나요?

일반적인 응답 Yes, he said the conversation went well. 네, 그가 대화가 잘 진행되었다고 했어요.

반문형 응답 Why don't you ask him? 그에게 물어보시는 게 어때요?

Q. I've just been reading the annual sales report. 저는 지금 막 연간 매출 보고서를 보고 있었어요.

일반적인 응답 Pete hasn't emailed it to me yet. 피트가 아직 제게 이메일로 보내 주지 않았어요.

반문형 응답 How do the figures look? 수치가 어떤가요?

Q. Who's going to go over the revised budget? 수정된 예산안을 누가 검토할 건가요?

일반적인 응답 Laura has been assigned to it. 라우라가 배정받았어요.

반문형 응답 Why don't you do it? 당신이 하는 게 어때요?

Q. How about creating a new logo? 새로운 로고를 만드는 게 어때요?

일반적인 응답 Sounds like a great idea! 좋은 아이디어 같네요!

반문형 응답 Do you think that would attract customers? 그게 고객을 끌 수 있을 거라고 생각하나요?

Q. Would you like to receive a monthly newsletter? 월간 소식지를 받아 보시겠어요?

일반적인 응답 Sure, here's my home address. 그래요, 여기 저의 집 주소입니다.

반문형 응답 Can I get it by e-mail? 이메일로 받아 볼 수 있나요?

제안·제공·요청문

제안·제공·요청문은 상대방에게 제안이나 부탁을 하거나 허가를 구할 때 쓰이고, 긍정·수락 또는 부정·거절로 간단히 대답할 수 있지만, 부정으로 답했을 경우 다양한 이유가 언급되므로 보기를 주의 깊게 듣고 답을 골라야 한다. 제안·제공·요청문은 매회 평균 3문제가 출제된다.

문제 풀이 전략

1. 상대방의 제안·제공·요청을 수락하거나 거절하는 응답이 정답이다.

Q. **Why don't you** travel by train rather than by air? 비행기보다 기차를 타고 가는 게 어때요? [제안]
A. Thanks, I'll definitely consider it. 고마워요, 고려해 볼게요.

Q. **Would you like** some more water? 물 좀 더 드릴까요? [제공]
A. Thanks, I'm very thirsty. 감사합니다, 목이 너무 마르네요.

Q. **Could you** help me move these boxes? 이 상자들 옮기는 것 좀 도와주시겠어요? [요청]
A. Sure, I'll be there in a minute. 네, 금방 갈게요.

2. 「Shouldn't/Should + 주어 ~?」는 제안의 의미로 사용되며, 주로 수락하는 응답이 정답이다.

Q. **Shouldn't we** consult a financial advisor? 우리가 재정 고문과 상담을 해야 하지 않을까요?
A. **Yes**, let's make an appointment. 맞아요, 약속을 잡아 봅시다.

Q. **Should we** buy tickets for the concert in advance? 콘서트 티켓을 미리 사야 하지 않을까요?
A. **You're right**, it's very popular. 당신 말이 맞아요, 그게 굉장히 인기가 있어요.

3. 해석이 혼동되는 표현을 완벽하게 정리해 둔다.

Would you like to ~? ~하시겠어요?/~해 주시겠어요? [제안]
Would you like me to ~? 제가 ~해 드릴까요? [제공]
We'd like you to ~. 우리는 당신이 ~하기를 원해요. [요청]
Why don't you ~? ~하시는 게 어때요? [제안]
Why don't I ~? 제가 ~해 드릴까요? [제공]
* Why **didn't** you ~? 왜 ~하지 않으셨어요? [과거의 이유]

4. 최근에는 수락/거절 표현보다는 우회적인 응답이 정답으로 자주 나온다.

Q. **Would you mind** saving this seat for Jessi? 제시를 위해 이 자리를 맡아 주시겠어요?
A. **Actually, she just texted me that she's not coming.** 실은, 그녀가 오지 않는다고 방금 문자가 왔어요.
→ 그녀가 오지 않을 것이므로 자리 하나를 맡을 필요가 없다는 의미의 우회적인 응답

5. 오답 함정에 주의한다.

▸ 유사 발음 및 연상 어휘 오답에 주의한다.
▸ 내용 오류 오답에 주의한다.

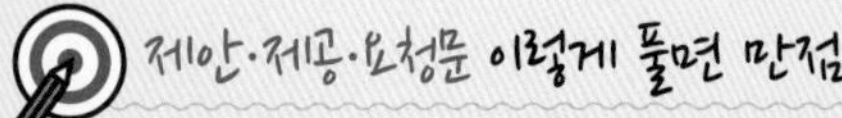

1. 문장 패턴이 정해져 있으므로 질문의 형태를 암기해 둔다.
2. 수락/거절의 빈출 정답 표현을 미리 익혀 둔다.

핵심 문제 유형

해설서 p.39

P2-32 미국 → 호주

Q1 대표적인 응답 방식

Why don't you hand out the materials while we wait for Mr. Kim to arrive?

(A) He always stands out in the crowd.
(B) He will be leaving on Thursday.
(C) OK, that's a good idea.

1 키워드 잡기

제안 표현임을 빠르게 파악하고 「동사 + 목적어」를 키워드로 잡는다.
Why don't you, hand out, materials ···› 자료를 나눠 주라고 제안하는 의문문이다.

Tip!
Why don't you ~? = 제안
Why didn't you ~? = 과거의 이유
음원을 들을 때, 순간적으로 두 문장이 혼동될 수 있어.
제안인지, 이유인지 헷갈리지 말고 제대로 구별해!

2 오답 소거하기

(A) ✖ 질문의 hand out과 발음이 유사한 stands out은 함정이므로 버린다.
(B) ✖ 질문의 arrive를 듣고 연상하기 쉬운 leaving은 함정이므로 버린다.
(C) ◎ 상대방의 제안을 수락하는 전형적인 정답 패턴이다.

P2-33 영국 → 미국

Q2 우회적인 응답 방식

Could you send out this package for me?

(A) I have a presentation.
(B) Express shipping.
(C) At the post office.

1 키워드 잡기

요청 표현임을 빠르게 파악하고 「동사 + 목적어」를 키워드로 잡는다.
Could you, send out, package ···› 소포를 보내달라는 요청문이다.

2 오답 소거하기

(A) ◎ 발표가 있다며 소포를 보낼 수 없음을 우회적으로 말하고 있다.
(B) ✖ 질문의 package를 듣고 연상하기 쉬운 Express shipping은 함정이므로 버린다.
(C) ✖ 질문의 package를 듣고 연상하기 쉬운 post office는 함정이므로 버린다.

Warm-up 질문에 알맞은 답을 고른 후, 빈칸을 채우고 오답 보기들에 오답의 이유를 쓰세요. (대화는 3번 들려줍니다.)

해설서 p.39

1. ______________________________ **the heater?**

(A) He ______________ it.

(B) I ______________.

(C) _____, ______________.

2. ______________________________ **before you head home?**

(A) ______________.

(B) Are you sure ______________?

(C) The ______________.

3. ______________________________ **to the 15th?**

(A) You should ______________.

(B) ______________.

(C) He's the ______________.

4. ______________________________ **behind the building?**

(A) I ______________ every evening.

(B) Have you ______________?

(C) _____. ______________.

5. ______________ **for** ______________**?**

(A) I've ______________.

(B) At 10 A.M., ______________.

(C) ______________.

Practice

P2-35

해설서 p.40

1. Mark your answer on your answer sheet. (A) (B) (C)
2. Mark your answer on your answer sheet. (A) (B) (C)
3. Mark your answer on your answer sheet. (A) (B) (C)
4. Mark your answer on your answer sheet. (A) (B) (C)
5. Mark your answer on your answer sheet. (A) (B) (C)
6. Mark your answer on your answer sheet. (A) (B) (C)
7. Mark your answer on your answer sheet. (A) (B) (C)
8. Mark your answer on your answer sheet. (A) (B) (C)
9. Mark your answer on your answer sheet. (A) (B) (C)
10. Mark your answer on your answer sheet. (A) (B) (C)
11. Mark your answer on your answer sheet. (A) (B) (C)
12. Mark your answer on your answer sheet. (A) (B) (C)
13. Mark your answer on your answer sheet. (A) (B) (C)
14. Mark your answer on your answer sheet. (A) (B) (C)
15. Mark your answer on your answer sheet. (A) (B) (C)
16. Mark your answer on your answer sheet. (A) (B) (C)
17. Mark your answer on your answer sheet. (A) (B) (C)
18. Mark your answer on your answer sheet. (A) (B) (C)
19. Mark your answer on your answer sheet. (A) (B) (C)
20. Mark your answer on your answer sheet. (A) (B) (C)
21. Mark your answer on your answer sheet. (A) (B) (C)
22. Mark your answer on your answer sheet. (A) (B) (C)
23. Mark your answer on your answer sheet. (A) (B) (C)
24. Mark your answer on your answer sheet. (A) (B) (C)
25. Mark your answer on your answer sheet (A) (B) (C)

제안·제공·요청문의 빈출 정답 유형

제안·제공·요청문의 빈출 덩어리 표현

Do you want me to ~? 제가 ~하기를 원하시나요?	**Q. Do you want me to** save your seat at the seminar? 제가 세미나에서 자리를 맡아 두기를 원하시나요? **A.** I won't be going. 저 안 가요.
Would you like me to ~? 제가 ~해 드릴까요?	**Q. Would you like me to** order calendars for you? 제가 달력을 주문해 드릴까요? **A.** Thanks, that would be helpful. 고마워요, 그러면 도움이 될 것 같아요.
Would you mind ~? ~해도 될까요? / ~하면 신경 쓰이시나요?	**Q. Would you mind** if I left the windows open? 제가 창문을 열어 두면 신경 쓰이시나요? **A.** Not at all. 전혀요.
Would you care to ~? ~하시겠어요?	**Q. Would you care to** try our new dessert? 저희의 새로운 디저트를 맛보시겠어요? **A.** No thanks, I'm full. 괜찮아요, 배가 불러요.
We should ~ ~해야겠어요 (제안)	**Q. We should** hire more accountants at our firm. 우리 회사에 회계사를 더 고용해야겠어요. **A.** Let's start the search soon. 곧 찾기 시작합니다.
Would you be willing to ~? 기꺼이 ~하시겠어요?	**Q. Would you be willing to** give up your seat if the flight is overbooked? 만약에 비행기가 초과 예약되었다면 기꺼이 당신의 좌석을 양보해 주시겠어요? **A.** Well, when's the next flight? 음, 다음 항공편이 언제죠?

제안·제공·요청문의 빈출 정답 표현

	질문 형태	수락 표현	거절 표현
제안	Why don't you ~? ~하는 게 어때요? Why don't we ~? 우리 ~하는 게 어때요? Let's ~. ~합시다. How about ~? ~은 어때요? Should we ~? 우리가 ~해야 할까요? Would you like to ~? ~하시겠어요?	That's a good idea. 좋은 생각입니다. Sounds good to me. 좋은 생각입니다. That's fine with me. 좋은 생각입니다. Sure. 물론이죠. You're right. 당신 말이 맞습니다. I really should. 정말 그래야 하겠네요.	I'm sorry, but ~ 미안하지만~ I'm afraid ~ 유감이지만 ~ Unfortunately ~ 유감이지만 ~ No, thanks. 아뇨, 괜찮아요. Thanks, but ~ 고맙지만, ~ Actually, ~ 실은, ~ Probably not. 아마 안 될 거예요.
제공	Do you want me to ~? 제가 ~할까요? Would you like me to ~? 제가 ~할까요? Why don't I ~? 제가 ~할까요? Can I ~? 제가 ~해도 될까요? Should I ~? 제가 ~할까요?	Thanks. 감사합니다. Yes, please. 네, 부탁합니다. That would be great. 그래 주시면 좋겠습니다.	
요청	Can you ~? ~해 주시겠어요? Could you ~? ~해 주시겠어요? Will you ~? ~해 주시겠어요? Would you ~? ~해 주시겠어요? Would you mind ~? ~해도 될까요? Do you mind ~? ~해도 될까요?	Sure. 물론이죠. = Certainly. / Of course. / Absolutely. I'd be glad to. 기꺼이 해 드리죠. I'd be happy to. 기꺼이 해 드리죠. I'd love to. 그러고 싶어요. OK. 좋습니다.	

제안·제공·요청문의 돌려 말하기(우회적) 응답

Q. We should hike the Hudson trail after work. 일 끝나고 허드슨 산책로로 하이킹 갑시다.

A. I didn't bring boots. 등산화를 안 가져왔어요.

→ 등산화가 없어서 못 가요.

Q. Why don't we eat on the outdoor patio? 야외 테라스에서 먹는 거 어때요?

A. Haven't you seen the forecast? 일기 예보 못 봤어요?

→ 이 날씨에 밖에서 먹는 건 좀 그래요.

Q. Can you help me clean the break room? 휴게실 청소하는 것 좀 도와주실 수 있나요?

A. My shift just ended. 저 근무 시간 방금 끝났는데요.

→ 퇴근해야 해서 못 도와드려요.

Q. Would you like me to give you a ride to Sharon's office? 제가 샤론의 사무실까지 태워다 드릴까요?

A. It's only 2 blocks away. 두 블록밖에 안 떨어져 있어요.

→ 괜찮아요. 가까워서 차 타고 갈 필요 없어요.

Q. Would you like to join us for dinner tonight? 오늘 밤 저녁 식사 함께하시겠어요?

A. I have an early morning meeting. 아침 일찍 회의가 있어요.

→ 못 가요. 아침 회의가 있어 밤까지 있을 수 없어요.

선택 의문문·평서문

선택 의문문은 두 가지 선택 사항이 or로 묶여 있는 의문문으로 매회 2~3문제가 출제되며, 정답으로 자주 나오는 응답 패턴을 익혀 두면 문제 풀이가 쉽다. 평서문은 다른 의문문들처럼 핵심 키워드를 집중 공략하기보다는 내용상 어울리는 응답을 골라야 하므로 Part 2에서 난이도가 가장 높은 유형이며, 이 역시 매회 2~3문제가 출제된다.

문제 풀이 전략 선택 의문문

1. A, B 중 하나를 선택하거나, '둘 다 좋다', '둘 다 싫다', '아직 모르겠다'가 정답으로 나온다.

Q. Do you want me to drop it off at your office **or** email you the report?
보고서를 당신의 사무실에 가져다드릴까요, 아니면 이메일로 보내드릴까요?

A. An e-mail would work better for me. 이메일이 더 좋을 것 같아요. [B 선택]

Q. Would you prefer a window **or** an aisle seat? 창가 쪽 좌석이 좋으세요, 아니면 통로 쪽이 좋으세요?

A. Either is fine with me. 어느 쪽이든 전 괜찮아요. [둘 다 좋다]

Q. Would you like to see the doctor on Wednesday **or** next Monday?
진료를 수요일에 받으시겠어요, 아니면 다음 주 월요일에 받으시겠어요?

A. Actually, does he have time on Thursday? 음, 선생님께서 목요일에 시간이 되시나요? [둘 다 싫다]

2. 선택 의문문에서는 or 앞뒤의 핵심을 빠르게 잡아야 한다.

Q. Should I put the newspaper on your desk **or** on the table in the waiting room?
신문을 당신 책상 위에 둘까요, 아니면 대기실 탁자 위에 둘까요?

A. It doesn't matter to me. 저는 뭐든 상관없어요.

3. 선택 의문문에도 예외 없이 우회적인 응답이 정답으로 나온다.

Q. Will next week's monthly meeting take place in the morning **or** the afternoon?
다음 주 월례 회의가 아침에 열리나요, 아니면 오후에 열리나요?

A. **The meeting invitation has the details.** 회의 초대장에 그 정보가 있어요.

Q. Do you want to plant lettuce **or** spinach in your garden?
정원에 상추를 심으시겠어요, 아니면 시금치를 심으시겠어요?

A. **Which would need less water to grow?** 어떤 게 자라는 데 물을 덜 필요로 할까요?

4. 오답 함정에 주의한다.

- 유사 발음 및 연상 어휘 오답에 주의한다.
- 내용 오류 오답에 주의한다.

선택 의문문 이렇게 풀면 만점!

1. or 앞뒤의 핵심을 빠르게 잡는다.
2. 선택 의문문에서 [택 1] 할 때는 질문과 똑같은 단어가 정답으로 나올 수 있다.
3. 빈출 정답 패턴은 정해져 있으므로 암기해 둔다.

핵심 문제 유형

해설서 p.44

P2-36 영국 → 미국

Q1 대표적인 응답 방식

Should I draft the contract myself or hire a lawyer?

(A) I would probably summarize the paper.
(B) Definitely hire a professional.
(C) That's on page 10.

1 키워드 잡기

or 앞뒤의 핵심을 빠르게 잡는다.

draft, contract, myself, hire, lawyer ···› 계약서 초안을 직접 작성해야 하는지, 변호사를 고용해야 하는지 묻는 질문이다.

2 오답 소거하기

(A) ⊗ 질문의 draft the contract를 듣고 연상하기 쉬운 summarize the paper는 함정이므로 버린다.
(B) ⊙ 반드시 전문가를 고용하라며 후자를 다른 말로 바꿔서 말하고 있다.
(C) ⊗ 질문의 contract를 듣고 연상하기 쉬운 page는 함정이므로 버린다.

P2-37 미국 → 호주

Q2 우회적인 응답 방식

Would you like to make your announcement at the beginning or the end of the meeting?

(A) How do you pronounce that again?
(B) Yes, right in the middle.
(C) I can wait until you're finished.

1 키워드 잡기

or 앞뒤의 핵심을 빠르게 잡는다.

Would you like, make ~ announcement, beginning or the end of the meeting
···› 공지를 회의 전에 할 건지, 후에 할 건지 묻는 질문이다.

2 오답 소거하기

(A) ⊗ 질문의 announcement와 발음이 유사한 pronounce는 함정이므로 버린다.
(B) ⊗ 질문의 beginning, end를 듣고 연상하기 쉬운 middle은 함정이므로 버린다.
(C) ⊙ 회의 전이나 후가 아니라, 당신의 차례가 끝나는 대로 하겠다는 제3안을 택한 정답이다.

문제 풀이 전략 평서문

1. 추가 정보 제공, 수락, 거절, 동의, 반대, 공감, 감사 등의 응답이 정답으로 나온다.

▶ 평서문은 주로 **정보 제공, 의견, 지시·요청, 칭찬, 감정 표현 등**의 의도를 전달하는 서술형 문장이므로 이와 내용상 어울리는 응답을 선택할 수 있어야 한다.

Q. Sunnyhill Park is crowded today. 써니힐 공원이 오늘 붐비네요. [정보 제공]
A. Is it because of the carnival? 축제 때문일까요? [추가 정보 제공]

Q. I think we should update the hotel website with better photos. [의견]
호텔 웹사이트를 더 나은 사진들로 업데이트해야 할 것 같은데요.
A. Yes, the images are too blurry. 맞아요, 사진들이 너무 흐릿해요. [동의]

Q. Don't forget to post this notice on the bulletin board. [지시·요청]
게시판에 이 안내문을 붙이는 걸 잊지 말아요.
A. Don't worry, I won't. 걱정하지 마세요, 잊지 않을게요. [수락]

▶ 질문으로 되묻거나, 상대방의 말에 호응하는 맞장구 형태도 정답으로 자주 등장한다.

Q. We have two positions open for sales representatives. 영업직에 두 자리가 비어 있어요.
A. Has anyone applied yet? 누구 지원하신 분이 있나요? [되묻기]

Q. I thought the workshop was very informative. 워크숍이 아주 유익했던 것 같아요.
A. Yes, I learned a lot. 맞아요, 저도 많이 배웠어요. [맞장구]

2. 직청·직해가 힘들다면 무조건 오답을 버리고 정답을 남기는 소거법을 활용한다.

If you have any questions about the timesheet, contact Katie in the Payroll Department.
근무 시간 기록표에 대한 질문이 있으면, 경리부의 케이티에게 연락하세요.

(A) I can pay with cash. 저는 현금으로 지불할 수 있어요. ⋯→ ✖ 유사 발음 오답(Payroll – pay)
(B) **Isn't she on vacation this week?** 그녀는 이번 주에 휴가 아닌가요? ⊙
(C) I left the contract on my desk. 저는 계약서를 책상에 놓고 왔어요. ⋯→ ✖ 유사 발음 오답(contact – contract)

3. 오답 함정에 주의한다.

▶ 유사 발음 및 연상 어휘 오답에 주의한다.
▶ 내용 오류 오답에 주의한다.

평서문 이렇게 풀면 만점!

1. 평서문은 직청·직해가 되어야 문제가 순조롭게 풀린다.
2. 해석이 빨리 안 되고 정답을 찾기가 힘들다면 **오답을 버려라.**
3. 평서문은 되묻기와 맞장구가 정답으로 자주 나온다.

핵심 문제 유형

해설서 p.44

P2-38 호주 → 미국

Q3 대표적인 응답 방식 1

I heard the brand's new product line received good feedback.

(A) Yes, I met the movie's producer.
(B) Please join the back of the line.
(C) Ms. Choi should be happy.

1 키워드 잡기

전체 문장을 듣고 빠르게 해석할 수 있어야 한다.
new product line, received, good feedback ···› 신제품의 반응이 좋다고 들었다는 것을 전달하는 평서문이다.

2 오답 소거하기

(A) ✖ 질문의 product와 발음이 유사한 producer는 함정이므로 버린다.
(B) ✖ 질문의 line을 반복 사용한 함정이므로 버린다.
(C) ⓞ 최 씨가 기뻐할 거라며 질문에 적절히 호응하고 있으므로 정답이다.

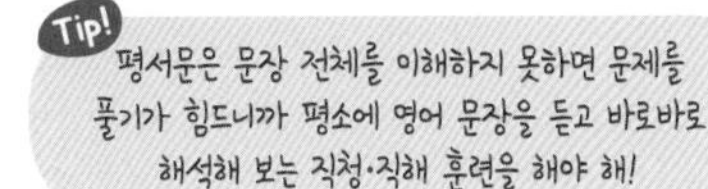

Tip!
평서문은 문장 전체를 이해하지 못하면 문제를
풀기가 힘드니까 평소에 영어 문장을 듣고 바로바로
해석해 보는 직청·직해 훈련을 해야 해!

P2-39 미국 → 영국

Q4 대표적인 응답 방식 2

These devices are ready to be shipped.

(A) The appliance stores in the city.
(B) Our delivery truck is malfunctioning.
(C) Here's the beverage you ordered.

1 키워드 잡기

전체 문장을 듣고 빠르게 해석할 수 있어야 한다.
devices, ready, shipped ···› 기기들이 배송 준비가 됐다는 사실을 전달하는 평서문이다.

2 오답 소거하기

(A) ✖ 질문의 devices를 듣고 연상하기 쉬운 appliance stores는 함정이므로 버린다.
(B) ⓞ 배송 트럭이 고장 났다며 배송이 힘들 거라고 추가 정보를 제공하는 정답이다.
(C) ✖ 질문의 ship을 듣고 연상하기 쉬운 order는 함정이므로 버린다.

Warm-up 질문에 알맞은 답을 고른 후, 빈칸을 채우고 오답 보기들에 오답의 이유를 쓰세요. (대화는 3번 들려줍니다.)

해설서 p.44

1. The ______________________________.

(A) ______________________. ⓞ ⊗

(B) 2 ______________________. ⓞ ⊗

(C) Are you ______________________ it? ⓞ ⊗

2. Peter will be ______________________________.

(A) The ______________________. ⓞ ⊗

(B) ______________________. ⓞ ⊗

(C) A ______________________. ⓞ ⊗

3. You'll be ______________________________.

(A) Yes, she's ______________________. ⓞ ⊗

(B) A ______________________. ⓞ ⊗

(C) ______________________, __________? ⓞ ⊗

4. Would it be ______________________________?

(A) ______________________? ⓞ ⊗

(B) It ______________________. ⓞ ⊗

(C) At the ______________________. ⓞ ⊗

5. The ______________________________.

(A) The ______________________. ⓞ ⊗

(B) __________, ______________________. ⓞ ⊗

(C) Your ______________________. ⓞ ⊗

Practice

P2-41

해설서 p.45

1. Mark your answer on your answer sheet. (A) (B) (C)
2. Mark your answer on your answer sheet. (A) (B) (C)
3. Mark your answer on your answer sheet. (A) (B) (C)
4. Mark your answer on your answer sheet. (A) (B) (C)
5. Mark your answer on your answer sheet. (A) (B) (C)
6. Mark your answer on your answer sheet. (A) (B) (C)
7. Mark your answer on your answer sheet. (A) (B) (C)
8. Mark your answer on your answer sheet. (A) (B) (C)
9. Mark your answer on your answer sheet. (A) (B) (C)
10. Mark your answer on your answer sheet. (A) (B) (C)
11. Mark your answer on your answer sheet. (A) (B) (C)
12. Mark your answer on your answer sheet. (A) (B) (C)
13. Mark your answer on your answer sheet. (A) (B) (C)
14. Mark your answer on your answer sheet. (A) (B) (C)
15. Mark your answer on your answer sheet. (A) (B) (C)
16. Mark your answer on your answer sheet. (A) (B) (C)
17. Mark your answer on your answer sheet. (A) (B) (C)
18. Mark your answer on your answer sheet. (A) (B) (C)
19. Mark your answer on your answer sheet. (A) (B) (C)
20. Mark your answer on your answer sheet. (A) (B) (C)
21. Mark your answer on your answer sheet. (A) (B) (C)
22. Mark your answer on your answer sheet. (A) (B) (C)
23. Mark your answer on your answer sheet. (A) (B) (C)
24. Mark your answer on your answer sheet. (A) (B) (C)
25. Mark your answer on your answer sheet. (A) (B) (C)

선택 의문문·평서문의 빈출 정답 유형

선택 의문문·평서문의 빈출 덩어리 표현

Would you rather A or B? A 하실래요, 아니면 B 하실래요?	**Q. Would you rather** go over the budget today **or** tomorrow? 예산을 오늘 검토하실래요, 아니면 내일 하실래요? **A.** When are you free? 당신은 언제 시간이 되세요?
Let me ~ 제가 ~할게요	**Q. Let me** introduce you to the new finance director. 제가 당신을 재무 이사에게 소개해 줄게요. **A.** Thanks, but we've already met. 감사합니다만, 우리는 이미 만났어요.
I don't seem to be able to ~ ~ 못하겠어요	**Q. I don't seem to be able to** find my glasses. 제 안경을 못 찾겠어요. **A.** Have you looked in your bag? 당신의 가방 안은 봤어요?
I'm afraid ~ 유감이지만	**Q. I'm afraid** we'll have to reschedule this afternoon's meeting. 유감이지만 오늘 오후 회의는 일정을 다시 잡아야 할 것 같아요. **A.** That's the third time in a row. (미팅을 미루는 것이) 연속 세 번째군요.

선택 의문문의 빈출 정답 표현

하나를 택하는 응답	fine 좋습니다 ı better 더 좋습니다 ı best 가장 좋습니다 ı I'd rather ~하고 싶다 ı I prefer ~가 더 좋다
둘 다 좋다 / 아무거나 상관없다	either 둘 중 아무거나 하나 ı both 둘 다 ı all 모두 ı each 각각 ı whatever 무엇이든지 ı whichever 어느 것이든지 ı whenever 언제든지 ı I don't care. 상관없습니다. ı It doesn't matter. 아무래도 좋아요. ı I don't have a preference. 특별히 선호하는 것은 없습니다. ı It's up to you. 당신이 원하는 대로요. ı I'll leave it (up) to you. 당신이 정하세요. ı What do you recommend? 무엇을 추천하시겠어요?
둘 다 아니다 / 제3의 선택	neither 둘 중 어느 것도 ~가 아니다 ı none 어느 것도 ~가 아니다 ı something else 그밖에 다른 것 ı What about ~? ~은 어떤가요? ı How about ~? ~은 어떤가요? ı Actually 사실은

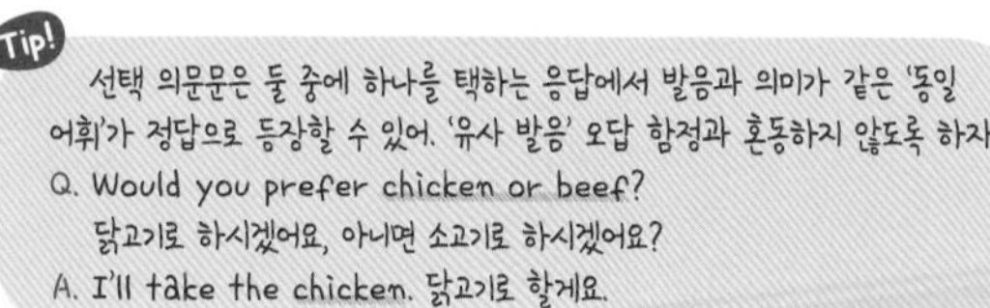

Tip!
선택 의문문은 둘 중에 하나를 택하는 응답에서 발음과 의미가 같은 '동일 어휘'가 정답으로 등장할 수 있어. '유사 발음' 오답 함정과 혼동하지 않도록 하자.
Q. Would you prefer chicken or beef?
닭고기로 하시겠어요, 아니면 소고기로 하시겠어요?
A. I'll take the chicken. 닭고기로 할게요.

선택 의문문의 돌려 말하기(우회적) 응답

Q. Would you prefer a cheesecake **or** an apple pie? 치즈케이크로 하실래요, 아니면 애플파이로 하실래요?
A. I'm trying to avoid sugar. 당을 멀리하고 있습니다. ⋯→ 둘 다 안 먹을래요.

Q. Would you rather spend time at the art gallery **or** the park?
미술관에서 시간을 보내실래요, 아니면 공원에서 보내실래요?
A. The weather outside is beautiful. 바깥 날씨가 아름답네요. ⋯→ 공원으로 갑시다.

Q. Should I take the bus **or** the subway to the city hall? 시청까지 버스 타고 갈까요, 아니면 지하철 타고 갈까요?
A. I've never been there. 저 거기 안 가 봤어요. ⋯→ 안 가 봐서 저도 잘 모르겠어요.

Tip! 평서문은 체감 난이도가 아주 높은 편에 속해. 하지만 정답으로 자주 나오는 패턴이 정해져 있기 때문에 이러한 패턴들을 완벽하게 익히고 시험장에 들어가면 남들보다 빠르게 정답에 손이 갈 수 있어!

평서문의 빈출 정답 유형

되묻기	**Q.** That art school has a famous instructor. 그 미술 학교에는 유명한 강사가 있어요. **A.** Why don't you study there? 거기서 공부하는 게 어때요? **Q.** I heard a new amusement park just opened up. 새로운 놀이공원이 막 문을 열었다고 들었어요. **A.** The one by the airport? 공항 옆에 있는 거요? **Q.** I've left my keys at home today. 오늘 열쇠를 집에 두고 왔어요. **A.** How did you get into the building? 어떻게 그 건물에 들어갔어요? **Q.** It's going to rain this Sunday. 이번 주 일요일에 비가 올 거예요. **A.** So the golf tournament is canceled? 그럼 골프 대회는 취소된 건가요?
맞장구	**Q.** Roberta passed the examination. 로베르타가 시험에 합격했어요. **A.** That's a relief! 다행이네요! **Q.** That training session took longer than I expected. 그 교육이 제가 예상했던 것보다 더 오래 걸렸어요. **A.** Yes, there were so many things to cover. 네, 다룰 게 너무 많았어요. **Q.** It's time to replace the tires on the truck. 트럭의 타이어를 교체할 때가 되었네요. **A.** Definitely. They look really worn out. 맞아요. 정말 많이 닳은 것 같아요. **Q.** I arrive in Nagoya on Wednesday. 저는 수요일에 나고야에 도착해요. **A.** Great—we'll see you then. 좋아요. 그럼 그때 뵙겠습니다.
해결책 제시	**Q.** I need to print all of these by Friday. 저는 금요일까지 이것들을 모두 인쇄해야 해요. **A.** Marcella knows how to do that. 마르셀라가 그걸 할 줄 알아요. **Q.** My apartment's rent increased again. 우리 아파트 임대료가 또 올랐어요. **A.** You really should look for a new place. 정말로 새로운 곳을 찾아보는 게 좋겠어요.
정정	**Q.** I ordered some pizza 20 minutes ago. 제가 20분 전에 피자를 주문했는데요. **A.** It takes at least half an hour to prepare that. 그것을 준비하는 데 적어도 30분은 걸려요.
안 돼요	**Q.** I'm going to buy a fishing boat. 저는 낚싯배를 살 거예요. **A.** We don't have a place to keep it! 우리는 그것을 보관할 장소가 없어요!

REVIEW TEST  해설서 p.49

7. Mark your answer on your answer sheet. (A) (B) (C)

8. Mark your answer on your answer sheet. (A) (B) (C)

9. Mark your answer on your answer sheet. (A) (B) (C)

10. Mark your answer on your answer sheet. (A) (B) (C)

11. Mark your answer on your answer sheet. (A) (B) (C)

12. Mark your answer on your answer sheet. (A) (B) (C)

13. Mark your answer on your answer sheet. (A) (B) (C)

14. Mark your answer on your answer sheet. (A) (B) (C)

15. Mark your answer on your answer sheet. (A) (B) (C)

16. Mark your answer on your answer sheet. (A) (B) (C)

17. Mark your answer on your answer sheet. (A) (B) (C)

18. Mark your answer on your answer sheet. (A) (B) (C)

19. Mark your answer on your answer sheet. (A) (B) (C)

20. Mark your answer on your answer sheet. (A) (B) (C)

21. Mark your answer on your answer sheet. (A) (B) (C)

22. Mark your answer on your answer sheet. (A) (B) (C)

23. Mark your answer on your answer sheet. (A) (B) (C)

24. Mark your answer on your answer sheet. (A) (B) (C)

25. Mark your answer on your answer sheet. (A) (B) (C)

26. Mark your answer on your answer sheet. (A) (B) (C)

27. Mark your answer on your answer sheet. (A) (B) (C)

28. Mark your answer on your answer sheet. (A) (B) (C)

29. Mark your answer on your answer sheet. (A) (B) (C)

30. Mark your answer on your answer sheet. (A) (B) (C)

31. Mark your answer on your answer sheet. (A) (B) (C)

PAR

RT3

짧은 대화

PART 3

OVERVIEW

Part 3는 둘 또는 세 사람의 대화를 듣고, 3개의 질문에 대한 각 4개의 보기 중 가장 알맞은 정답을 선택하는 문제다. 시험지에 문제와 보기가 모두 주어져 듣기 전에 미리 대화의 전반적인 흐름을 파악할 수 있으며, 32번부터 70번까지 총 13개의 대화문과 39문제가 출제된다.

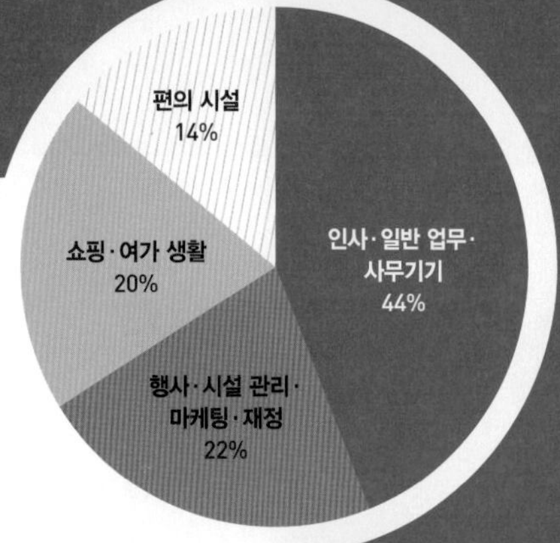

대화 유형 분석

회사 생활 I 사내외 업무, 일정, 인사 업무, 기기·사무용품

일상생활 I 상점, 식당, 여행·여가 활동, 주거·편의 시설

최신 출제 경향

- 대화의 전체 흐름을 파악해야 맞힐 수 있는 most likely 유추 문제가 매회 많아지고 있다.
- 각 문제의 정답 단서를 찾아낼 틈도 주지 않고 연달아 빠르게 나오는 경향이 있다.
- 영국과 호주 발음의 비중이 커지고, 원어민 성우의 발화 속도가 빨라지고 있다.
- 대화에 나온 단어가 같은 의미의 다른 단어로 패러프레이징(paraphrasing)된 문제의 비중이 커지고 있다.

핵심 학습 전략

1. 문제의 전체 흐름을 파악한다.

대화에서 문제에 대한 힌트가 나오는 순서는 문제의 순서와 일치한다는 것을 기억하고, 대화의 이해도를 높이기 위해서는 토익 빈출 어휘를 많이 알아 두어야 한다.

2. 화자 의도를 잘 파악한다.

Part 3 화자 의도 파악 문제는 화자가 말한 문장의 문자적인 해석이 아니라 대화의 전반적인 흐름을 이해해야 한다. 평소 단순 듣기에서 벗어나 대화의 전반적 흐름을 이해하는 훈련이 필요하다.

3. 시각 정보를 잘 활용해 본다.

시각 정보 연계 문제는 대화를 듣기 전에 주어진 시각 정보를 최대한 활용해서 대화의 주제를 예측하며 들을 수 있어야 한다. 듣고, 분석하고, 문제를 푸는 멀티태스킹 훈련이 필요하다.

4. 받아쓰기와 따라 말하는 청취 훈련을 한다.

단어의 발음을 익혀야 대화의 내용이 잘 들리므로 듣고 따라 말하는(shadowing) 청취 훈련이 필요하다.

문제 풀이 전략

1. 대화를 듣기 전에 문제를 먼저 읽는다.

문제를 미리 읽으면서 키워드에 표시해 둔다.

What are the speakers mainly **discussing**?
화자들은 주로 무엇에 관해 논의하고 있는가? → 주제를 찾는 문제임을 미리 파악한다.

What is **special** about the **product**?
그 제품에 대해 특별한 점은 무엇인가? → 어떤 제품에 대해 특별한 점을 들을 준비를 한다.

What will **the woman do next**?
여자는 다음에 무엇을 할 것인가? → 대화가 끝난 후 여자가 어떤 행동을 할지 들을 준비를 한다.

2. 대화를 듣기 전에 핵심 내용을 추측한다.

문제와 짧은 보기를 미리 읽음으로써 어떤 내용이 나올지 추측할 수 있다.

What do the men **imply about the company**?
남자들은 그 회사에 관하여 무엇을 암시하고 있는가?

(A) It has launched **new merchandise**. 신제품을 출시했다.
(B) It is planning to **relocate** soon. 곧 이전할 계획이다.
(C) It has clients in **several countries**. 여러 나라에 고객이 있다.
(D) It is having **financial difficulties**. 재정적 어려움을 겪고 있다.

→ 문제와 보기를 미리 읽고 한 회사의 현재 상태에 관한 대화라는 걸 추측할 수 있다.

3. 질문에 언급된 남자 또는 여자의 말에 정답이 나올 확률이 높다는 것을 이해한다.

질문의 동사가 수동태일 때는 질문에 제시된 화자가 아닌 그 상대방의 말에서 정답의 단서를 찾아야 한다.

What does **the man ask** the woman to do?
남자는 여자에게 무엇을 하라고 요청하는가? → 남자의 말속에 정답이 있다.

What **is the man asked** to do?
남자는 무엇을 하라고 요청받는가? → 남자의 상대방인 여자의 말속에 정답이 있다.

4. 대화를 들으면서 동시에 정답을 선택한다.

대화가 끝나고 각 문제의 정답을 고를 때까지 전체 내용을 계속 기억하고 있기란 어려운 일이다. 대화를 들으면서 동시에 문제를 풀고 해당 대화가 끝날 때는 3개의 정답도 선택되어 있어야 한다.

패러프레이징을 적극적으로 활용하기

대화 내용에서 들렸던 표현이 보기에 그대로 정답이 되는 난이도가 낮은 문제도 많이 출제되지만, 대화 속 표현이나 어구를 그대로 사용하지 않고 결국 같은 의미이지만 다른 표현으로 바꿔서 답이 나오는 경우가 대부분이다. 이렇게 바꿔 말하는 것을 패러프레이징(paraphrasing)이라고 한다.

1. 정답이 그대로 나오는 경우

W: How are we doing with **the expansion of our store's produce section**?
우리 매장의 농산물 구역 확장은 어떻게 되고 있나요?

Q. What is the conversation mainly about? 대화는 주로 무엇에 관한 것인가?

A. **Expanding a section of a store** 매장의 한 구역 확장

★ 정답 표현

the **expansion** of our **store's** produce **section** 매장의 농산물 구역 확장
→ Expanding a section of a store 매장의 한 구역 확장

2. 정답이 패러프레이징되어 나오는 경우

M: We're **holding a celebration banquet** for our Sales Department during the first week of February.
저희는 2월 첫째 주에 영업팀을 위한 축하 연회를 열 예정이에요.

Q. What will happen during the first week of February?
2월 첫째 주에 무슨 일이 일어날 것인가?

A. **A company gathering** will **take place**. 회사 모임이 개최될 것이다.

★ 패러프레이징된 표현

hold 개최하다 → take place 개최되다
a celebration banquet 축하 연회 → A company gathering 회사 모임

3. 패러프레이징 표현 연습

- This is our company cafeteria, which needs to **be** completely **remodeled**.
  이곳이 우리 회사 구내식당인데요, 완전히 개조되어야 해요.
  → **Renovating** a cafeteria 구내식당을 개조하는 것

- Can you **get in touch with** our food supplier?
  식품 공급업체에 연락해 주시겠어요?
  → **Contact** a supplier 공급업체에 연락한다

- I should prepare some materials for my **presentation**.
  발표를 위해서 자료를 좀 준비해야 해요.
  → Prepare for a **talk** 발표를 준비한다

- Could you **fill out** this form? We keep a record of all our visitors.
  이 양식을 작성해 주시겠어요? 우리는 모든 방문객의 기록을 보관해요.
  → **Complete** a visitor form 방문객 양식을 작성한다

- We should probably **take the subway**.
  아마 지하철을 타야 할 거예요.
  → **Using a public transit service** 대중교통을 이용하는 것

- It will accurately **measure** the pressure levels of your tanks.
  탱크들의 압력 레벨을 정확히 측정할 거예요.
  → It **monitors** pressure levels. 압력 레벨을 관찰한다.

- **Water** from the ceiling **has been dripping** onto my desk.
  천장에서 물이 제 책상 위로 떨어지고 있어요.
  → To report a **leak** 누수를 보고하기 위해

전반부 문제 유형

세 문제 중 주로 첫 번째 문제로 출제되는 전반부 문제 유형은 대화 초반부에서 단서를 포착하거나 대화의 전체적인 내용을 이해해야 풀 수 있는 문제들로, 화자들이 무엇에 관한 이야기를 하는지, 어떤 이유로 대화가 이루어지고 있는지, 화자들의 직업이나 정체는 무엇인지, 대화가 이루어지는 장소는 어디인지 등을 묻는 질문이 이에 속한다. 이러한 주제·목적, 정체, 장소를 묻는 전반부 문제 유형은 Part 3 총 39문제 중에 최소 8문제, 최대 11문제 이상 출제된다.

문제 유형 확인하기 주제·목적

1. 대화의 주제나 목적이 무엇인지 묻는 문제로, 매회 3문제 이상 출제된다.

주제 문제 유형

What are the speakers **discussing**? 화자들은 무엇에 관해 논의하고 있는가?

What are the speakers mainly **discussing**? 화자들은 주로 무엇에 관해 논의하고 있는가?

What are the speakers **talking about**? 화자들은 무엇에 관해 이야기하고 있는가?

What is the **conversation** mainly **about**? 대화는 주로 무엇에 관한 것인가?

목적 문제 유형

What is the **purpose** of the **call**? 전화의 목적은 무엇인가?

Why is the man **calling**? 남자는 왜 전화를 하고 있는가?

Why did Mr. Smith **call**? 스미스 씨는 왜 전화를 했는가?

2. 정답의 단서는 대부분 대화의 초반부에 등장한다.

▶ 주로 첫 화자의 말에서 정답 단서가 등장한다.

▶ 처음 1~2문장을 놓치지 않도록 집중해야 한다.

3. 간혹, 정답 단서가 초반부에 구체적으로 언급되지 않는 경우에는 빠르게 두 번째 문제로 넘어가고, 이후 중·후반부의 추가 단서나 전반적인 대화의 흐름을 파악해서 정답을 선택해야 한다.

문제 유형 확인하기 화자 정체·대화 장소

1. **대화를 하고 있는 사람(들)의 정체나 화자들이 일하는 근무지 또는 대화가 이루어지는 장소를 묻는 문제로, 매회 7문제 이상 출제된다.**

▶ 주로 첫 번째나 두 번째 문제로 출제된다.

정체 문제 유형

Who most likely is the **woman / man**? 여자/남자는 누구이겠는가?

Who most likely are the **speakers**? 화자들은 누구이겠는가?

Who is the **woman** most likely **talking to**? 여자는 누구와 이야기하고 있겠는가?
··· 여자가 대화하고 있는 상대가 누구인지를 묻고 있으므로 남자의 정체를 알아내는 문제다.

What most likely is the **man's job**? 남자의 직업은 무엇이겠는가?

What is the **woman's area of expertise**? 여자의 전문 분야는 무엇인가?

What department do the **speakers work in**? 화자들은 어느 부서에서 일하는가?

장소 문제 유형

Where do the **speakers** most likely **work**? 화자들은 어디에서 일하겠는가?

Where are the **speakers**? 화자들은 어디에 있는가?

Where does the **conversation** most likely **take place**? 대화는 어디에서 이루어지겠는가?

PART 3 UNIT 10

2. **정답의 단서는 대부분 대화의 초반부에 등장하므로 초반부를 집중해서 듣는다.**

3. **정체나 장소는 대화의 전반적인 흐름을 파악해야 유추해서 맞힐 수 있는 most likely 문제로 대부분 출제된다.**

▶ 유추 문제는 Part 3, 4 합쳐서 매회 평균 8~14문제가 출제된다.

▶ 정체나 장소와 관련하여 자주 등장하는 단어나 표현 등을 통해 빠르게 정답을 유추할 수 있는 순발력을 키워야 한다.

핵심 문제 유형

해설서 p.54

P3-01 영국 ↔ 미국

Q1 주제·목적

키워드 잡기

What are the speakers mainly discussing?

(A) Renovation of a gallery wing
(B) Organizing an art history seminar
(C) Promoting an exhibit
(D) Updating a catalog

Question 1 refers to the following conversation.

W Laurie, ❶ the gallery's exhibition of Impressionist paintings isn't drawing as many visitors as we had hoped. We should try to get more people to know about it.

M People like taking photos of themselves with interesting backgrounds. Why don't we create some selfie zones in the gallery? We could set them up in front of some posters promoting the exhibit. Then the visitors would upload those photos on their social media accounts.

W That's a unique idea. That reminds me. The gift shop is almost out of artwork posters. I'll need to order more.

P3-02 미국 ↔ 호주

Q2 화자 정체·대화 장소

키워드 잡기

Where do the speakers most likely work?

(A) At a dairy farm
(B) At a grocery store
(C) At a bakery
(D) At a factory

Question 2 refers to the following conversation.

W Hi, Matt. ❷ How's the new blueberry sorting machine we just introduced to the assembly line? What do you think so far?

M It's been great. It's far better than the previous machine at sorting the blueberries by size and eliminating defects. There's less work for us to do by hand when we package the blueberries.

W Then that's efficiency. Do all our workers know how to use the machine?

M Only a few employees have been trained as of now. But I'll speak with Sunny and schedule a session for everyone this week.

Warm-up 대화를 잘 듣고 질문에 알맞은 답을 고른 후, 빈칸을 채우세요. (대화는 3번 들려줍니다.)

해설서 p.54

1. Why is the man calling?

(A) To reserve space for an event (B) To invite the woman to a company gathering

M: Hello, I'm calling to ______________________ at Samuel Park on Friday, November 10. Our company is planning on holding a corporate picnic.
W: Well, according to this month's schedule, ______________________ for that afternoon yet. ______________________?

2. What are the speakers mainly discussing?

(A) A product advertisement (B) A departmental budget

M: Hi, this is Jeffrey Campbell, the manager of the IT Department. ______________________ for my department, but ______________________ for me.
W: Well, ______________________, but the financial director won't review them until tomorrow morning, so I should be able to help you.

3. What is the woman's profession?

(A) A curator (B) A journalist

W: Hello, my name is Carrie Myers. ______________________, *The Terraville Times*, and I'm here to cover Terraville Museum's art exhibition. Do I need to show my identification to go in?
M: Yes, I'll need to see your badge before ______________________ free of charge.

4. Where does the man work?

(A) At an auto parts warehouse (B) At an automotive repair shop

M: Hi, this is Mike ______________________. I need to order a tire for a customer's truck, and I'm calling to ______________________ at your warehouse. The model number is JG Amber 33.
W: Let me take a look. OK, we do carry that model, but ______________________. I'll order it for you if you'd like, and you can get it within three business days. Would that be fine?

5. Where is the conversation most likely taking place?

(A) At a real estate agency (B) At a moving company

M: Hi, ______________________ near City Hall. I just ______________________, and it seems like there are some apartments available in that area.
W: Yes. ______________________, and they can be ______________________.

Practice

음원 바로 듣기

P3-04

해설서 p.56

1. Why is the woman calling?
   (A) To describe a new project
   (B) To ask for some feedback
   (C) To verify an order quantity
   (D) To explain a planting service

2. What caused a delay?
   (A) A promotional code was incorrect.
   (B) A product was out of stock.
   (C) A machine malfunctioned.
   (D) A worker arrived late.

3. What does the woman say she will do?
   (A) Contact a supervisor
   (B) Expedite a delivery
   (C) Replace an item
   (D) Provide a reimbursement

---

4. What is the conversation mainly about?
   (A) Planning a TV appearance
   (B) Enhancing food safety procedures
   (C) Uploading a video online
   (D) Releasing a cookbook

5. Why does the woman say, "It's our specialty"?
   (A) To provide an explanation about a sales increase
   (B) To defend an idea
   (C) To show enthusiasm about a business
   (D) To express dissatisfaction about a customer feedback

6. What are the speakers going to do next?
   (A) Experiment new flavors
   (B) Answer audience questions
   (C) Remodel a kitchen
   (D) Purchase some cookware

7. Who is the woman?
   (A) A virtual assistant
   (B) An entrepreneur
   (C) An electrician
   (D) A computer salesman

8. What does the man say happened last week?
   (A) He moved into a new neighborhood.
   (B) He started his own company.
   (C) He met with some employees.
   (D) He visited a farmer's market.

9. What does the woman recommend doing?
   (A) Conducting some research
   (B) Analyzing a graphic
   (C) Accessing a website
   (D) Writing an invoice

---

10. Where is the conversation taking place?
    (A) At a client meeting
    (B) At a technical workshop
    (C) At a company celebration
    (D) At a fitness competition

11. Why does the man say, "Is it even worth it then"?
    (A) He is asking about the number of seats left.
    (B) He wonders why an item is so expensive.
    (C) He thinks there is a better option.
    (D) He is worried about a registration deadline.

12. What is mentioned about Ms. Yamauchi?
    (A) Her product will be released soon.
    (B) Her presentation has been canceled.
    (C) Her appointment time has been moved.
    (D) Her project was a success.

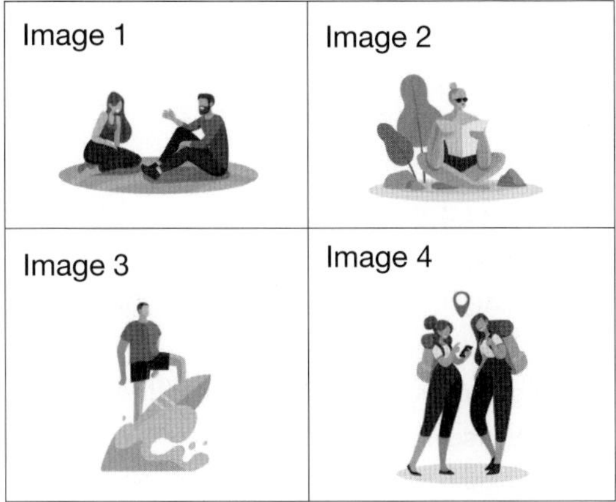

13. Where do the speakers most likely work?
(A) At a travel agency
(B) At a sporting goods store
(C) At a publisher
(D) At an art studio

14. Look at the graphic. Which image does the woman say she prefers?
(A) Image 1
(B) Image 2
(C) Image 3
(D) Image 4

15. What does the man say he will do by noon?
(A) Arrange for a delivery
(B) Visit a tourist attraction
(C) Talk to a photographer
(D) Submit a file

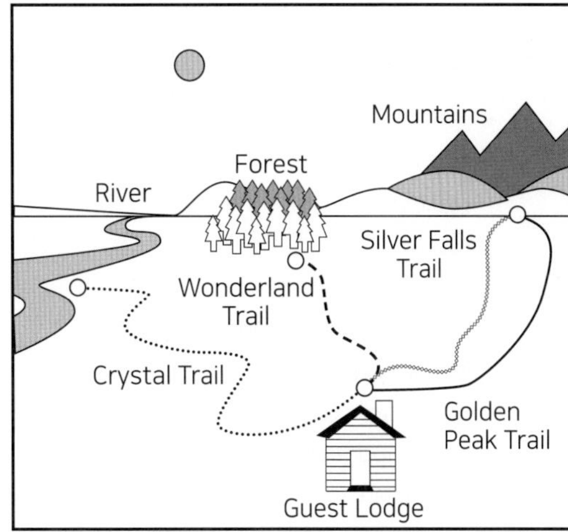

16. Why is the man visiting the park?
(A) To help clean some trails
(B) To organize an activity for employees
(C) To conduct an interview for an article
(D) To collect plant samples

17. Look at the graphic. Which trail will the man most likely choose?
(A) Crystal Trail
(B) Wonderland Trail
(C) Silver Falls Trail
(D) Golden Peak Trail

18. What does the woman say about the guest lodge?
(A) It provides overnight accommodations.
(B) It has a restaurant.
(C) It will be closed for remodeling.
(D) It offers a shuttle service.

PART 3&4 시험에 자주 나오는 어휘

1. 화자의 정체로 출제되는 사람 관련 어휘

▶ 화자의 '정체'를 묻는 질문에 정답으로 자주 나오는 아래 단어들을 익혀 두자.

real estate agent 부동산 중개인
landlord 집주인
resident 거주자, 주민
tenant 세입자
governor 주지사
mayor 시장
city government employee 공무원
the public 대중들
landscaper (= gardener) 정원사, 조경사
tour guide 관광 가이드
park ranger 공원 관리인, 공원 경비원
warehouse manager 창고 관리인
newspaper editor 신문 편집자
veterinarian (= vet) 수의사
technician 기술자
accountant 회계사
shareholder 주주
retailer (= store) 소매업자, 소매상, 소매업
focus group 포커스 그룹, 체험단(신제품 개발 시 진행하는 시장 조사나 여론 조사를 위해 모인 소수의 그룹)

▶ 대화/담화에서 들렸던 단어가 그대로 보기로 연결되는 경우도 많지만, 단서를 던져 주며 생각하게끔 만드는 most likely 문제의 난이도가 높으니 정답의 단서가 되는 기출 패턴을 알아 두면 고민하는 시간을 줄일 수 있다.

정답	귀로 들리는 단서
journalist 저널리스트	write an article for our newspaper 우리 신문사 기사를 쓰다 cover the press conference 기자 회견을 취재하다
administrative assistant 행정 비서	I'm making travel arrangements for our CEO. 저는 CEO의 여행 준비를 해 드리고 있어요.
painter (= artist) 화가	The mural you painted ~ 당신이 그린 벽화는 ~
property manager (건물, 아파트 등의) 부동산 관리인	apartment manager 아파트 관리인
colleague 동료	coworker 동료 Geraldine in Sales(사람 이름 + 부서) 영업부의 제럴딘
company executive (기업의) 경영진, 중역	Chief Development Officer (CDO) 최고 개발 책임자 vice president 부회장 Chief Operational Officer (COO) 최고 운영 책임자
acquaintance 지인	friend of mine 제 친구 former colleague 예전 동료 I know + 사람 ~를 압니다
specialist 전문가	expert 전문가 guru 전문가
food critic 음식 비평가	I'm writing a restaurant review. 저는 식당 비평을 쓰고 있어요.
architect 건축가	I designed your building a decade ago. 저는 10년 전에 당신의 건물을 설계했어요.

2. 화자의 근무지 또는 대화 장소로 출제되는 회사의 종류 및 분야 관련 어휘

▶ 특정 사람이 종사하는 회사의 종류나 분야를 묻는 질문이 많이 출제된다. 이때 정답으로 자주 등장하는 단어들을 미리 암기해 두면 정답 선택이 빨라진다.

정답	귀로 들리는 단서		
restaurant 식당	server 종업원 pasta 파스타	banquet 연회, 만찬 steak 스테이크	lunch rush 점심시간 혼잡
factory 공장	production line 생산 라인 assembly workers 조립 (라인) 작업자		assembly line 조립 라인
food production 식품 생산	cake 케이크 snack 간식 cookies we make 저희가 만든 쿠키	pie 파이 packing machine 포장 기계	cereal 시리얼
dairy company 유제품 회사	milk 우유	cheese 치즈	yogurt 요구르트
catering company 음식 공급 회사	food service 음식 서비스		
hospitality 환대, 서비스업	lodging 숙박 hotel chain 호텔 체인점	dormitory 기숙사	stay 머물다
agriculture 농업	farmer 농부	farming 농사	crop 농작물
construction 건설	remodeling 보수	renovation 개조, 보수	
dentist office 치과	dental check-up 치아 검진		
hospital 병원	nurse 간호사 surgeon 외과의	patient 환자 practitioner 의사	doctor 의사
law firm 법률 사무소	lawyer 변호사 revise a contract 계약서를 수정하다	legal service 법률 서비스	
advertising 광고업	marketing campaign 마케팅 캠페인		
bank 은행	open an account 계좌를 개설하다 apply for a loan 대출을 신청하다		deposit cash 현금을 예치하다
bakery 빵집	bread 빵	cake 케이크	baked goods 제과
pet store 반려동물 가게	fish 물고기	aquarium 수족관	
flower shop 꽃 가게	rose 장미 floral arrangement 꽃꽂이	bouquet 부케, 꽃다발	centerpiece 중앙 장식물
gardening shop 원예용품점	seed 씨앗	plant 식물	tool 도구
electronics store 전자 제품 가게	laptop computer 노트북 컴퓨터		tablet PC 태블릿 컴퓨터

▶ 대화/담화에서 들렸던 단어가 그대로 정답일 때도 있다.

press conference 기자 회견
apartment complex 아파트 단지
printing company 인쇄소
newspaper 신문사
Human Resources 인사 부서
fabric manufacture 직물 제조업

fund-raising event 모금 행사
office building 사무실 건물
delivery company 택배 회사
magazine publisher 잡지사
break room 휴게실

중반부 문제 유형

문제점, 걱정거리, 이유, 방법 등을 묻는 세부 정보 관련 문제들은 질문에 등장한 핵심 키워드를 잘 잡고 듣는 것이 포인트이다.

문제 유형 확인하기 문제점·걱정거리

1. **화자의 걱정거리나 겪고 있는 문제점을 묻는 문제로 매회 2~4문제 이상 출제된다.**

문제점·걱정거리 문제 유형

What problem does the man **mention**? 남자는 어떤 문제점을 언급하는가?

What issue does the woman **mention**? 여자는 어떤 문제점을 언급하는가?

What is the woman's **problem**? 여자의 문제는 무엇인가?

What is the woman **concerned about**? 여자는 무엇에 관해 걱정하는가?

2. **대부분 첫 번째나 두 번째 문제로 출제된다.**

3. **문제점을 나타내는 시그널을 포착한다.**

▶ **problem/trouble**(문제점), **concerned**(걱정하는), **broken**(고장 난), **forget**(잊어버리다) 등 부정적인 내용이 언급되거나 **but**(그러나), **however**(그러나), **unfortunately**(안타깝게도), **I'm afraid**(안타깝게도 ~인 것 같다) 등과 같은 전환 표현이 나온 후 정답 단서를 말해 주는 경우가 대부분이다.

4. **문제점·걱정거리를 누가 말할 것인지 질문에서 재빨리 파악한 후 해당 화자의 말에서 단서를 포착한다.**

문제 유형 확인하기 이유·방법·문의 사항

1. 특정 이유나 세부적인 방법을 묻는 문제로 매회 1~3문제가 출제된다.

이유 문제 유형

Why does the woman need to **go to Berlin next week**? 여자는 왜 다음 주에 베를린으로 가야 하는가?
Why should the woman **visit a website**? 여자는 왜 웹사이트를 방문해야 하는가?
Why are the speakers **surprised**? 화자들은 왜 놀라는가?
Why does the woman **apologize**? 여자는 왜 사과하는가?
Why is the manager **unavailable**? 관리자는 왜 시간이 없는가?

방법 문제 유형

How will the man most likely **send his résumé**? 남자는 이력서를 어떻게 보내겠는가?
How can the man **get a discount**? 남자는 어떻게 할인을 받을 수 있는가?

2. 이유를 나타내는 시그널을 포착한다.

▸ **because**(~이기 때문에), **due to**(~ 때문에), **in order to / to**(~하기 위해서), **I'm afraid**(안타깝게도 ~인 것 같다), **I'm sorry**(~하게 되어 유감이다) 등의 시그널 표현이 들리는 부분에 집중해야 한다.

3. 남자나 여자 또는 특정 인물이 문의하는 것이 무엇에 관한 것인지를 알아내는 문제가 매회 출제된다.

문의 사항 문제 유형

What does the woman **ask** the man **about**? 여자는 남자에게 무엇에 관하여 문의하는가?
What does the man **ask about a position**? 남자는 직책에 관하여 무엇을 문의하는가?
What does the woman **ask for**? 여자는 무엇에 관하여 문의하는가?
What does Mr. Travers **ask about**? 트래버스 씨는 무엇에 관하여 문의하는가?

4. 질문에 '특정 화자가 말한다'라는 단서가 있다면 그 사람의 말에서 단서를 포착한다.

5. 질문의 키워드만 잘 잡아도 문제가 풀린다.

▸ 대화 내용 중 키워드가 언급된 부분에서 빠르게 정답을 찾는다.

문제 유형 확인하기 핵심 키워드

1. **시점, 정도, 사람, 장소 등과 관련한 특정 세부 정보를 묻는 문제로 매회 8문제 이상 출제된다.**

핵심 키워드 문제 유형

According to the **woman**, **what happened last week**? 여자에 따르면, 지난주에 무슨 일이 일어났는가?

What does the **woman** say about the **restaurant**? 여자는 식당에 대해 무엇을 말하는가?

According to the **man**, **what** is the **studio** now **offering**? 남자에 따르면, 스튜디오에서 이제 무엇을 제공하는가?

Who will the **speakers meet** with **tomorrow**? 화자들은 내일 누구를 만날 것인가?

2. **질문의 키워드를 잘 잡고 대화 중 키워드가 언급되는 순간을 놓치지 않는다.**

3. **질문의 명사나 시점, 장소 등은 대화에서 패러프레이징 없이 그대로 언급되는 경우가 많으므로 질문의 핵심 키워드를 노려 듣는다.**

4. **대화가 시작되면 시험지의 (A), (B), (C), (D), 4개의 보기를 보고 있다가 보기 중 한 단어가 들리면 바로 밑줄을 치고 질문에서 잡았던 키워드가 이어서 나오는지 빠르게 체크한다.**

5. **정답 단서가 패러프레이징되어 나오는 경우에 대비하여 필수 동의어를 암기한다.**

핵심 문제 유형

해설서 p.60

P3-05 미국 ↔ 영국

문제점 · 걱정거리

키워드 잡기

What problem does the woman highlight?

(A) Some information is wrong.
(B) Some documents are missing.
(C) A technician is unavailable.
(D) A machine is malfunctioning.

Question 1 refers to the following conversation.

M Good morning. I'm trying to get hold of an article that appeared in the local newspaper around four or five years ago. Do you think the library would have a copy?

W Well, we do keep every edition that's ever been published in an online database. So I should be able to help you find an electronic copy.

M Fantastic! Will it be possible to print the article out?

W Yes, we offer printing at 15 cents per page. ❶ I'm afraid, though, that our printer isn't working at the moment. We have a technician coming in tomorrow morning, so we should have it fixed by then. Would you like to come back tomorrow?

P3-06 미국 ↔ 영국 ↔ 호주

이유 · 방법 · 문의 사항

키워드 잡기

According to the man, why did some people complain last year?

(A) A venue was inconveniently located.
(B) Flights were delayed.
(C) Menu choices were limited.
(D) The event was expensive to attend.

Question 2 refers to the following conversation with three speakers.

W1 Let's get started with planning our staff retreat by discussing the food.

W2 I made reservations with a caterer. I found one that was able to accommodate the dietary restrictions of all our employees.

M That's great. ❷ Do you remember last year? We had a lot of complaints because the menu was not varied enough to cater to everyone.

W2 Yes, but that shouldn't be a problem this year. There is one thing I'm concerned about, though. We might have crammed too many activities into the schedule. We still want everyone to relax.

M That's a good point. We should let people choose whether they want to participate in some of the activities.

P3-07 영국 ↔ 호주

Q3 핵심 키워드

↪ 키워드 잡기

What will the woman do later today?

(A) Speak with a real estate agent
(B) Attend a musical performance
(C) Look at a map of the region
(D) Send the man a newspaper article

Question 3 refers to the following conversation.

W Derek, as we're considering expanding our dental office, what do you think about opening another branch in Nemaha?

M Hmm… Aren't there several dentists in the area already? I'm afraid competing against them would be too challenging.

W Yes, but I've heard that more and more families are moving to the city, so there would be an increase in demand as well.

M I guess we could look into it. 3 Why don't you get in touch with a local real estate agent and ask to see some listings?

W OK. 3 I'll do that later today.

Warm-up 대화를 잘 듣고 질문에 알맞은 답을 고른 후, 빈칸을 채우세요. (대화는 3번 들려줍니다.)

해설서 p.61

1. What problem is mentioned?
(A) Staff members may not be properly trained. (B) Records may not be up-to-date.

W: Leonard, ______________________ that we recently installed to track our merchandise inventory?
M: Well, to be honest, it's not very useful. ______________________,
______________________.

2. Why is the woman unable to reach Samuel?
(A) He left his phone at work. (B) He went out to lunch.

W: John, I have a potential tenant on the phone, and he wants to see the one-bedroom apartment on the second floor. I've got a full schedule today, so ______________________,
______________________. Do you have any idea where he is?
M: Oh, he's out right now showing another apartment to someone. And ______________________,
______________________. I should be available this afternoon to show the apartment on the second floor.

3. Why was the man's presentation postponed?
(A) Some coworkers could not attend. (B) A meeting was canceled at the last minute.

M: Hi, Karen. Do you think ______________________ that I borrowed this morning for a couple of more hours? I need it to make a presentation this afternoon.
W: Oh, ______________________ it in the afternoon. I thought your presentation was this morning.
M: Actually, ______________________
this morning. But ______________________,
______________________. We're planning to meet at 5 o'clock today.

4. What does the woman mention about Trekker's Hardware?
(A) It is located far away. (B) It is closed for the day.

W: Excuse me, does your store make keys? I work in the building across the street, and ______________________
______________________.
M: I'm afraid not. But ______________________, and they make keys. ______________________.
W: Actually, ______________________, ______________________. Is there another place nearby? I just moved here, so I'm not familiar with the area.

5. What does the man say will happen tomorrow?
(A) An applicant will be interviewed. (B) A document will be sent.

W: Thank you, Mr. Nakaru. ______________________, but I would have to move. Will your company ______________________?
M: That will be decided by our personnel manager. If the decision is confirmed, ______________________
______________________.
Please review it and contact me if you have any questions.

PART 3 UNIT 11

Practice

P3-09

해설서 p.63

1. Who most likely is the woman?
(A) An inspector
(B) A repairperson
(C) A factory manager
(D) An assembly line worker

2. What are the men worried about?
(A) A slow production
(B) Power interruptions
(C) Losing potential customers
(D) An unexpected expense

3. According to the woman, why will a process go smoothly?
(A) She has completed other tasks already.
(B) She has experience with some equipment.
(C) Some equipment is easy to operate.
(D) A facility is relatively small in size.

---

4. What are the speakers planning to do in March?
(A) Start a construction project
(B) Relocate to a different retail location
(C) Attend a trade show
(D) Participate in a product demonstration

5. What does the woman mean when she says, "there is going to be a lot of merchandise there"?
(A) An area needs more furniture.
(B) An area is not secure.
(C) She wants to arrange an information session.
(D) She needs help unpacking some items.

6. What does the man say he will do?
(A) Look over a legal document
(B) Request more funding
(C) Make a deposit
(D) Speak with a supervisor

7. Where does the man most likely work?
(A) At an airline
(B) At a vehicle rental agency
(C) At a train station
(D) At a taxi company

8. What does the woman mention about her workplace?
(A) It charges for parking.
(B) It is far from her home.
(C) It is near public transportation.
(D) It is located in a rural area.

9. What information does the man ask for?
(A) Names of some references
(B) The date of a flight
(C) Directions to an office
(D) The distance of a commute

---

10. What is the conversation mainly about?
(A) A clothing line launch
(B) A dance show routine
(C) A fashion brand
(D) A theater performance

11. Why did the man choose lighter fabrics?
(A) They are easy to manufacture.
(B) They are easy to transport.
(C) They are easy to move in.
(D) They are easy to wash.

12. What does the woman mean when she says, "The opening date is just three months away"?
(A) Some work will have to be redone.
(B) Some training sessions should take place.
(C) Hiring additional staff will be difficult.
(D) A project may not be finished on time.

Service Plans and Pricing	
Plan	**Number of Participants**
Bronze	Maximum 25 people
Silver	Maximum 50 people
Gold	Maximum 100 people
Platinum	Maximum 300 people

13. What type of company do the speakers most likely work for?
(A) A public relations agency
(B) An accounting office
(C) A healthcare provider
(D) A legal firm

14. What problem does the man mention about meetings?
(A) They are getting disconnected.
(B) They cannot transfer files.
(C) They take place in different time zones.
(D) They could only share one screen.

15. Look at the graphic. Which subscription will the woman most likely order?
(A) Bronze
(B) Silver
(C) Gold
(D) Platinum

Westwood Fashion Autumn Promotion for Menswear	
Wool Coat $250	Button-down Shirt $60
Leather Loafers $180	Blue Jeans $100

16. What problem does the man have?
(A) An order cannot be processed.
(B) A website cannot be accessed.
(C) A product is unavailable.
(D) A discount cannot be applied.

17. What does the woman say will happen tomorrow?
(A) An invoice will be emailed.
(B) An item will be shipped.
(C) A website will be updated.
(D) A new branch will open.

18. Look at the graphic. What is the price of the item the man wants to buy?
(A) $250
(B) $60
(C) $180
(D) $100

PART 3&4 만점을 위한 동의어 1

연설	lecture = talk
부동산	property = real estate (EX apartment 아파트)
부동산 중개업소	real estate agency = realtors = property rental agency
건물 개조, 개선 공사	renovation = remodeling = improvement
고치다	fix = repair
일정보다 늦은	behind schedule = late
소프트웨어	software = computer program
고장 난	broken = out of order = not working = malfunctioning
하자가 있는	damaged (EX torn 찢어진 wet 젖은 cracked 금이 간 scratched 흠집이 있는)
환불	refund = money back
영수증	receipt = proof of purchase = payment record
배상하다	reimburse = compensate
만료된	expired = out of date
식당	restaurant = bistro = cafeteria = diner
아픈	not feeling well (EX get a cold 감기에 걸리다 call in sick 전화로 병결을 알리다)
이전하다, 옮기다	relocate = move = transfer
병원	doctor's office = clinic
검사	inspection = audit = check-up
할인	discount = special deal = special offer = price reduction = OO percent off (EX 20 percent off 20% 할인된)
영업시간을 늘리다	extend hours = stay open late
방문하다	visit = stop in[by] = come by = drop by
(가정용) 기기	appliance (EX washing machine 세탁기 dishwasher 식기 세척기 vacuum cleaner 진공청소기)
시연하다	demonstrate = show
취업 기회	job opportunity (EX interview 면접 candidate 후보자 position (일)자리)
둘러보다	tour = look around = browse

빠진	not included = left out = missing
빠른 배송	rush delivery = express delivery = overnight delivery = expedited shipping
경기, 시합	sports event = race = competition
슈퍼마켓	supermarket = grocery store
다 팔린, 품절된	sold out = out of stock = unavailable
문서	document (EX draft 초안 report 보고서 résumé 이력서 contract 계약서 catalogue 카탈로그 proposal 제의서)
등록하다	sign up (for) = register = enroll
공장	factory = plant = manufacturing = production facility
직원	agent = representative = employee = staff (member) = personnel
멘토	mentor = experienced staff member = experienced employee
회장	president = business executive
(설문) 조사	survey = questionnaire
피드백	feedback (EX We'd like to know what you think 당신 생각을 알고 싶습니다 give us your opinion 의견을 주세요 fill out a questionnaire[survey] 설문지를 작성해 주세요)
웹사이트를 업데이트하다	update a website (EX add a link 링크를 추가하다)
견적서	estimate = quote
잡지	magazine = issue
건물에 들어가다	access a building = enter a building
시장	mayor = local politician = city official
관리자, 부장	manager = supervisor = head
큰, 널찍한	large = spacious
차	car = auto(mobile) = vehicle
전화를 바꿔 주다	transfer a call = put the call through to someone
옷	clothing = apparel = garment = wear = outfit
(상품을 팔지 않고) 따로 빼놓다	set aside = keep = hold = put aside = reserve
출시하다	launch = release = introduce = unveil = hit the market = put on the market

후반부 문제 유형

제안·제공·요청이나 다음 할 일을 묻는 유형의 문제들은 정답 단서가 대부분 대화의 후반부에 언급된다. 정답이 언급되기 전에 정답이 나올 것임을 알려 주는 시그널 표현이 등장하므로 해당 표현들을 미리 암기해 두자.

문제 유형 확인하기 제안·제공·요청

1. 제안·제공·요청 문제는 대부분 두 번째나 세 번째 문제로 출제되며, 매회 3문제 이상 출제된다.

제안 문제 유형

What does the man **suggest**? 남자는 무엇을 제안하는가?

What does the man **recommend**? 남자는 무엇을 추천하는가?

제공 문제 유형

What does the man **offer** to do? 남자는 무엇을 해주겠다고 제안하는가?

요청 문제 유형

What does the woman **ask** the man **to do**? 여자는 남자에게 무엇을 하라고 요청하는가?

What does the woman **request** the man **to do**? 여자는 남자에게 무엇을 하라고 요청하는가?

What does the woman **tell** the man **to do**? 여자는 남자에게 무엇을 하라고 말하는가?

2. 질문 유형별로 정답이 언급되기 전에 등장하는 시그널 표현이 있으며, 이러한 시그널이 들리고 바로 정답이 언급되므로 그 순간을 놓치면 안 된다.

제안	제공	요청
Why don't you ~? ~하는 게 어때요? Why don't we ~? 우리 ~하는 게 어때요? Let's ~ ~합시다 How about ~? ~은 어때요? You should ~ ~하는 게 좋아요 You can ~ ~할 수 있어요 You could ~ ~할 수 있어요 I suggest ~ ~을 제안드려요 I recommend ~ ~을 추천드려요	I can ~ 제가 ~해 드릴 수 있어요 Let me ~ 제가 ~할게요 Why don't I ~? 제가 ~할까요? Do you want me to ~? 제가 ~할까요? Would you like me to ~? 제가 ~할까요?	Please ~ ~해 주세요 Can you ~? ~해 주시겠어요? Could you ~? ~해 주시겠어요? Do you mind ~? ~해도 될까요? I'd like you to ~ ~해 주셨으면 합니다 I want you to ~ ~해 주셨으면 합니다

문제 유형 확인하기 앞으로의 계획·다음 할 일

1. **대화가 끝난 후 무슨 일이 일어날지 또는 무엇을 할 것인지를 묻는 문제로 대부분 마지막 문제로 출제되며, 매회 Part 3에서만 최소 2문제, 최대 5문제 이상 출제된다.**

앞으로의 계획·다음 할 일 문제 유형

What will **happen next**? 다음에 무슨 일이 일어날 것인가?

What does the man **plan to do next**? 남자는 다음에 무엇을 할 계획인가?

What does the woman say she **will do**? 여자는 무엇을 할 것이라고 말하는가?

What does the woman say she **will do on Friday**? 여자는 금요일에 무엇을 할 것이라고 말하는가?

What is the woman **going to do next**? 여자는 다음에 무엇을 할 것인가?

What will the man most likely **do next**? 남자는 다음에 무엇을 하겠는가?

2. **정답 단서는 대부분 대화의 마지막 부분에 등장하므로 대화의 후반부를 집중해서 들어야 한다.**

3. **질문의 키워드로 등장하는 화자가 직접 앞으로의 계획이나 다음 할 일을 언급하는 경우에는 대부분 will/be going to(~할 것이다) 등과 같은 미래 시제를 이용해 정답 단서를 준다.**

4. **질문 키워드의 화자가 직접 앞으로의 계획이나 다음 할 일을 언급하지 않는 경우에는 상대방이 제안이나 요청을 하면서 대화가 끝난다. 이 부분을 통해서 정답을 유추해야 할 때도 있다.**

핵심 문제 유형

해설서 p.68

P3-10 호주 ↔ 영국

Q1 제안·제공·요청

키워드 잡기

What does the man suggest the woman do?

(A) Sign up for a membership
(B) Post a sign
(C) Write a review
(D) Speak with the man's supervisor

Question 1 refers to the following conversation.

M Welcome to Booster Sports. What can I do for you today?

W Hello. I bought this hiking backpack from your store a few days ago, and I want to return it. I used it once, but the strap has already fallen off. I don't understand. This wasn't my first time purchasing products from this brand.

M I'm sorry for the inconvenience. I've never seen this before. I will be able to give you a refund due to the special circumstance. Did you bring the receipt with you?

W Yes. Here you go.

M Please hold on. 1 You know, you should think about posting a review about the backpack. Product designers value customer feedback.

P3-11 미국 ↔ 미국

Q2 앞으로의 계획·다음 할 일

키워드 잡기

What will the man most likely do next?

(A) Give the woman some contact information
(B) Bring a ladder for the woman
(C) Collect a payment
(D) Present a blueprint

Question 2 refers to the following conversation.

M Hello, Ms. Frederick. We're here to take down the cherry blossom tree in your backyard.

W Yes, I was waiting for you and your crew to arrive. I'll miss it, though. My family and I enjoyed seeing the flowers bloom every spring, but sadly, the center of the tree has rotted.

M I see. We're planning to use chainsaws. I apologize in advance for the noise. Hopefully, it won't bother you too much.

W Don't worry about it. I have to go to work anyway. I want to replace the tree. Do you sell any saplings?

M We don't, but 2 we work closely with a landscaper who does. Let me get his card from the truck.

Warm-up 대화를 잘 듣고 질문에 알맞은 답을 고른 후, 빈칸을 채우세요. (대화는 3번 들려줍니다.)

해설서 p.68

1. What does the woman recommend doing?
(A) Employing a marketing agency
(B) Visiting an overseas branch

M: You know, ________________________, particularly the new beaded bags, ________________________. We've had orders from Holland, Japan, and Mexico.
W: Yes, that's good news. But ________________________. If we want to expand our business overseas, ________________________ internationally.

2. What does the woman suggest?
(A) Reserving a different venue
(B) Calling a rental company

M: Can you tell me ________________________? We're going to be making hot dogs.
W: There are eight grills in the picnic area, but ________________________ some extra ones. ________________________ that a lot of people use.

3. What does the man ask for?
(A) Pricing information
(B) Software specifications

W: ________________________ in the list with a different one. It's a bit more expensive, but it will definitely be more useful for my department's work.
M: OK, since it's just one item, it won't be a problem. ________________________ ________________________, and I'll make the change now.

4. What does the woman say she will do next?
(A) Pay a fee
(B) Check some information

M: Actually, ________________________, so I think a short-term contract would be better. Then if I find another neighborhood that I like better, ________________________.
W: Hmm, I see. I think we have a few places available for short-term leases. Have a seat, and ________________________.

5. What will the woman do to solve the problem?
(A) Use some software
(B) Contact a repairperson

M: Hello, Clara. I'm putting together the product catalog for next year. ________________________ of our new items, but they're not coming out well.
W: I see what the problem is. The photos are so dark. That's why you can't see the products clearly.
M: Oh, I see. ________________________ so that they're brighter?
W: Yes. ________________________, and ________________________. It shouldn't take too long.

Practice

음원 바로 듣기

P3-13

해설서 p.70

1. Which department does the man most likely work in?
   (A) Human resources
   (B) Marketing
   (C) Product design
   (D) Maintenance

2. What characteristic of a product is being discussed?
   (A) Customizable sizing
   (B) Various color choices
   (C) Smoother materials
   (D) Additional shelves

3. What does the woman say she will do?
   (A) Produce a prototype
   (B) Consult with a team
   (C) Publish an advertisement
   (D) Contact a supplier

---

4. What does the woman imply when she says, "It's my first time living abroad"?
   (A) She is worried about a deadline.
   (B) She is against moving to another city.
   (C) She is unable to complete a project.
   (D) She is anxious about a change.

5. What does the man say a mobile application is used for?
   (A) Social networking
   (B) Hotel accommodations
   (C) Restaurant bookings
   (D) Apartment listings

6. What does the man offer to do?
   (A) Call an agency
   (B) Install a program
   (C) Lend a book
   (D) Give a tour

7. Why did the woman go to Mexico?
   (A) To meet some customers
   (B) To inquire about an item
   (C) To participate in a seminar
   (D) To recruit some workers

8. What is the problem?
   (A) Some sales figures are inaccurate.
   (B) A flight is too expensive.
   (C) Some employees have not been trained.
   (D) A product has limited options.

9. What does the man recommend?
   (A) Providing free access to a program
   (B) Offering a discount
   (C) Switching to a different supplier
   (D) Hiring a professional translator

---

10. Where do the speakers most likely work?
    (A) At a manufacturing plant
    (B) At a production studio
    (C) At a fitness center
    (D) At a grocery store

11. What does the man mean when he says, "Dorothy is meeting with an important client"?
    (A) A contract needs to be revised.
    (B) A colleague cannot join a training session.
    (C) A project will require more team members.
    (D) A room should be reserved.

12. What will happen next week?
    (A) A business will close.
    (B) New employees will be hired.
    (C) An inspector will visit.
    (D) Some equipment will be set up.

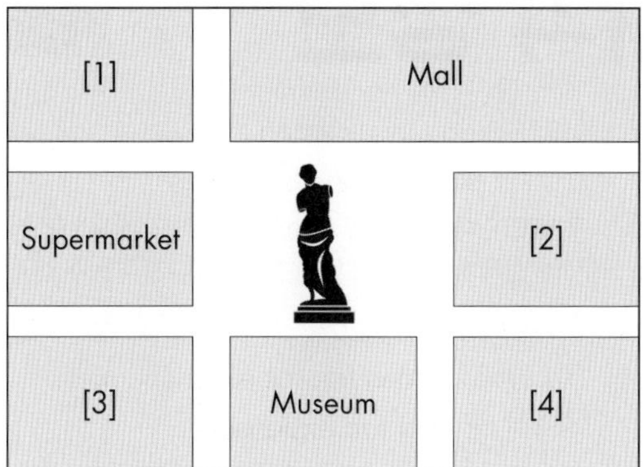

13. Who most likely are the speakers?
(A) Restaurant owners
(B) Museum curators
(C) Realtors
(D) Baristas

14. Look at the graphic. Which building does the woman say she likes?
(A) Building 1
(B) Building 2
(C) Building 3
(D) Building 4

15. What does the man ask the woman to do?
(A) Speak to an agent
(B) Arrange an interview
(C) Update a file
(D) Conduct a survey

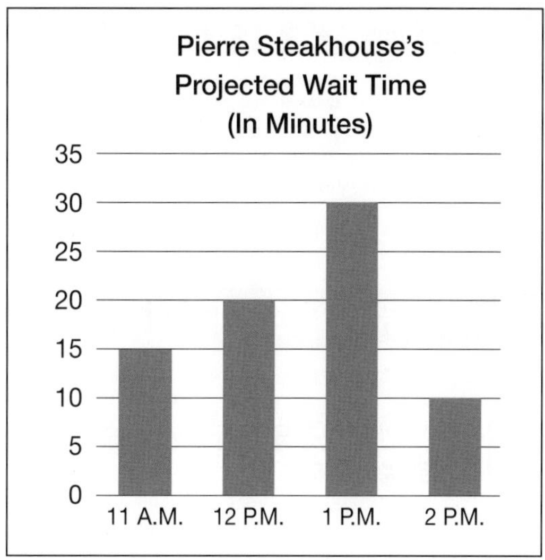

16. Why is the man asking for a restaurant recommendation?
(A) He will be interviewed by the press.
(B) He is writing a restaurant review.
(C) He is planning a company lunch.
(D) He is taking some clients around the city.

17. Look at the graphic. How long will the man probably need to wait for a table?
(A) 15 minutes
(B) 20 minutes
(C) 30 minutes
(D) 10 minutes

18. What does the woman offer to give the man?
(A) A credit card
(B) Some menu photos
(C) A gift certificate
(D) Some directions

화자 의도·시각 정보 문제 유형

대화의 전반적인 흐름을 이해해야 하는 화자 의도 파악 문제와 표, 차트, 지도 등 시각 정보를 보면서 푸는 시각 정보 연계 문제는 고도의 청취력과 멀티태스킹 실력을 요구하는 문제 유형들로, 세 문제 중 어디에나 출제될 수 있다.

문제 유형 확인하기 화자 의도 파악

1. " " 안의 문장을 말한 화자의 숨은 의도를 파악하는 유형의 문제로 매회 2문제가 고정적으로 출제된다.

화자 의도 파악 문제 유형

Why does the woman **say**, **"**It's not on Tuesday**"**?
여자는 왜 "그건 화요일이 아니에요"라고 말하는가?

What does the man **mean** when he says, **"**My appointment was canceled**"**?
남자는 "제 약속이 취소됐어요"라고 말할 때 무엇을 의도하는가?

What does the woman **imply** when she says, **"**I do have clients coming in at 10 o'clock**"**?
여자는 "10시에 오시는 고객들이 있긴 있거든요"라고 말할 때 무엇을 의도하는가?

2. 화자 의도 파악 문제는 반드시 (A), (B), (C), (D), 4개의 보기를 먼저 읽어야 한다.

▶ 대화가 나오기 전 보기를 먼저 파악해 두면 문제 푸는 시간을 단축할 수 있다.

3. 표현 자체의 사전적 의미만으로는 문제를 풀 수 없다. 반드시 해당 문장과 앞뒤 문장의 문맥을 모두 이해해야 문제가 풀린다.

▶ " " 안의 인용 구문을 키워드로 잡고 " " 앞, 뒤에서 정답 단서를 찾아야 한다.

4. 해당 어휘나 표현의 일차적 의미를 이용한 오답 보기에 주의해야 한다.

▶ 상황에 따라 모두 정답이 될 수 있는 보기들이 나열되기도 하므로 단순히 사전적인 의미의 보기를 골라서는 안 된다.

5. 대화의 전반적인 이해력을 바탕으로 화자의 진짜 의도를 알아내야 하므로 직청·직해가 가능하도록 청해력을 키워야 한다.

문제 유형 확인하기 시각 정보 연계

1. **리스트, 평면도, 지도, 막대/선 그래프 등 주어진 시각 정보를 보고 대화의 내용과 연결해서 정답을 찾아내는 유형의 문제로 매회 62~70번 사이에서 3문제가 고정적으로 출제된다.**

시각 정보 연계 문제 유형

Look at the graphic. Which floor will the man go to? 시각 정보를 보시오. 남자는 몇 층으로 갈 것인가?

Look at the graphic. How much will the woman most likely pay?
시각 정보를 보시오. 여자는 얼마를 지불하겠는가?

Look at the graphic. What station does the woman say the man should get off at?
시각 정보를 보시오. 여자는 남자에게 어느 역에서 내리라고 하는가?

2. **질문의 키워드를 잡고 시각 정보에 시선을 고정한 채, 문제를 푸는 것이 핵심이다.**

▸ 시각 정보 중 리스트의 경우에는 **변동 사항**을, 그래프는 **최고·최저·두 번째로 높거나 낮은 항목**을 주로 묻는다.

▸ 도면이나 지도는 **방향을 나타내는 전치사**를 놓쳐서는 안 된다.

유형		출제 유형
List	Hotel / Rates President Hotel $145 All Springs Inn $120 The Grand Hotel $165 The Villa Inn $190	• 비행기나 기차의 출발 및 도착 시각과 탑승구 등을 알려 주는 표 • 특정 행사 관련 연설자 이름, 주제, 시간, 장소 등 세부 사항을 보여 주는 표 • 주문한 물건의 양 또는 가격 등의 내용·숫자 등을 나타내는 표
Graph·Chart	Average Seasonal Sales 1200 1000 800 600 400 200 0 Spring Summer Fall Winter	• 설문 조사 결과를 숫자로 보여주는 막대/선 그래프 혹은 퍼센티지로 보여 주는 파이 차트 ⋯→ 가장 높거나, 낮거나, 두 번째로 높거나 낮은 항목이 정답으로 자주 출제된다.
Map	OFFICE 203 / LOUNGE / OFFICE 202 OFFICE 201 / MEETING ROOM 2 MEETING ROOM 1 / OFFICE 200 ELEVATORS	• 사무실 배치도, 기차 노선도, 약도 등 ⋯→ 위치를 설명하는 유형의 시각 정보이므로 위치나 방향 관련 표현을 익혀야 한다.
기타	BENNY SUPER SPECIAL VOUCHER (Valid until 4/5) $2 off all vegetables! $3 off all fruits! $4 off all meats! 3934833943234	• 요일별 날씨 안내, 할인 쿠폰, 청구서, 영수증 등 다양한 시각 정보

3. **시각 정보에서 (A), (B), (C), (D) 보기에 나와 있지 않은 정보에 집중하고, 언급되는 내용을 토대로 정답을 찾아 연결해 준다.**

4. 각 시각 정보 유형별로 관련된 어휘를 익혀 두어야 한다.

시각 정보 유형	관련 어휘	
List (목록, 표, 일정표, 비행기·기차 등의 출발/도착 안내 표지판)	phone directory 전화번호부 dial 다이얼을 돌리다, 전화를 걸다 carousel (공항) 수하물 컨베이어 벨트 land 착륙하다 depart 떠나다, 출발하다 change = switch 바꾸다 delay 미루다, 연기하다 reschedule 일정을 변경하다 due to ~ 때문에 invoice 송장 late fee 연체료 remove 빼다	extension number 내선 번호 markdown 가격 인하 flight 비행 arrive 도착하다 destination 목적지 move 바꾸다, 옮기다 on time 정각에, 제시간에 behind schedule 일정보다 늦게 bill 계산서, 고지서, 청구서 charge 요금 subtract 빼다 refund 환불
Graph·Chart (선 그래프, 막대그래프, 파이 차트 등)	the largest 가장 큰 the smallest 가장 적은 market share 시장 점유율 increase 증가하다	the second biggest 두 번째로 큰 the lowest number 가장 적은 quarter 분기 decrease = drop = decline 감소하다
Map (노선도, 도면, 지도, 약도)	train map 기차 노선도 stop 정류장, 정거장 right after ~ 직후, 바로 후 next to ~ 옆에 in front of ~ 앞에 across from ~ 건너편에 farthest 가장 먼 be located 위치해 있다 aisle seat 통로 쪽 좌석	station (기차) 역 layout (사무실 등의) 배치도 get off ~에서 내리다 behind ~ 뒤에 opposite 건너편의 closest 가장 가까운 center 중앙, 한가운데 window seat 창가 자리
Weather Forecast (일기 예보)	picnic 소풍 postpone = put off = delay 미루다 favorable (weather) 좋은 (날씨) storm 폭풍	outing 야유회 cancel 취소하다 wet 젖은, 비가 오는

5. 시각 정보 연계 문제는 대화 속 화자가 (A), (B), (C), (D) 보기에 있는 것을 그대로 읽어 주면 오히려 오답 함정이기 때문에 피해야 한다.

6. 시각 정보 유형별 출제 유형이 정해져 있기 때문에 미리 그 유형에 익숙해지도록 한다.

핵심 문제 유형

해설서 p.75

P3-14 호주 ↔ 영국

Q1 화자 의도 파악

키워드 잡기

Why does the man say, "only one driver is available today"?

(A) To praise a coworker's job performance
(B) To express why a request cannot be fulfilled
(C) To elaborate on a schedule conflict
(D) To criticize a manager's decision

Question 1 refers to the following conversation.

M Thank you for calling Ralph's. How may I be of service today?

W Hello, I just placed an order online for some flowers to be delivered today.

M I see. Is your order for the pastel tulips gift box?

W Yes, that's the one. It's a gift for my coworker. It's his last day at the office today, so I really need to make sure the flowers get there today.

M They should arrive around 5:30 P.M.

W Umm... ❶ Could you arrange it so that they can be delivered sooner than that? His retirement dinner starts at 5.

M ❶ Unfortunately, only one driver is available today. But I'll give her a call and see if she can drop by your office first.

P3-15 호주 ↔ 미국

Q2 시각 정보 연계

Weekly Weather in Columbia				
Wed	Thurs	Fri	Sat	Sun
Cloudy	Rainy	Rainy	Sunny	Sunny

키워드 잡기

Look at the graphic. On which day will the woman most likely return?

(A) Wednesday
(B) Thursday
(C) Friday
(D) Saturday

Question 2 refers to the following conversation and images.

M Hey, Selina. Thank you for bringing me the price estimate for my driveway.

W Of course. You made the right decision about repaving it. Widening it is a great idea.

M Yes, it's so narrow that I have a hard time parking my car in the garage. Sometimes I just choose to park on the street instead.

W I have bad news, though. I checked my weather app, and it says the forecast for this week isn't too great. ❷ It's supposed to rain for the next two days, but we'll come on the first sunny day.

M Sounds good.

Warm-up 대화를 잘 듣고 질문에 알맞은 답을 고른 후, 빈칸을 채우세요. (대화는 3번 들려줍니다.)

해설서 p.75

1. Why does the woman say, "Our store's one-year anniversary party is today"?
(A) To extend an invitation (B) To decline a meeting

W: Good morning. You've reached Klein Sporting Goods. What can I do for you?
M: Hi, I'm Roger Herman from Herman & Johnson. We help small stores like yours with their legal issues. I'm going to be in your neighborhood later, and ______________________________
______________________________.
W: Hmm… Our store's one-year anniversary party is today. But I am interested in finding out about your services.
M: Alright. I'll email you a pamphlet with all the details about my firm. Please read through it and give me a call back if you're interested.

2. What does the woman imply when she says, "I'm out of the office"?
(A) She is unable to give some information. (B) She wants to reschedule an appointment.

M: IT Department, this is Lewis.
W: Hi, Lewis. I'm having problems with the program we use to track employee hours. I can't see this month's numbers, so I'm not sure how we'll calculate everyone's salaries for payday next week.
M: I'm sorry you're having trouble. We just made some changes to the attendance-tracking system.
______________________________?
W: I'm out of the office. ______________________________.
M: OK. I can email you some troubleshooting tips if you want.
W: Sure, I'd appreciate that.

3. What does the woman imply when she says, "we've already done our market research"?
(A) She needs to analyze more data. (B) She does not agree with a coworker.

M: I just found out that our fitness center is thinking about setting up another location in the Braxton district. ______________________________, ______________________________
______________________________.
W: Well, we've already done our market research.
M: Hmm… I suppose our personal training program is a bit unique. Maybe we can emphasize that more in our ads.
W: Yeah. Anyway, let's not worry about it for now. The managers will want to discuss all that at next week's meeting.

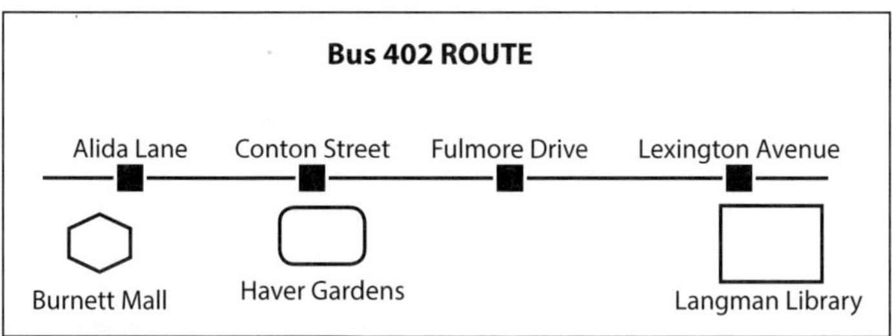

4. Look at the graphic. Which stop is the man close to now?
(A) Conton Street (B) Lexington Avenue

M: Hello, Janet. I'm calling to let you know that I'm currently on a bus going to the community center for the investors' meeting. But I'll be late. My presentation ran longer than I thought it would.
W: Ah, that's right, you presented to the board today, didn't you? Have you ever been to the community center?
M: No, but ______________________________, right? Actually, I don't know if I can find my way to the center from the bus stop. Do you mind waiting for me there? That way, we can walk over together.
W: Not at all. When will you be here?
M: I'm not sure... ____________, ______________________________.
W: Oh, you should be here soon. I'll head over in a few minutes.

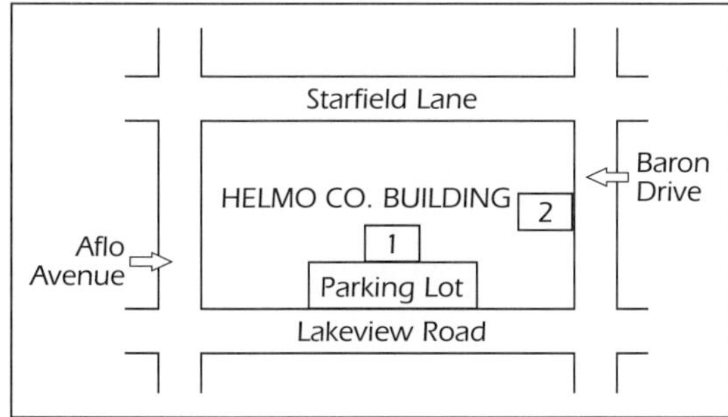

5. Look at the graphic. Where will the man deliver a shipment?
(A) At entrance 1 (B) At entrance 2

W: Helmo Co. What can I assist you with?
M: Hello, I'm a delivery driver for Strapmont Suppliers, and I'm calling about your shipment of leather.
W: Ah, yes. We need it to create our custom boots.
M: Well, I was planning on entering the loading zone on Starfield Lane, but it looks like that street is blocked off for road work. Do you mind if ______________________________ ______________________________?
W: Hmm... That entrance goes to our shoe products display room. ______________________________ ______________________________?
M: Baron Drive? No problem.
W: Just to make sure you find your way, I'll have one of our employees go out to meet you. She'll be on the street in a green sweater.

Practice

음원 바로 듣기

P3-17

해설서 p.78

1. Where does the man most likely work?
(A) At a local university
(B) At a financial institution
(C) At a dental office
(D) At a call center

2. According to the woman, what will she be doing next month?
(A) Starting a new career
(B) Completing a course
(C) Going on vacation
(D) Transferring to another school

3. What does the woman mean when she says, "I start work at 9:30 on Thursdays"?
(A) She is unavailable in the morning.
(B) She does not like her work schedule.
(C) She needs more time to prepare a report.
(D) She wants an earlier appointment.

---

4. Why does the man say, "Just look at that line"?
(A) He is impressed at the popularity of a product.
(B) He wants the woman to read a sentence.
(C) He plans to come back on another day.
(D) He is concerned about getting some tickets.

5. Who will the speakers meet tomorrow?
(A) A sports player
(B) Possible clients
(C) A musician
(D) Their supervisors

6. What does the man recommend?
(A) Reviewing a contract
(B) Taking the bus
(C) Going to another venue
(D) Postponing a meeting

7. Where do the speakers most likely work?
(A) At a printing company
(B) At a recruitment agency
(C) At a marketing firm
(D) At a logistics services

8. Why does the man say, "Tomorrow's a public holiday"?
(A) To explain a company regulation
(B) To apologize for a misunderstanding
(C) To express alarm about an order
(D) To suggest that a meeting be postponed

9. What does the woman suggest offering to motivate the staff?
(A) Increased pay
(B) More vacation time
(C) Free lunches
(D) Upgraded equipment

---

10. What does the man imply when he says, "I still have to make some changes to my presentation slides"?
(A) He needs approval from his manager.
(B) He cannot make it to a certain event.
(C) He would like to extend a deadline.
(D) He is still waiting to receive some information.

11. What does the man say he has to do tomorrow?
(A) Buy a machine
(B) Make a new design
(C) Take a group photo
(D) Visit a shop

12. What does the woman recommend?
(A) Looking at a local guide
(B) Recruiting temporary help
(C) Reserving a larger booth
(D) Fixing some equipment

INBOX
ALL (103) | **UNREAD (4)** ▽
FROM: Wong, Kevin SUBJECT: Friday's company banquet
FROM: Fisher, James SUBJECT: Department meeting minutes
FROM: Shah, Raya SUBJECT: Expense report
FROM: Lam, Michael SUBJECT: New weekend schedule

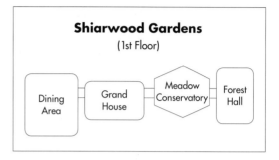

13. What event are the speakers preparing for?
(A) A company celebration
(B) An electronics convention
(C) A sales meeting
(D) A facility tour

14. Look at the graphic. Whose e-mail does the man mention?
(A) Wong, Kevin
(B) Fisher, James
(C) Shah, Raya
(D) Lam, Michael

15. What does the man offer to do?
(A) Book a table
(B) Take some notes
(C) Provide a ride
(D) Submit a payment

Shiarwood Gardens
(1st Floor)

Dining Area | Grand House | Meadow Conservatory | Forest Hall

16. Why does the man talk to the woman?
(A) To ask about a display
(B) To register for a membership
(C) To request a brochure
(D) To buy a ticket

17. Look at the graphic. Where does the woman tell the man to go?
(A) Dining Area
(B) Grand House
(C) Meadow Conservatory
(D) Forest Hall

18. What does the woman say about the man's ticket?
(A) It includes entrance to special exhibits.
(B) It can be ordered beforehand.
(C) It cannot be refunded.
(D) It is only sold to Shiarwood Gardens members.

PART 3&4 만점을 위한 동의어 2

두 회사가 합병했다	two companies merged = two companies joined together
대중교통	public transportation (EX train 기차 subway 지하철 bus 버스)
나누어 주다	pass around = hand out = distribute
표지판을 세우다	post a notice = put up a sign
(음악) 앨범	recording = album
공연	performance = show
신문	newspaper = gazette (EX *The Daily* 〈더 데일리〉지 *The Herald* 〈더 헤럴드〉지 *The Times* 〈더 타임즈〉지)
보다, 관찰하다	watch = observe
무료의	free = complimentary = at no charge
다른 길로 가다	take a different route = detour = take an alternate route
양식을 작성하다	complete some paperwork = fill out a form
환경친화적인	environmentally friendly = eco-friendly = environmentally conscious = do not harm the environment = help the environment
참가하다	take part = participate = join
계약서	contract = agreement = legal document
수치	figures = numbers = numerical data
상	award = prize
광고	advertisement = commercial = messages from our sponsors
돌아오다	return = back
연기하다, 미루다	postpone = delay = put off = push back
요금을 면제하다	waive the fee = remove the charge = you won't be charged
연락하다	contact = get in touch (EX call 전화하다 telephone 전화하다 phone 전화하다 give ~ a call 전화하다 email 이메일을 보내다)
보내다	send = forward = mail
직원이 부족한	more staff needed = understaffed = short-staffed = short-handed = lack of manpower = not enough staff
규정	rules = regulations
취소하다, 철회하다	cancel = withdraw

기자	reporter = journalist
최신의	the most recent = up-to-date = latest
동료	the members of my department = coworker = colleague = associate
온라인으로	online = on a website = on the Internet = electronically
고용하다	hire = recruit = employ = select = choose
이사, 중역	board = executive
기계, 장비	equipment = technology (EX assembly machine 조립 기계 projector 영사기)
설치되다	be installed = be set up
제시하다, 보여 주다	show = present
문제	trouble = difficulty = issue = problem
건물	building = property
도시 안내서	city directory = local guide
행사	event (EX trade show 무역 박람회 convention 컨벤션 award ceremony 시상식 anniversary party 기념일 파티 anniversary celebration 기념행사)
일정표	itinerary = schedule
태워다 주다	drive = provide a ride = give a ride
전시회	display = exhibit
확인하다, 검토하다	check = look at = review = look over = go over
처리하다	process = fulfill = handle = take care of
조언, 제안	suggestion = recommendation = input = advice
수정하다	make a change = update = revise = edit = amend

대화 지문 유형

Part 3에서는 주로 회사 생활 또는 일상생활과 관련된 대화가 등장하는데, 그중 회사 생활 관련 대화의 출제 빈도가 압도적으로 높다. 대화문에서는 기본적이고 유용한 생활 영어가 사용되므로 주요 어휘들과 표현 및 상황을 익혀 두면 어렵지 않게 문제를 풀 수 있다. 일상생활 관련 대화는 회사 생활 및 업무 관련 대화보다 난이도도 비교적 낮은 편이다. 은행, 병원, 우체국, 부동산 등에서 발생하는 대화의 출제 빈도가 가장 높다.

대화 유형 확인하기 회사 생활

1. 회사 업무 (회의, 일정, 발표, 서류 관련)

▶ 회사 업무 관련 대화 중 출제 빈도가 가장 높은 주제이다.

▶ 회의 내용, 회의 장소, 회의 일정, 회의 참석 여부 등에 관한 대화가 이루어진다.

▶ 발표 일정, 발표 준비 과정, 각종 보고서 및 서류를 제출하는 내용이 출제된다.

회의·회의 일정	call a meeting 회의를 소집하다	agenda = outline for a meeting 안건 (목록)
	conference call 전화 회의	videoconference 화상 회의
	scheduling conflict 겹치는 일정	change a meeting time 약속 시간을 변경하다
	postpone = delay = put off 미루다	reschedule 일정을 변경하다
	interrupt 방해하다	discuss 토론하다
	subject 주제	conduct[do] research on ~에 대한 연구를 하다
	come up with (아이디어 등을) 떠올리다, 내놓다	be responsible for ~에 책임을 지다
	be in charge of ~을 책임지고 있다	term 기간, 전문 용어
	suggest 제안하다	suggestion 제안
	client 고객	register 등록하다
	approve 승인하다	approval 승인
	accept 받아들이다	turn down ~을 거절하다
발표·서류	prepare a presentation 발표 준비를 하다	give a lecture = give an address 강연하다
	slides (발표) 슬라이드	material 재료, 자료
	summary 요약, 개요	edit = revise 수정하다
	send = forward = mail 보내다	submit = turn in 제출하다
	deadline 원고 마감 시간	contract = agreement 계약서
	propose 제안하다, 제의하다	proposal 제안, 계획
	briefing 상황 설명회	file 서류철; (항목별로) 철하다
	review = look over = go over 검토하다	sales report 판매 보고서
	sales figures = numbers = numerical data 판매 수치	expense report 비용 보고서
	financial report 재무 보고서	accounting report 회계 보고서
	status report = progress report 현황 보고서	quarterly report 분기별 보고서
	monthly/yearly report 월/연간 보고서	
	some information is missing = not included = left out 정보가 빠져 있다	

2. 인사 업무 (채용, 면접, 승진, 이직, 퇴직 관련)

▸ 회사에서 사람을 구하거나 구직자들이 일자리를 찾는 과정에서 일어나는 상황들이 출제된다.

▸ 구인 광고, 신입 사원 교육, 면접 일정, 면접 결과 등의 내용이 등장한다.

▸ 회사에 입사하게 되면 거치는 과정이 바로 승진, 이직, 전근, 퇴직, 해고 등의 인사이동이므로 승진을 축하하는 내용, 회사를 옮기거나 다른 지점으로 전근 가는 이유, 일을 그만두게 되는 상황 등이 대화로 이루어진다.

채용·면접	job advertisement = job ad 취업 광고	position (일) 자리, 직위
	job opening 공석	résumé 이력서
	reference 추천서, 추천인	job applicant = job candidate 지원자
	schedule an interview 면접 일정을 잡다	Personnel (Department) = Human Resources 인사과
	hire = recruit = employ 고용하다	qualified 자격이 있는
	offer a position 일자리를 제안하다	part-timer 시간제 직원
	temporary worker 임시 직원	training 교육, 연수
	workshop 워크숍, 연수회	new employee orientation 신입 사원 오리엔테이션[예비 교육]
	reception 환영회	mentor = experienced staff member 멘토, 유경험자, 선배 사원
	shadow (배우기 위해) 따라다니다, 함께하다	observe 관찰하다
승진·이직·퇴직	be promoted 승진하다	supervisor = manager = head 관리자, 부장
	transfer = relocate = move 전근 가다	resign 사직하다
	retire 퇴직하다	retirement party 퇴직 기념 파티
	fill in for ~ 대신 업무를 맡아 주다	appoint 임명하다
	nominate 추천하다, 지명하다	candidate (일자리의) 후보자
	staff cutbacks 직원 감축	job description 직무기술서
	dismiss 해고하다	expertise 전문 지식, 전문 기술
	performance evaluation 성과 평가	recognition 인정
	tenure 재임 기간	accomplishment 업적
	appraise 평가하다	

3. 사무용품·기기

▸ 사무용품을 주문하거나 컴퓨터, 팩스, 프린터, 냉난방 장치 등과 같은 회사 장비 및 시설을 수리하는 내용이 대화로 등장한다.

사무용품·기기	office equipment[supplies] 사무용품	projector 프로젝터
	fix = repair 고치다	repairperson 수리공
	cost estimate = price quote 견적	install = set up 설치하다
	replace 바꾸다, 교체하다	post a notice = put up a notice 공지 사항을 게시하다
	envelope 봉투	file folder 서류 폴더
	warranty period 보증 기간	assemble = put together 조립하다
	parts 부품	storage room 보관 창고
	maintenance office 관리부	warehouse 창고
	broken = not working = out of order = malfunctioning 고장 난	

대화 유형 확인하기 일상생활

1. 주제별 일상생활

▶ **쇼핑**: 상점에서 상품을 구매할 때 원하는 물건의 재고 유무, 가격 및 할인 관련 내용이 다루어진다. 또한 상품을 교환하거나 환불하는 내용도 자주 출제된다.

▶ **여행**: 여행을 갈 때 주로 거쳐 가게 되는 곳은 여행사, 공항, 호텔 등의 숙소이다. 따라서 대화는 숙소 및 항공편 문의, 예약, 예약 변경 및 취소, 호텔에서의 체크인·체크아웃, 여행 일정 등의 다양한 주제를 다룬다.

▶ **약속·일정 관리**: 일상생활에서 친구나 동료와 함께 영화를 보거나 식사하는 등의 약속을 하거나 일정을 계획하는 내용이 출제된다.

▶ **이사·부동산**: 새로운 집을 구하고 있거나 새로운 집에 이사 간 후 상황에 대한 내용이 주로 나오며, 이와 관련하여 부동산 중개업소를 통해 집을 소개받거나 임대하는 등의 내용이 출제된다.

▶ **고장·수리**: 컴퓨터, 복사기, 차 등이 고장 나거나 수리하는 내용의 대화가 이루어진다.

쇼핑	appliance store 가전제품 판매점 grocery store = supermarket 슈퍼마켓 sales clerk 점원 place an order 주문하다 check the status of an order 주문 현황을 확인하다 affordable 가격이 알맞은 cost 비용; 비용이 들다 feature 특징 recommend 추천하다 spend 돈을 쓰다 contact information 연락처 delay 지연; 미루다, 연기하다 receipt 영수증 replace 바꾸다, 대체하다 clothing = garment = apparel 옷	department store 백화점 outdoor market 시장 extra charge = additional fee 추가 요금 buy = purchase 구매하다 comfortable 편안한 efficient 효율적인 hold 가지고 있다 show 보여 주다 storeroom 창고, 보관실 convenient 편리한 deliver 배달하다 record 기록; 기록하다 ship 배송하다 warranty 품질 보증서
여행	itinerary = travel plans 여행 일정표 business trip 출장 book a flight 항공편을 예약하다 boarding pass 탑승권 city tour 시내 관광 connecting flight = connection 연결 비행편 express train 급행열차 passport 여권 shuttle bus 셔틀버스	vacation 휴가 guided tour 가이드가 있는 여행 accommodation 숙박 시설 check in 탑승 수속, 체크인 complimentary breakfast 무료 아침 식사 depart 출발하다 luggage 짐, 수하물 round trip 왕복 여행 transfer 환승하다
약속·일정 관리	postpone = delay = put off 미루다	reschedule 일정을 변경하다
이사·부동산	property 부동산 deposit 보증금 move in ↔ move out 이사 오다 ↔ 이사 나가다 real estate agency = property rental agency 부동산 중개소 real estate agent = realtor = property rental agent 부동산 중개인	lease agreement 임대 계약서 renovation = remodeling= improvement 개조
고장·수리	broken = not working = out of order = malfunctioning 고장 난	fix = repair 고치다

2. 장소별 일상생활

▶ **상점:** 구입을 원하는 상품이 품절되어서 재입고에 관한 내용, 구매한 물건에 이상이 있어 교환/환불하는 내용 등이 출제된다.

▶ **음식점:** 음식점 선택에서부터 예약이나 음식 주문 등의 내용이 포함된다. 또한 음식, 음식점 분위기에 대한 이야기, 개점·폐점 시간을 묻는 전화 통화 내용이 등장하기도 한다.

▶ **은행:** 계좌 개설/해지, 송금, 사업 대출, 영업시간 문의 등과 관련된 내용이 출제된다.

▶ **병원:** 진료 시간 예약, 예약 변경/취소, 건강 검진 결과에 대한 의사와의 면담 등의 내용이 출제된다.

▶ **우체국:** 우편물이나 소포를 부치는 내용의 대화가 나온다.

▶ **서점·도서관:** 공통적으로 책의 위치를 묻는 내용이 자주 출제되며, 서점에서는 책을 구매하는 내용, 도서관에서는 책을 빌리거나 반납하는 내용, 반납 시 책이 연체되어 벌금을 지불하는 내용 등이 출제된다.

▶ **교통수단:** 교통편이 연착되거나 버스/기차가 목적지까지 가는지와 관련된 내용 혹은 공항에서 잃어버린 수하물과 관련된 내용의 대화가 등장한다.

상점	reserve = make a reservation 예약하다 put aside = set aside = keep (물건을 팔지 않고) 따로 챙겨 두다 sold out = out of stock = unavailable 재고가 없는 damaged product 하자품 receipt = proof of purchase = payment record 영수증 remove the charge = waive the fee 요금을 면제하다 express delivery = rush delivery = expedited shipping = fast delivery 빠른 배송 short-handed = understaffed = not enough staff 직원이 부족한 discount = special deal = special offer = price reduction 할인 stay open late = extend hours of operation 영업시간을 연장하다	coupon = voucher 쿠폰 refund = money back 환불 return policy 반품 규정 exchange 교환
음식점	restaurant = cafeteria = bistro 식당 drink = beverage 음료 catering service = food service 출장 연회 서비스	waitstaff 종업원 sample = try = taste 맛보다 leftover 남은 음식
은행	transfer money = send money 송금하다 bank account (은행) 계좌 interest rate 금리 bank statement 은행 계좌 내역서	withdraw money 돈을 인출하다 open an account 계좌를 개설하다 (bank) teller = bank cashier 은행 직원 take out a loan 대출받다
병원·약국	hospital = clinic = doctor's office 병원 reschedule an appointment 약속 시각을 변경하다 pick up medication[prescription] 처방 약을 받으러 오다	medical check-up 건강 검진 prescription 처방전, 처방 약 receptionist 접수원
우체국	send = ship 운송하다 express mail 속달 우편	package 소포 stamp 우표
서점·도서관	check out a book 책을 대출하다[빌리다] circulation desk (도서관의) 대출대 late fee 연체료 lost and found 분실물 취급소	reference material 참고 자료 return (책을 도서관에) 반납하다 come out = be released 출시되다
교통수단 (공항, 기차, 버스, 정류장 등)	missing luggage 분실된 수하물 public transportation 대중교통 cab = taxi 택시	flight is overbooked 비행기 예약이 초과되다 baggage claim area (공항에서) 짐 찾는 곳

해설서 p.83

P3-18 미국↔미국

회사 생활

Q1 키워드 잡기
What is the conversation mainly about?

(A) Curating an exhibit
(B) Accepting a contribution
(C) Redecorating a museum
(D) Organizing a fundraiser

Q2 키워드 잡기
Why does the man say he is worried?

(A) An exhibit has been canceled.
(B) A task requires more time to complete.
(C) There is limited storage space.
(D) The amount of donations has decreased.

Q3 키워드 잡기
What will the man most likely do next?

(A) Call a charity
(B) Describe a shipping procedure
(C) Postpone a deadline
(D) Read over a document

Questions 1-3 refer to the following conversation.

W Shawn, ❶ we just got an e-mail from a donor who wants to offer her collection of Ming Dynasty porcelain pieces to our art museum.

M That's a generous donation. ❷ But I don't think we have the room to house them.

W The donor even agreed to cover the storage costs, so we'll have enough funds for that as well.

M That's fantastic.

W If you have the time, ❸ could you take a look at this tax deduction form for the donation? This is my first time filling out a form like this.

일상생활

Q4 키워드 잡기
Why is the man making a video?

(A) To perform market research
(B) To instruct some viewers
(C) To promote a product line
(D) To audition for a TV program

Q5 키워드 잡기
According to the woman, what happened to an e-mail message?

(A) It was forwarded.
(B) It was printed.
(C) It was deleted.
(D) It was not received.

Q6 키워드 잡기
What does the woman say she will do next?

(A) Set up some gardening displays
(B) Give a tour of the facility
(C) Explain a process
(D) Recruit some volunteers

Questions 4-6 refer to the following conversation.

W Vincent, I'd like to welcome you to my garden center. I'm excited to demonstrate how we compost our garden waste. You've mentioned you're shooting this tutorial for your online video channel.

M That's right. ❹ I make short instructional videos for new gardeners. Composting is a topic my viewers are particularly interested in. ❺ Did you get the e-mail I sent you about composting bins? I sent it to you yesterday morning.

W ❺ No, I didn't. Maybe your message went to my spam folder. We do have a variety of composting bins, though.

M That's great. So, can you explain how composting works in detail?

W Of course. ❻ Let me show you how it works step by step.

Warm-up 대화를 잘 듣고 질문에 알맞은 답을 고른 후, 빈칸을 채우세요. (대화는 3번 들려줍니다.)

해설서 p.84

1. Who is the man?
(A) A personnel employee (B) A job applicant

2. What does the man ask about?
(A) An application form (B) Information in an e-mail

3. What does the woman say will happen on Tuesday?
(A) Two interviews will be conducted. (B) A document will be reviewed.

W: Hello, ______________________________
at Greenway Electronics. I got your message, and you said ______________________
______________________ this Tuesday. What would you like to know?
M: Thank you for calling back. ______________________________ says that
______________________, but on the phone yesterday, ______________________
______________________________. Is the time in the e-mail correct?
______________________________ for the interview.
W: Actually, each applicant must go through two interviews. So ______________, ________
______________________________,
and then ______________, ______________________________
______________________________.

4. Where most likely does the conversation take place?
(A) At a hospital (B) At an eyeglasses store

5. What does the man want to do?
(A) Exchange an item (B) Get a prescription filled

6. What problem does the woman report?
(A) An employee is out sick. (B) A product is not available.

M: Good morning. ______________________________,
and ______________________________.
W: Certainly. We have a wide variety of frames, and we just received a new shipment yesterday.
M: Great. ______________________________ for a long time, so ______________________
______________________. Can you tell me how long it will take to make them?
W: Well, normally, it takes about an hour. ______________, ______________________
today ______________________________. So I don't think we'll
be able to do it in one hour. But we'll try our best to have them ready in two hours.

P3-21

해설서 p.85

1. What are the speakers mainly discussing?
   (A) Operating expenses
   (B) A marketing campaign
   (C) A cafeteria menu
   (D) Staff interaction

2. What does the man recommend?
   (A) Reviewing some data
   (B) Renovating an office area
   (C) Purchasing new equipment
   (D) Hosting monthly gatherings

3. What will the woman talk to Vincent about?
   (A) Participating in a workshop
   (B) Organizing a project
   (C) Approving an order
   (D) Meeting a client

---

4. What type of event are the speakers planning?
   (A) An awards gala
   (B) A fund-raising dinner
   (C) A grand opening
   (D) A company gathering

5. What does the man show the woman?
   (A) An invitation
   (B) A menu
   (C) A guest list
   (D) A program

6. What does the woman imply when she says, "We have some time before we send the final design to the printer"?
   (A) Another project should be completed first.
   (B) Some revisions must be made.
   (C) A deadline has been miscalculated.
   (D) A coworker's help is not necessary.

7. What type of organization do the speakers most likely work for?
   (A) A car manufacturer
   (B) A general goods store
   (C) A market research firm
   (D) A government agency

8. What new strategy does the woman propose?
   (A) Promoting at trade shows
   (B) Targeting a wider audience
   (C) Advertising on television
   (D) Hiring outside consultants

9. What does the man say is necessary?
   (A) Survey results
   (B) An approval form
   (C) A cost analysis
   (D) A detailed report

---

10. Where most likely do the speakers work?
    (A) At a landscaping company
    (B) At a travel agency
    (C) At a grocery store
    (D) At an accounting firm

11. What does the man mean when he says, "I couldn't really tell you"?
    (A) He is unsure about a deadline.
    (B) He cannot disclose a project's details.
    (C) He does not want to be transferred.
    (D) He is unable to make a decision yet.

12. What does the woman suggest?
    (A) Scheduling a meeting
    (B) Booking another flight
    (C) Moving to a new office
    (D) Emailing a manager

Tresville City Festival
March 18 – March 19

Come and enjoy performances and good food!

*Rain Dates: March 25 – March 26

13. Who most likely are the speakers?
(A) Clothing designers
(B) Bakery employees
(C) Event coordinators
(D) Weather forecasters

14. Look at the graphic. When will the woman work at the event?
(A) March 18
(B) March 19
(C) March 25
(D) March 26

15. What does the man say he will do?
(A) Help a family member
(B) Arrange a delivery
(C) Provide some feedback
(D) Print out some brochures

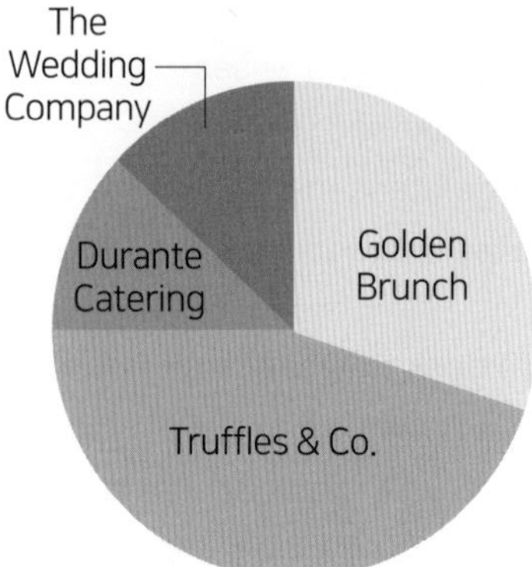

16. What is the main topic of the conversation?
(A) Potential clients
(B) The expenses of a project
(C) Staff retention rates
(D) The purchase of a business

17. Look at the graphic. Where do the speakers work?
(A) Durante Catering
(B) The Wedding Company
(C) Golden Brunch
(D) Truffles & Co.

18. Why is the man worried?
(A) Some earnings might be reported incorrectly.
(B) A company's stock has fallen.
(C) Some purchases may not be completed on time.
(D) A new service might not be popular.

PART 3&4 만점을 위한 동의어 3

절차	procedure = process = steps
비슷한	similar = not much different
전화 회의	conference call = meeting by telephone
음료	drink = beverage
맛보다	try = taste = sample
확장하다	expand = double the size
조립하다	assemble = put together
분해하다	disassemble = take apart
버리다	throw away = dispose of = discard
업무	work = assignment = project = task
다루다, 처리하다	address = deal with = take care of = handle = work out
가격이 싼[알맞은]	cheap = inexpensive = reasonable = affordable
추가 비용	additional fee = extra charge
수익	income = revenue = earnings = proceeds
기술자	mechanic = technician = expert
제한된	limited = restricted = restrained
추천서	reference letter = recommendation
거절하다	reject = refuse = turn down
고객 맞춤	custom-made = tailored = customized = individualized
~ 전에, ~에 앞서	prior to = in advance of = before
사임하다, 그만두다	quit = resign = step down
끝내다	complete = finish

REVIEW TEST  해설서 p.90

32. Where does the conversation most likely take place?

(A) At a warehouse
(B) At a university
(C) At an art gallery
(D) At a movie theater

33. What will be delivered today?

(A) Some artworks
(B) Some beverages
(C) Some equipment
(D) Some documents

34. Why will the woman be unable to work next Saturday?

(A) She will be going to the doctor's office.
(B) She will be participating in a play.
(C) She will be speaking at a conference.
(D) She will be visiting family in another town.

---

35. What is the woman leading?

(A) A work safety effort
(B) A hygiene campaign
(C) A training session
(D) A website renovation

36. What is some software used for?

(A) Online workshops
(B) Client management
(C) Video conferencing
(D) Public relations

37. What is the man surprised about?

(A) An employee survey
(B) A company's forecast
(C) A research finding
(D) A formation of a team

38. What is the man's problem?

(A) He forgot his credit card.
(B) He cannot find a book.
(C) He misplaced his ID.
(D) He is unable to access a website.

39. What does the woman imply when she says, "I just started my shift"?

(A) She needs a manager's approval.
(B) She was late for her shift.
(C) She is unable to answer a question.
(D) She recently returned from a vacation.

40. What does the woman ask the man to do?

(A) Renew his membership
(B) Provide his contact information
(C) Return at another time
(D) Pay a late fee

---

41. Why is the man surprised?

(A) A coworker is working late.
(B) A meeting was canceled.
(C) A deadline was not met.
(D) A technician is not available.

42. What problem did Yvonne have this morning?

(A) She forgot to submit a document.
(B) Her computer did not start.
(C) Her vehicle malfunctioned.
(D) She lost an access card.

43. What does Yvonne offer to do?

(A) Contribute money for a service
(B) Drive a colleague home
(C) Arrange a community event
(D) Visit an office building

44. What are the speakers mainly discussing?

(A) Adjusting the woman's workload
(B) Writing a magazine article
(C) Editing a news broadcast
(D) Directing a TV series

45. Why does the woman apologize?

(A) She sent a wrong file.
(B) She was late to work.
(C) She cannot submit her work on time.
(D) She rejected the man's suggestion.

46. What does the man say he especially likes?

(A) The voice actor
(B) The background design
(C) The production process
(D) The viewer ratings

---

47. What service does McGruger Solutions offer?

(A) Financial consulting
(B) Legal assistance
(C) Employee placement
(D) System maintenance

48. According to the woman, what happened five months ago?

(A) She sold her business.
(B) A new product line was launched.
(C) A construction project began.
(D) Her company acquired a competitor.

49. What will Curtis most likely do next?

(A) Schedule a new meeting
(B) Visit a factory
(C) Discuss some budget figures
(D) Explain some service packages

50. What is the conversation mainly about?

(A) A factory opening
(B) An upcoming inspection
(C) An international conference
(D) A new product

51. What problem does David mention?

(A) He did not receive an e-mail.
(B) He placed an incorrect order.
(C) He will be out of town.
(D) He has not completed a project.

52. What has Planed Surfaces Ltd. recently done?

(A) Found more distributors
(B) Modified assembly lines
(C) Organized a conference
(D) Purchased another company

---

53. What will the visitors see on the tour?

(A) How some beverages are prepared
(B) How paper is recycled
(C) How toys are produced
(D) How some electronics are assembled

54. What are the visitors allowed to do?

(A) Store their belongings
(B) Try out some products
(C) Leave when they want
(D) Take some samples home

55. What does the tour guide say is special about the company?

(A) Its attractive designs
(B) Its advanced technology
(C) Its affordable prices
(D) Its global recognition

56. What type of event are the speakers organizing?

(A) A product launch
(B) A business seminar
(C) A client meeting
(D) A work party

57. Why does the man say, "I don't know about going there again"?

(A) To express disapproval
(B) To request information
(C) To indicate forgetfulness
(D) To suggest a different idea

58. What does the woman suggest doing?

(A) Contacting a venue
(B) Checking a list
(C) Reviewing a budget
(D) Booking a service

---

59. What did the speakers tour last month?

(A) A recycling plant
(B) An organic farm
(C) A historic site
(D) An art museum

60. What is the man concerned about?

(A) Hiring staff
(B) Misplacing artifacts
(C) Insufficient funding
(D) Securing a space

61. What will the woman probably do next?

(A) Contact a technician
(B) Purchase some equipment
(C) Cancel a flight
(D) Send an article

Wellsworth Community Center Event List	
Date	**Event**
April 10	Advanced Sculpting Workshop
May 22	Class: History of Painting
June 2	Meet Local Artist: Jeremy Wayde
July 15	Sculpture Exhibition by GHS Students

62. Look at the graphic. When does the conversation take place?

(A) In April
(B) In May
(C) In June
(D) In July

63. Why is the woman unable to participate in the history of painting class?

(A) She is going to lead a training session.
(B) She is going to host an investor.
(C) She is going to be preparing for a contest.
(D) She is going to be traveling overseas.

64. What does the man say he will do?

(A) Provide some information
(B) Book a flight
(C) Check his calendar
(D) Submit a payment

65. What project is the woman working on?

(A) Organizing a promotional event
(B) Making a delivery schedule
(C) Remodeling a business
(D) Creating a new menu

66. Look at the graphic. Which category will the woman most likely search?

(A) Category 1
(B) Category 2
(C) Category 3
(D) Category 4

67. Why does the man recommend ordering furniture from koolfurnish.com?

(A) The furniture can be custom-made.
(B) The furniture can be rented for free.
(C) It offers a wide variety of items.
(D) It has an affordable membership program.

Area A
(Corporate Club)

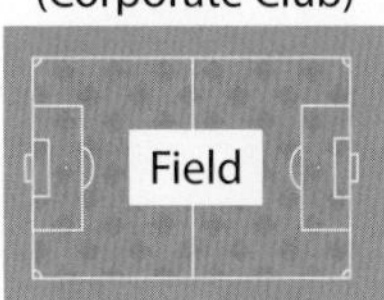

Area C
(Open Seating)

Area D
(Open Seating)

Area B
(Fan Club)

68. Look at the graphic. Where will the speakers be seated?

(A) In Area A
(B) In Area B
(C) In Area C
(D) In Area D

69. What is the woman surprised by?

(A) The amount of traffic
(B) The availability of some tickets
(C) The size of a stadium
(D) A change in the weather

70. Why does the woman have to go back home?

(A) To get her credit card
(B) To print out a map
(C) To drop off her vehicle
(D) To retrieve a badge

PAR

RT 4

짧은 담화

PART 4

OVERVIEW

Part 4는 한 사람의 담화를 듣고, 3개의 질문에 대한 각 4개의 보기 중 가장 알맞은 정답을 선택하는 문제다. 지문의 길이는 Part 3와 거의 비슷하지만, 구와 절로 이루어진 복잡한 구조의 장문이 등장하며 관용 표현을 사용한 문장도 많다. LC의 마지막 파트이며, 71번부터 100번까지 총 10개 담화문과 30문제가 출제된다.

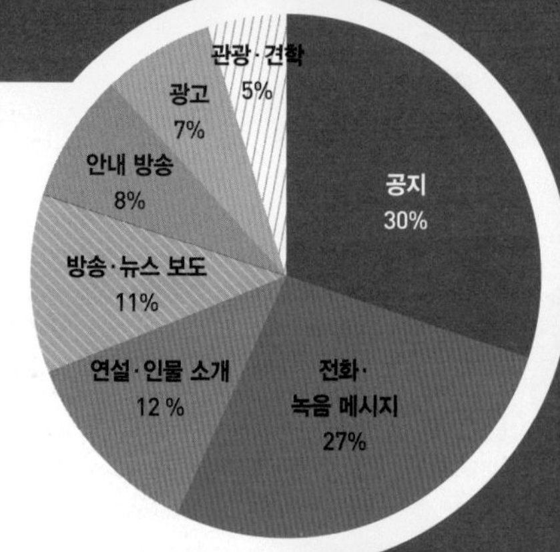

담화 유형 분석

공지·안내 방송(Announcement)
전화·녹음 메시지(Telephone·Recorded message)
방송·뉴스 보도(Broadcast·News report)
연설·인물 소개(Speech·Lecture·Introduction)
광고·관광·견학(Advertisement·Sightseeing·Tour)

최신 출제 경향

- 공지·안내 방송, 전화·녹음 메시지, 연설·인물 소개 비중이 가장 높다.
- 4개의 보기에 있는 단어들을 하나씩 다 언급하며 헷갈리게 하는 오답 함정이 많아지고 있으며, 담화에서 들렸던 단어가 오답인 경우들이 나오고 있다.
- 담화에 나온 단어가 같은 의미의 다른 단어로 패러프레이징(paraphrasing)된 문제의 비중이 커지고 있다.

핵심 학습 전략

1. 문제의 전체 흐름을 파악한다.

담화에서 문제에 대한 힌트가 나오는 순서는 문제의 순서와 일치한다는 것을 기억해야 하며, 담화의 이해도를 높이기 위해서는 토익 빈출 어휘를 많이 알아 두어야 한다.

2. 화자 의도를 잘 파악한다.

Part 4 화자 의도 파악 문제는 담화문의 주요 흐름을 파악하면서 화자가 한 말의 앞뒤 문장을 집중해서 듣고, 문맥상 그 말의 실제 의미 또는 의도를 찾아야 한다. 평소 단순 듣기에서 벗어나 담화의 전반적인 흐름을 이해하는 훈련이 필요하다.

3. 시각 정보를 잘 활용해 본다.

시각 정보 연계 문제는 담화를 듣기 전에 주어진 시각 정보를 최대한 활용해서 담화의 주제를 예측하며 들을 수 있어야 한다. 듣고, 분석하고, 문제를 푸는 멀티태스킹 훈련이 필요하다.

4. 평소 청취 훈련을 한다.

생소한 담화 내용이 나올 수 있으므로 전반적인 듣기 실력을 향상시키는 훈련이 필요하다.

문제 풀이 전략

1. 담화를 듣기 전에 문제를 먼저 읽는다.

문제를 미리 읽으면서 키워드에 표시해 둔다.

Why is the speaker **contacting** the listener?
화자는 왜 청자에게 연락하고 있는가? → 연락하는 목적을 고르는 문제임을 미리 파악한다.

What is the speaker doing **tomorrow afternoon**?
화자는 내일 오후에 무엇을 할 것인가? → 내일 오후에 무엇을 할 것인지 들을 준비를 한다.

What does the speaker **recommend** that the listener do?
화자는 청자에게 무엇을 하도록 추천하고 있는가? → 화자가 청자에게 추천하는 사항을 들을 준비를 한다.

2. 담화를 듣기 전에 핵심 내용을 추측한다.

문제와 짧은 보기를 미리 읽음으로써 어떤 내용이 나올지 추측할 수 있다.

According to the speaker, what is an **advantage** of a **location**?
화자에 따르면, 위치의 이점은 무엇인가?

(A) The area is **quiet**. 지역이 조용하다.
(B) A **fitness facility** is nearby. 운동 시설이 인근에 있다.
(C) There are many **parking spaces**. 주차 공간이 많다.
(D) The scenery is **beautiful**. 풍경이 아름답다.

→ 문제와 보기를 미리 읽고 어떤 장소의 입지 조건에 관한 내용이 나올 거라는 걸 예측할 수 있다.

3. 문제에서 speaker인지 listener인지를 반드시 구분해야 한다.

Part 4는 Part 3과 다르게 한 명이 말하는 담화이므로 그 문제가 speaker(화자)와 관련된 문제인지, listener(청자)와 관련된 문제인지 명확히 구분해야 한다.

Who most likely is the **speaker**?
화자는 누구이겠는가? → 화자의 정체를 묻고 있다.

Who most likely is the **listener**?
청자는 누구이겠는가? → 청자의 정체를 묻고 있다.

Why should the **listeners** visit a website?
청자들은 왜 웹사이트를 방문해야 하는가? → 청자가 웹사이트를 방문하는 것임을 명심하고 듣는다.

4. 담화를 들으면서 동시에 정답을 선택한다.

담화가 끝나고 각 문제의 정답을 고를 때까지 전체 내용을 계속 기억하고 있기란 어려운 일이다. 담화를 들으면서 동시에 문제를 풀고 해당 담화가 끝날 때는 3개의 정답도 선택되어 있어야 한다.

패러프레이징을 적극적으로 활용하기

담화 내용에서 들렸던 표현이 보기에 그대로 정답이 되는 난이도가 낮은 문제도 많이 출제되지만, 담화 속 표현이나 어구를 그대로 사용하지 않고 결국 같은 의미이지만 다른 표현으로 바꿔서 답이 나오는 경우가 대부분이다. 이렇게 바꿔 말하는 것을 패러프레이징(paraphrasing)이라고 한다.

1. 정답이 그대로 나오는 경우

M: I'm sure you all agree that **careful planning** is crucial to maintaining financial stability. To learn more, let's welcome Mr. Griffin.
세심한 계획이 재정 안정 유지에 결정적이라는 데에 모두 동의하실 거라고 믿습니다. 그리핀 씨를 모셔서 더 알아봅시다.

Q. What will Mr. Griffin discuss? 그리핀 씨는 무엇에 관해 논의할 것인가?

A. **Careful planning** 세심한 계획

★ 정답 표현

careful planning is crucial 세심한 계획이 중요하다
→ Careful planning 세심한 계획

2. 정답이 패러프레이징되어 나오는 경우

M: I'm sorry that we weren't able to begin on time. I **missed my train and had to wait for the next one.**
제시간에 시작 못 해서 미안합니다. 기차를 놓쳐서 다음 걸 기다려야만 했어요.

Q. Why was the event delayed? 행사가 왜 지연되었는가?

A. The speaker **arrived late**. 화자가 늦게 도착했다.

★ 패러프레이징된 표현

missed my train and had to wait for the next one
기차를 놓쳐서 다음 거를 기다려야만 했다
→ arrived late 늦게 도착했다

3. 패러프레이징 표현 연습

- Thanks again for letting me visit your **construction company**.
  당신 건축 회사를 방문하게 해 주셔서 다시 한번 감사드립니다.
  → At a **construction firm** 건축 회사에서

- We're going to be providing complimentary **exercise classes**.
  우리는 무료 운동 수업을 제공할 예정입니다.
  → A **fitness program** 운동 프로그램

- Participating employees will get **complimentary healthy snacks and drinks**.
  참가하는 직원들은 무료로 건강에 좋은 간식과 음료를 받게 됩니다.
  → **Free refreshments** 무료 다과

- Hello, it's Nicolas Damira calling from Oakwood Avenue **Realtors**.
  안녕하세요. 오크우드 애비뉴 부동산에서 전화 드리는 니콜라스 다미라입니다.
  → A **real estate agent** 부동산 중개인

- I'll pass out **scanners** to everyone so that you can **try scanning some packages** yourself.
  직접 소포들을 스캔해 볼 수 있도록 모든 분들께 스캐너를 나눠 드리겠습니다.
  → **Use some devices** 장비를 사용한다

- Here's a brochure that provides **some information** about each of the cars.
  각 자동차들에 관한 정보가 있는 책자가 여기 있습니다.
  → Provide **details** about some vehicle 차량에 관한 자세한 사항을 제공한다

전화·녹음 메시지

• 전화 메시지(telephone message)는 전화를 건 사람이 자동 응답기에 메시지를 남기는 경우이고, 녹음 메시지(recorded message)는 전화를 걸었을 때 수신 전화기에 미리 녹음된 메시지를 듣게 되는 경우이다.
• 전화·녹음 메시지는 Part 4에서 가장 많이 나오는 담화 유형으로, 매회 2~3문제가 출제된다.

담화 유형 확인하기

1. 전화 메시지(telephone message)

▶ 개인이 업체에 혹은 업체가 개인에게 특정 정보와 관련해 남기는 전화 메시지를 말한다.

▶ 병원/레스토랑 등의 예약/예약 변경, 방문 전 일정 조율이나 세부 사항 확인, 면접의 합격 소식 통지나 고장 난 제품에 대한 불평, 상품 배달 지연/불가 등에 관한 내용이다.

2. 녹음 메시지(recorded message)

▶ 기업의 특정 정보를 알려 주기 위한 자동 안내 녹음 메시지를 말한다.

▶ 사업체의 이전, 건물의 공사, 업체의 영업시간 변경이나 특정일 휴무 일정 등을 안내하거나 제품의 문제점 등에 관한 내용이다.

✓ 만점 꿀팁 정답 나오기 전 시그널을 놓치지 말자!

	문제	시그널
정체	Who most likely is the speaker/listener? 화자/청자는 누구이겠는가?	Hello, this is [사람 이름] from [부서/회사명]. 저는 ~ 부서/회사의 ~입니다. You've reached + 회사[단체]. ~에 연락하셨습니다. Thank you for calling + 회사[단체]. ~에 전화 주셔서 감사합니다.
전화 목적	What is the purpose of the message? 메시지의 목적은 무엇인가?	I'm calling to ~ ~하기 위해 전화드립니다 I'm calling because ~ ~때문에 전화드립니다 I'm calling about[regarding] ~ ~에 관하여 전화드립니다 I'm sorry for ~ ~에 대해 사과드립니다
문제점	What problem is mentioned? 언급된 문제점은 무엇인가?	but / however 그러나 unfortunately 안타깝게도, 안됐지만
요청 사항	What does the speaker ask the listener to do? 화자는 청자에게 무엇을 하도록 요청하는가?	Please ~ / Can you ~? / Could you ~? ~해 주시겠어요? Would you mind ~? ~해도 괜찮을까요? What I'd like you to do is ~ 당신이 해 주셨으면 하는 것은 ~입니다
제안 사항	What does the speaker suggest the listener do? 화자는 청자에게 무엇을 하도록 제안하는가?	Why don't you ~? ~하는 게 어때요? I suggest[recommend] ~ ~하실 것을 제안[추천]드립니다 You should ~ / You might want to ~ ~하는 게 좋을 거 같아요

3. 전화·녹음 메시지 관련 빈출 어휘를 미리 암기하자.

전화 목적	offer a job = offer an employment 일자리를 제안하다	schedule an interview 인터뷰 일정을 잡다
	cancel a meeting 미팅을 취소하다	reschedule 일정을 다시 잡다
	scheduling conflict 일정 충돌, 겹치는 일정	postpone = delay = put off 미루다
	answer[respond to] a message (상대방의) 메시지에 응답하다	make a reservation 예약하다
	confirm an appointment 예약을 확인하다	place an order 주문을 하다
	check the status of an order 주문 상태를 확인하다	discuss an order 주문에 대해 논하다
	complain about a service 서비스에 대해 불평하다	rent a house 집을 빌리다
	report a problem 문제점을 알리다	ask about a lost item 잃어버린 물건에 관해 물어보다
화자/청자 정체	construction manager 공사 책임자	banker 은행원
	loan officer 대출 담당자	caterer 음식 공급자
	tenant 세입자	receptionist (호텔, 사무실, 병원 등의) 접수 담당자
	real estate agent = realtor = rental agent 부동산 중개인	technical[tech] support = tech team 기술 지원팀
장소	medical practice 의료업	hospitality industry 접객업, 서비스업
	electronics/appliance store 전자 제품/가전제품 판매점	manufacturing plant 제조 공장
	warehouse 창고	training workshop 연수회
	employee orientation 직원 오리엔테이션	advertising agency 광고 대행사
	charity fundraiser 모금 행사	television/radio station 텔레비전/라디오 방송국
세부 사항 (문제점, 이유, 시점, 사람, 장소 등)	Some information is incorrect. 정보가 잘못되었다.	Bad weather is predicted. 나쁜 날씨가 예측된다.
	A promotional price is available. 할인가 이용이 가능하다.	A deadline has changed. 마감일이 변경되었다.
	A venue is too small. 장소가 너무 작다.	A delivery will be delayed. 배송이 지연될 것이다.
	make a recommendation 추천하다	move = relocate 이전하다
	sold out = out of stock = unavailable 품절된	authorize = approve 승인하다
	be unable to attend = can't make it 참석 못 한다	
	be out of town = go on a business trip (출장 등으로) 도시를 떠나다	
	An employee will be unavailable. 직원을 만날 수 없을 것이다.	
	A building was renovated[remodeled/improved]. 건물이 개조되었다.	
요청·제안 사항	consult with a colleague 동료와 이야기하다	contact a colleague 동료에게 연락하다
	visit a shop 가게를 방문하다	complete a form/survey 양식/설문을 작성하다
	arrange an interview 인터뷰 일정을 잡다	schedule a meeting 회의 일정을 잡다
	check a calendar 일정을 확인하다	return a call 회신하다
	make a decision quickly 결정을 빨리하다	review a budget 예산을 검토하다
	work from home 재택근무를 하다	view some properties 건물[부동산]을 보다
	give a tour = show around 구경시켜 주다	take a seat in the lobby 로비에 앉아 있다
	provide a date preference 선호하는 날짜를 알려 주다	bring identification 신분증을 가져오다

해설서 p.100

P4-01 호주

Q1 키워드 잡기

Why is the speaker calling?

(A) To request an invoice
(B) To change an order
(C) To register for a conference
(D) To ask for advice

Q2 키워드 잡기

What problem is mentioned?

(A) Some names are missing.
(B) Some paint is out of stock.
(C) A logo is not very visible.
(D) A shipment was delayed.

Q3 키워드 잡기

What does the speaker say his firm will do?

(A) Sponsor a presentation
(B) Set up a conference display
(C) Reschedule a deadline
(D) Pay any extra charge

Questions 1-3 refer to the following telephone message.

M Good afternoon. It's John Smith calling from Harris Education, Inc. ❶ I placed an order with you yesterday for a custom conference banner, and I need to make a change to the design. ❷ When we reviewed the design we supplied to you, we noticed that the dark background made our company logo difficult to see. We'd like to lighten up the background slightly. Could you please let me know whether you need us to supply you with a replacement image file or if you can make this tweak yourselves? ❸ We will, of course, be happy to compensate you for any additional costs incurred by this. My number is 555-7161. Thank you.

Kelso's Pizza Summer Hours	
Monday - Thursday	12 P.M. - 10 P.M.
Friday	12 P.M. - 11 P.M.
Saturday	12 P.M. - 12 A.M.
Sunday	12 P.M. - 8 P.M.

키워드 잡기

Q4 **Look at the graphic. When is the speaker leaving the message?**

(A) On Thursday
(B) On Friday
(C) On Saturday
(D) On Sunday

키워드 잡기

Q5 **Why does the speaker leave the message?**

(A) To confirm a reservation
(B) To inquire about a location
(C) To apologize for a misunderstanding
(D) To make a complaint

키워드 잡기

Q6 **What does the speaker request?**

(A) An extension to get a special price
(B) An addition to the menu
(C) A late-night delivery of some food
(D) An address of another branch

Questions 4-6 refer to the following telephone message and website.

W Hello, I'm trying to reach a supervisor at Kelso's Pizza. ④ It's 11:40, but there's nobody here, and the place is locked. I checked your website before coming, and it clearly showed that you would be open tonight. ⑤ I'm sorry to complain, but I'm honestly not happy. I drove for half an hour because I wanted to try the new Chicago-style pizza you've been advertising. ⑥ As you know, today was the last day to try it at half-price. Can I still get that price tomorrow? I'm free all day, and I really want to get the discount. Please call me back. I'm at 555-1212, and my name is Nancy Martin.

PART 4 UNIT 15

Warm-up 담화를 잘 듣고 질문에 알맞은 답을 고른 후, 빈칸을 채우세요. (담화는 3번 들려줍니다.)

해설서 p.101

1. What is the purpose of the message?
(A) To address a customer's concerns (B) To promote a new product

2. What kind of company is Cannon?
(A) An internet provider (B) A mobile phone company

3. According to the speaker, what will Cannon do this week?
(A) Hold a press conference (B) Post information on a website

M: Hi, Mr. Mason. This is Leo Fairbanks from the Customer Service Department at ______________ ______________. ______________________________ about ______________ with Platinum ______________. You can rest assured that ______________________________ even after our consolidation with Platinum next month. Meanwhile, ______________ ______________________________. Please have a look if you get a chance. Thank you for calling, and we value your business as always.

4. What is the topic of the message?
(A) A catering service (B) A factory tour

5. What is offered during the month of July only?
(A) A personalized souvenir (B) A store discount

6. Why should listeners press 3?
(A) To speak with a representative (B) To make an order

W: Hello, you have reached Mary Charles Sweets Company. ______________________________ ______________________________. Situated in beautiful Maryville, our factory offers a fun experience for the whole family. We offer tours every Saturday and Sunday from 9 A.M. to 3 P.M. Also, ______________, ______________________________, which you can visit after your tour. So, come and see for yourself how our famous chocolates, cakes, and candies are made. ______________________________, ______________________________.

Practice

P4-04

해설서 p.102

1. Who most likely is the speaker?
(A) A bank loan officer
(B) A tax accountant
(C) A business consultant
(D) A private investor

2. What does the speaker clarify for the listener?
(A) Appointments cannot be rescheduled.
(B) Only a few documents are required.
(C) An evaluation will be completed soon.
(D) An application has already been processed.

3. What do the speaker's clients like about his office?
(A) It has a beautiful view.
(B) It has a relaxing atmosphere.
(C) It offers free refreshments.
(D) It is conveniently located.

---

4. What service did the speaker provide to Mr. Robinson?
(A) Web design
(B) Corporate catering
(C) Investment advice
(D) Job appraisal

5. According to the speaker, what happened to Mr. Robinson's store in May?
(A) It launched a new product line.
(B) It moved to another location.
(C) It was renovated.
(D) It had more visitors.

6. What does the speaker ask Mr. Robinson to do?
(A) Purchase some more services
(B) Meet at another site
(C) Allow some feedback to be publicized
(D) Email some pricing details

7. What type of business is the listener calling?
(A) A vehicle manufacturer
(B) A travel agency
(C) A construction firm
(D) A utility company

8. What does the speaker imply when he says, "we are still in the investigation stage"?
(A) A company worker has volunteered to help.
(B) A repair timeline cannot be determined.
(C) The feedback has largely been positive.
(D) It is a recurring issue.

9. How can the listener stay updated?
(A) By watching the news report
(B) By visiting the affected site
(C) By calling a phone number
(D) By checking online

---

10. Why is the man calling?
(A) To request assistance
(B) To make a reservation
(C) To express appreciation
(D) To review an order

11. What does the man imply when he says, "What is the secret to your recipe"?
(A) He would like some recommendations for a menu.
(B) He will add a recipe to his cookbook.
(C) He wants to prepare a dessert himself.
(D) He has questions about several ingredients.

12. Why is the man looking forward to tomorrow?
(A) A project will be completed.
(B) A competition will be held.
(C) Clients will be visiting.
(D) A dinner party will take place.

Westminster Times Staff Page	
	Brent Fuller Foreign Affairs
	Karen Yates National News Reporter
	Denise Saunders Business Reporter
	Tommy Washington Sports Editor

13. Look at the graphic. Who is the message most likely intended for?

(A) Brent Fuller

(B) Karen Yates

(C) Denise Saunders

(D) Tommy Washington

14. What does the speaker say is unique about a service?

(A) The equipment

(B) The speed

(C) The reliability

(D) The price

15. According to the speaker, how can the listener get more information?

(A) By requesting a tour

(B) By conducting an interview

(C) By receiving a free trial

(D) By watching a video

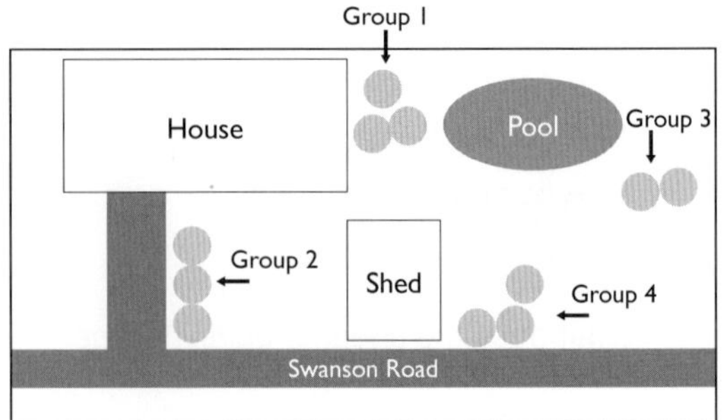

16. What is the main purpose of the call?

(A) To request additional information

(B) To explain a delay in processing a task

(C) To emphasize the urgency of a situation

(D) To provide an update on an inspection

17. Look at the graphic. Which group of trees is the speaker concerned about?

(A) Group 1

(B) Group 2

(C) Group 3

(D) Group 4

18. What does the speaker say she will send?

(A) A detailed schedule

(B) An approval form

(C) An expert opinion

(D) A cost estimate

PART 3&4 빈출 관용 표현과 숙어 1

enter a drawing	추첨 행사에 응모하다
be stuck in traffic	교통 체증에 갇히다
specialize in	~을 전문으로 하다
participate in = take part in	~에 참석하다
stop by = come over to	~에 잠깐 들르다
try out	~을 한번 해 보다
register for = sign up for	~에 등록하다
apply for	~에 지원하다[신청하다]
take on	~를 고용하다, 채용하다, 떠맡다
get the word out	입소문을 내다
file a complaint	불만을 제기하다
be familiar with	~을 아주 잘 알다, ~에 익숙하다
raise funds	자금을 모으다
look forward to	~하기를 몹시 기다리다
look into	~을 조사하다
be scheduled to	~할 예정이다
tune in to	~로 채널을 맞추다
go over = review	~을 검토하다, 살펴보다
on board	탑승한

회의·사내 공지

회의 및 사내 공지는 전화 메시지만큼이나 빈출도가 높은 유형이다. 새로운 사내 정책이나 행사, 수리 및 공사 일정 등에 관한 공지를 하거나 회의의 일부분을 발췌한 내용이 주를 이루며, 매회 2~3문제가 출제된다.

담화 유형 확인하기

1. 회의 발췌록

- 공지 및 안내와 비슷한 유형이지만, 회의 발췌록(excerpt from a meeting)인 만큼 사내에서 일어나는 여러 가지 일에 관한 담화다.
- 사내의 판매 회의(sales meeting)에서 매출 증가 혹은 감소 공표, 모금 행사 준비, 직원들의 불만 사항에 대한 해결책, 상품 개발 관련 시제품 성공 및 상품 출시, 새로운 사내 정책이나 시스템 도입, 설문 조사 진행 및 결과 공유, 회사 이전 안내, 투자자 회의, 기업 인수 합병, 직원 업적 칭찬 등에 관한 내용이다.

회의	sales report 매출 보고서	quarterly sales records 분기별 매출액
	budget projection 예산 추정치	double 두 배가 되다
	attract customers 고객을 끌다	release = launch = introduce 출시하다
	prototype 시제품	watch a demonstration 시연을 보다
	venue 장소	survey = questionnaire 설문 조사
	feedback 피드백	assignment = task = project 업무
	mentor 멘토(선배 사원)	funds 자금
	fund-raiser 모금 행사	raise money 돈을 모금하다
	quarter 분기	cover our operating costs 운영비를 충당하다
	policy 정책	employee benefits 직원 복리 후생
	cut costs = reduce expenses 비용을 줄이다	retain staff members 직원들을 유지하다
	collaborate 협력하다	inform = let someone know 알리다
	call a meeting 회의를 소집하다	video conference = virtual meeting 화상 회의
	agenda = outline for a meeting (회의의) 안건	go over = review = look over 검토하다
	update a calendar 일정표를 수정하다	push back 미루다
	on such short notice 갑작스럽게	give an update on ~에 대한 최신 소식을 알려 주다
	distribute = hand out = pass around 나누어 주다	distribute some flyers 전단을 나누어 주다
	register = sign up 등록하다	register for an event 행사에 등록하다
	fill out a form = complete a form 양식을 작성하다	
	sales figures = numbers = numerical data 판매 수치, 매출액	
	business has decreased = business has been slow 거래가 줄었다, 사업이 둔화되었다	
	meet with employees individually = one-on-one meeting 직원들을 개별적으로 만나다	
	submit ideas = come up with ideas = brainstorm ideas 아이디어를 내놓다	

2. 사내 공지

▶ 회사 정책 변경, 회사 내부 공사, 새로운 시스템 도입, 시스템 점검 일정, 투자자 유치 소식 및 자금 사용처, 늘어난 주문량으로 인한 초과 근무 희망자 모집, 신입 사원들에게 회사에 대한 전반적인 사항을 소개하고 해야 할 일을 알려 주는 등에 관한 내용이다.

사내 공지		
	expand = enlarge = double the size 확장하다	renovate = remodel = improve 개조하다
	under construction 공사 중인	architectural plans = floor plan = blueprint 설계도면
	broken = out of order = malfunctioning 고장 난	power failure 정전
	inspectors 검사관들	inspection 점검
	redesign = update 다시 디자인하다	price quote = cost estimate 가격[비용] 견적서
	repair 수리하다	install = set up 설치하다
	digitize 디지털화하다	market 홍보하다
	attract more customers 더 많은 고객을 끌다	expand a customer base 고객층을 늘리다
	minor changes 사소한 변경[약간의 변경]	superior products 월등한 상품
	remain competitive 경쟁력을 갖추다	cooperation 협조
	objective 목표	accomplish 성취하다, 해내다
	oversee 감독하다, 관리하다	inventory management 재고 관리
	a list of tasks 업무 리스트	transition 이행
	underway 진행 중인	company policy 회사 규정
	give an overview 개요를 알려 주다	address staff complaints 직원 불만을 처리하다[다루다]
	clarify an issue 문제를 명확히 설명하다	figure out a solution 해결책을 알아내다
	implement a new strategy 새로운 전략을 시행하다	reimburse = compensate 상환하다
	receipt 영수증	merge = two companies join together 합병하다
	acquire 인수하다	approve = authorize 승인하다
	earnings report 수익 보고서	high demand 높은 수요
	increase an order 주문(량)을 늘리다	be on the rise 상승하다
	push up the deadline 마감일을 당기다	overtime work 초과 근무
	work additional hours 추가 근무하다	hire = recruit = employ 고용하다
	recruiter 채용 담당자	training 교육
	hands-on training 실습 교육[실제 체험 교육]	mandatory 의무적인
	management trainees 경영 관리 훈련생	competent staff 능숙한 직원
	morning/evening shift 아침/저녁 근무	work from home 재택근무 하다
	office relocation 사무실 이전	transfer 전근 가다
	round trip 왕복 여행	vacation policy 휴가 정책
	take off 쉬다	retreat 수련회, 야유회
	attend = make it 참석하다	come by = visit 들르다, 방문하다
	work in pairs 둘씩 짝을 지어 작업하다	archives department 기록 보관소, 문서 보관소
	executive director 전무 이사	board of directors 이사회
	sales representative 영업 담당자	payroll department 급여 지급 부서
	competitor 경쟁업체	
	understaffed = short-staffed = short-handed = not enough staff 인원이 부족한	

핵심 문제 유형

해설서 p.107

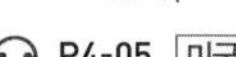

P4-05 미국

Q1

키워드 잡기

What industry does the speaker most likely work in?

(A) Aviation
(B) Manufacturing
(C) Automotive
(D) Logistics

Q2

키워드 잡기

What will Ms. Taylor do tomorrow?

(A) Conduct a survey
(B) Announce a promotion
(C) Give a presentation
(D) Travel overseas

Q3

키워드 잡기

What does the speaker say about some customers?

(A) They are reluctant to change.
(B) They prioritize form over functionality.
(C) They are sensitive to price increases.
(D) They frequently attend conferences.

Questions 1-3 refer to the following excerpt from a meeting.

W ❶ We're extremely fortunate to have our chief engineer, Maxine Taylor, come talk to us today about our latest car battery. ❷ She will be going over some of the performance results that her team has collected before taking the stage tomorrow at the conference. ❶ This is truly groundbreaking work for us as it may pave the way for our electric vehicles to gain significant market share. ❸ Some of our potential customers have shown significant resistance to making the switch to electric vehicles, but these results should help change their minds. After the meeting, let's discuss the best way to market these results to the public.

Questions 4-6 refer to the following excerpt from a meeting and project facts.

M I'll move on and talk about the construction taking place right now. 4 We wanted to install some rooms to host more exhibits, particularly some more contemporary works. To that end, we've expanded the west wing of the building. We're still in the early phase of construction. 5 I would like to request your feedback based on the plans we have so far at the next meeting. 6 When this project was first approved, we were told that the total cost would be ten million dollars. Based on what we've actually used, it looks like we overbudgeted. You can see that it has now been revised to reflect our new estimate.

	Project Facts
Line 1	Size: 750 square meters
Line 2	Cost: $8 million
Line 3	Timeline: 15 months
Line 4	Added rooms: 6

Q4 키워드 잡기

What type of building is most likely being renovated?

(A) A department store
(B) A hotel
(C) A stadium
(D) A museum

Q5 키워드 잡기

What will the speaker ask the listeners to do at the next meeting?

(A) Submit some feedback
(B) Donate to a cause
(C) Approve a plan
(D) Sign a contract

Q6 키워드 잡기

Look at the graphic. Which line was updated?

(A) Line 1
(B) Line 2
(C) Line 3
(D) Line 4

Warm-up 담화를 잘 듣고 질문에 알맞은 답을 고른 후, 빈칸을 채우세요. (담화는 3번 들려줍니다.)

해설서 p.108

1. What are the listeners encouraged to do?
   (A) Print on both sides of paper (B) Practice their presentations

2. Who is Carl Eckhart?
   (A) An accountant (B) An equipment operator

3. According to the speaker, why is the change being made?
   (A) To speed up production (B) To reduce costs

M: And finally, just to remind you all, ______________________________
______________________________. From now on, whenever possible,
______________________________ for reports, meetings,
and presentations. ______________, ______________,
says that ______________________________
______________________________ in paper and ink expenses.

4. Why is the company planning a celebration?
   (A) An executive is retiring. (B) An anniversary is coming up.

5. What does the speaker want a volunteer to do?
   (A) Reserve a restaurant (B) Hire some musicians

6. What will the listeners do next?
   (A) Set up some equipment (B) Select menu options

W: Hi, everyone. ______________________________.
Ms. Gold has been the CEO of Ranoma Institute for 25 years, and we want this celebration to be a special one. Many of you are probably aware that Ms. Gold is an avid listener of folk music. So we thought ______________________________
______________ during the evening. If ______________________________,
______________________________ after the meeting. But ______________,
______________________________ for the party.

Practice

P4-08

해설서 p.109

1. What does the speaker say the company may do?
   (A) Change lunch hours
   (B) Employ a vendor
   (C) Remodel some rooms
   (D) Start a health program

2. What can participants get for free today?
   (A) A shopping bag
   (B) Some pens
   (C) A computer accessory
   (D) Some snacks

3. Why should the listeners visit the operations area?
   (A) To receive a booklet
   (B) To make a donation
   (C) To turn in a form
   (D) To sign up for a class

---

4. According to the speaker, what service will the company be providing?
   (A) Product demonstrations
   (B) Online shopping
   (C) Extended warranties
   (D) Express shipping

5. Why did the company expand its services?
   (A) Customers are making more complaints.
   (B) More competitors are joining the market.
   (C) Distribution costs have increased.
   (D) A trend has been growing.

6. What will the speaker do at the end of the summer?
   (A) Go on a business trip
   (B) Analyze some data
   (C) Open a new location
   (D) Conduct a satisfaction survey

7. In what industry do the listeners most likely work?
   (A) Agriculture
   (B) Electronics
   (C) Engineering
   (D) Medical

8. Why does the speaker say, "But this isn't our first time"?
   (A) He would like to make a process more efficient.
   (B) He is reassuring concerned staff members.
   (C) He does not want to repeat the same mistake.
   (D) He is reminding employees to arrive on time.

9. What should the listeners create by this Friday?
   (A) A list of preferred vendors
   (B) A pricing chart
   (C) A video tutorial
   (D) A proposed design

---

10. What does the speaker say is a top priority?
    (A) Maintaining employee productivity
    (B) Advertising to the target audience
    (C) Expanding to the international market
    (D) Understanding the latest technologies

11. Who is Rodney Warren?
    (A) An AI researcher
    (B) A business analyst
    (C) A fund manager
    (D) A motivational speaker

12. Why does the speaker say, "but the company needs this"?
    (A) To discredit a report
    (B) To evaluate a change
    (C) To criticize a decision
    (D) To encourage attendance

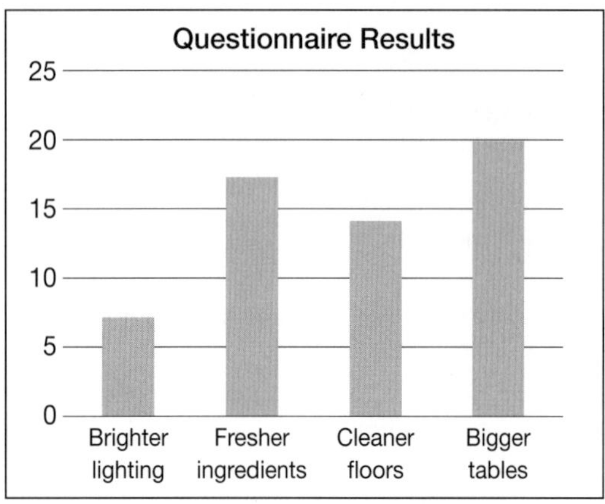

13. Where does the talk take place?
(A) At a factory
(B) At a café
(C) At a grocery store
(D) At a construction firm

14. Look at the graphic. Which suggestion will the company start working on?
(A) Brighter lighting
(B) Fresher ingredients
(C) Cleaner floors
(D) Bigger tables

15. What will the staff members get for completing the questionnaire?
(A) A cash bonus
(B) A cookbook
(C) A new appliance
(D) A free meal

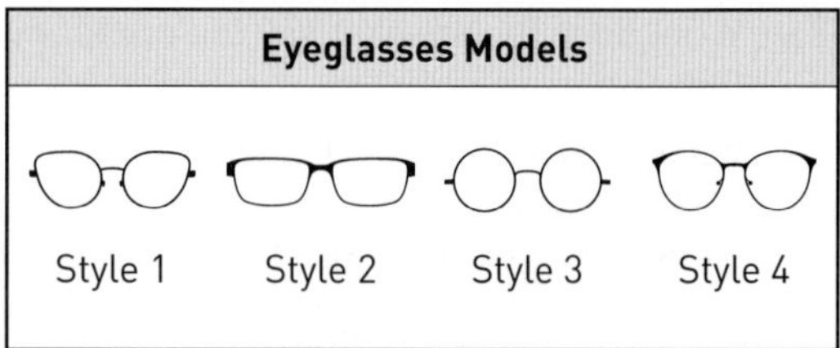

16. What did the company do last year?
(A) It launched an app.
(B) It redesigned its packaging.
(C) It collaborated with fashion designers.
(D) It opened an international store.

17. Look at the graphic. Which style of eyeglasses was the most popular?
(A) Style 1
(B) Style 2
(C) Style 3
(D) Style 4

18. According to the speaker, what is the company currently doing?
(A) Releasing footwear
(B) Renovating an office
(C) Negotiating a deal
(D) Redesigning a logo

PART 3&4 빈출 관용 표현과 숙어 2

come up with	~을 생각해 내다
break down = be not working = be out of order	고장 나다
rush the shipment	물건을 급히 보내다
work overtime	초과 근무하다
be qualified for	~할 자격이 되다
be on schedule	일정대로 진행되다
behind schedule	예정보다 늦게
be short on	~이 부족하다
take care of	~을 처리하다[돌보다]
be impressed	좋은 인상을 받다
be in charge of = be responsible for	~을 담당하다
get in touch with = contact	~와 연락하다
get along with	~와 잘 지내다
give ~ an estimate	~에게 견적서를 주다
in the meantime	그러는 동안에
report to	~에게 업무 보고를 하다, ~의 지시를 받다
give a tour	안내해 주다
be assigned	배정되다
get back	회답 전화를 하다
following week	그다음 주
figure out	~을 알아내다, 해결하다

연설·인물 소개

• 연설은 워크숍이나 직원 교육과 같은 행사에서 특정 주제에 대해 이야기하는 내용이 나오며, 인물 소개는 주로 인물의 직업이나 신분, 업적, 요청 사항 등의 내용이 자주 등장한다.
• 연설 및 인물 소개는 매회 0~1문제가 출제된다.

담화 유형 확인하기

1. 연설

▶ 세미나(seminar), 워크숍(workshop), 연수(training), 강연(lecture) 및 기타 주요 행사 장소에서 기록적인 참여자 수 축하 및 행사 관련 세부 정보를 주는 연설, 지역의 새로운 고속 도로 공사 일정 지연 또는 새롭게 단장한 공원의 대중 개방을 알려 주는 연설 등의 내용이다.

▶ 연설의 목적이나 연설자와 청중의 신분, 특정 세부 정보에 대해 묻는 문제가 자주 출제된다.

연설	keynote speaker 기조연설자 volunteer 자원(봉사)자 financial planner 재무 설계사 turnout 참가자 수 convention = conference 컨벤션, 회의 media coverage 언론 보도 lecture 강연 training session 교육 시간 demonstrate = show 시연하다 networking opportunity 교류 기회 join (회사에) 입사하다 anniversary 기념일, 기념제 banquet 연회, 축하연 grand opening (대)개장 innovative 혁신적인 honored 영광스러운 present 주다[수여하다] receive 받다 win an award 상을 받다 congratulate 축하하다 charity event 자선 행사 financial 재정적인, 금융상의 accomplish 성취하다 gain (허가·승인·평판 등을) 얻다 give special thanks to ~에게 특별히 감사하다 contribute 공헌하다 refrain from ~을 자제하다 head to ~으로 향하다 film footage 영상 work in pairs 둘씩 짝을 지어 작업하다 enter into a raffle 추첨에 응모하다	event coordinator 행사 기획자 instructor 강사 expert 전문가 break an attendance record 참가 기록을 경신하다 press conference 기자 회견 press release 보도 자료 workshop 워크숍 state of the art 최첨단의, 최신식의 orientation = induction course 오리엔테이션 refreshments 다과 celebrate 축하하다, 경축하다 ceremony 의식, 행사 luncheon 오찬 release[launch] 출시하다 compost 퇴비; 퇴비를 만들다 employee of the year 올해의 직원(상) award 상; ~에게 상을 주다 recipient 받는 사람, 수령인 give a round of applause 박수로 맞이하다 recognition 인정 gratitude 감사 donation = contribution 기부 potential 잠재적인 renowned 유명한, 명성 있는 circulate 배포하다, 배부하다 nominee 후보자 inhabitant = resident 주민 watch a video 영상을 보다 read a document 문서를 읽다 raffle 경품 추첨 complete a survey 설문을 작성하다

2. 인물 소개

▶ 행사장에서의 초대 손님 소개, 시상식에서의 수상자 발표, 은퇴 파티에서의 한 사람의 업적 발표 등의 내용이다.

▶ 인물의 정체와 이뤄낸 업적을 묻는 문제, 그리고 시점, 장소, 이유 등과 관련한 세부 사항을 묻는 문제가 자주 출제된다.

▶ 인물 소개의 경우 introduction, talk뿐만 아니라 radio broadcast, announcement, interview 등 다양한 유형의 담화로 출제된다.

인물 소개

>> 빈출 인물

writer = author 작가
novelist 소설가
playwright 극작가
winner 수상자
city official 시 공무원
mayor 시장
guest speaker 초청 연사
potential candidates 잠재적인 후보자들[우승 후보들]
the panel of judges 심사위원단
dignitary 고위 관리
instructor 강사
bank employee 은행원
nutritionist 영양사
new employees = new recruits = new hires 신입 사원

>> 인물 소개 및 업적

publish a book 책을 출간하다
newly released 새로 출간된[출시된]
autobiography 자서전
novel = fiction 소설
best-selling book 베스트셀러 도서
publication 출판물
win an award[prize] 상을 받다
discuss = talk = speak 말하다
establish a business 사업체를 설립하다
earn a certificate 자격증을 따다
be promoted 승진하다
recognize (시상식에서) 공로를 인정하다
honor 표창하다, 영예를 주다
nominees 후보자들
prize money 상금
around the globe 전 세계적으로
well-known = famous = renowned 유명한
achievement 업적
reputation 평판, 명성
non-profit organization 비영리 단체
dedicated 헌신적인
prestigious 훌륭한
exceptional 우수한, 뛰어난
outstanding employee 뛰어난 직원
diploma 졸업장, 수료증
entitled ~이라고 제목이 붙여진
Salesperson of the Year award 올해의 영업사원상
informative 유익한
on one's behalf ~을 대신하여
fill in for = substitute for ~을 대신하다[대체하다]
celebrate the retirement 은퇴를 기념하다
say farewell 작별 인사하다

>> 장소 관련 어휘

reception = welcoming party 환영회
retirement party 은퇴[퇴직] (기념) 파티
annual 매년의, 연례의
award ceremony 시상식
banquet 만찬, 연회
opening ceremony 개업식, 개관식
charity event 자선 행사
fundraiser = fundraising event 모금 행사
proceeds 수익금
donation 기부
podium 단상, 연단

핵심 문제 유형

해설서 p.114

P4-09 호주

Q1 키워드 잡기

What is the main purpose of the talk?

(A) To announce an award winner
(B) To promote a new product
(C) To introduce some colleagues
(D) To discuss sales figures

Q2 키워드 잡기

What is special about the advertisements?

(A) They were created with a low budget.
(B) They feature various celebrities.
(C) They focus on environmental protection.
(D) They are being shown worldwide.

Q3 키워드 잡기

What does Mazak Advertising plan to do?

(A) Expand into overseas markets
(B) Increase production efficiency
(C) Hire more employees
(D) Contribute money to an organization

Questions 1-3 refer to the following talk.

M ❶ It is my pleasure to announce this year's winner of the Best Global Advertisement Award, Mazak Advertising. The firm was selected for its creative ad campaign for Probert Motor's new hybrid automobile. ❷ Their ads effectively show how hybrid cars emit only half as much pollutants as regular cars, and therefore, cause less damage to the environment. ❸ Mazak Advertising plans on donating a portion of the profits from the advertisements to a local organization dedicated to preserving clean air. I want to congratulate all of the employees of Mazak Advertising for their dedication and innovation.

Q4 키워드 잡기

What event is being held?

(A) A staff welcome reception
(B) A product release party
(C) A birthday celebration
(D) A retirement dinner

Q5 키워드 잡기

Why does the speaker say, "we launched a tablet that increased our profits by 20 percent"?

(A) To acknowledge an achievement
(B) To explain a new marketing strategy
(C) To justify the need for more employees
(D) To express a concern

Q6 키워드 잡기

According to the speaker, what is Lance going to do?

(A) Move to a new city
(B) Publish a book
(C) Go on a vacation
(D) Open a business

Questions 4-6 refer to the following speech.

M ❹ Thank you all for attending tonight's dinner to celebrate the end of Lance's remarkable career here. All of the members of the product development team will miss working under him. ❺ He was always great at coming up with innovative ideas. Just last year, under his management, we launched a tablet that increased our profits by 20 percent. Fortunately, he won't be too far from us, as ❻ he'll be opening a small café just across the street. We'll be sure to stop by. Good luck, Lance!

Warm-up 담화를 잘 듣고 질문에 알맞은 답을 고른 후, 빈칸을 채우세요. (담화는 3번 들려줍니다.)

해설서 p.115

1. What is taking place?
(A) A staff training session
(B) A customer sales meeting

2. What will the speaker give to the listeners?
(A) A technical manual
(B) A meal voucher

3. What will the listeners do after lunch?
(A) Discuss guidelines
(B) Watch experienced employees

M: Good afternoon. First, ______________________________ here at Max Digital. All of you were chosen for this position due to your exceptional background and experience in electrical engineering. Today, ______________________________. As power engineers, you'll be making sure customers receive reliable and stable supplies of power. Thus, you must be very familiar with the related equipment. ______________________________, which we'll discuss together later. Then, ______________, ______________________________, and ______________________________ with storage, distribution, and the generation of power.

4. Who is Ms. Sandusky?
(A) An artist
(B) A landscape gardener

5. What is Ms. Sandusky known for?
(A) Using plants in her work
(B) Recycling used objects

6. What are the listeners encouraged to do after the presentation?
(A) Enjoy refreshments
(B) Ask questions

W: Welcome, everyone. This is the first in our series of art demonstrations at the Shoba Adult College. We're delighted to have with us ______________________________. Since graduating from horticultural college, Ms. Sandusky has been specializing in floral arrangements, and we are thrilled to be showcasing her latest work. Today, she'll be showing us how she creates her unique arrangements. ______________________________, ______________________________, ______________________________. And now, here is Ms. Sandusky.

Practice

P4-12

해설서 p.117

1. Where is the introduction probably taking place?
(A) At a store opening
(B) At a fundraising event
(C) At an awards ceremony
(D) At a retirement celebration

2. What kind of business does Pamela Yee own?
(A) A sporting goods store
(B) A medical clinic
(C) A vitamin supplement retailer
(D) A recreation center

3. How will Ms. Yee help others stay healthy?
(A) She will donate some money.
(B) She will provide free classes.
(C) She will buy new equipment.
(D) She will organize a community event.

---

4. Who is Julia Fong?
(A) A local journalist
(B) A city council member
(C) A warehouse supervisor
(D) A corporate representative

5. What does the speaker say will be built?
(A) Solar panel factories
(B) A recycling center
(C) Conference rooms
(D) A car wash facility

6. What does the speaker say will happen by this November?
(A) Some service fees will be increased.
(B) A board election will be held.
(C) A new product line will be launched.
(D) Some employees will be hired.

7. What does the company make?
(A) Chocolate
(B) Beauty products
(C) Biofuels
(D) Cooking supplies

8. What is special about a new supplier?
(A) It is based in the same neighborhood.
(B) It has gained significant market share.
(C) It launched a new product last year.
(D) It produces an environmentally friendly product.

9. What does the speaker mean when he says, "But it's time we do some good"?
(A) He thinks a lower margin is justified.
(B) He wants to re-think a decision.
(C) He requires input from other employees.
(D) He agrees with a suggestion.

---

10. What is the speaker mainly discussing?
(A) Upcoming events
(B) Office etiquette
(C) Equipment repairs
(D) Security vulnerabilities

11. What does the speaker mean when he says, "We didn't even request those repairs"?
(A) The repairs were too costly.
(B) A piece of equipment was damaged.
(C) An employee forgot to give notice.
(D) The work exceeded expectations.

12. What does the speaker invite the listeners to do?
(A) Take a document
(B) Provide a fingerprint
(C) Answer a survey
(D) Sign a sheet

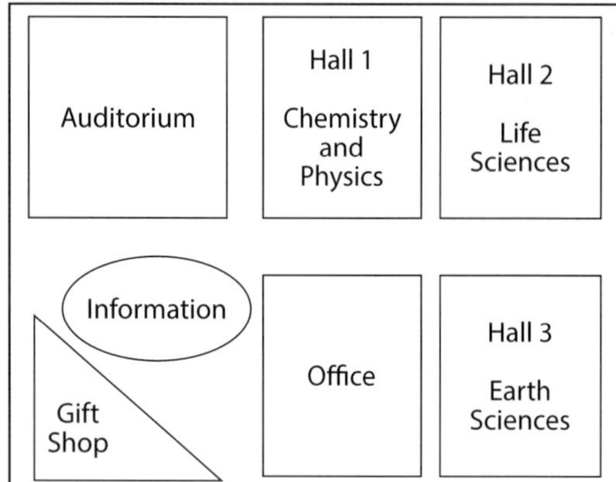

Schedule		
12:30 P.M.	Patrons Arrive	Lobby
1:00 P.M.	Tour	East Hall
1:30 P.M.	Lights	Exhibit Hall A
2:00 P.M.	Paint	Exhibit Hall B

13. Look at the graphic. Which area is NOT available today?
(A) Hall 1
(B) Hall 2
(C) Hall 3
(D) Auditorium

14. What are listeners encouraged to do?
(A) Pick up a brochure
(B) Register for a mailing list
(C) View a film
(D) Purchase a gift

15. Who is Sheila Sanders?
(A) A research scientist
(B) A university student
(C) A tour guide
(D) A museum manager

16. Where do the listeners most likely work?
(A) At an amusement park
(B) At a city hall
(C) At an art museum
(D) At a university campus

17. What is the speaker pleased about?
(A) A membership extension
(B) A cultural award
(C) A recent donation
(D) A building restoration

18. Look at the graphic. What will the listeners do next?
(A) Greet patrons
(B) Give a tour
(C) Install lights
(D) Paint the walls

PART 3&4 빈출 관용 표현과 숙어 3

give ~ a ride = give ~ a lift	~를 태워 주다
share a cab	택시를 같이 타다
put ~ aside = put ~ on hold	~을 따로 보관해 두다
ahead of time = in advance	미리
fill a prescription	처방전대로 약을 조제하다
give directions	길을 가르쳐 주다
check out the book	책을 대출하다
take time off	휴가 내다, 쉬다
make a reservation = book = reserve	예약하다
schedule an itinerary	여행 일정을 짜다
go sightseeing	관광하다
in person	직접
clarify an issue	문제를 명확히 설명하다
under construction	공사 중인
make round trips	왕복 운행하다
remain competitive	경쟁력을 갖추다
take inventory	재고 조사하다
raise money	기금을 모으다
call a brief meeting	회의를 소집하다

안내 방송

• 공항, 기차역에서 나오는 안내 방송은 출발/도착 시간이나 연착 등에 관한 내용이 주를 이루며, 상점, 도서관 등의 안내는 일정이나 시설 이용 등과 관련하여 일상생활에서 흔히 접할 수 있는 내용이 출제된다.
• 안내 방송은 매회 1~2문제가 출제된다.

담화 유형 확인하기

1. 기내·공항, 기차역

▸ 비행기의 도착 및 착륙, 연착, 기상 상태로 인한 경로 변경 안내, 비행기의 이착륙 시 주의 사항 전달, 위급 상황 발생 시 대처 방법 등에 관한 내용이다.

공항(기내)·기차역 안내 방송		
	captain 기장, 선장	passenger 승객
	depart = leave 출발하다	boarding pass 탑승권
	check in 탑승 수속을 밟다, 체크인하다	check the luggage 짐을 부치다
	baggage claim area 수하물 찾는 곳	overhead compartment 머리 위 짐칸
	airplane = plane = aircraft 비행기	ground crew 지상 근무원
	fasten your seat belt 안전벨트를 매다	cabin crew 기내 승무원
	proceed to ~로 가다	final destination 최종 목적지
	waiting list 대기자 명단	bound for ~행
	boarding gate 탑승구	(pre)board (미리)탑승하다
	carry-on luggage 기내 휴대 수하물	window/aisle seat 창가/통로 쪽 좌석
	take off 이륙하다	in-flight service/movie/meal 기내 서비스/영화/음식
	until further notice 추후 공지가 있을 때까지	land 착륙하다
	conductor (기차) 차장	departure time 출발 시간
	>> 빈출 문제점	
	mechanical problem 기계적 문제	overbook (비행기) 정원 이상으로 예약받는다
	bad weather = inclement weather 악천후	snow storm = blizzard 눈보라
	heavy snowfall 폭설	missing luggage 분실 수하물
	railway congestion 철도 혼잡	unexpectedly cold weather 예상치 못한 추운 날씨
	>> 문제점의 결과	
	delay = postpone = put off 미루다, 연기하다	transfer 갈아타다
	inconvenience 불편	apologize 사과하다

2. 공공시설(쇼핑센터, 도서관, 극장, 경기장)

▶ 개점·폐점 시간, 할인 및 특별 행사, 제품 및 주차 등 시설 사용 안내, 공연 일정 및 순서, 공연 변경, 공연 관람 수칙, 분실물 습득 등에 관한 내용이다.

상점	patron 고객	regular customer 단골
	register 계산대	express counter 소액 계산대
	cash register 금전 등록기	cashier 계산원
	staff = employee = representative 직원	grocery store = supermarket 식료품점, 슈퍼마켓
	sporting goods store 스포츠용품점	department store 백화점
	hours of operation = business hours 영업시간	extend hours of operation 영업시간을 연장하다
	stay open late 늦게까지 영업하다	e-commerce 전자 상거래
	purchase 구매; 구매하다	large order = bulk order 대량 주문
	receipt 영수증	proof of purchase = payment record 구매 증빙
	sold out = unavailable = out of stock 다 팔린	wrap 포장하다
	(store) directory 매장 내 지도	information booth 안내 코너
	stationary 문구류	grocery 식품
	houseware 가정용품	produce 농산물
	parking permit 주차권	raffle ticket 응모권
	enter a raffle 추첨 행사에 참여하다	free = complimentary = at no charge 무료의
	clearance sale 재고 정리 세일	inventory sale 재고 정리 세일
	annual sale 연례 세일	semi-annual sale 1년에 두 번 하는 정기 세일
	discount = OO% off (00%) 할인	special deal = special offer 특별 할인
	express[fast] delivery = expedited shipping 빠른 배송	put aside = set aside (팔지 않고) 따로 맡아 두다
공연장	lost item = missing item 분실품	reclaim = retrieve (분실한 물건 등을) 되찾다
	lost and found 분실물 취급소	interval = intermission (연극·공연) 중간 휴식 시간
	auditorium 강당, 청중석	front row 앞줄
	advance purchase 예매	performance = show 공연
	preview 시사회	play 연극
	front entrance 앞쪽 입구	first come, first served 선착순
	conclude 끝나다	memorial 기념관
행사장	event = function 행사 (EX expo 엑스포)	fair 박람회
	donate = contribute 기부하다	fundraising dinner 모금 만찬
	contest = competition 대회, 시합	itinerary 일정
	refreshments 다과 (EX donuts and coffee 도넛과 커피)	snacks and beverages 간식과 음료
	slight change 약간의 변경	complimentary breakfast 무료 아침 식사
	advanced registration 조기 등록	featured speaker 특별 연설자
	well-known author 유명한 작가	disturb 성가시게 하다, 방해하다
	signed photographs 서명된 사진	showcase 전시하다, 소개하다; 전시
	event coordinator 행사 기획자	entrance fee 입장료
	parking garage 주차장	get reimbursed 상환 받다
	claim reimbursement 상환을 청구하다	proceeds 수익금
	discussion session 토론 시간	question and answer session 질의응답 시간
	diretions = map 지도, 약도	

PART 4 UNIT 18

해설서 p.121

P4-13 미국

Q1 키워드 잡기

What will take place in 15 minutes?

(A) A food festival
(B) A nutrition seminar
(C) A cooking demonstration
(D) A seasonal promotion

Q2 키워드 잡기

What does the speaker say the listeners should consider doing?

(A) Signing up for a membership
(B) Download a mobile application
(C) Participate in a charity drive
(D) Engage in a recycling initiative

Q3 키워드 잡기

What problem does the speaker mention?

(A) A refrigerator is out of order.
(B) A product has been sold out.
(C) A pricing error has occurred.
(D) A vehicle's lights are on.

Questions 1-3 refer to the following announcement.

W Attention, shoppers! ❶ In just 15 minutes, we'll be having an exciting demonstration right in our produce section. Discover easy-to-make recipes and indulge in delicious samples. And ❷ we also invite you to consider applying for a Bowen Supermarket membership card. All cardholders can enjoy a 3 percent discount every single time you shop with us. Lastly, ❸ a reminder for the owner of a car in our parking area: Your headlights are still on. The license plate number is 9PT935, and it's a silver Grayson Panther.

P4-14 미국

Q4 키워드 잡기

Where is the announcement taking place?

(A) In a train station
(B) In a store
(C) On an airplane
(D) On a boat

Q5 키워드 잡기

What is the announcement mainly about?

(A) Some lost items
(B) An entertainment schedule
(C) A flight plan
(D) Some departure gate changes

Q6 키워드 잡기

According to the man, what will happen soon?

(A) A vehicle will be boarded.
(B) A service will be offered.
(C) An announcement will be made.
(D) A video will be played.

Questions 4-6 refer to the following announcement.

M ❹ Good morning, and welcome aboard the EasyFly Airlines flight to Jefferson City. I'm John, the senior attendant on your flight today. ❺ Before we get underway, I've been asked by airport staff to make the following announcement. Some keys were found on a chair close to departure gate B19 just after our flight boarded. Please check to see if you're missing any keys. If you find that you are, please press the call button overhead. ❻ Once you've checked, please pay attention to the safety video that we'll be showing you shortly. We ask that even regular flyers give their attention to this. Thank you.

Warm-up 담화를 잘 듣고 질문에 알맞은 답을 고른 후, 빈칸을 채우세요. (담화는 3번 들려줍니다.)

해설서 p.122

1. Why has the flight been delayed?
(A) It is waiting for some passengers.
(B) It must depart from another gate.

2. According to the speaker, what is available at the information desks?
(A) Details about connecting flights
(B) Meal vouchers

3. What does the speaker advise the passengers to do?
(A) Have their boarding passes ready
(B) Stay near the departure terminal

W: Attention, Flight R99 passengers traveling to Dublin. The departure time for the flight has just been rescheduled to 7:30 P.M. ______________________________, ______________________________.
In the meantime, ______________________________.
You may use these vouchers at any of the restaurants in this airport. But ______________ ______________________ as announcements regarding your flight may be made anytime. We apologize for the inconvenience and thank you for your patience and cooperation.

4. What is the company encouraging employees to do?
(A) Participate in a seminar
(B) Share rides to work

5. What are employees being offered?
(A) Expense reimbursement
(B) Reserved parking spaces

6. What information are interested employees asked to provide?
(A) Their home addresses
(B) Their identification numbers

M: Let me remind you of the company's initiative to be more eco-friendly. ______________ ______________________________.
This will not only help our environment and reduce your gas costs, but ______________ ______________. ______________________________ ______________ for carpool vehicles. So if you would like to share a ride with someone, ______________________________ to Anna Davies in the HR Department. With that information, she'll match up employees who live near one another.

Practice

P4-16

해설서 p.124

1. Who most likely is the speaker addressing?
(A) Website designers
(B) Music teachers
(C) Event coordinators
(D) Fitness trainers

2. What will the listeners receive?
(A) An e-mail address
(B) A consultation
(C) A certificate
(D) A textbook

3. What special benefit does the speaker mention?
(A) Access to a facility
(B) Mentoring opportunities
(C) Discounts on equipment
(D) A higher income

---

4. Where are the listeners?
(A) At an outdoor performance
(B) At a movie theater
(C) At a recycling plant
(D) At a museum opening

5. What does the speaker ask the listeners to do?
(A) Sing a song
(B) Make a donation
(C) Switch off their cell phones
(D) Keep the place clean

6. What are the listeners encouraged to purchase?
(A) Area guides
(B) School programs
(C) Food products
(D) Clothing items

7. What is the announcement mostly about?
(A) A sports event
(B) A bake sale
(C) A store opening
(D) An upcoming festival

8. Why does the speaker say, "We only have half the numbers as last year"?
(A) To disagree with a proposal
(B) To remind listeners about a recent change
(C) To justify a higher price
(D) To attract more volunteers

9. What will happen at noon on Sunday?
(A) There will be some minor construction.
(B) There will be some filming.
(C) A musical performance will take place.
(D) A prize will be awarded.

---

10. Who are the listeners?
(A) Board members
(B) Sales representatives
(C) Plant supervisors
(D) Training instructors

11. Why does the speaker say, "your staff are respectable professionals"?
(A) To praise a department
(B) To request award nominations
(C) To provide some reassurance
(D) To discuss an open position

12. What does the speaker remind the listeners to do?
(A) Share detailed recommendations
(B) Update a contact list
(C) Submit some evaluation forms
(D) Create a reasonable budget proposal

Workshop Schedule	
Session 1: Finding your voice	Mamie Lopez
Session 2: What's in a plot?	Jeremy Caldwell
Session 3: Finding inspiration	Frances West
Session 4: Networking	Ricky Walsh

13. What interest do the listeners most likely share?
(A) Play actors
(B) Cooking
(C) Writing
(D) Music theory

14. According to the speaker, what will the listeners do at the end of each session?
(A) Practice what they have learned
(B) Complete a questionnaire
(C) Watch a video
(D) Discuss ideas with the group

15. Look at the graphic. Which session will have a different presenter?
(A) Session 1
(B) Session 2
(C) Session 3
(D) Session 4

Kelmont Department Store Directory	
1st Floor	Food
2nd Floor	Clothing & Footwear
3rd Floor	Electronics & Cameras
4th Floor	Sports

16. Why is a sale taking place?
(A) To get rid of old items
(B) To promote new products
(C) To appreciate preferred customers
(D) To celebrate the opening of a new store

17. Look at the graphic. On which floor is the sale being held?
(A) 1st Floor
(B) 2nd Floor
(C) 3rd Floor
(D) 4th Floor

18. What does the speaker say is available on a website?
(A) An application
(B) A map
(C) A voucher
(D) A catalog

PART 3&4 빈출 관용 표현과 숙어 4

go into effect	효력이 생기다
get reimbursed	상환받는다
proceed to = report to	~로 가다
on behalf of = on one's behalf	~을 대신하여
have some difficulty V-ing	~하는 데 어려움을 겪다
be restored	재건되다, 복구되다
be remodeled = be upgraded = be renovated	개조되다
stay on the line	전화를 끊지 않고 기다리다
be delayed = be backed up = be congested	막히다, 정체되다
run operations	운영하다, 경영하다
drop sharply	급격히 떨어지다
fill in for = substitute for	~을 대신하다[대체하다]
sign a deal	계약을 맺다, 거래를 맺다
celebrate the retirement	은퇴를 기념하다
mark down	~의 가격을 인하하다
specialize in	~을 전문으로 하다
be donated	기부되다
waive a charge = remove a charge	요금을 공제하다

방송·광고

- 방송은 일반 방송(radio broadcast, news report, talk), 팟캐스트(podcast), 교통 방송(traffic report), 일기 예보(weather report, weather forecast)로 구분되며, 각 방송의 유형별 빈출 내용들을 잘 익혀 두도록 한다. 광고는 크게 상품·서비스 광고, 상품 할인 행사 광고, 구인·구직 광고로 나눌 수 있다.
- 방송 및 광고는 매회 1~2문제가 출제된다.

담화 유형 확인하기

1. 방송

- **일반 방송:** 비즈니스 관련 소식, 회사 건물 이전, 신제품 출시일, 인수 합병 소식, 지역 소식 등에 관한 내용이다.
- **팟캐스트:** 집수리, DIY, 취미 생활, 지역 소식, 사람 소개 등 다양한 주제를 다루는 오디오 인터넷 방송에 관한 내용이다.
- **교통 방송:** 악천후, 공사, 행사 및 이벤트로 인한 교통 체증 및 우회 도로 이용 안내에 관한 내용이다.
- **일기 예보:** 요일별/날짜별 기상 상태 및 기상 상태가 끼친 영향, 특정 지역의 날씨, 날씨 변화에 따른 권고 사항에 관한 내용이다.

일반 방송·팟캐스트	city council 시 의회	city official, local politician 시 공무원
	real estate developer 부동산 개발업자	mayor 시장
	approve = authorize 승인하다	opposition 반대
	local residents = community members 지역 주민들	construction site 공사장, 건설 현장
	abandoned factory 버려진 공장	odor 냄새, 악취
	expand 확장하다	expansion 확장, 확대
	accommodate 공간을 제공하다, 인원을 수용하다	attract[draw] tourists 관광객을 끌어모은다
	increase market share 시장 점유율을 늘리다	walk through the process 절차를 자세히 설명하다
	acquisition 인수	merge = two companies join together 합병하다
	shareholder 주주	acquaintance 지인
	vocation 직업	job seekers 구직자
	hire = recruit = employ 고용하다	tutorial 사용 지침서, 개별 지도 시간
	sponsorship 후원, 협찬	underway 진행 중인
	benefit concert = fund-raising concert 자선 콘서트	commemorative 기념하는
	authenticity 진품	rare 희귀한, 진귀한, 드문
	release = launch = introduce = put on the market 출시하다	
	renovation = remodeling = improvement project 수리, 개조	
교통 방송	traffic report 교통 방송	commuter 통근자
	motorist = driver 운전자	intersection 교차로
	expressway = highway 고속도로	heavy traffic = traffic congestion[jam] 교통 체증
	delay 지연, 지체, 정체	road work = road repair 도로 공사
	road closure 도로 폐쇄	be backed up (길이) 막혀 있다
	crash = collision 충돌	disabled vehicle 고장 차량
	take a detour 우회하다	avoid + 도로명 ~을 피해 가세요
	take an alternate[alternative] route 다른 길로 가다	take public transportation[transit] 대중교통을 이용하다

일기 예보	weather forecast 일기 예보 unfavorable 좋지 않은 snowstorm = blizzard 눈보라 shower 소나기 thunderstorm 뇌우 humid 습한 bring umbrellas 우산을 챙기다 stay indoors 실내에 머무르다	predict 예상하다 bad weather = inclement weather 악천후 pour (비가) 퍼붓듯이 오다 hail 우박 heavy fog 짙은 안개 partially cloudy 부분적으로 구름 낀 sunscreen 자외선 차단제 postpone = delay = put off 미루다, 연기하다
방송 용어	broadcaster 방송인 viewer 시청자 stay tuned 채널을 고정하다 advertisement 광고	host 사회자, 진행자 listener 청취자 commercial break 광고 시간 message[word] from our sponsors 광고

2. 광고

▶ 새 점포 개점 및 신제품 출시, 할인, 특별 행사, 구인 광고 등에 관한 내용이다.

▶ 무엇이 광고되고 있는지, 누구를 위한 광고인지, 제품·서비스의 특징은 무엇인지를 묻는 문제가 자주 출제된다.

광고 품목	trial period 체험 기간 restaurant = bistro 식당 issue = publication 책, 출간물 (EX magazine 잡지) landscaping 조경	beverage = drink 음료 catering 음식 공급 home improvement store 주거 개선 용품점 software = computer program 소프트웨어
할인 행사	discount = OO% off (00%) 할인 rebate (초과 지불금의) 환불, 할인 be on sale 할인하다 going-out-of-business sale 점포 정리 세일 rate 비율, 요금 expired 기한이 지난, 만료된 voucher 쿠폰, 상품권	special offer = special deal 특별 할인 price reduction 가격 인하 closing-down sale 폐점 세일 clearance sale 재고 정리 세일 limited time only 한정된 기간에만 effective = valid (세일, 쿠폰 등의) 유효한 flyer 전단
제품의 특징	feature (제품) 특징 economical 경제적인 portable 휴대가 쉬운 easy to store 보관하기 편한 reliable = trustworthy 믿을 만한 handy 유용한, 편리한 must-have item 필수 품목 come with ~이 딸려 나오다 express delivery = expedited shipping 빠른 배송 durable = long-lasting = sturdy = sustainable 내구성 있는 user-friendly = easy to use = intuitive 사용자 친화적인, 사용하기 쉬운 be environmentally friendly = be eco-friendly = do not harm the environment 친환경적이다	affordable[reasonable] price 좋은 가격 lightweight 가벼운 compact size 작은 크기 brand-new 새로운 heavy-duty 튼튼한 quality 품질, 품질이 좋은 custom-made = customized 주문 제작한 extended warranty 연장 보증 free = complimentary = at no charge 무료의
구인 광고	job opening = job vacancy 공석 job interview 입사 면접 reference 추천서 in person 직접 position (회사에서의) 자리, 직위 three years of experience 3년 경력 employee benefits 직원 복지 혜택	qualified 자격이 있는 résumé 이력서 requirement 자격 요건 candidates 후보자들 management experience 관리직 경력 application from 지원서 flexible working hours 탄력 근무제

해설서 p.128

P4-17 영국

Q1 키워드 잡기

What type of business is being advertised?

(A) A garden center
(B) A catering service
(C) An automotive repair shop
(D) A supermarket

Q2 키워드 잡기

What change has been made at the business?

(A) It has changed ownership.
(B) It has a new policy.
(C) It has been enlarged.
(D) It has reduced prices.

Q3 키워드 잡기

What is being offered this Saturday?

(A) Longer opening hours
(B) A free talk
(C) Next-day home delivery
(D) Price reductions

Questions 1-3 refer to the following radio advertisement.

W ❶ ❷ Green Fingers Garden Center, your first-choice destination for all your gardening needs, is pleased to announce the grand opening of our expanded store. The expanded center now has a huge outdoor area featuring hundreds of plants, as well as a brand-new garden pond and landscaping centers. What's more, we're running a series of "gardening tips" events, which are offered absolutely free of charge. ❸ This Saturday, we have celebrity gardener Tom Finch coming in to talk about how to add water features to your garden. Don't miss it! Make Green Fingers your place to be this weekend.

Q4 키워드 잡기
What is the main topic of the broadcast?

(A) Shopping online
(B) Renovating homes
(C) Saving money
(D) Eating healthy

Q5 키워드 잡기
Why does the speaker say, "That's a big change"?

(A) To point out the benefit of a system
(B) To express surprise at a scheduling change
(C) To request some comments
(D) To praise a new process

Q6 키워드 잡기
According to the speaker, what should the listeners do first?

(A) Contact a studio
(B) Schedule a consultation
(C) Make a user account
(D) Create a list of targets

Questions 4-6 refer to the following broadcast.

M Let's move on to the next segment of today's show: personal finance. Every day, I receive questions from my listeners about how to resist the urge to purchase unnecessary items. ❹ So today, I'll be discussing a great system that can help you conserve money. ❺ I've shared this system with some friends, and it's helped them cut back their monthly expenses by over 20 percent. That's a big change! ❻ The first thing you have to do is to set weekly targets. Please write down how much you'd like to spend each week of this month.

Warm-up 담화를 잘 듣고 질문에 알맞은 답을 고른 후, 빈칸을 채우세요. (담화는 3번 들려줍니다.)

해설서 p.129

1. Who most likely is the speaker?
(A) A fashion designer (B) A television host

2. What will be broadcast next Wednesday?
(A) A news report (B) A documentary film

3. What will Stella Morgan discuss?
(A) Women's clothes (B) The Winter Olympics

M: And lastly, ____.
________________________, ____
________________________ on this year's Winter Olympics. But we'll return the following Wednesday with a special guest, designer ______________, ________
________________________ for the upcoming fall season. So until next time,
________________________________ wishing you a good evening.

4. What is the theme of the exhibition?
(A) The appearance of offices in the future (B) Artwork for public areas

5. Who is Henri Du Blanc?
(A) An architect (B) A car designer

6. What are visitors invited to do?
(A) Indicate a preference (B) Order a catalog

W: If you are around Marlowes Center today, remember to ________________________
__________. ____.
____
has designed the main piece for the exhibit, and his work will certainly be the center of attention at the venue. In a 1,800-square-meter display, his exhibits will feature five different office layouts.
____.

Practice

P4-20

해설서 p.131

1. What field is the news report mainly about?
   (A) Finance
   (B) Advertising
   (C) Logistics
   (D) Electronics

2. What are local companies concerned about?
   (A) A minimum wage hike
   (B) A newly proposed budget
   (C) A revised immigration policy
   (D) A set of safety regulations

3. What are the listeners invited to attend on September 24th?
   (A) A meeting with officials
   (B) A protest
   (C) A factory tour
   (D) A live webinar

---

4. What feature of the NXT Sense Pro does the speaker mention?
   (A) It keeps track of packages.
   (B) It calculates personal finances.
   (C) It provides security alerts instantly.
   (D) It adjusts room temperatures remotely.

5. According to the speaker, what is impressive about the NXT Sense Pro?
   (A) Its compatibility
   (B) Its battery life
   (C) Its affordable price
   (D) Its lightweight design

6. What is being offered with a purchase order this week?
   (A) Home installation
   (B) An accessory
   (C) A discount
   (D) Complimentary delivery

7. What is the broadcast mainly about?
   (A) Bank loan applications
   (B) Conference venues
   (C) Corporate sponsorships
   (D) Upcoming community events

8. What does the speaker imply when she says, "the banquet was quite successful"?
   (A) A menu was popular.
   (B) A strategy was effective.
   (C) A location was convenient.
   (D) A show was entertaining.

9. According to the speaker, what will happen next?
   (A) A commercial will be aired.
   (B) A traffic report will be provided.
   (C) A detailed explanation will be given.
   (D) A contest winner will be selected.

---

10. What is the main topic of the broadcast?
    (A) A theater owner
    (B) An award ceremony
    (C) A famous entertainer
    (D) A musical series

11. What does the speaker imply when she says, "it's expected to be a big hit"?
    (A) Many people will attend a show.
    (B) An event will be moved to a larger venue.
    (C) Tickets are no longer available.
    (D) A prize will be given.

12. Why are the listeners encouraged to visit a website?
    (A) To download a registration form
    (B) To watch videos of performances
    (C) To see which areas are accessible
    (D) To check the winners of a contest

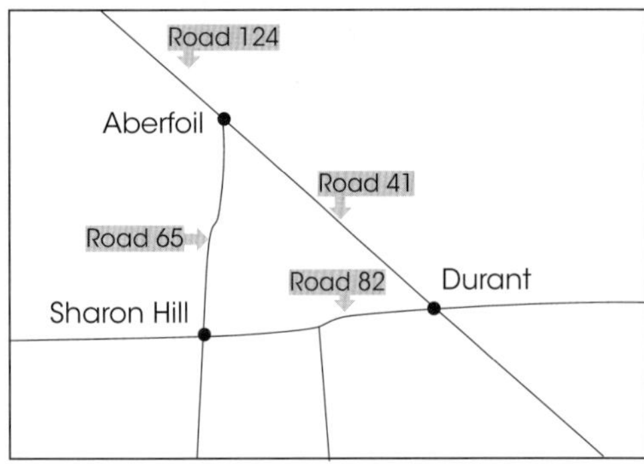

Service Plan	Price
Regular	$150
Combined	$180
On-call	$40
All Inclusive	$200

13. What event is the speaker talking about?
(A) A music concert
(B) A film festival
(C) A sporting game
(D) A fundraiser

14. What can the listeners find online?
(A) A detailed list
(B) A written review
(C) A rulebook
(D) An announcement

15. Look at the graphic. According to the speaker, which road has heavy traffic?
(A) Road 41
(B) Road 65
(C) Road 82
(D) Road 124

16. What type of business is being advertised?
(A) Flower delivery
(B) Home cleaning
(C) Landscaping
(D) Catering

17. According to the speaker, what will probably happen at the end of the month?
(A) A location will open.
(B) Contest winners will be announced.
(C) New services will be available.
(D) A discount will end.

18. Look at the graphic. How much does the business' most popular service plan cost?
(A) $150
(B) $180
(C) $40
(D) $200

PART 3&4 빈출 관용 표현과 숙어 5

put together	조립하다, 만들다
take part in = participate in = join	~에 참여하다
merge with	~와 합병하다
be covered	(비용이) 충당되다
be released to the market = be introduced = be launched	출시되다, 시장에 나오다
be short-staffed	직원이 부족하다
call in sick	전화로 병가를 내다
dispose of = get rid of	~을 없애다[처분하다]
drop off	~을 갖다주다, 맡기다
fill ~ in	~에게 지금까지 있은 일을 설명해 주다[알려 주다]
fill out = complete	~을 기입하다, 작성하다
in order	정돈된, 차례로
in writing	서면으로
keep track of	~을 파악하다[알다]
keep up with the demand	수요를 따라잡다
learn about	~에 대해 알다
look for	~을 찾다
make ~ top priority	~을 우선 사항으로 하다

관광·견학

공장, 공원, 박물관 등을 방문한 사람들을 대상으로 가이드가 일정이나 주의 사항 등을 안내하는 내용이 주를 이루며, 매회 0~1문제가 출제된다.

담화 유형 확인하기

1. 관광

- 공원, 식물원, 전시회, 유적지 등에서 청자들이 보게 될 것과 관련한 설명, 관광 세부 일정 안내, 다음 갈 곳 안내 및 관광 시 주의/당부 사항 전달 등에 관한 내용이다.
- 주로 담화 장소나 화자의 정체, 관람 시 주의 사항 같은 특정 세부 정보, 다음 할 일을 묻는 문제가 자주 출제된다.

관광	nature reserve 자연 보호 구역	nature trail 자연 탐방로	waking path 산책로, 오솔길
	sightseeing 관광	excursion (단체로 짧게 가는) 여행	tourist attraction 관광 명소
	hidden gem 숨은 명소	guided tour 가이드 투어[안내원이 딸린 견학]	park ranger 공원 경비원
	itinerary 일정(표)	explore 탐험하다, 둘러보다	endangered 멸종 위기에 처한
	species (동·식물의) 종	conservatory 온실	native 토종의
	conserve 보호[보존]하다	well-known 잘 알려진, 유명한	attractive 매력적인
	breathtaking 숨 막히게 아름다운	scenery 풍경	historical site 사적지
	archaeologist 고고학자	discover 발견하다	stop by ~에 들르다
	next destination 다음 목적지	souvenir 기념품	gift shop 기념품점
	valuable 귀중품	courtesy bus 무료 운행 버스	
	store belongings 소지품을 보관하다		
관람	botanical garden 식물원	greenhouse 온실	exhibit 전시하다; 전시품
	contemporary[modern] art 현대 미술	ancient 고대의	excavate 발굴하다
	a range of 다양한	painting 그림	mural 벽화
	mosaic 모자이크	artifact 공예품	handicraft 수공예품
	sculpture 조각품	statue 조각상	pottery 도자기, 도예
	delicate = elaborate 정교한	admission fee 입장료	screening 상영
	film 영화	sequel 속편	critic 평론가, 비평가
	raise funds 자금을 모으다	financial support 재정 지원	donate = contribute 기부하다
	refrain from ~을 자제하다, 삼가다	prohibit 금지하다	flash (카메라) 플래시, 번쩍임
	damage 손상을 주다	fragile 손상되기 쉬운	

2. 공장·시설물 견학

▶ 공장이나 시설물 등에서 생산하는 상품의 작업 절차를 설명하거나 견학하는 동안 지켜야 할 주의 사항, 다음 할 일 등을 알려 주는 내용이다.

공장·시설물 견학		
	manufacturing plant 제조 공장	factory 공장
	facility 시설	assembly line 조립 라인
	production floor 생산 작업장	manufacture 생산하다
	tour 견학	look around ~을 둘러보다
	shortly 곧	schedule 일정(표)
	demonstration 시연/설명(회)	solar energy 태양열 에너지
	solar panel 태양 전지판	wind turbine 풍력 발전용 터빈
	satisfaction survey 만족도 조사	productivity 생산성
	issue 문제	address 다루다, 해결하다
	operate 가동하다	material 자재
	raw material 원자재, 원료	ingredient 재료
	mixture 혼합물	fabric 직물
	prototype 시제품	packaging 포장
	sanitize 위생 처리하다, 살균하다	quality control 품질 관리
	capacity 용량, 수용력	quota 할당량
	comply with ~을 준수하다, 따르다	safety regulations[rules] 안전 규정
	top priority 최우선 사항	pass around (자료 등을) 돌리다, 나누어 주다
	protective gear[equipment] 보호 장비	hard hat 안전모
	earplugs 귀마개	take precautions 예방 조치를 취하다
	utilize 활용하다, 이용하다	the latest technology 최신 기술
	state-of-the-art 최첨단의, 최신식의	cost-effective 비용 효율적인
	halt production 생산을 중단하다	head to ~로 가다
	instructional video 교육용 비디오	hands-on 직접 해 보는
	strictly prohibited 엄격히 금지된	be not allowed to ~이 허용되지 않다
	keep in mind 명심하다	electronic device 전자 기기
	switch off ~을 끄다	silent mode 무음 모드, 매너 모드

핵심 문제 유형

해설서 p.135

P4-21 호주

Q1 키워드 잡기

Who is the speaker?

(A) A tour guide
(B) A ferry captain
(C) A local fisherman
(D) A ticket attendant

Q2 키워드 잡기

Why does the speaker say, "You have around thirty minutes"?

(A) To emphasize a limited opportunity
(B) To recommend using specific equipment
(C) To warn of an expected delay
(D) To explain why a problem has occurred

Q3 키워드 잡기

What does the speaker suggest doing on Harpy Island?

(A) Going on a hike
(B) Attending a performance
(C) Reserving a hotel room
(D) Trying local cuisine

Questions 1-3 refer to the following talk.

M ❶ The Torrent-Tour Ferry welcomes you on board. This is your captain speaking. We have some fantastic weather conditions right now, and you can catch some spectacular views. ❷ However, we are also expecting a lot of rain very soon, so enjoy it while you can. You have around thirty minutes. We are also serving refreshments and beverages in the lower-level dining area, and you can also pick up our brochures. They detail some of the things you can look forward to on Harpy Island. ❸ If this is your first time, try to catch a performance of the Whitman Group. You won't be disappointed. OK, in about an hour, we'll be at Harpy Island.

P4-22 미국

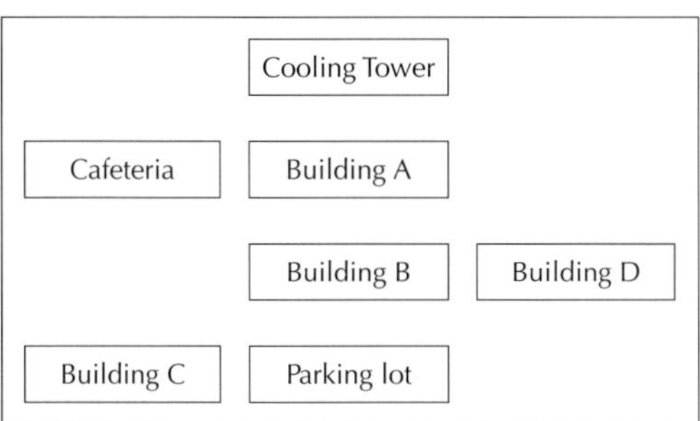

키워드 잡기

Q4 What does the manufacturing plant produce?

(A) Office furniture
(B) Clothing
(C) Jewelry
(D) Automobiles

키워드 잡기

Q5 What does the speaker remind the listeners to do?

(A) Avoid touching products
(B) Stay as a group
(C) Ask questions at the end
(D) Pay an entrance fee

키워드 잡기

Q6 Look at the graphic. Which building will the listeners go to next?

(A) Building A
(B) Building B
(C) Building C
(D) Building D

Questions 4-6 refer to the following announcement and map.

M ❹ Thank you for coming along on this tour through our clothing manufacturing facility. Here is where we produce most of the latest designs for the next season. Throughout this tour, you'll see the entire manufacturing process, from creating the initial designs to shipping products out to our customers. ❺ Please remember that real products are being made here today, so please refrain from touching anything. All of the steps in our process take place in different facilities, and we'll be visiting all of them today. Here is a map that shows where our facilities are. ❻ We're at the parking lot. Let's head to the building west of here and check out our design process.

P4-23

Warm-up 담화를 잘 듣고 질문에 알맞은 답을 고른 후, 빈칸을 채우세요. (담화는 3번 들려줍니다.)

해설서 p.137

1. What is the museum exhibit about?
(A) Jewelry (B) Ceramic

2. Why does the speaker say, "That's what I'm here for"?
(A) To participate in an interview (B) To offer some help

3. According to the speaker, what is NOT allowed?
(A) Making phone calls (B) Taking pictures

M: Thank you for coming to the Museum of Design. ______________________________ ______________________________—please have your tickets ready. As you walk around, ______________________________ ______________. That's what I'm here for. OK, before we start, ______________________________ ______________________________ during the tour.

Activity	Guide
Birdwatching	M. Collins
Market tour	D. Cox
Forest hike	S. Myers
Sailing	P. Butler

4. What does the speaker say about the listeners' breakfast?
(A) It wasn't what the guests expected. (B) It was made using a traditional recipe.

5. Why was an activity canceled?
(A) Because a guide could not be present (B) Because a guest refused to participate

6. Look at the graphic. Who is the speaker?
(A) P. Butler (B) S. Myers

W: Welcome to the next leg of your tour. ______________________________ ______________. ______________________________, but we did what we could. So today, we have an exciting day ahead of us. Before I get to that, I want to let everyone know that ______________________________ ______________. ______________________________ ______________. We'll spend that time shopping instead. ______________________________ ______________. ______________________________. But that's getting ahead of ourselves. For now, I'm going to turn you to Ms. Collins, our birdwatching expert.

Practice

P4-24

해설서 p.138

1. What type of product does the speaker's company sell?
   (A) Medical devices
   (B) Measuring equipment
   (C) Farming machinery
   (D) Factory equipment

2. According to the speaker, what is unique about a product?
   (A) It is light.
   (B) It is inexpensive.
   (C) It is customizable.
   (D) It is small.

3. What does the speaker invite the listeners to do?
   (A) Purchase a product
   (B) View a demonstration
   (C) Provide feedback
   (D) Receive a coupon

---

4. What does the speaker invite the listeners to do before the auction begins?
   (A) Review a catalog
   (B) Update some personal details
   (C) Sign a form
   (D) Take some refreshments

5. What type of items are being sold?
   (A) Jewelry
   (B) Office furniture
   (C) Gardening tools
   (D) Artwork

6. According to the speaker, why should the listeners talk to Evelyn Ramos?
   (A) To schedule a delivery
   (B) To receive monthly updates
   (C) To complete a payment
   (D) To report a problem

7. What kind of tour are the listeners taking?
   (A) A bike tour
   (B) A bus tour
   (C) A walking tour
   (D) A virtual tour

8. According to the speaker, what is the city of Paulsberg known for?
   (A) Handmade bread
   (B) Street performances
   (C) Art galleries
   (D) Artisanal coffee

9. What does the speaker imply when he says, "We'll be passing by a bank on our way into the city"?
   (A) The listeners will need to know the location of the bank.
   (B) The listeners should take pictures of the bank.
   (C) The listeners will have a chance to draw money.
   (D) The listeners will need to make a payment shortly.

---

10. Who most likely is the speaker?
    (A) A real estate agent
    (B) A construction worker
    (C) An accountant
    (D) An interior designer

11. What does the speaker give to the listeners?
    (A) A business card
    (B) A floor plan
    (C) A brochure
    (D) An invoice

12. Why does the speaker say, "there will still be some ongoing construction"?
    (A) He is dissatisfied with the current state.
    (B) He would like to propose a new idea.
    (C) The listeners should wait until completion.
    (D) The listeners should expect some disruption.

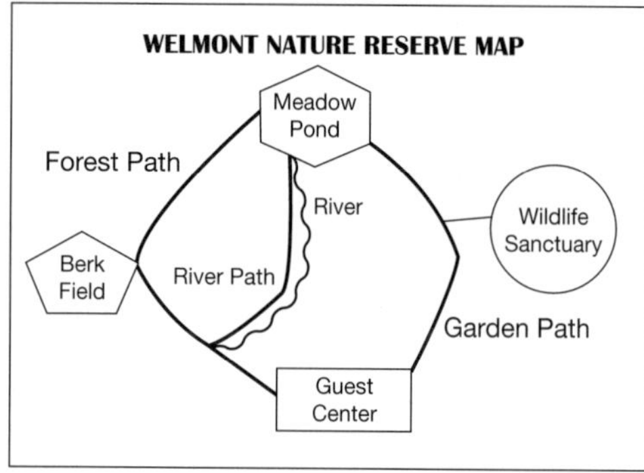

13. Who most likely is the speaker?
(A) A tourist
(B) A director
(C) A concierge
(D) A guide

14. Look at the graphic. Where will the listeners NOT be able to visit today?
(A) Guest Center
(B) Wildlife Sanctuary
(C) Meadow Pond
(D) Berk Field

15. What does the speaker recommend that the listeners do?
(A) Take some photos
(B) Bring warm clothes
(C) Check a map
(D) Pack some food

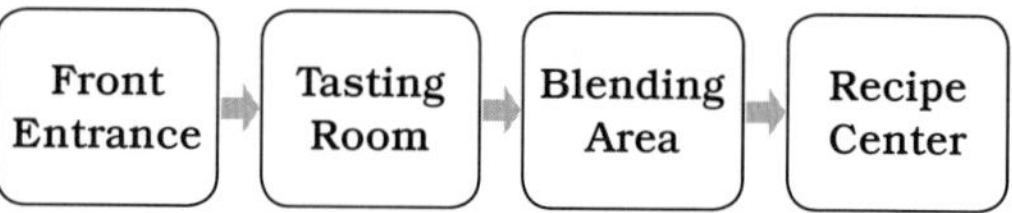

16. Why are the listeners visiting the manufacturing plant?
(A) To participate in a tour
(B) To repair some equipment
(C) To attend a celebration
(D) To apply for a job

17. Look at the graphic. Where will the listeners go next?
(A) To the Front Entrance
(B) To the Tasting Room
(C) To the Blending Area
(D) To the Recipe Center

18. What does the speaker ask the listeners to do?
(A) Submit a payment
(B) Show their IDs
(C) Sample some items
(D) Put away their devices

PART 3&4 빈출 관용 표현과 숙어 6

make it to	~에 가다
marked confidential and urgent	기밀 및 긴급이라고 표시된
narrow down	(범위를) 좁히다, 줄이다
not only A but also B = B as well as A	A뿐만 아니라 B도
offer a job	일자리를 제공하다
on short notice	급하게, 갑작스럽게
out of the office	외근 중인
out of town	(도시를 떠나) 출장 중인
pay in advance	선불로 하다
in stock	재고가 있는
run errands	심부름을 하다
scheduling conflict	일정 충돌, 겹치는 일정
sign up = register	~에 등록하다
stop ~ on one's way home	집에 오는 길에 ~에 들르다
take apart = disassemble	~을 분해하다
take over	~을 인수하다
take place = be held	일어나다, 개최되다
up and running	작동 중인, 사용되고 있는
within one's budget	~의 예산 범위 내에서
work on	~에 대해 작업을 하다

REVIEW TEST 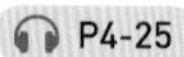 해설서 p.142

71. Why is the speaker worried?
(A) A department needs more employees.
(B) A project is too costly.
(C) A deadline cannot be met.
(D) An application is not working well.

72. What will the listeners do during the meeting?
(A) Work in separate groups
(B) Analyze some information
(C) Test some products
(D) Watch a video

73. Why does the speaker need a volunteer?
(A) To contact some customers
(B) To bring a piece of equipment
(C) To reserve a larger meeting room
(D) To print some documents

74. What will the listeners do at 6 P.M.?
(A) Shop at some stores
(B) Depart for the airport
(C) Tour some restaurants
(D) Watch a musical show

75. Why does the speaker say, "Marlon's Antiques has a lot of interesting items"?
(A) To describe the success of a local store
(B) To invite listeners to take some photographs
(C) To introduce new merchandise
(D) To encourage listeners to visit a business

76. What will the speaker do next?
(A) Book some seats
(B) Obtain a parking pass
(C) Review a schedule
(D) Distribute maps

77. What type of business does the speaker own?
(A) A clothing store
(B) A supermarket
(C) A museum
(D) A marketing firm

78. What is the topic of today's episode?
(A) Staff retention
(B) Industry trends
(C) Advertising mediums
(D) Financing tips

79. What will the speaker most likely do next?
(A) Take questions from listeners
(B) Initiate a discussion
(C) Advertise a product
(D) Congratulate a guest

80. What type of service does the speaker's company offer?
(A) Medical assistance
(B) Shipping
(C) Asset management
(D) Vehicle checks

81. What does the speaker ask the listener to do?
(A) Respond with a decision
(B) Fill out a form
(C) Make a payment
(D) Send a document

82. How can the listener receive a discount?
(A) By referring a friend
(B) By becoming a member
(C) By visiting a branch
(D) By paying in advance

83. What type of event is the speaker organizing?

(A) An investors' meeting
(B) A corporate training session
(C) An anniversary celebration
(D) A new employee dinner

84. What does the speaker imply when she says, "but we've confirmed that 200 people will be attending"?

(A) A restaurant menu needs to be revised.
(B) A budget must be reviewed.
(C) A suggested venue is not large enough.
(D) A famous speaker will be at an event.

85. What would the speaker like to do on Thursday?

(A) Have a meeting
(B) Contact a business
(C) Submit a payment
(D) Tour a facility

---

86. Who most likely are the listeners?

(A) Short story authors
(B) Video game developers
(C) Internet technicians
(D) Business consultants

87. What feature of a product has received good reviews?

(A) Its low price
(B) Its ease of accessibility
(C) Its innovative functions
(D) Its visual design

88. What does the speaker say the listeners will receive next year?

(A) Health insurance
(B) Vacation time
(C) Extra pay
(D) Free checkups

89. What is the speaker calling about?

(A) A business consultation
(B) A sales report
(C) A cost estimate
(D) An upcoming inspection

90. Why does the speaker say, "Not many people can do that"?

(A) To explain a policy
(B) To refuse a request
(C) To express gratitude
(D) To provide encouragement

91. What does the speaker recommend that the listener do in May?

(A) Renovate a store
(B) Recruit more workers
(C) Move to another city
(D) Participate in a seminar

---

92. Where is the meeting most likely taking place?

(A) At a train station
(B) At a ferry port
(C) At a bus terminal
(D) At an airport

93. What does the speaker think users will like most about a mobile application?

(A) It will be updated frequently.
(B) It is compatible with many apps.
(C) It makes purchasing tickets easier.
(D) It can be downloaded at no cost.

94. What will the speaker do at the next meeting?

(A) Watch a demonstration
(B) Invoice a customer
(C) Lead a discussion
(D) Gather some feedback

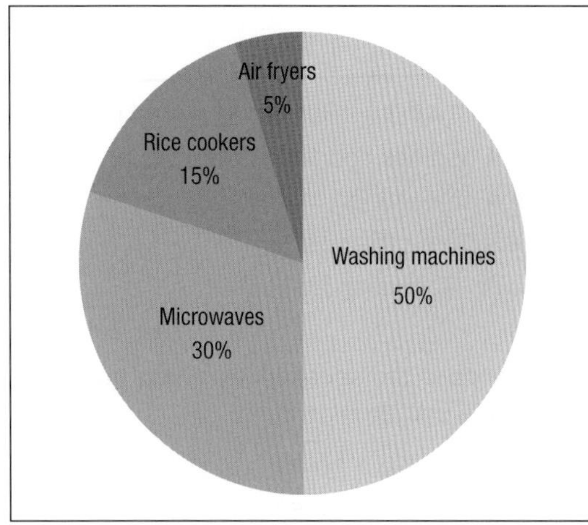

95. What strategy did the company decide on last year?
(A) To expand overseas
(B) To hire a new head of sales
(C) To diversify their products
(D) To focus on cutting costs

96. Which department does the speaker head?
(A) Manufacturing
(B) Accounting
(C) Human resources
(D) Marketing

97. Look at the graphic. Which product does Janine's team work on?
(A) Washing machines
(B) Microwaves
(C) Rice cookers
(D) Air fryers

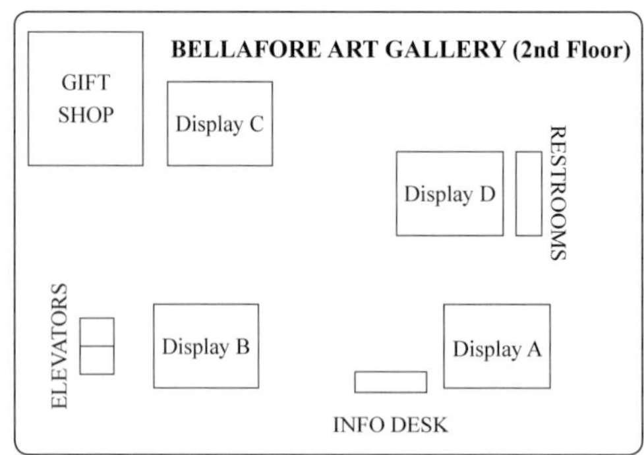

98. Who most likely are the listeners?
(A) News reporters
(B) School teachers
(C) Local artists
(D) Museum staff

99. Look at the graphic. Which display will NOT be discussed?
(A) Display A
(B) Display B
(C) Display C
(D) Display D

100. According to the speaker, what is the purpose of the program?
(A) To showcase students' works
(B) To provide art classes to residents
(C) To raise funds for renovations
(D) To lower operating expenses

NO TEST MATERIAL ON THIS PAGE

MEMO

파고다 토익 LC

해설서

4th Edition

파고다교육그룹 언어교육연구소, 켈리 정 | 저

고득점 완성

PAGODA Books

파고다 토익

LC 해설서

4th Edition

파고다교육그룹 언어교육연구소, 켈리 정 | 저

고득점 완성

PAGODA Books

PART 1

UNIT 01. 인물 사진 공략

핵심 문제 유형

본서 p.35

1. (D)　2. (B)

1. (A) 여자가 나무에 물을 주고 있다.
(B) 여자가 꽃을 심고 있다.
(C) 건물 문이 열려 있다.
(D) 창문이 호스로 닦이고 있다.

추가 가능 정답
+ A woman is using a hose.
한 여자가 호스를 사용하고 있다.
+ A woman is spraying water on a window.
한 여자가 창문에 물을 뿌리고 있다.

어휘 water 물을 주다 | plant 심다 | be left open 열려 있다 | hose 호스

2. (A) 한 남자가 재활용 박스에 물을 채우고 있다.
(B) 한 남자가 유리병을 쥐고 있다.
(C) 한 여자가 유리잔을 비우고 있다.
(D) 한 여자가 음료를 제공하고 있다.

추가 가능 정답
+ He's kneeling on the floor.
남자가 바닥에 무릎을 꿇고 있다.
+ Some kitchen utensils have been placed on the counter.
몇몇 주방 기구들이 조리대 위에 놓여 있다.

어휘 fill 채우다 | recycling box 재활용 박스 | grasp (꽉) 잡다[쥐다], 움켜잡다 | empty (그릇 등에 든 것을) 비우다 | serve (음식 등을) 제공하다, 내어주다 | beverage 음료

Warm-up

본서 p.35

1. (B)　2. (B)　3. (D)　4. (C)　5. (C)　6. (C)
7. (B)　8. (D)

1. 미국
(A) He's trying on a tie.
(B) He's holding a phone.
(C) He's sipping from a mug.
(D) He's glancing out the window.

(A) 남자가 넥타이를 매 보고 있다.
(B) 남자가 전화기를 들고 있다.
(C) 남자가 머그잔으로 조금씩 마시고 있다.
(D) 남자가 창밖을 보고 있다.

해설 (A) X 동작 묘사 오류(is trying on)
(B) O 전화기를 들고 있는 모습을 정확히 묘사 → hold는 손에 뭔가를 들고 있는 '상태'를 나타내는 동사이다.
(C) X 동작 묘사 오류(is sipping)
(D) X 동작 대상 오류(window)

어휘 try on ~을 입어 보다 | sip (음료를) 홀짝이다 | glance 흘깃 보다

2. 영국
(A) He's installing a roof.
(B) He's climbing a ladder.
(C) He's cleaning some solar panels.
(D) He's reaching for a tool.

(A) 남자가 지붕을 설치하고 있다.
(B) 남자가 사다리에 오르고 있다.
(C) 남자가 태양 전지판을 닦고 있다.
(D) 남자가 공구를 잡으려고 손을 뻗고 있다.

해설 (A) X 동작 묘사 오류(is installing)
(B) O 사다리에 오르고 있는 모습을 정확히 묘사
(C) X 동작 묘사 오류(is cleaning)
(D) X 동작 묘사 오류(is reaching for)

어휘 install 설치하다 | roof 지붕 | climb 오르다 | ladder 사다리 | solar panel 태양 전지판 | reach for ~을 잡으려고 손을 뻗다 | tool 공구, 연장

3. 미국
(A) She is moving a sculpture.
(B) She is framing some artwork.
(C) She is straightening a painting on the wall.
(D) She is sitting on a stool.

(A) 여자가 조각품을 옮기고 있다.
(B) 여자가 미술품 몇 점을 액자에 넣고 있다.
(C) 여자가 벽에 걸린 그림을 똑바로 하고 있다.
(D) 여자가 등받이 없는 의자에 앉아 있다.

해설 (A) X 동작 묘사 오류(is moving)
(B) X 동작 묘사 오류(is framing)
(C) X 동작 묘사 오류(is straightening)
(D) O 등받이 없는 의자에 앉아 있는 모습을 정확히 묘사

어휘 sculpture 조각품 | frame 액자에 넣다 | straighten 똑바르게 하다 | stool 등받이 없는 의자

4. 호주
(A) A street is being paved.
(B) A woman is walking through a field.
(C) The vehicles are headed in the same direction.
(D) Pedestrians are gathered around a traffic sign.

(A) 도로가 포장되고 있다.
(B) 한 여자가 들판을 걸어가고 있다.
(C) 차들이 같은 방향을 향하고 있다.
(D) 보행자들이 교통 표지판 주위에 모여 있다.

해설 (A) X 동작 묘사 오류(is being paved)
(B) X 동작의 장소 오류(field)
(C) O 차들이 같은 방향으로 향해 있는 모습을 정확히 묘사
(D) X 사진에 등장하지 않는 사물(traffic sign)

어휘 pave (도로를) 포장하다 | head 향하다 | in the same direction 같은 방향으로 | pedestrian 보행자 | gather 모이다 | traffic sign 교통 표지판

5. (A) A rope is being coiled.
영국 (B) Leaves are being swept off a roof.
(C) Some people are shoveling some snow.
(D) Some people are leaning against a railing.

(A) 밧줄이 감기고 있다.
(B) 지붕에 있는 나뭇잎을 쓸어서 치우고 있다.
(C) 몇몇 사람들이 삽으로 눈을 치우고 있다.
(D) 몇몇 사람들이 난간에 기대고 있다.

해설 (A) X 동작 묘사 오류(is being coiled)
(B) X 사진에 등장하지 않는 사물(Leaves)
(C) O 삽으로 눈을 치우는 모습을 정확히 묘사
(D) X 동작 묘사 오류(are leaning against)

어휘 rope 밧줄, 로프 | coil 감다, 휘감다 | sweep (빗자루 등으로) 쓸다 | roof 지붕 | shovel 삽질하다 | lean against ~에 기대다 | railing 난간

6. (A) They're turning on a kitchen sink.
미국 (B) They're grabbing some cookware from a cabinet.
(C) A man is crouching to examine a pipe.
(D) A woman is lifting a toolbox.

(A) 사람들이 부엌 싱크대를 틀고 있다.
(B) 사람들이 수납장에서 조리 도구를 꺼내어 잡았다.
(C) 한 남자가 파이프를 살펴보기 위해 쭈그려 앉아 있다.
(D) 한 여자가 공구함을 들어 올리고 있다.

해설 (A) X 동작 묘사 오류(are turning on)
(B) X 동작 묘사 오류(are grabbing ~ from a cabinet)
(C) O 남자가 쭈그려 앉아 있는 모습을 정확히 묘사
(D) X 동작 묘사 오류(is lifting)

어휘 turn on ~을 켜다 | sink 싱크대 | grab 붙잡다 | cookware 조리 도구 | cabinet 수납장, 보관함 | crouch (몸을) 쭈그리고 앉다 | examine 살펴보다 | pipe 관, 파이프 | lift 들어 올리다 | toolbox 공구함

7. (A) Some people are fastening their aprons.
미국 (B) Some people are using cutting boards.
(C) A man is pouring a mixture into a pot.
(D) Some utensils are being placed in a cupboard.

(A) 몇몇 사람들이 앞치마를 매고 있다.
(B) 몇몇 사람들이 도마를 사용하고 있다.
(C) 한 남자가 혼합물을 냄비 속에 붓고 있다.
(D) 조리 도구 몇 개가 찬장 안에 놓이고 있다.

해설 (A) X 동작 묘사 오류(are fastening)
(B) O 몇몇 사람들이 도마를 사용하고 있는 모습을 정확히 묘사
(C) X 동작 묘사 오류(is pouring)
(D) X 동작 묘사 오류(are being placed)

어휘 fasten 매다 | apron 앞치마 | cutting board 도마 | pour 붓다 | mixture 혼합물 | pot 냄비 | utensil 조리 도구 | cupboard 찬장

8. (A) One of the men is distributing some handouts.
호주 (B) A woman is pointing at a chart.
(C) One of the men is putting on a tie.
(D) Some people are raising their hands.

(A) 남자들 중 한 명이 인쇄물을 나누어 주고 있다.
(B) 한 여자가 차트를 가리키고 있다.
(C) 남자들 중 한 명이 넥타이를 매는 중이다.
(D) 몇몇 사람들이 손을 들고 있다.

해설 (A) X 동작 묘사 오류(is distributing)
(B) X 동작 묘사 오류(is pointing at)
(C) X 동작 묘사 오류(is putting on)
(D) O 몇몇 사람들이 손을 들고 있는 모습을 정확히 묘사

어휘 distribute 나누어 주다 | point at ~을 가리키다 | put on ~을 입다 (동작) | raise one's hand 손을 들다

Practice

본서 p.40

1. (D)	2. (D)	3. (A)	4. (D)	5. (C)	6. (D)
7. (D)	8. (B)	9. (A)	10. (D)	11. (C)	12. (D)

1. (A) The man is rolling up some carpet.
영국 (B) The man is painting a picture.
(C) A selection of paints is on the floor.
(D) A lid has been removed from a paint can.

(A) 남자가 카펫을 둘둘 말고 있다.
(B) 남자가 그림을 그리고 있다.
(C) 다양한 페인트들이 바닥에 있다.
(D) 페인트 통의 뚜껑이 벗겨져 있다.

해설 (A) X 사진에 등장하지 않는 사물(carpet)
(B) X 사진에 등장하지 않는 사물(picture)
(C) X 수 일치 오류(A selection of paints)
(D) O 페인트 통의 뚜껑이 벗겨져 있는 상태를 정확히 묘사

어휘 roll up ~을 둘둘 말다 | a selection of 다양한, 일련의 | lid 뚜껑 | remove 벗기다, 제거하다, 치우다

2. (A) A woman is cutting a piece of wood.
호주 (B) A woman is trimming some branches.
(C) A woman is using a machine.
(D) A woman is measuring a board.

(A) 한 여자가 나무 조각을 자르고 있다.
(B) 한 여자가 나뭇가지를 다듬고 있다.
(C) 한 여자가 기계를 사용하고 있다.
(D) 한 여자가 판자의 치수를 재고 있다.

해설 (A) X 동작 묘사 오류(is cutting)
(B) X 동작 묘사 오류(is trimming)
(C) X 동작 대상 오류(machine)
(D) O 판자의 치수를 재고 있는 모습을 정확히 묘사

어휘 trim 다듬다 | branch 나뭇가지 | measure 치수를 재다, 측정하다 | board 판자

3. (A) There are different types of pottery in a store.
미국 (B) Broken pots are scattered on the floor.
(C) Some pots have been put on a tray.
(D) A worker is putting pottery in a box.

(A) 가게에 여러 종류의 도자기가 있다.
(B) 깨진 단지들이 바닥에 흩어져 있다.
(C) 몇몇 단지들이 쟁반에 놓여 있다.
(D) 한 인부가 도자기를 상자에 넣고 있다.

해설 (A) O 가게에 여러 종류의 도자기가 있는 모습을 정확히 묘사
(B) X 사진에 등장하지 않는 사물(Broken pots)
(C) X 위치 묘사 오류(on a tray)
(D) X 사진에 등장하지 않는 사람(worker)

어휘 pottery 도자기 | pot 단지, 냄비 | scatter 흩뿌리다 | tray 쟁반

4. (A) The woman is closing a cabinet door.
호주 (B) The woman is squeezing liquid detergent into a sink.
(C) Water is being poured into a container.
(D) Water is flowing from a faucet.

(A) 여자가 보관함 문을 닫고 있다.
(B) 여자가 액상 세제를 싱크대에 짜고 있다.
(C) 물이 용기에 부어지고 있다.
(D) 물이 수도꼭지에서 흐르고 있다.

해설 (A) X 동작 묘사 오류(is closing)
(B) X 동작 묘사 오류(is squeezing)
(C) X 동작 묘사 오류(is being poured into)
(D) O 물이 수도꼭지에서 흐르고 있는 모습을 정확히 묘사

어휘 squeeze 짜다 | liquid detergent 액상 세제 | pour 붓다, 따르다 | container 용기 | flow 흐르다 | faucet 수도꼭지

5. (A) One of the men is climbing a ladder.
미국 (B) A drawer is being displayed in a window.
(C) Some men are loading a truck with furniture.
(D) A vehicle is being parked in a driveway.

(A) 남자들 중 한 명이 사다리를 오르고 있다.
(B) 서랍장이 창에 진열되어 있다.
(C) 몇몇 남자들이 가구를 트럭에 싣고 있다.
(D) 차량 한 대가 차도에 주차되고 있다.

해설 (A) X 동작 대상 오류(ladder)
(B) X 사진에 등장하지 않는 사물(window)
(C) O 두 남자가 가구를 트럭에 싣고 있는 모습을 정확히 묘사
(D) X 동작 묘사 오류(is being parked)

어휘 ladder 사다리 | drawer 서랍(장) | load 싣다, 적재하다 | vehicle 차량, 탈것 | driveway 차도

6. (A) Tourists are boarding a boat.
영국 (B) Some flags are being lowered.
(C) A footbridge extends over a highway.
(D) A boat is traveling on a waterway.

(A) 관광객들이 배에 탑승하고 있다.
(B) 몇몇 깃발들이 내려지고 있다.
(C) 육교가 고속도로 위로 나 있다.
(D) 배 한 척이 수로에서 이동하고 있다.

해설 (A) X 동작 묘사 오류(are boarding)
(B) X 동작 묘사 오류(are being lowered)
(C) X 사진에 등장하지 않는 사물(highway)
(D) O 배 한 척이 수로에서 이동하고 있는 모습을 정확히 묘사

어휘 board 탑승하다 | lower 내리다 | footbridge 육교, 보행자용 다리 | extend (길 등이) 나 있다, (특정 거리에) 걸치다 | waterway 수로

7. (A) Some cushions have been piled on the floor.
영국 (B) A sofa is being moved out of the room.
(C) A man is removing a box from a cabinet.
(D) A rug is being rolled up.

(A) 몇몇 쿠션들이 바닥에 쌓여 있다.
(B) 소파가 방 밖으로 옮겨지고 있다.
(C) 한 남자가 보관함에서 상자를 치우고 있다.
(D) 양탄자가 말아지고 있다.

해설 (A) X 상태/위치 묘사 오류(been piled on the floor)
(B) X 동작 묘사 오류(is being moved)
(C) X 사진으로 알 수 없는 사실
(D) O 양탄자가 말아지고 있는 모습을 정확히 묘사

어휘 pile (물건을) 쌓다, 포개다 | rug 양탄자, 깔개 | roll up ~을 (둘둘) 말다

8. (A) She's hanging an item on the wall.
호주 (B) He's restocking the inventory.
(C) Some boxes have been stacked next to a cabinet.
(D) Some carts are piled with products.

(A) 여자가 물품을 벽에 걸고 있다.
(B) 남자가 재고품을 보충하고 있다.
(C) 몇몇 상자들이 보관함 옆에 쌓여 있다.
(D) 몇몇 카트들에 제품들이 쌓여 있다.

해설 (A) X 동작 묘사 오류(is hanging)
(B) O 남자가 물품을 채우고 있는 모습을 정확히 묘사
(C) X 위치 묘사 오류(next to a cabinet)
(D) X 사진에 등장하지 않는 사물(carts)

어휘 hang 걸다, 매달다 | restock 보충하다, 다시 채우다 | inventory 재고품 | stack 쌓다 | next to ~ 옆에 | cabinet 보관함, 캐비닛 | pile 쌓다

9. (A) Some merchandise is being displayed for sale.
미국 (B) An assortment of baked goods is being wrapped on a counter.
(C) Bottles have been stacked in a corner.
(D) Shoppers are lining up to make a purchase.

(A) 몇몇 상품이 판매용으로 진열되어 있다.
(B) 여러 가지 제과 제품들이 계산대에서 포장되고 있다.
(C) 병들이 모퉁이에 쌓여 있다.
(D) 쇼핑객들이 물건을 구매하려고 줄을 서 있다.

해설 (A) O 상품이 진열되어 있는 모습을 정확히 묘사 ··· be being displayed는 사람의 동작이 없어도 정답이 될 수 있는 「be being + p.p.」의 예외 중 하나다.
(B) X 동작 묘사 오류(is being wrapped)
(C) X 사진에 등장하지 않는 사물(Bottles)
(D) X 동작 묘사 오류(are lining up)

어휘 merchandise 상품, 제품 | display 진열하다 | for sale 팔려고 내놓은 | an assortment of 여러 가지의, 다양한 | baked goods 제과 제품들 | wrap 포장하다 | stack 쌓다 | line up 줄을 서다

---

10. (A) She's bending over to pick up an item.
영국 (B) She's raking some leaves.
(C) Some stairs are being cleaned.
(D) Some dirt is being swept into a dustpan.

(A) 여자가 물품을 집으려고 몸을 굽히고 있다.
(B) 여자가 나뭇잎들을 긁어모으고 있다.
(C) 몇몇 계단들이 청소되고 있다.
(D) 몇몇 쓰레기가 쓰레받기로 쓸리고 있다.

해설 (A) X 동작 묘사 오류(to pick up an item)
(B) X 동작 묘사 오류(is raking)
(C) X 동작 대상 오류(stairs)
(D) O 쓰레기가 쓰레받기로 쓸리는 모습을 정확히 묘사

어휘 bend over 몸을 굽히다 | pick up ~을 집다 | rake (갈퀴로) 긁어모으다 | leaf 나뭇잎 | dirt 쓰레기, 먼지, 흙 | sweep 쓸다 | dustpan 쓰레받기

---

11. (A) The woman is entering a laboratory.
미국 (B) The woman is putting on a mask.
(C) Some equipment is being used.
(D) A microscope is being moved.

(A) 여자가 실험실로 들어가고 있다.
(B) 여자가 마스크를 쓰는 중이다.
(C) 몇몇 장비가 사용되고 있다.
(D) 현미경이 옮겨지고 있다.

해설 (A) X 동작 묘사 오류(is entering)
(B) X 동작 묘사 오류(is putting on)
(C) O 장비가 사용되고 있는 모습을 정확히 묘사
(D) X 동작 묘사 오류(is being moved)

어휘 enter 들어가다 | laboratory 실험실 | put on ~을 쓰다, 입다 (동작) | microscope 현미경

---

12. (A) A man is trying on glasses.
호주 (B) A computer is being set up on the desk.
(C) The woman is shaking the man's hand.
(D) The counter is free of objects.

(A) 한 남자가 안경을 써 보고 있다.
(B) 컴퓨터가 책상에 설치되고 있다.
(C) 여자가 남자와 악수를 하고 있다.
(D) 카운터에 물건이 없다.

해설 (A) X 동작 묘사 오류(is trying on)
(B) X 동작 묘사 오류(is being set up)
(C) X 동작 묘사 오류(is shaking ~ hand)
(D) O 카운터 위에 아무것도 없는 모습을 정확히 묘사

어휘 try on ~을 입어[신어] 보다 | set up ~을 설치하다 | shake one's hand 악수하다 | be free of ~이 없다 | object 물건, 물체

UNIT 02. 사물·풍경 사진 공략

핵심 문제 유형 본서 p.47

1. (C)

1. (A) 몇몇 쿠션들이 정리되고 있다.
(B) 몇몇 가구가 차곡차곡 쌓여 있다.
(C) 몇몇 소파들이 전시 구역에 설치되어 있다.
(D) 몇몇 천들이 테이블에 씌워져 있다.

추가 가능 정답
+ Some cushions are arranged on a sofa.
몇몇 쿠션들이 소파 위에 정리되어 있다.
+ Some light fixtures have been mounted on the ceiling.
몇몇 조명 기구들이 천장에 고정되어 있다.

어휘 organize 정리하다 | furniture 가구 | stack 쌓다 | set up ~을 설치하다 | display 전시 | sheet 천, 시트 | drape 씌우다, 걸치다

Warm-up 본서 p.47

1. (C) 2. (B) 3. (B) 4. (A)

1. (A) Some people are walking through a tunnel.
미국 (B) Car lanes are being painted on the road.
(C) Some light fixtures are hanging from the ceiling.
(D) Vehicles are lined up in a parking lot.

(A) 몇몇 사람들이 터널을 통과하여 걷고 있다.
(B) 차선들이 도로 위에 페인트칠되고 있다.
(C) 몇몇 조명 기구들이 천장에 매달려 있다.
(D) 차량들이 주차장에 줄지어 있다.

해설 (A) X 사진에 등장하지 않는 사람(people)
(B) X 동작 묘사 오류(are being painted)
(C) O 조명 기구들이 천장에 매달려 있는 모습을 정확히 묘사
(D) X 위치 묘사 오류(in a parking lot)

어휘 car lane 차선 | light fixture 조명 기구 | hang 매달다, 걸다 | ceiling 천장 | line up ~을 일렬[한 줄]로 세우다 | parking lot 주차장

---

2. (A) Grass is being mowed in front of a building.
영국 (B) Trees are planted on both sides of the path.
(C) A road is congested with traffic.
(D) Some people are walking along the river.

(A) 건물 앞의 잔디가 깎이고 있다.
(B) 나무들이 길 양쪽으로 심겨 있다.
(C) 도로의 교통이 혼잡하다.
(D) 몇몇 사람들이 강을 따라 걷고 있다.

해설 (A) X 동작 묘사 오류(is being mowed)
(B) O 길 양쪽으로 나무가 심겨 있는 모습을 정확히 묘사
(C) X 상태 묘사 오류(is congested)
(D) X 사진에 등장하지 않는 사람(people)

어휘 mow (잔디를) 깎다 | path 길 | be congested with ~으로 혼잡하다 | walk along ~을 따라 걷다

---

3. (A) The lid of a box has been left open.
영국 (B) One of the pots has been placed between some office equipment.
(C) Some copy paper is being loaded into a tray.
(D) Some plants are being moved under the table.

(A) 상자의 뚜껑이 열려 있다.
(B) 화분 중 하나가 사무기기 사이에 놓여 있다.
(C) 몇 장의 복사 용지가 상자 속에 넣어지고 있다.
(D) 몇몇 식물들이 탁자 아래로 옮겨지고 있다.

해설 (A) X 상태 묘사 오류(has been left open)
(B) O 화분 하나가 복사기와 팩스 사이에 놓여 있는 모습을 정확히 묘사
(C) X 동작 묘사 오류(is being loaded)
(D) X 동작 묘사 오류(are being moved)

어휘 lid 뚜껑 | leave 그대로 두다 | load 넣다, 싣다 | tray (작고 얕은) 상자, 쟁반 | move 옮기다

---

4. (A) All of the seating space outside is available.
미국 (B) Food is being brought to customers.
(C) Some people are leaving a dining area.
(D) A group of diners has gathered around a table.

(A) 밖의 모든 좌석 공간이 이용 가능하다.
(B) 음식이 손님들에게 내어지고 있다.
(C) 몇몇 사람들이 식당을 떠나고 있다.
(D) 한 무리의 식사하는 사람들이 테이블에 모여 있다.

해설 (A) O 식당 테이블 및 좌석들이 모두 비어 있는 모습을 정확히 묘사
(B) X 사진에 등장하지 않는 사람(customers)
(C) X 사진에 등장하지 않는 사람(people)
(D) X 사진에 등장하지 않는 사람(A group of diners)

어휘 available 이용 가능한 | bring 가져오다 | diner (식당에서) 식사하는 사람 | gather 모이다

Practice

본서 p.48

1. (B)	2. (D)	3. (C)	4. (B)	5. (B)	6. (A)
7. (B)	8. (D)	9. (C)	10. (A)	11. (A)	12. (C)

1. (A) Some motorbikes are being repaired.
미국 (B) Some automobiles have been parked in a row.
(C) Some pedestrians are crossing the street.
(D) Some road signs are being installed.

(A) 몇몇 오토바이들이 수리되고 있다.
(B) 몇몇 자동차들이 일렬로 주차되어 있다.
(C) 몇몇 보행자들이 길을 건너고 있다.
(D) 몇몇 표지판들이 설치되고 있다.

해설 (A) X 동작 묘사 오류(are being repaired)
(B) O 자동차들이 일렬로 주차되어 있는 모습을 정확히 묘사
(C) X 사진에 등장하지 않는 사람(pedestrians)
(D) X 동작 묘사 오류(are being installed)

어휘 motorbike 오토바이 | automobile 자동차 | park 주차하다 | in a row 일렬로 | pedestrian 보행자 | cross 건너다 | road sign 표지판

---

2. (A) A tablecloth has fallen on the floor.
영국 (B) A picture frame has been mounted on a wall.
(C) Some food has been set on a table.
(D) Some chairs are facing each other.

(A) 식탁보 하나가 바닥에 떨어져 있다.
(B) 액자 하나가 벽에 고정되어 있다.
(C) 몇몇 음식이 식탁에 놓여 있다.
(D) 몇몇 의자들이 마주 보고 있다.

해설 (A) X 상태 묘사 오류(has fallen on the floor)
(B) X 사진에 등장하지 않는 사물(picture frame)
(C) X 사진에 등장하지 않는 사물(food)
(D) O 의자들이 마주 보고 있는 모습을 정확히 묘사

어휘 tablecloth 식탁보 | picture frame 액자 | mount 고정시키다 | face each other 마주 보다

---

3. (A) The floor is being vacuumed.
호주 (B) A pair of scissors is being placed in a drawer.
(C) None of the workstations are occupied.
(D) Desks have been positioned in a circle.

(A) 바닥이 진공청소기로 청소되고 있다.
(B) 가위 하나가 서랍 안에 놓이고 있다.
(C) 어떤 작업 공간도 사용되고 있지 않다.

(D) 책상들이 원형으로 배치되어 있다.

해설 (A) X 동작 묘사 오류(is being vacuumed)
(B) X 사진에 등장하지 않는 사물(scissors)
(C) O 작업 공간이 사용되고 있지 않은 상태를 정확히 묘사
(D) X 상태 묘사 오류(in a circle)

어휘 vacuum 진공청소기로 청소하다 I drawer 서랍 I workstation (사무실 등에서 개인에게 주어진) 작업 공간 I occupied 사용 중인 I position 배치하다, 두다 I in a circle 원형으로

4. (A) A pavilion is being set up.
미국 (B) Columns line the picnic area.
(C) Grass is being cut by a machine.
(D) One of the tables is occupied.

(A) 임시 구조물 하나가 설치되고 있다.
(B) 기둥들이 소풍지에 줄 세워져 있다.
(C) 잔디가 기계로 깎이고 있다.
(D) 탁자 중 하나가 사용 중이다.

해설 (A) X 동작 묘사 오류(is being set up)
(B) O 기둥이 줄 세워져 있는 모습을 정확히 묘사
(C) X 사진에 등장하지 않는 사물(machine)
(D) X 상태 묘사 오류(is occupied)

어휘 pavilion 임시 구조물, 가설 건물 I set up ~을 설치하다 I column 기둥, 원주 I line ~을 따라 늘어서다[줄을 세우다] I occupied 사용 중인

5. (A) Some dough is being kneaded.
호주 (B) Some items have been left on the counter.
(C) An oven door has been left open.
(D) A refrigerator is being stocked with food.

(A) 몇몇 반죽이 치대지고 있다.
(B) 몇몇 물품들이 조리대 위에 놓여 있다.
(C) 오븐 문 하나가 열려 있다.
(D) 냉장고 하나가 음식으로 채워지고 있다.

해설 (A) X 사진에 등장하지 않는 사물(dough)
(B) O 물품들이 조리대 위에 놓여 있는 모습을 정확히 묘사
(C) X 상태 묘사 오류(has been left open)
(D) X 동작 묘사 오류(is being stocked)

어휘 dough 반죽 I knead (반죽·찰흙 등을) 이기다[치대다] I counter 조리대 I refrigerator 냉장고 I stock 채우다

6. (A) A board has been mounted on a wall.
영국 (B) Some stools have been stacked in a corner.
(C) A clothing stand is being set down on the floor.
(D) Some light fixtures are being installed on the ceiling.

(A) 칠판이 벽에 고정되어 있다.
(B) 몇몇 등받이 없는 의자들이 구석에 쌓여 있다.
(C) 옷걸이가 바닥에 내려지고 있다.
(D) 몇몇 조명 기구들이 천장에 설치되고 있다.

해설 (A) O 칠판이 벽에 고정되어 있는 상태를 정확히 묘사
(B) X 상태 묘사 오류(have been stacked)
(C) X 동작 묘사 오류(is being set down)
(D) X 동작 묘사 오류(are being installed)

어휘 mount 고정하다, 끼우다 I stool 등받이 없는 의자 I stack 쌓다, 포개다 I clothing stand 옷걸이 (스탠드) I set down ~을 내리다 I light fixture 조명 기구 I install 설치하다 I ceiling 천장

7. (A) Some gardening tools have been hung on a rack.
미국 (B) Some plants are being grown in pots.
(C) There's a rake leaning against a wall.
(D) Gardeners are lining up flowers in rows.

(A) 원예 용구가 선반에 걸려 있다.
(B) 몇몇 식물들이 화분에서 자라고 있다.
(C) 갈퀴 하나가 벽에 기대어져 있다.
(D) 정원사들이 꽃을 여러 줄로 늘어놓고 있다.

해설 (A) X 사진에 등장하지 않는 사물(gardening equipment)
(B) O 화분에서 자라고 있는 식물들을 정확히 묘사
(C) X 사진에 등장하지 않는 사물(rake)
(D) X 사진에 등장하지 않는 사람(Gardeners)

어휘 gardening tool 원예 용구 I rack 걸이, 선반 I plant 식물 I pot 화분 I rake 갈퀴 I lean against ~에 기대다 I gardener 정원사 I line up ~을 일렬[한 줄]로 세우다 I in rows 여러 줄로

8. (A) Cushions have been scattered on the floor.
호주 (B) The sofa is facing the wall.
(C) Fruits are being served to a table.
(D) The room is illuminated by lights.

(A) 쿠션들이 바닥에 흩어져 있다.
(B) 소파가 벽 쪽을 향해 있다.
(C) 과일들이 탁자에 앉은 사람들에게 제공되고 있다.
(D) 방이 전등으로 환히 밝혀져 있다.

해설 (A) X 상태 묘사 오류(have been scattered)
(B) X 상태 묘사 오류(is facing)
(C) X 동작 묘사 오류(are being served)
(D) O 방에 전등이 켜져 있는 상태를 정확히 묘사

어휘 scatter 흩뿌리다, 흩어지다 I face 향하다, 마주 보다 I serve (음식을) 제공하다 I illuminate 불을 비추다

9. (A) Chairs are lined up in front of a door.
미국 (B) Glasses are being filled.
(C) A table has been set for a meal.
(D) Some food is being served.

(A) 의자들이 문 앞에 줄지어 있다.
(B) 유리잔들이 채워지고 있다.
(C) 테이블이 식사를 위해 준비되어 있다.
(D) 몇몇 음식이 제공되고 있다.

해설 (A) X 사진에 등장하지 않는 사물(door)

(B) ☒ 동작 묘사 오류(are being filled)

(C) ⓞ 테이블 위에 음식이 준비되어 있는 모습을 정확히 묘사

(D) ☒ 동작 묘사 오류(is being served)

어휘 line up ~을 일렬[한 줄]로 세우다 | in front of ~ 앞에 | fill 채우다 | be set for a meal 식사 준비가 되다 | serve (음식을) 제공하다

10. (A) Some leaves have been stuffed into plastic bags.
영국 (B) Vehicles are driving by a walkway.
(C) Some leaves are being raked.
(D) There are some shovels left outside.

(A) 몇몇 나뭇잎들이 비닐봉지 속에 가득 채워져 있다.
(B) 차량들이 보도 옆을 달리고 있다.
(C) 몇몇 나뭇잎들이 긁어모아지고 있다.
(D) 몇몇 갈퀴들이 밖에 놓여 있다.

해설 (A) ⓞ 나뭇잎들이 비닐봉지에 가득 채워져 있는 모습을 정확히 묘사
(B) ☒ 동작 묘사 오류(are driving)
(C) ☒ 동작 묘사 오류(are being raked)
(D) ☒ 사진에 등장하지 않는 사물(rakes)

어휘 leaf 나뭇잎 | stuff (빽빽이) 채워 넣다 | plastic bag 비닐봉지 | vehicle 차량 | walkway 보도 | rake (갈퀴 등으로) 긁어모으다 | shovel 삽

11. (A) Merchandise is being displayed in the store.
호주 (B) A customer is taking an item from a shelf.
(C) An assortment of items is stacked in a cabinet.
(D) A salesperson is moving some clothing into the store.

(A) 상품이 가게 안에 진열되어 있다.
(B) 한 고객이 선반에서 상품을 하나 꺼내고 있다.
(C) 여러 가지 물건들이 보관함 안에 쌓여 있다.
(D) 한 판매원이 옷가지를 가게 안으로 옮기고 있다.

해설 (A) ⓞ 상품이 가게 안에 진열되어 있는 모습을 정확히 묘사
(B) ☒ 사진에 등장하지 않는 사람(customer)
(C) ☒ 사진에 등장하지 않는 사물(cabinet)
(D) ☒ 사진에 등장하지 않는 사람(salesperson)

어휘 display 진열하다, 전시하다 | take A from B B에서 A를 꺼내다 | an assortment of 여러 가지의 | stack 쌓다

12. (A) A man is riding a bicycle across the bridge.
미국 (B) People are about to get on the boat.
(C) Some buildings are reflected in the water.
(D) Boats are being repaired at the pier.

(A) 한 남자가 자전거를 타고 다리를 건너고 있다.
(B) 사람들이 막 보트에 타려고 한다.
(C) 몇몇 건물들이 물에 반사되고 있다.
(D) 배들이 부두에서 수리되고 있다.

해설 (A) ☒ 사진에 등장하지 않는 사람(man)
(B) ☒ 사진에 등장하지 않는 사람(People)
(C) ⓞ 건물들이 물에 반사되고 있는 모습을 정확히 묘사
(D) ☒ 동작 묘사 오류(are being repaired)

어휘 ride a bicycle 자전거를 타다 | across the bridge 다리를 가로질러 | be about to do 막 ~하려고 하다 | get on ~에 타다 | reflect 반사하다 | repair 수리하다 | pier 부두

UNIT 03. 상황별 공략

Warm-up

본서 p.53

1. (D)	2. (A)	3. (A)	4. (A)	5. (C)	6. (D)
7. (C)	8. (B)	9. (D)	10. (C)	11. (A)	12. (B)
13. (C)	14. (B)	15. (C)	16. (C)	17. (C)	18. (C)
19. (B)	20. (D)	21. (B)	22. (C)	23. (B)	24. (A)

1. (A) Some passengers are waiting in line.
영국 (B) A driver is getting off a vehicle.
(C) There's a traffic light at an intersection.
(D) A bus is stopped at a station.

(A) 몇몇 승객들이 줄 서서 기다리고 있다.
(B) 한 운전자가 차량에서 내리고 있다.
(C) 교차로에 신호등이 하나 있다.
(D) 버스 한 대가 정류장에 정차해 있다.

해설 (A) ☒ 사진에 등장하지 않는 사람(passengers)
(B) ☒ 사진에 등장하지 않는 사람(driver)
(C) ☒ 사진에 등장하지 않는 사물(traffic light, intersection)
(D) ⓞ 버스가 정류장에 정차해 있는 모습을 정확히 묘사

어휘 passenger 승객 | wait in line 줄 서서 기다리다 | get off ~에서 내리다 | traffic light 신호등 | intersection 교차로

2. (A) A vehicle is transporting cargo.
미국 (B) An airplane is about to land on a runway.
(C) Some workers are laying down railway tracks.
(D) Passengers are disembarking from a plane.

(A) 차량 한 대가 화물을 운반하고 있다.
(B) 비행기 한 대가 막 활주로에 착륙하려고 한다.
(C) 몇몇 인부들이 철로를 깔고 있다.
(D) 승객들이 비행기에서 내리고 있다.

해설 (A) ⓞ 차량이 화물을 운반하고 있는 모습을 정확히 묘사
(B) ☒ 동작 묘사 오류(is about to land)
(C) ☒ 사진에 등장하지 않는 사람(workers)
(D) ☒ 사진에 등장하지 않는 사람(Passengers)

어휘 transport 운반하다 | cargo (선박·비행기의) 화물 | be about to do 막 ~하려고 하다 | land 착륙하다 | runway 활주로 | lay (바

닥에) 깔다, 설치하다 | railway track 철로 | passenger 승객 | disembark from ~에서 내리다

3. (A) Trees line both sides of the street.
호주 (B) Bicycles are parked next to a building.
(C) Many pedestrians are crossing the street.
(D) Some construction work is being done.

(A) 나무들이 길 양쪽을 따라 늘어서 있다.
(B) 자전거들이 건물 옆에 세워져 있다.
(C) 많은 보행자들이 길을 건너고 있다.
(D) 공사가 이루어지고 있다.

해설 (A) O 나무들이 길 양쪽으로 늘어서 있는 모습을 정확히 묘사
(B) X 사진에 등장하지 않는 사물(Bicycles)
(C) X 사진에 등장하지 않는 사람(pedestrians)
(D) X 동작 묘사 오류(construction work is being done)

어휘 line ~을 따라 늘어서다[줄을 세우다] | both sides of ~의 양쪽에 | next to ~ 옆에 | pedestrian 보행자 | cross (가로질러) 건너다, 횡단하다 | construction work 공사

4. (A) Some travelers are lined up inside a building.
미국 (B) Some passengers are boarding an airplane.
(C) Some aircraft are parked in front of a terminal.
(D) Some suitcases are being removed from a conveyor belt.

(A) 몇몇 여행객들이 건물 안에 줄 서 있다.
(B) 몇몇 승객들이 비행기에 탑승하고 있다.
(C) 몇몇 항공기들이 터미널 앞에 주차되어 있다.
(D) 몇몇 여행 가방들이 컨베이어 벨트에서 치워지고 있다.

해설 (A) O 여행객들이 건물 안에 줄 서 있는 모습을 정확히 묘사
(B) X 사진에 등장하지 않는 사물(airplane)
(C) X 사진에 등장하지 않는 사물(aircraft)
(D) X 사진에 등장하지 않는 사물(conveyor belt)

어휘 line up ~을 일렬[한 줄]로 세우다 | passenger 승객 | board 탑승하다 | aircraft 항공기 | remove 치우다, 내보내다

5. (A) The man is taking some papers out of a briefcase.
영국 (B) The man is organizing documents on the shelf.
(C) Some papers are scattered on a desk's surface.
(D) A filing cabinet is being filled with binders.

(A) 남자가 서류 가방에서 서류들을 꺼내고 있다.
(B) 남자가 선반 위에 있는 서류들을 정리하고 있다.
(C) 몇몇 서류들이 책상 표면 위에 흩어져 있다.
(D) 서류함이 바인더들로 가득 채워지고 있다.

해설 (A) X 사진에 등장하지 않는 사물(briefcase)
(B) X 사진에 등장하지 않는 사물(shelf)
(C) O 서류들이 책상 위에 흩어져 있는 모습을 정확히 묘사
(D) X 사진에 등장하지 않는 사물(filing cabinet)

어휘 take A out of B B에서 A를 꺼내다 | briefcase 서류 가방 | organize 정리하다 | scatter 흐트러뜨리다 | surface 표면 | filing cabinet 서류함 | be filled with ~으로 가득 차다

6. (A) Chairs are stacked on top of one another.
미국 (B) Office workers are gathered in a dining area.
(C) Computer equipment is stored in a cabinet.
(D) Workstations are separated by partitions.

(A) 의자들이 위로 차곡차곡 쌓여 있다.
(B) 사무직원들이 식당에 모여 있다.
(C) 컴퓨터 장비가 보관함 안에 보관되어 있다.
(D) 작업 공간들이 칸막이로 구분되어 있다.

해설 (A) X 상태 묘사 오류(are stacked)
(B) X 장소 묘사 오류(in a dining area)
(C) X 사진에 등장하지 않는 사물(cabinet)
(D) O 작업 공간이 칸막이로 구분되어 있는 모습을 정확히 묘사

어휘 stack 쌓다, 포개다 | on top of one another 차곡차곡 | gather 모이다, 모으다 | dining area 식당 | equipment 장비 | workstation (한 사람을 위해 책상이나 컴퓨터 등이 갖춰진) 작업 공간 | separate 구분하다, 분리하다 | partition 칸막이

7. (A) A man is pulling open a drawer.
미국 (B) A man is picking up some boxes from the ground.
(C) A cabinet has been stocked with documents.
(D) A notice is being pinned on the bulletin board.

(A) 한 남자가 서랍을 당겨서 열고 있다.
(B) 한 남자가 바닥에서 상자들을 들어 올리고 있다.
(C) 보관함이 서류들로 채워져 있다.
(D) 공고가 게시판에 고정되고 있다.

해설 (A) X 동작 대상 오류(drawer)
(B) X 사진에 등장하지 않는 사물(boxes)
(C) O 서류로 채워져 있는 보관함의 모습을 정확히 묘사
(D) X 사진에 등장하지 않는 사물(notice, bulletin board)

어휘 pull open ~을 당겨서 열다 | pick up ~을 들어 올리다 | stock 채우다 | notice 공고 | pin (핀 등으로) 고정하다, 꽂다 | bulletin board 게시판

8. (A) People are taking off safety glasses.
호주 (B) Some equipment is laid out on a work surface.
(C) A woman is wiping a counter with a towel.
(D) Some samples are being passed out to the lab workers.

(A) 사람들이 보안경을 벗고 있다.
(B) 몇몇 장비가 작업대 위에 놓여 있다.
(C) 한 여자가 수건으로 작업대를 닦고 있다.
(D) 몇몇 샘플들이 실험실 직원들에게 배포되고 있다.

해설 (A) X 동작 묘사 오류(are taking off)
(B) O 작업대 위에 장비가 놓여 있는 상태를 정확히 묘사
(C) X 사진에 등장하지 않는 사물(towel)

(D) ☒ 동작 묘사 오류(are being passed out)

어휘 take off (옷 등을) 벗다 | safety glasses 보안경 | lay out ~을 펼쳐 놓다 | work surface 작업대 | wipe 닦다 | counter 작업대, 계산대 | sample 샘플, 표본 | pass out ~을 나눠 주다[배포하다] | lab 실험실

9. (A) Some windows are being cleaned outside.
미국 (B) A worker is reaching for a ladder.
(C) Some bushes are being planted on a lawn.
(D) The roof of a home is being repaired.

(A) 몇몇 창문들이 밖에서 닦이고 있다.
(B) 한 작업자가 사다리를 향해 손을 뻗고 있다.
(C) 몇몇 덤불들이 잔디에 심어지고 있다.
(D) 집의 지붕이 수리되고 있다.

해설 (A) ☒ 동작 묘사 오류(are being cleaned)
(B) ☒ 동작 묘사 오류(is reaching for)
(C) ☒ 동작 묘사 오류(are being planted)
(D) ◻O 사람들이 집 지붕을 수리하고 있는 모습을 정확히 묘사

어휘 reach for (무언가를 잡기 위해 손 등을) 뻗다 | ladder 사다리 | bush 덤불 | plant (나무 등을) 심다 | lawn 잔디(밭) | roof 지붕 | repair 수리하다

10. (A) The man is lacing up his boots.
호주 (B) The man is backing a vehicle into a garage.
(C) The man is maneuvering a machine.
(D) The man is painting a fence.

(A) 남자가 부츠 끈을 매고 있다.
(B) 남자가 차를 후진해서 차고에 넣고 있다.
(C) 남자가 기계를 조종하고 있다.
(D) 남자가 담장을 페인트칠하고 있다.

해설 (A) ☒ 동작 묘사 오류(is lacing up)
(B) ☒ 사진에 등장하지 않는 장소(garage)
(C) ◻O 기계를 조종하고 있는 모습을 정확히 묘사
(D) ☒ 동작 묘사 오류(is painting)

어휘 lace up (끈으로) 묶다, 매다 | back 뒤로 가게 하다, 뒤로 물러서다 | garage 차고, 주차장 | maneuver 조종하다 | fence 담장, 울타리

11. (A) A road is being repaved.
영국 (B) Workers are climbing up a machine.
(C) A vehicle is entering a factory.
(D) Workers are sitting on the bench.

(A) 도로가 다시 포장되고 있다.
(B) 인부들이 기계 위로 올라가고 있다.
(C) 차량 한 대가 공장으로 들어가고 있다.
(D) 인부들이 벤치에 앉아 있다.

해설 (A) ◻O 도로포장을 하는 모습을 정확히 묘사
(B) ☒ 동작 묘사 오류(are climbing up)
(C) ☒ 사진에 등장하지 않는 장소(factory)
(D) ☒ 사진에 등장하지 않는 사물(bench)

어휘 repave 다시 포장하다 | climb up ~(위)에 오르다

12. (A) He's putting away some tools.
미국 (B) He's bending over to load a bucket.
(C) He's digging with a shovel.
(D) He's taking a rest on the ground.

(A) 남자가 공구들을 치우고 있다.
(B) 남자가 양동이를 채우려고 몸을 굽히고 있다.
(C) 남자가 삽으로 땅을 파고 있다.
(D) 남자가 바닥에서 쉬고 있다.

해설 (A) ☒ 동작 묘사 오류(is putting away some tools)
(B) ◻O 양동이에 무언가를 채우려고 몸을 굽히고 있는 모습을 정확히 묘사
(C) ☒ 동작 묘사 오류(is digging)
(D) ☒ 동작 묘사 오류(is taking a rest)

어휘 put away ~을 치우다 | bend over 몸을 굽히다 | load 채워 넣다, 싣다 | bucket 양동이 | dig (땅을) 파다 | shovel 삽; 삽질하다 | take a rest 쉬다, 휴식을 취하다

13. (A) The people are setting up a stage.
호주 (B) The people are entering the building.
(C) The people are performing music outdoors.
(D) The people are taking off their hats.

(A) 사람들이 무대를 설치하고 있다.
(B) 사람들이 건물 안으로 들어가고 있다.
(C) 사람들이 야외에서 음악을 연주하고 있다.
(D) 사람들이 모자를 벗고 있다.

해설 (A) ☒ 동작 묘사 오류(are setting up)
(B) ☒ 동작 묘사 오류(are entering)
(C) ◻O 야외에서 음악을 연주하고 있는 모습을 정확히 묘사
(D) ☒ 동작 묘사 오류(are taking off)

어휘 set up ~을 설치하다, 세우다 | enter 들어가다 | perform 연주하다 | take off ~을 벗다

14. (A) A stone wall is being built.
영국 (B) A structure stands near a lake.
(C) A fence runs along the road.
(D) A park entrance is being decorated with plants.

(A) 돌담이 지어지고 있다.
(B) 건축물이 호수 근처에 서 있다.
(C) 담장이 도로를 따라 이어져 있다.
(D) 공원 입구가 식물들로 장식되고 있다.

해설 (A) ☒ 동작 묘사 오류(is being built)
(B) ◻O 건축물이 호수 근처에 서 있는 모습을 정확히 묘사
(C) ☒ 사진에 등장하지 않는 사물(road)
(D) ☒ 동작 오류 묘사(is being decorated)

어휘 stone wall 돌담 | build 짓다 | structure 건축물, 구조물 | fence

담장, 울타리 | entrance 입구 | decorate 장식하다, 꾸미다

15. (A) The people are putting on their helmets.
미국 (B) A lawn is being mowed in the garden.
(C) Trees are planted on one side of the road.
(D) The spokes on a wheel are being inspected.

(A) 사람들이 헬멧을 쓰는 중이다.
(B) 정원에 있는 잔디가 깎이고 있다.
(C) 나무들이 길 한쪽에 심겨 있다.
(D) 바퀴의 바큇살들이 점검되고 있다.

해설 (A) X 동작 묘사 오류(are putting on)
(B) X 동작 묘사 오류(is being mowed)
(C) O 길옆에 나무가 심겨 있는 모습을 정확히 묘사
(D) X 동작 묘사 오류(are being inspected)

어휘 put on ~을 쓰다 (동작) | lawn 잔디 | plant 심다 | on one side of the road 길 한쪽에 | spoke 바큇살 | inspect 점검하다

16. (A) Some people are cycling on a boardwalk.
영국 (B) Some people are paddling kayaks at a pier.
(C) Some yachts are sailing along the sea.
(D) Some boats are being repaired in a shipyard.

(A) 몇몇 사람들이 판자를 깐 산책로에서 자전거를 타고 있다.
(B) 몇몇 사람들이 부두에서 카약을 타고 있다.
(C) 몇몇 요트들이 바다를 따라 항해하고 있다.
(D) 몇몇 배들이 조선소에서 수리되고 있다.

해설 (A) X 동작 묘사 오류(are cycling)
(B) X 동작 묘사 오류(are paddling), 사진에 등장하지 않는 사물(kayaks)
(C) O 요트가 항해하고 있는 모습을 정확히 묘사
(D) X 동작 묘사 오류(are being repaired), 사진에 등장하지 않는 사물(shipyard)

어휘 cycle 자전거를 타다 | boardwalk (해변에) 판자를 깐 산책로 | paddle (노를 저으며) 타다 | kayak 카약 | pier 부두 | yacht 요트 | sail 항해하다 | shipyard 조선소

17. (A) A lamp is being turned on.
미국 (B) Some cushions have been stacked on a stool.
(C) A fan has been mounted on the ceiling.
(D) Some windows are being installed.

(A) 전등이 켜지고 있다.
(B) 몇몇 쿠션들이 등받이 없는 의자에 쌓여 있다.
(C) 선풍기가 천장에 고정되어 있다.
(D) 몇몇 창문들이 설치되고 있다.

해설 (A) X 동작 묘사 오류(is being turned on)
(B) X 상태 묘사 오류(have been stacked)
(C) O 선풍기가 천장에 고정되어 있는 모습을 정확히 묘사
(D) X 동작 묘사 오류(are being installed)

어휘 turn on ~을 켜다 | stack 쌓다 | stool 등받이 없는 의자 | fan 선풍기, 팬 | mount 고정시키다 | ceiling 천장 | install 설치하다

18. (A) The woman is piling some chairs.
영국 (B) The woman is watering shrubs.
(C) The woman is holding a broomstick.
(D) A rake is leaning against a wheelbarrow.

(A) 여자가 의자를 쌓고 있다.
(B) 여자가 관목에 물을 주고 있다.
(C) 여자가 빗자루를 잡고 있다.
(D) 갈퀴가 손수레에 기대어져 있다.

해설 (A) X 동작 묘사 오류(is piling)
(B) X 동작 묘사 오류(is watering)
(C) O 빗자루를 잡고 있는 모습을 정확히 묘사
(D) X 사진에 등장하지 않는 사물(wheelbarrow)

어휘 pile 쌓다 | shrub 관목 | broomstick 빗자루 | rake 갈퀴 | lean against ~에 기대어 있다 | wheelbarrow 손수레

19. (A) The woman is removing a kettle from a stove.
미국 (B) The woman is holding a tray.
(C) The woman is putting on an apron.
(D) The woman is placing some utensils on the countertop.

(A) 여자가 주전자를 가스레인지에서 치우고 있다.
(B) 여자가 쟁반을 들고 있다.
(C) 여자가 앞치마를 입는 중이다.
(D) 여자가 조리 도구를 조리대 위에 놓고 있다.

해설 (A) X 동작 대상 오류(kettle)
(B) O 쟁반을 들고 있는 모습을 정확히 묘사
(C) X 동작 묘사 오류(is putting on)
(D) X 동작 묘사 오류(is placing ~ on)

어휘 remove 치우다, 제거하다 | kettle 주전자 | stove 가스레인지 | tray 쟁반 | apron 앞치마 | utensil 조리 도구 | countertop 조리대

20. (A) A man is posing for a portrait.
영국 (B) A color palette is being washed.
(C) An easel is being set up next to a table.
(D) A wall is decorated with several paintings.

(A) 한 남자가 초상화를 위해 자세를 취하고 있다.
(B) 컬러 팔레트가 씻겨지고 있다.
(C) 이젤이 탁자 옆에 설치되고 있다.
(D) 벽이 몇 점의 그림들로 장식되어 있다.

해설 (A) X 동작 묘사 오류(is posing for)
(B) X 동작 묘사 오류(is being washed)
(C) X 동작 묘사 오류(is being set up)
(D) O 벽에 몇 점의 그림들이 걸려 있는 모습을 정확히 묘사

어휘 pose for ~을 위해 자세를 취하다 | portrait 초상화, 인물 사진 | color palette 컬러 팔레트 | easel 이젤, 화판 받침대 | set up ~을 설치하다 | next to ~ 옆에 | decorate 장식하다 | painting 그림

21. (A) Some beverages are being poured into a glass.
호주 (B) Some diners are studying menus.
(C) Meals are being brought out to the table.
(D) Customers are entering a dining area.

(A) 몇몇 음료들이 유리잔에 따라지고 있다.
(B) 몇몇 손님들이 메뉴를 살펴보고 있다.
(C) 식사가 테이블에 앉은 사람들에게 내어지고 있다.
(D) 손님들이 식당으로 들어가고 있다.

해설 (A) X 동작 묘사 오류(are being poured)
(B) O 식당 손님들이 메뉴를 살펴보고 있는 모습을 정확히 묘사
(C) X 사진에 등장하지 않는 사물(Meals)
(D) X 동작 묘사 오류(are entering)

어휘 beverage 음료 | pour 붓다, 따르다 | diner 식사하는 사람[손님] | study 살피다 | enter 들어가다 | dining area 식당

22. (A) The women are standing next to a checkout counter.
영국 (B) Some merchandise is being placed into plastic bags.
(C) Carts are being pushed by shoppers in an aisle.
(D) Shelves are being stocked by a store employee.

(A) 여자들이 계산대 옆에 서 있다.
(B) 몇몇 상품이 비닐봉지 안에 넣어지고 있다.
(C) 쇼핑객들이 통로에서 카트를 밀고 있다.
(D) 선반들이 상점 직원에 의해 채워지고 있다.

해설 (A) X 동작 묘사 오류(are standing)
(B) X 동작 묘사 오류(is being placed)
(C) O 두 여성 쇼핑객이 카트를 밀고 있는 모습을 정확히 묘사
(D) X 사진에 등장하지 않는 사람(store employee)

어휘 checkout counter 계산대 | merchandise 상품 | plastic bag 비닐봉지 | push 밀다 | aisle 통로 | stock (상품을) 채우다

23. (A) They are shaking hands.
미국 (B) A man is being helped at the counter.
(C) A worker is loading suitcases on a cart.
(D) Some rugs are being examined by a customer.

(A) 사람들이 악수하고 있다.
(B) 한 남자가 카운터에서 도움을 받고 있다.
(C) 한 직원이 카트에 여행 가방을 싣고 있다.
(D) 고객이 양탄자를 살펴보고 있다.

해설 (A) X 동작 묘사 오류(are shaking hands)
(B) O 남자가 카운터에서 도움을 받고 있는 모습을 정확히 묘사
(C) X 사진에 등장하지 않는 사물(cart)
(D) X 동작 묘사 오류(are being examined)

어휘 shake hands 악수하다 | rug 양탄자, 깔개 | examine 살펴보다

24. (A) An awning has been stretched across the shop's entrance.
영국 (B) Shadows are being cast on the grass.
(C) A tree is growing near the water.
(D) Crops are being harvested.

(A) 차양이 가게의 출입문을 따라 펴져 있다.
(B) 그림자가 잔디에 드리워지고 있다.
(C) 나무가 물가에서 자라고 있다.
(D) 농작물들이 수확되고 있다.

해설 (A) O 차양이 가게 출입문을 따라 펴져 있는 모습을 정확히 묘사
(B) X 사진에 등장하지 않는 사물(grass)
(C) X 사진에 등장하지 않는 사물(water)
(D) X 동작 묘사 오류(are being harvested)

어휘 awning 차양, 비[해] 가리개 | stretch 펴다, 뻗다 | entrance 출입문 | cast shadows 그림자를 드리우다 | crop 농작물 | harvest 수확하다

Practice

본서 p.64

1. (C)	**2.** (D)	**3.** (D)	**4.** (D)	**5.** (C)	**6.** (C)
7. (C)	**8.** (C)	**9.** (C)	**10.** (B)	**11.** (B)	**12.** (D)

1. (A) Buses are being repaired at a station.
미국 (B) Trees are being planted on the side of the road.
(C) A woman is getting on a bus.
(D) A passenger is signaling to a taxi.

(A) 버스들이 정류장에서 수리되고 있다.
(B) 나무들이 도로변에 심기고 있다.
(C) 한 여자가 버스에 타고 있다.
(D) 한 승객이 택시에 신호를 보내고 있다.

해설 (A) X 동작 묘사 오류(are being repaired)
(B) X 동작 묘사 오류(are being planted)
(C) O 여자가 버스에 올라타고 있는 모습을 정확히 묘사
(D) X 동작 묘사 오류(is signaling)

어휘 repair 수리하다 | plant 심다 | get on ~에 타다 | passenger 승객 | signal 신호를 보내다

2. (A) A woman is feeding a dog.
영국 (B) A woman is examining a map.
(C) Some fences are being repaired.
(D) Some signs are posted on a trail.

(A) 한 여자가 개에게 먹이를 주고 있다.
(B) 한 여자가 지도를 살펴보고 있다.
(C) 몇몇 울타리들이 수리되고 있다.
(D) 몇몇 표지판들이 시골길에 게시되어 있다.

해설 (A) X 동작 묘사 오류(is feeding)
(B) X 사진에 등장하지 않는 사물(map)
(C) X 동작 묘사 오류(are being repaired)

(D) O 표지판들이 시골길에 게시되어 있는 모습을 정확히 묘사

어휘 feed 먹이를 주다 | examine 살펴보다 | map 지도 | fence 울타리 | repair 수리하다 | sign 표지판 | post 게시하다 | trail 시골길, 오솔길

3. 호주
(A) Some clay has been piled on top of each other.
(B) Some aprons have been hung over a chair.
(C) Some potted plants are being watered.
(D) Some pottery has been arranged on shelves.

(A) 몇몇 찰흙이 층층이 쌓여 있다.
(B) 몇몇 앞치마들이 의자에 걸쳐져 있다.
(C) 몇몇 화분들에 물이 대어지고 있다.
(D) 몇몇 도자기가 선반에 가지런히 놓여 있다.

해설 (A) X 상태 묘사 오류(have been piled)
(B) X 위치 묘사 오류(over a chair)
(C) X 동작 묘사 오류(are being watered)
(D) O 도자기가 선반에 가지런히 놓여 있는 모습을 정확히 묘사

어휘 clay 찰흙, 점토 | pile 쌓다 | on top of each other 층층이, 차곡차곡 | hang 걸다 | potted plant 화분 | water 물을 주다 | pottery 도자기 | arrange 가지런히 하다, 배열하다 | shelf 선반

4. 미국
(A) Some people are setting up a projector.
(B) Monitors are being installed on the wall.
(C) Some handouts are being circulated.
(D) An audience is listening to a presenter.

(A) 몇몇 사람들이 영사기를 설치하고 있다.
(B) 모니터들이 벽에 설치되고 있다.
(C) 몇몇 유인물들이 배포되고 있다.
(D) 청중이 발표자의 말을 듣고 있다.

해설 (A) X 동작 묘사 오류(are setting up)
(B) X 동작 묘사 오류(are being installed)
(C) X 동작 묘사 오류(are being circulated)
(D) O 청중이 발표자의 말을 경청하고 있는 모습을 정확히 묘사

어휘 set up ~을 설치하다 | projector 영사기 | install 설치하다 | handout 유인물 | circulate 배포하다, 돌리다 | audience 청중 | presenter 발표자

5. 호주
(A) One of the men is opening a notebook.
(B) One of the men is typing on a keyboard.
(C) They're seated across from one another.
(D) They're examining some documents.

(A) 남자들 중 한 명이 노트를 펴고 있다.
(B) 남자들 중 한 명이 키보드를 치고 있다.
(C) 사람들이 서로 마주 보고 앉아 있다.
(D) 사람들이 서류를 살펴보고 있다.

해설 (A) X 동작 묘사 오류(is opening)
(B) X 동작 묘사 오류(is typing)
(C) O 사람들이 서로 마주 보고 앉아 있는 모습을 정확히 묘사
(D) X 동작 묘사 오류(are examining)

어휘 notebook 노트, 공책 | type 타자를 치다 | seat 앉히다 | across from one another 서로 마주 보고 | examine 살펴보다 | document 서류, 문서

6. 미국
(A) He is framing a large poster.
(B) He is taking a picture indoors.
(C) A frame is propped against the wall.
(D) A sweater is being hung on a chair.

(A) 남자가 큰 포스터를 액자에 넣고 있다.
(B) 남자가 실내에서 사진을 찍고 있다.
(C) 액자가 벽에 받쳐 놓여 있다.
(D) 스웨터가 의자에 걸리고 있다.

해설 (A) X 동작 묘사 오류(is framing)
(B) X 동작 묘사 오류(is taking a picture)
(C) O 액자가 벽에 받쳐 놓여 있는 상태를 정확히 묘사
(D) X 동작 묘사 오류(is being hung)

어휘 frame 틀[액자]에 넣다; 액자 | indoors 실내에서 | prop A against B A를 B에 받쳐 놓다[괴어 놓다]

7. 영국
(A) She's hanging up some shirts.
(B) She's pouring detergent into a sink.
(C) She's loading a machine with some clothes.
(D) She's carrying a laundry basket.

(A) 여자가 셔츠를 널고 있다.
(B) 여자가 싱크대에 세제를 붓고 있다.
(C) 여자가 기계에 옷을 넣고 있다.
(D) 여자가 세탁 바구니를 옮기고 있다.

해설 (A) X 동작 묘사 오류(is hanging up)
(B) X 동작 묘사 오류(is pouring)
(C) O 세탁기에 옷을 넣고 있는 모습을 정확히 묘사
(D) X 동작 묘사 오류(is carrying)

어휘 pour 붓다, 따르다 | detergent 세제 | sink 싱크대 | load A with B A에 B를 싣다[넣다] | laundry 세탁(물)

8. 미국
(A) A man is planting a tree outdoors.
(B) A man is taking off his boots.
(C) A man is working kneeling down.
(D) A man is hammering a nail into a wall.

(A) 한 남자가 밖에서 나무를 심고 있다.
(B) 한 남자가 부츠를 벗고 있다.
(C) 한 남자가 무릎을 꿇고 일하고 있다.
(D) 한 남자가 벽에 못을 박고 있다.

해설 (A) X 동작 묘사 오류(is planting)
(B) X 동작 묘사 오류(is taking off)
(C) O 무릎을 꿇고 일하고 있는 모습을 정확히 묘사
(D) X 사진에 등장하지 않는 사물(wall)

어휘 outdoors 야외[밖]에서 | take off ~을 벗다 | kneel down 무릎을 꿇다 | hammer 망치로 치다 | nail 못

9. (A) Some building materials are being unloaded.
호주 (B) Some workers are setting up some cones.
(C) Some construction equipment is being used.
(D) Some trucks are driving down the road.

(A) 몇몇 건설 자재들이 내려지고 있다.
(B) 몇몇 인부들이 원뿔형 교통 표지를 설치하고 있다.
(C) 몇몇 공사 장비가 사용되고 있다.
(D) 몇몇 트럭들이 도로를 지나가고 있다.

해설 (A) X 동작 묘사 오류(are being unloaded)
(B) X 동작 묘사 오류(are setting up)
(C) O 공사 장비를 사용하고 있는 모습을 정확히 묘사
(D) X 사진에 등장하지 않는 사물(trucks)

어휘 unload (짐 등을) 내리다 | set up ~을 설치하다 | cone (도로 공사 구간 등에 설치하는) 원뿔형 교통 표지 | construction 공사

10. (A) Some bushes are being pulled out.
미국 (B) Stairs lead to the front porch.
(C) A balcony area is being repaired.
(D) Some chairs have been lined up in a yard.

(A) 몇몇 덤불들이 뽑히고 있다.
(B) 계단이 앞 현관까지 이어져 있다.
(C) 발코니 구역이 수리되고 있다.
(D) 의자 몇 개가 마당에 늘어서 있다.

해설 (A) X 동작 묘사 오류(are being pulled out)
(B) O 계단이 앞 현관과 접해 있는 모습을 정확히 묘사
(C) X 동작 묘사 오류(is being repaired)
(D) X 사진에 등장하지 않는 사물(chairs)

어휘 bush 덤불 | pull out ~을 뽑다 | lead to ~으로 이어지다 | front porch 앞 현관 | line up ~을 일렬[한 줄]로 세우다 | yard 마당

11. (A) Cakes have been cut into slices on a plate.
미국 (B) A display window has been stocked with some items.
(C) One of the women is adjusting her hat.
(D) The customer is putting some bread into a basket.

(A) 접시에 있는 케이크들이 여러 조각으로 잘려져 있다.
(B) 진열창에 물건들이 갖춰져 있다.
(C) 여자들 중 한 명이 모자를 고쳐 쓰고 있다.
(D) 고객이 바구니에 빵을 넣고 있다.

해설 (A) X 사진에 등장하지 않는 사물(plate)
(B) O 진열창 안쪽에 여러 종류의 판매용 빵이 채워져 있는 모습을 정확히 묘사
(C) X 동작 묘사 오류(is adjusting)
(D) X 동작 묘사 오류(is putting)

어휘 plate 접시 | display window 진열창 | stock 갖추다, 채우다 | adjust (매무새 등을) 고치다[바로잡다], 조정하다

12. (A) The man is reading a book at a desk.
영국 (B) The man is paying for merchandise at a counter.
(C) The man is stacking books on the ladder.
(D) The man is reaching for an item on a shelf.

(A) 남자가 책상에서 책을 읽고 있다.
(B) 남자가 계산대에서 상품에 대한 돈을 지불하고 있다.
(C) 남자가 사다리 위에 책을 쌓고 있다.
(D) 남자가 선반에 있는 물건을 향해 손을 뻗고 있다.

해설 (A) X 동작 묘사 오류(is reading)
(B) X 동작 묘사 오류(is paying)
(C) X 동작 묘사 오류(is stacking)
(D) O 책을 향해 손을 뻗고 있는 모습을 정확히 묘사

어휘 merchandise 상품, 물품 | counter 계산대 | stack 쌓다 | reach for ~을 향해 손을 뻗다

REVIEW TEST

본서 p.70

1. (D) 2. (D) 3. (C) 4. (B) 5. (C) 6. (C)

1. (A) The woman is filling a pot with vegetables.
미국 (B) The woman is rinsing a cutting board.
(C) The woman is weighing some food.
(D) The woman is chopping some produce.

(A) 여자가 냄비에 채소를 채우고 있다.
(B) 여자가 도마를 헹구고 있다.
(C) 여자가 음식의 무게를 달고 있다.
(D) 여자가 농산물을 썰고 있다.

해설 (A) X 동작 묘사 오류(is filling)
(B) X 동작 묘사 오류(is rinsing)
(C) X 동작 묘사 오류(is weighing)
(D) O 농산물을 썰고 있는 모습을 정확히 묘사

어휘 fill A with B A를 B로 채우다 | rinse (물로) 헹구다, 씻어내다 | cutting board 도마 | weigh 무게를 달다 | chop 썰다 | produce 농산물

2. (A) People are lined up outside the museum.
영국 (B) The artwork is being removed from the wall.
(C) The entrance to the building has been closed.
(D) Paintings have been hung on the walls.

(A) 사람들이 박물관 밖에 줄 서 있다.
(B) 미술품이 벽에서 치워지고 있다.
(C) 건물 입구가 폐쇄되어 있다.
(D) 그림들이 벽에 걸려 있다.

해설 (A) X 위치 묘사 오류(outside the museum)
(B) X 동작 묘사 오류(is being removed)
(C) X 사진에 등장하지 않는 사물(entrance)

(D) O 그림 몇 점이 벽에 걸려 있는 모습을 정확히 묘사

어휘 line up ~을 일렬[한 줄]로 세우다 I artwork 미술품 I remove 치우다, 제거하다 I entrance 입구 I painting 그림 I hang 걸다

3. (A) Some papers have been scattered on a desk.
호주 (B) Some signs have been posted on a window.
(C) Some documents have been put up on a bulletin board.
(D) Some boxes are being stacked on top of one another.

(A) 몇몇 서류들이 책상 위에 흩어져 있다.
(B) 몇몇 표지판들이 창문에 게시되어 있다.
(C) 몇몇 서류들이 게시판에 붙어 있다.
(D) 몇몇 상자들이 차곡차곡 쌓이고 있다.

해설 (A) X 상태 묘사 오류(have been scattered)
(B) X 사진에 등장하지 않는 사물(signs, window)
(C) O 여러 서류가 게시판에 붙어 있는 모습을 정확히 묘사
(D) X 동작 묘사 오류(are being stacked)

어휘 scatter 흩어지게 하다 I sign 표지판, 간판 I post 게시하다 I put up ~을 게시하다 I bulletin board 게시판 I stack 쌓다 I on top of one another 차곡차곡

4. (A) Some roofing materials are being removed by a machine.
미국 (B) A portion of the roof is unfinished.
(C) Some wooden beams are lying across the pavement.
(D) A construction worker is carrying a plank of wood.

(A) 몇몇 지붕 재료들이 기계로 제거되고 있다.
(B) 지붕 일부가 미완성되어 있다.
(C) 몇몇 목재 기둥들이 인도에 가로놓여 있다.
(D) 한 공사 인부가 나무판자를 나르고 있다.

해설 (A) X 사진에 등장하지 않는 사물(machine)
(B) O 지붕 일부가 미완성되어 있는 상태를 정확히 묘사
(C) X 위치 묘사 오류(across the pavement)
(D) X 동작 묘사 오류(is carrying ~ wood)

어휘 roofing 지붕 (공사) I material 재료 I remove 제거하다 I portion 일부, 부분 I roof 지붕 I unfinished 미완성인, 완료되지 않은 I wooden 목재의 I beam 기둥 I lie across ~에 가로놓이다 I pavement 인도, 보도 I construction 공사, 건설 I carry 나르다, 운반하다 I plank of wood 나무판자

5. (A) A shovel is leaning against the wall.
영국 (B) Flowers are being planted in a garden.
(C) The woman is grabbing a potted plant.
(D) Empty pots have been piled up on the table.

(A) 삽 하나가 벽에 기대어져 있다.
(B) 꽃들이 정원에 심기고 있다.
(C) 여자가 화분을 쥐고 있다.
(D) 빈 화분들이 탁자 위에 쌓여 있다.

해설 (A) X 사진에 등장하지 않는 사물(shovel)
(B) X 위치 묘사 오류(in a garden)
(C) O 여자가 화분을 쥐고 있는 상태를 정확히 묘사
(D) X 상태 묘사 오류(have been piled up)

어휘 shovel 삽 I lean against ~에 기대다 I plant 심다 I grab 움켜잡다 I potted plant 화분 I empty 빈 I pile up ~을 쌓다, 쌓이다

6. (A) Racks of clothes are being organized.
호주 (B) A register is being connected to a wall outlet.
(C) A purchase is being made at a counter.
(D) A clerk is handing merchandise to a customer.

(A) 옷걸이에 있는 옷들이 정리되고 있다.
(B) 금전등록기가 벽 콘센트에 연결되고 있다.
(C) 계산대에서 구매가 이루어지고 있다.
(D) 점원이 고객에게 상품을 건네주고 있다.

해설 (A) X 동작 묘사 오류(are being organized)
(B) X 동작 묘사 오류(is being connected)
(C) O 점원이 고객의 신용 카드로 결제하고 있는 구매 상황을 정확히 묘사
(D) X 동작 묘사 오류(is handing)

어휘 rack 걸이 I organize 정리하다 I register 금전등록기 I outlet 콘센트 I purchase 구매 I counter 계산대, 카운터 I clerk 점원 I hand 건네주다 I merchandise 상품

PART 2

UNIT 04. Who·When·Where 의문문

핵심 문제 유형

본서 p.81

1. (A) 2. (B) 3. (B) 4. (B) 5. (C) 6. (B)

1. 누가 에스브이 전자의 새로운 TV 광고를 편집했나요?
(A) 조슈아 팀에서 했어요.
(B) 전자 상거래 웹사이트요.
(C) 두 달 전에요.

추가 가능 정답
+ **I believe it's Lena.** 레나일 거예요.
+ **We didn't get the account.** 우린 그 거래를 못 땄어요.

어휘 edit 편집하다 | commercial 광고 | electronics 전자 (제품) | online commerce 전자[인터넷] 상거래

2. 서버실 비밀번호를 누가 알고 있나요?
(A) 저희는 공간이 많아요.
(B) 열려 있을 거예요.
(C) 메뉴 가져다 드릴게요.

추가 가능 정답
+ **Nigel from IT, probably.** 아마 IT팀의 나이젤일 거예요.
+ **You should ask the maintenance team.** 유지 보수팀에 물어보세요.

어휘 passcode 비밀번호 | server 서버 | plenty of 많은 | unlock (열쇠로) 열다

3. 점심 회의는 언제 시작하나요?
(A) 복도 따라 쭉 가세요.
(B) 몇 분 후에요.
(C) 새로운 신청 시스템이에요.

추가 가능 정답
+ **Let me check my calendar.** 제 일정표를 확인해 볼게요.
+ **Didn't you check your e-mail?** 이메일 확인 안 해 보셨어요?

어휘 hallway 복도 | a couple of 두어[몇] 개의 | application 신청, 지원

4. 우리는 언제 야구 경기 보러 같이 갈 건가요?
(A) 개릭 경기장으로요.
(B) 회사 일로 바쁘네요.
(C) 바닥을 모두 덮읍시다.

추가 가능 정답
+ **In two weeks.** 2주 후에요.
+ **How about this weekend?** 이번 주말 어때요?

어휘 baseball 야구 | stadium 경기장 | cover 덮다 | base 바닥, 토대

5. 자전거는 어디에 세워 놨어요?
(A) 전 자주 공원에서 산책해요.
(B) 여기 제 운전 면허증이요.
(C) 문 바로 밖에요.

추가 가능 정답
+ **I drove to work today.** 오늘은 차를 몰고 출근했어요.
+ **I lent it to Sarah.** 사라에게 빌려줬어요.

어휘 park 주차하다; 공원 | bike 자전거 | take walks 산책하다 | driver's license 운전 면허증

6. 가장 가까운 지하철역이 어딘가요?
(A) 경찰서에서요.
(B) 제가 이 동네는 처음이에요.
(C) 저는 보통 녹색 노선을 타요.

추가 가능 정답
+ **It's right down the street.** 길 바로 아래쪽에 있어요.
+ **Try looking online.** 온라인으로 확인해 보세요.

어휘 nearest 가장 가까운 (near의 최상급) | subway station 지하철역 | police station 경찰서 | neighborhood 동네, 지역

Warm-up

본서 p.86

1. (B) 2. (A) 3. (C) 4. (B) 5. (A)

1. 미국 → 호주
When do you expect to complete the analysis of the questionnaire?
(A) Please fill out this form.
(B) I just received the data.
(C) We're also expecting it.

설문지 분석은 언제 완료될 것으로 예상하시나요?
(A) 이 양식을 작성해 주세요.
(B) 지금 막 데이터를 받았어요.
(C) 저희도 그걸 예상하고 있어요.

오답 이유
(A) 연상 어휘 함정(complete – fill out)
(C) 동어 반복 함정(expect – expecting)

어휘 expect 예상하다 | complete 완료하다 | analysis 분석 | questionnaire 설문지 | fill out ~을 작성하다 | form 양식

2. 영국 → 미국
Where should I hand in my enrollment form?
(A) It's written on page two.
(B) An annual registration fee.
(C) On November 5th.

등록 양식은 어디에 제출해야 하나요?
(A) 2페이지에 적혀 있어요.
(B) 연간 등록비예요.
(C) 11월 5일에요.

오답 이유
(B) 연상 어휘 함정(enrollment – registration)
(C) When 의문문에 어울리는 응답

어휘 hand in ~을 제출하다 | enrollment 등록 | form 양식 | annual 연간의, 매년의 | registration fee 등록비

3. When will the community center on 12th Avenue be refurbished?
미국 ↓ 미국
(A) Yes, it was an interesting event.
(B) A number of facilities.
(C) Work starts in a few weeks.

12번 가에 있는 주민회관은 언제 재단장하나요?
(A) 네, 재미있는 행사였어요.
(B) 많은 시설이요.
(C) 공사가 몇 주 후에 시작돼요.

오답 이유 (A) 의문사 의문문에 Yes/No 응답 불가
(B) 연상 어휘 함정(community center – facilities)

어휘 community center 주민회관, 지역 문화 센터 | refurbish 재단장하다 | a number of 많은 | facility 시설

4. Where's the seminar taking place?
영국 ↓ 미국
(A) Tomorrow afternoon suits me.
(B) I thought you were too busy to attend.
(C) A famous financial analyst.

세미나는 어디에서 열리나요?
(A) 저는 내일 오후가 편해요.
(B) 당신이 너무 바빠서 참석할 수 없는 줄 알았어요.
(C) 유명한 재무 분석가요.

오답 이유 (A) When 의문문에 어울리는 응답
(C) 연상 어휘 함정(seminar – financial analyst)

어휘 take place 열리다, 개최되다 | suit ~에게 편리하다, 어울리다 | attend 참석하다 | financial 재무의 | analyst 분석가

5. When will the shipment of the winter jackets arrive?
호주 ↓ 영국
(A) There's been a delay at the port.
(B) She tried them on right away.
(C) A different manufacturer.

겨울 재킷 배송은 언제 도착하나요?
(A) 항구에서 지연되었어요.
(B) 그녀는 바로 그것들을 입어 봤어요.
(C) 다른 제조업체요.

오답 이유 (B) 연상 어휘 함정(jackets – try ~ on)
(C) Where 의문문에 어울리는 응답

어휘 shipment 수송[배송], 수송품 | delay 지연 | try on ~을 입어 보다 | manufacturer 제조업체

Practice

본서 p.87

1. (A)	2. (A)	3. (B)	4. (C)	5. (B)	6. (A)
7. (C)	8. (A)	9. (B)	10. (B)	11. (C)	12. (C)
13. (A)	14. (C)	15. (A)	16. (A)	17. (C)	18. (C)
19. (C)	20. (A)	21. (C)	22. (C)	23. (A)	24. (A)
25. (B)					

1. Excuse me. Who can help me exchange this item?
미국 ↓ 미국
(A) You can talk to me.
(B) Here's your receipt.
(C) Do you have change for 20 dollars?

실례합니다. 누가 이 제품 교환을 도와주실 수 있나요?
(A) 저한테 말씀하세요.
(B) 여기 영수증이요.
(C) 20달러 바꿀 잔돈 있으세요?

해설 Who 의문문 → 제품을 교환해 줄 수 있는 담당자의 이름, 직책 등이 응답으로 예상된다.
(A) O 자신에게 말하면 된다고 응답
(B) X 연상 어휘 함정(exchange this item – receipt)
(C) X 유사 발음 함정(exchange – change)

어휘 exchange 교환하다 | item 제품 | receipt 영수증 | change 잔돈, 거스름돈

2. Where is a good place to rent a car?
호주 ↓ 영국
(A) A lot of people recommend Balamo Company.
(B) Late March is probably the best.
(C) It's a new truck.

차를 빌리기에 좋은 곳이 어딘가요?
(A) 많은 사람이 발라모 사를 추천해요.
(B) 3월 말이 아마 가장 좋을 거예요.
(C) 그건 새 트럭이에요.

해설 Where 의문문 → 차를 빌리기에 좋은 특정 장소나 업체의 이름이 응답으로 예상된다.
(A) O 발라모 사라는 업체 이름으로 응답
(B) X 연상 어휘 함정(good – best), When 의문문에 어울리는 응답
(C) X 연상 어휘 함정(car – truck)

어휘 rent 빌리다 | recommend 추천하다

3. When will the employees' contact information be ready?
미국 ↓ 영국
(A) The information desk.
(B) I just have to change some phone numbers.
(C) For 265 employees.

직원들의 연락처가 언제 준비되나요?
(A) 안내 데스크요.
(B) 전화번호 몇 개만 바꾸면 돼요.
(C) 직원 265명용이요.

해설 When 의문문 → 직원들의 연락처가 준비될 시점이나 준비 여부를 내포하는 우회적인 응답이 예상된다.
(A) X 동어 반복 함정(information)
(B) O 전화번호를 몇 개만 바꾸면 금방 준비된다고 응답
(C) X 동어 반복 함정(employees' - employees)

어휘 employee 직원 | contact information 연락처

4. Who is not able to attend the conference on Saturday?
미국 ↓ 호주
(A) I haven't been there recently.
(B) It will be informative.
(C) Almost everyone can make it.

토요일에 누가 학회에 참석할 수 없나요?
(A) 최근에는 거기 간 적이 없어요.
(B) 그건 유익할 거예요.
(C) 거의 모두가 갈 수 있어요.

해설 Who 의문문 → 토요일에 학회에 참석할 수 없는 특정인의 이름, 직책, 부서, 회사명 등이 응답으로 예상된다.
(A) X 연상 어휘 함정(attend - been there)
(B) X 연상 어휘 함정(conference - informative)
(C) O 거의 모두가 갈 수 있다고 응답

어휘 attend 참석하다 | informative 유익한, 정보를 주는 | make it (모임 등에) 가다[참석하다]

5. When should we announce the upcoming merger to the employees?
미국 ↓ 미국
(A) Sure, if you want.
(B) We'd better wait until it's official.
(C) Do it by e-mail.

우리가 언제 직원들에게 곧 있을 합병을 알려야 할까요?
(A) 물론이죠, 원하신다면요.
(B) 공식화될 때까지 기다리는 게 좋겠어요.
(C) 이메일로 하세요.

해설 When 의문문 → 직원들에게 곧 있을 합병에 대해 알릴 시기가 응답으로 예상된다.
(A) X 질문과 무관한 응답 ··· announce the upcoming merger만 듣고 직원들에게 다가오는 합병에 대해 알리고 싶은지를 묻는 질문으로 잘못 이해했을 경우에 선택할 수 있는 오답이다.
(B) O 공식화될 때까지 기다리라는 응답
(C) X 연상 어휘 함정(announce - by e-mail), How 의문문에 어울리는 응답

어휘 announce 알리다, 발표하다 | upcoming 곧 있을, 다가오는 | merger 합병 | official 공식적인

6. Where's the sales proposal for this quarter?
영국 ↓ 미국
(A) Check the blue folder on the top shelf.
(B) Every three months.
(C) It is on sale for this week only.

이번 분기 영업 기획안 어디 있나요?
(A) 맨 위 선반에 있는 파란 폴더를 확인해 보세요.
(B) 3개월마다 한 번이요.
(C) 이번 주에만 할인해요.

해설 Where 의문문 → 기획안이 있는 장소를 언급하는 응답이 예상된다.
(A) O 특정 장소 언급 ··· Where 의문문의 정답으로 자주 등장하는 Check/Try + 장소 '~을 확인해 보세요/~에 가 보세요' 패턴이다.
(B) X 빈도를 묻는 How often 의문문에 어울리는 응답
(C) X 동어 반복 함정(sales - sale), 연상 어휘 함정(this quarter - this week)

어휘 proposal 기획안 | quarter 분기 | on sale 할인 중인

7. Who will replace Mr. Grazovski as managing director?
호주 ↓ 미국
(A) Thanks for the directions.
(B) That sounds like a perfect place.
(C) I didn't know he was leaving.

누가 상무 이사로 그라조프스키 씨를 대신하게 될까요?
(A) 길을 알려 주셔서 감사드려요.
(B) 완벽한 장소인 것 같은데요.
(C) 저는 그가 그만두는지 몰랐어요.

해설 Who 의문문 → 그다음 상무 이사가 될 특정인의 이름, 직책 등을 언급하거나 '모르겠다'류의 우회적인 응답이 예상된다.
(A) X 유사 발음 함정(director - directions)
(B) X 유사 발음 함정(replace - place)
(C) O 그가 그만두는지조차 몰랐다며 '모르겠다'는 우회적인 응답

어휘 replace 대신하다 | managing director 상무 이사 | direction 길, 방향

8. When's the technician scheduled to inspect the elevators?
영국 ↓ 미국
(A) Sometime later this week.
(B) It's on the fifth floor.
(C) I'll update the schedule.

기술자가 언제 엘리베이터를 점검할 예정인가요?
(A) 이번 주 후반에요.
(B) 그건 5층에 있어요.
(C) 제가 일정을 업데이트할게요.

해설 When 의문문 → 기술자의 방문 시점을 나타내는 표현이 응답으로 예상된다.
(A) O 방문 시점(이번 주 후반)으로 응답
(B) X Where 의문문에 어울리는 응답
(C) X 동어 반복 함정(scheduled - schedule)

어휘 technician 기술자, 기사 | schedule 예정하다, 일정을 잡다; 일정 | inspect 점검하다

9. Who has the key to the supply room?
미국 ↓ 호주
(A) We're almost out of stock.
(B) It should be right here.
(C) Give it to Ms. Lanski.

비품실 열쇠는 누가 가지고 있나요?
(A) 재고가 거의 떨어져 가고 있어요.
(B) 바로 여기 있을 텐데요.
(C) 란스키 씨에게 주세요.

해설 Who 의문문 → 열쇠를 가지고 있는 사람이나 열쇠의 장소, 방향 또는 「Try + 장소」 등의 응답이 예상되며, 'Who has'에 집중해야 한다.
(A) X 연상 어휘 함정(supply room – out of stock)
(B) O 여기에 있을 거라며 장소로 응답
(C) X 연상 어휘 함정(Who – Ms. Lanski)

어휘 supply room 비품실 | out of stock 재고가 떨어진

---

10. Where should we put the new bookshelves?

호주 ↓ 미국
(A) I'll order them tomorrow.
(B) Don't you have the floor plan?
(C) To store the client folders.

새 책장들은 어디에 둘까요?
(A) 내일 제가 주문할게요.
(B) 평면도를 가지고 있지 않나요?
(C) 고객 폴더들을 보관하려고요.

해설 Where 의문문 → 새 책장들을 놓을 위치나 장소를 언급하는 응답이 예상된다.
(A) X 연상 어휘 함정(bookshelves – order)
(B) O 평면도에 나와 있는데 평면도가 없냐고 반문하는 우회적인 응답
(C) X 연상 어휘 함정(bookshelves – store, folders), Why 의문문에 어울리는 응답

어휘 floor plan 평면도 | store 보관하다

---

11. When's a good time to sell strawberry smoothies?
미국 ↓ 영국
(A) I'll be dropping by soon.
(B) All of us had a wonderful time.
(C) Next month's when they're in season.

딸기스무디를 팔기 좋은 시기가 언제인가요?
(A) 제가 조만간 들를게요.
(B) 저희 모두 즐거웠어요.
(C) 다음 달이 제철이에요.

해설 When 의문문 → 딸기스무디의 판매 시점이나 이를 내포하는 우회적인 응답이 예상된다.
(A) X 연상 어휘 함정(When – soon)
(B) X 연상 어휘 함정(a good time – a wonderful time)
(C) O 다음 달이 제철이라며 시점으로 응답

어휘 sell 판매하다 | smoothie 스무디(과일·과일 주스에 우유나 아이스크림을 넣어 만든 음료) | drop by (~에) 들르다 | in season 제철인

---

12. Who's picking up the clients at the train station this afternoon?
미국 ↓ 미국
(A) Go to platform 10.
(B) To our headquarters.
(C) They're arriving tomorrow.

누가 오늘 오후에 고객들을 모시러 기차역으로 가나요?
(A) 10번 승강장으로 가세요.
(B) 본사로요.
(C) 그들은 내일 도착해요.

해설 Who 의문문 → 누가 고객들을 태우러 갈지 언급하거나 고객의 도착 여부에 대한 응답이 예상된다.
(A) X 연상 어휘 함정(train station – platform), Where 의문문에 어울리는 응답
(B) X Where 의문문에 어울리는 응답
(C) O 고객이 내일 도착해서 오늘은 갈 필요 없다는 우회적인 응답

어휘 pick up ~를 (차에) 태우러 가다 | headquarters 본사, 본부 (직원들)

---

13. Where is the international arrival gate?
영국 ↓ 미국
(A) Follow the red signs.
(B) At 3 o'clock tomorrow afternoon.
(C) Close it behind you.

국제선 도착 게이트가 어디인가요?
(A) 빨간색 표지판을 따라가세요.
(B) 내일 오후 3시에요.
(C) 문을 닫고 들어오세요.

해설 Where 의문문 → 국제선 도착 게이트의 위치나 가는 방법에 대한 응답이 예상된다.
(A) O 국제선 도착 게이트로 가는 방법을 언급하는 우회적인 응답
(B) X When 의문문에 어울리는 응답
(C) X 연상 어휘 함정(gate – Close)

어휘 international 국제적인 | arrival 도착 | gate 게이트, 탑승구 | follow 따라가다 | sign 표지판, 간판

---

14. Who will be leading the workshop session on project management?
미국 ↓ 호주
(A) About communication.
(B) It's after the coffee break.
(C) Here's the program.

프로젝트 관리에 대한 워크숍 세션을 누가 이끌 건가요?
(A) 의사소통에 관해서요.
(B) 휴식 시간 후에요.
(C) 여기 프로그램이 있어요.

해설 Who 의문문 → 워크숍을 이끌 사람 이름 등이 응답으로 예상된다.
(A) X 연상 어휘 함정(workshop – About communication)
(B) X When 의문문에 어울리는 응답
(C) O 여기 프로그램이 있다며 직접 확인해 보라는 우회적인 응답

어휘 lead 이끌다 | management 관리 | communication 의사소통 | coffee break 휴식 시간

---

15. Where can I find this quarter's sales report?
영국 ↓ 호주
(A) It's not ready.
(B) I got it on sale.
(C) The numbers from the Cleveland branch.

이번 분기 매출 보고서는 어디서 볼 수 있나요?
(A) 준비가 안 됐어요.

(B) 할인가에 샀어요.
(C) 클리블랜드 지점 수치요.

해설 Where 의문문 → 매출 보고서를 볼 수 있는 장소, 출처에 대한 응답이 예상된다.
(A) O 준비가 안 됐다는 우회적인 응답
(B) X 동어 반복 함정(sales - sale)
(C) X 연상 어휘 함정(quarter's sales report - numbers, branch)

어휘 quarter 분기 | sales report 매출 보고서 | ready 준비가 된 | on sale 할인 중인 | branch 지점

---

16. Who can help me operate this exercise equipment?
호주 ↓ 미국
(A) I'm available in about five minutes.
(B) A large shipment.
(C) Michael can order the equipment.

누가 이 운동 기구를 조작하는 것을 도와주실 수 있나요?
(A) 5분쯤 후에 제가 도와드릴 수 있어요.
(B) 큰 수송품이요.
(C) 마이클이 장비를 주문할 수 있어요.

해설 Who 의문문 → 운동 기구 조작에 도움을 줄 사람에 대한 응답이 예상된다.
(A) O 내가(I) 5분 후에 시간이 된다고 응답
(B) X 유사 발음 함정(equipment - shipment)
(C) X 동어 반복 함정(equipment)

어휘 operate (기계를) 조작하다 | equipment 기구, 장비, 설비 | available 시간이 있는 | shipment 수송품, 적하물

---

17. Where can I store my lunch?
영국 ↓ 호주
(A) Isn't the store closed today?
(B) Thank you, but I already had lunch.
(C) The fridge is in the break room.

점심은 어디에 보관할 수 있나요?
(A) 오늘 가게 문 닫지 않았어요?
(B) 감사합니다만, 점심을 이미 먹었어요.
(C) 휴게실에 냉장고가 있어요.

해설 Where 의문문 → 점심을 보관할 수 있는 위치나 장소를 언급하는 응답이 예상된다.
(A) X 동어 반복 함정(store)
(B) X 동어 반복 함정(lunch)
(C) O 휴게실에 냉장고가 있다며 장소로 응답

어휘 store 보관하다; 상점 | closed 문을 닫은 | fridge 냉장고 | break room 휴게실

---

18. When is the opening reception scheduled to begin?
영국 ↓ 미국
(A) I think it's in the reception hall.
(B) To present awards.
(C) That information is in the e-mail.

개막 축하 행사가 언제 시작될 예정인가요?
(A) 접견실에서 있을 것 같아요.
(B) 시상을 하기 위해서요.
(C) 그 정보는 이메일에 있어요.

해설 When 의문문 → 개막 축하 행사 시작 일정에 대한 시간 표현이나 직접 확인해 보라는 우회적인 응답이 예상된다.
(A) X 동어 반복 함정(reception)
(B) X Why 의문문에 적합한 응답
(C) O 그 정보는 이메일에 있다고 하는 우회적인 응답

어휘 opening reception 개막 축하 행사 | be scheduled to do ~하기로 예정되다 | present 주다, 증정하다 | award 상

---

19. When will you be available for a consultation?
미국 ↓ 영국
(A) We have them in three colors.
(B) Yes, I provide business consultation.
(C) I'll be out of the office all week.

언제 상담 가능하시나요?
(A) 그건 세 가지 색상이 있어요.
(B) 네, 저는 기업 자문을 제공합니다.
(C) 일주일 내내 사무실에 없을 거예요.

해설 When 의문문 → 상담 가능한 시점을 언급하거나 상담 가능 여부를 내포하는 우회적인 응답이 예상된다.
(A) X 질문과 무관한 응답
(B) X 동어 반복 함정(consultation)
(C) O 일주일 내내 사무실에 없을 거라며 이번 주는 안 된다는 우회적인 응답

어휘 available 이용 가능, 시간이 있는 | consultation 상담, 자문 | provide 제공하다 | out of the office 사무실에 없는

---

20. Where is the public library located?
호주 ↓ 미국
(A) You haven't been there?
(B) Approximately two weeks ago.
(C) No, it's closed to the public.

공립 도서관은 어디 있나요?
(A) 그곳에 안 가 보셨어요?
(B) 약 2주 전이요.
(C) 아니요, 대중에는 개방되어 있지 않아요.

해설 Where 의문문 → 도서관의 위치를 언급하거나 도서관 방문 여부에 대한 우회적인 응답이 예상된다.
(A) O 안 가 봤냐고 반문하는 응답
(B) X When 의문문에 어울리는 응답
(C) X 동어 반복 함정(public)

어휘 public library 공립 도서관 | approximately 대략 | closed 비공개의, 닫힌 | public 대중, 일반 사람들

---

21. When will the rowing machines be shipped?
미국 ↓ 영국
(A) That is a great workout.
(B) My gym membership expires this June.
(C) They're out of stock.

로잉 머신이 언제 배송되나요?
(A) 그건 아주 좋은 운동이에요.
(B) 제 헬스클럽 회원권이 올해 6월에 만료돼요.

(C) **재고가 없어요.**

해설 When 의문문 → 로잉 머신의 배송 시점에 대해 언급하거나 배송 준비 여부에 대한 우회적인 응답이 예상된다.

(A) X 연상 어휘 함정(rowing machine – workout)

(B) X 연상 어휘 함정(rowing machine – gym)

(C) O 재고가 없다며 배송 시점을 알 수 없다는 우회적인 응답

어휘 rowing machine 로잉 머신(노를 젓는 듯한 동작을 하는 운동 기구) I ship 배송하다, 수송하다 I workout 운동 I gym 헬스클럽 I expire 만료되다 I out of stock 재고가 없는

---

22. Who is the new captain of the police force?

호주 ↓ 영국

(A) The police station is on Union Avenue.

(B) I tried to force the windows open, but I couldn't.

(C) The position is vacant.

새로운 경찰서장은 누구인가요?

(A) 경찰서는 유니언 가에 있어요.

(B) 제가 창문을 억지로 열어 보려고 했는데, 못했어요.

(C) **그 자리는 공석이에요.**

해설 Who 의문문 → 경찰서장의 이름을 언급하거나 아직 결정되지 않았다는 우회적인 응답이 예상된다.

(A) X 동어 반복 함정(police)

(B) X 동어 반복 함정(force)

(C) O 그 자리는 공석이라며 아직 결정되지 않았다는 우회적인 응답

어휘 captain 서장 I police force 경찰 I police station 경찰서 I force 억지로[강제로] ~하다 I position (일)자리, 직위 I vacant 공석의, 비어 있는

---

23. Who did you hire to decorate the restaurant?

미국 ↓ 영국

(A) I'll give you their contact information.

(B) Which color do you want?

(C) I wouldn't mind at all.

식당 장식을 위해 누구를 고용하셨나요?

(A) **제가 그 사람들의 연락처를 드릴게요.**

(B) 어떤 색깔을 원하세요?

(C) 저는 전혀 개의치 않아요.

해설 Who 의문문 → 식당 장식을 맡은 특정인이나 사업체의 이름 등이 응답으로 예상된다.

(A) O 고용한 사람들의 연락처를 알려 주겠다고 하는 우회적인 응답

(B) X 연상 어휘 함정(decorate – color)

(C) X 질문과 무관한 응답

어휘 decorate 장식하다 I contact information 연락처

---

24. When will the company recruit someone for the open position?

영국 ↓ 미국

(A) There are two more interviews left.

(B) Did you attend the job fair?

(C) I was told to leave the windows open.

회사가 언제 그 공석에 사람을 채용할 건가요?

(A) **면접이 두 개 더 남아 있어요.**

(B) 채용 박람회에 참석하셨어요?

(C) 창문을 열어 두라고 들었어요.

해설 When 의문문 → 채용 시점이나 아직 남아 있는 채용 절차를 언급하는 응답이 예상된다.

(A) O 면접이 두 개 더 남아 있다며 그 후에 채용 결정을 하겠다는 우회적인 응답

(B) X 연상 어휘 함정(open position – job fair)

(C) X 동어 반복 함정(open)

어휘 recruit 채용하다 I open position 공석 I interview 면접 I attend 참석하다 I job fair 채용 박람회

---

25. Who's qualified to be on the selection committee?

호주 ↓ 미국

(A) The election results will be announced tomorrow.

(B) Anyone who is recommended by the board.

(C) It will consist of nine members.

누가 선발 위원회에 있을 자격이 있나요?

(A) 선거 결과는 내일 발표될 거예요.

(B) **이사회에서 추천한 사람은 누구나요.**

(C) 그것은 9명의 멤버들로 구성될 거예요.

해설 Who 의문문 → 선발 위원회에 자격이 되는 인물이나 특정한 자격 사항을 언급하는 응답이 예상된다.

(A) X 유사 발음 함정(selection – election)

(B) O '누구나'라는 불특정 인물 언급 ···› Who 의문문에 자주 등장하는 Anyone, No one, Nobody, Someone from[in]의 응답 패턴이다.

(C) X 연상 어휘 함정(selection committee – consist of)

어휘 qualified 자격이 있는 I selection committee 선발 위원회 I election 선거 I announce 발표하다 I recommend 추천하다 I board 이사회 I consist of ~으로 구성되다

UNIT 05. Why·What·Which·How 의문문

핵심 문제 유형

본서 p.91

1. (C) 2. (A) 3. (C) 4. (C) 5. (A) 6. (A) 7. (C) 8. (A)

1. 그들은 왜 본사를 이전하기로 결정했나요?

(A) 분기별 보고서는 당신의 책상 위에 있어요.

(B) 저는 지금 싱가포르에 살아요.

(C) **더 많은 공간이 필요했어요.**

추가 가능 정답

+ **The lease expired.** 임대 계약이 만료됐어요.

+ **You'll have to ask Mr. Simpson.** 심슨 씨에게 물어보셔야 할 거예요.

어휘 decide 결정하다 I relocate 이전하다 I headquarters 본사 I quarterly 분기별 I space 공간

---

2. 노트북 컴퓨터가 왜 계속 과열되나요?
(A) 환풍기가 돌아가고 있나요?
(B) 히터를 켜기에는 너무 더워요.
(C) 그거 가져도 돼요.

추가 가능 정답
+ **It's been on for too long.** 너무 오래 켜 놨어요.
+ **I have no idea.** 모르겠어요.

어휘 overheat 과열되다 I fan 환풍기, 팬 I turn on (TV·전기·가스 따위를) 켜다 I heater 히터, 난방 I feel free to do ~을 마음 놓고 해도 괜찮다

---

3. 영업 이사 후보자에 대해 어떻게 생각하시나요?
(A) 내년 예상 매출액이요.
(B) 마케팅 석사 학위요.
(C) 아주 적임이에요.

추가 가능 정답
+ **I hope he can work with us.** 우리와 함께 일할 수 있으면 좋겠어요.
+ **I haven't met him yet.** 아직 못 만나 봤어요.

어휘 sales 영업, 매출 I director 이사 I candidate 후보자 I project 예상하다 I sales figures 매출액 I Master's degree 석사 학위 I qualified 적임의, 자격이 있는

---

4. 와이파이 비밀번호가 무엇인가요?
(A) 우체국을 지나왔어요.
(B) 컴퓨터 메모리가 꽉 찼어요.
(C) 설명이 벽에 붙어 있어요.

추가 가능 정답
+ **The connection is open to the public.** 접속은 일반인에게 공개되어 있어요.
+ **You should ask the clerk.** 점원에게 물어보세요.

어휘 password 비밀번호 I pass by ~을 지나가다 I post office 우체국 I memory 메모리, 기억 장치 I full 가득한 I instructions 설명 I wall 벽

---

5. 어느 부동산 중개인에게 다시 연락했어요?
(A) 우리가 지난주에 만난 분이요.
(B) 저는 맞는 전화번호를 가지고 있어요.
(C) 그 집은 우리 가족에게 너무 커요.

추가 가능 정답
+ **Star Realty.** 스타 부동산이요.
+ **I don't remember.** 기억이 나지 않아요.

어휘 realtor 부동산 중개인 I contact 연락하다 I correct 맞는, 올바른

---

6. 어느 택배 회사가 우리 부품을 애런빌에 있는 정비소에 배달하죠?
(A) 배송 송장에 나와 있을 거예요.
(B) 주로 시에 있는 고객 업체들에게요.
(C) 사실, 제 차가 지금 수리 중이에요.

추가 가능 정답
+ **You should probably ask Gloria.** 아마 글로리아에게 물어보시면 될 거예요.
+ **The same company we use for Wenham.** 웬햄 때 이용했던 회사와 같아요.

어휘 courier company 택배 회사 I part 부품 I auto shop 정비소 I shipping 배송 I invoice 송장, 청구서

---

7. 레터헤드를 어떻게 업데이트해야 할까요?
(A) 합격 통지서 받았어요.
(B) 웹사이트가 구식이에요.
(C) 로고를 더 키워야 해요.

추가 가능 정답
+ **Let's talk to our designers first.** 우선 디자이너들에게 말해 봅시다.
+ **Didn't Mr. Clark give you instructions?** 클라크 씨가 설명해 주지 않았나요?

어휘 update 업데이트하다 I letterhead 레터헤드(편지지 위쪽에 인쇄된 회사명·주소 따위) I acceptance letter 합격 통지서 I out of date 구식인, 시대에 뒤떨어진 I logo 로고

---

8. 당신 팀에서는 고객 몇 명과 일하나요?
(A) 매주 달라요.
(B) 고객 서비스 직원들이요.
(C) 아마 석 달 동안일 거예요.

추가 가능 정답
+ **Just two for this month.** 이번 달에는 두 명뿐이요.
+ **Let me review the list.** 제가 명단을 확인해 볼게요.

어휘 client 고객 I depend (~에 따라) 다르다, 달려 있다 I customer service 고객 서비스 I representative 담당 직원 I probably 아마

Warm-up

본서 p.98

1. (C) **2.** (A) **3.** (C) **4.** (B) **5.** (B)

1. What's the room rate at the hotel?
호주 ↓ 영국
(A) No, it's not expensive.
(B) I'm afraid it arrived a bit late.
(C) That depends on the day of the week.

호텔 객실 요금이 얼마인가요?
(A) 아니요, 비싸지 않아요.
(B) 조금 늦게 도착했네요.
(C) 요일에 따라 달라요.

오답 이유
(A) 의문사 의문문에 Yes/No 응답 불가
(B) 유사 발음 함정(rate－late)

어휘 rate 요금 I depend on ~에 따라 다르다

---

2. How much longer will this meeting last?
미국 ↓ 미국
(A) We should finish before noon.
(B) At least five feet long.
(C) Jamie was the last person.

이번 회의가 얼마나 더 계속될까요?
(A) 정오 전에는 끝내야 해요.
(B) 최소 5피트 길이요.

(C) 제이미가 마지막 사람이었어요.

오답 이유 (B) 유사 발음 함정(longer – long)
(C) 동어 반복 함정(last)

어휘 last 계속되다, 지속되다; 마지막의

3. Which applicant was hired for the position?
영국 ↓ 미국
(A) Not as high as that.
(B) A teaching qualification.
(C) I believe the interviews are still underway.

어느 지원자가 그 자리에 채용되었나요?
(A) 그렇게 높지는 않아요.
(B) 교사 자격증이요.
(C) 면접이 아직 진행 중인 것 같아요.

오답 이유 (A) 유사 발음 함정(hired – high)
(B) 연상 어휘 함정(applicant, position – teaching qualification)

어휘 applicant 지원자 | hire 채용하다 | qualification 자격증 | interview 면접 | underway 진행 중인

4. Why didn't you call someone to fix the printer?
호주 ↓ 미국
(A) The toner cartridge.
(B) Leslie took care of it.
(C) There's more paper in the stockroom.

왜 프린터를 고치기 위해서 누군가를 부르지 않았어요?
(A) 토너 카트리지요.
(B) 레슬리가 처리했어요.
(C) 창고에 종이가 더 있어요.

오답 이유 (A) 연상 어휘 함정(printer – toner cartridge)
(C) 연상 어휘 함정(printer – paper)

어휘 cartridge 카트리지 | take care of ~을 처리하다 | stockroom 창고

5. What time are you catching your bus?
미국 ↓ 영국
(A) A return trip.
(B) I'm walking this morning.
(C) The corner of Kent Road and Main Street.

몇 시에 버스를 타세요?
(A) 왕복 여행이요.
(B) 오늘 아침에는 걸어갈 거예요.
(C) 켄트 가와 메인 가가 만나는 모퉁이요.

오답 이유 (A) 연상 어휘 함정(bus – return trip)
(C) Where 의문문에 어울리는 응답

어휘 catch (버스·기차 등을) 타다 | return trip 왕복 여행

Practice

본서 p.99

1. (A)	2. (B)	3. (A)	4. (B)	5. (B)	6. (A)
7. (C)	8. (C)	9. (A)	10. (A)	11. (C)	12. (A)
13. (A)	14. (B)	15. (B)	16. (C)	17. (C)	18. (B)
19. (C)	20. (B)	21. (A)	22. (C)	23. (A)	24. (A)
25. (C)					

1. What feedback did the director give regarding the new factory?
영국 ↓ 미국
(A) He requested some major changes.
(B) Daniel Ortez.
(C) Have you found the directions?

그 이사가 새 공장에 관해 어떤 피드백을 주었나요?
(A) 그는 몇 가지 중요한 변경 사항들을 요구했어요.
(B) 다니엘 오르테즈요.
(C) 길을 찾으셨나요?

해설 What 의문문 → 새 공장에 관해 이사가 준 피드백이 응답으로 예상된다.
(A) O 몇 가지 변경 사항을 요구했다고 응답
(B) X 질문과 무관한 응답 ··· director만 듣고 이사의 이름을 묻는 문제로 잘못 이해했을 경우에 선택할 수 있는 오답이다.
(C) X 유사 발음 함정(director – directions)

어휘 feedback 피드백 | director 이사 | regarding ~에 관하여 | request 요구하다 | major 중요한 | directions 길 (안내)

2. How do I fill out a vacation request form?
호주 ↓ 영국
(A) The conference room is full.
(B) Let me show you on your laptop.
(C) To visit my family in Canada.

휴가 신청서는 어떻게 작성하나요?
(A) 회의실이 꽉 찼어요.
(B) 당신 노트북에서 보여 줄게요.
(C) 캐나다에 있는 가족을 방문하기 위해서요.

해설 How 의문문 → 신청서를 작성하는 방법이 응답으로 예상된다.
(A) X 유사 발음 함정(fill – full)
(B) O 당신 노트북에서 보여 주겠다고 응답
(C) X 연상 어휘 함정(vacation – visit my family)

어휘 fill out ~을 작성하다 | vacation 휴가 | request form 신청서 | conference room 회의실 | full 꽉 찬 | visit 방문하다

3. Why has the renovation been delayed?
미국 ↓ 미국
(A) We still need Mr. Mannering's approval.
(B) On the third floor.
(C) He received a standing ovation.

수리가 왜 지연되었나요?
(A) 우리는 아직 매너링 씨의 승인이 필요해요.
(B) 3층에서요.
(C) 그는 기립 박수를 받았어요.

해설 Why 의문문 → 수리가 지연된 이유가 응답으로 예상된다.
(A) O 승인이 필요해서 지연됐다고 응답
(B) X Where 의문문에 어울리는 응답
(C) X 유사 발음 함정(renovation – ovation)

어휘 renovation 수리, 개조 I delay 지연시키다, 연기하다 I approval 승인, 허가 I standing ovation 기립 박수

---

4. How long do we have until we need to replace the batteries?
미국 ↓ 호주
(A) Here's the battery charger.
(B) I put in a new one yesterday.
(C) Every Wednesday for three hours.

배터리 교체까지 얼마나 남았나요?
(A) 배터리 충전기 여기 있어요.
(B) 제가 어제 새 걸로 넣었어요.
(C) 매주 수요일 세 시간 동안요.

해설 How 의문문 → 기간으로 답하거나 우회적인 응답이 예상된다.
(A) X 동어 반복 함정(batteries – battery)
(B) O 어제 새 걸로 넣었다고 응답
(C) X 연상 어휘 함정(How long – for three hours)

어휘 replace 교체하다 I battery 배터리 I charger 충전기 I put in ~을 집어넣다

---

5. Why do you think you'd make a good contribution to our organization?
미국 ↓ 영국
(A) It was organized by last year's committee.
(B) I have a wealth of experience in this field.
(C) We're looking forward to working with you.

당신은 왜 우리 조직에 큰 기여를 할 거라고 생각하나요?
(A) 그것은 작년 위원회에 의해 조직되었어요.
(B) 저는 이 분야에 풍부한 경험이 있어요.
(C) 당신과 함께 일하게 되길 기대하고 있어요.

해설 Why 의문문 → 회사에 큰 기여를 할 수 있다고 생각하는 이유가 응답으로 예상된다.
(A) X 유사 발음 함정(organization – organized), 연상 어휘 함정(organization – committee)
(B) O 이 분야에 경험이 풍부하다고 응답
(C) X 연상 어휘 함정(organization – working)

어휘 make a contribution 기여하다 I organization 조직, 단체 I organize 조직하다, 구성하다 I committee 위원회 I a wealth of 풍부한, 다양한 I field 분야 I look forward to ~을 기대하다[고대하다]

---

6. Which round-table discussion do you want to attend?
영국 ↓ 호주
(A) I'm interested in Internet security.
(B) That wooden table is cheaper.
(C) Thanks, but I already ate.

어느 원탁 토론에 참여하고 싶나요?
(A) 전 인터넷 보안에 관심 있어요.
(B) 저 나무 탁자가 더 저렴해요.
(C) 감사하지만, 전 이미 먹었어요.

해설 Which 의문문 → 참여를 원하는 토론 주제를 언급하거나 우회적인 응답이 예상된다.
(A) O 인터넷 보안에 관심 있다고 응답
(B) X 동어 반복 함정(table)
(C) X 연상 어휘 함정(round-table – ate)

어휘 round-table 원탁의 I discussion 토론 I attend 참석[참여]하다 I be interested in ~에 관심이 있다 I security 보안 I wooden 나무로 된, 목재의

---

7. Why didn't the finance team submit their monthly report?
미국 ↓ 미국
(A) I think it's now open.
(B) That's part of the annual budget.
(C) The team members are out of the office.

재무팀에서는 왜 월간 보고서를 제출하지 않았나요?
(A) 이제 열린 것 같아요.
(B) 그건 연간 예산의 일부예요.
(C) 팀원들이 부재중이에요.

해설 Why 의문문 → 보고서를 제출하지 않은 이유가 응답으로 예상된다.
(A) X 질문과 무관한 응답
(B) X 연상 어휘 함정(monthly report – annual budget)
(C) O 팀원들이 부재중이라고 응답

어휘 finance team 재무팀 I submit 제출하다 I monthly 월간의 I annual 연간의 I budget 예산 I out of the office 부재중인

---

8. What terms are you going to add to the contract?
영국 ↓ 미국
(A) I'll be leaving from Terminal B.
(B) You should act fast if you want the best seat.
(C) That's the CEO's decision.

계약서에 어떤 조건을 추가할 건가요?
(A) B 터미널에서 출발할 거예요.
(B) 좋은 자리를 원한다면 서두르세요.
(C) 그건 대표님께서 결정할 사안이에요.

해설 What 의문문 → 추가할 조건을 언급하거나 '모르겠다'류의 우회적인 응답이 예상된다.
(A) X 유사 발음 함정(terms – Terminal)
(B) X 유사 발음 함정(contract – act)
(C) O 대표님께서 결정할 사안이라는 우회적인 응답

어휘 terms (계약 등의) 조건 I add 추가하다 I contract 계약서 I leave 출발하다, 떠나다 I act 행동하다 I seat 자리 I decision 결정

---

9. Why isn't the magazine cover finalized yet?
미국 ↓ 호주
(A) I sent you the design.
(B) For next month's issue.
(C) Not at this point.

잡지 표지가 왜 아직 마무리되지 않은 건가요?

(A) 제가 디자인 보내 드렸어요.
(B) 다음 달 호요.
(C) 현시점에선 아니에요.

해설 Why 의문문 → 표지가 완료되지 않은 이유를 언급하거나 우회적인 응답이 예상된다.
(A) O 디자인을 보내 드렸다며 이미 완료되었다는 우회적인 응답
(B) X 연상 어휘 함정(magazine – next month's issue)
(C) X 질문과 무관한 응답

어휘 magazine 잡지 | cover 표지 | finalize 마무리 짓다, 완성하다 | issue (잡지 등 정기 간행물의) 호

---

10. How has the computer program been modified?
영국 ↓ 미국
(A) Just as you suggested.
(B) He's an excellent programmer.
(C) They'll be notified by mail.

컴퓨터 프로그램이 어떻게 변경되었나요?
(A) 당신이 제안한 대로요.
(B) 그는 훌륭한 프로그래머예요.
(C) 그들은 우편으로 통지받을 거예요.

해설 How 의문문 → 컴퓨터 프로그램의 변경 사항에 관한 응답이 예상된다.
(A) O 제안해 준 방식으로 변경되었다고 응답
(B) X 연상 어휘 함정(computer – programmer), 유사 발음 함정(program – programmer)
(C) X 유사 발음 함정(modified – notified)

어휘 modify 변경하다 | suggest 제안하다 | notify 통지하다, 알리다

---

11. Which newspaper will our job ad appear in?
미국 ↓ 영국
(A) It was a good article.
(B) In the classified section.
(C) We still haven't decided.

우리의 구인 광고가 어떤 신문에 게재될 건가요?
(A) 그건 좋은 기사였어요.
(B) 구인·구직 광고면에요.
(C) 아직 결정하지 못했어요.

해설 Which 의문문 → 구인 광고가 게재될 특정 신문을 언급하거나 '모르겠다'류의 우회적인 응답이 예상된다.
(A) X 연상 어휘 함정(newspaper – article)
(B) X 연상 어휘 함정(newspaper – classified section)
(C) O 아직 결정하지 못해서 '모르겠다'는 우회적인 응답

어휘 job ad 구인 광고 | appear (신문 등에) 게재되다 | article 기사 | classified section (신문·잡지 등의) 구인·구직 광고면, 부문별 광고면

---

12. What did you think of the session on mobile technology?
호주 ↓ 미국
(A) I attended a different seminar.
(B) You can use my phone.
(C) It's in Conference Room A.

모바일 기술에 대한 세션을 어떻게 보셨어요?
(A) 저는 다른 세미나에 참석했어요.
(B) 제 전화기를 사용하셔도 돼요.
(C) 그건 A 회의장에 있어요.

해설 What 의문문 → 모바일 기술 세션에 대한 의견이 응답으로 예상된다.
(A) O 다른 세미나에 참석해서 '모르겠다'는 우회적인 응답
(B) X 연상 어휘 함정(mobile – phone)
(C) X 연상 어휘 함정(session – Conference Room A)

어휘 session 세션, (특정 주제에 관한) 시간 | technology 기술 | attend 참석하다

---

13. How are we going to complete the advertisement campaign on time?
미국 ↓ 영국
(A) Let's ask for an extension.
(B) No, I recently met with our client.
(C) The shared folder is empty.

저희가 광고 캠페인을 어떻게 제때 마무리할 수 있을까요?
(A) 연장을 요청합시다.
(B) 아니요, 최근에 저희 고객과 만났어요.
(C) 공유 폴더가 비어 있어요.

해설 How 의문문 → 광고 캠페인을 마무리할 방법을 언급하거나 우회적인 응답이 예상된다.
(A) O 제때 마무리할 수 없으니 연장 요청을 제안하는 우회적인 응답
(B) X 의문사 의문문에 Yes/No 응답 불가
(C) X 질문과 무관한 응답

어휘 complete 마무리하다, 끝내다 | advertisement 광고 | on time 제때에 | ask for ~을 요청하다 | extension 연장 | recently 최근에 | share 공유하다 | folder 폴더 | empty 비어 있는

---

14. How many times a year do you go to Boston to visit?
영국 ↓ 호주
(A) No, I'm not a big sports fan.
(B) My parents moved to New York.
(C) We normally take the bus.

일 년에 몇 번이나 보스턴을 방문하러 가세요?
(A) 아니요, 저는 스포츠를 그다지 좋아하지 않아요.
(B) 저희 부모님은 뉴욕으로 이사 가셨어요.
(C) 우리는 보통 버스를 타요.

해설 How 의문문 → 방문하는 빈도로 답하거나 우회적인 응답이 예상된다.
(A) X 의문사 의문문에 Yes/No 응답 불가
(B) O 부모님이 뉴욕으로 이사 가서 보스턴에는 이제 가지 않는다는 우회적인 응답
(C) X 연상 어휘 함정(visit – bus)

어휘 move 이사하다 | normally 보통

---

15. What will be reviewed at the managers' meeting?
영국 ↓ 미국
(A) Only with department managers.
(B) Feedback from the latest questionnaire.
(C) The reviews have been positive.

관리자 회의에서 무엇이 검토될 건가요?
(A) 부서 관리자들과만요.

(B) **최근 설문지의 피드백이요.**
(C) 평가가 긍정적이었어요.

해설 What 의문문 → 검토되는 대상이 응답으로 예상된다.
(A) X 동어 반복 함정(managers' – managers)
(B) O 설문지의 피드백이 검토될 거라고 응답
(C) X 유사 발음 함정(reviewed – reviews)

어휘 review 검토하다; 비평, 평론 | feedback 피드백 | questionnaire 설문지 | positive 긍정적인

16. Why wasn't Mr. Russell at the staff seminar this morning?
미국 ↓ 호주
(A) The conference room is on the eighth floor.
(B) It might be postponed to the afternoon.
(C) The legal team is attending a client meeting all day.

오늘 아침에 러셀 씨가 왜 직원 세미나에 없었나요?
(A) 회의장은 8층에 있어요.
(B) 오후로 미뤄질 수도 있어요.
(C) **법무팀이 온종일 고객 미팅에 참석 중이에요.**

해설 Why 의문문 → 세미나에 참석하지 않은 이유가 응답으로 예상된다.
(A) X 연상 어휘 함정(seminar – conference)
(B) X 시제 불일치 오답(wasn't – might be postponed)
(C) O 고객 미팅 때문에 참석하지 못했다고 응답

어휘 postpone 미루다, 연기하다 | legal team 법무팀 | attend 참석하다 | all day 온종일

17. How long do I need to wait to see the doctor?
영국 ↓ 호주
(A) The waiting room is right down the hallway.
(B) For the annual checkup.
(C) We're fully booked this month.

진료받으려면 얼마나 대기해야 하나요?
(A) 대기실은 복도 끝에 있어요.
(B) 연례 검진을 위해서요.
(C) **이번 달은 예약이 꽉 찼어요.**

해설 How 의문문 → 기간으로 답하거나 우회적인 응답이 예상된다.
(A) X 유사 발음 함정(wait – waiting)
(B) X 연상 어휘 함정(doctor – checkup)
(C) O 이번 달은 예약이 꽉 찼다며 대기해도 진료를 받을 수 없다는 우회적인 응답

어휘 see the doctor 진료를 받다 | waiting room 대기실 | hallway 복도 | annual 연례의 | checkup 검진 | fully 꽉, 완전히 | book 예약하다

18. Which sections of the report do you want me to review?
호주 ↓ 미국
(A) There are a total of 20 chapters.
(B) I thought Kellie already told you.
(C) That's an interesting suggestion.

보고서의 어느 부분을 검토할까요?
(A) 총 20개의 장이 있어요.
(B) **켈리가 이미 말씀드린 줄 알았어요.**
(C) 흥미로운 제안이군요.

해설 Which 의문문 → 검토할 부분을 언급하거나 우회적인 응답이 예상된다.
(A) X 연상 어휘 함정(report – chapters)
(B) O 켈리가 이미 전달한 줄 알았다는 우회적인 응답
(C) X 연상 어휘 함정(review – suggestion)

어휘 section 부분 | review 검토하다 | a total of 총, 전부 | interesting 흥미로운 | suggestion 제안

19. What is the warranty period of your smartphone?
영국 ↓ 미국
(A) I purchased it last week.
(B) I downloaded a new application.
(C) I accidently threw away the paperwork.

당신 스마트폰의 보증 기간이 얼마나 돼요?
(A) 지난주에 샀어요.
(B) 새 애플리케이션을 다운로드했어요.
(C) **실수로 서류[보증서]를 버렸네요.**

해설 What 의문문 → 기간으로 답하거나 우회적인 응답이 예상된다.
(A) X When 의문문에 어울리는 응답
(B) X 연상 어휘 함정(smartphone – application)
(C) O 서류[보증서]를 버려서 '모르겠다'는 우회적인 응답

어휘 warranty period 보증 기간 | application 애플리케이션, 응용 프로그램 | accidently 실수로 | throw away ~을 버리다 | paperwork 서류

20. Why was the presentation set so late in the day?
미국 ↓ 호주
(A) Take the subway on platform 4.
(B) That's when the client is free.
(C) Ten minutes before the sunset.

발표가 왜 그렇게 늦게 정해졌나요?
(A) 4번 승강장에서 지하철을 타세요.
(B) **고객이 그때 시간이 돼요.**
(C) 일몰 10분 전이요.

해설 Why 의문문 → 발표가 늦게 잡힌 이유를 언급하거나 우회적인 응답이 예상된다.
(A) X 질문과 무관한 응답
(B) O 고객이 그때 시간이 된다고 응답
(C) X 유사 발음 함정(set – sunset)

어휘 presentation 발표, 프레젠테이션 | set 정하다 | late in the day 뒤늦게 | platform 승강장, 플랫폼 | client 고객 | free 시간이 되는, 한가한 | sunset 일몰

21. How frequently do you drop by the warehouse?
미국 ↓ 미국
(A) I haven't had the time lately.
(B) Terrence Flint is the supervisor.
(C) I think it's in Soraville.

얼마나 자주 창고에 들르시나요?

(A) 최근엔 시간이 없었어요.
(B) 테런스 플린트가 관리자예요.
(C) 소라빌에 있는 것 같은데요.

해설 How 의문문 → 빈도를 언급하거나 우회적인 응답이 예상된다.
(A) O 최근에 시간이 없어서 자주 못 들렀다고 하는 우회적인 응답
(B) X 연상 어휘 함정(warehouse – supervisor)
(C) X Where 의문문에 어울리는 응답

어휘 frequently 자주, 흔히 | drop by ~에 들르다 | warehouse 창고 | supervisor 관리자

---

22. What did Ms. Lee's team work on last month?
호주 ↓ 미국
(A) Probably later this month.
(B) I'll ask if she'll do it.
(C) The Nelson account.

리 씨의 팀이 지난달에 무슨 일을 했죠?
(A) 아마 이달 늦게요.
(B) 그녀가 그것을 할 건지 물어볼게요.
(C) 넬슨 거래처요.

해설 What 의문문 → 지난달에 한 작업에 대한 응답이 예상된다.
(A) X 동어 반복 함정(month)
(B) X 시제 불일치 함정(What did – she'll do)
(C) O 특정 거래처를 언급하는 응답

어휘 account 거래처, 고객

---

23. How does Don like the department he works for?
미국 ↓ 영국
(A) He's been there for more than 15 years.
(B) The department meeting is at 10 A.M.
(C) No, they haven't started working yet.

돈은 근무하는 부서를 마음에 들어 하나요?
(A) 그는 거기서 15년 넘게 있었어요.
(B) 부서 회의는 오전 10시에 있어요.
(C) 아니요, 그들은 아직 근무를 시작하지 않았어요.

해설 How 의문문 → 근무하는 부서에 대한 의견이나 우회적인 응답이 예상된다.
(A) O 그가 거기서 15년 넘게 있었다며 마음에 들어 한다는 우회적인 응답
(B) X 동어 반복 함정(department)
(C) X 의문사 의문문에 Yes/No 응답 불가

어휘 department 부서 | work for ~에서 일하다[근무하다]

---

24. What lab equipment needs to be purchased?
미국 ↓ 미국
(A) We're running out of test tubes.
(B) Yes, I'd like to refund my purchase.
(C) It'll arrive in two weeks.

어떤 실험 장비를 구매해야 하나요?
(A) 시험관이 거의 다 떨어졌어요.
(B) 네, 제가 구매한 것을 환불하고 싶어요.
(C) 2주 안에 도착할 거예요.

해설 What 의문문 → 구매해야 할 실험 장비를 직접 언급하거나 우회적인 응답이 예상된다.
(A) O 시험관이 떨어져 가고 있다며 시험관을 구매해야 한다는 우회적인 응답
(B) X 의문사 의문문에 Yes/No 응답 불가
(C) X When 의문문에 어울리는 응답

어휘 lab 실험실 | equipment 장비 | run out of ~이 다 떨어지다 | test tube 시험관 | refund 환불하다

---

25. How did your job interview go?
호주 ↓ 영국
(A) Your training period will be three months long.
(B) I look forward to seeing you soon.
(C) It went well.

취업 면접은 어땠어요?
(A) 당신의 연수 기간은 3개월이 될 거예요.
(B) 곧 당신을 만나길 고대해요.
(C) 잘 진행됐어요.

해설 How 의문문 → 어떻게 일이 진행됐는지 언급하거나 우회적인 응답이 예상된다.
(A) X 연상 어휘 함정(interview – training)
(B) X 연상 어휘 함정(go – soon)
(C) O 잘 진행되었다고 응답

어휘 How did ~ go? ~은 어땠나요? | training 연수, 교육 | period 기간 | look forward to ~을 기대하다[고대하다]

UNIT 06. 일반·간접 의문문

핵심 문제 유형

본서 p.105

1. (A) 2. (B) 3. (B) 4. (A)

1. 자기소개서를 지원서와 함께 제출해야 하나요?
(A) 네, 필수 요건이에요.
(B) 저희가 표지를 디자인했어요.
(C) 고마워요. 아주 즐거운 휴가였어요.

추가 가능 정답
+ **If you would like.** 하고 싶으시면요.
+ **Why don't you ask the HR manager?** 인사 관리자에게 물어보는 게 어때요?

어휘 submit 제출하다 | cover letter 자기소개서 | application 지원서 | requirement (필수) 요건 | design 디자인하다, 설계하다 | cover page 표지 | vacation 휴가

---

2. 직원 안내 책자 읽어 봤어요?
(A) 오늘까지요.
(B) 그거 선택 사항 아닌가요?
(C) 저 좀 도와주시겠어요?

추가 가능 정답 + Yes, on my first week here. 네, 여기 온 첫 주예요.
+ No, when did we get it? 아니요, 그걸 언제 받았었죠?

어휘 employee 직원 | handbook 안내 책자 | optional 선택적인 | lend ~ a hand ~를 도와주다

3. 마케팅 워크숍이 왜 취소되었는지 아시나요?
(A) 네, 그것은 큰 시장이에요.
(B) 일정이 겹쳐서요.
(C) 오후에요.

추가 가능 정답 + I was wondering the same thing. 저도 그게 궁금했어요.
+ The department head can't make it. 부서장이 못 온대요.

어휘 market 시장 | conflict 충돌

4. 휴가 때 어디로 갈지 정하셨어요?
(A) 추천해 주실 곳이 있나요?
(B) 네, 하지만 긴 여행이었어요.
(C) 제가 항공편을 예약할게요.

추가 가능 정답 + I'm thinking about going to Spain. 스페인에 갈지 생각 중이에요.
+ Actually, I still haven't made up my mind. 실은, 아직 결정하지 못했어요.

어휘 recommendation 추천 | book 예약하다 | flight 항공편

Warm-up

본서 p.108

1. (C) 2. (B) 3. (B) 4. (C) 5. (B)

1. Did the clients approve the design we proposed?
호주 ↓ 미국
(A) Several graphic designers.
(B) New product packaging.
(C) They'll contact us sometime tomorrow.

고객들이 우리가 제안한 디자인이 괜찮다고 하던가요?
(A) 몇몇 그래픽 디자이너들이요.
(B) 새 제품 포장재요.
(C) 그들이 내일 중에 연락할 거예요.

오답 이유 (A) 유사 발음 함정(design - designers)
(B) 연상 어휘 함정(design - packaging)

어휘 approve 괜찮다고 생각하다, 승인하다 | propose 제안하다 | packaging 포장재 | contact 연락하다

2. Has Derek finished revising the safety manual draft?
영국 ↓ 미국
(A) I referred to page 23.
(B) He's been out most of the week.
(C) A list of factory employees.

데릭이 안전 지침서 초안 수정을 끝마쳤나요?
(A) 23페이지를 참조했어요.
(B) 그는 주중 대부분을 외근 나갔어요.
(C) 공장 직원 명단이요.

오답 이유 (A) 연상 어휘 함정(safety manual - page 23)
(C) 연상 어휘 함정(safety manual - factory)

어휘 revise 수정하다 | safety 안전 | manual 지침서, 안내서 | draft 초안 | refer to ~을 참조하다

3. Do you know if the IT Department has an opening for a technician?
미국 ↓ 미국
(A) We really appreciate your help.
(B) My impression was that they were overstaffed.
(C) I often work on my personal laptop.

IT 부서 기술자 자리에 공석이 있는지 아세요?
(A) 도와주셔서 정말 고맙습니다.
(B) 제 생각에 그곳은 인원 과잉이었어요.
(C) 저는 제 개인 노트북 컴퓨터로 자주 일해요.

오답 이유 (A) 연상 어휘 함정(technician - help)
(C) 연상 어휘 함정(IT Department, technician - laptop)

어휘 opening 공석 | technician 기술자 | appreciate 고마워하다 | impression 생각[느낌], 인상 | overstaffed 인원 과잉의

4. Do you mind checking these sales figures for me?
영국 ↓ 미국
(A) How much did you pay for it?
(B) I just received my paycheck.
(C) Oh, I'm just about to attend a meeting.

저 대신 이 매출액 좀 확인해 주시겠어요?
(A) 그것의 비용으로 얼마를 지불하셨나요?
(B) 방금 급여를 받았어요.
(C) 아, 지금 막 회의에 들어가려던 참이어서요.

오답 이유 (A) 연상 어휘 함정(sales - pay)
(B) 유사 발음 함정(checking - paycheck)

어휘 sales figures 매출액 | paycheck 급여 | be about to do 막 ~하려던 참이다

5. Can you show me how to install this program on my computer?
미국 ↓ 호주
(A) When will the air-conditioning system be fixed?
(B) Henry received training on that last week.
(C) This is accounting software.

제 컴퓨터에 이 프로그램을 설치하는 방법 좀 알려 주시겠어요?
(A) 냉방 장치는 언제 고쳐진대요?
(B) 헨리가 지난주에 그것에 관한 교육을 받았어요. ⋯→ 헨리한테 물어보세요.
(C) 이건 회계 소프트웨어예요.

오답 이유 (A) 연상 어휘 함정(install - air-conditioning)
(C) 연상 어휘 함정(program, computer - accounting software)

어휘 install 설치하다 | air-conditioning system 냉방 장치 | fix 고치다 | training 교육 | accounting 회계

Practice

본서 p.109

1. (B)	2. (C)	3. (A)	4. (A)	5. (A)	6. (A)
7. (A)	8. (A)	9. (B)	10. (A)	11. (A)	12. (A)
13. (C)	14. (A)	15. (B)	16. (C)	17. (B)	18. (B)
19. (B)	20. (A)	21. (C)	22. (B)	23. (C)	24. (B)
25. (A)					

1. Is there an interest-free installment plan?
미국 ↓ 미국
(A) It'll be a recurring session.
(B) We provide several options.
(C) Here's the installation manual.

무이자 할부가 있나요?
(A) 반복되는 활동일 거예요.
(B) 여러 선택지를 제공해 드려요.
(C) 여기 설치 안내서예요.

해설 일반 의문문 → 무이자 할부가 있으면 Yes, 그렇지 않으면 No로 응답하며 Yes/No가 생략된 응답과 우회적인 표현에 주의한다.
(A) X 질문과 무관한 응답
(B) O 여러 선택지를 제공한다며 무이자 할부가 있다는 우회적인 응답
(C) X 유사 발음 함정(installment – installation)

어휘 interest-free 무이자의 | installment plan 할부 | recurring 반복되는 | session 활동, 시간 | several 여러 개의 | installation 설치 | manual 안내서, 설명서

2. Does your restaurant offer various catering options?
호주 ↓ 영국
(A) The event will be held next Saturday.
(B) I'd like a table for four, please.
(C) Here's our menu.

여기 레스토랑에서는 다양한 출장 요리 선택지를 제공하나요?
(A) 그 행사는 다음 주 토요일에 열릴 거예요.
(B) 4인용 자리로 주세요.
(C) 메뉴가 여기 있어요.

해설 일반 의문문 → 다양한 출장 요리 선택지를 제공하면 Yes, 그렇지 않으면 No로 응답하며 Yes/No가 생략된 응답과 우회적인 표현에 주의한다.
(A) X 연상 어휘 함정(catering – event)
(B) X 연상 어휘 함정(restaurant – a table for four)
(C) O 메뉴가 여기 있다며 직접 확인해 보라는 우회적인 응답

어휘 offer 제공하다 | various 다양한 | catering 출장 요리, 출장 연회 | option 선택지, 선택권 | hold 열다, 개최하다

3. Have you ordered the replacement part for the copier?
호주 ↓ 미국
(A) It's being installed as we speak.
(B) Fifty pages a minute.
(C) I think around 60 dollars.

복사기 교체 부품을 주문했나요?
(A) 지금 설치 중이에요.
(B) 1분에 50페이지요.
(C) 60달러쯤인 것 같아요.

해설 일반 의문문 → 부품을 주문했으면 Yes, 그렇지 않으면 No로 응답하며 Yes/No가 생략된 응답과 우회적인 표현에 주의한다.
(A) O 지금 설치 중이라며 이미 주문했다는 우회적인 응답
(B) X 연상 어휘 함정(copier – pages)
(C) X How much 의문문에 어울리는 응답

어휘 replacement 교체(품) | part 부품 | install 설치하다

4. Do you know where I can find Ms. Brown's desk?
영국 ↓ 미국
(A) I'm sorry, but she's away on business.
(B) Did you look in the lost and found?
(C) Mondays from 3 to 5.

브라운 씨의 자리가 어디인가요?
(A) 죄송하지만, 업무상 자리를 비우셨어요.
(B) 분실물 보관소를 찾아보셨나요?
(C) 매주 월요일 3시부터 5시까지요.

해설 간접 의문문 → 위치를 알려 주거나 우회적인 응답이 예상된다.
(A) O 외출 중이라 자리에 없다고 응답
(B) X 유사 발음 함정(find – found)
(C) X When 의문문에 어울리는 응답

어휘 away 자리에 없는, 결석한 | on business 업무로, 볼일이 있어 | lost and found 분실물 보관소

5. Do you have this jacket in a smaller size?
호주 ↓ 미국
(A) The shipment will come in tomorrow.
(B) Three shirts and a pair of pants.
(C) We accept either cash or credit.

이 재킷 더 작은 사이즈로 있나요?
(A) 배송품이 내일 입고될 거예요.
(B) 셔츠 3장이랑 바지 한 벌이요.
(C) 현금이나 신용 카드를 받아요.

해설 일반 의문문 → 재킷이 더 작은 사이즈가 있으면 Yes, 그렇지 않으면 No로 응답하며 Yes/No가 생략된 응답과 우회적인 표현에 주의한다.
(A) O 내일 더 작은 사이즈가 입고될 거라는 우회적인 응답
(B) X 연상 어휘 함정(jacket – shirts, pants)
(C) X 연상 어휘 함정(jacket, size – cash, credit)

어휘 shipment 배송(품), 수송품 | come in 들어오다 | pair 한 벌[쌍] | accept 허용하다 | credit 신용 거래

6. Will the contract arrive at our headquarters on time?
미국 ↓ 미국
(A) They mailed it via express delivery.
(B) At the main office.
(C) We need both signatures.

계약서가 제시간에 본사에 도착할까요?
(A) 빠른 우편으로 보냈대요.
(B) 본사에서요.
(C) 두 가지 서명 모두 필요합니다.

해설 일반 의문문 → 제시간에 본사에 도착할 수 있으면 Yes, 그렇지 않으면 No, 아니면 Yes/No를 생략한 채로 응답한 후 부연 설명이 예상된다.

(A) O 빠른 우편으로 보내서 제시간에 도착할 거라고 응답

(B) X 연상 어휘 함정(headquarters – main office)

(C) X 연상 어휘 함정(contract – signatures)

어휘 contract 계약서 | headquarters 본사 | on time 제시간에, 시간을 어기지 않고 | mail (우편으로) 보내다 | via (특정한 사람·시스템 등을) 통하여 | express delivery 빠른 우편 | signature 서명

---

7. Would you be available on Tuesday the 7th?

영국 ↓ 호주

(A) It'd have to be in the afternoon, though.

(B) What was her phone number?

(C) Yes. We're located on 7th Avenue.

7일 화요일에 시간 괜찮으신가요?

(A) 되는데, 오후여야 돼요.

(B) 그녀의 전화번호가 뭐예요?

(C) 네. 저희는 7번 가에 위치해 있어요.

해설 일반 의문문 → 시간이 되면 Yes, 그렇지 않으면 No, 아니면 Yes/No를 생략한 채로 응답한 후 부연 설명이 예상된다.

(A) O 오후에 가능하다고 응답

(B) X 질문과 무관한 응답

(C) X 동어 반복 함정(7th)

어휘 available 시간이 있는 | though 그렇긴 하지만

---

8. Sharon, are you going to the presentation?

미국 ↓ 영국

(A) Oh, do you want to join us?

(B) It was a present for you.

(C) I enjoyed watching it.

샤론, 당신은 발표회에 가나요?

(A) 아, 저희와 같이 가고 싶으세요?

(B) 당신을 위한 선물이었어요.

(C) 재미있게 봤어요.

해설 일반 의문문 → 발표회에 가면 Yes, 그렇지 않으면 No, 아니면 Yes/No를 생략한 채로 응답한 후 부연 설명이 예상된다.

(A) O 같이 가고 싶은지 되묻는 응답

(B) X 유사 발음 함정(presentation – present)

(C) X 연상 어휘 함정(presentation – watching)

어휘 presentation 발표, 프레젠테이션 | join 함께[같이] 하다

---

9. Is there a problem with the space heater?

영국 ↓ 미국

(A) It's raining outside.

(B) I'll speak with the janitor.

(C) There's plenty of space in the seminar rooms.

실내 난방기에 문제가 있나요?

(A) 밖에 비 와요.

(B) 제가 관리인한테 말할게요.

(C) 세미나실에 공간 많아요.

해설 일반 의문문 → 난방기에 문제가 있으면 Yes, 그렇지 않으면 No로 응답하며 Yes/No가 생략된 응답과 우회적인 표현에 주의한다.

(A) X 연상 어휘 함정(heater – raining)

(B) O 관리인한테 말하겠다며 난방기 문제가 있다는 것을 인정하는 우회적인 응답

(C) X 동어 반복 함정(space)

어휘 space heater 실내 난방기 | janitor 관리인 | plenty of 많은 | space 공간 | seminar room 세미나실

---

10. Do you know why everyone is waiting outside the building?

호주 ↓ 미국

(A) There was a safety drill.

(B) No, I'm quite sure they're all here.

(C) Over 30 minutes.

왜 모두가 건물 밖에서 기다리고 있는지 아세요?

(A) 안전 훈련이 있었어요.

(B) 아니요, 저는 그들이 모두 여기에 있다고 확신해요.

(C) 30분 이상이요.

해설 간접 의문문 → 모두가 건물 밖에서 기다리는 이유가 응답으로 예상된다.

(A) O 안전 훈련 때문이라는 이유로 응답

(B) X No(모른다)와 뒤의 부연 설명 불일치

(C) X 연상 어휘 함정(waiting – Over 30 minutes)

어휘 safety drill 안전 훈련

---

11. Should we ask our manager for an extension on the project?

미국 ↓ 미국

(A) That won't be necessary.

(B) Extension number 254.

(C) OK, can you manage the store?

관리자에게 프로젝트를 연장해 달라고 요청해야 할까요?

(A) 그럴 필요 없어요.

(B) 내선 번호 254요.

(C) 좋아요, 매장을 관리하실 수 있나요?

해설 일반 의문문 → 연장 요청을 해야 하면 Yes, 그렇지 않으면 No로 응답하며 Yes/No가 생략된 응답과 우회적인 표현에 주의한다.

(A) O 기한 연장을 요청할 필요가 없다고 말하는 응답

(B) X 동어 반복 함정(extension)

(C) X 유사 발음 함정(manager – manage)

어휘 extension 연장 | extension number 내선 번호 | manage 관리하다

---

12. Do you know who's on the budget committee?

미국 ↓ 영국

(A) The list was emailed to us.

(B) Yes, I'd be happy to.

(C) At the weekly meeting.

누가 예산 위원회에 있는지 알고 있나요?

(A) 그 명단이 우리에게 이메일로 보내졌어요.

(B) 네, 기꺼이 그렇게 하죠.

(C) 주간 회의에서요.

해설 간접 의문문 → 예산 위원회에 소속된 특정인의 이름이나 우회적인 응답이 예상된다.

(A) O 명단이 이메일로 와서 알고 있다는 우회적인 응답

(B) X Yes(안다)와 뒤의 부연 설명 불일치

(C) X 연상 어휘 함정(committee – meeting)

어휘 budget 예산 | committee 위원회

13. Will Mr. Smith contribute to this year's charity drive?

영국 ↓ 미국

(A) Your chair is next to his.

(B) No, he didn't drive a car.

(C) He has in previous years.

스미스 씨가 올해 자선 운동에 기부할까요?

(A) 당신 의자는 그의 의자 옆에 있어요.

(B) 아니요, 그는 차를 운전하지 않았어요.

(C) 그는 전에 했어요.

해설 일반 의문문 → 스미스 씨의 자선 운동에 대한 의견이나 우회적인 응답이 예상된다.

(A) X 유사 발음 함정(charity – chair)

(B) X 동어 반복 함정(drive)

(C) O 전에 기부해서 안 할 수도 있다는 우회적인 응답

어휘 contribute 기부하다 | charity drive 자선 운동 | previous 이전의

14. Did you make the dinner reservation for Friday?

호주 ↓ 미국

(A) Not everyone has responded to the invite.

(B) No, I haven't tried that dish yet.

(C) Could you ask the server to bring us more menus?

금요일 저녁 식사 예약했어요?

(A) 모든 사람이 초대에 회신하지는 않았어요.

(B) 아니요, 그 요리는 아직 안 먹어 봤어요.

(C) 웨이터한테 메뉴를 더 갖다 달라고 부탁해 줄래요?

해설 일반 의문문 → 저녁 식사 예약을 했으면 Yes, 하지 않았으면 No로 응답하며 Yes/No가 생략된 응답과 우회적인 표현에 주의한다.

(A) O 모든 사람이 초대에 회신하지는 않아서 아직 예약하지 않았다는 우회적인 응답

(B) X 연상 어휘 함정(dinner – dish)

(C) X 연상 어휘 함정(dinner – server, menus)

어휘 make a reservation 예약하다 | respond 대답하다 | invite 초대; 초대하다 | try 먹어 보다, 시도하다 | dish 요리 | server 웨이터, (식당에서) 서빙하는 사람 | bring 가져오다

15. Am I leading the orientation session for the new employees?

미국 ↓ 호주

(A) No, I'm still reading it.

(B) Mr. Chen will help you prepare for it.

(C) Around 20 staff members attended.

제가 신입 직원 오리엔테이션을 진행하나요?

(A) 아니요, 저는 아직 그걸 읽고 있어요.

(B) 첸 씨가 준비하는 걸 도와줄 거예요.

(C) 약 20명의 직원이 참석했어요.

해설 일반 의문문 → 오리엔테이션을 진행하면 Yes, 그렇지 않으면 No로 응답하며 Yes/No가 생략된 응답과 우회적인 표현에 주의한다.

(A) X 유사 발음 함정(leading – reading)

(B) O 첸 씨가 도와줄 거라며 오리엔테이션을 진행을 맡아 할 거라는 우회적인 응답

(C) X 연상 어휘 함정(orientation session – attended)

어휘 lead 진행하다, 이끌다 | prepare 준비하다 | attend 참석하다

16. Is Mr. Zhang coming to the conference this week?

미국 ↓ 영국

(A) Weekdays work better for me.

(B) Hold on, I'll be right there.

(C) Patricia has the list of attendees.

장 씨가 이번 주 학회에 오나요?

(A) 저는 평일이 더 좋아요.

(B) 잠시만요, 금방 갈게요.

(C) 패트리샤한테 참석자 명단이 있어요.

해설 일반 의문문 → 장 씨가 학회에 오면 Yes, 그렇지 않으면 No로 응답하며 Yes/No가 생략된 응답과 우회적인 표현에 주의한다.

(A) X 연상 어휘 함정(week – Weekdays)

(B) X 연상 어휘 함정(coming to – be right there)

(C) O 패트리샤가 가지고 있는 참석자 명단을 확인하면 알 수 있다는 우회적인 응답

어휘 conference 학회, 회의 | weekday 평일 | work 작용하다 | list 명단 | attendee 참석자

17. Do you know the topic of the next lecture?

미국 ↓ 미국

(A) Starting at 10 A.M.

(B) The course ended last week.

(C) Yes, I learned a lot.

다음 강의의 주제가 무엇인지 알아요?

(A) 오전 10시에 시작해요.

(B) 그 강의는 지난주에 끝났어요.

(C) 네, 많은 것을 배웠어요.

해설 일반 의문문 → 다음 강의의 주제를 언급하거나 우회적인 응답이 예상된다.

(A) X 질문과 무관한 응답

(B) O 강의가 지난주에 끝나서 다음 강의는 없다는 우회적인 응답

(C) X 연상 어휘 함정(lecture – learned)

어휘 topic 주제 | lecture 강의, 강연

18. Do you have any idea where Claire normally stores the office equipment?

호주 ↓ 영국

(A) Fine, that sounds great.

(B) You'd better ask her.

(C) The one across the street.

클레어가 보통 사무실 비품을 어디에 보관하는지 아세요?

(A) 네, 좋아요.

(B) 그녀에게 물어보는 게 좋겠네요.

(C) 길 건너에 있는 거요.

해설 간접 의문문 → 사무실 비품이 있는 장소를 언급하거나 우회적인 응답이 예상된다.

(A) X 질문과 무관한 응답

(B) O 그녀에게 물어보라며 '모르겠다'는 우회적인 응답

(C) X 연상 어휘 함정(where – across the street)

어휘 store 보관하다 | office equipment 사무실 비품 | had better do ~하는 것이 좋을 것이다 | across the street 길 건너에

19. Should I get started on the Stevens Project today?

영국 ↓ 호주

(A) He's the new project manager.

(B) If your schedule allows.

(C) I didn't bring my car today.

스티븐스 프로젝트는 오늘부터 시작하면 되나요?

(A) 그가 새 프로젝트 관리자예요.

(B) 당신의 일정이 괜찮다면요.

(C) 오늘 차를 가지고 오지 않았어요.

해설 일반 의문문 → 오늘 프로젝트를 시작해도 되면 Yes, 그렇지 않으면 No로 응답하며 Yes/No가 생략된 응답과 우회적인 표현에 주의한다.

(A) X 동어 반복 함정(Project)

(B) O 일정이 괜찮다면 오늘 프로젝트를 시작해도 된다는 우회적인 응답

(C) X 동어 반복 함정(today)

어휘 get started 시작하다 | allow (~하도록) 허락하다[용납하다]

20. Does anyone have the key to the storage room?

미국 ↓ 미국

(A) It should be open.

(B) There should be more envelopes there.

(C) The delivery arrived today.

창고 열쇠 가지고 계신 분 있나요?

(A) 거기 열려 있을 거예요.

(B) 거기에 봉투가 더 있을 거예요.

(C) 배달이 오늘 도착했어요.

해설 일반 의문문 → 열쇠를 가지고 있는 사람의 이름을 언급하거나 우회적인 응답이 예상된다.

(A) O 창고가 열려 있을 거라며 열쇠가 필요 없다는 우회적인 응답

(B) X 연상 어휘 함정(storage room – there)

(C) X 연상 어휘 함정(storage – delivery)

어휘 storage room 창고 | envelope 봉투

21. Do you think we need a new printer for our department?

미국 ↓ 호주

(A) I'll print them out.

(B) Where is the IT Department?

(C) We'd be able to prepare documents faster.

우리 부서를 위해 새 프린터가 필요하다고 생각하세요?

(A) 제가 출력할게요.

(B) IT 부서는 어디죠?

(C) 문서를 더 빨리 준비할 수 있게 될 거예요.

해설 일반 의문문 → 새 프린터가 필요하다고 생각하면 Yes, 그렇지 않으면 No로 응답하며 Yes/No가 생략된 응답과 우회적인 표현에 주의한다.

(A) X 유사 발음 함정(printer – print)

(B) X 동어 반복 함정(department)

(C) O 문서를 더 빨리 준비할 수 있을 거라며 새 프린터가 필요하다는 우회적인 응답

어휘 print out (~을) 출력하다 | prepare 준비하다 | document 문서, 서류

22. Did Ms. Logan send you a copy of the expense report?

영국 ↓ 호주

(A) Oh, is it expensive?

(B) Yes, but I haven't looked through it yet.

(C) I'll see if a room is available.

로건 씨가 지출 보고서 사본을 당신에게 보내 줬나요?

(A) 아, 그건 비싼가요?

(B) 네, 하지만 아직 그걸 살펴보지 못했어요.

(C) 방이 이용 가능한지 알아볼게요.

해설 일반 의문문 → 로건 씨에게 지출 보고서를 받았으면 Yes, 받지 않았으면 No, 아니면 Yes/No를 생략한 채로 응답한 후 부연 설명이 예상된다.

(A) X 유사 발음 함정(expense – expensive)

(B) O Yes(보내줬다)로 답한 후 아직 살펴보지 못했다고 부연 설명하는 응답

(C) X 질문과 무관한 응답

어휘 copy 사본 | expense report 지출 보고서 | look through ~을 살펴보다 | see if ~인지 알아보다 | available 이용 가능한

23. Do you know how the consultant came up with the advertising strategy for the new brand?

미국 ↓ 미국

(A) We need some professional advice.

(B) Before a promotional campaign.

(C) She conducted a customer survey.

컨설턴트가 새로운 브랜드의 광고 전략을 어떻게 생각해 냈는지 아세요?

(A) 우리는 전문가의 조언이 필요해요.

(B) 판매 촉진 캠페인 전에요.

(C) 그녀가 고객 설문을 진행했어요.

해설 간접 의문문 → 컨설턴트가 광고 전략을 어떻게 생각해 냈는지에 대한 응답이 예상된다.

(A) X 연상 어휘 함정(consultant – professional advice)

(B) X 연상 어휘 함정(advertising – campaign)

(C) O 고객 설문을 진행했다며 방법을 언급하는 응답

어휘 come up with ~을 생각해 내다 | strategy 전략, 계획 | promotional campaign 판매 촉진 캠페인 | conduct (특별한 활동을) 하다 | survey 설문 (조사)

24. Are the boxes ready to be shipped?

미국 ↓ 호주

(A) It's a 10-digit tracking number.

(B) I still have to label them.

(C) A delivery company.

상자들이 배송 준비가 되었나요?
(A) 열 자리 숫자의 운송장 번호예요.
(B) 아직 라벨을 붙여야 해요.
(C) 배달 회사요.

해설 일반 의문문 → 배송 준비가 되었으면 Yes, 그렇지 않으면 No로 응답하며 Yes/No가 생략된 응답과 우회적인 표현에 주의한다.
(A) X 연상 어휘 함정(shipped – tracking number)
(B) O 라벨을 붙여야 한다며 아직 배송 준비가 안 되었다는 우회적인 응답
(C) X 연상 어휘 함정(shipped – delivery company)

어휘 ship 배송하다 | digit 숫자 | tracking number 운송장 번호, 조회 번호 | label 라벨[상표]을 붙이다

25. Is this the only article that's ready to be published?
영국 ↓ 미국
(A) You know how demanding our schedule has been.
(B) The global publishing house.
(C) Only for books over 100 pages.

출간 준비가 된 게 이 기사뿐인가요?
(A) 저희 일정이 얼마나 고된지 잘 아시잖아요.
(B) 세계적인 출판사요.
(C) 100쪽을 넘는 책만요.

해설 일반 의문문 → 준비된 게 이 기사 하나뿐이면 Yes, 그렇지 않으면 No, 아니면 Yes/No를 생략한 채로 응답한 후 부연 설명이 예상된다.
(A) O 일정이 고되어 출간 준비를 다 할 수 없었다는 우회적인 응답
(B) X 유사 발음 함정(published – publishing)
(C) X 동어 반복 함정(only), 연상 어휘 함정(published – books)

어휘 article 기사, 글 | ready 준비가 된 | publish 출간[출판]하다 | demanding 고된, 힘든 | schedule 일정 | publishing house 출판사

UNIT 07. 부정·부가 의문문

핵심 문제 유형

본서 p.113

1. (B) 2. (B) 3. (A) 4. (B)

1. 책꽂이를 환불받지 않았어요?
(A) 네, 아주 재미있었어요.
(B) 영수증 가져가는 걸 잊었어요.
(C) 네, 그녀는 도서관에서 일해요.

추가 가능 정답
+ **I don't think it's necessary.** 그럴 필요가 없을 것 같아요.
+ **I'm still deciding whether to keep it or not.** 그걸 그냥 갖고 있을지 말지 아직 고민 중이에요.

어휘 get a refund 환불받다 | receipt 영수증

2. 글짓기 대회 최종 우승자를 아직 안 정했나요?
(A) 결선 진출자는 상금을 받게 됩니다.
(B) 제출작이 500개가 넘었어요.
(C) 11월호용 특집 기사요.

추가 가능 정답
+ **No, we didn't have the time.** 아니요, 시간이 없었어요.
+ **Do you have someone in mind?** 마음에 둔 사람이 있어요?

어휘 select 선택하다 | final 최종의 | winner 우승자 | contest 대회, 콘테스트 | finalist 결선 진출자 | prize 상품, 경품 | submission 제출 | featured 특집의 | article 기사 | edition (시리즈 간행물의) 호

3. 신입 사원 오리엔테이션은 유익했어요, 그렇지 않나요?
(A) 그런 것 같아요.
(B) 왜요? 무슨 일이에요?
(C) 아니요, 전에 여기 와 봤어요.

추가 가능 정답
+ **Elijah did a great job preparing for it.** 엘리야가 준비하느라 수고 많았어요.
+ **Not as good as last month's.** 지난달보다는 별로였어요.

어휘 newcomer 신입 | orientation 오리엔테이션 | helpful 유익한

4. 외부 회계 감사관이 아직 도착하지 않았죠, 그렇죠?
(A) 재무제표를 감사해 주세요.
(B) 지금 교통 체증이 상당히 심해요.
(C) 우리 내부 웹사이트요.

추가 가능 정답
+ **No, she's running a bit late.** 네, 그분은 조금 늦을 거예요.
+ **She's actually waiting for us at the meeting room.** 사실 그분은 회의실에서 기다리고 계세요.

어휘 external 외부의 | auditor 회계 감사관 | audit (회계) 감사하다 | financial statement 재무제표 | internal 내부의

Warm-up

본서 p.116

1. (A) 2. (B) 3. (C) 4. (A) 5. (B)

1. The company banquet can be rescheduled, right?
영국 ↓ 미국
(A) We've already sent out all the invitations.
(B) I really enjoyed the food.
(C) A vegetarian menu is also available.

회사 연회 일정을 다시 잡을 수 있죠, 그렇죠?
(A) 벌써 초대장을 다 발송했는데요. ··· 초대장이 발송돼서 일정을 조정할 수 없다.
(B) 음식이 정말 맛있었어요.
(C) 채식주의 식단도 이용 가능해요.

오답 이유
(B) 연상 어휘 함정(banquet – food)
(C) 연상 어휘 함정(banquet – vegetarian menu)

어휘 banquet 연회 | reschedule 일정을 변경하다 | send out ~을 보내다[발송하다] | invitation 초대(장) | vegetarian 채식주의의 | available 이용 가능한

PART 2 UNIT 07

2. Didn't you process the client's invoice this morning?
미국 ↓ 호주
(A) Last month's expense report.
(B) Our billing system was down.
(C) Here's your receipt.

그 고객의 청구서를 오늘 오전에 처리하지 않았나요?
(A) 지난달 지출 보고서요.
(B) 대금 청구 시스템이 작동하지 않았어요. ⋯→ 시스템이 고장 나서 처리하지 못했다.
(C) 영수증 여기 있습니다.

오답 이유 (A) 연상 어휘 함정(invoice – expense report)
(C) 연상 어휘 함정(invoice – receipt)

어휘 process 처리하다 I invoice 청구서 I expense 지출, 비용 I billing system 대금 청구 시스템 I down 작동이 안 되는 I receipt 영수증

3. The new marketing campaign went quite well, didn't it?
미국 ↓ 영국
(A) His interview didn't go very well.
(B) I bought some groceries at the market.
(C) Yes, the management thought so.

새 마케팅 캠페인이 꽤 잘 진행되었죠, 그렇지 않나요?
(A) 그의 면접은 아주 잘되진 않았어요.
(B) 시장에서 식료품을 좀 샀어요.
(C) 네, 경영진도 그렇게 생각했어요.

오답 이유 (A) 동어 반복 함정(well)
(B) 유사 발음 함정(marketing – market)

어휘 go well 잘되어 가다 I groceries 식료품 I management 경영진

4. Can't you just pick one up at the appliance store?
미국 ↓ 미국
(A) No, they've run out.
(B) He might stop by later today.
(C) The refrigerator is pretty empty.

그냥 전자 제품 매장에서 하나 사 오면 안 되나요?
(A) 안 돼요, 거기는 다 떨어졌어요.
(B) 그가 오늘 늦게 들를지도 몰라요.
(C) 냉장고가 텅 비었네요.

오답 이유 (B) 연상 어휘 함정(pick ~ up – stop by)
(C) 연상 어휘 함정(appliance store – refrigerator)

어휘 pick up ~을 사다 I appliance store 전자 제품 매장 I run out 다 떨어지다 I stop by (~에) 들르다 I refrigerator 냉장고

5. Ms. Harrison is out of town today, isn't she?
호주 ↓ 미국
(A) It's in the business district.
(B) Her trip has been postponed, actually.
(C) Of course she does.

해리슨 씨가 오늘 출장 중이죠, 그렇지 않나요?
(A) 그건 상업 지구 안에 있어요.
(B) 실은, 그녀의 출장이 연기되었어요.
(C) 물론 그녀가 하죠.

오답 이유 (A) 연상 어휘 함정(out of town – business district)
(C) 동사 불일치(is – does)

어휘 out of town 출장 중인 I business district 상업 지구 I postpone 연기하다

Practice

본서 p.117

1. (C)	2. (C)	3. (B)	4. (C)	5. (A)	6. (B)
7. (B)	8. (C)	9. (A)	10. (A)	11. (B)	12. (B)
13. (C)	14. (B)	15. (C)	16. (A)	17. (C)	18. (B)
19. (C)	20. (A)	21. (A)	22. (B)	23. (C)	24. (A)
25. (C)					

1. Couldn't you reschedule the convention for March?
영국 ↓ 미국
(A) There is a hotel nearby.
(B) Yes, it was very informative.
(C) There is a charge for cancellations.

총회를 3월로 변경해 주실 수 없나요?
(A) 근처에 호텔이 있어요.
(B) 네, 그것은 아주 유익했어요.
(C) 취소 시에는 위약금이 있어요.

해설 부정 의문문 → 스케줄을 다시 잡을 수 있는지에 대한 응답이나 우회적인 응답이 예상된다.
(A) X 연상 어휘 함정(reschedule – hotel)
(B) X 연상 어휘 함정(convention – informative)
(C) O 취소하면 위약금이 있어서 변경할 수 없다는 우회적인 응답

어휘 reschedule 일정을 변경하다 I nearby 인근에[근처에], 가까운 곳에 I informative 유익한, 유용한 정보를 주는 I charge 요금 I cancellation 취소

2. You withdrew some cash from the bank, didn't you?
호주 ↓ 영국
(A) Using a drive-thru would be easier.
(B) Yes, I'd like some.
(C) I used the ATM.

은행에서 현금을 인출했죠, 그렇지 않나요?
(A) 드라이브스루를 이용하면 더 수월할 거예요.
(B) 네, 조금 주세요.
(C) 현금 자동 입출금기를 이용했어요.

해설 부가 의문문 → 현금을 인출했는지의 여부나 우회적인 응답이 예상된다.
(A) X 유사 발음 함정(withdrew – drive-thru)
(B) X 동어 반복 함정(some)
(C) O 현금 자동 입출금기를 이용했다는 우회적인 응답

어휘 withdraw 인출하다 I drive-thru 드라이브스루, 차에 탄 채 이용할 수 있는 상점 I easy 수월한, 용이한 I ATM 현금 자동 입출금기

3. Don't you need to make more copies for your presentation?
미국 ↓ 영국
(A) The topic was time management.
(B) Some people won't be able to attend.
(C) I'm a little nervous about it.

당신의 발표를 위해 복사를 좀 더 해야 하지 않나요?
(A) 시간 관리가 주제였어요.
(B) 몇 명은 참석 못 할 거예요.
(C) 그것 때문에 약간 긴장되네요.

해설 부정 의문문 → 복사를 더 할지의 여부나 우회적인 응답이 예상된다.
(A) X 연상 어휘 함정(presentation – topic)
(B) O 몇 명은 참석하지 못해서 더 복사하지 않아도 된다는 우회적인 응답
(C) X 연상 어휘 함정(presentation – nervous)

어휘 make a copy 복사하다 | presentation 발표 | topic 주제 | management 관리 | attend 참석하다 | nervous (~을 앞두고) 긴장한, 초조한

---

4. You know where the library is, right?
미국 ↓ 호주
(A) A book list.
(B) 9 A.M. to 4 P.M.
(C) I should after all those trips.

당신이 도서관 위치를 알고 있죠, 그렇죠?
(A) 도서 목록이요.
(B) 오전 9시에서 오후 4시까지요.
(C) 그렇게 많이 다녔으니 당연하죠.

해설 부가 의문문 → 위치에 대한 정보나 우회적인 응답이 예상된다.
(A) X 연상 어휘 함정(library – book)
(B) X When 의문문에 어울리는 응답
(C) O 많이 다녀 봐서 알고 있다는 우회적인 응답

어휘 trip 이동, 오고 감

---

5. Don't you take the train to work?
영국 ↓ 미국
(A) I live five minutes away on foot.
(B) She already took the training.
(C) Please show me your ticket.

기차로 출근 안 하시나요?
(A) 도보로 5분 거리에 살아요.
(B) 그녀는 이미 교육을 받았어요.
(C) 티켓 보여 주세요.

해설 부정 의문문 → 기차로 출근하는지의 여부나 우회적인 응답이 예상된다.
(A) O 도보로 5분 거리에 산다며 기차로 출근할 필요가 없다는 우회적인 응답
(B) X 유사 발음 함정(train – training)
(C) X 연상 어휘 함정(train – ticket)

어휘 away 떨어져 | on foot 도보로, 걸어서 | already 이미, 벌써 | training 교육

---

6. You'll be leaving for Athens in a week, won't you?
미국 ↓ 미국
(A) Could I leave them with you?
(B) The meeting was rescheduled.
(C) Yes, she called to confirm her departure.

당신은 일주일 후에 아테네로 떠나죠, 그렇지 않나요?
(A) 당신께 그것들을 맡겨도 될까요?
(B) 회의 일정이 재조정되었어요.
(C) 네, 그녀는 출발 시각을 확인하려고 전화했어요.

해설 부가 의문문 → 일주일 후에 아테네로 떠나면 Yes, 떠나지 않으면 No로 응답하며 Yes/No가 생략된 응답과 우회적인 표현에 주의한다.
(A) X 유사 발음 함정(leaving – leave)
(B) O 일정이 변경되어 일주일 후에 떠나는 게 아니라는 우회적인 응답
(C) X 주어 불일치 오답(You – she)

어휘 leave 떠나다, 맡기다, 두고 가다 | reschedule (일정을) 재조정하다 | confirm 확인하다, 확실하게 하다 | departure 출발(편)

---

7. Aren't we offering a free magazine promotion next month?
호주 ↓ 미국
(A) I took it to the bookstore.
(B) Actually, it's the following month.
(C) Mr. Klein is certainly the most qualified.

다음 달에 우리가 무료 잡지 판촉 활동을 제공하지 않나요?
(A) 저는 그걸 서점으로 가져갔어요.
(B) 사실, 그다음 달이에요.
(C) 클레인 씨가 확실히 가장 적격이에요.

해설 부정 의문문 → 다음 달에 무료 잡지 판촉 활동을 진행하는지의 여부나 우회적인 응답이 예상된다.
(A) X 연상 어휘 함정(magazine – bookstore)
(B) O No를 대신해서 Actually를 사용한 응답
(C) X 연상 어휘 함정(promotion – qualified) ···› promotion을 '판촉'이 아닌 '승진'의 뜻으로 잘못 이해했을 경우에 선택할 수 있는 오답이다.

어휘 promotion 판촉[홍보] (활동), 승진 | following 다음의, 다음에 오는 | certainly 확실히, 틀림없이 | qualified 적격의, 자격을 갖춘

---

8. Weren't we supposed to catch the same flight?
영국 ↓ 미국
(A) There's a free shuttle to the airport.
(B) I caught a cold.
(C) No, yours departs before mine.

우리 같은 비행기 타기로 되어 있지 않았나요?
(A) 공항까지 가는 무료 셔틀버스가 있어요.
(B) 저는 감기에 걸렸어요.
(C) 아니요, 당신 비행기가 저보다 먼저 출발해요.

해설 부정 의문문 → 비행기를 함께 타는지의 여부나 우회적인 응답이 예상된다.
(A) X 연상 어휘 함정(flight – airport)
(B) X 동어 반복 함정(catch – caught)
(C) O No(함께 타지 않는다)로 답한 후 출발 시각이 다르다고 부연 설명하는 응답

어휘 be supposed to do ~하기로 되어 있다 | catch a cold 감기 걸리다 | depart 출발하다, 떠나다

9. The projector in the seminar room is being repaired, isn't it?
호주 → 미국
(A) We're buying a new one.
(B) I need a new pair of gloves.
(C) She's leading the workshop.

세미나실에 있는 프로젝터가 수리 중이죠, 그렇지 않나요?
(A) 새 제품을 살 거예요.
(B) 새 장갑 한 켤레가 필요해요.
(C) 그녀가 워크숍을 이끌 거예요.

해설 부가 의문문 → 프로젝터가 수리 중이면 Yes, 그렇지 않으면 No로 응답하며 Yes/No가 생략된 응답과 우회적인 표현에 주의한다.
(A) O 수리하지 않고 새것을 사겠다는 우회적인 응답
(B) X 유사 발음 함정(repaired - pair)
(C) X 연상 어휘 함정(seminar room - workshop)

어휘 projector 프로젝터 | repair 수리하다 | glove 장갑 | lead 이끌다, 지휘하다

10. Weren't you the marketing director at that firm?
미국 → 호주
(A) I was for about five years.
(B) An ad campaign for our product.
(C) To the market tomorrow.

당신이 그 회사의 마케팅 책임자 아니었나요?
(A) 약 5년간 그랬죠.
(B) 우리 제품을 위한 광고 캠페인이요.
(C) 내일 시장으로요.

해설 부정 의문문 → 마케팅 책임자였는지에 대한 여부나 우회적인 응답이 예상된다.
(A) O I was(그렇다)라고 하며, 5년간 일했다고 부연 설명하는 응답
(B) X 연상 어휘 함정(marketing - ad campaign)
(C) X 유사 발음 함정(marketing - market)

어휘 director 책임자, 임원 | firm 회사 | ad campaign 광고 캠페인

11. You've had some time to review the report, right?
미국 → 영국
(A) The post office is on Main Street.
(B) Not yet, but I'll get to it soon.
(C) I spoke with the news reporter.

보고서를 검토할 시간이 좀 있었죠, 그렇죠?
(A) 우체국은 메인 가에 있어요.
(B) 아직인데, 곧 볼게요.
(C) 제가 뉴스 보도 기자와 얘기했어요.

해설 부가 의문문 → 보고서를 검토할 시간이 있었으면 Yes, 그렇지 않으면 No, 아니면 Yes/No를 생략한 채로 응답한 후 부연 설명이 예상된다.
(A) X 질문과 무관한 응답
(B) O Not yet(아직 보지 않았다)으로 답한 후 곧 볼 거라고 부연 설명하는 응답
(C) X 유사 발음 함정(report - reporter)

어휘 review 검토하다 | post office 우체국 | get to ~에 착수하다 | news reporter 뉴스 보도 기자

12. Wasn't the design for the new product due this afternoon?
미국 → 미국
(A) I thought I signed it already.
(B) Some modifications were required.
(C) No, from the graphic designer.

신제품의 디자인 기한이 오늘 오후까지 아니었나요?
(A) 제가 이미 서명했던 것 같아요.
(B) 몇몇 개선점들이 요청되었어요.
(C) 아니요, 그래픽 디자이너로부터요.

해설 부정 의문문 → 디자인 기한이 오늘 오후까지인지에 대한 여부나 우회적인 응답이 예상된다.
(A) X 유사 발음 함정(design - signed)
(B) O 개선점들의 요청으로 만기일이 오늘 오후가 아니라는 우회적인 응답
(C) X No(오늘 오후까지가 아니다)와 뒤의 부연 설명이 불일치

어휘 due (언제) ~하기로 되어 있는 | sign 서명하다 | modification 수정, 변경

13. The express bus left ten minutes ago, didn't it?
영국 → 호주
(A) Do you have your driver's license?
(B) You can purchase the ticket at the counter.
(C) I just got here.

고속버스가 10분 전에 출발했죠, 그렇지 않나요?
(A) 운전 면허증 있으세요?
(B) 티켓은 카운터에서 구입할 수 있어요.
(C) 전 여기 방금 왔어요.

해설 부가 의문문 → 버스가 출발했는지의 여부나 우회적인 응답이 예상된다.
(A) X 연상 어휘 함정(bus - driver's license)
(B) X 연상 어휘 함정(bus - ticket)
(C) O 이곳에 방금 와서 버스가 출발했는지에 대해 '모르겠다'는 우회적인 응답

어휘 express bus 고속버스 | leave 출발하다, 떠나다 | driver's license 운전 면허증 | purchase 구입하다

14. Isn't the presentation in the meeting room?
미국 → 호주
(A) About company relocation.
(B) No, it's being remodeled.
(C) For about an hour.

발표가 회의실에서 있지 않나요?
(A) 회사 이전에 대해서요.
(B) 아니요, 그곳은 지금 개조 중이에요.
(C) 약 한 시간 동안이요.

해설 부정 의문문 → 발표가 회의실에서 있는지에 대한 여부나 우회적인 응답이 예상된다.
(A) X 연상 어휘 함정(presentation - About company relocation)
(B) O No(발표가 없다)로 답한 후 회의실이 개조 중이라고 부연 설명하는 응답

(C) ☒ How long 의문문에 어울리는 응답

어휘 relocation 이전, 재배치 | remodel 개조하다, 리모델링하다

15. It's about time to replace our heating unit, isn't it?
미국 ↓ 영국
(A) The new café is a nice place for a gathering.
(B) It's so hot out there.
(C) Do we have enough funds for that?

우리 난방 장치를 교체할 때가 되었죠, 그렇지 않나요?
(A) 새 카페는 모임을 하기에 좋은 장소예요.
(B) 밖이 몹시 더워요.
(C) 우리가 그럴 충분한 자금이 있나요?

해설 부가 의문문 → 난방 장치 교체 가능 여부나 우회적인 응답이 예상된다.
(A) ☒ 유사 발음 함정(replace – place)
(B) ☒ 연상 어휘 함정(heating – hot)
(C) ⓞ 교체를 진행할 충분한 자금이 있는지 되묻는 응답

어휘 replace 교체하다 | heating 난방 | unit 장치, 기구 | gathering 모임 | fund 자금, 기금

16. The rent includes all utilities, doesn't it?
호주 ↓ 미국
(A) Yes, except for Internet access.
(B) It's a three-bedroom apartment.
(C) No, it doesn't have many facilities.

임대료에 모든 공과금이 포함되죠, 그렇지 않나요?
(A) 네, 인터넷 접속을 제외하고요.
(B) 방 3개짜리 아파트예요.
(C) 아니요, 시설이 많이 없어요.

해설 부가 의문문 → 공과금 포함 여부나 우회적인 응답이 예상된다.
(A) ⓞ Yes(모든 공과금을 포함한다)로 답한 후 인터넷은 제외된다고 부연 설명하는 응답
(B) ☒ 연상 어휘 함정(rent – apartment)
(C) ☒ 유사 발음 함정(utilities – facilities)

어휘 rent 임대료 | include 포함하다 | utility (수도·전기·가스 등) 공공요금 | except for ~을 제외하고 | access 접속 | facility (편의) 시설

17. You should be done with the sales report soon, right?
영국 ↓ 호주
(A) Sorry, we don't sell those here.
(B) Five copies, please.
(C) In 30 minutes.

매출 보고서 작업 곧 마무리하시는 거죠, 그렇죠?
(A) 죄송합니다만, 그것들은 여기서 판매하지 않습니다.
(B) 다섯 부 부탁해요.
(C) 30분 후에요.

해설 부가 의문문 → 보고서 완료 예상 시점이나 우회적인 응답이 예상된다.
(A) ☒ 유사 발음 / 연상 어휘 함정(sales – sell)
(B) ☒ 연상 어휘 함정(report – copies)
(C) ⓞ 30분 후라며 곧 마무리할 거라는 응답

어휘 sales 매출 | soon 곧 | sell 팔다 | copy 한 부, 복사본

18. The annual promotion at the shopping mall starts tomorrow, doesn't it?
미국 ↓ 미국
(A) Up to 50 percent discount on all items.
(B) No, it's not until next week.
(C) Jake was promoted to regional manager.

쇼핑몰의 연례 판촉 활동이 내일 시작하죠, 그렇지 않나요?
(A) 전 제품 최대 50퍼센트 할인이요.
(B) 아니요, 다음 주나 되어야 해요.
(C) 제이크가 지역 관리자로 승진했어요.

해설 부가 의문문 → 판촉 활동이 내일 시작하면 Yes, 그렇지 않으면 No, 아니면 Yes/No를 생략한 채로 응답한 후 부연 설명이 예상된다.
(A) ☒ 연상 어휘 함정(promotion, shopping mall – discount)
(B) ⓞ No(시작하지 않는다)로 답한 후 다음 주나 되어야 한다고 부연 설명하는 응답
(C) ☒ 유사 발음 함정(promotion – promote)

어휘 annual 연례의 | promotion 판촉, 승진 | up to ~까지 | discount 할인 | item 제품 | not until ~가 되어서야 | promote 승진시키다 | regional 지역의 | manager 관리자

19. Didn't we just purchase more printer cartridges?
미국 ↓ 영국
(A) The print shop is across the street.
(B) In black and white should be good.
(C) There should be plenty.

얼마 전에 프린터용 카트리지를 추가 구입하지 않았나요?
(A) 인쇄소가 길 건너에 있어요.
(B) 흑백으로 하는 게 좋을 거예요.
(C) 많이 있을 거예요.

해설 부정 의문문 → 카트리지를 추가 구입했는지의 여부나 우회적인 응답이 예상된다.
(A) ☒ 유사 발음 함정(printer – print)
(B) ☒ 연상 어휘 함정(printer cartridges – black and white)
(C) ⓞ Yes(구입했다)를 생략하고 많이 있을 거라고 응답

어휘 purchase 구입하다 | printer 프린터 | cartridge 카트리지 | plenty 많은

20. You didn't forget to lock the filing cabinet, did you?
호주 ↓ 미국
(A) Let me double-check, just in case.
(B) No, the cabinet is not spacious enough.
(C) I found this in the locker room.

서류함 잠그는 것을 잊지 않았죠, 그렇죠?
(A) 혹시 모르니, 다시 한번 확인할게요.
(B) 아니요, 보관함 공간이 충분치 않아요.
(C) 제가 이것을 탈의실에서 찾았어요.

해설 부가 의문문 → 서류함 잠금 여부나 우회적인 응답이 예상된다.
(A) ⓞ 다시 한번 확인하겠다는 우회적인 응답
(B) ☒ No(잠그는 걸 잊지 않았다)와 뒤의 부연 설명이 불일치
(C) ☒ 유사 발음 함정(lock – locker)

어휘 lock (자물쇠로) 잠그다 | double-check 재확인하다 | just in case 혹시 모르니, 만일을 위해서 | spacious (방·건물이) 널찍한 |

locker room 탈의실

21. Haven't you been licensed to practice law?
영국 ↓ 미국
(A) Yes, but I forgot to pay my license fee.
(B) Here's your gift certificate.
(C) You can have a copy of my driver's license.

변호사로 일할 수 있는 면허를 받지 않았나요?
(A) 네, 그런데 면허료 내는 걸 깜박했어요.
(B) 여기 상품권 드릴게요.
(C) 제 운전 면허증 사본을 드릴게요.

해설 부정 의문문 → 변호사 면허 소지 여부나 우회적인 응답이 예상된다.
(A) O Yes(변호사 면허를 받았다)로 답한 후 면허료 내는 걸 깜박했다고 부연 설명하는 응답
(B) X 연상 어휘 함정(licensed – certificate)
(C) X 유사 발음 함정(licensed – license)

어휘 license 면허를 내주다; 면허[자격]증 I practice law 변호사업을 하다 I forget 잊다 I fee 요금 I gift certificate 상품권 I copy 사본 I driver's license 운전 면허증

22. This is the address we need to send the samples to, isn't it?
호주 ↓ 영국
(A) The samples look great.
(B) Oh, the company has two branches.
(C) We should include the catalogs.

이게 저희가 샘플을 발송해야 하는 주소죠, 그렇지 않나요?
(A) 샘플이 아주 좋아 보여요.
(B) 아, 그 회사에 지점이 두 군데 있어요.
(C) 카탈로그를 넣어야 해요.

해설 부가 의문문 → 샘플 발송 주소가 맞는지의 여부나 우회적인 응답이 예상된다.
(A) X 동어 반복 함정(samples)
(B) O 지점이 두 군데 있다며 주소가 하나 더 필요하다는 우회적인 응답
(C) X 연상 어휘 함정(samples – catalogs)

어휘 address 주소 I branch 지점 I include 넣다, 포함시키다 I catalog 카탈로그, 목록

23. Wouldn't it be great if the department meeting ended early today?
미국 ↓ 영국
(A) I try to be early for all my meetings.
(B) Thanks. I got it at the department store downtown.
(C) We don't have much on the agenda.

오늘 부서 회의가 일찍 끝나면 좋지 않을까요?
(A) 전 모든 회의에 일찍 도착하려고 노력해요.
(B) 고마워요. 시내 백화점에서 샀어요.
(C) 오늘 안건이 많지 않아요.

해설 부정 의문문 → 회의가 일찍 끝날지에 대한 의견이나 우회적인 응답이 예상된다.
(A) X 동어 반복 함정(early)
(B) X 동어 반복 함정(department)
(C) O 오늘 안건이 많지 않다며 회의가 일찍 끝날 것이라는 우회적인 응답

어휘 department 부서 I agenda 안건 (목록)

24. You're still looking to hire an assistant, aren't you?
영국 ↓ 미국
(A) I have some interviews today.
(B) Yes, that was a nice assist.
(C) The one on the higher floor.

아직 조수를 채용하는 중이시죠, 그렇지 않나요?
(A) 오늘 면접이 몇 건 있어요.
(B) 네, 도움 멋졌어요.
(C) 더 고층에 있는 거요.

해설 부가 의문문 → 아직 채용 중이면 Yes, 그렇지 않으면 No로 응답하며 Yes/No가 생략된 응답과 우회적인 표현에 주의한다.
(A) O 오늘 면접이 몇 건 있다며 아직 채용 중이라는 우회적인 응답
(B) X 유사 발음 함정(assistant – assist)
(C) X 유사 발음 함정(hire – higher)

어휘 hire 채용하다 I assistant 조수 I interview 면접 I assist 도움, (스포츠) 어시스트 I higher 더 높은 I floor 층

25. Won't we need the director's approval to make this purchase?
호주 ↓ 미국
(A) You should refer to the company directory.
(B) Can you give us a discount?
(C) We recently updated the policy.

이 구매를 진행하려면 관리자 승인이 필요하지 않을까요?
(A) 회사 안내 책자를 참고해 보세요.
(B) 할인해 주실 수 있으세요?
(C) 최근에 그 방침을 개정했어요.

해설 부정 의문문 → 관리자 승인이 필요한지의 여부나 우회적인 응답이 예상된다.
(A) X 유사 발음 함정(director's – directory)
(B) X 연상 어휘 함정(purchase – discount)
(C) O 최근에 규정을 업데이트했다며 승인이 필요 없다는 우회적인 응답

어휘 director 관리자, 책임자 I approval 승인 I make a purchase 구매하다 I refer to ~을 참조하다 I directory 안내 책자 I discount 할인 I update 개정하다, 업데이트하다 I policy 방침, 규정

UNIT 08. 제안·제공·요청문

핵심 문제 유형

본서 p.121

1. (C) 2. (A)

1. 김 씨가 오길 기다리는 동안 자료를 배포하시는 게 어때요?
(A) 그는 언제나 사람들 속에서 돋보여요.
(B) 그는 목요일에 떠날 거예요.
(C) 좋아요, 좋은 생각이네요.

추가 가능 정답
+ **OK, where are they?** 그래요, 그것들이 어디에 있나요?
+ **I'm afraid I'm very busy at the moment.** 죄송한데 지금 너무 바빠서요.

어휘 hand out ~을 배포하다, 나눠 주다 | material 자료 | stand out 돋보이다, 눈에 띄다

2. 저 대신 이 소포 좀 보내 주실 수 있나요?
(A) 제가 발표가 있어요.
(B) 빠른 배송이요.
(C) 우체국에서요.

추가 가능 정답
+ **Sure, I'll take care of it.** 그럼요, 제가 처리할게요.
+ **I need to fax these documents first.** 먼저 이 서류들을 팩스로 보내야 해요.

어휘 send out ~을 보내다 | package 소포 | express 빠른, 속달의 | shipping 배송

Warm-up

본서 p.122

1. (C) 2. (A) 3. (B) 4. (C) 5. (C)

1. Would you like me to turn on the heater?
미국 ↓ 미국
(A) He really likes it.
(B) I took some time off.
(C) Sure, if you don't mind.

히터를 켜 드릴까요?
(A) 그가 그것을 정말 좋아해요.
(B) 휴식 기간을 좀 가졌어요.
(C) 물론이죠, 당신만 싫지 않다면요.

오답 이유 (A) 동어 반복 함정(like – likes)
(B) 연상 어휘 함정(on – off)

어휘 turn on ~을 켜다 | heater 히터, 난방기 | time off 휴식, 휴직

2. Would you mind dropping off a copy of the revised proposal before you head home?
호주 ↓ 영국
(A) I can do that right away.
(B) Are you sure it's not broken?
(C) The final page of the report.

집에 가기 전에 수정된 제안서 한 부 갖다줄 수 있어요?
(A) 지금 바로 해 줄게요.
(B) 깨지지 않은 게 확실해요?
(C) 보고서 마지막 페이지요.

오답 이유 (B) 연상 어휘 함정(dropping – broken)
(C) 연상 어휘 함정(copy – final page, report)

어휘 drop off (어디로 가는 길에) 갖다주다 | revise 수정하다 | proposal 제안 | head (특정 방향으로) 향하다 | broken 깨진, 중단된

3. Could the deadline for the article be extended to the 15th?
영국 ↓ 미국
(A) You should book in advance.
(B) That won't allow us enough time.
(C) He's the journal editor.

기사 마감 기한을 15일로 연장해 주실 수 있을까요?
(A) 미리 예약하셔야 해요.
(B) 그러면 저희가 시간이 충분하지 않아요.
(C) 그는 학술지 편집장이에요.

오답 이유 (A) 연상 어휘 함정(extended – in advance)
(C) 연상 어휘 함정(deadline, article – journal editor)

어휘 deadline 마감 기한 | extend 연장하다 | book 예약하다 | in advance 미리, 사전에 | editor 편집장

4. Why don't you park your car behind the building?
미국 ↓ 호주
(A) I go jogging every evening.
(B) Have you renewed your license?
(C) OK. That's closer to the client's office.

차는 건물 뒤편에 세워 두는 게 어때요?
(A) 저녁마다 조깅하러 가요.
(B) 면허를 갱신하셨나요?
(C) 알았어요. 거기가 고객의 사무실에서 더 가까워요.

오답 이유 (A) 연상 어휘 함정(park – jogging)
(B) 연상 어휘 함정(car – license)

어휘 park 주차하다 | jog 조깅하다 | renew 갱신하다 | license 면허, 자격

5. Shouldn't we increase the budget for the upcoming product launch?
영국 ↓ 미국
(A) I've ordered some samples.
(B) At 10 A.M., on December 8th.
(C) That's a great suggestion.

다가오는 제품 출시를 위한 예산을 늘려야 하지 않을까요?
(A) 샘플을 좀 주문했어요.
(B) 12월 8일 오전 10시에요.
(C) 좋은 제안이에요.

오답 이유 (A) 연상 어휘 함정(product launch – samples)
(B) When 의문문에 어울리는 응답

어휘 increase 늘리다 | budget 예산 | upcoming 다가오는 | launch 출시 | suggestion 제안

Practice

본서 p.123

1. (C)	2. (A)	3. (B)	4. (A)	5. (B)	6. (C)
7. (B)	8. (C)	9. (B)	10. (A)	11. (A)	12. (A)
13. (B)	14. (A)	15. (A)	16. (A)	17. (A)	18. (C)
19. (C)	20. (B)	21. (B)	22. (B)	23. (A)	24. (B)
25. (A)					

1. I'd like you to submit the report by the end of the day.
영국 ↓ 미국
(A) You should email your submissions.
(B) The 8 *o'clock Business Report* on Channel 6.
(C) That won't be an issue.

오늘까지 보고서를 제출해 주세요.
(A) 제출물은 이메일로 보내 주세요.
(B) 채널 6에서 하는 〈8시 비즈니스 리포트〉요.
(C) 문제없어요.

해설 요청문 → 보고서를 제출해 달라는 요청에 대해 수락, 거절 또는 보류를 표하는 응답이 예상된다.
(A) X 유사 발음 함정(submit – submissions)
(B) X 동어 반복 함정(report)
(C) O 문제없다며 요청을 수락하는 응답

어휘 submit 제출하다 | report 보고서 | submission 제출(물) | issue 문제

2. Would you mind taking some materials for me to the presentation?
영국 ↓ 호주
(A) Well, I wasn't planning on going.
(B) As soon as you can.
(C) Thanks, but I'll sit here.

저를 위해 발표에 자료 몇 개만 가져다주실 수 있으세요?
(A) 음, 저는 갈 계획이 없었어요.
(B) 당신이 할 수 있는 한 빨리요.
(C) 고마워요, 하지만 여기 앉을게요.

해설 요청문 → 발표에 자료 몇 개를 갖다 달라는 요청에 대해 수락, 거절 또는 보류를 표하는 응답이 예상된다.
(A) O 사실은 갈 계획이 없었다는 응답
(B) X When 의문문에 어울리는 응답
(C) X 연상 어휘 함정(presentation – sit here)

어휘 material 자료

3. Would you like to lead the seminar?
미국 ↓ 미국
(A) The presentation will be at 10 o'clock.
(B) Andrea is more familiar with the subject.
(C) I read the magazine regularly.

세미나를 이끌어 보시겠어요?
(A) 발표는 10시 정각에 있을 거예요.
(B) 안드레아가 그 주제에 대해 더 잘 알아요.
(C) 저는 정기적으로 잡지를 읽어요.

해설 제안문 → 세미나를 이끌어 보겠느냐는 제안에 대해 수락, 거절 또는 보류를 표하는 응답이 예상된다.
(A) X 연상 어휘 함정(seminar – presentation)
(B) O 안드레아가 더 잘 안다며 제안을 우회적으로 거절하는 응답
(C) X 유사 발음 함정(lead – read)

어휘 lead 이끌다, 주도하다 | be familiar with ~을 잘 알다, ~에 익숙하다 | subject 주제 | regularly 정기적으로

4. Would you like me to install the new shelves in the storage room?
미국 ↓ 호주
(A) I don't have the key.
(B) Some office supplies.
(C) Twenty cans of paint.

창고에 새 선반을 설치해 줄까요?
(A) 전 열쇠가 없어요.
(B) 사무용품 몇 개요.
(C) 페인트 20통이요.

해설 제안문 → 창고에 선반을 설치해 주겠다는 제안에 대해 수락, 거절 또는 보류를 표하는 응답이 예상된다.
(A) O 창고 열쇠를 가지고 있지 않아 지금은 설치가 힘들겠다며 우회적으로 거절을 표하는 응답
(B) X 연상 어휘 함정(storage room – office supplies)
(C) X 연상 어휘 함정(storage room – cans of paint)

어휘 install 설치하다 | shelf 선반 | storage room 창고 | office supplies 사무용품

5. Would you be able to supervise the new intern?
미국 ↓ 영국
(A) Third year of university.
(B) That would only be for July, right?
(C) I'll have some salad, please.

신입 인턴을 지도해 주실 수 있으세요?
(A) 대학교 3학년이요.
(B) 7월 동안만 하는 거 맞죠?
(C) 저는 샐러드로 주세요.

해설 제안문 → 인턴 지도를 해 줄 수 있냐는 제안에 대해 수락, 거절 또는 보류를 표하는 응답이 예상된다.
(A) X 연상 어휘 함정(intern – university)
(B) O 7월만 하는 게 맞는지 되묻는 응답
(C) X 질문과 무관한 응답

어휘 supervise 지도하다, 감독하다 | intern 인턴

6. Why don't we share a ride to the seminar?
호주 ↓ 미국
(A) Because I've already registered for it.
(B) I'm afraid I don't have it anymore.
(C) Sure, I'll see who's driving.

세미나까지 같이 타고 가는 게 어때요?
(A) 왜냐하면 저는 이미 거기에 등록했거든요.
(B) 저한테는 더 이상 그게 없네요.

(C) **좋아요, 누가 운전할 건지 알아볼게요.**

해설 제안문 → 세미나에 갈 때 동승하자는 제안에 대해 수락, 거절 또는 보류를 표하는 응답이 예상된다.
(A) X 연상 어휘 함정(seminar - registered)
(B) X 연상 어휘 함정(Why don't we - I'm afraid)
(C) O 제안을 수락하는 응답

어휘 share a ride 차를 같이 타다, 동승하다 | register 등록하다

7. We would like to recruit more employees to cater to the European market.
미국 ↓ 미국
(A) I'll be going to the farmers' market this weekend.
(B) How many do you need?
(C) At the job fair in Berlin.

유럽 시장을 공략할 직원을 더 채용하고 싶어요.
(A) 이번 주말에 농산물 직거래 장터에 갈 예정이에요.
(B) 몇 명 필요하세요?
(C) 베를린 채용 박람회에서요.

해설 요청문 → 직원을 더 채용하고 싶다는 요청에 대해 수락, 거절 또는 보류를 표하는 응답이 예상된다.
(A) X 동어 반복 함정(market)
(B) O 몇 명 필요한지 되묻는 응답
(C) X 연상 어휘 함정(recruit - job fair / European - Berlin)

어휘 recruit 채용하다 | cater to ~의 구미에 맞추다 | farmers' market 농산물 직거래 장터 | job fair 채용 박람회

8. Could you give me a lift to the charity ball?
영국 ↓ 미국
(A) I have extra tickets to the fundraiser.
(B) The Grand Ballroom in Metropolis Hotel.
(C) I'm still getting ready.

저 좀 자선 무도회에 태워다 줄 수 있어요?
(A) 저한테 기금 모금 행사 입장권 여분이 있어요.
(B) 메트로폴리스 호텔의 대연회장이요.
(C) 전 아직 준비 중이에요.

해설 요청문 → 태워다 달라는 요청에 대해 수락, 거절 또는 보류를 표하는 응답이 예상된다.
(A) X 연상 어휘 함정(charity - fundraiser)
(B) X 유사 발음 함정(ball - Ballroom)
(C) O 아직 준비 중이라며 시간이 좀 필요하다는 응답

어휘 give ~ a lift ~를 태워다 주다 | charity ball 자선 무도회 | extra 여분의 | fundraiser 기금 모금 행사 | get ready 준비를 하다

9. Can I pick that up at the office supply store?
미국 ↓ 호주
(A) Yes, you can pick up the language.
(B) They're out of stock at the moment.
(C) I think I'll apply for the position.

사무용품점에서 그것을 사도 될까요?
(A) 네, 당신은 그 언어를 배울 수 있어요.
(B) 현재 품절이에요.
(C) 그 직책에 지원하려고요.

해설 요청문 → 사무용품점에서 그것을 구매할 수 있는지의 여부에 대한 응답이 예상된다.
(A) X 동어 반복 함정(pick ~ up - pick up)
(B) O 품절이라서 살 수 없다는 우회적인 응답
(C) X 유사 발음 함정(supply - apply)

어휘 pick up ~을 사다[찾아오다], (언어 등을) 익히게 되다 | office supply store 사무용품 판매점 | out of stock 품절된 | apply for ~에 지원하다 | position 직책, 일자리

10. We should get more fresh air during the workday.
영국 ↓ 호주
(A) Why don't we go for walks together?
(B) The air conditioner is set to 22 degrees.
(C) I'll start working remotely this week.

평일에 좀 더 신선한 공기를 마셔야 해요.
(A) 같이 산책하는 게 어때요?
(B) 에어컨이 22도에 맞춰져 있어요.
(C) 저는 이번 주에 원격 근무를 시작할 거예요.

해설 제안문 → 신선한 공기를 마셔야 한다는 제안에 대해 수락, 거절 또는 보류를 표하는 응답이 예상된다.
(A) O 같이 산책하는 게 어떠냐며 되묻는 응답
(B) X 동어 반복 함정(air)
(C) X 연상 어휘 함정(workday - working)

어휘 fresh 신선한 | workday 평일, 근무일 | go for walks 산책하다 | air conditioner 에어컨 | set (기기를) 맞추다 | degree (온도 단위의) 도 | remotely 원격으로, 멀리서

11. Do you want to visit our new manufacturing plant today?
미국 ↓ 미국
(A) Tomorrow would work better for me.
(B) An automobile manufacturer.
(C) That was an enjoyable visit.

오늘 저희 새 제조 공장을 방문하시겠어요?
(A) 저는 내일이 더 좋을 것 같아요.
(B) 자동차 제조사요.
(C) 즐거운 방문이었어요.

해설 제안문 → 제조 공장을 방문하겠냐는 제안에 대해 수락, 거절 또는 보류를 표하는 응답이 예상된다.
(A) O 내일이 좋을 것 같다며 일정 변경을 요구하는 우회적인 응답
(B) X 유사 발음 함정(manufacturing - manufacturer)
(C) X 동어 반복 함정

어휘 visit 방문하다; 방문 | manufacturing 제조 | plant 공장 | automobile 자동차 | manufacturer 제조사 | enjoyable 즐거운

12. Could you make a spreadsheet to monitor our spending this month?
호주 ↓ 영국
(A) Sure, I'll take care of it now.
(B) A monthly fee.
(C) Check monitor 32.

PART 2 UNIT 08

이번 달 지출을 추적 관찰하기 위해 스프레드시트를 만들어 줄 수 있어요?

(A) 그럼요, 지금 할게요.

(B) 월간 비용이요.

(C) 32번 모니터를 확인하세요.

해설 요청문 → 스프레드시트를 만들어 달라는 요청에 대해 수락, 거절 또는 보류를 표하는 응답이 예상된다.

(A) O Yes의 대용인 Sure를 사용하여 요청을 수락하는 응답

(B) X 유사 발음 함정(month – monthly)

(C) X 동어 반복 함정(monitor)

어휘 spreadsheet 스프레드시트 | monitor 추적 관찰하다; (컴퓨터 등의) 모니터 | spending 지출 | take care of ~을 처리하다

13. Should I have the changes to the contract put in writing?

미국 ↓ 영국

(A) Sorry, I don't have any change.

(B) That's a great suggestion.

(C) I can sign this week.

계약서 수정 사항들을 글로 써 둘까요?

(A) 죄송해요, 거스름돈이 없네요.

(B) 그거 좋은 제안이네요.

(C) 이번 주에 서명할 수 있어요.

해설 제공문 → 수정 사항들을 글로 작성해 두어야 하는지 여부에 대한 응답이 예상된다.

(A) X 동어 반복 함정(changes – change)

(B) O 좋은 제안이라는 응답

(C) X 연상 어휘 함정(contract – sign)

어휘 change 수정, 변경, 거스름돈 | contract 계약서 | suggestion 제안 | sign 서명하다

14. Would you please turn in your résumé?

영국 ↓ 호주

(A) Actually, I just did.

(B) A position at my company.

(C) Yes, I turned it on this morning.

당신의 이력서를 제출해 주시겠어요?

(A) 사실, 방금 제출했어요.

(B) 우리 회사의 일자리요.

(C) 네, 오늘 아침에 그것을 켰어요.

해설 요청문 → 이력서 제출 요청에 대해 수락, 거절 또는 보류를 표하는 응답이 예상된다.

(A) O 방금 제출했다는 응답

(B) X 연상 어휘 함정(résumé – position, company)

(C) X 유사 발음 함정(turn – turned)

어휘 turn in ~을 제출하다 | résumé 이력서 | position (일)자리 | turn on ~을 켜다

15. Can you tell me if there are any openings at your office?

미국 ↓ 미국

(A) We're well-staffed at the moment.

(B) Yes, we will be open this weekend.

(C) Thanks for helping me get a job.

당신의 사무실에 공석이 있는지 알려 주실 수 있나요?

(A) 지금은 직원들이 잘 갖추어져 있어요.

(B) 네, 저희는 이번 주말에 문을 열 거예요.

(C) 제가 일자리를 얻도록 도와주셔서 감사해요.

해설 요청문 → 사무실에 공석이 있는지의 여부나 우회적인 응답이 예상된다.

(A) O 공석이 없다는 우회적인 응답

(B) X 유사 발음 함정(openings – open)

(C) X 연상 어휘 함정(openings – job)

어휘 opening 공석, 빈자리 | well-staffed 직원이 잘 갖추어진

16. Do you want me to make the invitations for the anniversary event?

미국 ↓ 호주

(A) The venue hasn't been decided yet.

(B) In March of last year.

(C) I'll meet you in the event hall.

제가 기념일 행사를 위한 초대장을 만들기를 원하시나요?

(A) 아직 행사장이 결정되지 않았어요.

(B) 작년 3월에요.

(C) 행사장에서 뵐게요.

해설 제공문 → 초대장을 만들어 주겠다는 제의에 수락, 거절 또는 보류를 표하는 응답이 예상된다.

(A) O 제의에 보류를 표하는 응답

(B) X 연상 어휘 함정(anniversary event – March), When 의문문에 어울리는 응답

(C) X 동어 반복 함정(event)

어휘 invitation 초대(장) | anniversary 기념일 | venue 행사장

17. Could you purchase another cabinet for the supply closet?

영국 ↓ 호주

(A) The same model as the last one?

(B) Some pens and paper.

(C) Are you going to close it?

비품 창고용으로 다른 보관함을 구매해 주시겠어요?

(A) 지난번 거와 같은 모델로요?

(B) 펜과 종이요.

(C) 그걸 닫을 계획이세요?

해설 요청문 → 구매 요청에 대해 수락, 거절 또는 보류를 표하는 응답이 예상된다.

(A) O 지난번 거와 같은 모델을 원하는지 추가 정보를 요청하는 응답

(B) X 연상 어휘 함정(supply – pens and paper)

(C) X 유사 발음 함정(closet – close it)

어휘 purchase 구매하다 | supply closet 비품 창고

18. Would you check my report before I submit it today?

호주 ↓ 미국

(A) To the department manager.

(B) Sorry, we don't accept checks.

(C) I was just about to leave.

오늘 제가 보고서를 제출하기 전에 확인해 주시겠어요?

(A) 부서 관리자에게요.
(B) 죄송하지만, 저희는 수표를 받지 않아요.
(C) 저 이제 막 퇴근하려던 참이었어요.

해설 요청문 → 보고서를 확인해 주겠냐는 요청에 수락, 거절 또는 보류를 표하는 응답이 예상된다.
(A) ☒ 연상 어휘 함정(report, submit - department manager)
(B) ☒ 동어 반복 함정(check - checks)
(C) ⓞ 이제 막 퇴근하려던 참이었다며 우회적으로 거절을 표하는 응답

어휘 check 확인하다; 수표 | report 보고서 | submit 제출하다 | accept 받다, 수용하다

---

19. I can help you install the software on these computers.
영국 → 미국
(A) The technical support team.
(B) No, they're not in the hall.
(C) Doesn't your meeting start at 1?

이 컴퓨터에 소프트웨어 설치하는 걸 도와줄게요.
(A) 기술 지원팀이요
(B) 아니요, 복도에 없어요.
(C) 1시에 회의 시작하지 않으세요?

해설 제공문 → 소프트웨어 설치를 도울 수 있다는 제의에 대해 수락, 거절 또는 보류를 표하는 응답이 예상된다.
(A) ☒ 연상 어휘 함정(install the software - technical support)
(B) ☒ 유사 발음 함정(install - in the hall)
(C) ⓞ 1시에 회의 시작하지 않냐며 되묻는 응답

어휘 install 설치하다 | technical support 기술 지원 | hall 복도, 홀

---

20. Please turn off all the lights and computers before you leave tonight.
미국 → 호주
(A) We ordered some light bulbs yesterday.
(B) Baek-ho will take care of that.
(C) Yes, I just returned the merchandise.

오늘 밤 퇴근하기 전에 모든 등과 컴퓨터를 꺼 주세요.
(A) 우리가 어제 전구를 주문했어요.
(B) 백호가 처리할 거예요.
(C) 네, 제가 방금 물건을 반납했어요.

해설 요청문 → 나가기 전 모든 등과 컴퓨터를 꺼 달라는 요청에 대해 수락, 거절 또는 보류를 표하는 응답이 예상된다.
(A) ☒ 동어 반복 함정(lights - light)
(B) ⓞ 백호가 처리한다며 우회적으로 수락을 표하는 응답
(C) ☒ 유사 발음 함정(turn - returned)

어휘 turn off ~을 끄다 | light bulb 전구 | take care of ~을 처리하다 | return 돌려주다, 반납하다 | merchandise 물품, 상품

---

21. Could I borrow your tape dispenser?
미국 → 미국
(A) Of course, I can review your video tape.
(B) Bo-ram is using it.
(C) How much can you lend me?

테이프 디스펜서 빌릴 수 있을까요?
(A) 그럼요, 제가 비디오테이프를 검토해 드리죠.
(B) 보람이 쓰고 있어요.
(C) 얼마 빌려줄 수 있어요?

해설 요청문 → 테이프 디스펜서를 빌려 달라는 요청에 대해 수락, 거절 또는 보류를 표하는 응답이 예상된다.
(A) ☒ 동어 반복 함정(tape)
(B) ⓞ 보람이 쓰고 있다며 우회적으로 거절을 표하는 응답
(C) ☒ 연상 어휘 함정(borrow - lend)

어휘 borrow 빌리다 | tape dispenser 테이프 디스펜서(테이프 자르는 도구) | review 검토하다, 조사하다 | lend 빌려주다

---

22. Would you mind giving me a ride to the head office in the afternoon?
호주 → 미국
(A) It will be delivered around 4 P.M.
(B) My car is in the repair shop.
(C) I already ordered the office supplies.

오후에 본사로 태워다 주실 수 있나요?
(A) 오후 4시쯤 배달될 거예요.
(B) 제 차가 정비소에 있어요.
(C) 이미 사무용품을 주문했어요.

해설 요청문 → 본사로 태워 줄 수 있냐는 요청에 대해 수락, 거절 또는 보류를 표하는 응답이 예상된다.
(A) ☒ When 의문문에 어울리는 응답
(B) ⓞ 자신의 차가 정비소에 있다며 우회적으로 거절을 표하는 응답
(C) ☒ 동어 반복 함정(office)

어휘 give ~ a ride ~를 태워다 주다 | head office 본사 | deliver 배달하다 | repair shop 정비소, 수리점 | office supplies 사무용품

---

23. Please call Frances and tell him to park by Wilburn Building.
미국 → 영국
(A) He's taking the bus.
(B) The auditorium is on the fourth floor.
(C) Yes, the rent is quite expensive.

프랜시스한테 전화해서 윌번 빌딩 옆에 주차하라고 말해 주세요.
(A) 그는 버스 탈 거예요.
(B) 강당은 4층에 있어요.
(C) 네, 임대료가 꽤 비싸요.

해설 요청문 → 프랜시스한테 윌번 빌딩 옆에 주차하라고 말해 달라는 요청에 대해 수락, 거절 또는 보류를 표하는 응답이 예상된다.
(A) ⓞ 프랜시스는 버스를 탈 거라며 우회적으로 거절을 표하는 응답
(B) ☒ 연상 어휘 함정(Building - auditorium)
(C) ☒ 연상 어휘 함정(Building - rent)

어휘 park 주차하다 | auditorium 강당 | floor 층 | rent 임대료 | quite 꽤 | expensive 비싼

---

24. Would you be willing to run our company's booth at the trade exhibition?
미국 → 미국
(A) Do you run your own business?
(B) I'll be giving the keynote speech that day.

PART 2 UNIT 08

(C) Yes, I will go for a run.

무역 박람회 때 회사 부스를 기꺼이 맡아 주시겠어요?

(A) 사업체를 운영하시나요?

(B) 제가 그날 기조연설을 할 예정이에요.

(C) 네, 달리기하러 갈 거예요.

해설 요청문 → 회사 부스를 맡아 달라는 요청에 대해 수락, 거절 또는 보류를 표하는 응답이 예상된다.

(A) X 동어 반복 함정(run)

(B) O 그날 기조연설을 할 예정이라며 우회적으로 거절을 표하는 응답

(C) X Yes(맡아 주겠다)와 뒤의 부연 설명 불일치

어휘 be willing to do 기꺼이 ~하다 | run 운영하다 | booth 부스 | trade exhibition 무역 박람회 | keynote speech 기조연설 | go for a run 달리다

---

25. Can you send me the list of who will be attending the anniversary dinner?

호주 ↓ 영국

(A) Invitations haven't gone out yet.

(B) Yesterday morning.

(C) I'll be skipping dinner today.

기념 만찬에 참석할 사람들 명단을 보내 줄 수 있나요?

(A) 아직 초대장이 발송되지 않았어요.

(B) 어제 아침에요.

(C) 전 오늘 저녁은 안 먹을 거예요.

해설 요청문 → 참석자 명단을 보내 달라는 요청에 대해 수락, 거절 또는 보류를 표하는 응답이 예상된다.

(A) O 아직 초대장이 발송되지 않았다며 명단이 준비되지 않았다는 우회적인 응답

(B) X When 의문문에 어울리는 응답

(C) X 동어 반복 함정(dinner)

어휘 attend 참석하다 | anniversary 기념일 | invitation 초대(장) | go out 발송되다 | skip (식사를) 거르다[안 먹다], 건너뛰다

UNIT 09. 선택 의문문·평서문

핵심 문제 유형

본서 p.127

1. (B) 2. (C) 3. (C) 4. (B)

1. 계약서 초안을 제가 직접 작성할까요, 아니면 변호사를 고용할까요?

(A) 제가 논문을 요약할 것 같아요.

(B) 반드시 전문가를 고용하세요.

(C) 그건 10쪽에 있어요.

추가 가능 정답

\+ You should ask Se-na for help.
세나에게 도움을 요청하세요.

\+ What do you think is better?
당신은 뭐가 더 나은 것 같아요?

어휘 draft 초안을 작성하다 | contract 계약(서) | hire 고용하다 | lawyer 변호사 | probably 아마도 | summarize 요약하다 | paper 논문 | definitely 반드시, 확실히 | professional 전문가

---

2. 공지를 회의 전에 하시겠어요, 아니면 후에 하시겠어요?

(A) 그걸 어떻게 발음하는지 다시 말해주시겠어요?

(B) 네, 바로 중앙에요.

(C) 당신이 끝날 때까지 기다려도 돼요.

추가 가능 정답

\+ Which would you prefer? 당신은 어떤 걸 선호하세요?

\+ Before you start. 당신이 시작하기 전에요.

어휘 make an announcement 공지하다 | pronounce 발음하다

---

3. 그 브랜드의 신제품 라인이 반응이 좋았다고 들었어요.

(A) 네, 영화 제작자를 만났어요.

(B) 줄 맨 끝에 서 주세요.

(C) 최 씨가 기뻐할 거예요.

추가 가능 정답

\+ That's great news. 아주 좋은 소식이네요.

\+ Where did you hear that? 어디서 들으셨어요?

어휘 producer 제작자, 프로듀서 | join 합류하다, 함께 하다 | back 뒤쪽 | line 줄

---

4. 이 기기들은 배송될 준비가 됐어요.

(A) 도시에 있는 가전제품 매장들이요.

(B) 저희 배송 트럭이 고장 났어요.

(C) 주문하신 음료가 나왔어요.

추가 가능 정답

\+ Thank you for letting me know. 알려 줘서 고마워요.

\+ Let me confirm the delivery date.
배송 날짜를 확인해 볼게요.

어휘 device 기기, 장치 | ready 준비가 된 | ship 배송[수송]하다 | appliance 가전제품, (가정용) 기기 | delivery 배송 | malfunction 제대로 작동하지 않다

Warm-up

본서 p.130

1. (A) 2. (B) 3. (C) 4. (A) 5. (B)

1. The client wants to reschedule tomorrow's meeting.

호주 ↓ 미국

(A) That's the fourth time this month.

(B) 2 in the afternoon.

(C) Are you still looking for it?

고객이 내일 회의 일정을 변경하고 싶어 하네요.

(A) 이번 달만 네 번째군요.

(B) 오후 두 시요.

(C) 아직 찾고 계세요?

오답 이유

(B) 연상 어휘 함정(tomorrow – in the afternoon)

(C) 연상 어휘 함정(wants – looking for)

어휘 reschedule 일정을 변경하다 | look for ~을 찾다

2. Peter will be filling in for me on tomorrow's shift.
영국 ↓ 미국
(A) The list on the bulletin board.
(B) Let me record that change on the roster.
(C) A temporary worker.

내일 근무는 피터가 저 대신 할 거예요.
(A) 게시판의 목록이요.
(B) 근무자 명단에 변경 사항을 기록할게요.
(C) 임시 직원이요.

오답 이유 (A) 연상 어휘 함정(shift – list)
(C) 연상 어휘 함정(fill in for, shift – temporary worker)

어휘 fill in for ~를 대신하다 | shift 교대 근무 (시간) | roster 근무자 명단 | temporary 임시의

---

3. You'll be reimbursed for your travel expenses from last month.
미국 ↓ 미국
(A) Yes, she's arriving on Monday.
(B) A non-stop flight.
(C) That's the revised policy, right?

지난달 출장비는 환급받으실 거예요.
(A) 네, 그녀는 월요일에 도착해요.
(B) 직항편이요.
(C) 그게 개정된 정책이죠, 그렇죠?

오답 이유 (A) 연상 어휘 함정(travel – arriving)
(B) 연상 어휘 함정(travel – non-stop flight)

어휘 reimburse 환급하다 | expense 비용, 지출 | non-stop 직통[직항]의 | revise 개정하다 | policy 정책, 방침

---

4. Would it be better to take the subway or the bus?
미국 ↓ 호주
(A) Where do you need to go?
(B) It takes an hour to get to the airport.
(C) At the next station.

지하철을 타는 게 더 나을까요, 아니면 버스가 좋을까요?
(A) 어디 가시는데요?
(B) 공항까지는 한 시간 걸려요.
(C) 다음 역에서요.

오답 이유 (B) 연상 어휘 함정(subway, bus – airport)
(C) 연상 어휘 함정(subway, bus – next station)

어휘 get to ~에 도착하다 | station 역

---

5. The company posted the advertisement for a new lab technician this morning.
미국 ↓ 영국
(A) The development in Science and Technology.
(B) Hopefully, we'll get a lot of applications.
(C) Your mail was delivered this morning.

회사 측에서 오늘 오전에 새 연구실 기술자 구인 광고를 게재했어요.
(A) 과학 기술의 발전이요.
(B) 지원서가 많이 들어왔으면 좋겠네요.
(C) 당신의 우편이 오늘 오전에 배달되었어요.

오답 이유 (A) 연상 어휘 함정(lab technician – Science, Technology)
(C) 연상 어휘 함정(posted – mail), 동어 반복 함정(this morning)

어휘 post 게재하다 | advertisement 광고 | lab 연구실, 실험실 | technician 기술자 | development 발전 | hopefully 바라건대 | application 지원서

Practice

본서 p.131

1. (A)	2. (B)	3. (A)	4. (B)	5. (A)	6. (B)
7. (C)	8. (A)	9. (A)	10. (B)	11. (B)	12. (B)
13. (B)	14. (C)	15. (A)	16. (A)	17. (A)	18. (A)
19. (C)	20. (C)	21. (A)	22. (B)	23. (C)	24. (C)
25. (C)					

1. The flower arrangement on the reception desk is beautiful.
미국 ↓ 미국
(A) It looks great.
(B) I'll see you in the lobby.
(C) From the florist downtown.

접수처에 있는 꽃꽂이가 아름답네요.
(A) 아주 좋아 보여요.
(B) 로비에서 봐요.
(C) 시내 꽃집에서요.

해설 평서문 → 꽃꽂이가 아름답다는 말에 대한 반응이 응답으로 예상된다.
(A) O 아주 좋아 보인다는 응답
(B) X 연상 어휘 함정(reception – lobby)
(C) X 연상 어휘 함정(flower arrangement – florist)

어휘 flower arrangement 꽃꽂이 | reception desk 접수처 | florist 꽃집, 꽃집 주인 | downtown 시내에

---

2. They don't have any more in stock at the Oakville warehouse.
호주 ↓ 영국
(A) Yes, your item has already been shipped.
(B) I wanted to know about the one in Cherrywood.
(C) About five miles from here.

오크빌 창고에는 더 이상 재고가 없어요.
(A) 네, 당신의 품목은 이미 배송되었어요.
(B) 체리우드에 있는 것에 대해 알고 싶었어요.
(C) 여기서 약 5마일 정도예요.

해설 평서문 → 오크빌 창고에 재고가 없다는 말에 대한 해결책이나 우회적인 응답이 예상된다.
(A) X 연상 어휘 함정(stock – item)
(B) O 체리우드에 있는 것에 대해 알고 싶었다는 응답
(C) X How far 의문문에 어울리는 응답

어휘 in stock 재고로 | warehouse 창고 | ship 수송하다, 운송하다

3. Is everything packed, or do you need more time?
미국 ↓ 호주
(A) Our train doesn't leave until 9.
(B) Your package will be here soon.
(C) We should've brought more clothes.

짐을 다 쌌어요, 아니면 시간이 더 필요해요?
(A) 우리 열차는 9시나 돼야 떠나요.
(B) 당신의 소포가 곧 도착할 거예요.
(C) 옷을 더 챙겨 올 걸 그랬어요.

해설 선택 의문문 → 둘 중 하나를 선택하거나 우회적인 응답이 예상된다.
(A) O 열차가 9시는 되어야 출발한다며 서두를 필요 없다는 우회적인 응답
(B) X 유사 발음 함정(packed – package)
(C) X 연상 어휘 함정(packed – clothes)

어휘 pack 짐을 싸다 | package 소포

---

4. The finance report has been submitted.
영국 ↓ 미국
(A) All of the purchase orders.
(B) Thanks for the update.
(C) No, I didn't pay yet.

재무 보고서가 제출됐어요.
(A) 구매 주문서 전부요.
(B) 알려 줘서 고마워요.
(C) 아니요, 아직 지불 안 했어요.

해설 평서문 → 보고서가 제출됐다는 말에 대한 반응이 응답으로 예상된다.
(A) X 연상 어휘 함정(finance – purchase)
(B) O 알려 줘서 고맙다는 응답
(C) X 연상 어휘 함정(finance – pay)

어휘 finance 재무, 금융 | report 보고서 | submit 제출하다 | purchase 구매 | order 주문

---

5. Should we have the meeting now or after lunch?
호주 ↓ 미국
(A) Some of us won't be here later.
(B) The meeting went quite well.
(C) Conference Room A is better.

회의를 지금 할까요, 아니면 점심 식사 후에 할까요?
(A) 저희 중 몇 명은 이따가 여기 없을 거예요.
(B) 회의는 꽤 잘 진행되었어요.
(C) A 회의실이 더 낫죠.

해설 선택 의문문 → 둘 중 하나를 선택하는 응답이나 우회적인 응답이 예상된다.
(A) O 나중에 몇 명이 없을 거라며 전자를 우회적으로 선택하는 응답
(B) X 동어 반복 함정(meeting)
(C) X 연상 어휘 함정(meeting – Conference Room)

어휘 go well 잘되어 가다 | conference room 회의실

---

6. I forgot my umbrella at the office.
미국 ↓ 미국
(A) I have to work overtime.
(B) It should be clear tonight.
(C) We're located on the tenth floor.

깜빡 잊고 우산을 사무실에 두고 왔어요.
(A) 저 야근해야 해요.
(B) 오늘 저녁은 맑을 거예요.
(C) 저희는 10층에 있어요.

해설 평서문 → 우산을 사무실에 두고 나왔다는 말에 대한 의견이나 우회적인 응답이 예상된다.
(A) X 연상 어휘 함정(office – work)
(B) O 저녁은 맑을 거라며 우산이 필요 없을 거라는 우회적인 응답
(C) X Where 의문문에 어울리는 응답

어휘 work overtime 야근하다 | clear (날씨가) 맑은

---

7. Should I bring my driver's license or my student identification card?
영국 ↓ 호주
(A) No, we only accept originals.
(B) To show proof of residency.
(C) Either one is acceptable.

제 운전 면허증을 가져와야 하나요, 아니면 학생증을 가져와야 하나요?
(A) 아니요, 저희는 원본만 받아요.
(B) 거주지 증명을 제시하기 위해서요.
(C) 둘 중 아무거나 괜찮아요.

해설 선택 의문문 → 둘 중 하나를 선택하거나 우회적인 응답이 예상된다.
(A) X 선택 의문문에 Yes/No 응답 불가, 연상 어휘 함정(driver's license, student identification card – originals)
(B) X 연상 어휘 함정(identification – proof)
(C) O 둘 중 아무거나(Either) 괜찮다는 응답

어휘 driver's license 운전 면허증 | student identification card 학생증 | original 원본 | proof 증명 | residency 거주(지) | acceptable 허용되는, 수용할 수 있는

---

8. I think my presentation to the Finance Department went well.
영국 ↓ 미국
(A) What was it about?
(B) The budget report for this quarter.
(C) The projector's been set up.

회계부에 한 제 발표가 잘됐던 것 같아요.
(A) 뭐에 대한 거였어요?
(B) 이번 분기의 비용 보고서요.
(C) 프로젝터가 설치되었어요.

해설 평서문 → 발표가 잘 진행된 것 같다는 말에 대한 의견이나 우회적인 응답이 예상된다.
(A) O 어떤 내용의 발표였는지 되묻는 응답
(B) X 연상 어휘 함정(Finance Department – budget report)
(C) X 연상 어휘 함정(presentation – projector)

어휘 finance department 회계부, 경리부 | go well 잘되어 가다 | budget 예산 | projector 프로젝터, 영사기 | set up ~을 설치하다

---

9. Do you have an appointment at the accounting firm, or are you going there for something else?
미국 ↓ 호주
(A) I need to pick up some documents.
(B) No, they are all accounted for.

(C) They provide excellent bookkeeping services.

그 회계 법인에서 약속이 있으세요, 아니면 다른 일로 가시는 건가요?

(A) 서류를 가져와야 해요.

(B) 아니요, 모두 설명되었어요.

(C) 그곳은 훌륭한 부기 서비스를 제공해요.

해설 선택 의문문 → 둘 중 하나를 선택하거나 우회적인 응답이 예상된다.

(A) O 서류를 가져와야 한다며 후자를 우회적으로 선택하는 응답

(B) X 유사 발음 함정(accounting – accounted)

(C) X 연상 어휘 함정(accounting – bookkeeping)

어휘 appointment 약속 | accounting firm 회계 법인 | pick up ~을 가져오다 | account for ~을 설명하다 | bookkeeping 부기

10. Would you like to set up a meeting on Thursday or Friday?
호주 ↓ 미국

(A) No, she didn't really like it.

(B) I forgot to bring my calendar.

(C) The new vacation policy.

회의를 목요일로 잡길 원하세요, 아니면 금요일로 원하세요?

(A) 아니요, 그녀는 그걸 정말 안 좋아했어요.

(B) 깜빡 잊고 일정표를 안 가져왔네요.

(C) 새 휴가 규정이요.

해설 선택 의문문 → 둘 중 하나를 선택하거나 우회적인 응답이 예상된다.

(A) X 동어 반복 함정(like)

(B) O 일정표를 확인해 봐야 알 수 있다는 우회적인 응답

(C) X 질문과 무관한 응답

어휘 set up (일정을) 세우다 | calendar 일정표 | policy 규정, 방침

11. Protective shoes are required for working in the kitchen.
미국 ↓ 미국

(A) Yes, the dish can serve 4 portions.

(B) Will they be provided?

(C) I've heard some good reviews.

주방에서 근무하려면 보호용 신발을 신어야 해요.

(A) 네, 그 요리는 4인분으로 제공 가능해요.

(B) 제공되나요?

(C) 좋은 평을 들었어요.

해설 평서문 → 보호용 신발을 신어야 한다는 말에 대한 의견이나 우회적인 응답이 예상된다.

(A) X 연상 어휘 함정(kitchen – dish)

(B) O 보호용 신발이 제공되는지 되묻는 응답

(C) X 연상 어휘 함정(working in the kitchen – good reviews)

어휘 protective 보호용의 | require 요구하다 | dish 요리 | serve (식당 등에서 음식을) 제공하다 | portion (음식의) 1인분 | review 비평, 후기

12. Do you prefer hardwood floors or carpeted floors?
미국 ↓ 영국

(A) You're on the wrong floor.

(B) Carpeted floors are hard to maintain.

(C) That's a good idea.

단단한 나무 바닥이 좋으세요, 아니면 카펫 바닥이 좋으세요?

(A) 잘못된 층에 계세요.

(B) 카펫 바닥은 유지하기가 힘들어요.

(C) 좋은 생각이에요.

해설 선택 의문문 → 둘 중 하나를 선택하거나 우회적인 응답이 예상된다.

(A) X 동어 반복 함정(floors – floor)

(B) O 카펫 바닥은 유지하기가 힘들다며 전자를 우회적으로 선택하는 응답

(C) X 질문과 무관한 응답

어휘 prefer (더) 좋아하다, 선호하다 | hardwood 견목[단단한 나무]; 견목의 | floor 바닥, 층 | carpeted 카펫이 깔린 | wrong 잘못된, 틀린 | maintain 유지하다

13. I was told that Bobby will be presenting his report this afternoon.
미국 ↓ 영국

(A) Of course I can.

(B) I didn't realize that was today.

(C) I got them both a present.

바비가 오늘 오후에 보고서를 발표할 거라고 들었어요.

(A) 물론 할 수 있어요.

(B) 그게 오늘이었는지 몰랐네요.

(C) 그 두 분 모두에게 선물을 사 드렸어요.

해설 평서문 → 바비가 오늘 발표할 거라는 말에 대한 반응이 응답으로 예상된다.

(A) X 질문과 무관한 응답

(B) O 발표가 오늘이었는지 몰랐다는 응답

(C) X 유사 발음 함정(presenting – present)

어휘 present 발표하다; 선물 | realize 깨닫다, 알아차리다

14. Would you like Earl Grey tea or English Breakfast tea?
호주 ↓ 미국

(A) The brunch restaurant across the street.

(B) I usually skip breakfast.

(C) I'll take a cup of the Earl Grey.

얼그레이 티로 드릴까요, 아니면 잉글리시 브렉퍼스트 티로 드릴까요?

(A) 길 건너편 브런치 레스토랑이요.

(B) 전 보통 아침을 안 먹어요.

(C) 얼그레이 한 잔 주세요.

해설 선택 의문문 → 둘 중 하나를 선택하거나 우회적인 응답이 예상된다.

(A) X 연상 어휘 함정(Breakfast – brunch)

(B) X 동어 반복 함정(Breakfast)

(C) O 얼그레이 한 잔 달라며 전자를 선택하는 응답

어휘 skip (식사를) 거르다[안 먹다], 빼먹다

15. I can't seem to find the label maker in the stationery cabinet.
영국 ↓ 호주

(A) Samantha was using it before.

(B) Sure, I can stick them for you.

(C) I'm afraid it's not big enough.

사무용품 보관함에서 라벨기를 찾을 수가 없어요.
(A) 사만다가 전에 그것을 사용 중이었어요.
(B) 물론이죠, 제가 당신을 위해 그것들을 붙여 드릴게요.
(C) 아쉽게도 그것은 충분히 크지 않네요.

해설 평서문 → 라벨기를 찾을 수 없다는 말에 대해 찾을 수 있는 곳을 알려 주거나 우회적인 응답이 예상된다.
(A) O 사만다가 전에 사용 중이었다는 응답
(B) X 연상 어휘 함정(label maker – stick)
(C) X 질문과 무관한 응답

어휘 label maker 라벨기 I stationery 사무용품 I stick 붙이다

16. There are some issues with the new part-time employee.
미국 ↓ 영국
(A) What would you like him to change?
(B) No, the training session starts tomorrow.
(C) I work from 9 to 5.

새로 온 파트타임 직원에게 문제가 몇 가지 있어요.
(A) 그가 뭘 바꿨으면 하세요?
(B) 아니요, 교육이 내일 시작해요.
(C) 저는 9시부터 5시까지 근무해요.

해설 평서문 → 새 직원에게 문제가 있다는 말에 대한 해결책이나 우회적인 응답이 예상된다.
(A) O 그가 무엇을 바꾸길 원하는지 되묻는 응답
(B) X 연상 어휘 함정(new part-time employee – training session)
(C) X 연상 어휘 함정(part-time employee – work from 9 to 5)

어휘 issue 문제 I part-time 파트타임의 I employee 직원 I training session 교육

17. I wonder if the new theater is open yet.
미국 ↓ 미국
(A) I just saw a play there.
(B) Next to the shopping center.
(C) It was very interesting.

새 극장이 개장했는지 궁금해요.
(A) 방금 거기서 연극을 봤어요.
(B) 쇼핑센터 옆에요.
(C) 매우 흥미로웠어요.

해설 평서문 → 극장이 개장했는지의 여부나 우회적인 응답이 예상된다.
(A) O 그곳에서 연극을 봤다며 극장이 개장했다는 우회적인 응답
(B) X 연상 어휘 함정(theater – shopping center)
(C) X 연상 어휘 함정(theater – interesting)

어휘 theater 극장, 공연장, 영화관 I play 연극

18. Do you want me to drop off this package now at your home, or will you pick it up later?
영국 ↓ 미국
(A) I'll collect it after work.
(B) I packed it by myself.
(C) Please drop me off here.

제가 지금 당신 집에 이 소포를 놓고 갈까요, 아니면 나중에 가지러 오시겠어요?
(A) 제가 퇴근 후에 가지러 갈게요.
(B) 혼자서 그것을 포장했어요.
(C) 여기서 내려 주세요.

해설 선택 의문문 → 둘 중 하나를 선택하거나 우회적인 답변이 예상된다.
(A) O 가지러 가겠다며 후자를 선택하는 응답
(B) X 유사 발음 함정(package – packed)
(C) X 동어 반복 함정(drop)

어휘 drop off ~을 갖다 놓다, 내려 주다 I pick up ~을 가지러 가다 I collect 가지러 가다 I pack 포장하다 I by oneself 혼자서

19. That company's new line of tablet PCs is being released today.
미국 ↓ 영국
(A) I usually use it for work.
(B) No, I can't wait in line today.
(C) The older ones were fine, too.

그 회사의 태블릿 PC 신제품이 오늘 출시돼요.
(A) 전 주로 그걸 업무용으로 써요.
(B) 아니요, 전 오늘 줄 못 서요.
(C) 예전 제품도 괜찮았어요.

해설 평서문 → 신제품이 오늘 출시된다는 말에 대한 반응이 응답으로 예상된다.
(A) X 연상 어휘 함정(company – work)
(B) X 동어 반복 함정(line, today)
(C) O 예전 제품도 괜찮았다는 응답

어휘 line 제품 I release 출시하다 I wait in line 줄을 서다, 줄을 서서 기다리다

20. I'm not sure where the financial seminar is.
호주 ↓ 영국
(A) Sales figures will be discussed.
(B) I have the budget report.
(C) Ms. Snyder should know.

재무 세미나를 어디에서 하는지 잘 모르겠어요.
(A) 매출 수치가 논의될 거예요.
(B) 예산 보고서는 저에게 있어요.
(C) 스나이더 씨가 알고 있을 거예요.

해설 평서문 → 세미나 장소가 어디인지 잘 모른다는 말에 대해 장소를 알려 주거나 우회적인 응답이 예상된다.
(A) X 연상 어휘 함정(financial – Sales figures)
(B) X 연상 어휘 함정(financial – budget report)
(C) O 스나이더 씨가 알고 있을 거라는 응답

어휘 financial 재무의 I sales figures 매출 수치 I budget 예산

21. Here's the quote for the landscaping work you asked for.
미국 ↓ 미국
(A) Oh, that's out of our price range.
(B) We met this week's quota.
(C) Some flowerbeds.

요청하신 조경 공사 견적서 여기 있습니다.

(A) 아, 저희가 생각한 가격대를 벗어나네요.
(B) 이번 주 할당량에 도달했어요.
(C) 몇몇 화단이요.

해설 평서문 → 조경 공사 견적서의 전달에 대한 반응이 응답으로 예상된다.
(A) O 견적 비용이 생각한 가격대를 벗어난다는 응답
(B) X 유사 발음 함정(quote – quota)
(C) X 연상 어휘 함정(landscaping – flowerbeds)

어휘 quote 견적서 | landscaping 조경 | ask for ~을 요청하다 | out of ~을 벗어난 | price range (지불할 수 있는) 가격대 | quota 할당량 | flowerbed 화단

22. Mr. Stewart was awarded twice in one year.
영국 → 호주
(A) Please forward the e-mail.
(B) He's earned it.
(C) We'd like three of those.

스튜어트 씨가 한 해에 두 번이나 수상했어요.
(A) 그 이메일을 전달해 주세요.
(B) 그는 받을 만해요.
(C) 저거 세 개 주세요.

해설 평서문 → 수상을 두 번 한 것에 대한 의견이 응답으로 예상된다.
(A) X 유사 발음 함정(awarded – forward)
(B) O 그는 상을 받을 만하다는 응답
(C) X 연상 어휘 함정(twice – three)

어휘 award 수여하다 | forward 전달하다, 보내다 | earn (그럴 만한 자격·자질이 되어서 무엇을) 얻다, 받다

23. But I thought you wanted to get that position.
미국 → 미국
(A) Submit it to Mr. Sterling.
(B) The documents are on the website.
(C) They told me I had to work on weekends.

하지만 저는 당신이 그 자리를 원한다고 생각했는데요.
(A) 그것을 스털링 씨에게 제출하세요.
(B) 그 문서들은 웹사이트에 있어요.
(C) 그들이 말하길 제가 주말에 일해야 한다고 해서요.

해설 평서문 → 그 자리에 대한 생각이 응답으로 예상된다.
(A) X 질문과 무관한 응답
(B) X 질문과 무관한 응답
(C) O 주말에 일해야 해서 생각을 접었다는 우회적인 응답

어휘 position (일)자리 | submit 제출하다 | on weekends 주말에

24. Should we dispose of these reports or file them for later use?
미국 → 호주
(A) I prepared it this morning.
(B) Tamara has one that you can refer to.
(C) Throw them out.

저희가 이 보고서들을 폐기해야 하나요, 아니면 추후 사용을 위해 보관해야 하나요?
(A) 저는 오늘 아침에 그것을 준비했어요.
(B) 타마라가 당신이 참고할 수 있는 것을 갖고 있어요.
(C) 갖다 버리세요.

해설 선택 의문문 → 둘 중 하나를 선택하거나 우회적인 응답이 예상된다.
(A) X 연상 어휘 함정(reports – prepared / later – this morning)
(B) X 유사 발음 함정(reports – refer to)
(C) O 갖다 버리라며 전자를 선택하는 응답

어휘 dispose of ~을 폐기하다 | file 보관하다[철하다] | refer to ~을 참고하다 | throw out ~을 버리다

25. Shall we remodel the lounge or the meeting room?
호주 → 영국
(A) There's probably some in the cabinet.
(B) It has a lot of room.
(C) We have enough funds to do both.

라운지를 리모델링할까요, 아니면 회의실을 할까요?
(A) 아마도 보관함 안에 좀 있을 거예요.
(B) 공간이 많아요.
(C) 그 둘 다 할 수 있을 만큼 충분한 자금이 있어요.

해설 선택 의문문 → 둘 중 하나를 선택하거나 우회적인 응답이 예상된다.
(A) X 연상 어휘 함정(lounge, meeting room – cabinet)
(B) X 동어 반복 함정(room)
(C) O 둘 다 가능하다는 응답

어휘 remodel 리모델링하다, 개조하다 | fund 자금, 지금

REVIEW TEST

본서 p.134

7. (C)	8. (A)	9. (A)	10. (A)	11. (C)	12. (A)
13. (A)	14. (C)	15. (B)	16. (B)	17. (C)	18. (A)
19. (A)	20. (A)	21. (C)	22. (A)	23. (A)	24. (A)
25. (B)	26. (A)	27. (A)	28. (B)	29. (A)	30. (B)
31. (C)					

7. Where can I sign up for the training session?
미국 → 미국
(A) It starts next Monday.
(B) I couldn't see the traffic sign.
(C) In the Human Resources Department.

제가 어디에서 교육을 신청할 수 있나요?
(A) 그건 다음 주 월요일에 시작해요.
(B) 교통 표지판을 볼 수 없었어요.
(C) 인사과에서요.

해설 Where 의문문 → 교육 신청 장소를 언급하는 응답이 예상된다.
(A) X When 의문문에 어울리는 응답
(B) X 동어 반복 함정(sign)
(C) O 신청 장소로 응답

어휘 sign up for ~을 신청하다 | training session 교육, 연수 | traffic sign 교통 표지판 | Human Resources Department 인사과

8. When will we introduce the new service to our customers?
호주 ↓ 영국
(A) As soon as it is approved by the manager.
(B) The introduction shouldn't be more than two pages long.
(C) We do our best to provide excellent service.

우리는 새로운 서비스를 언제 고객들에게 소개할 건가요?
(A) 관리자에게 승인받자마자요.
(B) 도입부는 두 페이지를 넘어서는 안 돼요.
(C) 저희는 최고의 서비스를 제공하기 위해 최선을 다해요.

해설 When 의문문 → 새로운 서비스를 소개할 시점이나 소개 가능 여부를 내포하는 우회적인 응답이 예상된다.
(A) O 서비스 소개 시기로 응답
(B) X 유사 발음 함정(introduce – introduction)
(C) X 동어 반복 함정(service)

어휘 introduce 소개하다 | as soon as ~하자마자 | approve 승인하다 | introduction 도입부, 서론 | do one's best 최선을 다하다

9. Who's going to organize the new employee orientation?
미국 ↓ 호주
(A) It hasn't been decided yet.
(B) Three hours of meeting.
(C) It's scheduled for this Friday.

누가 신입 사원 오리엔테이션을 준비할 건가요?
(A) 그건 아직 결정되지 않았어요.
(B) 모임 중 3시간이요.
(C) 이번 주 금요일로 예정되어 있어요.

해설 Who 의문문 → 신입 사원 오리엔테이션을 준비할 사람이나 단체가 응답으로 예상된다.
(A) O 아직 결정되지 않았다며 '모르겠다'는 우회적인 응답
(B) X 연상 어휘 함정(organize, orientation – meeting)
(C) X 연상 어휘 함정(organize, orientation – scheduled), When 의문문에 어울리는 응답

어휘 organize 준비하다 | new employee 신입 사원 | orientation 오리엔테이션 | be scheduled for ~으로 예정되어 있다

10. Do you want to use standard or express shipping?
영국 ↓ 미국
(A) I need it by tomorrow.
(B) Let me find the address.
(C) I ordered some extra office supplies.

표준 배송으로 하시겠어요, 아니면 빠른 배송으로 하시겠어요?
(A) 내일까지 필요해요.
(B) 주소를 찾아볼게요.
(C) 여분의 사무용품을 주문했어요.

해설 선택 의문문 → 둘 중 하나를 선택하거나 우회적인 응답이 예상된다.
(A) O 내일까지 필요하다며 후자를 우회적으로 선택하는 응답
(B) X 연상 어휘 함정(shipping – address)
(C) X 연상 어휘 함정(shipping – ordered, office supplies)

어휘 standard 기본의, 표준의 | express shipping 빠른 배송, 속달 | extra 여분의, 추가의 | office supply 사무용품

11. Which application should I fill out to apply for a driver's license?
호주 ↓ 미국
(A) I got my license five years ago.
(B) There were so many applicants for the job.
(C) The yellow form on the far left.

운전 면허증을 신청하려면 어느 신청서를 작성해야 하나요?
(A) 저는 5년 전에 면허를 땄어요.
(B) 그 일자리에 지원자가 정말 많았어요.
(C) 가장 왼쪽의 노란색 서식이요.

해설 Which 의문문 → 신청서의 종류가 응답으로 예상된다.
(A) X 동어 반복 함정(license)
(B) X 유사 발음 함정(application – applicants)
(C) O 서식의 종류로 응답

어휘 application 신청(서) | fill out ~을 작성하다 | apply for ~을 신청하다 | driver's license 운전 면허증 | applicant 지원자 | form 서식

12. How many new employees are currently working in the Sales Department?
미국 ↓ 미국
(A) Let me ask the manager.
(B) The departure area is over there.
(C) Yes, they are on sale at the moment.

현재 영업부에 얼마나 많은 신입 직원들이 일하고 있나요?
(A) 제가 관리자에게 물어볼게요.
(B) 출발 구역은 저기에 있어요.
(C) 네, 그것들은 지금 세일 중이에요.

해설 How 의문문 → 신입 직원들의 인원수를 언급하거나 우회적인 응답이 예상된다.
(A) O 관리자에게 물어보겠다며 '모르겠다'는 우회적인 응답
(B) X 유사 발음 함정(Department – departure)
(C) X 의문사 의문문에 Yes/No 응답 불가, 연상 어휘 함정(currently – at the moment)

어휘 currently 현재 | sales department 영업부 | departure 출발 | on sale 세일[할인] 중인

13. Were you at the workshop on Saturday?
영국 ↓ 호주
(A) No, I wasn't feeling well.
(B) Let me check the attendance list.
(C) We're open from Monday to Friday.

토요일에 워크숍에 있었나요?
(A) 아니요, 저는 몸이 좋지 않았어요.
(B) 참석자 명단을 확인해 볼게요.
(C) 저희는 월요일부터 금요일까지 문을 열어요.

해설 일반 의문문 → 워크숍에 있었으면 Yes, 그렇지 않으면 No, 아니면 Yes/No를 생략한 채로 응답한 후 부연 설명이 예상된다.
(A) O No(참석하지 않았다)로 답한 후 몸이 안 좋아서라고 부연 설명하는 응답

(B) ☒ 연상 어휘 함정(workshop – attendance list)
(C) ☒ 연상 어휘 함정(Saturday – Monday to Friday)

어휘 workshop 워크숍 | attendance 참석(자) | list 명단

---

14. Where is the arts and crafts fair being held this year?
미국 ↓ 호주
(A) That's in once every two years.
(B) They are not for sale.
(C) Oh, those dates don't work for me.

올해 공예 박람회는 어디서 열려요?
(A) 2년에 한 번씩 열려요.
(B) 비매품이에요.
(C) 아, 그 날짜들은 저랑 안 맞네요.

해설 Where 의문문: 올해 박람회가 열리는 장소를 언급하거나 우회적인 응답이 예상된다.
(A) ⓞ 그 박람회는 2년에 한 번씩 열린다며, 올해는 열리지 않을 것임을 드러낸 우회적 응답
(B) ☒ 연상 어휘 함정(arts and crafts – for sale)
(C) ☒ 질문과 무관한 대답

어휘 arts and crafts 공예 | fair 박람회 | hold 열다, 개최하다 | for sale 판매하는 | date 날짜

---

15. Would you like it in a paper or plastic bag?
미국 ↓ 영국
(A) The trash can is over there.
(B) Either is fine.
(C) Don't put pepper in it.

종이봉투에 넣어드릴까요, 아니면 비닐봉지에 넣어드릴까요?
(A) 쓰레기통은 저기에 있어요.
(B) 어느 쪽이든 괜찮아요.
(C) 후추를 넣지 마세요.

해설 선택 의문문 → 둘 중 하나를 선택하거나 우회적인 응답이 예상된다.
(A) ☒ 연상 어휘 함정(paper – trash can)
(B) ⓞ 둘 중 아무거나(Either) 괜찮다는 응답
(C) ☒ 유사 발음 함정(paper – pepper)

어휘 plastic bag 비닐봉지 | trash can 쓰레기통 | pepper 후추

---

16. Do you want to rent one or two cars for the business trip?
호주 ↓ 미국
(A) I believe both of them are.
(B) We have a limited budget this year.
(C) The auto center on Grove Drive.

출장을 위해 차 한두 대 정도 빌리고 싶나요?
(A) 둘 다인 것 같아요.
(B) 올해 예산이 제한되어 있어요.
(C) 그로브 가에 있는 차 수리 센터요.

해설 일반 의문문 → 차량을 빌리기를 원하면 Yes, 그렇지 않으면 No로 응답하며 Yes/No가 생략된 응답과 우회적인 표현에 주의한다.
(A) ☒ 연상 어휘 함정(one or two cars – both of them)
(B) ⓞ 예산이 부족하다며 빌리기 힘들다는 우회적인 응답
(C) ☒ 연상 어휘 함정(cars – auto center)

어휘 business trip 출장 | limited 제한된 | budget 예산 | auto 자동차

---

17. Didn't you get the manager's signature to authorize this payment?
미국 ↓ 미국
(A) Yes, she's the author of this book.
(B) Signatures from two people.
(C) No, she's been away on vacation.

이 지불을 허가하는 관리자의 서명을 받지 않았나요?
(A) 네, 그녀는 이 책의 저자예요.
(B) 두 명의 서명이요.
(C) 아니요, 그녀가 휴가 중이어서요.

해설 부정 의문문 → 서명을 받았으면 Yes, 그렇지 않으면 No, 아니면 Yes/No를 생략한 채로 응답한 후 부연 설명이 예상된다.
(A) ☒ 유사 발음 함정(authorize – author)
(B) ☒ 동어 반복 함정(signature – Signatures)
(C) ⓞ No(서명을 받지 못했다)로 답한 후 관리자가 휴가 중이라고 부연 설명하는 응답

어휘 signature 서명 | authorize 재가[허가]하다 | payment 지불 | be away on vacation 휴가 중이다

---

18. I'd like to get your opinion on these new designs.
미국 ↓ 영국
(A) Are you free this afternoon?
(B) Some logos and drawings.
(C) I believe it's in the conference room.

이 새 디자인에 대한 당신의 의견을 듣고 싶어요.
(A) 오늘 오후에 시간 괜찮으세요?
(B) 로고와 그림 몇 개요.
(C) 그건 회의실에 있는 것 같아요.

해설 요청문 → 새 디자인에 대한 의견을 듣고 싶다는 요청에 대해 수락, 거절 또는 보류를 표하는 응답이 예상된다.
(A) ⓞ 오후에 시간 되냐고 물으며 우회적으로 수락을 표하는 응답
(B) ☒ 연상 어휘 함정(designs – logos, drawings)
(C) ☒ 연상 어휘 함정(opinion – conference)

어휘 opinion 의견, 견해 | free 시간이 있는

---

19. You remembered to email the shipping company, right?
영국 ↓ 미국
(A) Jason gave them a call.
(B) A new e-mail address.
(C) No, I don't do online shopping.

배송 회사에 이메일을 보내는 것 기억하고 있죠, 그렇죠?
(A) 제이슨이 그들에게 전화했어요.
(B) 새 이메일 주소요.
(C) 아니요, 저는 온라인 쇼핑을 하지 않아요.

해설 부가 의문문 → 배송 회사에 연락을 취했는지의 여부나 우회적인 응답이 예상된다.
(A) ⓞ 제이슨이 전화했다는 우회적인 응답
(B) ☒ 동어 반복 함정(email – e-mail)
(C) ☒ 유사 발음 함정(shipping – shopping)

어휘 shipping company 배송 회사 | give ~ a call ~에게 전화하다

20. Should I put these folders on your desk?
호주 ↓ 미국
(A) Thanks, that'd be really helpful.
(B) They've already been folded.
(C) Yes, we need more chairs.

이 서류철들을 당신의 책상 위에 올려놓을까요?
(A) 고마워요. 그건 정말 도움이 될 거예요.
(B) 그것들은 이미 접혀 있어요.
(C) 네, 우리는 의자가 더 필요해요.

해설 제공문 → 서류철을 옮겨 주겠다는 제의에 대해 수락, 거절 또는 보류를 표하는 응답이 예상된다.
(A) O Thanks로 수락을 표하고 도움이 될 거라고 부연 설명하는 응답
(B) X 유사 발음 함정(folders - folded)
(C) X 연상 어휘 함정(desk - chairs)

어휘 folder 서류철, 폴더 | fold 접다

21. How do you upload files on the company's new homepage?
미국 ↓ 호주
(A) The office is close to my home.
(B) Yes, please download them.
(C) I haven't tried doing that yet.

회사 새 홈페이지에 파일을 어떻게 올리나요?
(A) 사무실이 우리 집과 가까워요.
(B) 네, 그걸 다운로드하세요.
(C) 아직 해 보지 않았어요.

해설 How 의문문 → 파일을 올리는 방법을 언급하거나 우회적인 응답이 예상된다.
(A) X 유사 발음 함정(homepage - home)
(B) X 의문사 의문문에 Yes/No 응답 불가
(C) O 아직 해 보지 않아서 '모르겠다'는 우회적인 응답

어휘 close to ~에 가까이 있는

22. I want to get a master's degree in business, but it's really expensive.
미국 ↓ 영국
(A) The course I'm taking is affordable.
(B) I got it on sale last month.
(C) He will be graduating soon.

경영학 석사 학위를 따고 싶은데, 비용이 너무 많이 들어요.
(A) 제가 듣는 과정은 가격이 괜찮아요.
(B) 지난달에 세일하는 걸 샀어요.
(C) 그는 곧 졸업할 거예요.

해설 평서문 → 석사 학위를 따는 데 비용이 많이 든다는 말에 대한 반응이 응답으로 예상된다.
(A) O 자기가 듣고 있는 것은 가격이 괜찮다며 추가 정보를 제공하는 응답
(B) X 연상 어휘 함정(expensive - on sale)
(C) X 연상 어휘 함정(master's degree - graduating)

어휘 master's degree 석사 학위 | affordable 가격이 알맞은[적당한] | on sale 할인[세일] 중인 | graduate 졸업하다

23. The department store is shutting down for a month for remodeling.
미국 ↓ 호주
(A) I heard that, too.
(B) I'm afraid I can't fix it for you.
(C) Yes, he'll be moving out of the apartment soon.

그 백화점은 한 달간 리모델링을 위해 문을 닫을 거예요.
(A) 저도 그걸 들었어요.
(B) 유감이지만 그걸 고쳐 드릴 수 없네요.
(C) 네, 그는 곧 그 아파트에서 이사 나올 거예요.

해설 평서문 → 문을 닫을 거라는 정보에 대한 반응이 응답으로 예상된다.
(A) O 나도 들었다는 응답
(B) X 연상 어휘 함정(remodeling - fix)
(C) X 유사 발음 함정(department - apartment)

어휘 department store 백화점 | shut down 문을 닫다 | fix 고치다 | move out of ~에서 이사를 나오다

24. Would you rather stay here or move to a new town?
영국 ↓ 미국
(A) Moving will cost me too much money.
(B) Yes, I've been here for two years.
(C) It's made of good quality leather.

여기 남으실 건가요, 아니면 신도시로 이사를 하실 건가요?
(A) 이사하는 건 돈이 너무 많이 들 거예요.
(B) 네, 저는 2년간 여기 있었어요.
(C) 그것은 질 좋은 가죽으로 만들어졌어요.

해설 선택 의문문 → 둘 중 하나를 선택하거나 우회적인 응답이 예상된다.
(A) O 이사하는 데 돈이 많이 든다며 전자를 우회적으로 선택하는 응답
(B) X 동어 반복 함정(here)
(C) X 유사 발음 함정(rather - leather)

어휘 stay 남다, 머무르다 | cost (비용이) 들다 | be made of ~으로 만들어지다 | good quality 질 좋은 | leather 가죽

25. I'd like to get your feedback on our proposal for the new product.
영국 ↓ 미국
(A) Sure, the new store was pretty busy.
(B) Do you mind if I review it tomorrow?
(C) Don't go through the back door.

신제품을 위한 저희 제안에 대해 당신의 피드백을 받고 싶어요.
(A) 물론이지요, 새 점포는 상당히 바빴어요.
(B) 내일 검토해도 될까요?
(C) 뒷문으로 나가지 마세요.

해설 요청문 → 피드백 요청에 대해 수락, 거절 또는 보류를 표하는 응답이 예상된다.
(A) X 동어 반복 함정(new)
(B) O 내일 검토해도 되겠냐고 되묻는 응답
(C) X 유사 발음 함정(feedback - back door)

어휘 feedback 피드백 | proposal 제안 | review 검토하다 | go through ~을 통과하다 | back door 뒷문

26. Why can't I take Tampa Road to get to Armstrong Park?
미국 ↓ 영국
(A) There's a detour due to road construction.
(B) Thanks, but he'll be giving me a ride.
(C) Yes, that's the quickest way.

왜 암스트롱 공원에 도착하기 위해 탬파 가로 갈 수 없나요?
(A) 도로 공사로 인해 우회로가 있어요.
(B) 감사합니다만, 그가 저를 태워다 줄 거예요.
(C) 네, 그건 가장 빠른 방법이에요.

해설 Why 의문문 → 탬파 가로 갈 수 없는 이유가 응답으로 예상된다.
(A) O 도로 공사 때문이라며 우회로가 있다는 추가 정보를 제공하는 응답
(B) X 연상 어휘 함정(Road – ride)
(C) X 의문사 의문문에 Yes / No 응답 불가

어휘 detour 우회로 | road construction 도로 공사 | give ~ a ride ~를 태워다 주다

---

27. It's too early to call the doctor's office, isn't it?
호주 ↓ 미국
(A) Yes, they don't open until after 8.
(B) I received two phone calls.
(C) He's in the manager's office.

병원에 전화하기에는 너무 이르죠, 그렇지 않나요?
(A) 네, 병원은 8시가 넘어서야 열어요.
(B) 저는 두 통의 전화를 받았어요.
(C) 그는 관리자 사무실에 있어요.

해설 부가 의문문 → 전화하기에 너무 이르면 Yes, 그렇지 않으면 No, 아니면 Yes/No를 생략한 채로 응답한 후 부연 설명이 예상된다.
(A) O Yes(이르다)로 답한 후 통화하기에 이른 이유를 부연 설명하는 응답
(B) X 동어 반복 함정(call – calls)
(C) X 동어 반복 함정(office)

어휘 too A(형용사) to B(동사원형) B하기에는 너무 A한[너무 A해서 B할 수 없다]

---

28. All the tickets for Saturday's concert have sold out, haven't they?
영국 ↓ 호주
(A) Yes, I prefer Saturdays.
(B) There're still several seats left.
(C) They're cheaper if you purchase them online.

토요일 콘서트의 모든 티켓이 매진되었죠, 그렇지 않나요?
(A) 네, 저는 토요일이 더 좋아요.
(B) 좌석 몇 개가 아직 남아 있어요.
(C) 온라인으로 구매하면 더 싸요.

해설 부가 의문문 → 티켓이 매진되었으면 Yes, 그렇지 않으면 No로 응답하며 Yes/No가 생략된 응답과 우회적인 표현에 주의한다.
(A) X 동어 반복 함정(Saturday's – Saturdays)
(B) O 아직 좌석이 남아 있다며 매진되지 않았다는 우회적인 응답
(C) X 연상 어휘 함정(tickets, sold out – purchase)

어휘 sell out 매진되다 | prefer (더) 좋아하다, 선호하다

---

29. Is it too late to make changes to the handouts?
미국 ↓ 미국
(A) They've all been printed already.
(B) He arrived earlier than expected.
(C) Just 30 copies, please.

유인물을 수정하기에는 너무 늦었나요?
(A) 그것들은 이미 모두 출력되었어요.
(B) 그는 예상보다 일찍 도착했어요.
(C) 30부만 부탁해요.

해설 일반 의문문 → 수정하기에 너무 늦었으면 Yes, 그렇지 않으면 No로 응답하며 Yes/No가 생략된 응답과 우회적인 표현에 주의한다.
(A) O 모두 출력되었다고 하며 수정하는 일은 이미 늦었다는 우회적인 응답
(B) X 연상 어휘 함정(late – earlier)
(C) X 연상 어휘 함정(handouts – copies)

어휘 make changes 수정하다, 변경하다 | handout 유인물 | copy 한 부, 사본

---

30. Why haven't you emailed me your daily work schedule?
미국 ↓ 호주
(A) Either is fine with me.
(B) I thought you wanted it tomorrow.
(C) Yes, it was a busy week.

왜 일일 근무 일정표를 저에게 이메일로 보내지 않았나요?
(A) 둘 다 괜찮아요.
(B) 내일 받고 싶어 하시는 줄 알았어요.
(C) 네, 바쁜 한 주였어요.

해설 Why 의문문 → 이메일을 보내지 않은 이유가 응답으로 예상된다.
(A) X 동어 반복 함정(me)
(B) O 내일 받고 싶어 하는 줄 알았다는 이유로 응답
(C) X 의문사 의문문에 Yes / No 응답 불가

어휘 daily work schedule 일일 근무 일정표

---

31. Have you thought about reorganizing our office space?
호주 ↓ 영국
(A) It's a new organization.
(B) The rent is more expensive.
(C) Do we have time for that?

우리 사무실 공간을 재배치하는 걸 생각해 보신 적 있으세요?
(A) 새 조직이에요.
(B) 임대료가 더 비싸요.
(C) 우리가 그걸 할 시간이 있나요?

해설 일반 의문문 → 사무실 재배치에 대해 생각해 봤으면 Yes, 그렇지 않으면 No로 응답하며 Yes/No가 생략된 응답과 우회적인 표현에 주의한다.
(A) X 유사 발음 함정(reorganizing – organization)
(B) X 연상 어휘 함정(office space – rent)
(C) O 그걸 할 시간이 있냐고 반문하며 생각해 보지 않았다는 우회적인 응답

어휘 reorganize 재정비하다 | organization 조직 | rent 임대

PART 3

UNIT 10. 전반부 문제 유형

핵심 문제 유형

본서 p.144

1. (C)　2. (D)

1번은 다음 대화에 관한 문제입니다.

여 로리, **1** **미술관의 인상파 회화 전시가 기대만큼 관람객을 끌지 못하고 있어요. 더 많은 사람들에게 알려야 해요.**

남 사람들은 흥미로운 배경에서 자기 사진 찍는 걸 좋아해요. 미술관에 셀카 구역을 만드는 건 어떠세요? 전시 홍보 포스터 앞에 설치할 수도 있어요. 그러면 방문객이 자기 소셜 미디어 계정에 사진을 올릴 거예요.

여 독특한 아이디어예요. 그러고 보니 생각나네요. 기념품 가게에 작품 포스터가 거의 떨어졌어요. 더 주문해야겠어요.

어휘 gallery 미술관 | exhibition 전시(회) | Impressionist 인상파 화가 | painting 회화, 그림 | draw (사람의 마음을) 끌다 | visitor 관람객, 방문객 | interesting 흥미로운 | background 배경 | selfie zone 셀카 구역 | poster 포스터 | promote 홍보하다 | exhibit 전시 | social media 소셜 미디어 | account 계정 | order 주문하다 | remind 생각나게 하다, 상기시키다 | artwork (예술) 작품, 미술품

1. 화자들은 주로 무엇에 관해 논의하고 있는가?

(A) 미술관 부속 건물 보수

(B) 미술사 세미나 개최

(C) 전시회 홍보

(D) 카탈로그 업데이트

해설 ① **문제 확인:** What, the speakers, discussing → 대화의 주제

② **단서 찾기:** 대화의 주제를 언급하는 전반부에 집중. the gallery's exhibition of Impressionist paintings isn't drawing as many visitors as we had hoped. We should try to get more people to know about it. "미술관의 인상파 회화 전시가 기대만큼 관람객을 끌지 못하고 있다. 더 많은 사람들에게 알려야 한다." ⋯› 대화를 이해하지 않고 단순히 들리는 단어에만 반응해서 Impressionist paintings를 듣고 (B) Organizing an art history seminar를 선택하게 하는 오답 함정에 주의한다.

2번은 다음 대화에 관한 문제입니다.

여 안녕하세요, 매트. **2** **얼마 전에 조립 라인에 도입한 새로운 블루베리 선별 기계는 어때요? 현재까지 어떻게 생각하세요?**

남 아주 훌륭해요. 크기별로 블루베리를 선별하고 불량을 제거하는 작업을 이전 기계보다 훨씬 더 잘해요. 저희가 블루베리를 포장할 때 수작업으로 하는 일이 줄었어요.

여 그렇다면 효율적이네요. 작업자들 모두 기계 사용법을 알고 있나요?

남 현재로서는 소수 직원만 교육을 받은 상황이에요. 하지만 제가 써니에게 말해서 이번 주에 전체 교육 일정을 잡을게요.

어휘 sort 분류[선별]하다 | machine 기계 | assembly line 조립 라인 | previous 이전의 | eliminate 제거하다 | defect 결함 | by hand 수작업으로 | package 포장하다 | efficiency 효율적인, 능률적인 | train 교육하다 | as of now 현재로서는 | schedule 일정을 잡다

2. 화자들은 어디에서 일하겠는가?

(A) 낙농장에서

(B) 식료품점에서

(C) 빵집에서

(D) 공장에서

해설 ① **문제 확인:** Where, the speakers, work → 화자들이 일하는 장소

② **단서 찾기:** 특정 직업이나 장소를 알 수 있는 단어나 표현 포착. How's the new blueberry sorting machine we just introduced to the assembly line? What do you think so far? "얼마 전에 조립 라인에 도입한 새로운 블루베리 선별 기계는 어떤가? 현재까지 어떻게 생각하는가?" ⋯› 정체나 장소 문제는 정답 단서를 직접적으로 언급하기보다 내용의 흐름을 통해 유추해야 하는 경우가 많다.

Warm-up

본서 p.145

1. (A)　2. (B)　3. (B)　4. (B)　5. (A)

호주 ↔ 미국

Question 1 refers to the following conversation.

M Hello, I'm calling to find out if it would be possible to host a social event at Samuel Park on Friday, November 10. Our company is planning on holding a corporate picnic.

W Well, according to this month's schedule, no one has reserved the picnic area for that afternoon yet. How many people are expected to come?

1번은 다음 대화에 관한 문제입니다.

남 안녕하세요, 11월 10일 금요일에 **사무엘 공원에서 친목 행사를 열 수 있는지 알아보려고 전화드려요.** 우리 회사에서 회사 야유회를 열 계획이거든요.

여 음, 이번 달 일정표에 따르면 아직 그날 오후에 야유회장을 예약한 사람은 없어요. 몇 분이 오실 예정인가요?

어휘 host 열다, 주최하다 | social event 친목 행사 | hold 열다, 개최하다 | corporate 회사의 | picnic 야유회 | reserve 예약하다

1. 남자는 왜 전화를 거는가?

(A) 행사를 위한 공간을 예약하기 위해

(B) 여자를 회사 모임에 초대하기 위해

해설 ① **문제 확인:** Why, the man, calling → 남자가 전화 거는 목적

② **단서 찾기:** 남자의 첫 대사에 집중. I'm calling to find out if it

would be possible to host a social event at Samuel Park "사무엘 공원에서 행사를 열 수 있는지 알아보려고 전화했다"

호주 ↔ 미국

Question 2 refers to the following conversation.

M Hi, this is Jeffrey Campbell, the manager of the IT Department. I submitted next year's budget request for my department, but I was wondering if you could make a change for me.

W Well, the deadline for the requests was yesterday, but the financial director won't review them until tomorrow morning, so I should be able to help you.

2번은 다음 대화에 관한 문제입니다.

남 안녕하세요, IT 부서장 제프리 캠벨이에요. **저희 부서의 내년도 예산 요청서를 제출했는데,** 혹시 당신이 저 대신 수정을 해 주실 수 있는지 궁금해서요.

여 음, 요청서의 기한은 어제였지만, 재무 이사님이 내일 오전까지 검토하지 않을 테니, 도와드릴 수 있을 것 같네요.

어휘 submit 제출하다 | budget 예산 | request 요청(서) | deadline 기한 | financial director 재무 이사 | review 검토하다

2. 화자들은 주로 무엇에 관해 논의하고 있는가?
(A) 제품 광고
(B) 부서 예산안

해설 ① **문제 확인:** What, the speakers, discussing → 대화의 주제
② **단서 찾기:** 화자의 첫 대사 또는 대화의 전반적인 상황 파악. I submitted next year's budget request for my department "우리 부서의 내년도 예산 요청서를 제출했다"

영국 ↔ 호주

Question 3 refers to the following conversation.

W Hello, my name is Carrie Myers. I'm a reporter from the local newspaper, *The Terraville Times*, and I'm here to cover Terraville Museum's art exhibition. Do I need to show my identification to go in?

M Yes, I'll need to see your badge before I can give you a press pass to enter the gallery free of charge.

3번은 다음 대화에 관한 문제입니다.

여 안녕하세요, 제 이름은 캐리 마이어스예요. **지역 신문 〈더 테라빌 타임즈〉 기자이고,** 테라빌 박물관의 미술품 전시를 취재하기 위해 왔어요. 들어가려면 제 신분증을 보여 드려야 하나요?

남 네, 미술관에 무료로 입장할 수 있는 기자 출입증을 드리기 전에 전 당신의 배지를 봐야 해요.

어휘 reporter 기자 | cover 취재하다 | exhibition 전시 | identification 신분증 | press pass 기자 출입증 | gallery 미술관, 화랑 | free of charge 무료로

3. 여자의 직업은 무엇인가?
(A) 큐레이터
(B) 기자

해설 ① **문제 확인:** What, woman's profession → 여자의 직업
② **단서 찾기:** 특정 직업을 알 수 있는 단어나 표현 포착. I'm a reporter from the local newspaper "나는 지역 신문 기자다"
③ **Paraphrasing:** (지문 → 정답)
reporter → journalist

미국 ↔ 영국

Question 4 refers to the following conversation.

M Hi, this is Mike from Hanlon Auto Repair. I need to order a tire for a customer's truck, and I'm calling to find out if you have it in stock at your warehouse. The model number is JG Amber 33.

W Let me take a look. OK, we do carry that model, but we're out of stock at the moment. I'll order it for you if you'd like, and you can get it within three business days. Would that be fine?

4번은 다음 대화에 관한 문제입니다.

남 안녕하세요, **핸런 자동차 정비소의 마이크예요.** 고객의 트럭 타이어를 주문해야 하는데, 당신 창고에 재고가 있는지 확인하려고 전화드려요. 모델 번호는 JG 황색 33이에요.

여 확인해 볼게요. 네, 그 모델을 취급하긴 하지만, 현재는 재고가 없네요. 원하시면 주문해 드릴게요, 그럼 영업일 3일 이내로 받을 수 있어요. 그렇게 하시겠어요?

어휘 auto repair 자동차 정비소 | order 주문하다 | in stock 재고가 있는 | warehouse 창고 | carry 취급하다 | out of stock 재고가 없는 | business day 영업일, 평일

4. 남자는 어디에서 일하는가?
(A) 차량 부품 창고에서
(B) 차량 수리점에서

해설 ① **문제 확인:** Where, the man, work → 남자가 일하는 장소
② **단서 찾기:** 특정 장소를 알 수 있는 단어나 표현 포착. this is Mike from Hanlon Auto Repair "나는 핸런 자동차 정비소의 마이크다"

호주 ↔ 미국

Question 5 refers to the following conversation.

M Hi, I'm looking for a place to live near City Hall. I just saw some ads posted on the window outside your agency, and it seems like there are some apartments available in that area.

W Yes. Those apartments are all furnished, and they can be rented with a one-year lease.

5번은 다음 대화에 관한 문제입니다.

남 안녕하세요, 시청 근처에 **살 곳을 찾고 있는데요. 중개 사무실 바깥 창**

문에 게시된 광고들을 방금 봤는데, 그 지역에 구할 수 있는 아파트들이 몇 개 있는 것 같아서요.

여 네, 그 아파트들은 모두 가구가 갖추어져 있고, 1년 계약으로 임대할 수 있어요.

어휘 ad 광고 | post 게시하다 | agency 중개, 대행사 | furnished 가구가 갖춰진[비치된] | rent 빌리다 | lease 임대차 계약

5. 대화는 어디에서 이루어지겠는가?

(A) 부동산 중개소에서

(B) 이삿짐센터에서

해설 ① 문제 확인: Where, conversation, taking place → 대화의 장소

② 단서 찾기: 특정 장소를 알 수 있는 단어나 표현 포착. I'm looking for a place to live "살 곳을 찾고 있다" → I just saw some ads posted on the window outside your agency "사무실 바깥 창문에 붙어 있는 광고를 봤다"

Practice

본서 p.146

1. (B)	2. (B)	3. (D)	4. (A)	5. (B)	6. (A)
7. (D)	8. (B)	9. (C)	10. (B)	11. (C)	12. (A)
13. (C)	14. (C)	15. (D)	16. (B)	17. (A)	18. (B)

미국 ↔ 호주

Questions 1-3 refer to the following conversation.

W Good morning. It's Leilani from Rayman Landscaping. We planted flowerbeds in your backyard a few weeks ago. **1** I gave you a call because I wanted to see if you were pleased with the results.

M Everything looks good. **2** The only issue was that the flowers I wanted were temporarily sold out. This delayed the project a bit, but once the flowers arrived, you finished the work pretty fast.

W Ah, I apologize for that. Also, I hope you were able to take advantage of our 15 percent promotional discount.

M Uh... That wasn't applied to my invoice. I paid the regular amount.

W Hmm... That's odd. **3** I'll go ahead and reimburse you for the 15 percent.

1-3번은 다음 대화에 관한 문제입니다.

여 안녕하세요. 레이먼 조경의 레이라니입니다. 저희가 몇 주 전에 고객님 뒤뜰에 화단을 만들어드렸습니다. **1 고객님께서 결과에 만족하시는지 확인하고자 전화드렸습니다.**

남 다 좋아 보여요. **2 유일한 문제는 제가 원했던 꽃이 일시적으로 품절되었단 거였는데요. 이로 인해 계획이 약간 지연되었지만,** 꽃이 도착하자마자, 일을 꽤 빨리 끝내주셨어요.

여 아, 그것에 대해선 사과드립니다. 또한, 고객님께서 15%의 판촉 할인 또한 이용하실 수 있었기를 바랍니다.

남 저··· 제 청구서엔 적용이 되지 않았던데요. 저는 일반 금액을 냈어요.

여 흠··· 그거 이상하네요. **3 제가 곧바로 고객님께 15%를 배상해 드릴게요.**

어휘 landscaping 조경 | plant 심다 | flowerbed 화단 | backyard 뒤뜰 | pleased with ~에 기쁜[만족한] | issue 문제, 사안 | temporarily 일시적으로 | promotional 홍보용의, 판촉용의 | apply to ~에 적용되다 | odd 이상한 | go ahead and do 어서 ~하다 | reimburse 배상하다, 변제하다

1. 여자는 왜 전화를 거는가?

(A) 새로운 프로젝트를 설명하기 위해

(B) 피드백을 요청하기 위해

(C) 주문량을 확인하기 위해

(D) 식목 서비스를 설명하기 위해

해설 ① 문제 확인: Why, the woman, calling → 여자가 전화 거는 목적

② 단서 찾기: 대화 초반부 여자의 대사에서 단서 포착. I gave you a call because I wanted to see if you were pleased with the results. "당신이 결과에 만족하는지 확인하려고 연락했다."

2. 무엇이 지연을 유발했는가?

(A) 판촉 코드가 정확하지 않았다.

(B) 상품이 품절되었다.

(C) 기계가 오작동했다.

(D) 작업자가 늦게 도착했다.

해설 ① 문제 확인: What, caused, delay → 지연의 원인

② 단서 찾기: delay를 키워드로 삼아 단서 포착. The only issue was that the flowers I wanted were temporarily sold out. This delayed the project a bit "유일한 문제는 내가 원했던 꽃이 일시적으로 품절되었단 거다. 이로 인해 계획이 약간 지연되었다"

③ Paraphrasing: (지문 → 정답)
sold out → out of stock

3. 여자는 무엇을 할 것이라고 말하는가?

(A) 상사에게 연락한다

(B) 배달을 신속히 처리한다

(C) 상품을 교체한다

(D) 배상해 준다

해설 ① 문제 확인: What, the woman, will do → 여자가 할 일

② 단서 찾기: 대화 후반부 여자의 대사에서 미래 시제 표현 포착. I'll go ahead and reimburse you for the 15 percent. "내가 곧바로 당신에게 15%를 배상해 주겠다."

③ Paraphrasing: (지문 → 정답)
reimburse → Provide a reimbursement

호주 ↔ 영국

Questions 4-6 refer to the following conversation.

M Guess what, Nicki! 4 The writers for the Jack Norman Show just called.

W What? That's wonderful. What'd they say?

M They've watched our baking videos, and 4 they'd like us to be on the show next month. If we decide to take them up on their offer, then we need to tell them what we'd like to cook in front of the live audience.

W Hmm... 5 How about chocolate cake?

M 5 I'm not sure about that. It'd be nice to make something more unique.

W 5 It's our specialty.

M You're right. Then maybe we could slightly modify it.

W Sure. 6 Let's try out some different ingredients and see how we can upgrade the recipe.

4-6번은 다음 대화에 관한 문제입니다.

남 있잖아요, 니키! 4 **잭 노먼 쇼 작가들이 방금 전화했어요.**

여 네? 대단해요. 뭐라고 하던가요?

남 우리 베이킹 영상을 봤는데, 4 **우리가 다음 달 프로그램에 출연하면 좋겠대요.** 우리가 제안을 수락하기로 결정하면, 생방송으로 청중이 보는 앞에서 무엇을 요리하고 싶은지 알려 줘야 해요.

여 흠… 5 **초콜릿케이크 어때요?**

남 5 **전 잘 모르겠어요. 좀 더 특별한 걸로 만들면 좋을 것 같아요.**

여 5 **그게 우리 전문이에요.**

남 맞아요. 그렇다면 살짝 수정할 수도 있겠네요.

여 그럼요. 6 **몇 가지 다른 재료로 시험해 보면서 조리법을 업그레이드 할 방법을 알아봅시다.**

어휘 baking 베이킹, 빵 굽기 | take up ~ on ~의 (제안 등을) 받아들이다 | offer 제안 | live 생방송의 | audience 청중 | specialty 전문 (분야) | slightly 살짝, 약간 | modify 수정하다 | try out ~을 시험 삼아 해 보다 | ingredient 재료

4. 대화는 주로 무엇에 관한 것인가?

(A) TV 출연 계획하기

(B) 식품 안전 절차 강화하기

(C) 온라인에 영상 올리기

(D) 요리책 출간하기

해설 ① 문제 확인: What, conversation, about → 대화의 주제

② 단서 찾기: 대화의 주제를 언급하는 전반부에 집중. The writers for the Jack Norman Show just called. "잭 노먼 쇼 작가들이 방금 전화했다." → they'd like us to be on the show next month "우리가 다음 달 프로그램에 출연하면 좋겠다고 한다"

5. 여자는 왜 "그게 우리 전문이에요"라고 말하는가?

(A) 매출 증가에 대해 설명하기 위해

(B) 아이디어를 옹호하기 위해

(C) 사업에 대한 열정을 보여 주기 위해

(D) 고객 후기에 관한 불만을 나타내기 위해

해설 ① 문제 확인: "It's our specialty" → 여자가 "~"라고 말한 의도

② 단서 찾기: 해당 문장에 연결된 전후 문맥 파악. W: How about chocolate cake? "초콜릿케이크 어떤가?" → M: I'm not sure about that. It'd be nice to make something more unique. "난 잘 모르겠다. 좀 더 특별한 걸로 만들면 좋을 것 같다." → W: It's our specialty. "그게 우리 전문이다." → 초콜릿케이크를 제안한 것은 전문가의 입장에서 특별하다고 생각해서 추천한 거라고 말한다.

6. 화자들은 다음에 무엇을 할 것인가?

(A) 새로운 맛을 시험한다

(B) 청중의 질문에 답한다

(C) 주방을 개조한다

(D) 조리 기구를 구입한다

해설 ① 문제 확인: What, the speakers, do next → 화자들이 다음에 할 일

② 단서 찾기: 대화 후반부에서 미래 시제 표현 또는 제안 표현 포착. W: Let's try out some different ingredients and see how we can upgrade the recipe. "몇 가지 다른 재료로 시험해 보면서 조리법을 업그레이드할 방법을 알아보자."

영국 ↔ 호주

Questions 7-9 refer to the following conversation.

W 7 Welcome to Dynamo Tech. I'll be your assistant today. How can I be of help?

M Hi there. 8 I started my own company last week, and 7 I'm in the market for some computers for my employees.

W Congratulations! Well, what sort of work do you do? And do you have a budget?

M We don't have a budget yet, but we'll be doing some graphic designs.

W 9 In that case, I recommend hopping onto our website. That should have everything you need.

M What will I find there?

W We have a list of commonly used programs for graphic designers. Simply find which programs you will be using, and it'll calculate what specifications your computers will need. It will also provide you with a rough cost estimate.

7-9번은 다음 대화에 관한 문제입니다.

여 7 **다이너모 기술에 오신 것을 환영합니다. 오늘은 제가 도와 드리겠습니다. 어떻게 도와 드릴까요?**

남 안녕하세요. 8 **지난주에 제가 회사를 차려서,** 7 **직원용 컴퓨터 몇 대를 사려고 합니다.**

여 축하드립니다! 음, 어떤 일을 하시나요? 그리고 예산이 있으신가요?

남 아직 예산은 없지만, 그래픽 디자인을 할 겁니다.

여 9 **그렇다면, 저희 웹사이트에 들어가 보시는 걸 추천합니다.** 손님이 필요한 게 다 있을 거예요.

남 거기서 무엇을 찾을 수 있을까요?

여 그래픽 디자이너들이 흔히 사용하는 프로그램 목록이 있습니다. 사용할 프로그램을 찾기만 하면, 컴퓨터에 필요한 사양이 계산될 겁니다. 또한 대략적인 비용 견적도 제공할 것이고요.

어휘 assistant 조수 | budget 예산 | hop onto ~로 급히 가다 [움직이다] | commonly 흔히, 보통 | calculate 계산하다 | specification 사양 | rough 대략적인, 대강의 | cost estimate 비용 견적

7. 여자는 누구인가?
(A) 가상 보조자
(B) 기업가
(C) 전기 기사
(D) 컴퓨터 판매원

해설 ① **문제 확인:** Who, the woman → 여자의 정체
② **단서 찾기:** 특정 직업이나 장소를 알 수 있는 단어나 표현 포착. W: Welcome to Dynamo Tech. I'll be your assistant today. How can I be of help? "다이너모 기술에 오신 것을 환영한다. 오늘은 내가 도와주겠다. 어떻게 도와줄까?" → M: I'm in the market for some computers for my employees "직원용 컴퓨터 몇 대를 사려고 한다"

8. 남자는 지난주에 무슨 일이 있었다고 말하는가?
(A) 새로운 동네로 이사했다.
(B) 자기 회사를 차렸다.
(C) 몇몇 직원들과 만났다.
(D) 농산물 직판장을 방문했다.

해설 ① **문제 확인:** What, happened, last week → 지난주에 일어난 일
② **단서 찾기:** last week을 키워드로 삼아 단서 포착. I started my own company last week "지난주에 나는 회사를 차렸다"

9. 여자는 무엇을 하는 것을 추천하는가?
(A) 조사를 실시하는 것
(B) 그래픽을 분석하는 것
(C) 웹사이트에 접속하는 것
(D) 송장을 작성하는 것

해설 ① **문제 확인:** What, the woman, recommend → 여자가 추천하는 것
② **단서 찾기:** 여자의 대사에서 추천 표현 포착. In that case, I recommend hopping onto our website. "그렇다면, 우리 웹사이트에 들어가 보는 걸 추천한다."
③ **Paraphrasing:** (지문 → 정답)
hopping onto our website → Accessing a website

미국 ↔ 영국

Questions 10-12 refer to the following conversation.

M Wow, that last exercise was harder than I expected! I've been in the business for a long time, but 10 this has been the most challenging technical skills workshop I've ever participated in.

W Yeah, it's tough, but I've learned a lot. Oh, 11 the computer lab for the next session is full. I guess we'll have to put our names on the waiting list for now.

M Waiting list? 11 Is it even worth it then? Maybe we should just sign up for a different session.

W Alright. Well, how about Kazuko Yamauchi's class? 12 I heard she's going to give a sneak preview of her latest smart gadget, which will be available next week.

10-12번은 다음 대화에 관한 문제입니다.

남 와, 마지막 문제는 생각했던 것보다 더 어렵네요! 이 일을 오래 해 왔지만, 10 **이제까지 참여해 왔던 것 중 가장 어려운 전문 기술 워크숍이었던 것 같아요.**

여 네, 힘들긴 하지만 전 많은 것을 배웠어요. 오, 11 **다음 시간을 위한 컴퓨터실이 꽉 찼네요. 일단은 우리 이름을 대기자 명단에 넣어야 할 것 같아요.**

남 대기자 명단이요? 11 **그럴 만한 가치가 있을까요? 우리는 다른 세션에 등록해야 할 것 같아요.**

여 좋아요. 그럼, 카즈코 야마우치의 수업은 어때요? 12 **제가 듣기로는 그녀가 다음 주부터 판매되는 최신 스마트 기기를 깜짝 공개한다고 들었어요.**

어휘 challenging 어려운 | technical 과학 기술의, 기술적인, 전문적인 | participate in ~에 참가하다 | sign up for ~에 등록 참가하다, 가입하다 | sneak preview (공식 공개 이전에) 깜짝 공개 | gadget 기기, 제품

10. 대화는 어디에서 이루어지고 있는가?
(A) 고객 미팅에서
(B) 전문 기술 워크숍에서
(C) 회사 기념회에서
(D) 피트니스 대회에서

해설 ① **문제 확인:** Where, conversation, taking place → 대화의 장소
② **단서 찾기:** 특정 장소를 알 수 있는 단어나 표현 포착. this has been the most challenging technical skills workshop I've ever participated in "이제까지 참여해 왔던 것 중 가장 어려운 전문 기술 워크숍이었다"

11. 남자는 왜 "그럴 만한 가치가 있을까요"라고 말하는가?
(A) 남은 좌석의 개수에 관해 물어보고 있다.
(B) 제품이 왜 그렇게 비싼지에 대해서 궁금해한다.
(C) 더 나은 옵션이 있다고 생각한다.
(D) 등록 마감일에 대해 걱정하고 있다.

해설 ① **문제 확인:** "Is it even worth it then" → 남자가 "~"라고 말한 의도
② **단서 찾기:** 해당 문장에 연결된 전후 문맥 파악. the computer lab for the next session is full. I guess we'll have to put our names on the waiting list for now. "다음 세션을 위한 컴퓨터실이 꽉 찼다. 일단은 우리 이름을 대기자 명단에 넣어야 할 것 같다." → Is it even worth it then? Maybe we should just sign up for a different session. "그럴 만한 가치가 있는가? 우리는 다른 세션에 등록해야 할 것 같다."

12. 야마우치 씨에 대해 언급된 것은 무엇인가?
(A) 그녀의 제품이 곧 출시될 것이다.
(B) 그녀의 발표회가 취소되었다.
(C) 그녀의 약속 시간이 변경되었다.
(D) 그녀의 프로젝트가 성공적이었다.

해설 ① **문제 확인:** What, mentioned, Ms. Yamauchi → 야마우치 씨에 관한 사실 확인
② **단서 찾기:** Yamauchi를 키워드로 삼아 단서 포착. I heard she's going to give a sneak preview of her latest smart gadget, which will be available next week. "나는 그녀가 다음 주부터 판매되는 최신 스마트 기기를 깜짝 공개한다고 들었다."
③ **Paraphrasing:** (지문 → 정답)
latest ~ gadget → product / available → released

미국 ↔ 호주

Questions 13-15 refer to the following conversation and images.

W How are you doing, Omar? Did you get the photos for the summer issue? I know you've been waiting for them. 13 We need to finalize the magazine cover layout this afternoon.

M I did, but I'm having a hard time deciding which photo best represents the spirit of summer. Here, why don't you take a look?

W All of them look great. But we are a travel magazine, so 14 I prefer the one with a summertime beach activity.

M That's a good point. 15 I'll go ahead with that one and email you a copy by noon today for you to review.

13-15번은 다음 대화와 이미지에 관한 문제입니다.

여 잘 지내세요, 오마르? 여름 호용 이미지 받으셨어요? 기다리고 계신 걸로 알고 있어요. 13 **저희가 오늘 오후까지 잡지 표지 레이아웃을 마무리해야 해요.**

남 받았어요. 그런데 어떤 그림이 여름 기운을 가장 잘 나타낼지 결정하는 게 어렵네요. 이거예요. 한번 봐 줄래요?

여 전부 다 아주 좋아 보여요. 그런데 우리는 여행 잡지니까, 14 **여름철 해변 활동 이미지가 더 마음에 들어요.**

남 좋은 지적이에요. 15 **제가 그걸로 작업해서 오늘 정오까지 검토할 수 있게 이메일로 보내 줄게요.**

어휘 issue (정기 간행물의) 호 | finalize 마무리하다 | magazine 잡지 | cover 표지 | layout 레이아웃, 배치 | have a hard time V-ing ~하는 데 어려움을 겪다 | decide 결정하다 | represent 나타내다, 대표하다 | spirit 기운, 정신 | prefer 선호하다 | summertime 여름철 | beach 해변 | activity 활동 | review 검토하다

13. 화자들은 어디에서 일하겠는가?
(A) 여행사에서
(B) 스포츠용품점에서
(C) 잡지 출판사에서
(D) 화실에서

해설 ① **문제 확인:** Where, the speakers, work → 화자들이 일하는 곳
② **단서 찾기:** 특정 직업이나 장소를 알 수 있는 단어나 표현 포착. We need to finalize the magazine cover layout this afternoon. "우리가 오늘 오후까지 잡지 표지 레이아웃을 마무리해야 한다."

14. 시각 정보를 보시오. 여자는 어떤 이미지를 선호한다고 말하는가?
(A) 이미지 1
(B) 이미지 2
(C) 이미지 3
(D) 이미지 4

해설 ① **문제 확인:** Which image, the woman, prefers → 여자가 선호하는 이미지
② **단서 찾기:** 시각 정보를 미리 파악한 후 image, prefers를 키워드로 삼아 해당 내용과 시각 정보 매칭. I prefer the one with a summertime beach activity. "여름철 해변 활동 이미지가 더 마음에 든다." → 시각 정보에서 해변 활동 이미지 확인 → Image 3(이미지 3)

15. 남자는 정오까지 무엇을 할 것이라고 말하는가?
(A) 배송 준비를 한다
(B) 관광지를 방문한다
(C) 사진사에게 이야기한다
(D) 파일을 제출한다

해설 ① **문제 확인:** What, the man, do, by noon → 남자가 정오까지 할 일
② **단서 찾기:** 대화 후반부 남자의 대사에서 by noon을 키워드로 삼아 단서 포착. I'll go ahead with that one and email you a copy by noon today for you to review. "내가 그걸로 작업해서 오늘 정오까지 검토할 수 있게 이메일로 보내 주겠다."

영국 ↔ 미국

Questions 16-18 refer to the following conversation and park map.

W Welcome to Sunnyhill State Park. How may I assist you?

M 16 I'm in charge of coordinating a company-wide hike, so I was wondering which trail would be best for our staff.

W Well, if you take a look at the map right here, we have four available trails. I recommend the one that leads to the forest.
M Hmm... That seems a bit short. What about the trails to the mountains?
W They're longer but also rougher, so they can be quite challenging. **17** You should consider taking the trail that leads to the river instead. That's the longest one, and it has many scenic spots.
M **17** That sounds great. By the way, does this park have any eating areas?
W Yes, **18** there's a nice restaurant in our guest lodge.

16-18번은 다음 대화와 공원 지도에 관한 문제입니다.

여 써니힐 주립 공원에 오신 것을 환영합니다. 제가 무엇을 도와드릴까요?
남 **16 제가 회사 전체의 하이킹 기획을 담당하고 있어서, 어떤 등반로가 직원들에게 가장 좋을지 알고 싶어요.**
여 그래요. 여기 지도를 보시면, 4개의 이용할 수 있는 길들이 있습니다. 숲으로 이어지는 길을 추천해 드려요.
남 음… 약간 짧아 보이네요. 산으로 가는 길은 어떤가요?
여 더 길고 더 거칠기 때문에, 꽤 힘들 수 있습니다. **17 대신 강으로 이어지는 길을 택하는 것도 고려해 보실 수 있겠네요. 가장 긴 곳이고, 경치 좋은 곳도 많아요.**
남 **17 좋은 생각 같네요.** 그런데, 이 공원에 먹을 수 있는 곳들이 있나요?
여 네, **18 저희 게스트 산장에 괜찮은 식당이 있습니다.**

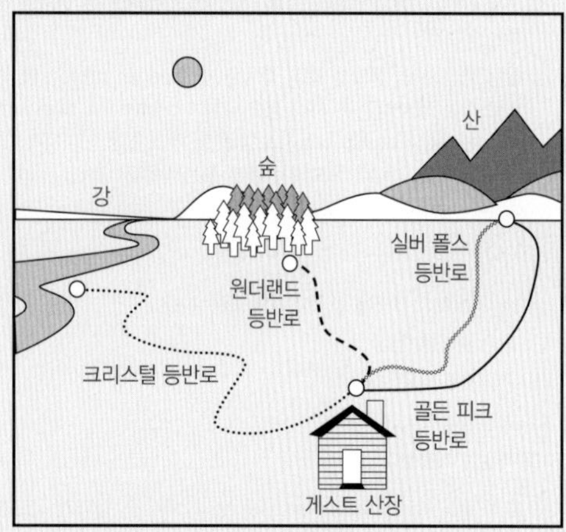

어휘 in charge of ~을 담당하는[책임지는] | coordinate 기획하다, 조직화하다 | company-wide 회사 전체의, 전사의 | hike 하이킹, 등산 | trail 오솔길, 등반로 | lead to ~으로 이어지다 | forest 숲 | rough 거친, 험한 | challenging 힘든, 도전적인 | scenic 경치가 좋은 | spot 자리 | by the way 그런데 | lodge 산장, 오두막

16. 남자는 왜 공원을 방문하고 있는가?
(A) 길을 청소하는 것을 돕기 위해
(B) 직원들을 위한 활동을 준비하기 위해
(C) 기사에 대한 인터뷰를 하기 위해
(D) 식물 표본을 수집하기 위해

해설 ① 문제 확인: Why, the man, visiting, park → 남자가 공원에 방문하는 이유
② 단서 찾기: 대화 초반부 남자의 대사에서 단서 포착. I'm in charge of coordinating a company-wide hike, so I was wondering which trail would be best for our staff. "내가 회사 전체의 하이킹 기획을 담당하고 있어서 어떤 등반로가 직원들에게 가장 좋을지 알고 싶다."
③ Paraphrasing: (지문 → 정답)
company-wide hike → activity for employees

17. 시각 정보를 보시오. 남자는 어떤 길을 선택하겠는가?
(A) 크리스털 등반로
(B) 원더랜드 등반로
(C) 실버 폴스 등반로
(D) 골든 피크 등반로

해설 ① 문제 확인: Which trail, the man, choose → 남자가 선택할 길
② 단서 찾기: 시각 정보를 미리 파악한 후 trail, choose를 키워드로 삼아 해당 내용과 시각 정보 매칭. W: You should consider taking the trail that leads to the river instead. That's the longest one, and it has many scenic spots. "대신 강으로 이어지는 길을 택하는 것도 고려해 볼 수 있을 것이다. 가장 긴 곳이고 경치 좋은 곳도 많다." → M: That sounds great. "좋은 생각 같다." → 시각 정보에서 강으로 이어지는 길 확인 → Crystal Trail(크리스털 등반로)

18. 여자는 게스트 산장에 대해 뭐라고 말하는가?
(A) 야간 숙박을 제공한다.
(B) 식당이 있다.
(C) 리모델링을 위해 닫힐 것이다.
(D) 셔틀 서비스를 제공한다.

해설 ① 문제 확인: What, woman, say, guest lodge → 게스트 산장에 관하여 여자가 말한 것
② 단서 찾기: guest lodge를 키워드로 삼아 여자의 대사에서 단서 포착. there's a nice restaurant in our guest lodge "우리 게스트 산장에 괜찮은 식당이 있다"

UNIT 11. 중반부 문제 유형

핵심 문제 유형

본서 p.153

1. (D) **2.** (C) **3.** (A)

1번은 다음 대화에 관한 문제입니다.

남 안녕하세요. 4~5년 전쯤 지역 신문에 나왔던 기사를 찾으려고 하는데요. 도서관에 사본이 있을까요?
여 음, 출판되었던 모든 출간물을 온라인 데이터베이스에 보관하고 있어요. 그러니 전자 사본을 찾는 것을 도와드릴 수 있을 거예요.
남 잘됐네요! 그 기사를 출력할 수 있을까요?

여 네, 장당 15센트에 인쇄를 제공합니다. **1** **하지만 유감스럽게도 지금 저희 프린터가 작동하지 않아요.** 내일 아침에 기사가 와서, 그때까지는 고칠 수 있을 거예요. 내일 다시 오시겠어요?

어휘 get hold of ~을 찾다[구하다] | edition (출간물의) 판 | publish 출판하다 | at the moment 지금, 현재 | technician 기사, 기술자

1. 여자가 강조하고 있는 문제점은 무엇인가?
(A) 일부 정보가 잘못되었다.
(B) 일부 문서가 빠져 있다.
(C) 기사가 시간이 없다.
(D) 기계가 고장 났다.

해설 ① **문제 확인:** What problem, the woman, highlight → 여자가 강조하는 문제점 ⋯→ 여자가 부정적인 말을 하거나 problem의 단골 정답 단서인 but/however/unfortunately 등이 나오는 부분을 집중해서 듣는다.

② **단서 찾기:** 문제에 언급된 여자의 말에 집중하고, 부정 표현 포착. I'm afraid, though, that our printer isn't working at the moment. "하지만 유감스럽게도 지금 우리 프린터가 작동하지 않는다."

③ **Paraphrasing:** (지문 → 정답)
not working → malfunctioning

2번은 다음 세 화자의 대화에 관한 문제입니다.

여1 직원 야유회 계획을 음식 논의부터 시작해 봅시다.

여2 음식 공급업체는 제가 예약했어요. 우리 전체 직원들의 식단 제한 사항을 수용해 줄 수 있는 곳을 찾았어요.

남 잘됐네요. **2** **작년 기억나요? 모두의 요구를 충족시킬 만큼 음식이 다양하지 않아서 불만이 많았어요.**

여2 맞아요. 근데 올해엔 문제없을 거예요. 근데 염려되는 게 하나 있긴 해요. 일정 안에 활동을 너무 많이 채워 넣은 것 같기도 해요. 전원이 마음 편히 쉬었으면 하잖아요.

남 좋은 지적이에요. 사람들에게 일부 활동에 참여하고 싶은지 선택하도록 해야 해요.

어휘 retreat 야유회 | discuss 논의하다 | reservation 예약 | caterer 음식 공급업체 | accommodate 수용하다 | dietary restriction 식단 제한 | complaint 불만, 불평 | varied 다양한 | cater to ~의 요구를 충족시키다 | be concerned about ~을 걱정하다[염려하다] | cram (좁은 곳에) 채워 넣다, 밀어 넣다 | schedule 일정 | choose 선택하다 | participate in ~에 참여하다

2. 남자에 따르면, 작년에 일부 사람들이 왜 불만을 제기했는가?
(A) 장소가 불편한 곳에 있었다.
(B) 항공편이 지연되었다.
(C) 메뉴 종류가 많지 않았다.
(D) 행사 참석 비용이 많이 들었다.

해설 ① **문제 확인:** the man, why, complain, last year → 남자가 말하는 작년에 불만이 있은 이유 ⋯→ 이유를 나타내는 단골 정답 단서인 because나 due to 등이 나올 수 있음을 미리 예측한다.

② **단서 찾기:** 문제에 언급된 남자의 말에 집중하고, complain, last year를 키워드로 삼아 단서 포착. Do you remember last year? We had a lot of complaints because the menu was not varied enough to cater to everyone. "작년 기억나는가? 모두의 요구를 충족시킬 만큼 음식이 다양하지 않아서 불만이 많았다."

3번은 다음 대화에 관한 문제입니다.

여 데릭, 저희가 치과 확장을 고려하고 있는데, 네마하에 지점을 내는 건 어떻게 생각하세요?

남 흠⋯ 그 지역엔 이미 치과가 몇 개 있지 않아요? 그들과 경쟁하는 게 너무 힘들 것 같아요.

여 맞아요. 그런데 그 도시로 이주하는 가정이 점점 더 늘고 있어서, 수요도 증가할 거라고 들었어요.

남 조사해 봐야 할 것 같아요. **3** **지역 부동산 중개인한테 연락해서 매물 좀 보여 달라고 요청해 보는 건 어때요?**

여 알았어요. **3** **제가 이따 할게요.**

어휘 consider 고려하다 | expand 확장하다 | dental office 치과 | branch 지점 | dentist 치과의사 | area 지역 | compete 경쟁하다 | challenging 힘든, 도전적인 | increase 증가 | demand 수요 | move 이사하다 | look into ~을 조사하다 | get in touch with ~와 연락하다 | local 지역의 | real estate agent 부동산 중개인 | listing 목록, 명단

3. 여자는 이따가 무엇을 할 것인가?
(A) 부동산 중개인과 이야기를 나눈다
(B) 음악 공연에 참석한다
(C) 지역 지도를 본다
(D) 남자에게 신문 기사를 전송한다

해설 ① **문제 확인:** What, the woman, do, later today → 여자가 이따가 할 일 ⋯→ 질문의 키워드를 잘 잡고 키워드가 언급되는 순간을 놓쳐서는 안 된다.

② **단서 찾기:** later today를 키워드로 삼아 단서 포착. M: Why don't you get in touch with a local real estate agent and ask to see some listings? "지역 부동산 중개인한테 연락해서 매물 좀 보여 달라고 요청해 보는 건 어떤가?" → W: I'll do that later today. "내가 이따 하겠다."

Warm-up

본서 p.155

1. (B) 2. (A) 3. (A) 4. (B) 5. (B)

영국 ↔ 미국

Question 1 refers to the following conversation.

W Leonard, how is the new software that we recently installed to track our merchandise inventory?

M Well, to be honest, it's not very useful. Since the software updates every 36 hours, it doesn't provide the most recent information.

1번은 다음 대화에 관한 문제입니다.

여 레너드, 우리가 제품 재고를 조회하기 위해 최근에 설치한 새 소프트웨어는 어떤가요?

남 음, 솔직히 그렇게 유용하지는 않아요. **그 소프트웨어는 36시간마다 업데이트되기 때문에, 최신 정보를 제공하지 않거든요.**

어휘 install 설치하다 | track 조회하다, 추적하다 | inventory 재고 | to be honest 솔직히 | useful 유용한

1. 어떤 문제점이 언급되는가?
(A) 직원들이 제대로 연수를 받지 못할 수도 있다.
(B) 기록이 최신 정보가 아닐 수도 있다.

해설 ① **문제 확인:** What problem → 문제점
② **단서 찾기:** 부정 표현 포착. Since the software updates every 36 hours, it doesn't provide the most recent information. "소프트웨어가 36시간마다 업데이트되기 때문에, 최신 정보를 제공하지 않는다."
③ **Paraphrasing:** (지문 → 정답)
most recent → up-to-date / information → Records

미국 ↔ 호주

Question 2 refers to the following conversation.

W John, I have a potential tenant on the phone, and he wants to see the one-bedroom apartment on the second floor. I've got a full schedule today, so I wanted to ask Samuel to show the place, but he's not picking up his phone. Do you have any idea where he is?

M Oh, he's out right now showing another apartment to someone. And his cell phone is on his desk, which explains why you can't reach him. I should be available this afternoon to show the apartment on the second floor.

2번은 다음 대화에 관한 문제입니다.

여 존, 지금 세입자가 될 수도 있는 분과 통화 중인데, 2층에 있는 방 한 개짜리 아파트를 보고 싶어 하세요. 오늘 저는 일정이 꽉 차서, **사무엘에게 그곳을 보여 드리라고 부탁하고 싶었는데, 전화를 받지 않네요.** 그가 어디에 있는지 아시나요?

남 아, 그는 지금 어떤 분께 다른 아파트를 보여 주느라 나가 있어요. 그리고 **그의 휴대 전화가 책상 위에 있는 것을 보니,** 왜 연락이 안 됐는지 설명이 되네요. 제가 오늘 오후에 2층에 있는 그 아파트를 보여 드릴 수 있을 것 같아요.

어휘 potential 잠재적인 | tenant 세입자 | pick up the phone 전화를 받다 | reach 연락이 닿다

2. 여자는 왜 사무엘과 연락이 닿지 않는가?
(A) 그는 사무실에 전화기를 놓고 갔다.
(B) 그는 점심을 먹으러 나갔다.

해설 ① **문제 확인:** Why, the woman, unable to reach, Samuel → 사무엘과 연락이 닿지 않는 이유
② **단서 찾기:** unable to reach, Samuel을 키워드로 삼아 단서 포착. W: I wanted to ask Samuel to show the place, but he's not picking up his phone "사무엘에게 그곳을 보여 주라고 부탁하고 싶었는데, 전화를 받지 않는다" → M: his cell phone is on his desk "그의 휴대 전화가 책상 위에 있다"

미국 ↔ 영국

Question 3 refers to the following conversation.

M Hi, Karen. Do you think it will be possible for me to keep the projector that I borrowed this morning for a couple of more hours? I need it to make a presentation this afternoon.

W Oh, I didn't know you were going to need it in the afternoon. I thought your presentation was this morning.

M Actually, some of the members of my department had a last-minute client meeting this morning. But it's important that they see my presentation, so I had to postpone it. We're planning to meet at 5 o'clock today.

3번은 다음 대화에 관한 문제입니다.

남 안녕하세요, 캐런. 혹시 오늘 오전에 제가 빌린 프로젝터를 두세 시간 정도 더 가지고 있는 게 가능할까요? 오늘 오후에 발표할 때 필요해서요.

여 아, 당신이 오후에 그걸 필요로 할지 몰랐어요. 당신의 발표가 오늘 오전인 줄 알았어요.

남 실은, 오늘 오전에 **저희 부서 직원들 몇 명이 막바지에 잡힌 고객과의 회의가 있었어요.** 하지만 **그들이 제 발표를 보는 게 중요해서, 그걸 연기해야 했어요.** 저희는 오늘 5시 정각에 모일 계획이에요.

어휘 make a presentation 발표하다 | last-minute 막바지의, 마지막 순간의 | postpone 연기하다

3. 남자의 발표는 왜 연기되었는가?
(A) 동료 몇 명이 참석할 수 없었다.
(B) 마지막 순간에 회의가 취소되었다.

해설 ① **문제 확인:** Why, presentation, postponed → 발표가 연기된 이유
② **단서 찾기:** presentation, postponed를 키워드로 삼아 단서 포착. some of the members of my department had a last-minute client meeting "우리 부서 직원들 몇 명이 막바지에 잡힌 고객과의 회의가 있었다" → it's important that they see my presentation, so I had to postpone it "그들이 내 발표를 보는 게 중요해서, 그걸 연기해야 했다"
③ **Paraphrasing:** (지문 → 정답)
members of my department → coworkers

영국 ↔ 호주

Question 4 refers to the following conversation.

W Excuse me, does your store make keys? I work in the building across the street, and I need extra keys for my office.

M I'm afraid not. But there is a store called Trekker's Hardware, and they make keys. It's only about 10 minutes away from here.

W Actually, I went there already, and they were closed. Is there another place nearby? I just moved here, so I'm not familiar with the area.

4번은 다음 대화에 관한 문제입니다.

여 실례합니다. 이 가게에서 열쇠를 만드나요? 저는 길 건너편 건물에서 일하는데, 제 사무실 여분의 열쇠가 필요해서요.

남 아니요. 하지만 **트레커 철물점이라는 가게가 있는데,** 거기서 열쇠를 만들어요. 여기서 10분 정도 떨어진 곳에 있어요.

여 실은, **이미 거기에 가 보았는데, 문이 닫혀 있었어요.** 근처에 다른 곳이 있나요? 얼마 전에 여기 이사 와서, 이 지역에 익숙하지 않아요.

어휘 extra 여분의 | nearby 근처에 | familiar with ~에 익숙한

4. 여자는 트레커 철물점에 관하여 무엇을 언급하는가?

(A) 멀리 위치해 있다.

(B) 오늘은 영업하지 않는다.

해설 ① **문제 확인:** What, the woman, mention, Trekker's Hardware → 여자가 트레커 철물점에 관해 언급하는 것

② **단서 찾기:** Trekker's Hardware를 키워드로 삼아 단서 포착. M: there is a store called Trekker's Hardware "트레커 철물점이라는 가게가 있다" → W: I went there already, and they were closed "이미 거기에 가 봤는데, 문이 닫혀 있었다"

영국 ↔ 미국

Question 5 refers to the following conversation.

W Thank you, Mr. Nakaru. I'm pleased to accept the offer, but I would have to move. Will your company compensate me for my relocation costs?

M That will be decided by our personnel manager. If the decision is confirmed, it will be included in the contract we are sending you tomorrow. Please review it and contact me if you have any questions.

5번은 다음 대화에 관한 문제입니다.

여 감사합니다, 나카루 씨. 제의를 받아들일 수 있어서 기쁘지만, 이사를 해야 할 것 같아요. 귀사에서 제 이사 비용을 보상해 주실 건가요?

남 그건 저희 인사부장이 결정할 거예요. 결정이 확정되면, **그건 내일 저희가 보내 드리는 계약서에 포함되어 있을 거예요.** 검토해 보시고 질문이 있으면 저에게 연락 주세요.

어휘 accept 받아들이다, 수락하다 | compensate 보상하다 | relocation cost 이사 비용 | personnel 인사부 | confirm 확정하다 | contract 계약서 | review 검토하다

5. 남자는 내일 무슨 일이 있을 것이라고 말하는가?

(A) 지원자가 면접을 볼 것이다.

(B) 문서가 발송될 것이다.

해설 ① **문제 확인:** What, the man, say, happen, tomorrow → 남자가 말하는 내일 일어날 일

② **단서 찾기:** tomorrow를 키워드로 삼아 남자의 대사에서 단서 포착. it will be included in the contract we are sending you tomorrow "그건 우리가 내일 당신에게 보낼 계약서에 포함되어 있을 거다"

③ **Paraphrasing:** (지문 → 정답)
contract → document

Practice

본서 p.156

1. (B)	2. (D)	3. (B)	4. (B)	5. (B)	6. (D)
7. (B)	8. (C)	9. (D)	10. (D)	11. (C)	12. (D)
13. (A)	14. (D)	15. (A)	16. (A)	17. (B)	18. (C)

호주 ↔ 미국 ↔ 미국

Questions 1-3 refer to the following conversation with three speakers.

M1 Hello, Ji-Soo. 1 Thank you for coming to our manufacturing plant to make a repair on the weekend. This is our floor supervisor, Manny.

M2 1 Pleasure to meet you.

W 1 The pleasure is mine. Last night, our employee reported that the metal stamping machine was out of order.

M1 It's one of our most used machines. 2 But I'm worried it might cost too much to get it fixed.

M2 2 Right. Cost is the most pressing issue as we didn't plan a budget for this.

W I'll have to take a look at the machine first to gauge the problem. But rest assured. 3 I'm familiar with this model, so the process will go smoothly.

1-3번은 다음 세 화자의 대화에 관한 문제입니다.

남1 안녕하세요, 지수. 1 **주말인데 수리하러 저희 제조 공장에 와 주셔서 감사합니다. 이분은 저희 층 감독관인 매니입니다.**

남2 1 **만나서 반갑습니다.**

여 1 **제가 오히려 반갑습니다.** 어젯밤에, 저희 직원이 금속 인장 기계가 고장 났다고 알려 줬습니다.

남1 이건 저희 회사에서 가장 많이 사용되는 기계 중 하나예요. 2 **그런데 수리하는 데 비용이 너무 많이 들까 봐서 걱정이네요.**

남2 2 **맞아요. 이에 대한 예산을 계획하지 않아서 비용이 가장 무시하기 힘든 문제네요.**

여 기계를 먼저 살펴봐야 문제를 가늠할 수 있을 것 같습니다. 하지만 안심하세요. 3 **제가 이 모델을 잘 알고 있으니, 처리가 순조롭게 진행될 겁니다.**

어휘 make a repair 수리하다 | The pleasure is mine. 제가 오히려 반갑습니다. | out of order 고장 난 | cost 비용이 들다; 비용 | pressing 무시하기 힘든 | budget 예산 | take a look at ~을 살펴보다 | gauge 가늠하다, 재다 | rest assured 안심하다, 믿어도 된다 | be familiar with ~을 잘 알고 있다 | process 처리, 공정 | smoothly 순조롭게

1. 여자는 누구이겠는가?
(A) 검사관
(B) 수리공
(C) 공장장
(D) 조립 라인 작업자

해설 ① **문제 확인:** Who, the woman → 여자의 정체
② **단서 찾기:** 특정 직업이나 장소를 알 수 있는 단어나 표현 포착. M1: Thank you for coming to our manufacturing plant to make a repair on a weekend. This is our floor supervisor, Manny. "주말인데 수리하러 우리 제조 공장에 와 줘서 고맙다. 이 사람은 우리 층 감독관인 매니다." → M2: Pleasure to meet you. "만나서 반갑다." → W: The pleasure is mine. "내가 오히려 반갑다."

2. 남자들은 무엇을 걱정하는가?
(A) 생산 부진
(B) 전원 차단
(C) 잠재 고객 이탈
(D) 예상치 못한 비용

해설 ① **문제 확인:** What, the men, worried → 남자들이 걱정하는 것
② **단서 찾기:** worried를 키워드로 삼아 부정 표현 포착. M1: But I'm worried it might cost too much to get it fixed. "그런데 수리하는 데 비용이 너무 많이 들까 봐서 걱정이다." → M2: Right. Cost is the most pressing issue as we didn't plan a budget for this. "맞다. 이에 대한 예산을 계획하지 않아서 비용이 가장 무시하기 힘든 문제다."

3. 여자에 따르면, 처리는 왜 순조롭게 진행될 것인가?
(A) 이미 다른 일들을 끝냈다.
(B) 일부 장비에 대한 경험이 있다.
(C) 일부 장비의 조작이 용이하다.
(D) 시설이 비교적 규모가 작다.

해설 ① **문제 확인:** the woman, why, process, go smoothly → 여자가 말하는 처리가 순조롭게 진행되는 이유
② **단서 찾기:** process, go smoothly를 키워드로 삼아 여자의 대사에서 단서 포착. I'm familiar with this model, so the process will go smoothly. "내가 이 모델을 잘 알고 있으니, 처리가 순조롭게 진행될 거다."
③ **Paraphrasing:** (지문 → 정답)
I'm familiar with this model → She has experience with some equipment.

호주 ↔ 영국

Questions 4-6 refer to the following conversation.

M 4 What do you think of our new store space? The floor tiles are still being installed, but everything will be ready for our move-in on March 1.
W It looks nice! I'm really glad that we'll have a big showroom to display our newest items.
M Me, too. We didn't have enough space before. Also, 5 I like that the showroom is right by the front entrance—it'll be easy to move products in and out of there.
W Yeah, 5 but... there is going to be a lot of merchandise there.
M Ah, you're right. 5 6 I'll talk to the building supervisor 5 and see if it's possible to install a door so that we can lock it when there are no employees around.

4-6번은 다음 대화에 관한 문제입니다.

남 **4 당신은 우리 신규 매장 공간에 대해 어떻게 생각해요? 바닥 타일이 여전히 설치 중이지만, 모든 게 3월 1일 우리 이사하는 날에 맞춰 준비될 거예요.**
여 좋아 보여요! 저는 우리 신제품을 전시할 대형 전시실을 갖게 되어서 너무 기뻐요.
남 저도요. 우리는 전에 충분한 공간을 갖지 못했어요. 그리고, **5 저는 전시실이 정문 바로 옆에 있는 것도 좋아요. 그곳에 상품을 넣고 빼며 옮기는 것이 수월할 거예요.**
여 맞아요. **5 하지만… 그 안에 많은 상품이 있을 거예요.**
남 아, 당신 말이 맞아요. **5 6 제가 건물 관리인에게 얘기해서 5 문을 설치해 직원이 없을 때 우리가 문을 잠글 수 있는 게 가능한지 알아볼게요.**

어휘 install 설치하다 | ready 준비가 된 | move-in 전입 | showroom 전시실 | display 진열하다 | entrance 문, 입구 | merchandise 상품 | supervisor 관리인, 감독관 | lock 잠그다

4. 화자들은 3월에 무엇을 할 계획인가?
(A) 건설 프로젝트를 시작한다
(B) 다른 소매점으로 이전한다
(C) 무역 박람회에 참석한다
(D) 상품 시연회에 참여한다

해설 ① **문제 확인:** What, the speakers, planning, March → 화자들이 3월에 계획하는 일
② **단서 찾기:** March를 키워드로 삼아 단서 포착. What do you think of our new store space? The floor tiles are still being installed, but everything will be ready for our move-in on March 1. "당신은 우리 신규 매장 공간에 대해 어떻게 생각하는가? 바닥 타일이 아직 설치 중이지만, 모든 게 3월 1일 우리 이사하는 날에 맞춰 준비될 거다."
③ **Paraphrasing:** (지문 → 정답)
new store → different retail location / move-in → Relocate

5. 여자는 "그 안에 많은 상품이 있을 거예요"라고 말할 때 무엇을 의도하는가?
(A) 공간에 더 많은 가구가 필요하다.
(B) 공간이 안전하지 않다.
(C) 설명회를 마련하기를 원한다.
(D) 일부 상품을 꺼내는 데 도움이 필요하다.

해설 ① **문제 확인:** "there is going to be a lot of merchandise there" → 여자가 "~"라고 말한 의도
② **단서 찾기:** 해당 문장에 연결된 전후 문맥 파악. M: I like that the

showroom is right by the front entrance—it'll be easy to move products in and out of there "나는 전시실이 정문 바로 옆에 있는 것도 좋다. 그곳에 상품을 넣고 빼며 옮기는 것이 수월할 거다" → W: but... there is going to be a lot of merchandise there "하지만… 그 안에 많은 상품이 있을 거다" → 그 안에 상품이 많으니 보안에 신경 써야 할 거다. → M: I'll talk to the building supervisor and see if it's possible to install a door so that we can lock it when there are no employees around. "건물 관리인과 이야기해서 문을 설치해 직원이 없을 때 우리가 문을 잠글 수 있는 게 가능한지 알아보겠다."

6. 남자는 무엇을 할 것이라고 말하는가?
(A) 법률 문서를 살펴본다
(B) 더 많은 자금을 요청한다
(C) 입금한다
(D) 관리인과 이야기한다

해설 ① **문제 확인:** What, the man, will do → 남자가 할 일
② **단서 찾기:** 대화 후반부 남자의 대사에서 미래 시제 표현 포착. I'll talk to the building supervisor "내가 건물 관리인에게 얘기하겠다"
③ **Paraphrasing:** (지문 → 정답)
talk to → Speak with

영국 ↔ 미국

Questions 7-9 refer to the following conversation.

W Hi, 7 I'd like some information about renting a car from your company. I'm going to be in Osaka for about a year, and I don't want to just use public transportation all the time.
M I'm sure we can find the right one for you. Now, what exactly did you have in mind?
W 8 Well, I'm working downtown, near Kitahama Station, so I want something that's small and easy to park. I also want a built-in navigation system and roadside assistance, if possible.
M We have plenty of models with those features, but I'd like to ask you a few more questions, so we can choose the best one for you. First, 9 how far is your home from your office?

7-9번은 다음 대화에 관한 문제입니다.

여 안녕하세요. 7 **귀사에서 차를 렌트하는 것에 관한 정보를 알고 싶어요.** 한 일 년 동안 오사카에 있을 예정인데, 매번 대중교통을 이용하고 싶진 않아요.
남 저희가 당신을 위한 차를 확실히 찾아 드릴게요. 자, 정확하게 어떤 것을 염두에 두고 계시나요?
여 8 **글쎄요, 제가 기타하마 역 근처 시내에서 일해서,** 작고 주차하기 쉬운 걸 원해요. 가능하다면, 내장형 내비게이션과 긴급 출동 서비스도 있었으면 좋겠어요.
남 그런 사양을 가지고 있는 모델을 여럿 보유하고 있긴 한데, 당신에게 최선인 것을 선택하기 위해, 몇 가지 더 여쭤보고 싶어요. 첫째로 9 **자택이 사무실에서 얼마나 먼가요?**

어휘 public transportation 대중교통 | exactly 정확히 | have ~ in mind ~을 염두에 두다 | built-in 내장형의 | roadside assistance 긴급 출동 서비스 | plenty of 많은 | feature 사양, 특징

7. 남자는 어디에서 일하겠는가?
(A) 항공사에서
(B) 렌터카 회사에서
(C) 기차역에서
(D) 택시 회사에서

해설 ① **문제 확인:** Where, the man, work → 남자가 일하는 곳
② **단서 찾기:** 특정 직업이나 장소를 알 수 있는 단어나 표현 포착. I'd like some information about renting a car from your company "당신의 회사에서 차를 렌트하는 것에 관한 정보를 알고 싶다"
③ **Paraphrasing:** (지문 → 정답)
car → vehicle

8. 여자가 본인의 직장에 대해 언급한 것은 무엇인가?
(A) 주차 요금을 부과한다.
(B) 집에서 멀리 떨어져 있다.
(C) 대중교통 수단이 가까이에 있다.
(D) 지방에 위치하고 있다.

해설 ① **문제 확인:** What, the woman, mention, her workplace → 여자가 본인의 직장에 대해 언급한 것
② **단서 찾기:** workplace를 키워드로 삼아 여자의 대사에서 단서 포착. Well, I'm working downtown, near Kitahama Station "나는 기타하마 역 근처 시내에서 일한다"
③ **Paraphrasing:** (지문 → 정답)
near Kitahama Station → near public transportation

9. 남자가 어떤 정보에 대해 물었는가?
(A) 몇몇 추천인들의 이름
(B) 비행 날짜
(C) 회사로 가는 방향
(D) 통근 거리

해설 ① **문제 확인:** What information, the man, ask for → 남자가 묻고 있는 정보
② **단서 찾기:** 남자가 묻는 정보에 집중. how far is your home from your office "자택이 사무실에서 얼마나 먼가"
③ **Paraphrasing:** (지문 → 정답)
how far ~ from ~ → distance

영국 ↔ 호주

Questions 10-12 refer to the following conversation.

W Hello, Terry. 10 I'm really looking forward to working with you on the upcoming musical theater performance, *Face the Sun*. As I've already told you, it's my first time directing a musical I wrote on my own.

M You must be thrilled. Let me show you some of the costumes I have designed. I referred to the notes you sent me, but since the musical involves a lot of movement, 11 I chose lighter fabrics that won't restrict the actors when they dance.
W Wow, 12 these designs are wonderful. But they seem quite intricate. The opening date is just three months away.
M They look more difficult than they are. The dressmakers will be able to get started once you give us your approval.

10-12번은 다음 대화에 관한 문제입니다.

여 안녕하세요, 테리. **10 곧 있을 뮤지컬 연극 공연 〈페이스 더 선〉에서 함께하게 돼 기대가 큽니다.** 이미 말씀드린 것처럼, 제가 직접 쓴 뮤지컬을 연출하는 건 처음이에요.
남 정말 감격스러우시겠어요. 제가 디자인한 의상을 일부 보여 드릴게요. 보내 주신 메모를 참고하긴 했는데, 뮤지컬에 동작이 많이 포함되어 있어서, **11 배우들이 춤출 때 제약을 주지 않을 좀 더 가벼운 직물로 선택했어요.**
여 와, **12 이 디자인은 정말 멋지네요. 그런데 상당히 복잡해 보여요. 개막일이 이제 석 달 뒤예요.**
남 실제보다 더 어려워 보여요. 승인해 주시면, 재봉사들이 시작할 수 있을 거예요.

어휘 look forward to ~을 기대하다 | upcoming 곧 있을 | musical 뮤지컬 | theater 연극 | performance 공연 | direct 연출하다 | on one's own 혼자서 | thrilled 감격한, 흥분한 | costume 의상 | design 디자인하다, 설계하다 | refer to ~을 참고하다 | note 메모 | involve 포함하다 | movement 동작 | choose 선택하다 | lighter 더 가벼운 | fabric 천, 직물 | restrict 제약을 주다 | intricate 복잡한 | dressmaker 재봉사 | approval 승인

10. 대화는 주로 무엇에 관한 것인가?
(A) 의류 라인 출시
(B) 댄스 쇼 동작
(C) 패션 브랜드
(D) 연극 공연

해설 ① **문제 확인:** What, conversation, about → 대화의 주제
② **단서 찾기:** 대화의 주제를 언급하는 전반부에 집중. I'm really looking forward to working with you on the upcoming musical theater performance, Face the Sun. "곧 있을 뮤지컬 연극 공연 〈페이스 더 선〉에서 함께하게 돼 기대가 크다."

11. 남자는 왜 더 가벼운 직물을 선택했는가?
(A) 제조하기 용이하다.
(B) 운반하기 용이하다.
(C) 활동하기 용이하다.
(D) 세탁하기 용이하다.

해설 ① **문제 확인:** Why, the man, choose, lighter fabrics → 남자가 더 가벼운 직물을 선택한 이유
② **단서 찾기:** choose, lighter fabrics를 키워드로 삼아 남자의 대사에서 단서 포착. I chose lighter fabrics that won't restrict the actors when they dance. "배우들이 춤출 때 제약을 주지 않을 좀 더 가벼운 직물로 선택했다."

12. 여자는 "개막일이 이제 석 달 뒤예요"라고 말할 때 무엇을 의도하는가?
(A) 일부 작업이 다시 이루어져야 할 것이다.
(B) 일부 교육이 진행되어야 한다.
(C) 직원 추가 고용은 어려울 것이다.
(D) 프로젝트가 제때 끝나지 않을지도 모른다.

해설 ① **문제 확인:** "The opening date is just three months away" → 여자가 "~"라고 말한 의도
② **단서 찾기:** 해당 문장에 연결된 전후 문맥 파악. these designs are wonderful. But they seem quite intricate. "이 디자인은 정말 멋지다. 그런데 상당히 복잡해 보인다." → The opening date is just three months away. "개막일이 이제 석 달 뒤다." → 디자인이 복잡해서 석 달 뒤의 개막일까지 제작되지 못할 수도 있다고 생각한다.

호주 ↔ 미국

Questions 13-15 refer to the following conversation and price plan.

M Elaine, 13 I'm having trouble coordinating online public relations meetings with our clients in Seattle.
W What's wrong?
M Both Randall and I wanted to pitch our proposals to the clients. 14 We tried to share our screens, but we weren't able to do that. Only one of us could, so we had to take turns.
W There's a simple solution to that. We need to subscribe to a paid membership plan.
M Do you have any details about the plans?
W Here you are. 15 We always have less than 20 people in our meetings.

13-15번은 다음 대화와 요금제에 관한 문제입니다.

남 일레인, **13 시애틀에 있는 고객과 온라인 홍보 회의를 조율하는 데 문제가 있어요.**
여 무슨 일이에요?
남 랜들과 저 둘 다 고객에게 우리의 제안을 선보이고 싶었어요. **14 저희가 화면을 공유하려고 했는데, 그렇게 하지 못했어요. 둘 중 한 명만 할 수 있어서, 교대로 해야 했어요.**
여 간단한 해결책이 있어요. 유료 회원제에 가입하면 돼요.
남 회원제에 관한 세부 정보 있으세요?
여 여기 있어요. **15 우리 회의 인원은 언제나 20명 미만이에요.**

서비스 요금제	
요금제	**참여 인원수**
브론즈	최대 25명
실버	최대 50명
골드	최대 100명
플래티넘	최대 300명

어휘 coordinate 조율하다 | public relations 홍보 | pitch 선보이다, 홍보하다 | proposal 제안(서) | take turns 교대로 하다 | simple 간단한 | solution 해결책 | subscribe 가입하다, 구독하다 | paid 유료의 | membership plan 회원제 | detail 세부 사항[정보] | less than ~ 미만, ~보다 적은 | maximum 최대의

13. 화자들은 어떤 종류의 기업에서 일하겠는가?

(A) 홍보 대행사

(B) 회계 사무소

(C) 의료 서비스 업체

(D) 법률 회사

해설 ① **문제 확인:** What type, company, the speakers, work → 화자들이 일하는 업종

② **단서 찾기:** 특정 직업이나 장소를 알 수 있는 단어나 표현 포착. I'm having trouble coordinating online public relations meetings with our clients in Seattle "시애틀에 있는 고객과 온라인 홍보 회의를 조율하는 데 문제가 있다"

14. 남자는 회의에 관해 어떤 문제를 언급하는가?

(A) 접속이 끊긴다.

(B) 파일을 전송할 수 없다.

(C) 시간대가 서로 다르다.

(D) 한 화면을 공유할 수밖에 없다.

해설 ① **문제 확인:** What problem, the man, about meetings → 남자가 언급하는 미팅에 관한 문제점

② **단서 찾기:** 문제에 언급된 남자의 말에 집중하고, 부정 표현 포착. We tried to share our screens, but we weren't able to do that. Only one of us could, so we had to take turns. "우리가 화면을 공유하려고 했는데, 그렇지 하지 못했다. 둘 중 한 명만 할 수 있어서, 교대로 해야 했다."

15. 시각 정보를 보시오. 여자는 어떤 구독을 주문하겠는가?

(A) 브론즈

(B) 실버

(C) 골드

(D) 플래티넘

해설 ① **문제 확인:** Which subscription, the woman, order → 여자가 주문하는 구독

② **단서 찾기:** 시각 정보를 미리 파악한 후 subscription을 키워드로 삼아 해당 내용과 시각 정보 매칭. We always have less than 20 people in our meetings. "우리 회의 인원은 언제나 20명 미만이다." → 시각 정보에서 회의 참여 인원수가 20명 미만인 요금제 확인 → Bronze(브론즈)

영국 ↔ 호주

Questions 16-18 refer to the following conversation and advertisement.

W This is the customer hotline for Westwood Fashion. How can I help you?

M Hello. I'm having trouble with the autumn promotion page on your website. 16 When I try to make the payment, an error message pops up.

W We're sorry. Let me help you make a purchase over the phone.

M OK. If I order now, 17 when will you ship the item?

W 17 Tomorrow. You can expect it within five business days.

M I see. 18 I'd like a pair of brown shoes in size 9.

W The shoes. Can you tell me your credit card number, please?

16-18번은 다음 대화와 광고에 관한 문제입니다.

여 웨스트우드 패션의 고객 상담 서비스입니다. 무엇을 도와드릴까요?

남 안녕하세요. 그쪽 웹사이트에 올라온 가을 프로모션 페이지에서 문제를 겪고 있어서요. 16 **결제하려고 하면, 오류 메시지가 나타나요.**

여 죄송합니다. 전화상으로 구매하시는 걸 도와드리겠습니다.

남 좋아요. 지금 주문하면, 17 **물건을 언제 발송하시나요?**

여 17 **내일입니다.** 영업일 5일 이내에 받으실 거라 예상됩니다.

남 그렇군요. 18 **갈색 구두 9 사이즈 한 켤레를 주문할게요.**

여 그 신발이요. 신용카드 번호를 알려 주시겠습니까?

웨스트우드 패션
남성복 가을 프로모션
울 코트
250달러
버튼다운 셔츠
60달러
가죽 로퍼
180달러
청바지
100달러

어휘 hotline 상담 서비스 전화 | have trouble with ~으로 문제를 겪다 | make a payment 결제하다, 납부하다 | pop up (불쑥) 나타나다, 튀어나오다 | ship 발송하다, 출하하다 | leather 가죽 | loafers 로퍼(끈 없는 구두), 간편화

16. 남자는 어떤 문제가 있는가?

(A) 주문이 처리될 수 없다.

(B) 웹사이트에 접속할 수 없다.

(C) 제품을 이용할 수 없다.

(D) 할인이 적용될 수 없다.

해설 ① **문제 확인:** What problem, the man → 남자가 겪는 문제점

② 단서 찾기: 문제에 언급된 남자의 말에 집중하고, 부정 표현 포착. When I try to make the payment, an error message pops up. "결제하려고 하면, 오류 메시지가 나타난다."

17. 여자는 내일 무슨 일이 일어날 거라고 말하는가?
(A) 송장이 이메일로 전송될 것이다.
(B) 물건이 발송될 것이다.
(C) 웹사이트가 업데이트될 것이다.
(D) 새로운 지점이 문을 열 것이다.

해설 ① 문제 확인: What, happen, tomorrow → 내일 일어날 일
② 단서 찾기: tomorrow를 키워드로 삼아 단서 포착. M: when will you ship the item "물건을 언제 발송하는가" → W: Tomorrow. "내일이다."

18. 시각 정보를 보시오. 남자가 사고 싶어 하는 물건의 가격은 얼마인가?
(A) 250달러
(B) 60달러
(C) 180달러
(D) 100달러

해설 ① 문제 확인: What, price, item, the man, buy → 남자가 사고 싶어 하는 물건의 가격
② 단서 찾기: 시각 정보를 미리 파악한 후 질문과 관련한 내용과 시각 정보 매칭. I'd like a pair of brown shoes in size 9. "갈색 구두 9 사이즈 한 켤레를 주문하겠다." → 시각 정보에서 구두의 가격 확인 → $180(180달러)

UNIT 12. 후반부 문제 유형

핵심 문제 유형

본서 p.162

1. (C) 2. (A)

1번은 다음 대화에 관한 문제입니다.

남 부스터 스포츠입니다. 오늘 무엇을 도와드릴까요?
여 안녕하세요. 제가 며칠 전에 이 상점에서 등산용 배낭을 샀는데요, 반품을 하려고요. 한 번 사용했는데, 끈이 벌써 떨어졌어요. 이해가 안 되네요. 이 브랜드 제품을 구입한 게 이번이 처음은 아니에요.
남 불편을 드려 죄송합니다. 이런 건 처음 보네요. 특수 상황이니 환불을 해 드릴 수 있을 거예요. 영수증을 가져오셨나요?
여 네, 여기 있어요.
남 잠시만 기다려 주세요. **1 배낭에 관해 후기 작성하는 걸 고려해 보세요.** 제품 디자이너들이 고객 피드백을 중요하게 생각해요.

어휘 hiking backpack 등산 배낭 | return 반품하다 | strap 끈 | fall off 떨어지다 | inconvenience 불편 | refund 환불 | circumstance 상황 | bring 가져오다 | receipt 영수증 | hold on 잠시만요 | value 소중하게[중요하게] 생각하다 | customer feedback 고객 피드백

1. 남자는 여자에게 무엇을 하라고 제안하는가?
(A) 회원에 등록한다
(B) 간판을 내걸다
(C) 후기를 쓴다
(D) 남자의 상사에게 이야기한다

해설 ① 문제 확인: What, the man, suggest → 남자가 제안하는 것 ··· 남자의 말에서 제안을 나타내는 표현인 I suggest나 you should 등의 뒤 내용을 집중해서 듣는다.
② 단서 찾기: 남자의 대사에서 제안 표현 포착. You know, you should think about posting a review about the backpack. "배낭에 관해 후기 작성하는 걸 고려해 봐라."

2번은 다음 대화에 관한 문제입니다.

남 안녕하세요, 프레데릭 씨. 뒷마당에 벚꽃 나무를 치우러 왔습니다.
여 네, 당신과 당신 팀이 오시기를 기다리고 있었어요. 그립겠지만요. 저희 가족과 저는 매년 봄마다 꽃피는 걸 보기를 즐겼는데, 슬프게도 나무 가운데가 썩어버렸어요.
남 그러시군요. 저희는 전기톱을 사용할 계획이에요. 소음에 미리 양해 말씀을 드립니다. 너무 심하게 폐가 되지 않길 바랍니다.
여 걱정 마세요. 어차피 저는 출근해야 해요. 저는 나무를 교체하고 싶어요. 묘목도 판매하세요?
남 아니요. 그런데 **2 저희와 긴밀히 협력 작업하는 정원사가 판매해요. 제가 트럭에서 명함을 가져올게요.**

어휘 take down ~을 (해체하여) 치우다 | cherry blossom 벚꽃 | backyard 뒷마당 | crew (작업) 반, 팀 | miss 그리워하다 | sadly 슬프게도, 유감스럽게도 | center 한가운데, 중심 | rot 썩다 | chainsaw 전기톱 | apologize 사과하다 | in advance 미리 | noise 소음 | hopefully 바라건대 | bother 신경 쓰이게 하다 | replace 교체하다 | sapling 묘목 | landscaper 정원사

2. 남자는 다음에 무엇을 하겠는가?
(A) 여자에게 연락처를 준다
(B) 여자를 위해 사다리를 가져온다
(C) 대금을 수금한다
(D) 설계도를 보여 준다

해설 ① 문제 확인: What, the man, do next → 남자가 다음에 할 일 ··· 후반부에 질문의 키워드로 등장하는 화자가 직접 말하는 미래 시제 표현이나 상대방이 마지막에 제안하는 사항을 집중해서 듣는다.
② 단서 찾기: 남자의 대사에서 미래 시제 표현 포착. we work closely with a landscaper who does. Let me get his card from the truck. "우리와 긴밀히 협력 작업하는 정원사가 판매한다. 내가 트럭에서 명함을 가져오겠다."

Warm-up

본서 p.163

1. (A) 2. (B) 3. (A) 4. (B) 5. (A)

미국 ↔ 영국

Question 1 refers to the following conversation.

M You know, our latest line of accessories, particularly the new beaded bags, has become very popular overseas. We've had orders from Holland, Japan, and Mexico.

W Yes, that's good news. But we still have a long way to go. If we want to expand our business overseas, we should hire a marketing agency to promote our products internationally.

1번은 다음 대화에 관한 문제입니다.

남 있잖아요, 우리의 최신 액세서리 제품들, 특히 구슬로 장식된 새 가방들이 해외에서 매우 인기가 있어요. 네덜란드, 일본, 멕시코에서 주문이 들어왔어요.

여 네, 좋은 소식이네요. 하지만 아직 갈 길이 멀어요. 우리 사업을 해외로 확장하고 싶다면, 국제적으로 **우리 제품들을 홍보하기 위해 마케팅 대행사를 고용해야 해요.**

어휘 beaded 구슬로 장식된 | overseas 해외에 | expand 확장하다 | hire 고용하다 | agency 대행사 | promote 홍보하다 | internationally 국제적으로

1. 여자는 무엇을 하는 것을 추천하는가?
(A) 마케팅 대행사를 고용하는 것
(B) 해외 지사를 방문하는 것

해설 ① 문제 확인: What, the woman, recommend → 여자가 추천하는 것
② 단서 찾기: 여자의 대사에서 제안·권유 표현 포착. we should hire a marketing agency to promote our products "우리 제품들을 홍보하기 위해 마케팅 대행사를 고용해야 한다"

호주 ↔ 미국

Question 2 refers to the following conversation.

M Can you tell me how many barbecue grills there are? We're going to be making hot dogs.

W There are eight grills in the picnic area, but you'll probably have to rent some extra ones. I'll give you the number of a local rental company that a lot of people use.

2번은 다음 대화에 관한 문제입니다.

남 바비큐 그릴이 몇 개 있는지 알려 주실 수 있나요? 저희가 핫도그를 만들 거라서요.

여 야유회장에 그릴이 8개 있지만, 추가로 몇 개 더 **빌리셔야 할 거예요.** 많은 사람이 이용하는 **지역 대여점의 전화번호를 드릴게요.**

어휘 grill 석쇠 | picnic area 소풍 구역 | rent 빌리다 | extra 추가의 | local 지역의 | rental company 대여점

2. 여자는 무엇을 제안하는가?
(A) 다른 장소를 예약하는 것
(B) 대여점에 전화하는 것

해설 ① 문제 확인: What, the woman, suggest → 여자가 제안하는 것
② 단서 찾기: 여자의 대사에서 제안 표현 포착. you'll probably have to rent "당신은 빌려야 할 것이다" → I'll give you the number of a local rental company "내가 지역 대여점의 전화번호를 주겠다"

영국 ↔ 호주

Question 3 refers to the following conversation.

W I want to replace the data software program in the list with a different one. It's a bit more expensive, but it will definitely be more useful for my department's work.

M OK, since it's just one item, it won't be a problem. Just let me know what the cost difference is, and I'll make the change now.

3번은 다음 대화에 관한 문제입니다.

여 목록에 있는 데이터 소프트웨어 프로그램을 다른 것으로 변경하고 싶어요. 조금 더 비싸지만, 제 부서의 업무에 분명히 더 유용할 거예요.

남 네, 한 가지 항목이니까 문제가 되지 않을 거예요. **비용 차액을 알려 주시기만 하면**, 지금 수정할게요.

어휘 replace 변경[대체]하다 | definitely 분명히 | useful 유용한

3. 남자는 무엇을 요청하는가?
(A) 가격 정보
(B) 소프트웨어 사양

해설 ① 문제 확인: What, the man, ask for → 남자가 요청하는 것
② 단서 찾기: 남자의 대사에서 요청 표현 포착. Just let me know what the cost difference is "비용 차액을 나에게 알려 달라"
③ Paraphrasing: (지문 → 정답)
cost difference → Pricing information

미국 ↔ 미국

Question 4 refers to the following conversation.

M Actually, I'd like to find out more about the area, so I think a short-term contract would be better. Then if I find another neighborhood that I like better, I can move without paying a penalty.

W Hmm, I see. I think we have a few places available for short-term leases. Have a seat, and I'll have a look at the listings on our computer.

4번은 다음 대화에 관한 문제입니다.

남 사실, 그 동네에 대해 더 알고 싶어요. 그래서 단기 계약이 나을 것 같아요. 그러고 나서 만약 제가 더 좋아하는 다른 동네를 찾으면, 위약금을 지불하지 않고 이사 갈 수 있을 테니까요.

여 흠, 그렇군요. 단기 임대차 계약을 할 수 있는 곳이 몇 군데 있어요. 앉으세요. **저희 컴퓨터에서 명단들을 살펴볼게요.**

어휘 find out 알아내다 | short-term contract 단기 계약 | penalty 위약금 | lease 임대차 계약; 임대하다 | listing 명단, 목록

4. 여자는 다음에 무엇을 할 것이라고 말하는가?
(A) 요금을 지불한다
(B) 정보를 확인한다

해설 ① 문제 확인: What, the woman, do next → 여자가 다음에 할 일
② 단서 찾기: 여자의 대사에서 미래 시제 표현 포착. I'll have a look at the listings on our computer "우리 컴퓨터에서 명단들을 살펴보겠다"
③ Paraphrasing: (지문 → 정답)
look at ~ listings → Check some information

호주 ↔ 영국

Question 5 refers to the following conversation.

M Hello, Clara. I'm putting together the product catalog for next year. I'm trying to add photos of our new items, but they're not coming out well.
W I see what the problem is. The photos are so dark. That's why you can't see the products clearly.
M Oh, I see. Do you know how to adjust them so that they're brighter?
W Yes. Send the files to me, and I'll fix them with photo editing software. It shouldn't take too long.

5번은 다음 대화에 관한 문제입니다.

남 안녕하세요, 클라라. 내년 제품 카탈로그를 만들고 있는데요. 우리 신제품 사진들을 추가하려고 하는데, 그게 잘 안 돼요.
여 문제가 뭔지 알겠어요. 사진들이 너무 어두워요. 그래서 제품들을 명확하게 볼 수 없는 거예요.
남 아, 그렇군요. 더 밝게 하기 위해서 어떻게 조절해야 하는지 알아요?
여 네. 저한테 파일을 보내시면 **제가 사진 편집 소프트웨어로 수정할게요.** 그렇게 오래 걸리지 않을 거예요.

어휘 put together ~을 만들다 | add 추가하다 | come out (사진이) 잘 나오다 | clearly 명확하게 | adjust 조절[조정]하다 | fix 수정하다, 바로잡다 | editing 편집

5. 여자는 문제를 해결하기 위해서 무엇을 할 것인가?
(A) 소프트웨어를 사용한다
(B) 수리공에게 연락한다

해설 ① 문제 확인: What, the woman, do, to solve, problem → 여자가 문제 해결을 위해 할 일
② 단서 찾기: 부정 표현 언급 뒤에 나오는 여자의 대사에서 해결책 제안·권유 표현 포착. I'll fix them with photo editing software "사진 편집 소프트웨어로 수정하겠다"
③ Paraphrasing: (지문 → 정답)
photo editing software → some software

Practice

본서 p.164

1. (B)	2. (C)	3. (D)	4. (D)	5. (A)	6. (C)
7. (A)	8. (D)	9. (A)	10. (A)	11. (B)	12. (D)
13. (D)	14. (C)	15. (A)	16. (C)	17. (A)	18. (A)

미국 ↔ 호주

Questions 1-3 refer to the following conversation.

W 1 I would like to know what the focus group thought about the new home office desk we showed them.
M 1 Overall, the response in the session my team ran was quite positive. They really liked how it could fold up to save on space. 2 However, they did comment on the type of wood used. They felt that it was too rough.
W 2 Hmm, OK. I'll relay that to my team and see if we can provide options on different materials. 3 Let me touch base with our supplier and get some quotes.

1-3번은 다음 대화에 관한 문제입니다.

여 1 **포커스 그룹에서 저희가 선보인 신규 홈 오피스용 책상에 대해 어떻게 생각하는지 알고 싶어요.**
남 1 **전반적으로, 저희 팀이 진행한 모임에서의 반응은 꽤 긍정적이었어요.** 공간을 절약할 수 있게 접힌다는 걸 몹시 마음에 들어 했어요. 2 **그런데, 사용된 나무 종류에 대해 의견이 있었어요. 나무가 너무 거칠다고 느꼈어요.**
여 2 **흠, 그렇군요. 제가 팀에 그 내용을 전달하고 다른 자재에 대한 선택권을 제공할 수 있는지 알아볼게요.** 3 **공급업체에 연락해서 견적을 받아 볼게요.**

어휘 focus group 포커스 그룹(시장 조사나 여론 조사를 위해 각 계층을 대표하도록 뽑은 소수의 사람들로 이뤄진 그룹) | overall 전반적으로 | response 반응 | run (강좌 등을) 운영하다 | fold up 접히다 | save on ~을 절약하다 | space 공간 | comment 의견을 말하다, 논평하다 | rough 거친, 매끈하지 않은 | relay 전달하다 | option 선택권 | material 자재 | touch base with ~와 연락하다, 협의[대화]하다 | supplier 공급업체 | quote 견적

1. 남자는 어느 부서에서 일하겠는가?
(A) 인사
(B) 마케팅
(C) 제품 디자인
(D) 유지 보수

해설 ① 문제 확인: Which department, the man, work → 남자가 일하는 부서
② 단서 찾기: 특정 업무나 부서를 알 수 있는 단어나 표현 포착. W: I would like to know what the focus group thought about the new home office desk we showed them. "포커스 그룹에서 우리가 선보인 신규 홈 오피스용 책상에 대해 어떻게 생각하는

지 알고 싶다." → M: Overall, the response in the session my team ran was quite positive. "전반적으로, 우리 팀이 진행한 모임에서의 반응은 꽤 긍정적이었다."

2. 제품의 어떤 특징이 논의되고 있는가?
(A) 주문형 크기 조정
(B) 다양한 색상 선택
(C) 매끈한 자재
(D) 추가 선반

해설 ① **문제 확인:** What characteristic, product, discussed → 논의되고 있는 제품의 특징
② **단서 찾기:** 제품 특징과 관련된 단어나 표현 포착. M: However, they did comment on the type of wood used. They felt that it was too rough. "그런데, 사용된 나무 종류에 대해 의견이 있었다. 나무가 너무 거칠다고 느꼈다." → W: Hmm, OK. I'll relay that to my team and see if we can provide options on different materials. "흠, 그렇군. 내가 팀에 그 내용을 전달하고 다른 자재에 대한 선택권을 제공할 수 있는지 알아보겠다."

3. 여자는 무엇을 할 것이라고 말하는가?
(A) 견본을 제작한다
(B) 팀과 의논한다
(C) 광고를 낸다
(D) 공급업체에 연락한다

해설 ① **문제 확인:** What, the woman, will do → 여자가 할 일
② **단서 찾기:** 대화 후반부 여자의 대사에서 미래 시제 표현 포착. Let me touch base with our supplier and get some quotes. "공급업체에 연락해서 견적을 받아 보겠다."
③ **Paraphrasing:** (지문 → 정답)
touch base with → Contact

미국 ↔ 영국

Questions 4-6 refer to the following conversation.

M Anna, **4** how are you feeling about your transfer to the Shanghai branch?
W **4** It's my first time living abroad. I need to get an apartment and learn more about the city.
M Doesn't the company provide some assistance?
W They do. But aside from my coworkers, I won't have any friends in Shanghai.
M **5** Come to think of it, you should download this mobile application called *Link Me*. It will connect you to a network of residents who are new to the area. It's great for making social connections.
W That sounds great. Thanks!
M **6** I also have a guide that I bought last year when I traveled to Shanghai. I found it really helpful. You can borrow it if you want.

4-6번은 다음 대화에 관한 문제입니다.

남 안나, **4 상해 지사로 이동하는 거에 대해 기분이 어때요?**
여 **4 해외에 사는 게 이번이 처음이에요.** 아파트를 구해야 하고 도시에 대해 좀 더 알아봐야 해요.
남 회사에서 지원을 좀 해 주지 않나요?
여 해줘요. 그런데 동료들 말고는, 상해에 친구가 없을 거예요.
남 **5 그러고 보니, 이 〈링크 미〉라는 핸드폰 앱을 다운로드하세요. 그 지역으로 새로 이사 온 주민 모임에 연결해 줄 거예요. 그 앱은 사회관계를 맺는 데 정말 좋아요.**
여 좋을 것 같아요. 감사합니다!
남 **6 그리고 제가 작년에 상해로 여행 갈 때 구매한 안내 책자가 있어요. 정말 유용했거든요. 원하시면 빌려드릴게요.**

어휘 transfer 이동, 전근 | branch 지사, 지점 | abroad 해외로 | assistance 도움, 지원 | aside from ~외에는, ~을 제외하고 | coworker 동료 | connect 연결하다 | resident 주민 | make connections 관계를 맺다, 인맥을 만들다 | guide 안내 책자, 안내; 안내하다 | helpful 유용한, 도움이 되는

4. 여자는 "해외에 사는 게 이번이 처음이에요"라고 말할 때 무엇을 의도하는가?
(A) 마감일에 대해 걱정한다.
(B) 다른 도시로 이주하는 것에 반대한다.
(C) 프로젝트를 완료할 수 없다.
(D) 변화에 대해 걱정한다.

해설 ① **문제 확인:** "It's my first time living abroad" → 여자가 "~"라고 말한 의도
② **단서 찾기:** 해당 문장에 연결된 전후 문맥 파악. M: how are you feeling about your transfer to the Shanghai branch "상해 지사로 이동하는 거에 대해 기분이 어떤가" → W: It's my first time living abroad. "해외에 사는 게 이번이 처음이다." → 해외 거주가 처음이라 걱정된다.

5. 남자는 핸드폰 앱이 무엇에 사용된다고 말하는가?
(A) 사회적 교류
(B) 호텔 숙박
(C) 식당 예약
(D) 아파트 목록

해설 ① **문제 확인:** What, the man, say, mobile application, used for → 남자가 말하는 핸드폰 앱의 용도
② **단서 찾기:** mobile application, used for를 키워드로 삼아 남자의 대사에서 단서 포착. Come to think of it, you should download this mobile application called Link Me. It will connect you to a network of residents who are new to the area. It's great for making social connections. "그러고 보니, 이 〈링크 미〉라는 핸드폰 앱을 다운로드해라. 그 지역으로 새로 이사 온 주민 모임에 연결해 줄 거다. 그 앱은 사회관계를 맺는 데 정말 좋다."
③ **Paraphrasing:** (지문 → 정답)
making social connections → Social networking

6. 남자는 무엇을 해주겠다고 제안하는가?

(A) 대행사에 전화한다

(B) 프로그램을 설치한다

(C) 책을 빌려준다

(D) 투어를 시켜 준다

해설 ① 문제 확인: What, the man, offer → 남자가 제안하는 것

② 단서 찾기: 대화 후반부 남자의 대사에서 제안 표현 포착. I also have a guide that I bought last year when I traveled to Shanghai. I found it really helpful. You can borrow it if you want. "그리고 내가 작년에 상해로 여행 갈 때 구매한 안내 책자가 있다. 정말 유용했다. 원하면 빌려주겠다."

③ Paraphrasing: (지문 → 정답)
guide → book

호주 ↔ 영국

Questions 7-9 refer to the following conversation.

M Good to have you back, Amy. **7** How was Mexico? I heard you went there to negotiate with our current clients and to possibly find some new ones. How'd that go?

W Well, I may have a lead on a big company called Zamora, Inc. **8** They really liked the price of our video editing software, but the only issue was that it doesn't have that many features.

M Well, they may like our platinum version then. It's more expensive, but it may be more suited to their needs. **9** I think we should send them a two-month trial version, so they can see for themselves.

7-9번은 다음 대화에 관한 문제입니다.

남 다시 만나니 반갑네요, 에이미. **7 멕시코는 어떻던가요? 현재 고객과 협상도 하고 새로운 고객들도 찾을 겸 해서 갔다고 들었어요.** 어떻게 됐어요?

여 음, 자모라 주식회사라는 대기업에 대한 실마리를 제가 쥐고 있는 것 같아요. **8 그쪽에서 저희의 비디오 편집 소프트웨어의 가격을 아주 마음에 들어 했는데, 그것의 기능이 그다지 많지 않다는 것이 유일한 문제였어요.**

남 음, 그렇다면 플래티넘 버전을 마음에 들어 할 수도 있겠네요. 가격은 좀 더 비싸지만, 그들의 요구에 더 부합할 것 같아요. **9 그쪽에 두 달 체험 버전을 보내서, 직접 확인해 보게 하는 게 좋을 것 같아요.**

어휘 negotiate 협상하다, 교섭하다 | lead 실마리, 우세, 선두 | feature 특색, 특징 | suited 부합하는, 적합한, 어울리는 | trial 체험, 시험 | see for oneself 직접 확인하다

7. 여자는 왜 멕시코에 갔었는가?

(A) 고객을 만나기 위해

(B) 제품에 대해 문의하기 위해

(C) 세미나에 참석하기 위해

(D) 직원을 고용하기 위해

해설 ① 문제 확인: Why, the woman, go to Mexico → 여자가 멕시코에 간 이유

② 단서 찾기: Mexico를 키워드로 삼아 단서 포착. How was Mexico? I heard you went there to negotiate with our current clients and to possibly find some new ones. "멕시코는 어땠는가? 난 당신이 그곳에 현재 고객과 협상도 하고 새로운 고객들도 찾을 겸 해서 갔다고 들었다."

8. 무엇이 문제인가?

(A) 일부 판매 수치가 정확하지 않다.

(B) 비행기 푯값이 너무 비싸다.

(C) 일부 직원들이 훈련이 안 됐다.

(D) 제품의 기능이 제한적이다.

해설 ① 문제 확인: What, problem → 문제점

② 단서 찾기: 부정 표현 포착. They really liked the price of our video editing software, but the only issue was that it doesn't have that many features. "그쪽에서 우리의 비디오 편집 소프트웨어의 가격을 아주 마음에 들어 했는데, 그것의 기능이 그다지 많지 않다는 것이 유일한 문제였다."

③ Paraphrasing: (지문 → 정답)
doesn't have that many features → limited options

9. 남자는 무엇을 추천하는가?

(A) 프로그램에 대한 무료 이용권을 주는 것

(B) 할인해 주는 것

(C) 다른 공급자로 바꾸는 것

(D) 전문 번역가를 고용하는 것

해설 ① 문제 확인: What, the man, recommend → 남자가 추천하는 것

② 단서 찾기: 남자의 대사에서 제안·권유 표현 포착. I think we should send them a two-month trial version, so they can see for themselves. "그쪽에 두 달 체험 버전을 보내서, 직접 확인해 보게 하는 게 좋을 거 같다."

미국 ↔ 호주

Questions 10-12 refer to the following conversation.

W Hi, Jalen. What are you doing right now?

M **10 11** I'm preparing for the assembly workers' training workshop this afternoon.

W Oh, **11** Dorothy is participating too, right?

M **11** Actually, Dorothy is meeting with an important client.

W Ah, OK. What's the workshop going to be about?

M **12** It'll focus on how to operate the new assembly machines that are going to be installed next week. We're hoping that these state-of-the-art machines will speed up production so that we can accept more orders.

10-12번은 다음 대화에 관한 문제입니다.

여 안녕하세요, 제일런. 지금 뭐 하세요?

남 **10 11 저는 오늘 오후에 있을 조립 라인 직원들 교육 워크숍을 준비하는 중이에요.**

여 아, **11 도로시도 참여하는 거죠, 그렇죠?**

남 **11 실은, 도로시는 중요한 고객과 만날 거예요.**

여 아, 그렇군요. 워크숍에서는 무슨 내용을 다루나요?
남 12 **다음 주에 설치될 예정인 새 조립 기계 조작하는 법에 중점을 둘 거예요.** 우리는 이 최신 기기들이 생산 속도를 높여 우리가 더 많은 주문을 받을 수 있길 바라고 있어요.

어휘 assembly 조립 | training 교육, 연수 | participate 참여하다 | focus on ~에 중점을 두다 | operate 조작하다, 가동하다 | state-of-the-art 최신의 | speed up ~의 속도를 높이다 | accept 받아들이다, 수락하다

10. 화자들은 어디에서 일하겠는가?
(A) 제조 공장에서
(B) 제작사에서
(C) 피트니스 센터에서
(D) 식료품점에서

해설 ① 문제 확인: Where, the speakers, work → 화자들이 일하는 곳
② 단서 찾기: 특정 직업이나 장소를 알 수 있는 단어나 표현 포착. I'm preparing for the assembly workers' training workshop this afternoon. "나는 오늘 오후에 있을 조립 라인 직원들 교육 워크숍을 준비하는 중이다."

11. 남자는 "도로시는 중요한 고객과 만날 거예요"라고 말할 때 무엇을 의도하는가?
(A) 계약이 수정되어야 한다.
(B) 동료가 교육에 참여할 수 없다.
(C) 프로젝트에 더 많은 팀원이 필요하다.
(D) 방이 예약되어야 한다.

해설 ① 문제 확인: "Dorothy is meeting with an important client" → 남자가 "~"라고 말한 의도
② 단서 찾기: 해당 문장에 연결된 전후 문맥 파악. M: I'm preparing for the assembly workers' training workshop this afternoon. "나는 오늘 오후에 있을 조립 라인 직원들 교육 워크숍을 준비하는 중이다." → W: Dorothy is participating too, right? "도로시도 참여하는가?" → M: Actually, Dorothy is meeting with an important client. "실은, 도로시는 중요한 고객과 만날 예정이다." → 고객과의 약속이 있어서 교육에 올 수 없다.

12. 다음 주에 무슨 일이 일어날 것인가?
(A) 사업체가 문을 닫을 것이다.
(B) 새로운 직원들이 채용될 것이다.
(C) 조사관이 방문할 것이다.
(D) 일부 장비가 설치될 것이다.

해설 ① 문제 확인: What, happen, next week → 다음 주에 일어날 일
② 단서 찾기: next week을 키워드로 삼아 단서 포착. It'll focus on how to operate the new assembly machines that are going to be installed next week. "다음 주에 설치될 예정인 새 조립 기계 조작하는 법에 중점을 둘 거다."
③ Paraphrasing: (지문 → 정답)
machines → equipment / be installed → be set up

미국 ↔ 호주

Questions 13-15 refer to the following conversation and map.

W Hey, Derek. I got the list of available office spaces you wanted. 13 They're all big enough for our café, but the closer to the mall the office is, the more expensive.
M 14 Well, I'd like to avoid paying a lot in rent if it's avoidable.
W 14 In that case, I think being near the supermarket would be beneficial for us. And it'll be close enough to the mall to attract customers from there, but not close enough to be too expensive.
M That's a good choice. 15 Would you mind calling the realtor and organizing a tour? I'd like to take a look as soon as possible.

13-15번은 다음 대화와 지도에 관한 문제입니다.

여 안녕하세요, 데릭. 당신이 원했던 이용 가능한 사무 공간 명단을 받았어요. 13 **그곳들 모두 우리 카페용으로 충분히 큽니다, 하지만 쇼핑몰과 가까울수록 더 비싸요.**
남 14 **음, 피할 수 있다면 임대료를 많이 내지 않으면 좋겠어요.**
여 14 **그렇다면, 슈퍼마켓 근처에 있는 게 우리에게 이로울 것 같아요. 그리고 그곳 손님들을 끌어올 수 있을 만큼 쇼핑몰에서 충분히 가깝지만, 너무 비쌀 정도로 가깝지는 않아요.**
남 좋은 선택이에요. 15 **공인 중개사에게 전화해서 방문 일정을 준비해 주시겠어요?** 가능한 한 빨리 보고 싶어요.

어휘 available 이용 가능한 | rent 임대료, 집세 | avoidable 피할 수 있는 | beneficial 이로운, 유리한 | attract 끌어들이다 | realtor 공인 중개사, 부동산 중개인

13. 화자들은 누구이겠는가?
(A) 식당 주인
(B) 박물관 큐레이터
(C) 공인 중개사
(D) 바리스타

해설 ① 문제 확인: Who, the speakers → 화자들의 정체
② 단서 찾기: 특정 직업이나 장소를 알 수 있는 단어나 표현 포착. They're all big enough for our café, but the closer to the mall the office is, the more expensive. "그곳들 모두 우리 카페용으로 충분히 크다, 하지만 쇼핑몰과 가까울수록 더 비싸다."

PART 3 UNIT 12

14. 시각 정보를 보시오. 여자는 어느 건물이 좋다고 하는가?

(A) 1번 건물

(B) 2번 건물

(C) 3번 건물

(D) 4번 건물

해설 ① **문제 확인:** Which building, the woman, likes → 여자가 좋아하는 건물

② **단서 찾기:** 시각 정보를 미리 파악한 후 질문과 관련한 내용과 시각 정보 매칭. M: Well, I'd like to avoid paying a lot in rent if it's avoidable. "음. 피할 수 있다면 임대료를 많이 내지 않으면 좋겠다." → W: In that case, I think being near the supermarket would be beneficial for us. And it'll be close enough to the mall to attract customers from there, but not close enough to be too expensive. "그렇다면, 슈퍼마켓 근처에 있는 게 우리에게 이로울 것 같다. 그리고 그곳 손님들을 끌어올 수 있을 만큼 쇼핑몰에서 충분히 가깝지만, 너무 비쌀 정도로 가깝지는 않다." → 시각 정보에서 슈퍼마켓 근처에 있는 건물(1번 건물, 3번 건물) 중, 쇼핑몰과는 약간 거리를 둔 건물 확인 → Building 3(3번 건물)

---

15. 남자는 여자에게 무엇을 하라고 요청하는가?

(A) 중개인과 얘기한다

(B) 면접 일정을 준비한다

(C) 파일을 업데이트한다

(D) 설문 조사를 실시한다

해설 ① **문제 확인:** What, the man, ask → 남자가 요청하는 것

② **단서 찾기:** 대화 후반부 남자의 대사에서 요청 표현 포착. Would you mind calling the realtor and organizing a tour? "공인중개사에게 전화해서 방문 일정을 준비해 주겠는가?"

③ **Paraphrasing:** (지문 → 정답)
calling the realtor → Speak to an agent

미국 ↔ 영국

Questions 16-18 refer to the following conversation and bar graph.

M Hey, Cora. As you know, 16 the last day for our summer interns is this Friday. I wanted to treat them to a nice lunch for all their efforts over the last few months. Could you give me a recommendation for a decent restaurant?

W Of course. Pierre Steakhouse is a good option. They offer some excellent dishes.

M Ah, thanks. We'll be heading there earlier at 11. Do you think it'd be crowded?

W 17 The restaurant publishes the projected wait times on its social media page. Let's take a look.

M Well, 17 11 should be OK.

W 18 And would you like to take the company card with you? I can take care of the paperwork as long as you bring me the receipt.

16-18번은 다음 대화와 막대그래프에 관한 문제입니다.

남 안녕하세요, 코라. 아시다시피, 16 **저희 여름 인턴들 마지막 근무일이 이번 주 금요일이에요. 지난 몇 달간 애썼으니 맛있는 점심을 대접하고 싶어요. 괜찮은 식당 좀 추천해 주시겠어요?**

여 물론이죠. 피에르 스테이크하우스가 좋은 선택지예요. 거기 음식이 아주 훌륭해요.

남 아, 고마워요. 저희는 11시에 일찍 갈 거예요. 붐빌까요?

여 17 **식당에서 소셜 미디어에 예상 대기 시간을 게재해 줘요.** 한번 봅시다.

남 음, 17 **11시면 괜찮겠어요.**

여 18 **그리고 법인 카드를 가져가시겠어요?** 저한테 영수증을 가져다주시면 제가 서류 처리할 수 있어요.

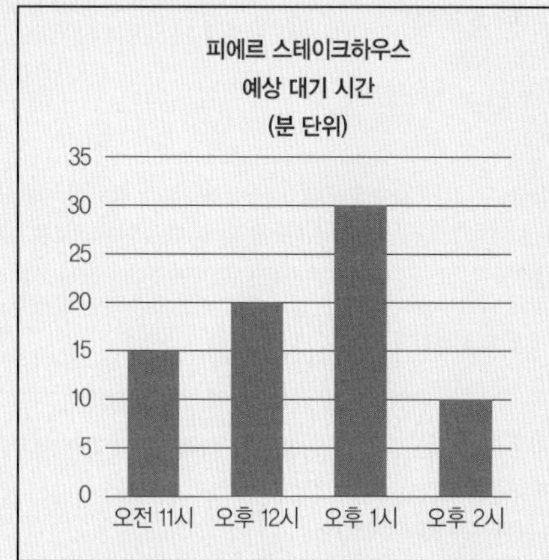

어휘 treat 대접하다 | recommendation 추천 | decent 괜찮은 | dish 요리 | head 가다, 향하다 | crowded (사람들로) 붐비는 | publish 게재하다, 공개하다 | projected 예상된 | wait time 대기 시간 | take a look 한번 보다 | company card 법인 카드 | take care of ~을 처리하다 | paperwork 서류 (작업) | as long as ~하기만 하면 | bring 가져오다 | receipt 영수증

16. 남자는 왜 식당 추천을 요청하는가?

(A) 언론 인터뷰를 할 것이다.

(B) 식당 후기를 작성하고 있다.

(C) 회사 점심 식사를 계획하고 있다.

(D) 몇몇 고객들을 데리고 시내에 갈 것이다.

해설 ① **문제 확인:** Why, the man, asking, restaurant recommendation → 남자가 식당 추천을 요청하는 이유

② **단서 찾기:** restaurant recommendation을 키워드로 삼아 남자의 대사에서 단서 포착. the last day for our summer interns is this Friday. I wanted to treat them to a nice lunch for all their efforts over the last few months. Could you give me a recommendation for a decent restaurant? "우리 여름 인턴들 마지막 근무일이 이번 주 금요일이다. 지난 몇 달간 애썼으니 맛있는 점심을 대접하고 싶다. 괜찮은 식당 좀 추천해 주겠는가?"

---

17. 시각 정보를 보시오. 남자는 테이블을 얼마나 오래 기다리겠는가?

(A) 15분

(B) 20분

(C) 30분

(D) 10분

해설 ① 문제 확인: How long, the man, wait, table → 남자가 테이블을 기다리는 시간

② 단서 찾기: 시각 정보를 미리 파악한 후 How long, wait를 키워드로 삼아 해당 내용과 시각 정보 매칭. W: The restaurant publishes the projected wait times on its social media page. "식당에서 소셜 미디어에 예상 대기 시간을 게재해 준다." → M: 11 should be OK. "11시면 괜찮겠다." → 시각 정보에서 11시의 예상 대기 시간 확인 → 15 minutes(15분)

18. 여자는 남자에게 무엇을 주겠다고 하는가?

(A) 신용카드

(B) 메뉴 사진

(C) 상품권

(D) 길 안내

해설 ① 문제 확인: What, the woman, offer, give → 여자가 주겠다고 제안하는 것

② 단서 찾기: 대화 후반부 여자의 대사에서 제안 표현 포착. And would you like to take the company card with you? "그리고 법인 카드를 가져가겠는가?"

UNIT 13. 화자 의도·시각 정보 문제 유형

핵심 문제 유형

본서 p.169

1. (B) 2. (D)

1번은 다음 대화에 관한 문제입니다.

남 랄프점에 전화 주셔서 감사합니다. 오늘 무엇을 도와드릴까요?

여 안녕하세요. 제가 방금 꽃이 오늘 배송되도록 온라인으로 주문을 넣었는데요.

남 그러시군요. 주문하신 게 파스텔 튤립 선물 상자 맞으세요?

여 네, 그거 맞아요. 동료에게 줄 선물이에요. 오늘이 사무실 근무 마지막 날이라서요. 반드시 오늘 꽃이 그곳에 도착하도록 해야 해요.

남 오후 5시 30분쯤 도착할 거예요.

여 음… **1 그보다 일찍 배송될 수 있게 준비해 주실 수 있으세요?** 퇴직 기념 만찬이 5시에 시작해요.

남 **1 안타깝게도, 오늘은 운전기사가 한 명밖에 없어요.** 하지만 제가 전화해서 사무실에 가장 먼저 사무실을 들를 수 있는지 알아볼게요.

어휘 be of service 도움이 되다 | place an order 주문하다 | deliver 배송하다 | tulip 튤립 | coworker 동료 | retirement 퇴직 | driver 운전기사 | drop by ~에 들르다

1. 남자는 왜 "오늘은 운전기사가 한 명밖에 없어요"라고 말하는가?

(A) 동료의 업적을 칭찬하기 위해

(B) 요청을 이행할 수 없는 이유를 전달하기 위해

(C) 겹치는 일정에 대해 상세히 설명하기 위해

(D) 관리자의 결정을 비판하기 위해

해설 ① 문제 확인: "only one driver is available today" → 남자가 "~"라고 말한 의도

② 단서 찾기: 해당 문장에 연결된 전후 문맥 파악. W: Could you arrange it so that they can be delivered sooner than that? "그보다 일찍 배송될 수 있게 준비해 줄 수 있는가?" → M: Unfortunately, only one driver is available today. "안타깝게도, 오늘은 운전기사가 한 명밖에 없다." → 운전기사 부족으로 인해 이른 배송이 힘들다.

2번은 다음 대화와 이미지에 관한 문제입니다.

남 저기, 셀리나. 제 진입로 가격 견적서를 가져다주셔서 감사합니다.

여 아니에요. 재포장하기로 한 건 옳은 결정 내리신 거예요. 확장은 아주 좋은 생각이에요.

남 네, 너무 좁다 보니 차고에 제 차를 주차하는 게 힘들어요. 가끔은 길가에 주차하는 쪽을 선택하기도 해요.

여 그런데 안 좋은 소식이 있어요. 제가 날씨 앱을 확인해 보니, 이번 주 일기 예보가 아주 좋진 않네요. **2 앞으로 이틀간 비가 온다고 되어 있지만, 저희는 맑은 날 첫날에 방문할게요.**

남 좋습니다.

컬럼비아 주간 날씨				
수	목	금	토	일
흐림	비	비	맑음	맑음

어휘 bring 가져다주다 | estimate 견적서 | driveway 진입로 | decision 결정 | repave 재포장하다 | widen 확장하다, 넓히다 | narrow 좁은 | park 주차하다 | garage 차고 | weather 날씨 | forecast 일기 예보 | be supposed to do ~할 예정이다

2. 시각 정보를 보시오. 여자는 무슨 요일에 돌아오겠는가?

(A) 수요일

(B) 목요일

(C) 금요일

(D) 토요일

해설 ① 문제 확인: On which day, the woman, return → 여자가 돌아오는 요일

② 단서 찾기: 시각 정보를 미리 파악한 후 질문과 관련한 내용과 시각 정보 매칭. It's supposed to rain for the next two days, but we'll come on the first sunny day. "앞으로 이틀간 비가 온다고 되어 있지만, 우리는 날씨가 맑은 날 첫날에 방문하겠다." → 시각 정보에서 비 온 후 날씨가 맑아지는 첫날 확인 → Saturday(토요일)

Warm-up

본서 p.170

1. (B) 2. (A) 3. (B) 4. (A) 5. (B)

미국 ↔ 호주

Question 1 refers to the following conversation.

W Good morning. You've reached Klein Sporting Goods. What can I do for you?

M Hi, I'm Roger Herman from Herman & Johnson. We help small stores like yours with their legal issues. I'm going to be in your neighborhood later, and I wanted to see if you were available for a brief discussion.

W Hmm... Our store's one-year anniversary party is today. But I am interested in finding out about your services.

M Alright. I'll email you a pamphlet with all the details about my firm. Please read through it and give me a call back if you're interested.

1번은 다음 대화에 관한 문제입니다.

여 안녕하세요. 클라인 스포츠용품으로 연락 주셨습니다. 어떻게 도와드릴까요?

남 안녕하세요, 허먼 앤 존슨의 로저 허먼입니다. 귀하의 사업체와 같은 소규모 가게의 법률 관련 문제를 돕죠. 이따가 귀하의 동네에 갈 예정인데, **잠시 논의할 시간이 있으신지 알고 싶었습니다.**

여 흠… **저희 가게의 1주년 기념 파티가 오늘이에요.** 하지만 귀사의 서비스를 알아보는 데 관심이 있어요.

남 좋습니다. 저희 회사의 모든 세부 사항이 담긴 팸플릿을 이메일로 보내 드릴게요. 읽어 보시고 관심이 있으시면 다시 전화 주십시오.

어휘 reach (전화로) 연락하다 | legal 법률의 | neighborhood 동네, 이웃 | available 시간이 있는, 이용 가능한 | brief 잠시 동안의 | discussion 논의 | anniversary 기념일 | detail 세부 사항 | firm 회사 | read through ~을 죽[꼼꼼히] 읽다

1. 여자는 왜 "저희 가게의 1주년 기념 파티가 오늘이에요"라고 말하는가?
(A) 초대하기 위해
(B) 만남을 거절하기 위해

해설 ① 문제 확인: "Our store's one-year anniversary party is today" → 여자가 "~"라고 말한 의도
② 단서 찾기: 해당 문장에 연결된 전후 문맥 파악. M: I wanted to see if you were available for a brief discussion "잠시 논의할 시간이 있는지 알고 싶었다" → W: Hmm... Our store's one-year anniversary party is today. "흠… 우리 가게의 1주년 기념 파티가 오늘이다." → 기념식이 오늘이라 지금은 얘기할 시간이 없다.

미국 ↔ 영국

Question 2 refers to the following conversation.

M IT Department, this is Lewis.

W Hi, Lewis. I'm having problems with the program we use to track employee hours. I can't see this month's numbers, so I'm not sure how we'll calculate everyone's salaries for payday next week.

M I'm sorry you're having trouble. We just made some changes to the attendance-tracking system. Can you tell me what appears when you try logging in?

W I'm out of the office. I had to leave work early today for a seminar.

M OK. I can email you some troubleshooting tips if you want.

W Sure, I'd appreciate that.

2번은 다음 대화에 관한 문제입니다.

남 IT 부서의 루이스입니다.

여 안녕하세요, 루이스. 직원 근무 시간을 추적하는 데 사용하는 프로그램에 문제를 겪고 있어요. 이번 달 숫자가 안 보여서 다음 주 급여 지급일에 맞춰 모두의 월급을 어떻게 계산해야 할지 모르겠어요.

남 문제를 겪고 계시다니 유감입니다. 출근 추적 시스템에 방금 약간의 변화를 줬거든요. **로그인하려고 할 때 무엇이 나타나는지 말해 주실 수 있나요?**

여 **회사에서 나왔어요. 세미나를 위해 오늘 일찍 떠나야 했거든요.**

남 그렇군요. 원하신다면 문제를 해결할 방법을 이메일로 보내 드릴 수 있어요.

여 좋아요. 감사합니다.

어휘 department 부서 | have problems with ~에 문제를 겪다 | track 추적하다 | employee 직원 | calculate 계산하다 | salary 월급, 급여 | payday 급여 지급일 | attendance 출석, 참석 | appear 나타나다 | troubleshoot 문제를 분석·해결하다 | appreciate 감사하다

2. 여자는 "회사에서 나왔어요"라고 말할 때 무엇을 의도하는가?
(A) 어떤 정보를 줄 수가 없다.
(B) 약속을 다시 잡고 싶어 한다.

해설 ① 문제 확인: "I'm out of the office" → 여자가 "~"라고 말한 의도
② 단서 찾기: 해당 문장에 연결된 전후 문맥 파악. M: Can you tell me what appears when you try logging in? "로그인하려고 할 때 무엇이 나타나는지 말해 줄 수 있는가?" → W: I'm out of the office. I had to leave work early today for a seminar. "회사에서 나왔다. 세미나를 위해 오늘 일찍 떠나야 했다." → 지금 회사에 없어서 필요한 정보를 줄 수 없다.

호주 ↔ 영국

Question 3 refers to the following conversation.

M I just found out that our fitness center is thinking about setting up another location in the Braxton district. But there are several gyms in that area, so I think it'll be difficult to draw many customers.

W Well, we've already done our market research.

M Hmm... I suppose our personal training program is a bit unique. Maybe we can emphasize that more in our ads.

W Yeah. Anyway, let's not worry about it for now. The managers will want to discuss all that at next week's meeting.

3번은 다음 대화에 관한 문제입니다.

남 **우리 피트니스 센터가 브랙스턴 지역에 또 다른 지점을 낼 생각 중이라는 것을 방금 알게 되었어요. 하지만 그 지역에는 피트니스 센터가 몇 개 있어서 많은 고객을 끌어들이기 어려울 것 같아요.**

여 **음, 이미 시장 조사는 했어요.**

남 흠… 제 생각에 우리의 개인 지도 프로그램이 좀 독창적인 것 같아요. 광고에 그걸 더 강조할 수도 있겠네요.

여 맞아요. 아무튼 그건 지금 걱정하지 말기로 해요. 관리자들이 이걸 전부 다음 주 회의에서 논의하고 싶어 할 테니까요.

어휘 set up ~을 세우다[건립하다] | location 지점 | district 지역 | draw 끌어들이다 | customer 고객 | suppose 가정하다, 추측하다 | unique 독창적인, 독특한 | emphasize 강조하다 | ad 광고 (= advertisement) | discuss 논의하다

3. 여자는 "이미 시장 조사는 했어요"라고 말할 때 무엇을 의도하는가?
(A) 더 많은 자료를 분석해야 한다.
(B) 동료의 말에 동의하지 않는다.

해설 ① **문제 확인:** "we've already done our market research" → 여자가 "~"라고 말한 의도
② **단서 찾기:** 해당 문장에 연결된 전후 문맥 파악. M: I just found out that our fitness center is thinking about setting up another location in the Braxton district. But there are several gyms in that area, so I think it'll be difficult to draw many customers. "우리 피트니스 센터가 브랙스턴 지역에 또 다른 지점을 낼 생각 중이라는 것을 방금 알게 되었다. 하지만 그 지역에는 피트니스 센터가 몇 개 있어서 고객을 끌어들이기 어려울 것 같다." → W: Well, we've already done our market research. "음, 이미 시장 조사는 했다." → 시장 조사를 하고 고려한 사항이기 때문에 남자가 우려한 점은 문제 되지 않는다.

미국 ↔ 영국

Question 4 refers to the following conversation and bus route map.

M Hello, Janet. I'm calling to let you know that I'm currently on a bus going to the community center for the investors' meeting. But I'll be late. My presentation ran longer than I thought it would.

W Ah, that's right, you presented to the board today, didn't you? Have you ever been to the community center?

M No, but it's in the same area as Langman Library, right? Actually, I don't know if I can find my way to the center from the bus stop. Do you mind waiting for me there? That way, we can walk over together.

W Not at all. When will you be here?

M I'm not sure… Right now, I'm approaching Haver Gardens.

W Oh, you should be here soon. I'll head over in a few minutes.

4번은 다음 대화와 버스 노선도에 관한 문제입니다.

남 안녕하세요, 자넷. 지금 투자자 회의를 위해 시민 회관으로 가는 버스를 타고 가고 있다는 걸 알려 주려고 전화했어요. 하지만 전 늦을 거예요. 생각했던 것보다 발표가 더 길어져서요.

여 아, 그러네요. 오늘 이사진에게 발표하셨죠, 그렇지 않나요? 시민 회관에 가 보신 적 있나요?

남 아니요, 하지만 랭맨 도서관과 같은 지역에 있죠, 맞죠? 사실 버스 정류장에서 시민 회관까지 찾아갈 수 있을지 모르겠네요. 거기서 저를 기다려 주실 수 있나요? 그러면 같이 걸어갈 수 있으니까요.

여 그럼요. 여기 언제 도착하시죠?

남 잘 모르겠어요… **저 지금 헤이버 가든즈에 다 왔어요.**

여 아, 곧 오시겠네요. 몇 분 뒤에 갈게요.

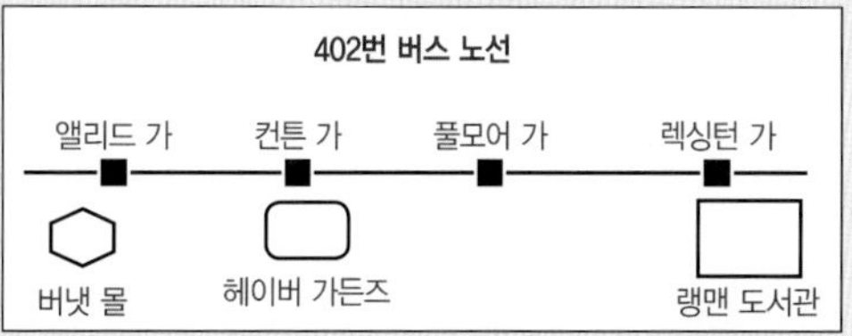

어휘 currently 현재, 지금 | community center 시민 회관 | investor 투자자 | present 발표하다 | board 이사진, 이사회 | approach 접근하다, 다가가다

4. 시각 정보를 보시오. 남자는 지금 어느 정류장과 가까운가?
(A) 컨튼 가
(B) 렉싱턴 가

해설 ① **문제 확인:** Which stop, the man, close to now → 남자가 지금 가까이 있는 정거장
② **단서 찾기:** 시각 정보를 미리 파악한 후 남자의 대사에서 질문과 관련한 내용과 시각 정보 매칭. Right now, I'm approaching Haver Gardens. "나 지금 헤이버 가든즈에 다 왔다." → 시각 정보에서 헤이버 가든즈와 가까이 있는 정거장 확인 → Conton Street(컨튼 가)

미국 ↔ 호주

Question 5 refers to the following conversation and map.

W Helmo Co. What can I assist you with?

M Hello, I'm a delivery driver for Strapmont Suppliers, and I'm calling about your shipment of leather.

W Ah, yes. We need it to create our custom boots.

M Well, I was planning on entering the loading zone on Starfield Lane, but it looks like that street is blocked off for road work. Do you mind if I drop off your package at the entrance near the parking lot?

W Hmm… That entrance goes to our shoe products display room. Can you just go to the door on Baron Drive?

M Baron Drive? No problem.

W Just to make sure you find your way, I'll have one of our employees go out to meet you. She'll be on the street in a green sweater.

PART 3 UNIT 13

5번은 다음 대화와 지도에 관한 문제입니다.

여 헬모 사입니다. 어떻게 도와 드릴까요?

남 안녕하세요. 스트랩몬트 공급 회사의 배송 운전사인데, 가죽 배송과 관련해서 전화드렸습니다.

여 아, 네. 주문 제작 부츠를 만들기 위해 가죽이 필요해요.

남 음, 스타필드 가에 있는 화물 구역에 들어가려고 했는데 그 길이 도로 공사로 폐쇄된 것 같네요. 배송품을 주차장 근처의 입구에 둬도 괜찮으신가요?

여 흠… 그 입구는 저희 신발 제품 전시실로 갑니다. **그냥 바론 가에 있는 입구로 가 주실 수 있나요?**

남 **바론 가요? 문제없습니다.**

여 장소를 확실히 찾으시도록, 저희 직원 한 사람을 보내 드리겠습니다. 초록색 스웨터를 입고 길에 나와 있을 거예요.

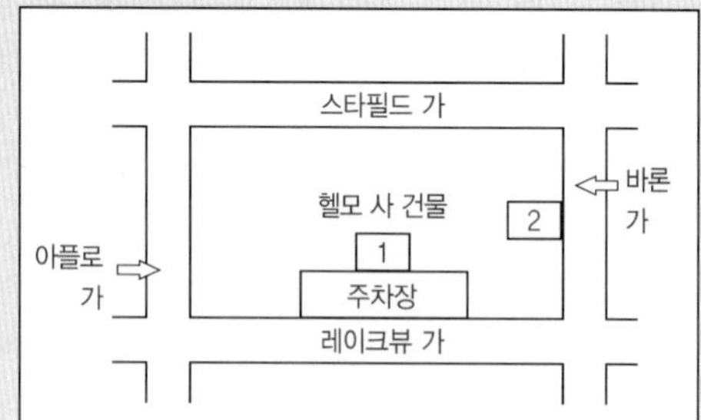

어휘 supplier 공급 회사 | shipment 배송 | leather 가죽 | custom 주문 제작하는 | enter 들어가다 | loading zone 화물 구역, 적재 구역 | block off (도로나 출입구를) 폐쇄하다[막다] | drop off ~을 놓고 가다, 내려주다 | entrance 입구 | display 전시, 진열

5. 시각 정보를 보시오. 남자는 어디로 물품을 배달할 것인가?

(A) 1번 입구에

(B) 2번 입구에

해설 ① **문제 확인:** Where, the man, deliver, shipment → 남자가 물품을 배달할 장소

② **단서 찾기:** 시각 정보를 미리 파악한 후 질문과 관련한 내용과 시각 정보 매칭. W: Can you just go to the door on Baron Drive? "바론 가에 있는 입구로 가 줄 수 있나?" → M: Baron Drive? No problem. "바론 가? 문제없다." → 시각 정보에서 바론 가 입구 확인 → At entrance 2(2번 입구에)

Practice

본서 p.172

1. (B)	2. (A)	3. (D)	4. (D)	5. (B)	6. (C)
7. (A)	8. (C)	9. (B)	10. (B)	11. (D)	12. (A)
13. (B)	14. (D)	15. (C)	16. (A)	17. (D)	18. (A)

호주 ↔ 미국

Questions 1-3 refer to the following conversation.

M Hello. **1** You've reached Baxter Bank. My name is Adam. How may I direct your call?

W Hi, my name is Sasha Posado. **2** I'm leaving my job as a university professor and beginning a position at a consulting company next month, so I need some help transferring the savings from my retirement account. Do any of your agents have openings in the morning?

M Of course. Let's see. Yes, Thursday looks pretty open. **3** How about 9 A.M.?

W Actually, **3** I start work at 9:30 on Thursdays, so...

M **3** Ah, well then, what about 8 o'clock? Will that give you enough time to get to work?

W Yes, that should be fine. Thank you.

1-3번은 다음 대화에 관한 문제입니다.

남 안녕하세요. **1** **백스터 은행입니다.** 제 이름은 아담입니다. 어떻게 전화 연결해 드릴까요?

여 안녕하세요. 제 이름은 사샤 포사도입니다. **2** **제가 현재의 대학교수 직업을 그만두고 다음 달에 컨설팅 회사에서 일하게 될 건데요.** 그래서 제 퇴직 예금 계좌에서 예금액을 옮기는 데 도움을 받고 싶어요. 그쪽 직원 중 오전에 근무하시는 분 있나요?

남 물론이죠. 잠시만요. 네, 목요일이 괜찮겠네요. **3** **오전 9시 어떠신가요?**

여 사실, **3** **제가 목요일은 9시 30분에 일을 시작하거든요.** 그래서…

남 **3** **아, 그렇다면, 8시는 어떠신가요? 그럼 직장에 가실 시간이 충분하신가요?**

여 네, 괜찮아요. 감사합니다.

어휘 direct 연결하다, 향하게 하다 | transfer 옮기다, 이체하다 | savings 예금액 | retirement account 퇴직 예금 계좌 | agent 직원, 대리인

1. 남자는 어디에서 일하겠는가?

(A) 지방 대학에서

(B) 금융 기관에서

(C) 치과에서

(D) 콜 센터에서

해설 ① **문제 확인:** Where, the man, work → 남자가 일하는 곳

② **단서 찾기:** 특정 직업이나 장소를 알 수 있는 단어나 표현 포착. You've reached Baxter Bank. "백스터 은행이다."

③ **Paraphrasing:** (지문 → 정답)
Bank → financial institution

2. 여자에 따르면, 그녀는 다음 달에 무엇을 할 것인가?

(A) 새로운 직업을 시작하는 것

(B) 코스를 끝마치는 것

(C) 휴가를 가는 것

(D) 다른 학교로 전학 가는 것

해설 ① **문제 확인:** the woman, what, she, doing, next month → 여자가 말하는 다음 달 본인이 할 일

② **단서 찾기:** 문제에 언급된 여자의 말에 집중하고, next month를 키워드로 삼아 단서 포착. I'm leaving my job as a university professor and beginning a position at a consulting company next month "난 현재의 대학교수 직업을 그만두고 다음 달에 컨설팅 회사에서 일할 것이다"

3. 여자는 "제가 목요일은 9시 30분에 일을 시작하거든요"라고 말할 때 무엇을 의도하는가?

(A) 오전에 시간이 안 된다.

(B) 자신의 업무 일정이 마음에 들지 않는다.

(C) 보고서 준비에 시간이 더 필요하다.

(D) 예약을 더 일찍 잡길 원한다.

해설 ① **문제 확인:** "I start work at 9:30 on Thursdays" → 여자가 "~"라고 말한 의도

② **단서 찾기:** 해당 문장에 연결된 전후 문맥 파악. M: How about 9 A.M.? "오전 9시는 어떠냐?" → W: I start work at 9:30 on Thursdays "내가 목요일은 9시 30분에 일을 시작한다" → M: Ah, well then, what about 8 o'clock? Will that give you enough time to get to work? "그렇다면, 8시는 어떤가? 그럼 직장에 갈 시간이 충분한가?"

미국 ↔ 미국

Questions 4-6 refer to the following conversation.

M Oh no. 4 Just look at that line. I should have known this would happen.

W Hmm, 4 5 I hope we can still take the representatives from Shinohara Engineering to this baseball game tomorrow. 5 We have to make a good impression on them if we want that contract.

M Well, 6 there's a popular musical being held tomorrow at a concert hall near here. Why don't we try going there next if this doesn't work out? It's only a few minutes' drive from here.

4-6번은 다음 대화에 관한 문제입니다.

남 안 돼. 4 **저 줄 좀 봐요.** 이런 일이 생길 걸 미리 알았어야 해요.

여 음, 4 5 **시노하라 엔지니어링의 대표들을 내일 이런 야구 경기에 데리고 올 수 있으면 좋겠는데요.** 5 **그 계약을 따려면 그들에게 좋은 인상을 남겨야 해요.**

남 글쎄요, 6 **여기 근처에 있는 콘서트홀에서 인기 있는 뮤지컬이 내일 공연해요. 이게 잘 안되면 다음으로 그곳에 가 보는 건 어때요?** 여기서 차로 몇 분밖에 안 걸려요.

어휘 representative 대표 | make a good impression 좋은 인상을 주다 | contract 계약(서) | work out (일이) 잘 풀리다

4. 남자는 왜 "저 줄 좀 봐요"라고 말하는가?

(A) 상품의 인기에 놀라고 있다.

(B) 여자가 문장을 읽기를 원한다.

(C) 다른 날 다시 올 것을 계획한다.

(D) 티켓을 구하는 것에 대해 염려한다.

해설 ① **문제 확인:** "Just look at that line" → 남자가 "~"라고 말한 의도

② **단서 찾기:** 해당 문장에 연결된 전후 문맥 파악. M: Just look at that line. I should have known this would happen. "저 줄 좀 봐라. 이런 일이 생길 걸 미리 알았어야 한다." → W: I hope we can still take the representatives from Shinohara Engineering to this baseball game tomorrow. "시노하라 엔지니어링의 대표들을 내일 이런 야구 경기에 데리고 올 수 있으면 좋겠다." → 내일도 줄이 길어 티켓을 못 구할까 봐 염려한다.

5. 화자들은 내일 누구를 만나는가?

(A) 스포츠 선수

(B) 잠재적 고객들

(C) 음악가

(D) 그들의 관리자들

해설 ① **문제 확인:** Who, the speakers, meet, tomorrow → 내일 화자들이 만날 사람

② **단서 찾기:** meet, tomorrow를 키워드로 삼아 단서 포착. I hope we can still take the representatives from Shinohara Engineering to this baseball game tomorrow. We have to make a good impression on them if we want that contract. "시노하라 엔지니어링의 대표들을 내일 이런 야구 경기에 데리고 올 수 있으면 좋겠다. 그 계약을 따려면 그들에게 좋은 인상을 남겨야 한다."

6. 남자는 무엇을 추천하는가?

(A) 계약을 검토하는 것

(B) 버스에 승차하는 것

(C) 다른 장소를 방문하는 것

(D) 미팅을 연기하는 것

해설 ① **문제 확인:** What, the man, recommend → 남자가 추천하는 것

② **단서 찾기:** 문제에 언급된 남자의 말에 집중하고, 추천·제안 표현 포착. there's a popular musical being held tomorrow at a concert hall near here. Why don't we try going there next if this doesn't work out? "여기 근처에 있는 콘서트홀에서 인기 있는 뮤지컬이 내일 공연한다. 이게 잘 안되면 다음으로 그곳에 가 보는 건 어떤가?"

③ **Paraphrasing:** (지문 → 정답)
concert hall → venue

영국 ↔ 호주

Questions 7-9 refer to the following conversation.

W Jayden, I just got a call from Leighton Incorporated.

M That's great. We were hoping to get their business for a few months now. Did they finally make an order with us?

W Yes, they did. But it's a rush job. 7 8 They need 10,000 full-color pamphlets printed in two days.

M 8 Tomorrow's a public holiday.

W This is something we have to do. 9 Why don't we offer our staff two days off next week instead? That would motivate our employees to put in some additional hours.

7-9번은 다음 대화에 관한 문제입니다.

여 제이든, 방금 레이튼 사로부터 전화를 받았어요.

남 잘됐네요. 지금 몇 달째 그쪽과 거래를 하고 싶어 했잖아요. 드디어 우리한테 주문을 했나요?

여 네, 했어요. 그런데 급한 작업이에요. **7 8 그쪽에서는 이틀 후에 인쇄된 컬러 팸플릿 만 장이 필요해요.**

남 **8 내일은 공휴일이에요.**

여 이건 우리가 반드시 해야 하는 일이에요. **9 대신에 우리 직원들한테 다음 주에 휴가를 이틀 주는 건 어때요? 그렇게 하면 추가 시간 근무에 동기 부여가 될 거예요.**

어휘 business 거래, 사업 | rush 급한 | full-color 컬러 인쇄의 | pamphlet 팸플릿 | print 인쇄하다 | public holiday 공휴일 | offer 제공하다 | instead 대신에 | motivate 동기를 부여하다 | employee 직원 | put in (시간·노력을) 쏟다, 들이다 | additional 추가의

7. 화자들은 어디에서 일하겠는가?

(A) 인쇄소에서

(B) 채용 대행사에서

(C) 마케팅 회사에서

(D) 물류 서비스 회사에서

해설 ① **문제 확인:** Where, the speakers, work → 화자들이 일하는 곳

② **단서 찾기:** 특정 직업이나 장소를 알 수 있는 단어나 표현 포착. They need 10,000 full-color pamphlets printed in two days. "그쪽에서는 이틀 후에 인쇄된 컬러 팸플릿 만 장이 필요하다."

8. 남자는 왜 "내일은 공휴일이에요"라고 말하는가?

(A) 회사 규정을 설명하기 위해

(B) 오해에 대해 사과하기 위해

(C) 주문에 대해 불안을 표하기 위해

(D) 회의 연기를 제안하기 위해

해설 ① **문제 확인:** "Tomorrow's a public holiday" → 남자가 "~"라고 말한 의도

② **단서 찾기:** 해당 문장에 연결된 전후 문맥 파악. W: They need 10,000 full-color pamphlets printed in two days. "그쪽에서는 이틀 후에 인쇄된 컬러 팸플릿 만 장이 필요하다." → M: Tomorrow's a public holiday. "내일은 공휴일이다." → 공휴일을 바로 앞둔 시점에서 이틀 후 완료가 필요한 작업 요청이라서 우려를 표하고 있다.

9. 여자는 직원 동기 부여를 위해 무엇을 제공하자고 제안하는가?

(A) 급여 인상

(B) 휴가 증가

(C) 무료 점심

(D) 장비 개선

해설 ① **문제 확인:** What, the woman, suggest, motivate, staff → 직원의 동기 부여를 위해 여자가 제안하는 것

② **단서 찾기:** motivate, staff를 키워드로 삼아 여자의 대사에서 제안 표현 포착. Why don't we offer our staff two days off next week instead? That would motivate our employees to put in some additional hours. "대신에 우리 직원들한테 다음 주에 휴가를 이틀 주는 건 어떤가? 그렇게 하면 추가 시간 근무에 동기 부여가 될 거다."

영국 ↔ 미국

Questions 10-12 refer to the following conversation.

W Hi, Calvin. **10** Will you be attending the opening ceremony at the Wayland Convention Hall this evening?

M **10** I still have to make some changes to my presentation slides.

W Ah, that's right. You're giving your talk on Wednesday, aren't you?

M Yes. Also, I need to buy some name tags for the participants. **11** I have to stop by a nearby office supply store tomorrow.

W **12** You should check the city directory in your hotel room.

10-12번은 다음 대화에 관한 문제입니다.

여 안녕하세요, 캘빈. **10 오늘 저녁에 웨일랜드 컨벤션 홀에서 하는 개막 행사에 참석하실 건가요?**

남 **10 아직 제 발표 슬라이드들을 변경해야 해요.**

여 아, 맞네요. 수요일에 강연하지요, 그렇지 않나요?

남 네. 또 참가자들을 위한 이름표들도 사야 해요. **11 내일 가까운 사무용품점에 들러야 해요.**

여 **12 호텔 객실에 있는 도시 안내 책자를 확인해 보세요.**

어휘 attend 참석하다 | opening ceremony 개막 행사 | give a talk 강연하다, 연설하다 | name tag 이름표, 명찰 | participant 참가자 | nearby 가까운, 근처의 | directory 안내 책자

10. 남자는 "아직 제 발표 슬라이드들을 변경해야 해요"라고 말할 때 무엇을 의도하는가?

(A) 관리자의 승인이 필요하다.

(B) 특정 행사에 갈 수 없다.

(C) 기한을 연장하고 싶어 한다.

(D) 정보를 받는 것을 여전히 기다리고 있다.

해설 ① **문제 확인:** "I still have to make some changes to my presentation slides" → 남자가 "~"라고 말한 의도

② **단서 찾기:** 해당 문장에 연결된 전후 문맥 파악. W: Will you be attending the opening ceremony at the Wayland Convention Hall this evening? "오늘 저녁에 웨일랜드 컨벤션 홀에서 하는 개막 행사에 참석할 건가?" → M: I still have to make some changes to my presentation slides. "아직 내 발표 슬라이드들을 변경해야 한다." → 할 일이 남아서 행사에 참석할 수 없다.

11. 남자는 내일 무엇을 해야 한다고 말하는가?

(A) 기계를 구매한다

(B) 새로운 디자인을 만든다

(C) 단체 사진을 찍는다

(D) 가게를 방문한다

해설 ① **문제 확인:** What, the man, say, has to do, tomorrow → 남자가 내일 해야 한다고 말하는 것

② **단서 찾기:** tomorrow를 키워드로 삼아 남자의 대사에서 단서 포착. I have to stop by a nearby office supply store tomorrow. "내일 가까운 사무용품점에 들러야 한다."

③ **Paraphrasing:** (지문 → 정답)
stop by → Visit / store → shop

12. 여자는 무엇을 추천하는가?

(A) 현지 안내 책자를 보는 것

(B) 임시 직원을 뽑는 것

(C) 더 큰 부스를 예약하는 것

(D) 어떤 장비를 고치는 것

해설 ① **문제 확인:** What, the woman, recommend → 여자가 추천하는 것

② **단서 찾기:** 여자의 대사에서 제안·권유 표현 포착. You should check the city directory in your hotel room. "호텔 객실에 있는 도시 안내 책자를 확인해 봐라."

③ **Paraphrasing:** (지문 → 정답)
check → Looking at / city directory → local guide

미국 ↔ 미국

Questions 13-15 refer to the following conversation and e-mail inbox.

W Good afternoon, Brock. 13 I'm almost done writing the opening speech for our product demo at the electronics trade show. **Do you have time to review it today?**

M **Of course. By the way,** 14 everyone should've received an e-mail containing the updated itinerary for this weekend. **Have you checked it yet?**

W **No. I was in meetings all morning, so I haven't gotten around to reading my e-mails. Has something changed?**

M **Well, we have to get there an hour earlier now, and there aren't any public transportation options available at that time. So** 15 if you want, I can drive us there.

13-15번은 다음 대화와 이메일 받은 편지함에 관한 문제입니다.

여 안녕하세요, 브록. 13 **전자 제품 무역 박람회 때 우리 제품 시연을 위한 개회사를 거의 다 써 가요.** 오늘 검토해 줄 시간 있나요?

남 그럼요. 그건 그렇고, 14 **업데이트된 이번 주말 일정표가 포함된 이메일을 모든 사람이 받았을 거예요.** 확인해 보셨나요?

여 아뇨. 오전 내내 미팅에 참석하느라 이메일을 읽어 볼 시간이 없었어요. 바뀐 부분이 있나요?

남 음, 이제 우리는 그곳에 한 시간 더 일찍 도착해야 하는데, 그 시간에는 이용 가능한 대중교통 수단이 없어요. 그러니 15 **만약 원하신다면, 제가 운전해서 같이 갈 수 있어요.**

받은 편지함
전체 (103) | **읽지 않음 (4)** ▽
발신: 웡, 케빈 제목: 금요일 회사 연회
발신: 피셔, 제임스 제목: 부서 회의록
발신: 샤, 라야 제목: 경비 보고서
발신: 램, 마이클 제목: 새 주말 일정

어휘 opening speech 개회사 | demo 시연 (= demonstration) | trade show 무역 박람회 | contain 포함하다 | itinerary 일정 | get around to ~을 할 시간[짬]을 내다 | available 이용 가능한 | banquet 연회 | minutes 회의록 | expense 경비, 지출

13. 화자들은 어떤 행사를 준비하고 있는가?

(A) 회사 기념행사

(B) 전자 제품 컨벤션

(C) 영업 회의

(D) 시설 견학

해설 ① **문제 확인:** What event, the speakers, preparing → 화자들이 준비하고 있는 행사

② **단서 찾기:** event, preparing을 키워드로 삼아 단서 포착. I'm almost done writing the opening speech for our product demo at the electronics trade show. "전자 제품 무역 박람회 때 우리 제품 시연을 위한 개회사를 거의 다 써 간다."

③ **Paraphrasing:** (지문 → 정답)
trade show → convention

14. 시각 정보를 보시오. 남자는 누구의 이메일을 언급하는가?

(A) 웡, 케빈

(B) 피셔, 제임스

(C) 샤, 라야

(D) 램, 마이클

해설 ① **문제 확인:** Whose e-mail, the man, mention → 남자가 말하는 이메일 발신자

② **단서 찾기:** 시각 정보를 미리 파악한 후 질문과 관련한 내용과 시각 정보 매칭. everyone should've received an e-mail containing the updated itinerary for this weekend "업데이트된 이번 주말 일정표가 포함된 이메일을 모든 사람이 받았을 것이다" → 시각 정보에서 이번 주말 일정표 관련 이메일을 보낸 사람 확인 → FROM: Lam, Michael / SUBJECT: New weekend schedule(발신: 램, 마이클 / 제목: 새 주말 일정)

③ **Paraphrasing:** (지문 → 시각 정보)
itinerary → schedule

15. 남자는 무엇을 해 주겠다고 제안하는가?

(A) 자리를 예약한다

(B) 필기한다

(C) 차를 태워 준다

PART 3 UNIT 13

(D) 비용을 낸다

해설 ① 문제 확인: What, the man, offer → 남자가 제안하는 것

② 단서 찾기: 남자의 대사에서 제안 표현 포착. if you want, I can drive us there "만약 원한다면, 내가 운전해서 같이 갈 수 있다"

③ Paraphrasing: (지문 → 정답)
drive us → Provide a ride

영국 ↔ 미국

Questions 16-18 refer to the following conversation and floor plan.

W Welcome to Shiarwood Gardens. Do you need help with anything?

M Hello, 16 I can't seem to locate the tropical plants display I read about in your brochure. Could you point me to where it is?

W Of course. 17 This is the Grand House. Over there is the Meadow Conservatory. The plants are in the room right next door, on the other side of the conservatory. It's a temperature-controlled area that we usually use for special displays. Just follow the signs.

M Thank you. By the way, 18 does my ticket work for other special displays?

W 18 Yes. Everything is included in the general admission fee for our gardens.

16-18번은 다음 대화와 층별 안내도에 관한 문제입니다.

여 셔우드 공원에 오신 걸 환영합니다. 도와드릴까요?

남 안녕하세요. 16 **이곳 안내 책자에서 읽은 열대 식물 전시회를 찾을 수가 없네요. 그게 어디 있는지 알려 주실 수 있나요?**

여 물론이죠. 17 **여기는 대전시관입니다. 저쪽이 목초지 온실이고요. 그 식물들은 온실 바로 반대편 옆방에 있어요.** 저희가 보통 특별 전시회를 위해 사용하는 온도 조절이 되는 구역이랍니다. 표지판을 따라가시면 돼요.

남 고맙습니다. 그런데, 18 **제 표가 다른 특별 전시에서도 유효한가요?**

여 18 **네.** 우리 공원의 일반 입장료에는 모든 것이 포함됩니다.

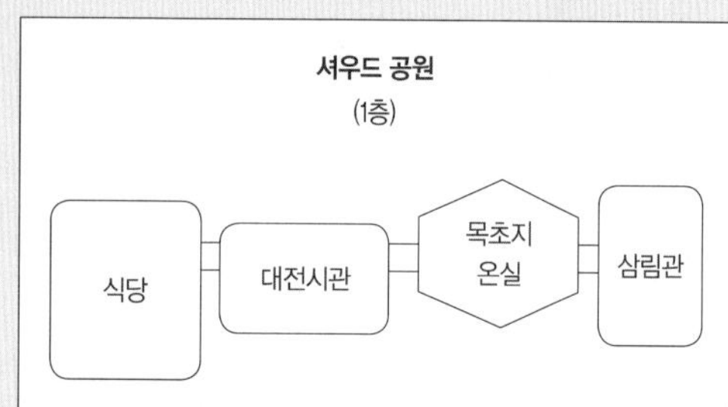

어휘 garden 공원, 유원지 | can't seem to do ~할 수 없을 것 같다 | locate 위치를 찾아내다 | tropical 열대의 | display 전시 | brochure 안내 책자 | point (길을) 알려 주다 | grand house 대전시관 | meadow 목초지 | conservatory 온실 | the other side of ~의 반대편 | temperature-controlled 온도 조절이 되는 | sign 표지판 | work 유효하다, 작용하다 | general admission fee 일반 입장료

16. 남자는 왜 여자에게 말을 거는가?

(A) 전시에 관하여 물어보기 위해

(B) 회원권을 신청하기 위해

(C) 안내 책자를 요청하기 위해

(D) 표를 사기 위해

해설 ① 문제 확인: Why, the man, talk to, woman → 남자가 여자에게 말을 거는 이유

② 단서 찾기: 남자의 첫 대사에 집중. → I can't seem to locate the tropical plants display I read about in your brochure. Could you point me to where it is? "이곳 안내 책자에서 읽은 열대 식물 전시회를 찾을 수가 없다. 그게 어디 있는지 알려 줄 수 있는가?"

17. 시각 정보를 보시오. 여자는 남자에게 어디로 가라고 말하는가?

(A) 식당

(B) 대전시관

(C) 목초지 온실

(D) 삼림관

해설 ① 문제 확인: Where, the woman, tell, the man, go → 여자가 남자에게 가라고 하는 곳

② 단서 찾기: 시각 정보를 미리 파악한 후 여자의 대사에서 질문과 관련한 내용과 시각 정보 매칭. This is the Grand House. Over there is the Meadow Conservatory. The plants are in the room right next door, on the other side of the conservatory. "여기는 대전시관이다. 저쪽이 목초지 온실이고, 그 (열대) 식물들은 온실 바로 반대편 옆방에 있다." → 시각 정보에서 목초지 온실 옆방 확인 → Forest Hall(삼림관)

18. 여자는 남자의 표에 관하여 무엇이라고 말하는가?

(A) 특별 전시회의 입장을 포함한다.

(B) 사전에 주문할 수 있다.

(C) 환불받을 수 없다.

(D) 셔우드 공원의 회원에게만 판매한다.

해설 ① 문제 확인: What, the woman, say, man's ticket → 여자가 남자의 표에 관해 말하는 것

② 단서 찾기: ticket을 키워드로 삼아 여자의 대사에서 단서 포착. M: does my ticket work for other special displays "내 표가 다른 특별 전시에서도 유효한가" → W: Yes. "그렇다."

③ Paraphrasing: (지문 → 정답)
displays → exhibits

UNIT 14. 대화 지문 유형

핵심 문제 유형 본서 p.180

1. (B) **2.** (C) **3.** (D) **4.** (B) **5.** (D) **6.** (C)

1-3번은 다음 대화에 관한 문제입니다.

여 숀, **1 방금 우리 미술관에 자신의 명나라 도자기 소장품을 제공하겠다는 기부자가 보낸 메일을 받았어요.**

남 후한 기부네요. **2 그런데 수용할 공간이 없을 것 같아요.**

여 기부자가 보관 비용까지 부담하겠다고까지 해서, 거기에 들어갈 자금도 충분할 거예요.

남 굉장하네요.

여 시간 되시면, **3 기부에 대한 세금 공제 양식 좀 봐 주실래요?** 제가 이런 양식은 처음 작성해 봐서요.

어휘 donor 기부자, 기증자 | Ming Dynasty 명나라 | porcelain 도자기 | piece 작품 | generous 후한 | donation 기부 | room 공간 | house 수용하다 | cover (돈을) 대다 | storage 보관, 저장 | cost 비용 | fund 자금, 돈 | take a look at ~을 살펴보다 | tax 세금 | deduction 공제 | form 양식 | fill out ~을 작성하다

1. 대화는 주로 무엇에 관한 것인가?

(A) 전시 관리
(B) 기부 수용
(C) 박물관 실내 개조
(D) 기금 마련 행사 준비

해설 ① **문제 확인:** What, conversation, about → 대화의 주제

② **단서 찾기:** 대화의 주제를 언급하는 전반부에 집중. we just got an e-mail from a donor who wants to offer her collection of Ming Dynasty porcelain pieces to our art museum "방금 우리 미술관에 자신의 명나라 도자기 소장품을 제공하겠다는 기부자가 보낸 메일을 받았다"

2. 남자는 왜 걱정된다고 말하는가?

(A) 전시가 취소되었다.
(B) 작업을 마무리하는 데 시간이 더 필요하다.
(C) 보관 공간이 한정적이다.
(D) 기부 금액이 감소했다.

해설 ① **문제 확인:** Why, the man, worried → 남자가 걱정하는 이유

② **단서 찾기:** worried를 키워드로 삼아 남자의 대사에서 부정 표현 포착. But I don't think we have the room to house them. "그런데 수용할 공간이 없을 것 같다."

3. 남자는 다음에 무엇을 하겠는가?

(A) 자선 단체에 전화한다
(B) 배송 절차를 설명한다
(C) 마감일을 연기한다
(D) 문서를 주의 깊게 읽어 본다

해설 ① **문제 확인:** What, the man, do next → 남자가 다음에 할 일

② **단서 찾기:** 대화 후반부 남자의 대사에서 미래 시제 표현을 포착하거나 대화 상대인 여자의 제안 사항에 집중. W: could you take a look at this tax deduction form for the donation "기부에 대한 세금 공제 양식 좀 봐 주겠는가"

4-6번은 다음 대화에 관한 문제입니다.

여 빈센트, 저희 정원 센터에 오신 것을 환영해요. 저희가 정원 폐기물로 어떻게 퇴비를 만드는지 보여 드리게 되어 기쁩니다. 이 온라인 채널용 지도 영상을 촬영한다고 하셨죠.

남 맞아요. **4 저는 신규 정원사를 위한 짧은 교육용 영상을 만들어요.** 퇴비화는 제 시청자들이 특히 관심 있어 하는 주제예요. **5 제가 보내 드린 퇴비 통 관련 이메일은 받아 보셨어요? 제가 어제 오전에 보내 드렸어요.**

여 **5 아니요, 못 받았어요. 아마 메시지가 스팸 폴더로 갔나 봐요.** 저희가 퇴비 통을 다양하게 보유하고 있긴 합니다.

남 잘됐네요. 그러면, 퇴비화가 어떻게 이루어지는지 자세히 설명해 주실 수 있으세요?

여 물론이죠. **6 제가 어떻게 작용하는지 차근차근 설명해 드릴게요.**

어휘 garden 정원 | demonstrate 보여 주다, 설명하다 | compost ~으로 퇴비를 만들다 | waste 폐기물, 쓰레기 | mention 언급하다 | shoot 촬영하다 | tutorial 개별 지도 | instructional 교육용의 | gardener 정원사 | viewer 시청자 | particularly 특별히 | bin 통, 쓰레기통 | a variety of 다양한 | explain 설명하다 | in detail 자세히 | step by step 차근차근, 단계적으로

4. 남자는 왜 영상을 만들고 있는가?

(A) 시장 조사를 수행하기 위해
(B) 시청자들을 교육하기 위해
(C) 제품 라인을 홍보하기 위해
(D) TV 프로그램의 오디션을 보기 위해

해설 ① **문제 확인:** Why, the man, making a video → 남자가 영상을 만드는 이유

② **단서 찾기:** making a video를 키워드로 삼아 남자의 대사에서 단서 포착. I make short instructional videos for new gardeners. "나는 신규 정원사를 위한 짧은 교육용 영상을 만든다."

5. 여자에 따르면, 이메일 메시지에 무슨 일이 일어났는가?

(A) 전달됐다.
(B) 출력됐다.
(C) 삭제됐다.
(D) 수신되지 못했다.

해설 ① **문제 확인:** the woman, what, happened, e-mail → 여자가 말하는 이메일에 일어난 일

② **단서 찾기:** 문제에 언급된 여자의 말에 집중하고, e-mail을 키워드로 삼아 단서 포착. M: Did you get the e-mail I sent you about composting bins? I sent it to you yesterday morning. "내가 보내 준 퇴비 통 관련 이메일을 받아 보았는가? 내가 어제 오전에 보냈다." → W: No, I didn't. Maybe your message went to my spam folder. "아니, 못 받았다. 아마 메시지가 스팸 폴더로 갔나 보다."

6. 여자는 다음에 무엇을 할 것이라고 말하는가?
(A) 원예 전시 몇 가지를 설치한다
(B) 시설 견학을 시켜 준다
(C) 과정을 설명해 준다
(D) 자원봉사자를 모집한다

해설 ① 문제 확인: What, the woman, do next → 여자가 다음에 할 일
② 단서 찾기: 여자의 대사에서 미래 시제 표현을 포착하거나 대화 상대인 남자의 제안 사항에 집중. M: Let me explain how it works step by step. "내가 어떻게 작용하는지 차근차근 설명해 주겠다."

Warm-up

본서 p.182

1. (B) 2. (B) 3. (A) 4. (B) 5. (B) 6. (A)

미국 ↔ 호주

Questions 1-3 refer to the following conversation.

W Hello, this is Amy Morris from the Personnel Department at Greenway Electronics. I got your message, and 1 you said you had a question regarding your job interview this Tuesday. What would you like to know?

M Thank you for calling back. 2 The e-mail confirmation I just received says that my interview is at 9 o'clock, but on the phone yesterday, I was told that it would be at 10:15. Is the time in the e-mail correct? I wouldn't want to be over an hour late for the interview.

W 3 Actually, each applicant must go through two interviews. So 3 on Tuesday, your first interview will be at 9 o'clock with the executive director, and then at 10:15, you'll have your second one with the personnel manager.

1-3번은 다음 대화에 관한 문제입니다.

여 안녕하세요. 그린웨이 전자 인사부의 에이미 모리스예요. 당신의 메시지를 받았고, 이번 주 화요일 1 **입사 면접에 관해 질문이 있다고 하셨다고요.** 무엇을 알고 싶으세요?

남 회신 전화 주셔서 고마워요. 2 **방금 받은 확인 이메일에서는 제 면접이 9시에 있다고 되어 있는데, 어제 전화로는 10시 15분에 있을 거라고 들었거든요. 이메일에 나와 있는 그 시간이 정확한 건가요?** 면접에 1시간 넘게 늦고 싶지 않아서요.

여 3 **실은, 모든 지원자는 면접을 두 번 거쳐야 해요.** 그래서 3 **화요일에** 당신의 첫 번째 면접은 9시에 상무 이사와 있을 거고, 그 후, 10시 15분에는 인사부장과 두 번째 면접을 하게 될 거예요.

어휘 personnel 인사부 | regarding ~에 관하여 | job interview 입사 면접 | confirmation 확인 | applicant 지원자 | go through (일련의 행동·방법·절차를) 거치다 | executive director 상무(이사), 전무(이사)

1. 남자는 누구인가?
(A) 인사과 직원
(B) 입사 지원자

해설 ① 문제 확인: Who, the man → 남자의 정체
② 단서 찾기: 특정 직업이나 장소를 알 수 있는 단어나 표현 포착. you said you had a question regarding your job interview "당신은 입사 면접에 관해 질문이 있다고 했다"

2. 남자는 무엇에 관하여 문의하는가?
(A) 지원서 양식
(B) 이메일에 나온 정보

해설 ① 문제 확인: What, the man, ask about → 남자가 문의하는 것
② 단서 찾기: 문제에 언급된 남자의 말에 집중하고, 의문문에서 단서 포착. The e-mail confirmation I just received says that my interview is at 9 o'clock, but on the phone yesterday, I was told that it would be at 10:15. Is the time in the e-mail correct? "방금 받은 확인 이메일에서는 내 면접이 9시에 있다고 되어 있는데, 어제 전화로는 나는 10시 15분에 있을 거라고 들었다. 이메일에 나와 있는 그 시간이 정확한가?"

3. 여자는 화요일에 무슨 일이 일어날 것이라고 말하는가?
(A) 두 개의 면접이 진행될 것이다.
(B) 서류가 검토될 것이다.

해설 ① 문제 확인: What, happen, Tuesday → 화요일에 일어날 일
② 단서 찾기: Tuesday를 키워드로 삼아 단서 포착. Actually, each applicant must go through two interviews. "실은, 모든 지원자는 면접을 두 번 거쳐야 한다." → on Tuesday "화요일에"

미국 ↔ 영국

Questions 4-6 refer to the following conversation.

M Good morning. 4 5 My eye doctor just gave me a new prescription for my eyeglasses, and he recommended that I get it filled here at this store.

W Certainly. We have a wide variety of frames, and we just received a new shipment yesterday.

M Great. I've had these frames for a long time, so I wanted to get new ones. Can you tell me how long it will take to make them?

W Well, normally, it takes about an hour. 6 Unfortunately, we're short on technicians today because one of them called in sick. So I don't think we'll be able to do it in one hour. But we'll try our best to have them ready in two hours.

4-6번은 다음 대화에 관한 문제입니다.

남 안녕하세요. 4 5 **제 안과 의사가 방금 제게 새 안경 처방전을 주셨고, 이 가게에서 맞출 것을 추천하셨어요.**

여 그럼요. 저희는 다양한 안경테를 보유하고 있고, 어제 막 새 수송품을 받았어요.

남 잘됐네요. 이 안경테를 오랫동안 사용해 와서, 새것을 사고 싶었어요. 그것들을 만드는 데 얼마나 걸리는지 말씀해 주실 수 있나요?

여 음, 보통은 1시간 정도 걸려요. **6** **안타깝게도, 오늘 기사들 중 한 명이 병가를 내서 기사들이 부족해요. 그래서 1시간 내로 할 수는 없을 것 같아요.** 하지만 2시간 안으로 준비될 수 있게끔 최선을 다할게요.

어휘 prescription 처방전 | fill (처방전대로) 조제하다 | a wide variety of 다양한 | frame 안경테 | shipment 수송(품) | normally 보통, 일반적으로 | unfortunately 안타깝게도 | be short on ~이 부족하다 | call in sick 병가를 내다 | try one's best 최선을 다하다

4. 대화는 어디에서 이루어지겠는가?
(A) 병원에서
(B) 안경원에서

해설 ① 문제 확인: Where, conversation, take place → 대화의 장소
② 단서 찾기: 특정 직업이나 장소를 알 수 있는 단어나 표현 포착. My eye doctor just gave me a new prescription for my eyeglasses, and he recommended that I get it filled here at this store. "내 안과 의사가 방금 내게 새 안경 처방전을 줬고, 이 가게에서 맞출 것을 추천했다."

5. 남자는 무엇을 하고 싶어 하는가?
(A) 제품을 교환한다
(B) 처방전을 조제 받는다

해설 ① 문제 확인: What, the man, want → 남자가 원하는 것
② 단서 찾기: 문제에 언급된 남자의 말에 집중하고, want를 키워드로 삼아 단서 포착. My eye doctor just gave me a new prescription for my eyeglasses, and he recommended that I get it filled here at this store. "내 안과 의사가 방금 내게 새 안경 처방전을 줬고, 이 가게에서 맞출 것을 추천했다."

6. 여자는 어떤 문제점을 알리는가?
(A) 직원이 병가를 냈다.
(B) 제품이 품절됐다.

해설 ① 문제 확인: What problem, the woman, report → 여자가 알리는 문제점
② 단서 찾기: 문제에 언급된 여자의 말에 집중하고, 부정 표현 포착. Unfortunately, we're short on technicians today because one of them called in sick. So I don't think we'll be able to do it in one hour. "안타깝게도, 오늘 기사들 중 한 명이 병가를 내서 기사들이 부족하다. 그래서 1시간 내로 할 수 없을 것 같다."
③ Paraphrasing: (지문 → 정답)
called in sick → is out sick

Practice

본서 p.183

1. (D)	2. (D)	3. (B)	4. (B)	5. (A)	6. (B)
7. (D)	8. (B)	9. (D)	10. (D)	11. (D)	12. (A)
13. (B)	14. (B)	15. (A)	16. (D)	17. (C)	18. (B)

영국 ↔ 미국

Questions 1-3 refer to the following conversation.

W Ian, I'm so glad our marketing firm is expanding rapidly, but **1** it's becoming increasingly difficult for our staff members to interact with one another.

M Yeah. **2** I wonder if we could set up a monthly luncheon where employees can get together and socialize.

W That sounds like a great idea!

M Right? The firm would hold a complimentary luncheon in our cafeteria at the end of every month. During the event, employees could make small talk and get to know each other. We'll need someone to organize everything, though.

W **3** I think Vincent should be in charge of it. He is great at planning things like this, and I know he has been looking for a new project to work on. I'll talk to him about it tomorrow.

1-3번은 다음 대화에 관한 문제입니다.

여 이안, 우리 마케팅 회사가 빠르게 확장하고 있어서 다행이지만, **1** **우리 직원들이 서로 교류하기가 점점 어려워지고 있어요.**

남 네. **2** **매달 직원들이 만나서 어울릴 수 있는 오찬을 마련하면 어떨지 모르겠네요.**

여 정말 좋은 생각 같네요!

남 그렇죠? 회사가 매달 말에 구내식당에서 무료 오찬을 열 수 있을 거예요. 행사 동안 직원들이 담소를 나누며 서로를 알아 갈 수 있을 겁니다. 그래도 모든 걸 준비할 누군가는 필요할 거예요.

여 **3** **제 생각엔 빈센트가 담당해야 할 것 같아요. 이런 것들을 계획하는 걸 매우 잘하고, 일할 새로운 프로젝트를 찾는 중이란 걸 알거든요. 내일 그에게 그것에 관해 말해 볼게요.**

어휘 expand 확장하다, 확대하다 | rapidly 빠르게, 신속하게 | increasingly 점점 더, 갈수록 더 | interact with ~와 상호 작용하다[교류하다] | set up ~을 마련하다, 설치하다 | monthly 매달의 | luncheon 오찬 | get together 만나다, 모이다 | socialize 어울리다, 사귀다 | complimentary 무료의 | cafeteria 구내식당 | small talk 담소, 사교적인 대화, 잡담 | in charge of ~을 담당하는[책임지는] | look for ~을 찾다[구하다]

1. 화자들은 주로 무엇에 관해 논의하고 있는가?
(A) 운영 비용
(B) 마케팅 캠페인
(C) 구내식당 메뉴
(D) 직원들 간 상호 교류

해설 ① 문제 확인: What, the speakers, discussing → 대화의 주제
② 단서 찾기: 대화의 주제를 언급하는 전반부에 집중. it's becoming increasingly difficult for our staff members to interact with one another "우리 직원들이 서로 교류하기가 점점 어려워지고 있다"

2. 남자는 무엇을 추천하는가?
(A) 자료를 검토하는 것
(B) 사무 공간을 개조하는 것
(C) 새로운 장비를 구입하는 것
(D) 월례 모임을 주최하는 것

해설 ① **문제 확인:** What, the man, recommend → 남자가 추천하는 것
② **단서 찾기:** 남자의 대사에서 제안·권유 표현 포착. I wonder if we could set up a monthly luncheon where employees can get together and socialize. "매달 직원들이 만나서 어울릴 수 있는 오찬을 마련하는 게 어떨지 모르겠다."
③ **Paraphrasing:** (지문 → 정답)
luncheon → gatherings

3. 여자는 빈센트에게 무엇에 관해 이야기할 것인가?
(A) 워크숍에 참가하는 것
(B) 프로젝트를 준비하는 것
(C) 주문을 승인하는 것
(D) 고객을 만나는 것

해설 ① **문제 확인:** What, the woman, talk to, Vincent → 여자가 빈센트에게 얘기할 내용
② **단서 찾기:** Vincent를 키워드로 삼아 여자의 대사에서 단서 포착. I think Vincent should be in charge of it. He is great at planning things like this, and I know he has been looking for a new project to work on. I'll talk to him about it tomorrow. "내 생각엔 빈센트가 담당해야 할 것 같다. 이런 것들을 계획하는 걸 매우 잘하고, 일할 새로운 프로젝트를 찾는 중이란 걸 알고 있다. 내일 그에게 그것에 관해 말해 보겠다."

영국 ↔ 미국

Questions 4-6 refer to the following conversation.

W **4** Everything seems to be going smoothly with planning the benefit dinner for the local hospital.
M Yeah, and the funds we raise will help young children with terminal illnesses.
W **5** You're designing the invitations, right? How's that going?
M I was working on it just now. **5** **6** Why don't you have a look? I'd like to hear your thoughts.
W Hmm... **6** We have some time before we send the final design to the printer.
M **6** OK, well, this is just the first draft.

4-6번은 다음 대화에 관한 문제입니다.

여 **4** **지역 병원을 위한 자선 만찬 계획이 모두 순조롭게 진행되고 있는 것 같아요.**
남 맞아요. 그리고 우리가 마련하는 기금은 불치병을 앓는 아동을 도울 거예요.
여 **5** **지금 초대장 디자인하고 있는 거 맞죠? 어떻게 되어 가고 있어요?**
남 이제 막 작업을 시작했어요. **5** **6** **한번 볼래요? 당신 의견을 듣고 싶어요.**
여 흠… **6** **인쇄소에 최종 도안을 보내기까지 우리한테 시간이 좀 있어요.**
남 **6** **알았어요. 음, 이건 그냥 초안이에요.**

어휘 smoothly 순조롭게 | benefit 자선 행사 | local 지역의 | fund 기금, 자금 | raise (자금 등을) 모으다 | terminal illness 불치병 | design 설계[디자인]하다 | invitation 초대장 | thought 생각 | final 최종의 | printer 인쇄소, 프린터 | draft 초안

4. 화자들은 어떤 종류의 행사를 계획하고 있는가?
(A) 시상식 축하 행사
(B) 기금 마련 만찬
(C) 개업식
(D) 회식

해설 ① **문제 확인:** What type, event, the speakers, planning → 화자들이 계획하고 있는 행사 종류
② **단서 찾기:** 특정 행사와 관련된 단어나 표현 포착. Everything seems to be going smoothly with planning the benefit dinner for the local hospital. "지역 병원을 위한 자선 만찬 계획이 모두 순조롭게 진행되고 있는 것 같다."

5. 남자는 여자에게 무엇을 보여 주는가?
(A) 초대장
(B) 메뉴
(C) 손님 명단
(D) 프로그램

해설 ① **문제 확인:** What, the man, show, the woman → 남자가 여자에게 보여 주는 것
② **단서 찾기:** show를 키워드로 삼아 단서 포착. W: You're designing the invitations, right? How's that going? "지금 초대장 디자인하고 있는 거 맞는가? 어떻게 되어 가고 있는가?" → M: Why don't you have a look? I'd like to hear your thoughts. "한번 보겠는가? 당신 의견을 듣고 싶다."

6. 여자는 "인쇄소에 최종 도안을 보내기까지 우리한테 시간이 좀 있어요"라고 말할 때 무엇을 의도하는가?
(A) 다른 프로젝트가 먼저 마무리되어야 한다.
(B) 수정이 일부 이루어져야 한다.
(C) 마감일이 잘못 계산되었다.
(D) 동료의 도움이 필요하지 않다.

해설 ① **문제 확인:** "We have some time before we send the final design to the printer" → 여자가 "~"라고 말한 의도
② **단서 찾기:** 해당 문장에 연결된 전후 문맥 파악. M: Why don't you have a look? I'd like to hear your thoughts. "한번 보겠는가? 당신 의견을 듣고 싶다." → W: We have some time before we send the final design to the printer. "인쇄소에 최종 도안을 보내기까지 우리한테 시간이 좀 있다." → M: OK, well, this is just the first draft. "알았다. 음, 이건 그냥 초안이다." → 남자가 뒤이어 초안이라고 덧붙이는 말로 미루어 보아, 최종 제출까지 시간 여유가 있으니 완전해지기 위해 수정이 진행되어야 할 거라는 의미를 내포하고 있다.

호주 ↔ 영국

Questions 7-9 refer to the following conversation.

M [7] Isabel, what's the latest on our strategy to increase public transport usage this year?

W [7] Well, we are really encouraging people to take the bus to work. What we've done is partnered with some big businesses in the area, and we'll be providing discounts for their employees. [8] However, we really have to also target the younger demographic, especially university students.

M Is that too small of a demographic? Besides, don't many students already take the bus?

W The most recent data we have suggests that more students today are driving to their schools and jobs. It's partly the reason why the roads are so congested these days.

M I must've missed that. [9] Compile that data into a report. I'll have to see it before I give my approval.

7-9번은 다음 대화에 관한 문제입니다.

남 [7] **이사벨, 올해 우리의 최신 대중교통 이용량 증가 전략은 무엇인가요?**

여 [7] **음, 저희는 사람들에게 출근 시 버스를 타도록 장려하고 있습니다. 저희는 지역 내 몇몇 대기업과 제휴를 맺었고, 소속 직원들에게 할인을 제공할 예정입니다.** [8] **그런데, 저희는 젊은 층도 겨냥해야 합니다. 특히 대학생이요.**

남 인구가 너무 적지 않나요? 게다가, 많은 학생들이 이미 버스를 타지 않습니까?

여 저희가 가진 최신 자료에 따르면, 요즘엔 많은 학생들이 학교와 직장으로 운전해서 다닌다고 합니다. 요즘 도로가 혼잡한 이유 중 일부도 그 때문이에요.

남 제가 그걸 놓쳤나 보군요. [9] **그 자료를 모아 보고서로 만들어 주세요. 제가 승인하기 전에 봐야겠어요.**

어휘 latest 최신의 것[소식] | strategy 전략 | increase 증가시키다 | public transport 대중교통 | usage 사용(량) | encourage 장려하다, 권장하다 | partner with ~와 협력하다 | business 사업체 | area 지역 | discount 할인 | employee 직원 | target 겨냥하다, 목표로 삼다 | young 젊은 | demographic 인구; 인구 통계학의 | especially 특히 | besides 게다가 | recent 최근의 | partly 부분적으로 | congested 혼잡한, 붐비는 | miss 놓치다 | compile (자료 등을) 모으다, 수집하다 | approval 승인

7. 화자들은 어떤 종류의 조직에서 일하겠는가?

(A) 자동차 제조사

(B) 잡화점

(C) 시장 조사 기관

(D) 정부 기관

해설 ① 문제 확인: What type, organization, the speakers, work for → 화자들이 일하는 조직

② 단서 찾기: 특정 조직을 알 수 있는 단어나 표현 포착. M: Isabel, what's the latest on our strategy to increase public transport usage this year? "이사벨, 올해 우리의 최신 대중교통 이용량 증가 전략은 무엇이지?" → W: Well, we are really encouraging people to take the bus to work. What we've done is partnered with some big businesses in the area, and we'll be providing discounts for their employees. "우리는 사람들에게 출근 시 버스를 타도록 장려하고 있다. 우리는 지역 내 몇몇 대기업과 제휴를 맺었고, 소속 직원들에게 할인을 제공할 예정이다."

8. 여자는 어떤 새로운 전략을 제안하는가?

(A) 무역 박람회에서 홍보하는 것

(B) 보다 폭넓은 사람들을 겨냥하는 것

(C) 텔레비전에서 광고하는 것

(D) 외부 컨설턴트를 고용하는 것

해설 ① 문제 확인: What new strategy, the woman, propose → 여자가 제안하는 새로운 전략

② 단서 찾기: 여자의 대사에서 제안 표현 포착. However, we really have to also target the younger demographic, especially university students. "그런데 우리는 젊은 층도 겨냥해야 한다. 특히 대학생."

9. 남자는 무엇이 필요하다고 말하는가?

(A) 조사 결과

(B) 승인 양식

(C) 비용 분석

(D) 상세 보고서

해설 ① 문제 확인: What, the man, say, necessary → 남자가 필요하다고 말하는 것

② 단서 찾기: 대화 후반부 남자의 대사에서 단서 포착. Compile that data into a report. I'll have to see it before I give my approval. "그 자료를 모아 보고서로 만들어 줘라. 내가 승인하기 전에 봐야겠다."

영국 ↔ 미국

Questions 10-12 refer to the following conversation.

W Hey, Arthur, [10] I just saw the financial analysis you put together for Martin's Landscaping. Nice work!

M Thank you, Linda. It was a lot of work, but we got it done somehow.

W I was very impressed. Do you think you would be able to do something similar for Hanmi Mart? The client runs a successful chain of Asian supermarkets in California, but they need help tracking their cash flow.

M Hmm... As of now, [11] I couldn't really tell you. I am interested, but I might get transferred back to New Jersey.

W Well, if you're OK with staying here in Los Angeles for the project, [12] let's set up a videoconference with the two regional managers and see what we can arrange.

10-12번은 다음 대화에 관한 문제입니다.

여 이봐, 아서, 10 **당신이 마틴 조경 회사를 위해 만든 재무 분석을 봤어요.** 잘했더군요!

남 고마워요, 린다. 일이 엄청 많았지만, 어떻게든 끝냈네요.

여 매우 감명받았어요. 한미 마트에 대해서도 비슷하게 해 줄 수 있을 것 같나요? 고객이 캘리포니아에서 성공한 아시아 슈퍼마켓 체인을 운영하는데, 그들이 자신의 현금 흐름을 추적하는 데 도움이 필요해요.

남 흠… 현재로서는, 11 **당신에게 말할 수가 없어요. 관심은 있지만, 다시 뉴저지로 전근 갈 수도 있거든요.**

여 음, 만약 당신이 이 프로젝트를 위해서 여기 로스앤젤레스에 머무는 것이 괜찮다면, 12 **두 지역 관리자와 화상 회의를 준비해서** 무엇을 할 수 있을지 봐요.

어휘 financial 재무의 | analysis 분석 | put together (이것저것을 모아서) 만들다[준비하다] | landscaping 조경 | somehow 어떻게든 | track 추적하다 | cash flow 현금 흐름(한 사업체의 수입과 지출의 흐름) | transfer 전근 가도록 조치하다 | set up ~을 준비하다[마련하다] | videoconference 화상[영상] 회의 | regional 지역의

10. 화자들은 어디에서 일하겠는가?
(A) 조경 회사에서
(B) 여행사에서
(C) 식료품점에서
(D) 회계 법인에서

해설 ① 문제 확인: Where, the speakers, work → 화자들이 일하는 곳
② 단서 찾기: 특정 직업이나 장소를 알 수 있는 단어나 표현 포착. I just saw the financial analysis you put together for Martin's Landscaping "당신이 마틴 조경 회사를 위해 만든 재무 분석을 봤다"

11. 남자는 "당신에게 말할 수가 없어요"라고 말할 때 무엇을 의도하는가?
(A) 마감 시간에 대해 확신이 없다.
(B) 프로젝트의 세부 사항을 공개할 수 없다.
(C) 전근을 원치 않는다.
(D) 아직 결정할 수 없다.

해설 ① 문제 확인: "I couldn't really tell you" → 남자가 "~"라고 말한 의도
② 단서 찾기: 해당 문장에 연결된 전후 문맥 파악. I couldn't really tell you "당신에게 말할 수가 없다" → I am interested, but I might get transferred back to New Jersey. "관심은 있지만, 다시 뉴저지로 전근을 갈 수도 있다." → 다시 전근을 갈 수도 있어서 결정할 수 없다.

12. 여자는 무엇을 제안하는가?
(A) 회의 일정을 잡는 것
(B) 다른 항공편을 예약하는 것
(C) 새로운 사무실로 이동하는 것
(D) 관리자에게 이메일을 보내는 것

해설 ① 문제 확인: What, the woman, suggest → 여자가 제안하는 것
② 단서 찾기: 여자의 대사에서 제안 표현 포착. let's set up a videoconference with the two regional managers "두 지역 관리자와 화상 회의를 준비하자"

영국 ↔ 호주

Questions 13-15 refer to the following conversation and sign.

W 13 It's wonderful that the bakery will be participating in the upcoming city festival next week. I think this will be a good chance for more customers to try out our pastries.

M I agree. You've volunteered to work on the second day of the event, right?

W Yes. 14 But if it rains, the festival will be postponed, which means I can't work at the booth since I'll be away on vacation. Fortunately, the weather forecast says that it should be sunny all next week, 14 so I still plan to be there for the last day of the event. What about you?

M I won't be working for the bakery, but 15 I'll be there both days assisting my brother. He owns a clothing store and needs another person to manage his booth.

13-15번은 다음 대화와 게시물에 관한 문제입니다.

여 13 **다음 주에 다가오는 시 축제에 우리 제과점이 참가한다니 참 잘됐어요. 제 생각에는 이번이 더 많은 고객이 우리 페이스트리를 테스트해 볼 좋은 기회가 될 거예요.**

남 맞아요. 당신은 행사 둘째 날 일 하겠다고 자원했죠, 그렇죠?

여 네. 14 **하지만 비가 온다면 축제가 연기될 텐데, 그렇게 되면 저는 휴가를 갈 것이기 때문에 부스에서 일할 수 없어요.** 다행히, 일기 예보에서는 다음 주 내내 화창할 거라고 하네요. 14 **그래서 여전히 행사 마지막 날에 거기 있을 계획이에요.** 당신은 어때요?

남 제과점 일은 하지 않을 거지만, 15 **이틀 모두 제 동생을 도와주면서 거기 있을 거예요.** 동생이 옷 가게를 하는데 자기 부스를 관리해 줄 사람이 한 명 더 필요하거든요.

트레스빌 시 축제
3월 18일 - 3월 19일

오셔서 공연과 맛 좋은 음식을 즐기세요!

*우천일: 3월 25일 - 3월 26일

어휘 participate in ~에 참가하다 | upcoming 다가오는 | try out ~을 테스트해[시범적으로 사용해] 보다 | volunteer 자원하다 | postpone 연기하다 | away 부재중인 | fortunately 다행히도 | weather forecast 일기 예보 | sunny 화창한 | assist 돕다 | own 소유하다 | clothing store 옷 가게 | manage 관리하다 | performance 공연

13. 화자들은 누구이겠는가?
(A) 의상 디자이너
(B) 제과점 직원
(C) 행사 진행자
(D) 일기 예보관

해설 ① **문제 확인:** Who, the speakers → 화자들의 정체
② **단서 찾기:** 특정 직업이나 장소를 알 수 있는 단어나 표현 포착. It's wonderful that the bakery will be participating in the upcoming city festival next week. I think this will be a good chance for more customers to try out our pastries. "다음 주에 다가오는 시 축제에 우리 제과점이 참가한다니 참 잘됐다. 내 생각에는 이번이 더 많은 고객이 우리 페이스트리를 테스트 해 볼 좋은 기회가 될 거다."

14. 시각 정보를 보시오. 여자는 언제 행사장에서 일할 것인가?
(A) 3월 18일
(B) 3월 19일
(C) 3월 25일
(D) 3월 26일

해설 ① **문제 확인:** When, the woman, work, event → 여자가 행사장에서 일할 시점
② **단서 찾기:** 시각 정보를 미리 파악한 후 여자의 대사에서 질문과 관련한 내용과 시각 정보 매칭. W: But if it rains, the festival will be postponed, which means I can't work at the booth since I'll be away on vacation. "하지만 비가 온다면 축제가 연기될 텐데, 그렇게 되면 내가 휴가를 갈 거라서 부스에서 일할 수 없다." → so I still plan to be there for the last day of the event "그래서 여전히 행사 마지막 날에 거기 있을 계획이다" → 시각 정보에서 축제의 마지막 날짜 확인 → March 19(3월 19일)

15. 남자는 무엇을 할 것이라고 말하는가?
(A) 가족을 돕는다
(B) 배달을 준비한다
(C) 의견을 제시한다
(D) 안내 책자를 인쇄한다

해설 ① **문제 확인:** What, the man, say, will do → 남자가 할 일
② **단서 찾기:** 대화 후반부 남자의 대사에서 미래 시제 표현 포착. I'll be there both days assisting my brother "이틀 모두 내 동생을 도와주면서 거기 있을 거다"
③ **Paraphrasing:** (지문 → 정답)
assisting my brother → Help a family member

미국 ↔ 호주

Questions 16-18 refer to the following conversation and pie chart.

W Michael, have you seen the report? 16 We may finally be able to acquire Durante Catering.
M Really? That sounds promising.
W Yeah. 17 We'd still be the second-largest company in this market, but buying Durante would help us build our client base. Look here on the second page.
M Well, it looks like we're already ahead of The Wedding Company, and with Durante's clients, we would be close to catching up with our biggest competitor.
W Well, what do you think? It sounds like the right move to me.
M Hmm... 18 I'm looking at the report in more detail now, and I'm a bit concerned. Durante's stock has gone down recently. So it could be a bad move.

16-18번은 다음 대화와 원그래프에 관한 문제입니다.
여 마이클, 보고서 봤어요? 16 **우리가 마침내 듀런트 케이터링을 인수할 수 있을 것 같아요.**
남 정말이요? 조짐이 좋아 보이네요.
여 네. 17 **우리는 여전히 이 시장에서 두 번째로 큰 회사가 되겠지만, 듀런트를 사는 것이 우리 고객 기반을 구축하는 데 도움이 될 거예요.** 여기 두 번째 페이지를 보세요.
남 음, 우리가 이미 더 웨딩 컴퍼니는 앞선 것으로 보이네요. 그리고 듀런트의 고객까지 하면 우리의 가장 큰 경쟁업체를 곧 따라잡을 것 같아요.
여 자, 어떻게 생각하시나요? 전 그렇게 조치하는 게 맞는 것 같아요.
남 흠… 18 **지금 보고서를 더 자세히 보고 있는데, 조금 걱정이 되네요. 듀런트의 주가가 최근 하락했어요. 그래서 안 좋은 조치가 될 수도 있을 것 같아요.**

시장 점유율

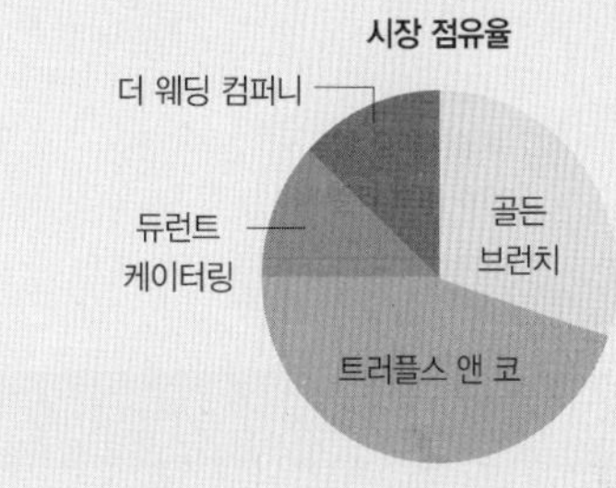

어휘 **acquire** 인수하다, 획득하다 | **sound** ~인 것 같다 | **promising** 조짐이 좋은, 유망한 | **client base** 고객 기반 | **ahead of** ~보다 앞선 | **be close to** 거의[곧] ~할 것 같다 | **catch up with** ~를 따라잡다 | **competitor** 경쟁사 | **move** 조치, 행동 | **stock** 주식

16. 대화의 주요 주제는 무엇인가?
(A) 잠재 고객
(B) 프로젝트 비용
(C) 직원 보유율
(D) 사업체 구매

해설 ① **문제 확인:** What, topic → 대화의 주제
② **단서 찾기:** 대화의 주제를 언급하는 전반부에 집중. We may finally be able to acquire Durante Catering. "우리가 마침내 듀런트 케이터링을 인수할 수 있을 것 같다."
③ **Paraphrasing:** (지문 → 정답)
acquire → purchase

17. 시각 정보를 보시오. 화자들은 어디에서 일하는가?
(A) 듀런트 케이터링

PART 3 UNIT 14

(B) 더 웨딩 컴퍼니
(C) 골든 브런치
(D) 트러플스 앤 코

해설 ① **문제 확인:** Where, the speakers, work → 화자들이 일하는 곳
② **단서 찾기:** 시각 정보를 미리 파악한 후 질문과 관련한 내용과 시각 정보 매칭. We'd still be the second-largest company in this market, but buying Durante would help us build our client base. "우리는 여전히 이 시장에서 두 번째로 큰 회사가 되겠지만, 듀런트를 사는 것이 우리 고객 기반을 구축하는 데 도움이 될 것이다." → 시각 정보에서 시장 점유율이 두 번째로 큰 회사 확인 → Golden Brunch(골든 브런치)

18. 남자는 왜 걱정을 하는가?
(A) 일부 수입이 잘못 보고될 수 있다.
(B) 회사의 주가가 내려갔다.
(C) 일부 구매가 제시간에 완료되지 않을 수 있다.
(D) 새로운 서비스가 인기가 없을 수도 있다.

해설 ① **문제 확인:** Why, the man, worried → 남자가 걱정하는 이유
② **단서 찾기:** worried를 키워드로 삼아 남자의 대사에서 부정 표현 포착. I'm looking at the report in more detail now, and I'm a bit concerned. Durante's stock has gone down recently. So it could be a bad move. "지금 보고서를 더 자세히 보고 있는데, 조금 걱정이 된다. 듀런트의 주가가 최근 하락했다. 그래서 안 좋은 조치가 될 수도 있을 것 같다."
③ **Paraphrasing:** (지문 → 정답)
gone down → fallen

REVIEW TEST

본서 p.186

32. (C)	33. (A)	34. (C)	35. (A)	36. (C)	37. (D)
38. (C)	39. (C)	40. (B)	41. (A)	42. (C)	43. (A)
44. (C)	45. (A)	46. (B)	47. (C)	48. (C)	49. (D)
50. (A)	51. (C)	52. (B)	53. (A)	54. (C)	55. (D)
56. (D)	57. (A)	58. (D)	59. (C)	60. (C)	61. (D)
62. (A)	63. (B)	64. (A)	65. (C)	66. (B)	67. (C)
68. (A)	69. (B)	70. (D)			

호주 ↔ 미국

Questions 32-34 refer to the following conversation.

M 32 The gallery is looking fantastic, Sheila. Thanks for coming in early to set it all up. 32 You've really gone above and beyond for this exhibit.
W That's very kind of you to say.
M 33 We have a few more pieces arriving today. Artists aren't known for sticking to schedules, I suppose.
W That's fine. When will they be coming in? I might have to shift a few of the pieces around to accommodate them.
M Should be around nine o'clock.
W 34 OK. By the way, I just want to remind you that I won't be available for next Saturday's exhibit. I have a conference I'll be speaking at.
M Yes, I've already got it on my calendar. Congratulations on that, by the way.

32-34번은 다음 대화에 관한 문제입니다.

남 32 **갤러리가 환상적이에요, 쉴라.** 일찍 오셔서 전부 준비해 줘서 고마워요. 32 **이번 전시회에서는 정말 예상보다 훨씬 잘해 주셨어요.**
여 그렇게 말씀해 주시니 감사해요.
남 33 **오늘 작품이 몇 점 더 들어올 거예요. 예술가들은 일정을 지키는 법이 없는 것 같네요.**
여 괜찮아요. 언제 도착할 예정인가요? 그것들을 수용하려면 작품 몇 점을 옮겨야 할 것 같아요.
남 9시쯤 될 거예요.
여 34 **알겠습니다. 그나저나, 제가 다음 주 토요일 전시 때는 자리에 없을 거라는 걸 다시 한번 말씀드려요. 제가 학회에서 연설하거든요.**
남 네, 일정표에 이미 적어 놨어요. 그나저나 축하해요.

어휘 go above and beyond (~을) 예상보다 잘하다, 넘어서다 | exhibit 전시(회) | piece 작품 | be known for ~으로 알려지다 | stick to ~을 지키다, 고수하다 | schedule 일정 | shift 옮기다 | accommodate 수용하다 | remind 상기시키다 | available 시간[여유]이 있는 | calendar 일정표

32. 대화는 어디에서 이루어지겠는가?
(A) 창고에서
(B) 대학교에서
(C) 미술관에서
(D) 영화관에서

해설 ① **문제 확인:** Where, conversation, take place → 대화의 장소
② **단서 찾기:** 대화 초반부에서 특정 장소와 관련된 단어나 표현 포착. The gallery is looking fantastic, Sheila. "갤러리가 환상적이다, 쉴라." → You've really gone above and beyond for this exhibit. "이번 전시회에서는 정말 예상보다 훨씬 잘해 주었다."
③ **Paraphrasing:** (지문 → 정답)
gallery → art gallery

33. 오늘 무엇이 배송될 것인가?
(A) 예술품
(B) 음료
(C) 장비
(D) 문서

해설 ① **문제 확인:** What, delivered, today → 오늘 배송될 물건
② **단서 찾기:** delivered와 today를 키워드로 삼아 단서 포착. We have a few more pieces arriving today. Artists aren't known for sticking to schedules, I suppose. "오늘 작품이 몇 점 더 들어올 거다. 예술가들은 일정을 지키는 법이 없는 것 같다."

③ Paraphrasing:
(지문 → 문제) arriving → be delivered
(지문 → 정답) pieces → artworks

34. 여자는 왜 다음 주 토요일에 일할 수 없을 것인가?
(A) 병원에 갈 것이다.
(B) 연극에 참여할 것이다.
(C) 학회에서 연설할 것이다.
(D) 다른 도시에 있는 가족을 방문할 것이다.

해설 ① **문제 확인:** Why, the woman, unable to work, next Saturday → 여자가 다음 주 토요일에 일할 수 없는 이유
② **단서 찾기:** unable to work와 next Saturday를 키워드로 삼아 여자의 대사에서 단서 포착. OK. By the way, I just want to remind you that I won't be available for next Saturday's exhibit. I have a conference I'll be speaking at. "알겠다. 그나저나, 내가 다음 주 토요일 전시 때는 자리에 없을 거라는 걸 다시 한번 말한다. 내가 학회에서 연설한다."

미국 ↔ 영국

Questions 35-37 refer to the following conversation.

M Hey, Fiona. 35 I heard you will be leading a new initiative starting next quarter. That's great news!
W 35 Yes, the compliance initiative. We'll be making sure all employees are working in safe environments.
M I see. Your team will be located in several offices. How will you manage everyone?
W 36 We got a new software called *V-talk*. It will let us videoconference easily.
M I've heard some good reviews about the software.
W Right. It has many great features.
M 37 I'm just surprised the team was assembled so quickly. It must have been difficult finding the right members who have the necessary skills.

35-37번은 다음 대화에 관한 문제입니다.

남 안녕하세요, 피오나. 35 **다음 분기부터 신규 프로그램을 이끌 거라고 들었어요.** 좋은 소식이에요!
여 35 **맞아요, 규정 준수 프로그램이에요. 전 직원이 안전한 환경에서 근무할 수 있도록 할 거예요.**
남 그렇군요. 당신 팀이 여러 사무실에 배치될 텐데요. 어떻게 모두를 관리하실 건가요?
여 36 **〈브이 토크〉라는 신규 소프트웨어가 있어요. 그걸로 쉽게 화상 회의를 할 수 있을 거예요.**
남 그 소프트웨어에 관해 좋은 평을 들었어요.
여 맞아요. 좋은 기능이 많죠.
남 37 **저는 그저 팀이 그렇게 순식간에 만들어지는 데 놀랐어요.** 필요한 기술을 가진 적임자를 찾느라 분명히 힘드셨을 거 같아요.

어휘 lead 이끌다, 지휘하다 | initiative (새로운) 계획 | quarter 분기 | compliance 규정 준수 | environment 환경 | locate (특정 위치에) 두다 | manage 관리하다 | videoconference 화상 회의를 하다 | easily 쉽게 | feature 기능, 특징 | assemble 모으다, 집합시키다 | quickly 빠르게

35. 여자는 무엇을 이끌 것인가?
(A) 근로 안전 노력
(B) 위생 캠페인
(C) 교육 과정
(D) 웹사이트 정비

해설 ① **문제 확인:** What, the woman, leading → 여자가 이끌 것
② **단서 찾기:** leading을 키워드로 삼아 단서 포착. M: I heard you will be leading a new initiative starting next quarter. "다음 분기부터 신규 프로그램을 이끌 거라고 들었다." → W: Yes, the compliance initiative. We'll be making sure all employees are working in safe environments. "맞다, 규정 준수 프로그램이다. 전 직원이 안전한 환경에서 근무할 수 있도록 할 거다."

36. 소프트웨어는 무엇에 사용되는가?
(A) 온라인 워크숍
(B) 고객 관리
(C) 화상 회의
(D) 홍보

해설 ① **문제 확인:** What, software, used for → 소프트웨어의 용도
② **단서 찾기:** software를 키워드로 삼아 단서 포착. We got a new software called V-talk. It will let us videoconference easily. "〈브이 토크〉라는 신규 소프트웨어가 있다. 그걸로 쉽게 화상 회의를 할 수 있을 거다."

37. 남자는 무엇에 놀라워하는가?
(A) 직원 설문 조사
(B) 회사 전망
(C) 연구 결과
(D) 팀 형성

해설 ① **문제 확인:** What, the man, surprised about → 남자가 놀라워하는 것
② **단서 찾기:** surprised를 키워드로 삼아 단서 포착. I'm just surprised the team was assembled so quickly. "나는 그저 팀이 그렇게 순식간에 만들어지는 데 놀랐다."
③ **Paraphrasing:** (지문 → 정답)
the team was assembled → A formation of a team

호주 ↔ 영국

Questions 38-40 refer to the following conversation.

M Hello. 38 39 I think I left my student ID card somewhere here in the library. 39 Do you know if anyone turned one in?
W Ah, actually, 39 I just started my shift. Do you remember where you last saw it?
M Well, I used it to get into the library. And I had it out on the desk while I was studying.
W 40 Why don't you give me your phone number? If someone finds it, we'll let you know right away.

38-40번은 다음 대화에 관한 문제입니다.

남 안녕하세요. 38 39 **제가 이곳 도서관 어딘가에 학생증을 두고 간 것 같아요.** 39 **누군가 돌려준 게 있는지 아세요?**

PART 3 REVIEW TEST

여 아, 사실은 39 **제가 막 교대 근무를 시작했거든요.** 마지막으로 어디서 봤는지 기억하세요?

남 글쎄요, 그걸 도서관에 들어가려고 사용했어요. 그리고 공부하는 동안 책상 위에 그것을 두었고요.

여 40 **전화번호를 알려 주시겠어요?** 누가 발견하면, 바로 알려 드릴게요.

어휘 turn ~ in ~을 돌려주다[반납하다] | shift 교대 (근무)

38. 남자의 문제는 무엇인가?

(A) 신용 카드를 잊고 두고 왔다.

(B) 책을 찾을 수 없다.

(C) 신분증을 잘못 두어 잃어버렸다.

(D) 웹사이트에 접속할 수 없다.

해설 ① 문제 확인: What, man's problem → 남자의 문제

② 단서 찾기: 남자의 대사에서 부정 표현 포착. I think I left my student ID card somewhere here in the library. "내가 이곳 도서관 어딘가에 학생증을 두고 간 것 같다."

③ Paraphrasing: (지문 → 정답)
left → misplaced

39. 여자는 "제가 막 교대 근무를 시작했거든요"라고 말할 때 무엇을 의도하는가?

(A) 관리자의 승인이 필요하다.

(B) 교대에 늦었다.

(C) 질문에 답할 수 없다.

(D) 최근에 휴가에서 돌아왔다.

해설 ① 문제 확인: "I just started my shift" → 여자가 "~"라고 말한 의도

② 단서 찾기: 해당 문장에 연결된 전후 문맥 파악. M: I think I left my student ID card somewhere here in the library. Do you know if anyone turned one in? "내가 이곳 도서관 어딘가에 학생증을 두고 간 것 같다. 누군가 돌려준 게 있는지 아는가?" → W: I just started my shift "나는 막 교대 근무를 시작했다" → 지금 교대를 해서 아직 아는 게 없다.

40. 여자는 남자에게 무엇을 하라고 요청하는가?

(A) 회원 자격을 갱신한다

(B) 연락처를 제공한다

(C) 다른 시간에 반납한다

(D) 연체료를 지불한다

해설 ① 문제 확인: What, the woman, ask, the man → 여자가 남자가 요청하는 것

② 단서 찾기: 여자의 대사에서 제안·요청 표현 포착. Why don't you give me your phone number? "전화번호를 알려 주겠는가?"

③ Paraphrasing: (지문 → 정답)
phone number → contact information

미국 ↔ 영국 ↔ 미국

Questions 41-43 refer to the following conversation with three speakers.

M 41 Yvonne, I'm surprised you haven't left the office yet. I thought you got off at 5.

W1 Well, 42 I started work at 10 A.M. today because my car broke down in the middle of the road. It's in the repair shop right now.

M I see. Are you going to take the subway home?

W1 Sally actually offered to drive me home tonight. She lives near my neighborhood. In fact, there she is right now. Hey, Sally!

W2 Hi, are you ready to go? 43 We'll have to stop by the gas station first. My fuel tank is almost empty.

W1 You know, 43 why don't I pay for half of that? It's my way of saying thanks.

41-43번은 다음 세 화자의 대화에 관한 문제입니다.

남 41 **이본, 당신이 아직 퇴근하지 않아서 놀랐어요.** 저는 당신이 5시에 퇴근한 줄 알았어요.

여1 그게, 42 **길 한복판에서 차가 고장 나서 오늘 오전 10시에 출근했어요.** 차는 지금 정비소에 있어요.

남 그렇군요. 지하철 타고 집에 가세요?

여1 실은 오늘 샐리가 집에 태워다 준다고 했어요. 그녀가 우리 동네 근처에 살 거든요. 사실, 지금 저기 오네요. 어서 와요, 샐리!

여2 안녕하세요, 갈 준비됐나요? 43 **우리는 주유소 먼저 들러야 할 거예요. 연료 탱크가 거의 비었어요.**

여1 그럼, 43 **제가 비용의 반을 지불하는 건 어떠세요?** 감사를 표하는 저의 방식이에요.

어휘 get off 떠나다, 출발하다 | break down 고장 나다 | neighborhood 인근, 이웃 | ready 준비가 된 | stop by ~에 들르다 | gas station 주유소 | fuel 연료 | almost 거의 | empty 비어 있는 | pay for (값을) 지불하다

41. 남자는 왜 놀랐는가?

(A) 동료가 야근하고 있다.

(B) 회의가 취소되었다.

(C) 마감일을 지키지 못했다.

(D) 기술자를 구할 수 없었다.

해설 ① 문제 확인: Why, the man, surprised → 남자가 놀란 이유

② 단서 찾기: surprised를 키워드로 삼아 남자의 대사에서 단서 포착. Yvonne, I'm surprised you haven't left the office yet. "이본, 당신이 아직 퇴근하지 않아서 놀랐다."

③ Paraphrasing: (지문 → 정답)
haven't left the office → working late

42. 이본은 오늘 아침 어떤 문제가 있었는가?

(A) 서류를 제출하는 것을 잊어버렸다.

(B) 그녀의 컴퓨터가 켜지지 않았다.

(C) 그녀의 차량이 제대로 작동하지 않았다.

(D) 출입증을 잃어버렸다.

해설 ① 문제 확인: What problem, Yvonne, this morning → 이본이 오늘 아침 겪은 문제

② 단서 찾기: problem, this morning을 키워드로 삼아 여자1 (Yvonne)의 대사에서 부정 표현 포착. I started work at 10 A.M. today because my car broke down in the middle of the road "길 한복판에서 차가 고장 나서 오늘 오전 10시에 출근했다"

③ **Paraphrasing:** (지문 → 정답)
car broke down → vehicle malfunctioned

43. 이본은 무엇을 해 주겠다고 제안하는가?
(A) 서비스에 대한 돈을 낸다
(B) 동료를 집으로 운전해 준다
(C) 커뮤니티 행사를 마련한다
(D) 사무실 건물을 방문한다

해설 ① **문제 확인:** What, Yvonne, offer → 이본이 제안하는 것
② **단서 찾기:** 대화 후반부 여자1(Yvonne)의 대사에서 제안 표현 포착. W2: We'll have to stop by the gas station first. My fuel tank is almost empty. "우리는 주유소 먼저 들러야 할 거다. 연료 탱크가 거의 비었다." → W1: why don't I pay for half of that "내가 비용의 반을 지불하는 건 어떤가"
③ **Paraphrasing:** (지문 → 정답)
pay → Contribute money

미국 ↔ 미국

Questions 44-46 refer to the following conversation.

M Hey, Emma. 44 I just reviewed the news report you edited.
W Well, what do you think?
M I agree with what you said earlier. The new reporter is better suited for our broadcast. But you forgot to add the subtitles in the clip.
W Oh, no. 45 I'm so sorry! I must've sent you an earlier version of the file. I've been overwhelmed with work lately.
M Don't worry about it. Just send me your latest one. By the way, 46 I really liked the background you used. The design will definitely draw viewers' attention.

44-46번은 다음 대화에 관한 문제입니다.

남 안녕하세요, 엠마. 44 **방금 편집하신 뉴스 보도를 검토했습니다.**
여 음, 어떻게 생각하세요?
남 아까 말씀하신 내용에 동의합니다. 새로 온 기자가 저희 방송에 더 잘 맞습니다. 하지만 동영상 클립에 자막 추가하시는 걸 잊으셨더군요.
여 아, 이런. 45 **정말 죄송해요! 제가 파일을 이전 버전으로 보냈나 봐요.** 요즘 일이 너무 많아서요.
남 걱정 안 하셔도 돼요. 최근 걸 보내 주시기만 하면 됩니다. 그런데, 46 **당신이 사용한 배경이 정말 마음에 들었어요. 그 디자인은 분명 시청자들의 관심을 끌 거예요.**

어휘 review 검토하다 | edit 편집하다 | be suited for ~에 맞다, 적합하다 | broadcast 방송 | subtitle 자막 | clip (동영상의) 클립 | overwhelmed (너무 많은 일에) 압도된 | background 배경 | definitely 분명히, 틀림없이 | draw one's attention ~의 관심을 끌다 | viewer 시청자

44. 화자들은 주로 무엇에 관해 논의하고 있는가?
(A) 여자의 업무량을 조절하는 것
(B) 잡지 기사를 쓰는 것
(C) 뉴스 방송을 편집하는 것
(D) TV 시리즈를 감독하는 것

해설 ① **문제 확인:** What, the speakers, discussing → 대화의 주제
② **단서 찾기:** 대화의 주제를 언급하는 전반부에 집중. I just reviewed the news report you edited. "방금 편집한 뉴스 보도를 검토했다."
③ **Paraphrasing:** (지문 → 정답)
news report → news broadcast

45. 여자는 왜 사과하는가?
(A) 파일을 잘못 보냈다.
(B) 직장에 늦었다.
(C) 제시간에 작품을 제출할 수 없다.
(D) 남자의 제안을 거절했다.

해설 ① **문제 확인:** Why, the woman, apologize → 여자가 사과하는 이유
② **단서 찾기:** apologize를 키워드로 삼아 여자의 대사에서 단서 포착. I'm so sorry! I must've sent you an earlier version of the file. "정말 미안하다! 내가 파일을 이전 버전으로 보냈나 보다."
③ **Paraphrasing:** (지문 → 정답)
an earlier version of the file → a wrong file

46. 남자는 자신이 특히 좋아하는 것은 무엇이라고 말하는가?
(A) 성우
(B) 배경 디자인
(C) 생산 공정
(D) 시청률

해설 ① **문제 확인:** What, the man, say, likes → 남자가 좋아하는 것
② **단서 찾기:** likes를 키워드로 삼아 남자의 대사에서 단서 포착. I really liked the background you used. The design will definitely draw viewers' attention. "당신이 사용한 배경이 정말 마음에 들었다. 그 디자인은 분명 시청자들의 관심을 끌 거다."

호주 ↔ 미국 ↔ 미국

Questions 47-49 refer to the following conversation with three speakers.

M1 47 Welcome to McGruger Solutions. My name is Wallace, and this is my colleague, Curtis. 47 You scheduled an appointment with us to discuss our firm's employee placement services. We guarantee that we'll find the most suitable workers for your business.
W Thank you for having me over today. We've been so busy lately that it's been difficult to handle all of the recruiting work.
M2 Do you mind if I ask why?
W Well, Curtis, 48 we started building a new factory five months ago. And we've been investing a lot of resources in making sure that everything is progressing smoothly.
M2 I see. Well, 49 we do have a wide variety of different services. Why don't we go over a few packages that might be well-suited for your company?

47-49번은 다음 세 화자의 대화에 관한 문제입니다.

남1 **47 맥그루거 솔루션즈에 오신 것을 환영합니다.** 저는 월리스이고, 여기는 제 동료 커티스예요. **47 우리 회사의 직원 알선 서비스에 대해 저희와 논의하기 위해 예약해 주셨어요.** 저희는 귀하의 사업체에 가장 적합한 직원들을 찾아드릴 것을 보장해 드려요.

여 오늘 만나 주셔서 감사해요. 저희는 최근에 너무 바빠서 모든 채용 업무를 처리하는 게 힘들었어요.

남2 이유를 여쭤봐도 될까요?

여 그게요, 커티스, **48 저희는 다섯 달 전에 새로운 공장을 짓기 시작했어요.** 그리고 모든 것이 순조롭게 진행되도록 하기 위해 많은 자원을 투자해 왔어요.

남2 그렇군요. 음, **49 저희는 굉장히 다양한 서비스를 보유하고 있어요. 귀하의 회사에 잘 어울릴 만한 몇 가지 패키지를 함께 살펴보시겠어요?**

어휘 colleague 동료 | schedule an appointment 예약하다 | placement 직업 알선, 직업 소개 | guarantee 보장하다 | suitable 적합한, 적절한 | lately 최근에 | handle 처리하다 | invest 투자하다 | resource 자원 | progress 진행하다 | smoothly 순조롭게 | a variety of 다양한 | go over ~을 살펴보다, 검토하다 | package 패키지, 일괄 프로그램 | well-suited 잘 어울리는, 적절한

47. 맥그루거 솔루션즈는 어떤 서비스를 제공하는가?

(A) 재정 컨설팅

(B) 법률 자문

(C) 직원 알선

(D) 시스템 유지 관리

해설 ① **문제 확인:** What service, McGruger Solutions, offer → 맥그루거 솔루션즈가 제공하는 서비스

② **단서 찾기:** McGruger Solutions, offer를 키워드로 삼아 단서 포착. Welcome to McGruger Solutions. "맥그루거 솔루션즈에 온 것을 환영한다." → You scheduled an appointment with us to discuss our firm's employee placement services. "당신은 우리 회사의 직원 알선 서비스에 대해 우리와 논의하기 위해 예약했다."

48. 여자에 따르면, 다섯 달 전에 무슨 일이 일어났는가?

(A) 그녀의 사업체를 팔았다.

(B) 새로운 상품 라인에 착수했다.

(C) 건설 프로젝트가 시작되었다.

(D) 그녀의 회사에 경쟁자가 생겼다.

해설 ① **문제 확인:** the woman, what, happened, five months ago → 여자가 말하는 다섯 달 전에 일어난 일

② **단서 찾기:** five months ago를 키워드로 삼아 여자의 대사에서 단서 포착. we started building a new factory five months ago "우리는 다섯 달 전에 새로운 공장을 짓기 시작했다"

③ **Paraphrasing:** (지문 → 정답)
started → began / building a ~ factory → construction project

49. 커티스는 다음에 무엇을 하겠는가?

(A) 새로운 회의 일정을 잡는다

(B) 공장을 방문한다

(C) 일부 예산 수치를 논의한다

(D) 몇몇 서비스 패키지를 설명한다

해설 ① **문제 확인:** What, Curtis, do next → 커티스가 다음에 할 일

② **단서 찾기:** 대화 후반부 남자2(Curtis)의 대사에서 단서 포착. we do have a wide variety of different services. Why don't we go over a few packages that might be well-suited for your company? "우리는 굉장히 다양한 서비스를 보유하고 있다. 당신네 회사에 잘 어울릴 만한 몇 가지 패키지를 함께 살펴볼 텐가?"

영국 ↔ 미국

Questions 50-52 refer to the following conversation.

W Hi, David. It's Alice from Planed Surfaces Ltd. **50** We're calling to invite all of our distributors to the grand opening of our recently upgraded factory on July 7. We hope that you can be there.

M **51** Sorry, I'll be attending a conference in Taiwan on that day. But my associate, George Sands, should be available. Before I transfer your call to him, can I ask what's been changed?

W Of course. **52** We have computerized all of our assembly lines in order to increase production efficiency. I can email you further details if you'd like.

50-52번은 다음 대화에 관한 문제입니다.

여 안녕하세요, 데이비드. 플랜드 서페이시스 사의 앨리스예요. **50 7월 7일에 있을 최근 개선된 저희 공장 개장식에 모든 유통업체들을 초대하기 위해 전화드려요.** 당신이 거기에 오셨으면 해요.

남 **51 죄송해요, 전 그날 대만에서 학회에 참석하고 있을 거예요.** 하지만 제 동료 조지 샌드스는 시간이 될 거예요. 그에게 전화를 돌려 드리기 전에, 무엇이 변경되었는지 여쭤봐도 될까요?

여 그럼요. **52 생산 효율성을 높이기 위해서 모든 조립 라인들을 전산화했어요.** 원하시면 더 자세한 사항을 이메일로 보내 드릴 수 있어요.

어휘 distributor 유통업체 | attend 참석하다 | conference 학회, 회의 | associate 동료 | available 시간이 있는 | transfer 전화를 돌려주다 | computerize 전산화하다, 컴퓨터화하다 | assembly line 조립 라인, 생산 시설 | production 생산 | efficiency 효율성 | further 그 이상의, 더 추가된

50. 대화는 주로 무엇에 관한 것인가?

(A) 공장 개장

(B) 다가오는 점검

(C) 국제 학회

(D) 신제품

해설 ① **문제 확인:** What, conversation, about → 대화의 주제

② **단서 찾기:** 대화의 주제를 언급하는 전반부에 집중. We're calling to invite all of our distributors to the grand opening of our recently upgraded factory on July 7. "7월 7일에 있을 최근 개선된 우리 공장 개장식에 모든 유통업체들을 초대하기 위해 전화한다."

③ Paraphrasing: (지문 → 정답)
the grand opening of ~ factory → A factory opening

51. 데이비드는 어떤 문제점을 언급하는가?
(A) 이메일을 받지 못했다.
(B) 주문을 잘못했다.
(C) 출장을 갈 것이다.
(D) 프로젝트를 끝내지 못했다.

해설 ① **문제 확인:** What problem, David → 데이비드가 언급하는 문제점
② **단서 찾기:** 문제에 언급된 David(남자)의 말에 집중하고, 부정 표현 포착. Sorry, I'll be attending a conference in Taiwan on that day. "미안하다, 나는 그날 대만에서 학회에 참석하고 있을 것이다."
③ **Paraphrasing:** (지문 → 정답)
be attending ~ in Taiwan → be out of town

52. 플랜드 서페이스 사는 최근에 무엇을 했는가?
(A) 더 많은 유통업체를 찾았다
(B) 조립 라인을 변경했다
(C) 학회를 준비했다
(D) 다른 회사를 사들였다

해설 ① **문제 확인:** What, Planed Surfaces Ltd., recently, done → 플랜드 서페이스 사가 최근 한 일
② **단서 찾기:** Planed Surfaces, recently를 키워드로 삼아 단서 포착. We have computerized all of our assembly lines in order to increase production efficiency. "생산 효율성을 높이기 위해 모든 조립 라인들을 전산화했다."

영국 ↔ 호주

Questions 53-55 refer to the following conversation.

W 53 Welcome to Fabella Refreshments. My name is Whitney, and I'll be leading your tour today. Before I begin showing you around our juice bottling plant, I'd like to apologize for starting late.
M Excuse me. Could you tell us how long the tour will take? I've got an appointment right after this.
W 54 It will last an hour, but you're welcome to leave whenever you want.
M An hour should be OK. Thank you.
W Does anyone else have questions before we start?
M Oh, I have one more question. I've heard your juices are popular overseas. How many countries do you sell your products in?
W 55 Yes, we are very proud that our brand is known all around the world. Our juices are sold in over 100 different countries.

53-55번은 다음 대화에 관한 문제입니다.

여 53 **파벨라 식품에 오신 것을 환영해요. 제 이름은 휘트니이고, 오늘 여러분들의 견학을 이끌 거예요. 제가 여러분께 주스를 병에 담는 공장을 보여 드리기 전에, 늦게 시작한 것에 대해 사과드리고 싶어요.**
남 실례합니다. 투어가 얼마나 걸릴지 알려 주실 수 있으세요? 이거 직후에 약속이 있어서요.
여 54 **1시간 걸리지만, 원하실 때 언제든지 가셔도 좋아요.**
남 한 시간이면 괜찮아요. 고맙습니다.
여 시작하기 전에 질문이 있는 다른 분 계신가요?
남 아, 한 가지만 더 질문할게요. 귀사의 주스가 해외에서 인기 있다고 들었어요. 얼마나 많은 나라에서 제품을 판매합니까?
여 55 **네, 저희 브랜드가 전 세계에 알려져 있다는 것에 우리는 매우 자랑스러워요.** 우리 주스는 100개 이상의 다른 나라들에서 판매돼요.

어휘 refreshments 식품, 다과, 음료 | lead 이끌다 | bottle 병에 담다 | apologize 사과하다 | last 지속하다 | welcome to do 자유로이 ~할 수 있는 | overseas 해외에서

53. 방문객들은 투어에서 무엇을 볼 것인가?
(A) 음료가 어떻게 준비되는지
(B) 종이가 어떻게 재활용되는지
(C) 장난감이 어떻게 제조되는지
(D) 전자 제품이 어떻게 조립되는지

해설 ① **문제 확인:** What, visitors, see, tour → 관광객들이 투어에서 볼 것
② **단서 찾기:** visitors, tour를 키워드로 삼아 단서 포착. Welcome to Fabella Refreshments. My name is Whitney, and I'll be leading your tour today. Before I begin showing you around our juice bottling plant, I'd like to apologize for starting late. "파벨라 식품에 온 것을 환영한다. 내 이름은 휘트니고, 오늘 여러분의 견학을 이끌 것이다. 내가 여러분에게 주스를 병에 담는 공장을 보여 주기 전에, 늦게 시작한 것에 대해 사과하고 싶다."

54. 방문객들은 무엇을 하도록 허용되는가?
(A) 소지품을 보관한다
(B) 상품들을 시험해 본다
(C) 원할 때 떠난다
(D) 샘플을 집으로 가져간다

해설 ① **문제 확인:** What, visitors, allowed → 방문객들에게 허용되는 것
② **단서 찾기:** visitors, allowed를 키워드로 삼아 단서 포착. It will last an hour, but you're welcome to leave whenever you want. "(투어는) 1시간 걸리지만, 원할 때 언제든 가도 좋다."

55. 투어 가이드는 회사의 어떤 점이 특별하다고 말하는가?
(A) 매력적인 디자인
(B) 고급의 기술
(C) 알맞은 가격
(D) 세계적인 인정

해설 ① **문제 확인:** What, special, company → 회사의 특별한 점
② **단서 찾기:** special, company를 키워드로 삼아 단서 포착. Yes, we are very proud that our brand is known all around the world. "그렇다, 우리 브랜드가 전 세계에 알려져 있다는 것에 우리는 매우 자랑스럽다."
③ **Paraphrasing:** (지문 → 정답)
known ~ around the world → global recognition

미국↔영국

Questions 56-58 refer to the following conversation.

M Hi, Clarissa. 56 I want to finalize the details for the end-of-year party for employees. We should book the venue first.

W Right. I spoke with Manito Convention Hall, and they're happy to host us again. 57 How does that idea sound to you?

M 57 Hmm. I don't know about going there again.

W OK. We have other options. 58 But we should also look into a catering service at the same time. I don't want to be trying to find a caterer at the last minute.

56-58번은 다음 대화에 관한 문제입니다.

남 안녕하세요, 클러리사. 56 **저는 직원 송년회 관련 세부 사항을 확정하고 싶어요.** 저희는 장소부터 예약해야 해요.

여 알았어요. 제가 매니토 컨벤션 홀에 연락해 봤는데, 그쪽에서는 기꺼이 저희 행사를 다시 주최하고 싶어 해요. 57 **그 아이디어는 어떤 거 같으세요?**

남 57 **흠. 거기로 다시 하는 건 잘 모르겠어요.**

여 알았어요. 다른 선택권도 있어요. 58 **그런데 출장 연회 서비스도 동시에 알아봐야 해요.** 막판에 음식 공급업체를 찾고 싶지는 않아요.

어휘 finalize 확정하다, 마무리 짓다 | detail 세부 사항 | end-of-year party 송년회 | employee 직원 | book 예약하다 | venue 장소 | host (행사를) 주최하다 | sound ~처럼 들리다 | option 선택권 | look into ~을 알아보다, 살펴보다 | catering service 출장 연회 서비스 | at the same time 동시에 | caterer 음식 공급사 | at the last minute 막판에

56. 화자들은 어떤 종류의 행사를 준비하고 있는가?
(A) 제품 출시
(B) 사업 세미나
(C) 고객과의 회의
(D) 직장 파티

해설 ① **문제 확인:** What type, event, organizing → 준비되고 있는 행사 종류
② **단서 찾기:** 대화의 주제를 언급하는 전반부에 집중. I want to finalize the details for the end-of-year party for employees. "나는 직원 송년회 관련 세부 사항을 확정하고 싶다."

57. 남자는 왜 "거기로 다시 하는 건 잘 모르겠어요"라고 말하는가?
(A) 반대를 표현하기 위해
(B) 정보를 요청하기 위해
(C) 건망증을 내비치기 위해
(D) 다른 아이디어를 제안하기 위해

해설 ① **문제 확인:** "I don't know about going there again" → 남자가 "~"라고 말한 의도
② **단서 찾기:** 해당 문장에 연결된 전후 문맥 파악. W: How does that idea sound to you? "그 아이디어는 어떤 거 같은가?" → M: Hmm. I don't know about going there again. "흠. 거기로 다시 하는 건 잘 모르겠다." → 반대 의견을 표현한다.

58. 여자는 무엇을 하는 것을 제안하는가?
(A) 행사장에 연락하는 것
(B) 목록을 확인하는 것
(C) 예산을 검토하는 것
(D) 서비스를 예약하는 것

해설 ① **문제 확인:** What, the woman, suggest → 여자가 제안하는 것
② **단서 찾기:** 여자의 대사에서 제안 표현 포착. But we should also look into a catering service at the same time. "그런데 출장 연회 서비스도 동시에 알아봐야 한다."

영국↔호주

Questions 59-61 refer to the following conversation.

W Hey, did you get the lab results back for the rock samples we sent in? 59 The ones from the Neolithic site we toured last month?

M I did. Turns out some of the stones were quarried from a site about one kilometer away.

W Wow, it must've taken about 500 people just to move one pillar.

M That's my guess. There's so much to uncover about the site. 60 I'm just worried we won't get enough funding to excavate more.

W Well, let's get the press interested. 61 I'm about to send an article about our research to some science magazines. I'm sure once word gets out, we'll get the funding we need.

59-61번은 다음 대화에 관한 문제입니다.

여 저기, 저희가 보낸 암석 샘플에 대한 실험 결과 받아 보셨어요? 59 **지난달에 둘러본 신석기 유적지에서 가져온 거요?**

남 받았어요. 알고 보니 암석 일부는 유적지에서 1킬로미터 떨어진 곳에서 채석됐더라고요.

여 와, 기둥 하나 옮기는 데만 대략 500명은 투입됐을 거예요.

남 제 짐작이에요. 유적지에 대해 밝혀내야 할 게 아주 많아요. 60 **다만 발굴 작업을 더 할 만큼 자금 지원을 충분히 받지 못할까 봐서 걱정이에요.**

여 음, 언론의 관심을 끌어 봅시다. 61 **저는 저희 연구에 관한 글을 과학 잡지사 몇 곳에 보내려던 참이에요.** 틀림없이 입소문이 퍼지면, 필요한 자금을 얻을 수 있을 거예요.

어휘 lab 실험실 (= laboratory) | result 결과 | rock 암석 | sample 샘플, 견본 | Neolithic 신석기 시대의 | site 유적지 | tour 둘러보다, 견학하다 | turn out ~인 것으로 드러나다[밝혀지다] | quarry 채석하다, 캐내다 | pillar 기둥 | guess 짐작, 추측 | uncover 밝히다 | funding 자금, 재정 지원 | excavate 발굴하다 | press 언론 | article 글, 기사 | research 연구 | word gets out 입소문이 퍼지다, 말이 새 나가다

59. 화자들은 지난달에 무엇을 둘러봤는가?
(A) 재활용 공장
(B) 유기농 농장
(C) 유적지
(D) 미술관

해설 ① 문제 확인: What, the speakers, tour, last month → 화자들이 지난달에 둘러본 것

② 단서 찾기: tour, last month를 키워드로 삼아 단서 포착. The ones from the Neolithic site we toured last month? "지난달에 둘러본 신석기 유적지에서 가져온 거?"

60. 남자는 무엇에 관하여 걱정하는가?

(A) 직원을 채용하는 것

(B) 유물을 잘못 배치하는 것

(C) 불충분한 재정 지원

(D) 공간을 확보하는 것

해설 ① 문제 확인: What, the man, concerned → 남자가 걱정하는 것

② 단서 찾기: concerned를 키워드로 삼아 남자의 대사에서 부정 표현 포착. I'm just worried we won't get enough funding to excavate more. "다만 발굴 작업을 더 할 만큼 자금 지원을 충분히 받지 못할까 봐서 걱정이다."

③ Paraphrasing:

(지문 → 문제) worried → concerned

(지문 → 정답) not enough → Insufficient

61. 여자는 다음에 무엇을 하겠는가?

(A) 기술자에게 연락한다

(B) 장비를 구입한다

(C) 항공편을 취소한다

(D) 글을 보낸다

해설 ① 문제 확인: What, the woman, do next → 여자가 다음에 할 일

② 단서 찾기: 대화 후반부 여자의 대사에서 미래 시제 표현 포착. I'm about to send an article about our research to some science magazines. "나는 우리 연구에 관한 글을 과학 잡지사 몇 곳에 보내려던 참이다."

영국 ↔ 미국

Questions 62-64 refer to the following conversation and poster.

W Hi, Roy. I heard you frequently go to local art events, and 62 I saw that the community center is holding a sculpting workshop this month. So I was wondering if you'd be interested in coming with me after work.

M Hmm... That workshop is not for beginners. But I was planning to go to the history of painting class next month.

W OK then, I'll just go to the workshop by myself. Also, 63 I can't attend the history of painting class since an important investor will be visiting and I'm supposed to show him around the area.

M Ah, I see. Well, 64 if you'd like, I can take notes for you in class and give them to you later on.

62-64번은 다음 대화와 포스터에 관한 문제입니다.

여 안녕하세요, 로이. 지역 미술 행사에 자주 간다고 들었는데, 62 **이번 달에 지역 센터에서 조각 기법 워크숍이 열릴 거라는 걸 봤어요.** 그래서 퇴근 후에 저와 함께 가는 것에 관심이 있으신가 해서요.

남 음… 그 워크숍은 초보자들 대상이 아니에요. 하지만 다음 달에 회화 역사 수업에 갈 계획이었어요.

여 좋아요. 그럼 그냥 저 혼자 워크숍에 가볼게요. 또, 63 **저는 중요한 투자자가 방문하고 그에게 그 지역 주변을 구경시켜 주기로 했기 때문에 회화 역사 수업에는 참석할 수 없어요.**

남 아, 알겠습니다. 음, 64 **원하신다면, 수업 시간에 필기를 해 드리고 나중에 드릴 수 있어요.**

웰스워스 지역 센터 행사 목록	
날짜	행사
4월 10일	고급 조각 기법 워크숍
5월 22일	강좌: 회화의 역사
6월 2일	지역 예술가와의 만남: 제레미 웨이드
7월 15일	지에이치에스 학생들의 조각 전시회

어휘 frequently 자주, 흔히 | hold 열다, 개최하다 | sculpting 조각 기법 | beginner 초보자 | investor 투자자 | be supposed to do ~하기로 되어 있다 | show A around B A에게 B를 구경시켜 주다 | take notes 필기하다 | later on 나중에 | advanced 고급의, 상급의 | exhibition 전시회

62. 시각 정보를 보시오. 대화는 언제 이루어지는가?

(A) 4월에

(B) 5월에

(C) 6월에

(D) 7월에

해설 ① 문제 확인: When, conversation, take place → 대화가 일어나는 시점

② 단서 찾기: 시각 정보를 미리 파악한 후 질문과 관련한 내용과 시각 정보 매칭. I saw that the community center is holding a sculpting workshop this month "이번 달에 지역 센터에서 조각 기법 워크숍이 열릴 거라는 걸 봤다" → 시각 정보에서 조각 워크숍이 열리는 날짜 확인 → April 10 → In April(4월에)

63. 여자는 왜 회화의 역사 수업에 참여할 수 없는가?

(A) 교육 과정을 이끌 예정이다.

(B) 투자자를 접대할 예정이다.

(C) 대회를 준비할 예정이다.

(D) 해외로 여행할 예정이다.

해설 ① 문제 확인: Why, the woman, unable to participate, history of painting class → 여자가 회화의 역사 수업에 참여할 수 없는 이유

② 단서 찾기: unable to participate, history of painting class를 키워드로 삼아 여자의 대사에서 단서 포착. I can't attend the history of painting class since an important investor will be visiting and I'm supposed to show him around the area "나는 중요한 투자자가 방문하고 그에게 그 지역 주변을 구경시켜 주기로 했기 때문에 회화 역사 수업에는 참석할 수 없다"

PART 3 REVIEW TEST

③ **Paraphrasing:** (지문 → 정답)
show ~ around the area → host

64. 남자는 무엇을 할 것이라고 말하는가?

(A) 정보를 제공한다
(B) 항공편을 예약한다
(C) 일정표를 확인한다
(D) 지불한다

해설 ① **문제 확인:** What, the man, say, will do → 남자가 할 일

② **단서 찾기:** 대화 후반부 남자의 대사에서 미래 시제 표현 포착. if you'd like, I can take notes for you in class and give them to you later on "원한다면, 수업 시간에 필기를 해서 나중에 줄 수 있다"

③ **Paraphrasing:** (지문 → 정답)
notes → information

호주 ↔ 영국

Questions 65-67 refer to the following conversation and list.

M 65 How is the remodeling work for Volcano Pizza going? The owner just called to check on the progress.

W Pretty well. 66 The next step is to replace all of the old furniture in the restaurant's outdoor dining area. But the furniture stores I've visited don't really have what the client requested.

M 67 Have you checked out koolfurnish.com? Our company just became a preferred customer so that means we can get discounts for our clients on all of their merchandise. 67 And their collection is great. I think it's one of the largest furniture retailers in the country. Once you're on their website, you just have to select the category you want. They should have something that meets our needs.

65-67번은 다음 대화와 목록에 관한 문제입니다.

남 65 **볼케이노 피자 리모델링 공사는 어떻게 되어가고 있어요?** 소유주가 진척 상황을 확인하려고 방금 전화했어요.

여 잘 되고 있어요. 66 **다음 단계는 식당 야외 식사 구역의 오래된 가구들을 전부 교체하는 거예요.** 하지만 제가 방문했던 가구 매장들은 고객이 요청한 것들을 갖고 있지 않네요.

남 67 **koolfurnish.com을 확인해 보셨어요?** 우리 회사가 막 우대 고객이 되었는데, 이것은 우리 고객들이 모든 상품의 할인을 받을 수 있다는 의미예요. 67 **그리고 그곳 소장 물건들이 훌륭해요. 국내에서 가장 큰 가구 소매점 중 하나일 거예요.** 웹사이트에 들어가서, 원하는 카테고리를 선택하면 돼요. 우리의 필요를 충족시켜 줄 것들이 있을 거예요.

어휘 **progress** 진척, 진행 | **replace** 교체하다 | **outdoor** 야외의 | **dining area** 식사 구역 | **preferred customer** 우대 고객 | **collection** 소장품, 수집 | **retailer** 소매상 | **meet one's needs** ~의 필요를 충족시키다

65. 여자는 어떠한 프로젝트를 진행하고 있는가?

(A) 판촉 행사를 준비하는 것
(B) 배송 일정을 짜는 것
(C) 업체를 리모델링하는 것
(D) 새로운 메뉴를 만드는 것

해설 ① **문제 확인:** What project, the woman, working on → 여자가 진행 중인 프로젝트

② **단서 찾기:** 대화 초반부에서 특정 업무를 알 수 있는 단어나 표현 포착. How is the remodeling work for Volcano Pizza going? "볼케이노 피자 리모델링 공사는 어떻게 되어가고 있는가?"

③ **Paraphrasing:** (지문 → 정답)
Volcano Pizza → a business

66. 시각 정보를 보시오. 여자는 어떤 카테고리를 검색하겠는가?

(A) 카테고리 1
(B) 카테고리 2
(C) 카테고리 3
(D) 카테고리 4

해설 ① **문제 확인:** Which category, the woman, search → 여자가 검색할 카테고리

② **단서 찾기:** 시각 정보를 미리 파악한 후 여자의 대사에서 질문과 관련한 내용과 시각 정보 매칭. The next step is to replace all of the old furniture in the restaurant's outdoor dining area. "다음 단계는 식당 야외 식사 구역의 오래된 가구들을 전부 교체하는 거다." → 시각 정보에서 옥외용 가구 항목 확인 → 2. Outdoor furniture → Category 2(카테고리 2)

67. 남자는 왜 koolfurnish.com에서 가구를 주문하는 것을 권장하는가?

(A) 가구가 주문 제작될 수 있다.
(B) 가구가 무료로 임대될 수 있다.
(C) 매우 다양한 상품들을 제공한다.
(D) 저렴한 회원 프로그램이 있다.

해설 ① **문제 확인:** Why, the man, recommend, ordering furniture, from koolfurnish.com → 남자가 koolfurnish.com에서 가구 주문을 권장하는 이유

② **단서 찾기:** koolfurnish.com을 키워드로 삼아 남자의 대사에서 권장 표현 포착. Have you checked out koolfurnish.com?

"koolfurnish.com을 확인해 봤는가?" → And their collection is great. I think it's one of the largest furniture retailers in the country. "그리고 그곳 소장 물건들이 훌륭하다. 그곳은 국내에서 가장 큰 가구 소매점 중 하나일 거다."

③ **Paraphrasing:** (지문 → 정답)
collection is great → offers a wide variety of items

호주 ↔ 미국

Questions 68-70 refer to the following conversation and floor plan.

M Hi, Belinda.

W Tyler, I just started driving to the stadium. How about you?

M Never mind that—I've got some great news. Mr. Withers found out that we were going to the game, and he offered us the company seats since no one is using them. 68 69 So now, instead of being in the Open Seating, we will be in the Corporate Club area!

W 69 Really? Wow! I thought those seats would be off-limits to regular employees.

M Yeah. Anyway, 70 in order to get access to the area, we have to show our work ID badge.

W Oh no! 70 Mine is at home. I'll have to go back and get it.

M OK. But you should hurry if you want to avoid traffic.

68-70번은 다음 대화와 평면도에 관한 문제입니다.

남 안녕하세요, 벨린다.

여 타일러, 저 지금 막 경기장으로 운전해서 가고 있어요. 당신은요?

남 그건 걱정하지 마세요. 아주 좋은 소식이 있어요. 위더스 씨가 우리가 게임을 보러 간다는 걸 알고, 아무도 사용하지 않는 회사 좌석을 저희에게 제공해 주었어요. 68 69 **그래서 이제, 오픈 좌석에 앉는 대신에, 우리는 회사 동호회 전용 좌석에 앉게 될 거예요!**

여 69 **정말이에요? 와! 그 자리는 일반 사원들에게는 출입 금지인 줄 알았어요.**

남 그러게요. 어쨌든, 70 **그 구역의 입장권을 얻으려면, 사원증을 보여 줘야 해요.**

여 아 저런! 70 **제 것은 집에 있어요. 다시 돌아가서 가져와야겠어요.**

남 그래요. 하지만 교통 정체를 피하고 싶으면 서둘러야 할 거예요.

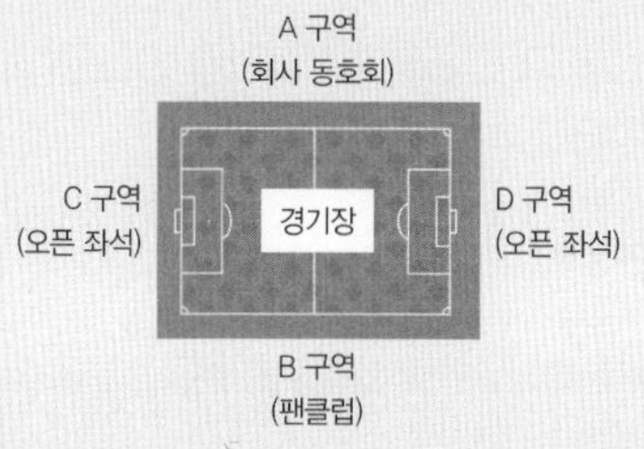

어휘 instead of ~ 대신에 | off-limits 출입 금지의 | access 입장, 접근(권) | avoid 피하다 | traffic 교통(량), 차량

68. 시각 정보를 보시오. 화자들은 어디에 앉게 될 것인가?
(A) A 구역에
(B) B 구역에
(C) C 구역에
(D) D 구역에

해설 ① **문제 확인:** Where, the speakers, be seated → 화자들이 앉게 될 장소
② **단서 찾기:** 시각 정보를 미리 파악한 후 be seated를 키워드로 삼아 해당 내용과 시각 정보 매칭. So now, instead of being in the Open Seating, we will be in the Corporate Club area! "그래서 이제, 오픈 좌석에 앉는 대신에, 우리는 회사 동호회 전용 좌석에 앉게 될 것이다!" → 시각 정보에서 회사 동호회 좌석 확인 → Area A (Corporate Club)(A 구역 (회사 동호회))

69. 여자는 무엇에 놀랐는가?
(A) 교통량
(B) 티켓 입수 가능성
(C) 경기장 규모
(D) 날씨의 변화

해설 ① **문제 확인:** What, the woman, surprised → 여자를 놀라게 한 것
② **단서 찾기:** surprised를 키워드로 삼아 단서 포착. M: So now, instead of being in the Open Seating, we will be in the Corporate Club area! "그래서 이제, 오픈 좌석에 앉는 대신에, 우리는 회사 동호회 전용 좌석에 앉게 될 것이다!" → W: Really? Wow! I thought those seats would be off-limits to regular employees. "정말인가? 와! 그 자리는 일반 사원들에게는 출입 금지인 줄 알았다."

70. 여자는 왜 다시 집으로 가야 하는가?
(A) 신용 카드를 가지러 가기 위해
(B) 지도를 출력하기 위해
(C) 차를 갖다 놓기 위해
(D) 사원증을 다시 가져오기 위해

해설 ① **문제 확인:** Why, the woman, go back, home → 여자가 집으로 돌아가야 하는 이유
② **단서 찾기:** go back, home을 키워드로 삼아 단서 포착. M: in order to get access to the area, we have to show our work ID badge "그 구역의 입장권을 얻으려면, 사원증을 보여 줘야 한다" → W: Mine is at home. I'll have to go back and get it. "내 것은 집에 있다. 다시 돌아가서 가져와야겠다."

PART 4

UNIT 15. 전화·녹음 메시지

핵심 문제 유형

본서 p.198

1. (B) **2.** (C) **3.** (D) **4.** (C) **5.** (D) **6.** (A)

1-3번은 다음 전화 메시지에 관한 문제입니다.

남 안녕하세요. 해리스 에듀케이션 주식회사에서 전화드리는 존 스미스입니다. **1 어제 귀사에 주문 제작형 학회 현수막을 주문했는데, 디자인을 변경해야 해서요. 2 저희가 제공해 드린 디자인을 다시 검토해 보니, 배경이 너무 어두워서 우리 회사 로고가 잘 보이지 않는 것을 알았습니다. 배경을 약간 밝게 하고 싶습니다.** 저희가 교체 이미지 파일을 보내 드려야 할지 아니면 직접 수정해 주실 수 있으신지 알려 주시겠어요? **3 물론, 이 변경으로 발생된 추가 비용은 저희가 기꺼이 보상할 것입니다.** 제 번호는 555-7161입니다. 감사합니다.

어휘 place an order 주문하다 | custom 주문 제작의 | conference 학회, 회의 | banner 현수막 | supply 공급하다 | notice 알아차리다 | background 배경 | logo 로고 | lighten 밝게 하다, 부드럽게 하다 | slightly 약간 | replacement 교체, 교체물 | tweak 수정 | compensate 보상하다 | additional 추가적인 | cost 비용 | incur 발생시키다, 야기하다

1. 화자는 왜 전화를 거는가?
(A) 청구서를 요청하기 위해
(B) 주문을 수정하기 위해
(C) 학회에 등록하기 위해
(D) 조언을 구하기 위해

해설 ① 문제 확인: Why, calling → 화자가 전화 건 이유
② 단서 찾기: 담화의 주제·목적을 언급하는 전반부에 집중. I placed an order with you yesterday for a custom conference banner, and I need to make a change to the design. "어제 귀사에 주문 제작형 학회 현수막을 주문했는데, 디자인을 변경해야 한다."

2. 어떤 문제가 언급되었는가?
(A) 일부 이름이 누락되었다.
(B) 일부 페인트가 품절되었다.
(C) 로고가 잘 보이지 않는다.
(D) 배송품이 지연되었다.

해설 ① 문제 확인: What problem → 문제점
② 단서 찾기: but/however/unfortunately 등의 시그널 표현과 함께 부정 표현 포착. When we reviewed the design we supplied to you, we noticed that the dark background made our company logo difficult to see. We'd like to lighten up the background slightly. "우리가 제공한 디자인을 다시 검토해 보니, 배경이 너무 어두워서 우리 회사 로고가 잘 보이지 않는 것을 알았다. 배경을 약간 밝게 하고 싶다."
③ Paraphrasing: (지문 → 정답)
difficult to see → not very visible

3. 화자는 자신의 회사가 무엇을 할 것이라고 말하는가?
(A) 발표를 후원한다
(B) 콘퍼런스 전시대를 설치한다
(C) 마감 일정을 변경한다
(D) 추가 비용을 지불한다

해설 ① 문제 확인: What, firm, will do → 회사가 할 일
② 단서 찾기: 담화 후반부에서 미래 시제 표현 포착. We will of course be happy to compensate you for any additional costs incurred by this. "물론, 이 변경으로 발생된 추가 비용은 우리가 기꺼이 보상할 것이다."
③ Paraphrasing: (지문 → 정답)
compensate you for any additional costs → Pay any extra charge

4-6번은 다음 전화 메시지와 웹사이트에 관한 문제입니다.

여 안녕하세요. 켈소스 피자 관리자분과 연락하고 싶어서 전화드렸습니다. **4 지금이 11시 40분인데, 이곳에 아무도 안 계시고, 가게 문이 잠겨 있네요. 제가 오기 전에 여기 웹사이트를 확인했고, 분명히 오늘 밤에 문을 열 거라고 되어 있었는데 말이죠. 5 불평을 하게 되어 죄송하지만, 솔직히 기분이 좋지 않네요.** 제가 여기서 광고 중인 새로 나온 시카고 스타일 피자를 먹어 보고 싶어서 30분 동안 운전해서 왔거든요. **6 아시다시피, 오늘이 그걸 절반 가격으로 맛볼 수 있는 마지막 날이잖아요. 내일도 그 가격으로 구입할 수 있나요? 저는 하루 종일 시간이 있고, 정말로 할인을 받고 싶습니다.** 제게 다시 전화를 주세요. 555-1212번이고, 제 이름은 낸시 마틴입니다.

켈소스 피자 여름 영업시간	
월요일 – 목요일	오후 12시 – 10시
금요일	오후 12시 – 11시
토요일	오후 12시 – 오전 12시
일요일	오후 12시 – 8시

어휘 reach (연락이) 닿다 | supervisor 관리자, 감독자 | lock (자물쇠로) 잠그다 | complain 불평하다 | honestly 솔직히, 진짜로 | advertise 광고하다 | free 시간이 있는

4. 시각 정보를 보시오. 화자는 언제 메시지를 남기고 있는가?
(A) 목요일에
(B) 금요일에
(C) 토요일에
(D) 일요일에

해설 ① 문제 확인: When, the speaker, leaving, message → 화자가 메시지를 남기는 시점
② 단서 찾기: 시각 정보를 미리 파악한 후 질문과 관련한 내용과 시각 정보 매칭. It's 11:40, but there's nobody here, and the place is locked. I checked your website before coming, and it clearly showed that you would be open tonight. "지금이 11시 40분인데, 이곳에 아무도 없고, 가게 문이 잠겨 있다. 내가 오기

전에 여기 웹사이트를 확인했고, 분명히 오늘 밤에 문을 열 거라고 되어 있었다." → 시각 정보에서 밤 11시 40분까지 영업을 하는 요일 확인 → Saturday: 12 P.M. – 12 A.M. → On Saturday(토요일에)

5. 화자는 왜 메시지를 남기는가?
(A) 예약을 확인하기 위해
(B) 장소에 관하여 문의하기 위해
(C) 오해한 것에 사과하기 위해
(D) 불만을 제기하기 위해

해설 ① **문제 확인:** Why, the speaker, leave, message → 화자가 메시지를 남기는 이유
② **단서 찾기:** 담화의 주제·목적을 언급하는 전반부에 집중. I'm sorry to complain, but I'm honestly not happy. "불평을 하게 되어 미안하지만, 솔직히 기분이 좋지 않다."

6. 화자는 무엇을 요청하는가?
(A) 특별가 기한 연장
(B) 메뉴의 추가
(C) 음식의 심야 배달
(D) 다른 지점의 주소

해설 ① **문제 확인:** What, the speaker, request → 화자의 요청 사항
② **단서 찾기:** 담화 후반부에서 제안·요청 표현 포착. As you know, today was the last day to try it at half-price. Can I still get that price tomorrow? I'm free all day, and I really want to get the discount. "알다시피, 오늘이 그걸 절반 가격으로 맛볼 수 있는 마지막 날이다. 내일도 그 가격으로 구입할 수 있는가? 나는 하루 종일 시간이 있고, 정말로 할인을 받고 싶다."

Warm-up

본서 p.200

1. (A) 2. (B) 3. (B) 4. (B) 5. (B) 6. (A)

미국

Questions 1-3 refer to the following telephone message.

M Hi, Mr. Mason. This is Leo Fairbanks from the Customer Service Department at **2** Cannon Communications. **1** We received your message regarding your concerns about **2** our forthcoming merger with Platinum Mobile Phone Company. You can rest assured that your overseas calling plan will remain unchanged even after our consolidation with Platinum next month. Meanwhile, **3** we will be posting responses to frequently asked questions about the merger on our website this week. Please have a look if you get a chance. Thank you for calling, and we value your business as always.

1-3번은 다음 전화 메시지에 관한 문제입니다.

남 안녕하세요, 메이슨 씨. 저는 **2 캐논 통신** 고객 서비스 부서의 리오 페어뱅크스입니다. **2 플래티넘 휴대 전화 회사와 저희의 곧 있을 합병**에 관한 **1 고객님의 우려와 관련된 메시지를 받았습니다.** 다음 달 플래티넘과의 합병 후에도 고객님의 국제 전화 요금제가 변경되지 않을 것이라는 점은 믿으셔도 됩니다. 그동안, **3 저희는 합병에 관해 자주 묻는 질문들에 대한 답변들을 이번 주에 저희 웹사이트에 게시할 것입니다.** 기회가 있으시면 한번 보시기 바랍니다. 전화 주셔서 감사드리며, 저희는 언제나처럼 고객님의 일을 소중히 여기고 있습니다.

어휘 regarding ~에 관하여 | concern 우려 | forthcoming 곧 있을, 다가오는 | merger 합병 | rest assured (~임을) 확신해도[믿어도] 된다 | remain 여전히 ~이다 | consolidation 합병 | meanwhile 그동안 | response 답변 | value 소중하게 여기다

1. 메시지의 목적은 무엇인가?
(A) 고객의 우려 사항을 처리하기 위해
(B) 신상품을 홍보하기 위해

해설 ① **문제 확인:** What, purpose, message → 메시지의 목적
② **단서 찾기:** 담화의 목적을 언급하는 전반부에 집중. We received your message regarding your concerns "당신의 우려와 관련된 메시지를 받았다"

2. 캐논은 어떤 종류의 회사인가?
(A) 인터넷 공급 회사
(B) 휴대 전화 회사

해설 ① **문제 확인:** What kind, company, Cannon → 캐논의 업종
② **단서 찾기:** Cannon을 키워드로 삼아 특정 업종을 알 수 있는 단어나 표현 포착. Cannon Communications "캐논 통신" → our forthcoming merger with Platinum Mobile Phone Company "플래티넘 휴대 전화 회사와 우리의 곧 있을 합병"

3. 화자에 따르면, 캐논은 이번 주에 무엇을 할 것인가?
(A) 기자 회견을 연다
(B) 웹사이트에 정보를 게시한다

해설 ① **문제 확인:** what, Cannon, do, this week → 캐논이 이번 주에 할 일
② **단서 찾기:** Cannon과 this week을 키워드로 삼아 미래 시제 표현 포착. we will be posting responses to frequently asked questions about the merger on our website this week "우리는 합병에 관해 자주 묻는 질문들에 대한 답변들을 이번 주에 우리 웹사이트에 게시할 것이다"

영국

Questions 4-6 refer to the following recorded message.

W Hello, you have reached Mary Charles Sweets Company. **4** Please listen carefully to this message for information about our factory tours. Situated

PART 4 UNIT 15

in beautiful Maryville, our factory offers a fun experience for the whole family. We offer tours every Saturday and Sunday from 9 A.M. to 3 P.M. Also, 5 for the month of July only, you will get a special discount at our souvenir shop, which you can visit after your tour. So come and see for yourself how our famous chocolates, cakes, and candies are made. 6 If you'd like to make a reservation, press 3 to speak to one of our customer service assistants.

4-6번은 다음 녹음 메시지에 관한 문제입니다.

여 안녕하세요, 메리 찰스 스위츠 사에 전화 주셨습니다. 4 **저희 공장 견학에 관한 정보를 위해 이 메시지를 잘 들어 주십시오.** 아름다운 메리빌에 위치한 저희 공장은 가족 모두에게 즐거운 경험을 제공합니다. 저희는 매주 토요일과 일요일 오전 9시부터 오후 3시까지 견학을 제공해 드립니다. 또한, 5 **7월 한 달간만 여러분은 저희 기념품 가게에서 특별 할인을 받으실 수 있으며**, 이곳은 견학 후에 방문하실 수 있습니다. 그러니 오셔서 저희의 유명한 초콜릿, 케이크, 그리고 사탕이 어떻게 만들어지는지 직접 보십시오. 6 **예약하길 원하신다면, 3번을 누르시고 저희 고객 서비스 직원 중 한 명과 통화를 하십시오.**

어휘 reach (특히 전화로) 연락하다 | sweet 단것, 사탕류, 초콜릿류 | situated ~에 위치해 있는 | souvenir 기념품 | see for oneself 자신이 직접 보다[확인하다] | make a reservation 예약하다 | assistant 직원, 점원

4. 메시지의 주제는 무엇인가?
(A) 출장 요리 서비스
(B) 공장 견학

해설 ① 문제 확인: What, topic, message → 메시지의 주제
② 단서 찾기: 담화의 주제를 언급하는 전반부에 집중. Please listen carefully to this message for information about our factory tours. "우리 공장 견학에 관한 정보를 위해 이 메시지를 잘 들어 줘라."

5. 무엇이 7월 한 달간만 제공되는가?
(A) 개인 맞춤형 기념품
(B) 매장에서의 할인

해설 ① 문제 확인: What, offered, July → 7월에 제공되는 것
② 단서 찾기: July를 키워드로 삼아 단서 포착. for the month of July only, you will get a special discount at our souvenir shop "7월 한 달간만 우리 기념품 가게에서 특별 할인을 받을 수 있다"
③ Paraphrasing: (지문 → 정답)
discount at ~ souvenir shop → store discount

6. 청자들은 왜 3번을 눌러야 하는가?
(A) 직원과 통화하기 위해
(B) 주문하기 위해

해설 ① 문제 확인: Why, the listeners, press, 3 → 3번을 눌러야 하는 이유
② 단서 찾기: press, three를 키워드로 삼아 단서 포착. If you'd like to make a reservation, press 3 to speak to one of our customer service assistants. "예약하길 원하면, 3번을 누르고 고객 서비스 직원과 통화해라."
③ Paraphrasing: (지문 → 정답)
customer service assistants → representative

Practice

본서 p.201

1. (A)	2. (B)	3. (D)	4. (A)	5. (D)	6. (C)
7. (A)	8. (B)	9. (B)	10. (C)	11. (C)	12. (B)
13. (C)	14. (A)	15. (D)	16. (D)	17. (B)	18. (D)

미국

Questions 1-3 refer to the following telephone message.

M Hello, Ms. Collier. 1 I'm calling you back regarding your bank loan consultation appointment on Thursday. You should have received an e-mail with a list of all the paperwork you may need to submit. But just to be clear, 2 you don't need to have every single item on the list for now. Not all of the criteria will be applicable to you. Bring whatever items you already have prepared, and I will assist you during the meeting. By the way, I believe this is your first visit to our branch. 3 It's directly connected to the Central Station in the city center, so our clients really like that.

1-3번은 다음 전화 메시지에 관한 문제입니다.

남 안녕하세요, 콜리어 씨. 1 **목요일로 예정된 은행 대출 상담 약속 관련하여 다시 전화드립니다.** 제출하셔야 할 전체 서류 목록을 이메일로 받아보셨을 겁니다. 그런데 정확히 말씀드리면, 2 **현재로서는 목록에 있는 모든 항목을 준비하실 필요는 없습니다.** 모든 기준이 해당되지는 않으실 수 있어요. 이미 준비하신 것만 가지고 오시면, 제가 만나 뵙고 도와드리겠습니다. 그건 그렇고, 저희 지점에 처음 방문하시는 걸로 알고 있습니다. 3 **시내 센트럴 역과 바로 연결되어 있어서, 저희 고객분들이 아주 좋아하세요.**

어휘 regarding ~에 관하여 | loan 대출 | consultation 상담 | appointment 약속 | paperwork 서류 | submit 제출하다 | single 각각의, 단 하나의 | criteria 기준 | applicable 해당되는 | already 이미, 벌써 | prepare 준비하다 | assist 돕다 | visit 방문 | branch 지점 | directly 바로, 직접 | connect 연결하다

1. 화자는 누구이겠는가?
(A) 은행 대출 담당자
(B) 세무사
(C) 비즈니스 컨설턴트
(D) 개인 투자자

해설 ① 문제 확인: Who, the speaker → 화자의 정체

② 단서 찾기: 특징 직업이나 장소를 알 수 있는 단어나 표현 포착. I'm calling you back regarding your bank loan consultation appointment on Thursday. "목요일로 예정된 은행 대출 상담 약속 관련하여 다시 전화한다."

2. 화자는 청자에게 무엇을 분명하게 말해 주는가?
(A) 약속 시간을 변경할 수 없다.
(B) 몇 가지 서류만 필요하다.
(C) 평가가 곧 완료될 것이다.
(D) 신청이 이미 처리되었다.

해설 ① **문제 확인:** What, the speaker, clarify, the listener → 화자가 청자에게 분명하게 말해 주는 것
② **단서 찾기:** clarify를 키워드로 삼아 단서 포착. you don't need to have every single item on the list for now "현재로서는 목록에 있는 모든 항목을 준비할 필요는 없다"

3. 화자의 고객들은 그의 사무실에 대해 무엇을 마음에 들어 하는가?
(A) 전망이 아름답다.
(B) 분위기가 편안하다.
(C) 다과를 무료로 제공한다.
(D) 위치가 편리하다.

해설 ① **문제 확인:** What, clients, like, his office → 화자의 사무실에 대해 고객들이 마음에 들어 하는 것
② **단서 찾기:** clients, like, office를 키워드로 삼아 단서 포착. It's directly connected to the Central Station in the city center, so our clients really like that. "시내 센트럴 역과 바로 연결되어 있어서, 우리 고객들이 아주 좋아한다."

미국

Questions 4-6 refer to the following telephone message.

W Good morning, Mr. Robinson. This is Charlotte Curry. 4 I'm the freelance Web designer who worked on your new website a few months ago. I wondered if you'd be willing to do me a favor. I'm currently updating my own website, and I'm going to include some testimonials from satisfied clients. 5 6 As you sent me such a kind e-mail praising my work and mentioned that your new website had attracted more customers to your store in May, I hoped you might allow me to include this on my site. 6 If you don't mind, could you please confirm that I have your permission to do this? I'll look forward to hearing back from you.

4-6번은 다음 전화 메시지에 관한 문제입니다.

여 안녕하세요, 로빈슨 씨. 샬롯 커리입니다. 4 **몇 달 전 귀사의 새로운 웹사이트 작업을 했던 프리랜서 웹 디자이너예요.** 부탁을 들어주실 수 있는지 해서요. 지금 제 웹사이트를 업데이트하고 있는데, 만족한 고객님들의 추천의 글을 포함시키려고 합니다. 5 6 **저의 작업을 칭찬하는 친절한 이메일을 보내 주셨고 새 웹사이트 덕분에 5월에 더 많은 고객들이 상점에 찾아왔다고 언급해 주셨는데, 이것을 제 사이트에 포함시키도록 허락해 주시면 좋겠습니다.** 6 **괜찮으시다면, 제가 이렇게 해도 된다고 귀사의 승인을 받았다는 것을 확인해 주시겠어요?** 연락 주시기를 고대하고 있겠습니다.

어휘 freelance 프리랜서로 일하는 | be willing to do 기꺼이 ~하다 | do ~ a favor ~의 부탁을 들어주다 | testimonial 추천의 글 | satisfied 만족한 | praise 칭찬하다 | mention 언급하다 | attract 끌어들이다 | permission 승인, 허락 | look forward to ~을 고대하다

4. 화자는 로빈슨 씨에게 어떤 서비스를 제공했는가?
(A) 웹 디자인
(B) 기업 출장 음식 공급
(C) 투자 조언
(D) 근무 평가

해설 ① **문제 확인:** What service, provide, to Mr. Robinson → 로빈슨 씨에게 제공한 서비스
② **단서 찾기:** 화자가 제공하는 서비스는 직업과 연관이 있으므로 특정 직업을 알 수 있는 단어나 표현 포착. I'm the freelance Web designer who worked on your new website a few months ago. "몇 달 전 귀사의 새로운 웹사이트 작업을 했던 프리랜서 웹 디자이너다."

5. 화자에 따르면, 5월에 로빈슨 씨의 상점에 무슨 일이 있었는가?
(A) 신제품 라인을 출시했다.
(B) 다른 곳으로 이전했다.
(C) 보수되었다.
(D) 방문객이 더 많았다.

해설 ① **문제 확인:** what, happened, Mr. Robinson's store, May → 5월에 로빈슨 씨 상점에서 있었던 일
② **단서 찾기:** Mr. Robinson's store와 May를 키워드로 삼아 단서 포착. As you sent me such a kind e-mail praising my work and mentioned that your new website had attracted more customers to your store in May, I hoped you might allow me to include this on my site. "내 작업을 칭찬하는 친절한 이메일을 보내 주었고 새 웹사이트 덕분에 5월에 더 많은 고객들이 상점에 찾아왔다고 언급해 주었는데, 이것을 내 사이트에 포함시키도록 허락해 주면 좋겠다."
③ **Paraphrasing:** (지문 → 정답)
had attracted more customers to your store → had more visitors

6. 화자는 로빈슨 씨에게 무엇을 해 달라고 요청하는가?
(A) 더 많은 서비스를 구매한다
(B) 다른 장소에서 만난다
(C) 피드백을 홍보하도록 허락한다
(D) 가격 세부 사항을 이메일로 보낸다

해설 ① **문제 확인:** What, ask, Mr. Robinson → 로빈슨 씨에게 요청하는 것
② **단서 찾기:** 담화 후반부에서 제안·요청 표현 포착. As you sent me such a kind e-mail praising my work and mentioned that your new website had attracted more customers to

PART 4 UNIT 15

your store in May, I hoped you might allow me to include this on my site. If you don't mind, could you please confirm that I have your permission to do this? "내 작업을 칭찬하는 친절한 이메일을 보내 주었고 새 웹사이트 덕분에 5월에 더 많은 고객들이 상점에 찾아왔다고 언급해 주었는데, 이것을 내 사이트에 포함시키도록 허락해 주면 좋겠다. 괜찮으면, 내가 이렇게 해도 된다고 귀사의 승인을 받았다는 것을 확인해 주겠는가?"

영국

Questions 7-9 refer to the following recorded message.

M **7** Thank you for contacting Nipton Communications. We have received several reports about an Internet outage in the San Bernardino area. **We have received word that this is due to some construction taking place in the area, which may have interfered with our cables.** **8** We have dispatched a team of engineers to the affected site. However, we are still in the investigation stage. **9** To keep you informed on our progress, we will post an update to our website every hour.

7-9번은 다음 녹음 메시지에 관한 문제입니다.

남 **7 Nipton Communications에 연락 주셔서 감사합니다. San Bernardino 지역 내 인터넷 중단 관련 보고를 받았습니다.** 저희가 입수한 정보에 따르면 이는 지역에서 실시 중인 공사로 인해 저희 케이블에 방해가 생겨 발생했습니다. **8 저희는 피해 장소에 기술팀을 보냈습니다. 하지만 아직 조사 단계에 있습니다. 9 계속해서 진행 상황을 알려드리기 위해 매 시간마다 저희 웹 사이트에 새로운 소식을 올려드리겠습니다.**

어휘 several 몇몇의 | report 보고 | outage 중단 | area 지역 | word 소식, 정보 | due to ~로 인해 | construction 공사 | take place 일어나다, 열리다 | interfere with ~를 방해하다, 간섭하다 | cable 케이블, 전선 | dispatch 보내다, 파견하다 | site 위치, 장소 | investigation 조사 | stage 단계, 시기 | keep ~ informed ~에게 계속해서 알려주다 | progress 진행, 진척 | post 게시하다

7. 청자는 어떤 유형의 사업체에 전화하고 있는가?
(A) 자동차 제조사
(B) 여행사
(C) 건설사
(D) 공익 사업체

해설 ① 문제 확인: What, business, listener, calling → 청자가 전화 건 업체
② 단서 찾기: 특정 업체를 알 수 있는 단어나 표현 포착. Thank you for contacting Nipton Communications. We have received several reports about an Internet outage in the San Bernardino area. Nipton Communications에 연락 주셔서 감사하다. San Bernardino 지역 내 인터넷 중단 관련 보고를 받았다."

8. 화자가 "아직 조사 단계에 있습니다"라고 말할 때, 그가 내비친 것은?
(A) 회사 직원이 돕겠다고 자원했다.
(B) 복구 시점을 단정할 수 없다.
(C) 피드백이 대체로 긍정적이었다.
(D) 반복되는 문제다.

해설 ① 문제 확인: "we are still in the investigation stage" → 화자가 "~"라고 말한 의도
② 단서 찾기: 해당 문장에 연결된 전후 문맥 파악. We have dispatched a team of engineers to the affected site. "우리는 피해 장소에 기술팀을 보냈다." → However, we are still in the investigation stage. "하지만 아직 조사 단계에 있다."

9. 청자는 어떻게 최신 소식을 알 수 있는가?
(A) 뉴스를 시청해서
(B) 피해 지역을 방문해서
(C) 전화 번호로 전화해서
(D) 온라인으로 확인해서

해설 ① 문제 확인: How, listener, stay updated → 청자가 최신 소식을 접하는 방법
② 단서 찾기: stay updated를 키워드로 삼아 단서 포착. To keep you informed on our progress, we will post an update to our Web site every hour. "계속해서 진행 상황을 알려주기 위해 매 시간마다 우리 웹 사이트에 새로운 소식을 올려주겠다."

호주

Questions 10-12 refer to the following telephone message.

M Hi, Phil. **10** I really thank you for your help at the gathering last night after the company basketball game. **We all had a great time, and 11** your apple pie was absolutely amazing! What is the secret to your recipe? All of our coworkers loved it, and it looked pretty simple. **Anyway, 12** see you tomorrow at the office—don't forget we have our final match of the season right after work. I'm very excited about it.

10-12번은 다음 전화 메시지에 관한 문제입니다.

남 안녕하세요, 필. **10 지난밤에 있었던 회사 농구 게임 이후 모임에 도움을 주셔서 진심으로 감사드려요.** 정말 즐거운 시간을 보냈고, **11 당신의 애플파이는 정말 맛있었어요! 조리법에 무슨 비법이 있나요? 모든 동료들이 좋아했고 만드는 것도 무척 간단해 보였어요.** 그럼, **12 내일 사무실에서 뵈어요, 그리고 일이 끝나고 시즌 최종 시합이 있다는 것을 잊지 마세요. 저는 매우 기대하고 있어요.**

어휘 gathering 모임 | amazing 놀라운 | recipe 조리법, 레시피 | match 시합 | season (어느 스포츠가 열리는 연중 특정 시기) 시즌

10. 남자는 왜 전화를 거는가?
(A) 도움을 요청하기 위해
(B) 예약하기 위해

(C) 감사를 표하기 위해

(D) 주문을 검토하기 위해

해설 ① 문제 확인: Why, calling → 전화 건 이유

② 단서 찾기: 담화의 주제·목적을 언급하는 전반부에 집중. I really thank you for your help at the gathering yesterday night after the company basketball game. "지난밤에 있었던 회사 농구 게임 이후 모임에 도움을 줘서 진심으로 고맙다."

11. 남자는 "조리법에 무슨 비법이 있나요"라고 말할 때 무엇을 의도하는가?

(A) 메뉴의 추천을 원한다.

(B) 요리책에 조리법을 추가할 것이다.

(C) 디저트를 스스로 만들고 싶어 한다.

(D) 몇몇 재료에 대해 질문이 있다.

해설 ① 문제 확인: "What is the secret to your recipe" → 남자가 "~"라고 말한 의도

② 단서 찾기: 해당 문장에 연결된 전후 문맥 파악. your apple pie was absolutely amazing "당신의 애플파이는 정말 맛있었다" → What is the secret to your recipe? "조리법에 무슨 비법이 있는가?" → All of our coworkers loved it, and it looked pretty simple. "모든 동료들이 좋아했고 만드는 것도 무척 간단해 보였다." → 애플파이가 맛도 좋고 만드는 것도 간단해 보이는데, 요리 비법을 알려 주면 나도 만들어 보고 싶다.

③ Paraphrasing: (지문 → 정답)
pie → dessert

12. 남자는 왜 내일을 기다리는가?

(A) 프로젝트가 완결될 것이다.

(B) 시합이 열릴 것이다.

(C) 고객이 방문할 것이다.

(D) 디너파티가 열릴 것이다.

해설 ① 문제 확인: Why, looking forward to, tomorrow → 내일을 기다리는 이유

② 단서 찾기: looking forward to와 tomorrow를 키워드로 삼아 단서 포착. see you tomorrow at the office—don't forget we have our final match of the season right after work. I'm very excited about it. "내일 사무실에서 보자. 그리고 일이 끝나고 시즌 최종 시합이 있다는 것을 잊지 마라. 나는 매우 기대하고 있다."

③ Paraphrasing: (지문 → 문제)
excited about → looking forward to

미국

Questions 13-15 refer to the following telephone message and staff page.

M Hi there. My name is Ivan Weaver, and I got your contact details from the staff page on *Westminster Times*. [13] I just started my own business that offers logistics services. We're called Foodchills. [14] Our offering is quite unique because we specialize in only using electric vehicles. Right now, we are the only fully green logistics company in the area. I was wondering whether you could write a piece about our business. [15] If you go onto our website, you will find videos that offer detailed looks at our facilities and equipment. That will give you a very good idea of what we can offer our customers.

13-15번은 다음 전화 메시지와 직원란에 관한 문제입니다.

남 안녕하세요. 저는 아이반 위버라고 하는데요, 〈웨스트민스터 타임즈〉의 직원란에서 당신의 연락처를 얻었습니다. [13] **저는 얼마 전 물류 서비스를 제공하는 사업을 시작했습니다.** 푸드칠스라고 합니다. [14] **전기차만 사용하는 것을 전문으로 하기 때문에 저희가 제공하는 서비스는 매우 독특합니다.** 현재, 저희는 이 지역에서 유일한 100퍼센트 친환경 물류 회사입니다. 혹시 저희 사업체에 대한 기사를 써 주실 수 있는지 궁금합니다. [15] **저희 웹사이트에 가 보시면, 저희 시설 및 장비의 모습을 상세하게 보여 주는 동영상을 보실 수 있습니다.** 저희가 고객에게 무엇을 제공하는지 아주 잘 파악하실 수 있을 겁니다.

〈웨스트민스터 타임즈〉 직원란	
	브렌트 풀러 외교 문제
	캐런 예이츠 국내 뉴스 보도
	데니스 손더스 비즈니스 보도
	토미 워싱턴 스포츠 편집

어휘 contact detail 연락처 | business 사업 | offer 제공하다 | logistics 물류 | unique 독특한 | specialize in ~을 전문으로 하다 | electric vehicle 전기차 | fully 완전히 | green 친환경의 | wonder 궁금해하다 | piece 기사, (한 편의) 글 | detailed 상세한 | look (겉)모습 | facility 시설 | equipment 장비, 설비

13. 시각 정보를 보시오. 메시지는 누구를 대상으로 하겠는가?

(A) 브렌트 풀러

(B) 캐런 예이츠

(C) 데니스 손더스

(D) 토미 워싱턴

해설 ① 문제 확인: Who, message, intended for → 청자의 정체

② 단서 찾기: 시각 정보를 미리 파악한 후 질문과 관련한 내용과 시각 정보 매칭. I just started my own business that offers logistics services. "나는 얼마 전 물류 서비스를 제공하는 사업을 시작했다." → 시각 정보에서 사업 관련 보도를 하는 직원 확인 → Denise Saunders Business Reporter(데니스 손더스 비즈니스 보도)

14. 화자는 서비스에 대해 무엇이 독특하다고 말하는가?
(A) 설비
(B) 속도
(C) 안정성
(D) 가격

해설 ① **문제 확인:** What, unique, service → 서비스의 독특한 점
② **단서 찾기:** unique를 키워드로 삼아 단서 포착. Our offering is quite unique because we specialize in only using electric vehicles. "전기차만 사용하는 것을 전문으로 하기 때문에 우리가 제공하는 서비스는 매우 독특하다."

15. 화자에 따르면, 청자는 어떻게 더 많은 정보를 얻을 수 있는가?
(A) 투어를 신청함으로써
(B) 인터뷰를 실시함으로써
(C) 무료 체험권을 받음으로써
(D) 동영상을 시청함으로써

해설 ① **문제 확인:** how, get, more information → 더 많은 정보를 얻는 방법
② **단서 찾기:** 담화 후반부에서 단서 포착. If you go onto our website, you will find videos that offer detailed looks at our facilities and equipment. "우리 웹사이트에 가 보면, 우리 시설 및 장비의 모습을 상세하게 보여 주는 동영상을 볼 수 있다."

미국

Questions 16-18 refer to the following telephone message and map.

W Greetings. I'm calling from Rose City Arborists. 16 This is regarding the inspection you ordered. Based on our inspection, the trees by the house and pool should not be touched as they will not pose any danger to your property. 17 However, we noticed that the ones running parallel to the driveway are sycamore trees. These run the chance of damaging your property's foundation. We can take those out at your request. 18 In case you decide to move forward with that, we are currently preparing an estimate. You should receive that via e-mail in the coming days. If you agree with our suggestion and you are happy with our price, please get back to us.

16-18번은 다음 전화 메시지와 지도에 관한 문제입니다.

여 안녕하세요. 로즈 시 수목 관리에서 전화드립니다. 16 **요청하셨던 검사와 관련된 내용입니다. 저희가 검사한 바에 따르면, 집과 수영장 옆 나무는 귀하의 소유지에 어떠한 위험도 가하지 않기에 건드리면 안 됩니다.** 17 **하지만, 진입로와 나란히 서 있는 나무는 플라타너스라는 것을 알게 되었습니다. 이것들은 귀하 주거지의 기반을 손상시킬 가능성이 있습니다. 요청하시면 저희가 뽑아 드릴 수 있습니다.** 18 **그렇게 하기로 결정하시는 경우에 대비해, 저희가 현재 견적서를 준비 중에 있습니다. 가까운 시일 내에 이메일로 받아 보실 거예요.** 저희 제안에 동의하시고 금액에 만족하신다면, 저희에게 연락 주세요.

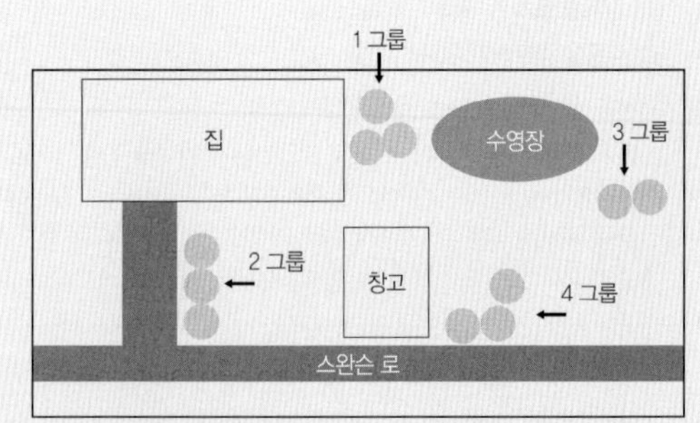

어휘 arborist 수목 관리사[재배자] | regarding ~에 관해서 | inspection 검사, 점검 | order 주문하다 | pool 수영장 | pose danger 위험을 가하다 | property 소유지, 부동산 | notice 알아차리다 | parallel to ~와 나란히 | driveway 진입로 | sycamore 플라타너스 | run the chance of doing ~할 가능성이 있다 | damage 피해, 손상 | foundation 토대, 기반 | move forward 전진하다, 추진하다 | currently 현재 | prepare 준비하다 | via ~을 통해서 | in the coming days 가까운 시일 내에 | suggestion 제안 | get back to (회답을 위해) ~에게 연락하다

16. 전화의 주요 목적은 무엇인가?
(A) 추가 정보를 요청하기 위해
(B) 업무 진행상 지연에 대해 설명하기 위해
(C) 상황의 긴급함을 강조하기 위해
(D) 점검에 관한 최신 소식을 제공하기 위해

해설 ① **문제 확인:** What, purpose, call → 전화의 목적
② **단서 찾기:** 담화의 주제·목적을 언급하는 전반부에 집중. This is regarding the inspection you ordered. Based on our inspection, the trees by the house and pool should not be touched as they will not pose any danger to your property. "요청한 검사와 관련된 내용이다. 우리가 조사한 바에 따르면, 집과 수영장 옆 나무는 귀하의 소유지에 어떠한 위험도 가하지 않기에 건드리면 안 된다."

17. 시각 정보를 보시오. 화자는 어떤 나무 그룹에 관하여 걱정하는가?
(A) 1 그룹
(B) 2 그룹
(C) 3 그룹
(D) 4 그룹

해설 ① **문제 확인:** What group, trees, the speaker, concerned about → 화자가 걱정하고 있는 나무 그룹
② **단서 찾기:** 시각 정보를 미리 파악한 후 concerned about을 키워드로 삼아 해당 내용과 시각 정보 매칭. However, we noticed that the ones running parallel to the driveway are sycamore trees. These run the chance of damaging your property's foundation. We can take those out at your request. "하지만, 진입로와 나란히 서 있는 나무는 플라타너스라는 것을 알게 됐다. 이것들은 당신 주거지의 기반을 손상시킬 가능성이 있다. 요청하면 우리가 뽑아 줄 수 있다." → 시각 정보에서 진입로 옆 나무 그룹 확인 → Group 2(2 그룹)

18. 화자는 무엇을 보낼 것이라고 말하는가?
(A) 세부 일정
(B) 승인 양식
(C) 전문가 의견
(D) 견적서

해설 ① **문제 확인:** What, the speaker, send → 화자가 보낼 것
② **단서 찾기:** send를 키워드로 삼아 단서 포착. In case you decide to move forward with that, we are currently preparing an estimate. You should receive that via e-mail in the coming days. "그렇게 하기로 결정하는 경우에 대비해, 우리가 현재 견적서를 준비 중에 있다. 가까운 시일 내에 이메일로 받아 볼 거다."
③ **Paraphrasing:** (지문 → 정답)
an estimate → A cost estimate

UNIT 16. 회의·사내 공지

핵심 문제 유형

본서 p.206

1. (C) **2.** (C) **3.** (A) **4.** (D) **5.** (A) **6.** (B)

1-3번은 다음 회의 발췌록에 관한 문제입니다.

여 **1** **오늘 최신형 자동차 배터리에 관해 이야기를 들려줄 수석 엔지니어이신 맥신 테일러를 모시게 되어 대단히 행운입니다. 2 내일 학회에서 무대에 오르시기 전에 그분의 팀에서 축적한 성능 결과에 대해 살펴봐 주실 겁니다. 1 우리 전기차가 상당한 시장 점유율을 얻을 길을 열어 줄 수 있기에 이는 우리에게 진정 획기적인 작업입니다. 3 일부 잠재 고객들은 전기차로 전환하는 것에 상당한 반감을 보여 왔지만, 이번 결과가 마음을 돌리는 데 도움이 될 겁니다.** 회의가 끝나면, 이번 결과를 대중에게 광고할 최고의 방법에 대해 논의해 봅시다.

어휘 extremely 대단히, 극도로 | fortunate 행운의, 운 좋은 | chief 수석의, 최고의 | engineer 엔지니어 | latest 최신의 | battery 배터리 | go over ~을 살펴보다, 검토하다 | performance 성능, 수행 | result 결과 | collect 수집하다 | truly 진정으로 | groundbreaking 획기적인 | pave the way for ~을 위한 길을 열다[기반을 마련하다] | electric vehicle 전기차 | gain 얻다 | significant 중요한, 상당한 | market share 시장 점유율 | potential 잠재적인 | resistance 반감, 저항(감) | make the switch 전환하다, 바꾸다 | market 광고하다, (상품을) 내놓다 | public 대중

1. 화자는 어떤 산업에서 일하겠는가?
(A) 항공
(B) 제조
(C) 자동차
(D) 물류

해설 ① **문제 확인:** What industry, the speaker, work → 화자가 종사하는 산업
② **단서 찾기:** 특정 직업이나 장소를 알 수 있는 단어나 표현 포착. We're extremely fortunate to have our chief engineer, Maxine Taylor, come talk to us today about our latest car battery. "오늘 최신형 자동차 배터리에 관해 이야기를 들려줄 수석 엔지니어인 맥신 테일러를 맞이하게 되어 대단히 행운이다." → This is truly groundbreaking work for us as it may pave the way for our electric vehicles to gain significant market share. "우리 전기차가 상당한 시장 점유율을 얻을 길을 열어 줄 수 있기에 이는 우리에게 진정 획기적인 작업이다."

2. 테일러 씨는 내일 무엇을 할 것인가?
(A) 설문 조사를 실시한다
(B) 프로모션을 발표한다
(C) 발표를 한다
(D) 해외로 간다

해설 ① **문제 확인:** What, Ms. Taylor, do, tomorrow → 테일러 씨가 내일 할 일
② **단서 찾기:** Ms. Taylor, tomorrow를 키워드로 삼아 단서 포착. She will be going over some of the performance results that her team has collected before taking the stage tomorrow at the conference. "내일 학회에서 무대에 오르기 전에 그녀의 팀에서 수집한 성능 결과에 대해 살펴봐 줄 거다."

3. 화자는 일부 고객들에 대해 뭐라고 말하는가?
(A) 변화를 꺼린다.
(B) 기능보다는 외형을 우선시한다.
(C) 가격 인상에 민감하다.
(D) 학회에 자주 참석한다.

해설 ① **문제 확인:** What, the speaker, say, customers → 화자가 고객들에 대해 말하는 것
② **단서 찾기:** customers를 키워드로 삼아 단서 포착. Some of our potential customers have shown significant resistance to making the switch to electric vehicles, but these results should help change their minds. "일부 잠재 고객들은 전기차로 전환하는 것에 상당한 반감을 보여 왔지만, 이번 결과가 마음을 돌리는 데 도움이 될 거다."

4-6번은 다음 회의 발췌록과 프로젝트 정보에 관한 문제입니다.

남 넘어가서 현재 진행 중인 공사 건에 관해 말씀을 드리겠습니다. **4 저희는 보다 많은 전시, 특히 현대 작품을 수용할 공간 설치를 원했습니다.** 그러한 목적에 맞춰, 건물 서관을 확장시키고 있습니다. 아직은 공사 초기 단계입니다. **5 다음 회의에서는 지금까지 저희가 세운 계획에 근거해 여러분의 의견을 요청드리고자 합니다. 6 이 프로젝트가 처음 승인됐을 당시, 총비용이 1,000만 달러가 될 거라고 들었습니다. 저희가 실제로 사용한 것을 바탕으로 보면, 예산을 높게 잡은 것 같습니다. 이제 새로운 견적에 반영하기 위해 수정된 것을 보실 수 있습니다.**

	프로젝트 정보
1행	규모: 750제곱미터
2행	비용: 800만 달러
3행	일정: 15개월
4행	추가되는 공간: 6

어휘 move on (새로운 일·주제로) 넘어가다 | construction 공사, 건설 | take place 진행되다, 일어나다 | install 설치하다 | host 수용하다, 주최하다 | exhibit 전시(품) | particularly 특히 | contemporary 현대의 | to that end 그러한 목적에 맞춰, 그러기 위해서 | expand 확장하다 | wing (건물의) 관, 부속 건물 | phase 단계 | so far 지금까지 | approve 승인하다 | total 총 | cost 비용 | overbudget 예산을 높게 잡다 | revise 수정하다 | reflect 반영하다 | estimate 견적서 | timeline 일정

4. 어떤 종류의 건물이 개조되고 있겠는가?
(A) 백화점
(B) 호텔
(C) 경기장
(D) 박물관

해설 ① 문제 확인: What type, building, renovated → 개조되고 있는 건물 종류
② 단서 찾기: 특정 장소를 알 수 있는 단서나 표현 포착. We wanted to install some rooms to host more exhibits, particularly some more contemporary works. "우리는 보다 많은 전시, 특히 현대 작품을 수용할 공간 설치를 원했다."

5. 화자는 청자들에게 다음 회의에서 무엇을 해 달라고 요청하는가?
(A) 의견을 제출한다
(B) 대의에 기부한다
(C) 계획을 승인한다
(D) 계약서에 서명한다

해설 ① 문제 확인: What, ask, the listeners, at the next meeting → 청자들에게 다음 회의에서 해 달라고 요청하는 것
② 단서 찾기: at the next meeting을 키워드로 삼아 제안·요청 표현 포착. I would like to request your feedback based on the plans we have so far at the next meeting. "다음 회의에서는 지금까지 우리가 세운 계획에 근거해 여러분의 의견을 요청하고자 한다."

6. 시각 정보를 보시오. 어느 행이 업데이트되었는가?
(A) 1행
(B) 2행
(C) 3행
(D) 4행

해설 ① 문제 확인: Which line, updated → 업데이트된 행
② 단서 찾기: 시각 정보를 미리 파악한 후 질문과 관련한 내용과 시각 정보 매칭. When this project was first approved, we were told that the total cost would be ten million dollars. Based on what we've actually used, it looks like we overbudgeted. You can see that it has now been revised to reflect our new estimate. "이 프로젝트가 처음 승인됐을 당시, 총비용이 1,000만 달러가 될 거라고 들었다. 우리가 실제로 사용한 것을 바탕으로 보면, 예산을 높게 잡은 것 같다. 이제 새로운 견적에 반영하기 위해 수정된 것을 볼 수 있다." → 시각 정보에서 비용을 나타내는 행 확인 → Cost: $8 million (비용: 800만 달러)

Warm-up

본서 p.208

1. (A) 2. (A) 3. (B) 4. (A) 5. (B) 6. (B)

호주

Questions 1-3 refer to the following excerpt from a meeting.

M And finally, just to remind you all, we have begun an initiative to try to save on printing and copying. From now on, whenever possible, **1** we would like everyone to make double-sided copies for reports, meetings, and presentations. **2** Our chief accountant, Carl Eckhart, says that **3** this one simple change will save the company over 20,000 dollars annually in paper and ink expenses.

1-3번은 다음 회의 발췌록에 관한 문제입니다.

남 그리고 마지막으로, 여러분 모두에게 상기시켜 드리자면, 우리는 인쇄와 복사에 드는 비용을 절약하려는 계획을 시작했습니다. 지금부터, 가능하다면 언제든, 보고, 회의, 그리고 발표할 때 **1 모두 양면 복사를 하시기 바랍니다. 2 우리의 수석 회계사 칼 에크하르트는 3 이 한 가지 간단한 변화로 회사가 매년** 종이와 잉크 비용에서 **2만 달러 이상을 절약할 수 있다**고 말합니다.

어휘 remind 상기시키다 | initiative (문제 해결·목적 달성을 위한 새로운) 계획 | save 절약하다 | double-sided copy 양면 복사(본) | accountant 회계사 | annually 매년, 1년에 한 번씩 | expense 비용

1. 청자들은 무엇을 하라고 권장받는가?
(A) 종이 양면에 인쇄한다
(B) 발표를 연습한다

해설 ① 문제 확인: What, the listeners, encouraged → 청자들이 권장받는 것
② 단서 찾기: 제안·권유 표현 포착. we would like everyone to make double-sided copies "(우리는) 모두 양면 복사를 하길 바란다"
③ Paraphrasing: (지문 → 정답)
make double-sided copies → Print on both sides of paper

2. 칼 에크하르트는 누구인가?
(A) 회계사
(B) 장비 기사

해설 ① 문제 확인: Who, Carl Eckhart → 칼 에크하르트의 정체
② 단서 찾기: Carl Eckhart라는 이름과 함께 특징 직업이나 장소를 알 수 있는 단어나 표현 포착. Our chief accountant, Carl Eckhart "우리의 수석 회계사 칼 에크하르트"

3. 화자에 따르면, 변화는 왜 이루어지고 있는가?
(A) 생산 속도를 높이기 위해
(B) 비용을 절감하기 위해

해설 ① **문제 확인:** why, change, being made → 변화의 이유
② **단서 찾기:** change를 키워드로 삼아 단서 포착. this one simple change will save the company over 20,000 dollars annually "이 한 가지 간단한 변화로 회사가 매년 2만 달러 이상을 절약할 수 있다"
③ **Paraphrasing:** (지문 → 정답)
save ~ over 20,000 dollars → reduce costs

미국

Questions 4-6 refer to the following excerpt from a meeting.

W Hi, everyone. 4 Thanks for volunteering to help organize the CEO's retirement party. Ms. Gold has been the CEO of Ranoma Institute for 25 years, and we want this celebration to be a special one. Many of you are probably aware that Ms. Gold is an avid listener of folk music. So we thought 5 it would be a great idea to book a band to provide live musical entertainment during the evening. If any of you would like to take care of the music, let me know after the meeting. But 6 for now, we need to decide on the main dishes and dessert options for the party.

4-6번은 다음 회의 발췌록에 관한 문제입니다.

여 여러분, 안녕하세요. 4 **CEO의 퇴직 기념 파티 준비를 돕는 데 자원해 주셔서 고맙습니다.** 골드 씨는 25년간 라노마 연구소의 CEO이셨고, 우리는 이 기념행사가 특별한 것이 되길 바랍니다. 아마 많은 분들이 골드 씨가 민속 음악 애청자라는 것을 아실 겁니다. 그래서 우리는 그날 저녁에 5 **라이브 음악 공연을 제공할 밴드를 예약하는 것이 좋은 아이디어라고** 생각했습니다. 만약 여러분 중 음악을 담당하고 싶은 분이 계신다면, 회의 후에 제게 알려 주세요. 하지만 6 **지금은**, 파티의 **주요리와 디저트 옵션을 결정해야 합니다.**

어휘 volunteer 자원하다 | organize 준비하다, 계획하다 | retirement party 퇴직 기념 파티 | institute 연구소, 협회 | celebration 기념행사 | avid 열렬한 | folk music 민속 음악 | entertainment 공연, 쇼, 여흥, 오락 | take care of ~을 담당하다, 책임지고 떠맡다

4. 회사는 왜 기념행사를 계획하고 있는가?
(A) 임원이 은퇴할 것이다.
(B) 기념일이 다가오고 있다.

해설 ① 문제 확인: Why, company, planning, celebration → 행사를 계획하는 이유
② 단서 찾기: planning, celebration을 키워드로 삼아 단서 포착. Thanks for volunteering to help organize the CEO's retirement party. "CEO의 퇴직 기념 파티 준비를 돕는 데 자원해 줘서 고맙다."
③ **Paraphrasing:** (지문 → 정답)
CEO's retirement party → An executive is retiring

5. 화자는 지원자가 무엇을 해 주길 바라는가?
(A) 식당을 예약해 준다
(B) 음악가를 고용해 준다

해설 ① **문제 확인:** What, want, volunteer, to do → 지원자에게 원하는 것
② **단서 찾기:** want를 키워드로 삼아 화자의 요청 표현 포착. it would be a great idea to book a band to provide live musical entertainment "라이브 음악 공연을 제공할 밴드를 예약하는 것이 좋은 아이디어인 것 같다"
③ **Paraphrasing:** (지문 → 정답)
book a band → Hire some musicians

6. 청자들은 다음에 무엇을 할 것인가?
(A) 장비를 설치한다
(B) 메뉴 옵션을 선택한다

해설 ① **문제 확인:** What, the listeners, do next → 청자들이 다음에 할 일
② 단서 찾기: 담화 후반부에서 미래 계획 표현 포착. for now, we need to decide on the main dishes and dessert options "지금은, 주요리와 디저트 옵션을 결정해야 한다"
③ Paraphrasing: (지문 → 정답)
decide on the main dishes and dessert options → Select menu options

Practice

본서 p.209

1. (B)	2. (D)	3. (C)	4. (B)	5. (D)	6. (B)
7. (C)	8. (B)	9. (D)	10. (D)	11. (A)	12. (D)
13. (A)	14. (B)	15. (D)	16. (A)	17. (B)	18. (D)

영국

Questions 1-3 refer to the following excerpt from a meeting.

W As I'm sure you're aware, a lot of 1 employees have been asking for snacks in the company break room. So we are considering using the services of a local supplier, and we have asked them to bring by some samples for everybody to try. Come by the break room anytime between 10:30 and 2:00 to 2 pick up a free bag of cookies and chips. In return, we just ask that you take a quick survey about the products. 3 The survey form takes less than a minute to fill out, and you can drop it off in the operations area.

1-3번은 다음 회의 발췌록에 관한 문제입니다.

여 모두 알고 계시다시피, 많은 **1 직원들이 구내 휴게실에서의 간식을 요청해 오고 있습니다. 그래서 저희는 지역 공급자의 서비스를 이용할 것을 고려 중이며,** 모두가 시식해 볼 수 있는 샘플을 가져와 달라고 요청한 상태입니다. 10시 30분에서 2시 사이에 아무 때나 휴게실에 방문하시어 **2 쿠키와 감자칩 봉지를 무료로 가져가세요.** 대신, 제품에 대한 간단한 설문 조사만 응해 주시기를 당부드립니다. **3 설문 조사지는 작성하는 데 1분 미만이 소요되며, 운영 구역에 갖다주시면 됩니다.**

어휘 aware ~을 알고 있는 | break room 휴게실 | supplier 공급자 | come by ~에 잠깐 들르다[방문하다] | pick up ~을 가져 가다 | in return 대신에, 답례로 | survey 설문 조사 | less than ~ 미만, ~보다 적은 | fill out ~을 작성하다 | drop off ~을 가져다주다 | operation 운영

1. 화자는 회사가 무엇을 할 수도 있다고 말하는가?

(A) 점심시간을 변경한다

(B) 판매자를 고용한다

(C) 일부 사무실을 개조한다

(D) 건강 프로그램을 개설한다

해설 ① **문제 확인:** What, company, do → 회사가 할 수도 있는 것

② **단서 찾기:** 담화 초반부에 집중. employees have been asking for snacks in the company break room. So we are considering using the services of a local supplier "직원들이 구내 휴게실에서의 간식을 요청해 오고 있다. 그래서 우리는 지역 공급자의 서비스를 이용할 것을 고려 중이다"

2. 오늘 참가자들이 무료로 얻을 수 있는 것은 무엇인가?

(A) 쇼핑백

(B) 펜

(C) 컴퓨터 액세서리

(D) 간식

해설 ① **문제 확인:** What, participants, get, free, today → 오늘 참가자들이 무료로 얻는 것

② **단서 찾기:** free를 키워드로 삼아 단서 포착. pick up a free bag of cookies and chips "쿠키와 감자칩 봉지를 무료로 가져가라"

③ **Paraphrasing:** (지문 → 정답)
cookies and chips → snacks

3. 청자들은 왜 운영 구역을 방문해야 하는가?

(A) 소책자를 받기 위해

(B) 기부를 하기 위해

(C) 문서를 제출하기 위해

(D) 수강을 신청하기 위해

해설 ① **문제 확인:** Why, the listeners, visit, operations area → 청자들이 운영 구역을 방문해야 하는 이유

② **단서 찾기:** operations area를 키워드로 삼아 단서 포착. The survey form takes less than a minute to fill out, and you can drop it off in the operations area. "설문 조사지는 작성하는 데 1분 미만이 소요되며, 운영 구역에 갖다주면 된다."

③ **Paraphrasing:** (지문 → 정답)
drop ~ off → turn in

영국

Questions 4-6 refer to the following announcement.

W OK, next on the agenda, I have some exciting news. **4** Starting in June, we will be giving our customers a chance to browse and order right on our website. **5** Also, research has shown that more and more people are making purchases on their mobile phones, and this will help to accommodate their needs. I am a little worried that it may lead to fewer customers at our physical stores. Therefore, **6** I will conduct a review of total sales at the end of the summer to see if we should make this a permanent change.

4-6번은 다음 공지에 관한 문제입니다.

여 네, 다음 안건으로 넘어가서, 흥미로운 소식이 있어요. **4 6월부터, 우리는 고객들에게 우리 회사 웹사이트에서 물건을 둘러보고 바로 주문할 수 있는 기회를 줄 겁니다. 5 또한, 점점 더 많은 사람들이 휴대 전화로 물건을 구매하고 있다고 연구에서 밝히기도 했고,** 이것이 고객들의 요구를 수용하는 데 도움을 줄 겁니다. 이것 때문에 우리 매장에 실제로 찾아오는 고객 수가 줄지 않을까 약간 걱정이 돼요. 그래서, **6 여름이 끝나갈 무렵에 매출액을 검토해서 앞으로도 이 방법을 계속 쓸지 결정하도록 하겠습니다.**

어휘 agenda 안건 | browse 둘러보다, 훑어보다 | make a purchase 구매하다 | accommodate 수용하다 | lead to ~으로 이어지다 | physical 실제의, 물리적인 | conduct 수행하다 | review 검토, 논평 | total sales (총) 매출액 | permanent 영속하는, 영구적인

4. 화자에 따르면, 회사에서는 어떠한 서비스를 제공할 예정인가?

(A) 제품 시연

(B) 온라인 쇼핑

(C) 보증 연장

(D) 빠른 배송

해설 ① **문제 확인:** what service, company, providing → 회사에서 제공할 서비스

② **단서 찾기:** providing을 키워드로 삼아 미래 계획 표현 포착. Starting in June, we will be giving our customers a chance to browse and order right on our website. "6월부터, 우리는 고객들에게 우리 회사 웹사이트에서 물건을 둘러보고 바로 주문할 수 있는 기회를 줄 것이다."

③ **Paraphrasing:** (지문 → 정답)
browse and order ~ on our website → Online shopping

5. 회사는 왜 서비스를 확장하였는가?

(A) 고객들이 불평을 더 많이 하고 있다.

(B) 더 많은 경쟁자들이 시장에 뛰어들고 있다.

(C) 유통 경비가 증가했다.

(D) 어떠한 추세가 점점 늘어나고 있다.

해설 ① **문제 확인:** Why, company, expand, services → 회사가 서비스를 확장한 이유

② **단서 찾기:** expand를 키워드로 삼아 단서 포착. Also, research has shown that more and more people are making purchases on their mobile phones "또한, 점점 더 많은 사람들이 휴대 전화로 물건을 구매하고 있다고 연구에서 밝히기도 했다"

6. 화자는 여름이 끝나갈 무렵에 무엇을 할 것인가?

(A) 출장을 간다

(B) 데이터를 분석한다

(C) 새 지점을 연다

(D) 고객 만족 설문을 한다

해설 ① **문제 확인:** What, the speaker, do, at the end of the summer → 여름이 끝나갈 무렵에 화자가 할 일

② **단서 찾기:** at the end of the summer를 키워드로 삼아 미래 시제 표현 포착. I will conduct a review of total sales at the end of the summer to see if we should make this a permanent change "여름이 끝나갈 무렵에 매출액을 검토해서 앞으로도 이 방법을 계속 쓸지 결정하도록 하겠다"

③ **Paraphrasing:** (지문 → 정답)
conduct a review → Analyze ~ data

미국

Questions 7-9 refer to the following excerpt from a meeting.

M Now, I'd like to tell you about one of our prospective clients, Lewitton Electronics. **7** They're a new but very promising company seeking engineers to design their new facilities. They just moved to an old farm in the countryside, and they want to build their manufacturing plant on it. **8** As several of you indicated, the rural location makes the project a difficult one. But this isn't our first time. We appear to be Lewitton's top pick for this project. That's why we need to be ready to show them specific plans for completing the work right away. **9** By this Friday, I want you to create a preliminary design for the factory that we can present to them next Tuesday.

7-9번은 다음 회의 발췌록에 관한 문제입니다.

남 이제, 우리 회사의 유망 고객들 중 하나인 루이튼 전자에 대해 말씀드리고 싶습니다. **7 그들의 새로운 시설을 디자인해 줄 엔지니어를 찾고 있는 이제 막 설립되었지만 아주 유망한 회사입니다.** 시골 지역에 있는 낡은 농장으로 막 이전했고, 그곳에 제조 공장을 짓고 싶어 합니다. **8 여러분 중 몇 분이 지적하셨듯이, 시골에 위치해 있다는 것은 이 프로젝트를 어렵게 합니다. 하지만 이건 저희가 처음 해 보는 게 아닙니다.** 우리 회사는 루이튼이 이 프로젝트를 위해 가장 염두에 두고 있는 회사인 것 같습니다. 그래서 당장 작업을 완수하기 위한 구체적인 계획을 보여 줄 준비가 되어 있어야 합니다. **9 이번 주 금요일까지, 다음 주 화요일에 그 회사에 보여 줄 수 있도록 여러분이 공장의 예비 디자인을 했으면 합니다.**

어휘 prospective 유망한, 장래의 | promising 유망한 | design 디자인하다, 설계하다 | facility 시설 | countryside 시골 지역 | manufacturing plant 제조 공장 | indicate 지적하다, 나타내다 | rural 시골의, 지방의 | specific 구체적인 | complete 완수하다, 끝마치다 | preliminary 예비의 | present 보여 주다

7. 청자들은 어떤 산업에서 일하겠는가?

(A) 농업

(B) 전자

(C) 공학

(D) 의학

해설 ① **문제 확인:** what industry, the listeners, work → 청자들이 종사하는 업종

② **단서 찾기:** 특정 직업이나 장소를 알 수 있는 단어나 표현 포착. They're a new but very promising company seeking engineers to design their new facilities. "그들의 새로운 시설을 디자인해 줄 엔지니어를 찾고 있는 이제 막 설립되었지만 아주 유망한 회사다."

8. 화자는 왜 "하지만 이건 저희가 처음 해 보는 게 아닙니다"라고 말하는가?

(A) 절차를 더 효율적으로 만들고 싶어 한다.

(B) 염려하는 직원들을 안심시키고 있다.

(C) 같은 실수를 반복하고 싶지 않아 한다.

(D) 직원들에게 제시간에 도착하라고 상기시키고 있다.

해설 ① **문제 확인:** "But this isn't our first time" → 화자가 "~"라고 말한 의도

② **단서 찾기:** 해당 문장에 연결된 전후 문맥 파악. As several of you indicated, the rural location makes the project a difficult one. "여러분 중 몇 명이 지적했듯이, 시골에 위치해 있다는 것은 이 프로젝트를 어렵게 한다." → But this isn't our first time. "하지만 이건 우리가 처음 해 보는 게 아니다." → 지역적 특성이 일을 어렵게 할 수 있지만 처음 해 보는 게 아니니 걱정 말라.

9. 청자들은 이번 주 금요일까지 무엇을 만들어야 하는가?

(A) 선호하는 업체 목록

(B) 비용 차트

(C) 영상 설명서

(D) 디자인 안

해설 ① **문제 확인:** What, the listeners, create, by this Friday → 청자들이 이번 주 금요일까지 만들어야 하는 것

② **단서 찾기:** by this Friday를 키워드로 삼아 단서 포착. By this Friday, I want you to create a preliminary design for the factory that we can present to them next Tuesday. "이번 주 금요일까지, 다음 주 화요일에 그 회사에 보여 줄 수 있도록 여러분이 공장의 예비 디자인을 했으면 한다."

③ **Paraphrasing:** (지문 → 정답)
preliminary design ~ we can present → proposed design

영국

Questions 10-12 refer to the following excerpt from a meeting.

W 10 Our business is dependent on innovation, and staying up to date on the latest technologies is a top priority for us. Unfortunately, we seem to be in a bit of a rut. So, something I plan to do going forward is to invite more guests to come and give talks on the latest developments in their fields. 11 To that end, we have Rodney Warren coming in tomorrow. He's been at the forefront of research into AI, so I hope he reinvigorates us with some new ideas. 12 I know it's a Saturday and everyone has things to do, but the company needs this.

10-12번은 다음 회의 발췌록에 관한 문제입니다.

여 10 **우리 회사는 혁신에 의존하고 있으며, 최신 기술에 대한 정보를 계속 업데이트하는 것이 우리의 최우선 과제입니다.** 안타깝게도, 우리는 다소 틀에 박힌 생활에 빠져 있는 것 같습니다. 그래서, 제가 앞으로 계획하고 있는 것은 더 많은 초청 연사들을 데려와서 그들의 분야에 있어 가장 최근의 발전에 대한 강연을 듣는 것입니다. 11 **그러기 위해, 내일 로드니 워런이 올 것입니다. 그는 AI 연구의 선두에 있어 왔으니,** 새로운 아이디어들로 우리에게 활기를 불어넣어 줬으면 좋겠습니다. 12 **토요일이라 다들 할 일이 있는 건 알고 있어요, 회사는 이런 게 필요합니다.**

어휘 be dependent on ~에 의존하다 | innovation 혁신 | stay up to date 계속 업데이트하다, 최신의 상태를 유지하다 | top priority 최우선 과제[사항] | rut 판[틀]에 박힌 생활, 단조로운 생활 | going forward 앞으로(의) | to that end 그 목적을 달성하기 위해 | at the forefront of ~의 선두[중심]에 | reinvigorate 새로운 힘[활기]을 불어넣다

10. 화자는 무엇이 최우선 과제라고 말하는가?

(A) 직원 생산성을 유지하는 것

(B) 목표 대상에 맞춘 광고를 하는 것

(C) 국제 시장에 진출하는 것

(D) 최신 기술에 정통하는 것

해설 ① **문제 확인:** What, top priority → 최우선 과제인 것

② **단서 찾기:** top priority를 키워드로 삼아 단서 포착. Our business is dependent on innovation, and staying up to date on the latest technologies is a top priority for us. "우리 회사는 혁신에 의존하고 있으며, 최신 기술에 대한 정보를 계속 업데이트하는 것이 우리의 최우선 과제다."

③ **Paraphrasing:** (지문 → 정답)
staying up to date → Understanding

11. 로드니 워런은 누구인가?

(A) AI 연구원

(B) 사업 분석가

(C) 펀드 매니저

(D) 동기부여 연설가

해설 ① **문제 확인:** Who, Rodney Warren → 로드니 워런의 정체

② **단서 찾기:** Rodney Warren이라는 이름과 함께 특정 직업과 관련된 단어나 표현 포착. To that end, we have Rodney Warren coming in tomorrow. He's been at the forefront of research into AI "그러기 위해, 내일 로드니 워런이 올 거다. 그는 AI 연구의 선두에 있어 왔다"

12. 화자는 왜 "하지만 회사는 이런 게 필요합니다"라고 말하는가?

(A) 보고를 의심하기 위해

(B) 변화를 평가하기 위해

(C) 결정을 비판하기 위해

(D) 참석을 독려하기 위해

해설 ① **문제 확인:** "but the company needs this" → 화자가 "~"라고 말한 의도

② **단서 찾기:** 해당 문장에 연결된 전후 문맥 파악. I know it's a Saturday and everyone has things to do "토요일이라 다들 할 일이 있는 건 안다" → but the company needs this "하지만 회사는 이런 게 필요하다" → 토요일에 다들 할 일로 바쁠 테지만, 꼭 참석해야 한다.

호주

Questions 13-15 refer to the following announcement and graph.

M Good morning. 13 I want to thank everyone for taking part in the recent company questionnaire. We here at MV Appliance Manufacturing Plant strive to keep our workers happy. Much of the feedback we received about our dining lounge was very useful. If you look here, you'll see that many would like to have more spacious eating areas, but it's too expensive to do that right now. 14 However, the second-most-suggested idea is definitely possible. We'll begin work on this right away. 15 Also, to show our appreciation, we are providing all questionnaire participants with a complimentary lunch coupon.

13-15번은 다음 공지와 그래프에 관한 문제입니다.

남 안녕하세요. 13 **최근의 회사 설문 조사에 참여해 주신 모든 분들께 감사의 말씀을 드리고 싶습니다. 우리 엠브이 가전제품 제조 공장은 근로자를 행복하게 하기 위해 분투하고 있습니다.** 우리의 식당 라운지에 대해 받은 많은 의견은 매우 유용했습니다. 여기를 보시면, 많은 사람들이 더 넓은 식사 공간을 갖고 싶어 한다는 것을 알 수 있지만, 지금 그렇게 하기에는 돈이 너무 많이 듭니다. 14 **그러나, 두 번째로 많은 제안을 받은 아이디어는 확실히 실현 가능합니다. 우리는 바로 이 작업에 착수할 것입니다.** 15 **또한, 감사를 표하기 위해, 설문 참가자 모두에게 무료 점심 식사 쿠폰을 제공하겠습니다.**

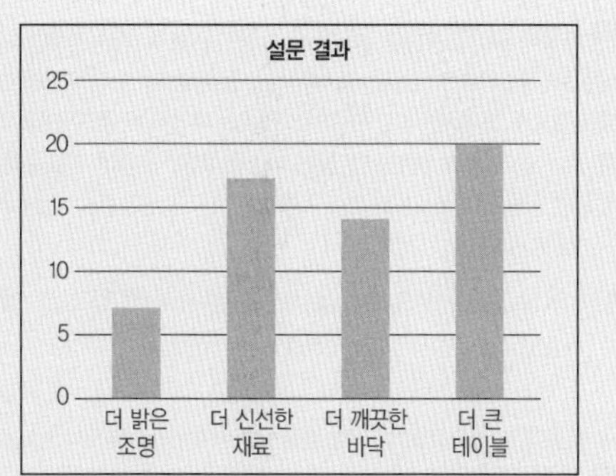

어휘 take part in ~에 참여하다 | questionnaire 설문 조사, 설문지 | appliance (가정용) 기기 | manufacturing plant 제조 공장 | strive 분투하다 | useful 유용한 | spacious 넓은 | definitely 확실히 | complimentary 무료의

13. 담화는 어디에서 이루어지는가?

(A) 공장에서

(B) 카페에서

(C) 식료품 가게에서

(D) 건설 회사에서

해설 ① 문제 확인: Where, talk, take place → 담화의 장소

② 단서 찾기: 특정 장소를 알 수 있는 단어나 표현 포착. I want to thank everyone for taking part in the recent company questionnaire. We here at MV Appliance Manufacturing Plant strive to keep our workers happy. "최근의 회사 설문 조사에 참여해 준 모두에게 감사의 말을 전하고 싶다. 우리 엠브이 가전제품 제조 공장은 근로자를 행복하게 하기 위해 분투하고 있다."

③ Paraphrasing: (지문 → 정답)
Manufacturing Plant → factory

14. 시각 정보를 보시오. 회사는 어떤 제안에 착수할 것인가?

(A) 더 밝은 조명

(B) 더 신선한 재료

(C) 더 깨끗한 바닥

(D) 더 큰 테이블

해설 ① 문제 확인: Which suggestion, start → 착수할 제안

② 단서 찾기: 시각 정보를 미리 파악한 후 suggestion, start를 키워드로 삼아 해당 내용과 시각 정보 매칭. However, the second-most-suggested idea is definitely possible. We'll begin work on this right away. "그러나, 두 번째로 많은 제안을 받은 아이디어는 확실히 실현 가능하다. 우리는 바로 이 작업에 착수할 것이다." → 시각 정보에서 두 번째로 높은 결과 확인 → Fresher ingredient(더 신선한 재료)

15. 직원들은 설문지 작성으로 무엇을 얻게 될 것인가?

(A) 현금 보너스

(B) 요리책

(C) 새로운 가전제품

(D) 무료 식사

해설 ① 문제 확인: What, get, for completing the questionnaire → 설문지 작성으로 얻게 되는 것

② 단서 찾기: get, questionnaire를 키워드로 삼아 단서 포착. Also, to show our appreciation, we are providing all questionnaire participants with a complimentary lunch coupon. "또한, 감사를 표하기 위해, 설문 참가자 모두에게 무료 점심 식사 쿠폰을 제공하겠다."

③ Paraphrasing: (지문 → 정답)
complimentary lunch → free meal

미국

Questions 16-18 refer to the following excerpt from a meeting and presentation slide.

M Okay, so a few announcements regarding our new line of eyewear. 16 So last year, we launched our shopping app, which lets consumers try on our glasses with their camera phone. This was a big hit with consumers, and our sales rose dramatically. On this slide, you can see our line of new eyeglasses. 17 Our most popular model is the one here with the rectangular frame. It was reviewed as a flattering shape by my customers, so we might want to consider adding new colors for that style. 18 And lastly, we've been working on redesigning our brand logo and finally narrowed it down to three designs.

16-18번은 다음 회의 발췌록과 프레젠테이션 슬라이드에 관한 문제입니다.

남 자, 그럼 저희 신규 안경류 제품에 관한 발표가 있겠습니다. 16 **작년에, 저희가 소비자들이 카메라 폰으로 안경을 써 볼 수 있는 쇼핑 앱을 출시했습니다.** 소비자에게 큰 인기를 끌면서, 저희 매출이 급격히 증가했습니다. 이 슬라이드에서, 저희 신규 안경 제품군을 보실 수 있습니다. 17 **최고 인기 모델은 여기 직사각 안경테 제품입니다.** 저희 고객들에게 돋보이는 모양이라는 후기를 받아서, 그 스타일로 새로운 색상을 추가하는 걸 고려해 보는 게 좋겠습니다. 18 **그리고 마지막으로, 저희가 브랜드 로고 디자인을 새롭게 하는 작업을 해 왔는데 마침내 디자인을 3가지로 좁혔습니다.**

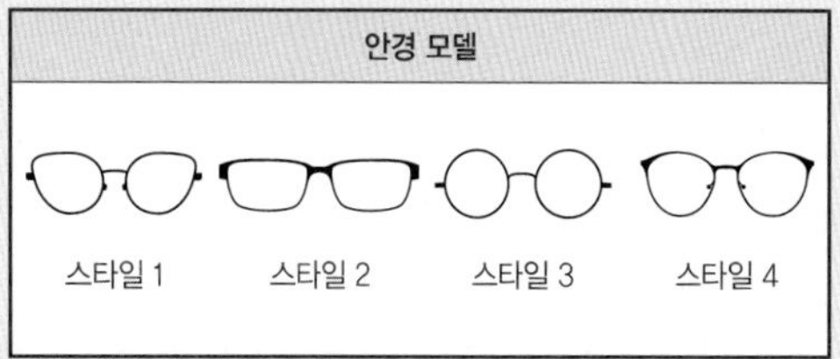

어휘 announcement 발표 | regarding ~에 관하여 | line (제품의) 종류 | eyewear 안경류 | launch 출시하다 | consumer 소비자 | try on ~을 입어[써] 보다 | big hit 큰 인기[성공], 대히트 | rise 증가하다, 오르다 | dramatically 급격히 | rectangular 직사각형의 | frame 안경테 | flattering 돋보이게 하는 | shape 모양 | lastly 마지막으로 | redesign 다시[새롭게] 디자인하다 | finally 마침내 | narrow down A to B A를 B로 좁히다

16. 회사는 작년에 무엇을 했는가?

(A) 앱을 출시했다.

(B) 포장 디자인을 변경했다.

(C) 패션 디자이너와 협업했다.

(D) 해외에 매장을 열었다.

해설 ① **문제 확인:** What, company, do, last year → 회사가 작년에 한 일

② **단서 찾기:** last year를 키워드로 삼아 단서 포착. So last year, we launched our shopping app, which lets consumers try on our glasses with their camera phone. "작년에, 우리가 소비자들이 카메라 폰으로 안경을 써 볼 수 있는 쇼핑 앱을 출시했다."

17. 시각 정보를 보시오. 어떤 안경 스타일이 가장 인기가 많았는가?

(A) 스타일 1

(B) 스타일 2

(C) 스타일 3

(D) 스타일 4

해설 ① **문제 확인:** Which style, eyeglasses, most popular → 가장 인기가 많았던 안경 스타일

② **단서 찾기:** 시각 정보를 미리 파악한 후 popular를 키워드로 삼아 해당 내용과 시각 정보 매칭. Our most popular model is the one here with the rectangular frame. "최고 인기 모델은 여기 직사각 안경테 제품이다." → 시각 정보에서 직사각형의 안경테 확인 → Style 2(스타일 2)

18. 화자에 따르면, 회사는 현재 무엇을 하고 있는가?

(A) 신발류를 출시하는 것

(B) 사무실을 개조하는 것

(C) 거래에 협상하는 것

(D) 로고를 다시 디자인하는 것

해설 ① **문제 확인:** what, company, currently, doing → 회사가 현재 하고 있는 일

② **단서 찾기:** currently를 키워드로 삼아 담화 후반부에서 단서 포착. And lastly, we've been working on redesigning our brand logo and finally narrowed it down to three designs. "그리고 마지막으로, 우리가 브랜드 로고 디자인을 새롭게 하는 작업을 해 왔는데 마침내 디자인을 3가지로 좁혔다."

UNIT 17. 연설·인물 소개

핵심 문제 유형

본서 p.214

1. (A) 2. (C) 3. (D) 4. (D) 5. (A) 6. (D)

1-3번은 다음 담화에 관한 문제입니다.

남 **1 올해 최고의 세계 광고상의 수상자가 마자크 광고 대행사라는 것을 발표하게 되어 기쁩니다.** 이 회사는 프로버트 자동차의 새 하이브리드 자동차를 광고하는 독창적인 광고 캠페인으로 선정되었습니다. **2 그들의 광고는 하이브리드 자동차들이 어떻게 보통 차들보다 오염 물질을 절반만큼만 방출하고, 따라서, 환경을 더 적게 훼손하는지를 효과적으로 보여 줍니다. 3 마자크 광고 대행사는 광고 수익의 일부**를 맑은 공기를 보존하는 데 헌신하는 **한 지역 단체에 기부하려고 계획하고 있습니다.** 마자크 광고 대행사의 모든 직원분들의 헌신과 혁신을 축하드립니다.

어휘 announce 발표하다 | advertisement 광고 (= ad) | creative 독창적인 | hybrid automobile 하이브리드[휘발유와 전기 병용] 자동차 | effectively 효과적으로 | emit 방출하다, 내뿜다 | pollutant 오염 물질 | therefore 따라서 | donate 기부하다 | portion 일부 | profit 수익 | dedicated to ~에 헌신하는 | preserve 보존하다 | congratulate 축하하다 | dedication 헌신 | innovation 혁신

1. 담화의 주요 목적은 무엇인가?

(A) 수상자를 발표하기 위해

(B) 신상품을 홍보하기 위해

(C) 몇몇 동료를 소개하기 위해

(D) 매출 수치를 논의하기 위해

해설 ① **문제 확인:** What, purpose, talk → 담화의 목적

② **단서 찾기:** 담화의 주제·목적을 언급하는 전반부에 집중. It is my pleasure to announce this year's winner of the Best Global Advertisement Award, Mazak Advertising. "올해 최고의 세계 광고상의 수상자가 마자크 광고 대행사라는 것을 발표하게 되어 기쁘다."

2. 광고의 특별한 점은 무엇인가?

(A) 적은 예산으로 제작되었다.

(B) 다양한 유명 인사가 출연한다.

(C) 환경 보호에 초점을 맞춘다.

(D) 전 세계에 소개된다.

해설 ① **문제 확인:** What, special, advertisements → 광고의 특별한 점

② **단서 찾기:** special, advertisements를 키워드로 삼아 광고 특징을 나타내는 설명에서 단서 포착. Their ads effectively show how hybrid cars emit only half as much pollutants as regular cars, and therefore, cause less damage to the environment. "그들의 광고는 하이브리드 자동차들이 어떻게 보통 차들보다 오염 물질을 절반만큼만 방출하고, 따라서, 환경을 더 적게 훼손하는지를 효과적으로 보여 준다."

③ **Paraphrasing:** (지문 → 정답)
less damage to the environment → environmental protection

3. 마자크 광고 대행사는 무엇을 할 계획인가?

(A) 해외 시장으로 확장한다

(B) 생산 효율성을 증가시킨다

(C) 직원들을 더 고용한다

(D) 단체에 돈을 기부한다

해설 ① **문제 확인:** What, Mazak Advertising, plan to do → 마자크 광고 대행사가 계획하는 일

② **단서 찾기:** Mazak Advertising, plan to do를 키워드로 삼

아 담화 후반부에서 미래 계획 표현 포착. Mazak Advertising plans on donating a portion of the profits from the advertisements to a local organization "마자크 광고 대행사는 광고 수익의 일부를 한 지역 단체에 기부하려고 계획하고 있다"

③ **Paraphrasing:** (지문 → 정답)
donating ~ profits → Contribute money

4-6번은 다음 연설에 관한 문제입니다.

남 **4 랜스가 이곳에서 보낸 놀라운 직장 생활의 마지막을 축하하는 만찬에 오늘 저녁 참석해 주셔서 여러분 모두에게 감사드립니다.** 제품 개발팀의 모든 직원들은 그의 밑에서 일했던 것을 그리워할 겁니다. **5 그는 항상 혁신적인 아이디어를 떠올리는 일에 능했습니다. 바로 작년, 그의 운영 아래, 우리는 회사 이윤을 20퍼센트 증가시킨 태블릿을 출시했습니다.** 다행히, **6 길 건너에 작은 카페를 열 거라** 우리와 아주 멀리 떨어지진 않을 겁니다. 우리 모두 꼭 들르도록 하겠습니다. 행운을 빕니다, 랜스!

어휘 celebrate 축하하다 | remarkable 놀라운 | product development 제품 개발 | come up with ~을 생각해 내다[떠올리다] | innovative 혁신적인 | launch 출시하다 | profit 이익, 이윤 | fortunately 다행히, 운 좋게도 | stop by (~에) 들르다

4. 어떤 행사가 열리고 있는가?
(A) 직원 환영 행사
(B) 제품 출시 파티
(C) 생일 축하 파티
(D) 은퇴 기념 만찬

해설 ① **문제 확인:** What event, held → 열리고 있는 행사
② **단서 찾기:** 특정 행사와 관련된 단어나 표현 포착. Thank you all for attending tonight's dinner to celebrate the end of Lance's remarkable career here. "랜스가 이곳에서 보낸 놀라운 직장 생활의 마지막을 축하하는 만찬에 오늘 저녁 참석해 줘서 여러분 모두에게 고맙다."

5. 화자는 왜 "우리는 회사 이윤을 20퍼센트 증가시킨 태블릿을 출시했습니다"라고 말하는가?
(A) 업적을 인정하기 위해
(B) 새 마케팅 전략을 설명하기 위해
(C) 더 많은 직원의 필요성을 정당화하기 위해
(D) 우려를 표현하기 위해

해설 ① **문제 확인:** "we launched a tablet that increased our profits by 20 percent" → 화자가 "~"라고 말한 의도
② **단서 찾기:** 해당 문장에 연결된 전후 문맥 파악. He was always great at coming up with innovative ideas. "그는 항상 혁신적인 아이디어를 떠올리는 일에 능했다." → Just last year, under his management, we launched a tablet that increased our profits by 20 percent. "바로 작년, 그의 운영 아래, 우리는 회사 이윤을 20퍼센트 증가시킨 태블릿을 출시했다." → 작년 랜스가 참여해 이윤 증가를 이뤄낸 것에서 볼 수 있듯이 그의 업적은 인정할 만하다.

6. 화자에 따르면, 랜스는 무엇을 할 것인가?
(A) 다른 도시로 이사한다
(B) 도서를 출간한다
(C) 휴가를 떠난다
(D) 사업을 차린다

해설 ① **문제 확인:** what, Lance, going to do → 랜스가 앞으로 할 일
② **단서 찾기:** 담화 후반부에서 미래 시제 표현 포착. he'll be opening a small café just across the street "길 건너에 작은 카페를 열 것이다"
③ **Paraphrasing:** (지문 → 정답)
café → business

Warm-up

본서 p.216

1. (A) 2. (A) 3. (B) 4. (A) 5. (A) 6. (B)

호주

Questions 1-3 refer to the following talk.

M Good afternoon. First, 1 congratulations to everyone on becoming a power engineer here at Max Digital. All of you were chosen for this position due to your exceptional background and experience in electrical engineering. Today, 1 we are going to help prepare you for this job. As power engineers, you'll be making sure customers receive reliable and stable supplies of power. Thus, you must be very familiar with the related equipment. 2 I will distribute a manual with details and specifications of our machinery, which we'll discuss together later. Then, 3 after lunch, each of you will be assigned to a current power engineer, and you'll observe how they work with storage, distribution, and the generation of power.

1-3번은 다음 담화에 관한 문제입니다.

남 안녕하세요. 먼저, 이곳 맥스 디지털 사의 **1 전기 기술자가 되신 여러분께 축하 인사를 전합니다.** 여러분은 모두 전기 공학과 관련된 우수한 배경과 경험 덕분에 이 자리에 선택되셨습니다. 오늘, **1 저희는 여러분이 이 직무를 준비하는 데 도움을 드릴 것입니다.** 전기 기술자로서, 여러분들은 고객들이 믿을 수 있고 안정적인 전력 공급을 확실하게 제공받을 수 있도록 할 것입니다. 따라서, 여러분들은 관련 장비에 매우 익숙해져야 합니다. 저희가 나중에 같이 논의할, **2 기계의 세부 사항과 사양이 적혀 있는 설명서를 나눠 드릴 것입니다.** 그러고 나서, **3 점심 식사 후에는, 여러분 모두가 현직 전기 기술자를 배정받을 것이며, 그들이 어떻게** 전기의 저장, 분배, 생산 **작업을 하는지 관찰할 것입니다.**

어휘 power engineer 전기 기술자 | exceptional (이례적으로) 우수한, 특출한 | electrical engineering 전기 공학 | reliable 믿을 수 있는 | stable 안정적인 | supplies 공급품, 물자 | distribute 나누어 주다, 배포하다 | manual 설명서 |

specification 사양 | assign 선임하다[배정하다] | observe 관찰하다, 보다 | storage 저장, 보관 | generation 생산, 발생

1. 무엇이 진행되고 있는가?
(A) 직원 연수회
(B) 고객 영업 회의

해설 ① 문제 확인: What, taking place → 진행되고 있는 일
② 단서 찾기: 특정 직업이나 장소를 알 수 있는 단어나 표현 포착. congratulations to everyone on becoming a power engineer "전기 기술자가 된 여러분에게 축하 인사를 전한다" → we are going to help prepare you for this job "우리는 여러분이 이 직무를 준비하는 데 도움을 줄 것이다"

2. 화자는 청자들에게 무엇을 줄 것인가?
(A) 기술 설명서
(B) 식사권

해설 ① 문제 확인: What, give, to the listeners → 청자들이 받을 것
② 단서 찾기: give를 키워드로 삼아 단서 포착. I will distribute a manual with details and specifications of our machinery "기계의 세부 사항과 사양이 적혀 있는 설명서를 나눠 줄 것이다"

3. 청자들은 점심 식사 후에 무엇을 할 것인가?
(A) 지침을 논의한다
(B) 경력 직원들을 지켜본다

해설 ① 문제 확인: What, the listeners, do, after lunch → 청자들이 점심 식사 후 할 일
② 단서 찾기: after lunch를 키워드로 삼아 단서 포착. after lunch, each of you will be assigned to a current power engineer, and you'll observe how they work "점심 식사 후에는, 여러분 모두가 현직 전기 기술자를 배정받을 것이며, 그들이 어떻게 작업을 하는지 관찰할 것이다"
③ Paraphrasing: (지문 → 정답)
observe → Watch

미국

Questions 4-6 refer to the following introduction.

W Welcome, everyone. This is the first in our series of art demonstrations at the Shoba Adult College. We're delighted to have with us 4 5 artist Ella Sandusky 5 who is renowned for using real flowers in her creations. Since graduating from horticultural college, Ms. Sandusky has been specializing in floral arrangements, and we are thrilled to be showcasing her latest work. Today, she'll be showing us how she creates her unique arrangements. 6 After her presentation, there will be a question and answer session, and we encourage all of you to participate in it. And now, here is Ms. Sandusky.

4-6번은 다음 소개에 관한 문제입니다.

여 모두 환영합니다. 쇼바 성인 대학에서 열리는 예술 전시 시리즈의 첫 번째 시간입니다. 5 **창작품에 생화를 사용하는 것으로 유명한** 4 5 **예술가 앨라 샌더스키**와 함께하게 되어 기쁩니다. 원예 대학을 졸업한 후부터, 샌더스키 씨는 꽃꽂이를 전문으로 해 왔고, 저희는 그녀의 최신 작품을 선보이게 되어 매우 기쁩니다. 오늘, 그녀는 저희에게 독특한 꽃꽂이를 하는 방법을 보여 줄 겁니다. 6 **그녀의 발표가 끝나면, 질의응답 시간이 있을 것이고, 여러분 모두 여기에 참여하시길 바랍니다.** 그럼 자, 샌더스키 씨입니다.

어휘 demonstration 전시, 실연, 설명 | delighted 아주 기뻐하는 | be renowned for ~으로 알려지다 | horticultural 원예의 | specialize in ~을 전문으로 하다 | floral arrangement 꽃꽂이 | thrilled 아주 흥분한, 신이 난 | showcase 선보이다 | participate in ~에 참여하다

4. 샌더스키 씨는 누구인가?
(A) 예술가
(B) 조경사

해설 ① 문제 확인: Who, Ms. Sandusky → 샌더스키 씨의 정체
② 단서 찾기: Ms. Sandusky라는 이름과 함께 특정 직업을 알 수 있는 단어나 표현 포착. artist Ella Sandusky "예술가 앨라 샌더스키"

5. 샌더스키 씨는 무엇으로 알려져 있는가?
(A) 작품에 식물을 사용하는 것
(B) 중고품을 재활용하는 것

해설 ① 문제 확인: What, Ms. Sandusky, known for → 샌더스키 씨가 유명한 이유
② 단서 찾기: Ms. Sandusky, known for를 키워드로 삼아 단서 포착. artist Ella Sandusky who is renowned for using real flowers in her creations "창작품에 생화를 사용하는 것으로 유명한 예술가 앨라 샌더스키"
③ Paraphrasing:
(지문 → 문제) renowned for → known for
(지문 → 정답) real flowers → plants / creations → work

6. 청자들은 발표 후 무엇을 하라고 권장받는가?
(A) 다과를 즐긴다
(B) 질문을 한다

해설 ① 문제 확인: What, the listeners, encouraged, after the presentation → 발표 후 청자들이 권장받는 것
② 단서 찾기: 담화 후반부에서 제안·권유 표현 포착. After her presentation, there will be a question and answer session, and we encourage all of you to participate in it. "그녀의 발표가 끝나면, 질의응답 시간이 있을 것이고, 여러분 모두 여기에 참여하길 바란다."

Practice

본서 p.217

1. (C)	2. (A)	3. (B)	4. (D)	5. (A)	6. (D)
7. (B)	8. (D)	9. (A)	10. (C)	11. (D)	12. (A)
13. (C)	14. (C)	15. (A)	16. (C)	17. (C)	18. (A)

미국

Questions 1-3 refer to the following introduction.

W 1 Welcome to the yearly Springfield Top Businessperson Banquet. Every year, we recognize one local entrepreneur who has contributed a lot to our community, **and this year's recipient is no exception.** 2 Pamela Yee is the owner of Play It Again, the one-stop shop for all your sporting equipment needs. 3 Not only does Ms. Yee run a successful business, but she's also passionate about helping improve people's health and fitness. In fact, starting next month, she will be offering free exercise classes twice a week for interested individuals before and after store hours. **Now, please join me in welcoming this year's winner, Ms. Yee.**

1-3번은 다음 소개에 관한 문제입니다.

여 1 **스프링필드 연례 최고 사업가 연회에 오신 것을 환영합니다. 매년, 저희는 지역 사회에 크게 기여한 한 명의 지역 사업가를 표창합니다.** 그리고 올해의 수상자도 예외는 아닙니다. 2 **파멜라 이는 여러분에게 필요한 모든 운동 장비를 구입할 수 있는 원스톱 상점인 플레이 잇 어게인의 점주입니다.** 3 **이 씨는 사업을 성공적으로 운영할 뿐만 아니라, 사람들의 건강과 체력 향상에 도움을 주는 일에도 열정적입니다. 사실, 다음 달부터, 그녀는 영업시간 전후로 관심 있는 사람들에게 일주일에 두 번 무료 운동 수업을 제공할 예정입니다.** 이제, 올해의 수상자 이 씨를 환영해 주시기 바랍니다.

어휘 yearly 연례의, 매년의 | businessperson 사업가 | banquet 연회 | recognize (공로를) 표창하다, 인정하다, 알아보다 | entrepreneur 사업가 | contribute 기여하다 | community 지역 사회 | recipient 수상자 | exception 예외 | owner 소유주 | equipment 장비, 설비 | passionate 열정적인 | fitness 체력, 신체단련 | winner 우승자

1. 소개는 어디에서 이루어지고 있는가?

(A) 매장 개장에서

(B) 기금 마련 행사에서

(C) 시상식에서

(D) 은퇴식에서

해설 ① **문제 확인:** Where, introduction, taking place → 담화의 장소

② **단서 찾기:** 특정 장소를 알 수 있는 단어나 표현 포착. Welcome to the yearly Springfield Top Businessperson Banquet. Every year, we recognize one local entrepreneur who has contributed a lot to our community "스프링필드 연례 최고 사업가 연회에 온 것을 환영한다. 매년, 우리는 지역 사회에 크게 기여한 한 명의 지역 사업가를 표창한다"

2. 파멜라 이는 어떤 종류의 업체를 소유하고 있는가?

(A) 스포츠용품점

(B) 병원

(C) 비타민 영양제 소매점

(D) 레크리에이션 센터

해설 ① **문제 확인:** What kind, business, Pamela Yee, own → 파멜라 이가 소유한 업체의 종류

② **단서 찾기:** Pamela Yee, own을 키워드로 삼아 단서 포착. Pamela Yee is the owner of Play It Again, the one-stop shop for all your sporting equipment needs. "파멜라 이는 여러분에게 필요한 모든 운동 장비를 구입할 수 있는 원스톱 상점인 플레이 잇 어게인의 점주다."

③ **Paraphrasing:** (지문 → 정답)
equipment → goods

3. 이 씨는 다른 사람들이 건강을 유지할 수 있도록 어떻게 도움을 줄 것인가?

(A) 돈을 기부할 것이다.

(B) 무료 수업을 제공할 것이다.

(C) 새로운 장비를 구입할 것이다.

(D) 지역 사회 행사를 조직할 것이다.

해설 ① **문제 확인:** How, Ms. Yee, help, others, stay healthy → 이 씨가 다른 사람들이 건강을 유지하도록 돕는 방법

② **단서 찾기:** Ms. Yee, help, stay healthy를 키워드로 삼아 단서 포착. Not only does Ms. Yee run a successful business, but she's also passionate about helping improve people's health and fitness. In fact, starting next month, she will be offering free exercise classes twice a week for interested individuals before and after store hours. "이 씨는 사업을 성공적으로 운영할 뿐만 아니라, 사람들의 건강과 체력 향상에 도움을 주는 일에도 열정적이다. 사실, 다음 달부터, 그녀는 영업시간 전후로 관심 있는 사람들에게 일주일에 두 번 무료 운동 수업을 제공할 예정이다."

영국

Questions 4-6 refer to the following speech.

W I'd like to welcome everyone to this press conference. 4 My name is Julia Fong, and I represent Kensen Industries. **It is my pleasure to inform all of you that next week,** 5 we will start building four new solar panel manufacturing plants in Toronto. **Kensen Industries is dedicated to protecting the environment by providing our clients with clean and renewable energy. The construction of the new plants will allow us to produce more units and serve our clients better. In addition,** 6 we expect to hire over 500 workers from the Toronto region by this November.

4-6번은 다음 연설에 관한 문제입니다.

여 기자 회견에 오신 모든 분들을 환영합니다. **4 제 이름은 줄리아 퐁이고, 저는 켄센 산업을 대표하고 있습니다.** 다음 주부터 **5 토론토에 네 개의 새로운 태양열 전지판 제조 공장을 짓기 시작한다**는 것을 여러분들께 알려 드리게 되어 기쁩니다. 켄센 산업은 우리 고객들에게 깨끗하고 재생 가능한 에너지를 제공함으로써 환경을 보호하는 것에 전념하고 있습니다. 신규 공장들의 건설은 우리가 더 많은 장치들을 생산하고 고객들에게 더 나은 서비스를 제공하는 것을 가능하게 할 것입니다. 게다가, **6 올해 11월까지 토론토 지역에서 500명 이상의 직원을 고용할 것으로 예상하고 있습니다.**

어휘 press conference 기자 회견 | represent 대표하다, 대변하다 | pleasure 기쁨, 즐거움 | solar panel 태양열 전지판 | manufacturing plant 제조 공장 | dedicated 전념하는, 헌신적인 | protect 보호하다 | renewable 재생 가능한 | construction 건설 | produce 생산하다 | unit (상품의) 한 개, 기구, 장치 | serve (상품·서비스를) 제공하다 | region 지역

4. 줄리아 퐁은 누구인가?

(A) 지역 기자

(B) 시 의회 의원

(C) 창고 감독자

(D) 한 회사의 대표 직원

해설 ① 문제 확인: Who, Julia Fong → 줄리아 퐁의 정체

② 단서 찾기: Julia Fong이라는 이름과 함께 특정 직업이나 장소를 알 수 있는 단어나 표현 포착. My name is Julia Fong, and I represent Kensen Industries. "내 이름은 줄리아 퐁이고, 나는 켄센 산업을 대표하고 있다."

5. 화자는 무엇이 지어질 것이라고 말하는가?

(A) 태양열 전지판 공장

(B) 재활용 센터

(C) 회의실

(D) 세차 시설

해설 ① 문제 확인: What, will be built → 지어질 것

② 단서 찾기: will be built를 키워드로 삼아 단서 포착. we will start building four new solar panel manufacturing plants in Toronto "토론토에 네 개의 새로운 태양열 전지판 제조 공장을 짓기 시작할 것이다"

③ Paraphrasing: (지문 → 정답)
plants → factories

6. 화자는 올해 11월까지 무엇이 일어날 것이라고 말하는가?

(A) 서비스 요금이 인상될 것이다.

(B) 이사회 선거가 열릴 것이다.

(C) 새로운 제품이 출시될 것이다.

(D) 몇 명의 직원들이 고용될 것이다.

해설 ① 문제 확인: What, will happen, by this November → 올해 11월까지 일어날 일

② 단서 찾기: by this November를 키워드로 삼아 단서 포착. we expect to hire over 500 workers from the Toronto region by this November "올해 11월까지 토론토 지역에서 500명 이상의 직원을 고용할 것으로 예상하고 있다"

③ Paraphrasing: (지문 → 정답)
workers → employees

미국

Questions 7-9 refer to the following talk.

M Hello, all. I have an important announcement. **7** As you know, our cosmetic line frequently uses palm oil. Based on the effects palm oil has on the environment, we will cease using it completely. **8** As of today, we are now partnered with a new supplier. They use special algae to produce a new kind of oil that does not have any effects on the environment. We've done some testing, and using this new oil instead of palm oil has not resulted in a noticeable change. **9** This will unfortunately hit our bottom line. This is not cheap stuff. But it's time we do some good.

7-9번은 다음 담화에 관한 문제입니다.

남 안녕하세요, 여러분. 중요한 공지 사항이 있습니다. **7 아시다시피, 우리 화장품에는 야자유의 사용 빈도가 높습니다.** 야자유가 환경에 미치는 영향에 기반해, 야자유의 사용을 완전히 중지할 것입니다. **8 오늘부로, 새로운 공급업체와 협력 관계를 맺었습니다. 그 업체에서는 특수 해조류를 사용하여 환경에 아무런 영향을 미치지 않는 새로운 종류의 오일을 생산합니다.** 저희가 몇 가지 테스트를 해 봤으며, 야자유 대신 이러한 새로운 오일을 사용한다고 해서 두드러진 변화는 나타나지 않았습니다. **9 아쉽게도 이는 순이익에 영향을 미치게 될 겁니다. 이 물질이 가격이 저렴하지가 않습니다. 하지만 우리가 좋은 일을 해야 할 때입니다.**

어휘 cosmetic line 화장품 | frequently 자주 | palm oil 야자유 | effect 영향, 효과 | environment 환경 | cease 중지하다 | completely 완전히 | as of ~일자로 | partner with ~와 협력하다 | supplier 공급업체 | algae 해조류(물속에 사는 하등 식물류) | produce 생산하다 | test 테스트하다, 시험하다 | result in ~을 낳다, 야기하다 | noticeable 두드러진, 뚜렷한, 현저한 | unfortunately 아쉽게도 | hit 영향을 미치다, 타격을 주다 | bottom line 순익[손실] | cheap 값이 싼 | stuff 물건, 물질

7. 회사는 무엇을 만드는가?

(A) 초콜릿

(B) 미용 제품

(C) 생물 연료

(D) 조리용품

해설 ① 문제 확인: What, company, make → 회사가 만드는 제품

② 단서 찾기: 특정 제품과 관련된 단어나 표현 포착. As you know, our cosmetic line frequently uses palm oil. "알다시피, 우리 화장품에는 야자유의 사용 빈도가 높다."

③ Paraphrasing: (지문 → 정답)
cosmetic line → Beauty products

8. 새로운 공급업체의 어떤 점이 특별한가?
(A) 동일한 지역에 근거지를 두고 있다.
(B) 상당한 시장 점유율을 얻었다.
(C) 작년에 신제품을 출시했다.
(D) 환경친화적인 제품을 생산한다.

해설 ① 문제 확인: What, special, new supplier → 새로운 공급업체의 특별한 점
② 단서 찾기: special, new supplier를 키워드로 삼아 단서 포착. As of today, we are now partnered with a new supplier. They use special algae to produce a new kind of oil that does not have any effects on the environment. "오늘부로, 새로운 공급업체와 협력 관계를 맺었다. 그 업체에서는 특수 해조류를 사용하여 환경에 아무런 영향을 미치지 않는 새로운 종류의 오일을 생산한다."
③ Paraphrasing: (지문 → 정답)
not have any effects on the environment → environmentally friendly

9. 화자는 "하지만 우리가 좋은 일을 해야 할 때입니다"라고 말할 때 무엇을 의도하는가?
(A) 낮아지는 수익이 정당화된다고 생각한다.
(B) 결정을 재고하고 싶어 한다.
(C) 다른 직원의 의견을 필요로 한다.
(D) 제안에 동의한다.

해설 ① 문제 확인: "But it's time we do some good" → 화자가 "~"라고 말한 의도
② 단서 찾기: 해당 문장에 연결된 전후 문맥 파악. This will unfortunately hit our bottom line. This is not cheap stuff. "아쉽게도 이는 순이익에 영향을 미치게 될 거다. 이 물질이 가격이 저렴하지가 않다." → But it's time we do some good. "하지만 우리가 좋은 일을 해야 할 때다." → 이익이 적더라도 모두에게 좋은 일이므로 그렇게 해야 한다고 생각한다.

호주

Questions 10-12 refer to the following speech.

M **10** I know it's been a frustrating summer in the office with all the air conditioner troubles we have had. I want to let everyone know that our technicians have fixed the units. **11** They've also gone out of their way and fixed a few other things around the office including the fingerprint scanner. We didn't even request those repairs. When you see them around, make sure to thank them. Moving forward, I want us to be more careful around equipment in the office. **12** I have here some steps we can take to avoid these kinds of issues. Take one as you go back to your desks.

10-12번은 다음 연설에 관한 문제입니다.

남 **10** **저희가 겪은 에어컨 문제로 사무실에서 불만스러운 여름을 나신 걸로 압니다. 저희 기사분들이 기계를 수리했음을 모든 분께 알려 드립니다.** **11** **게다가 그분들은 애를 많이 쓰셨고 지문 스캐너를 포함해 사무실 내 여러 가지도 수리해 주셨습니다. 심지어 저희가 수리를 요청드리지도 않았습니다.** 주변에서 그분들을 보시면, 감사의 말씀을 해 주세요. 다음으로 넘어가서, 저는 여러분께서 사무실 내 장비를 다루실 때 더욱 주의를 기울여 주셨으면 합니다. **12** **제가 여기 이런 종류의 문제를 피하기 위해 저희가 취할 조치 몇 가지를 가져왔습니다. 자리로 돌아가시면서 하나씩 가져가세요.**

어휘 frustrating 불만스러운, 좌절감을 주는 | trouble 문제 | technician 기술자 | fix 수리하다 | unit (작은) 기구[장치] | go out of one's way 애를 쓰다, 굳이[일부러] 하다 | fingerprint 지문 | scanner 스캐너 | request 요청하다 | repair 수리 | move forward (앞으로) 나아가다 | equipment 장비 | take a step 조치를 취하다 | avoid 피하다

10. 화자는 주로 무엇에 관해 논의하고 있는가?
(A) 다가올 행사
(B) 사무실 에티켓
(C) 장비 수리
(D) 보안 취약성

해설 ① 문제 확인: What, the speaker, discussing → 담화의 주제
② 단서 찾기: 담화의 주제를 언급하는 전반부에 집중. I know it's been a frustrating summer in the office with all the air conditioner troubles we have had. I want to let everyone know that our technicians have fixed the units. "우리가 겪은 에어컨 문제로 사무실에서 불만스러운 여름을 난 걸로 안다. 우리 기사분들이 기계를 수리했음을 모두에게 알린다."

11. 화자는 "심지어 저희가 수리를 요청드리지도 않았습니다"라고 말할 때 무엇을 의도하는가?
(A) 수리비가 너무 비쌌다.
(B) 장비 한 대가 파손되었다.
(C) 직원이 통보하는 것을 깜박했다.
(D) 작업은 기대 이상이었다.

해설 ① 문제 확인: "We didn't even request those repairs" → 화자가 "~"라고 말한 의도
② 단서 찾기: 해당 문장에 연결된 전후 문맥 파악. They've also gone out of their way and fixed a few other things around the office including the fingerprint scanner. "게다가 그들은 애를 많이 썼고 지문 스캐너를 포함해 사무실 내 여러 가지도 수리해 주었다." → We didn't even request those repairs. "심지어 우리는 수리를 요청하지도 않았다." → 기대치 않게 사무실 내 다른 수리 작업까지 해 주어서 만족스러웠다.

12. 화자는 청자들에게 무엇을 하라고 요청하는가?
(A) 문서를 가져간다
(B) 지문을 제공한다
(C) 설문에 답한다
(D) 종이에 서명한다

PART 4 UNIT 17

해설 ① 문제 확인: What, invite, the listeners → 화자가 청자들에게 요청하는 것

② 단서 찾기: 담화 후반부에서 제안·요청 표현 포착. I have here some steps we can take to avoid these kinds of issues. Take one as you go back to your desks. "내가 여기 이런 종류의 문제를 피하기 위해 우리가 취할 조치 몇 가지를 가져왔다. 자리로 돌아가면서 하나씩 가져가라."

미국

Questions 13-15 refer to the following talk and map.

M **Alright, this concludes our tour of the Museum of Natural Science.** 13 Unfortunately, we couldn't view the Earth Sciences exhibit since it's closed for remodeling. **But you'll have a chance to see that soon as it'll reopen in late January with even more interesting mineral samples.** 14 Now, what you'll definitely want to check out is today's special documentary, *Arctic Ocean Life*. It begins at 3 P.M. in the auditorium. **You won't want to miss this one.** 15 It features commentary by Sheila Sanders, a renowned scientist who spent 30 years doing research in Alaska.

13-15번은 다음 담화와 지도에 관한 문제입니다.

남 자, 이제 자연 과학 박물관 투어는 이것으로 끝났습니다. 13 **안타깝게도, 지구 과학 전시관이 리모델링을 위해 문을 닫아서 볼 수 없었습니다.** 하지만 1월 말에 더 흥미로운 광물 샘플과 함께 곧 다시 개장될 테니 볼 기회가 생길 것입니다. 14 **이제, 여러분이 꼭 보셔야 할 것은 오늘의 특별 다큐멘터리인 〈북극 해양 생물〉입니다. 다큐멘터리는 강당에서 오후 3시에 시작합니다.** 절대 놓치지 마십시오. 15 **알래스카에서 30년간 연구해 온 저명한 과학자 쉴라 샌더스의 해설이 나옵니다.**

어휘 conclude 끝내다, 결론을 내리다 | unfortunately 안타깝게도, 불행히도 | view 보다, 관람하다 | exhibit 전시(회) | remodeling 리모델링, 보수 | reopen 재개장하다 | mineral 광물 | sample 표본, 견본 | definitely 분명히, 반드시 | Arctic 북극의 | ocean 해양, 대양 | auditorium 강당 | feature (중요한 내용으로서) 포함하다 | commentary 설명 | renowned 저명한 | research 연구

13. 시각 정보를 보시오. 오늘 사용할 수 없는 곳은 어디인가?

(A) 1번 홀
(B) 2번 홀
(C) 3번 홀
(D) 강당

해설 ① 문제 확인: Which area, NOT available, today → 오늘 이용할 수 없는 구역

② 단서 찾기: 시각 정보를 미리 파악한 후 질문과 관련한 내용과 시각 정보 매칭. Unfortunately, we couldn't view the Earth Sciences exhibit since it's closed for remodeling. "안타깝게도, 지구 과학 전시관이 리모델링을 위해 문을 닫아서 볼 수 없었다." → 시각 정보에서 지구 과학 전시 구역 확인 → Hall 3 Earth Sciences(3번 홀 지구 과학)

---

14. 청자들은 무엇을 하라고 권장받는가?

(A) 안내 책자를 가져간다
(B) 우편물 수신자 명단에 등록한다
(C) 영상을 본다
(D) 선물을 구매한다

해설 ① 문제 확인: What, the listeners, encouraged → 청자들이 권장받는 것

② 단서 찾기: 담화 중·후반부에 권장·추천 표현 포착. Now, what you'll definitely want to check out is today's special documentary, *Arctic Ocean Life*. It begins at 3 P.M. in the auditorium. "이제, 여러분이 꼭 봐야 할 것은 오늘의 특별 다큐멘터리인 〈북극 해양 생물〉이다. 다큐멘터리는 강당에서 오후 3시에 시작한다."

③ Paraphrasing: (지문 → 정답)
check out ~ documentary → View a film

---

15. 쉴라 샌더스는 누구인가?

(A) 연구원
(B) 대학생
(C) 여행 가이드
(D) 박물관 관리자

해설 ① 문제 확인: Who, Sheila Sanders → 쉴라 샌더스의 정체

② 단서 찾기: Sheila Sanders라는 이름과 함께 특정 직업이나 장소를 알 수 있는 단어나 표현 포착. It features commentary by Sheila Sanders, a renowned scientist who spent 30 years doing research in Alaska. "알래스카에서 30년간 연구해 온 저명한 과학자 쉴라 샌더스의 해설이 나온다."

영국

Questions 16-18 refer to the following talk and schedule.

W **Alright, I hope everyone enjoyed the lunch break, but now it's time to get back to work.** 16 We still have a lot of preparations to do for the upcoming exhibit on the Italian Renaissance. A few of the **paintings that will be exhibited are being flown in today from Venice. We'll need someone to help** the movers install the paintings later. [17] I'm also pleased to tell you that a sculpture was generously donated to us just last month. This will be on permanent display after the exhibit ends. Oh, right on time. [18] Let's all head to the lobby.

16-18번은 다음 담화와 일정표에 관한 문제입니다.

여 좋습니다. 모두 즐거운 점심시간 되셨기를 바라며, 이제 다시 업무로 복귀할 시간입니다. [16] **저희는 곧 있을 이탈리아 르네상스 전시회에 아직 준비할 사항이 많습니다.** 전시될 그림 몇 점이 오늘 베니스에서 비행기로 운송될 거예요. 이따가 운반하시는 분들을 도와 그림을 설치해 줄 사람이 필요합니다. [17] **그리고 바로 지난달 후하게도 저희에게 조각품 기부가 들어왔다는 소식도 전해 드리게 되어 기쁩니다.** 이건 전시회가 끝나면 상시 전시될 예정입니다. 아, 시간이 됐네요. [18] **모두 로비로 갑시다.**

일정표		
오후 12시 30분	고객 도착	로비
오후 1시	안내	동관
오후 1시 30분	조명	전시관 A
오후 2시	페인트칠	전시관 B

어휘 preparation 준비 ı upcoming 곧 있을, 다가오는 ı exhibit 전시(회); 전시하다 ı Renaissance 르네상스 ı painting 그림 ı fly in ~을 비행기로 운송시키다 ı mover 물건을 운반하는[옮기는] 사람 ı install 설치하다 ı sculpture 조각품 ı generously 후하게, 너그럽게 ı donate 기부하다 ı permanent 상설의, 영구적인 ı display 전시 ı end 끝나다 ı patron 고객

16. 청자들은 어디에서 일하겠는가?
(A) 놀이공원에서
(B) 시청에서
(C) 미술관에서
(D) 대학교 캠퍼스에서

해설 ① 문제 확인: Where, the listeners, work → 청자들이 일하는 곳
② 단서 찾기: 특정 직업이나 장소를 알 수 있는 단어나 표현 포착. We still have a lot of preparations to do for the upcoming exhibit on the Italian Renaissance. "우리는 곧 있을 이탈리아 르네상스 전시회에 아직 준비할 사항이 많다."

17. 화자는 무엇에 기뻐하는가?
(A) 회원권 연장
(B) 문화상
(C) 최근의 기부
(D) 건물 복원

해설 ① 문제 확인: What, the speaker, pleased → 화자를 기쁘게 하는 것
② 단서 찾기: pleased를 키워드로 삼아 단서 포착. I'm also pleased to tell you that a sculpture was generously donated to us just last month. "그리고 바로 지난달 후하게도 우리에게 조각품 기부가 들어왔다는 소식도 전해 주게 되어 기쁘다."

18. 시각 정보를 보시오. 청자들은 다음에 무엇을 할 것인가?
(A) 고객을 맞이한다
(B) 안내를 한다
(C) 조명을 설치한다
(D) 벽을 칠한다

해설 ① 문제 확인: What, the listeners, do next → 청자들이 다음에 할 일
② 단서 찾기: 시각 정보를 미리 파악한 후 질문과 관련한 내용과 시각 정보 매칭. Let's all head to the lobby. "모두 로비로 가자." → 시각 정보에서 로비에서의 일정 확인 → Patron Arrive(고객 도착) → Greet patrons(고객을 맞이한다)

UNIT 18. 안내 방송

핵심 문제 유형

본서 p.222

1. (C) 2. (A) 3. (D) 4. (C) 5. (A) 6. (D)

1-3번은 다음 담화에 관한 문제입니다.

여 쇼핑객 여러분, 주목하세요! [1] **15분만 있으면 바로 저희 농산물 코너에서 흥미진진한 시연이 있을 예정입니다.** 만들기 쉬운 조리법을 알아보시고 맛있는 샘플을 즐기세요. [2] **그리고 Bowen 슈퍼마켓 멤버십 카드 신청도 고려해 보시기 바랍니다.** 모든 카드 소지자는 쇼핑할 때마다 3퍼센트 할인을 받을 수 있습니다. 마지막으로 [3] **저희 주차 구역 내 차량 소유주에게 다시 한번 안내 드립니다. 헤드라이트가 아직 켜져 있습니다.** 자동차 번호판은 9PT935이고, 은색 Grayson Panther입니다.

어휘 attention 주목하세요, 알려 드립니다 ı shopper 쇼핑객 ı demonstration 시연 ı produce 농산물 ı section 부문, 섹션 ı discover 발견하다, 알아내다 ı easy-to-make 만들기 쉬운 ı recipe 조리법 ı indulge in ~에 빠지다, 탐닉하다 ı delicious 맛있는 ı sample 샘플 ı invite 초대[초청]하다 ı consider 고려하다 ı apply for ~를 신청하다 ı supermarket 슈퍼마켓 ı cardholder 카드 소지자 ı enjoy 누리다 ı discount 할인 ı shop 쇼핑하다 ı lastly 마지막으로 ı reminder 상기시키는 것 ı owner 주인 ı parking 주차 ı headlight (자동차) 헤드라이트 ı license plate 번호판

1. 15분 후에 무슨 일이 일어날 것인가?
(A) 음식 축제
(B) 영양 세미나
(C) 요리 시연
(D) 시즌 할인 행사

해설 ① 문제 확인: What, take place, in 15 minutes → 15분 후에 일어날 일
② 단서 찾기: in 15 minutes를 키워드로 삼아 단서 포착. In just 15 minutes, we'll be having an exciting demonstration right in our produce section. "15분만 있으면 바로 우리 농산물 코너에서 흥미진진한 시연이 있을 예정이다."

2. 화자는 청자들이 무엇을 하는 것을 고려해야 한다고 말하는가?
(A) 회원 등록하기
(B) 모바일 앱 다운받기
(C) 자선 운동에 참여하기
(D) 재활용 계획에 참여하기

해설 ① **문제 확인:** What, speaker, say, listeners, should consider → 청자들이 고려해야 한다고 화자가 말한 것
② **단서 찾기:** listeners(=you), should consider를 키워드로 삼아 단서 포착. we also invite you to consider applying for a Bowen Supermarket membership card. "그리고 Bowen 슈퍼마켓 멤버십 카드 신청도 고려해 보기 바란다."

3. 화자는 어떤 문제를 언급하는가?
(A) 냉장고가 고장 났다.
(B) 제품이 품절됐다.
(C) 가격 책정 문제가 발생했다.
(D) 차량 라이트가 켜져 있다.

해설 ① **문제 확인:** What problem, speaker, mention → 화자가 언급하는 문제점
② **단서 찾기:** problem을 키워드로 삼아 단서 포착. a reminder for the owner of a car in our parking area: Your headlights are still on. "주차 구역 내 차량 소유주에게 다시 한번 안내 드리면, 헤드라이트가 아직 켜져 있다."

4-6번은 다음 안내 방송에 관한 문제입니다.

남 **4 안녕하세요. 제퍼슨 시티 행 이지플라이 에어라인에 탑승하신 것을 환영합니다.** 저는 오늘 이 항공기의 수석 승무원인 존입니다. **5 출발하기 전에, 다음의 공지를 해 달라는 공항 직원들의 요청이 있었습니다. 우리 항공기가 탑승한 직후에 B19 출발 게이트 근처 의자에서 열쇠가 발견되었습니다. 분실하신 열쇠가 없는지 모두 확인해 주십시오.** 열쇠를 분실하셨다면, 머리 위에 있는 호출 버튼을 눌러 주십시오. **6 확인하신 뒤에는, 저희가 곧 보여 드릴 안전 비디오에 주목해 주십시오.** 정기적으로 비행하시는 분들도 이에 주의를 기울이실 것을 요청드립니다. 감사합니다.

어휘 welcome aboard 탑승을 환영합니다(기장·선장 등이 승객에게 하는 환영 인사) | senior 수석의, 상급의 | following 다음에 나오는 | announcement 공지, 발표 | departure 출발 | board 탑승하다 | call button 호출 버튼 | overhead 머리 위에 | pay[give] attention to ~에 주목하다 | shortly 곧 | regular 정기적인; 단골 손님 | flyer 비행기 승객

4. 공지는 어디에서 이루어지고 있는가?
(A) 기차역에서
(B) 상점에서
(C) 비행기에서
(D) 배에서

해설 ① **문제 확인:** Where, announcement, taking place → 공지가 이루어지는 장소
② **단서 찾기:** 특정 장소를 알 수 있는 단어나 표현 포착. Good morning, and welcome aboard the EasyFly Airlines flight to Jefferson City. "제퍼슨 시티 행 이지플라이 에어라인에 탑승한 것을 환영한다."

5. 공지는 주로 무엇에 관한 것인가?
(A) 분실물
(B) 오락 일정
(C) 비행 계획
(D) 출발 게이트 변경

해설 ① **문제 확인:** What, announcement, about → 공지의 주제
② **단서 찾기:** 담화의 주제가 나오는 전반부에 집중. Before we get underway, I've been asked by airport staff to make the following announcement. Some keys were found on a chair close to departure gate B19 just after our flight boarded. Please check to see if you're missing any keys. "출발하기 전에, 다음의 공지를 해 달라는 공항 직원들의 요청이 있었다. 우리 항공기가 탑승한 직후에 B19 출발 게이트 근처 의자에서 열쇠가 발견되었다. 분실한 열쇠가 없는지 모두 확인해라."

6. 남자에 따르면, 곧 무슨 일이 일어날 것인가?
(A) 차량이 탑승에 들어갈 것이다.
(B) 서비스가 제공될 것이다.
(C) 안내 방송이 있을 것이다.
(D) 비디오가 상영될 것이다.

해설 ① **문제 확인:** what, happen, soon → 곧 일어날 일
② **단서 찾기:** 담화 후반부에서 미래 시제 표현 포착. Once you've checked, please pay attention to the safety video that we'll be showing you shortly. "확인한 뒤에는, 우리가 곧 보여 줄 안전 비디오에 주목해라."

Warm-up

본서 p.224

1. (A) 2. (B) 3. (B) 4. (B) 5. (B) 6. (A)

영국

Questions 1-3 refer to the following announcement.

W Attention, Flight R99 passengers traveling to Dublin. The departure time for the flight has just been rescheduled to 7:30 P.M. 1 The delay is caused by the late arrival of Flight SE58, which is carrying some passengers that are connecting to Flight R99. In the meantime, 2 there are complimentary dinner vouchers available at the information desks. You may use these vouchers at any of the restaurants in this airport. But 3 try to remain close to your departure terminal as announcements regarding your flight may be made anytime. We apologize for the inconvenience, and thank you for your patience and cooperation.

1-3번은 다음 안내 방송에 관한 문제입니다.

여 더블린으로 가시는 R99 항공편 승객분들께 알려 드립니다. 항공편의 출발 시간이 방금 오후 7시 30분으로 조정되었습니다. **1** **지연은 항공편 R99로 환승하시는 승객 몇 분이 타고 계신 항공편 SE58이 늦게 도착하게 된 것 때문입니다.** 그 동안, **2** **안내 데스크에 이용 가능하신 무료 저녁 식사권이 있습니다.** 이 식사권들은 공항 내 모든 식당에서 사용하셔도 됩니다. 하지만 언제든 항공편에 대한 안내 방송이 나올 수 있으니 **3** **출발 터미널 가까이에 계셔 주십시오.** 불편을 드린 점 사과드리며 여러분의 인내와 협조에 감사드립니다.

어휘 attention (안내 방송에서) 알립니다, 주목하세요 | passenger 승객 | departure 출발 | reschedule 일정을 변경[조정]하다 | delay 지연, 지체 | cause 야기하다 | arrival 도착 | in the meantime 그 동안(에) | complimentary 무료의 | voucher 할인권, 쿠폰 | remain 남다 | regarding ~에 대하여 | apologize 사과하다 | inconvenience 불편 | patience 인내 | cooperation 협조

1. 항공편은 왜 지연되었는가?

(A) 승객 일부를 기다리고 있다.

(B) 다른 탑승구에서 출발해야 한다.

해설 ① **문제 확인:** Why, flight, delayed → 항공편의 지연 이유

② **단서 찾기:** delayed를 키워드로 삼아 단서 포착. The delay is caused by the late arrival of Flight SE58, which is carrying some passengers that are connecting to Flight R99. "지연은 항공편 R99로 환승하는 승객 몇 분이 타고 있는 항공편 SE58이 늦게 도착했기 때문이다."

2. 화자에 따르면, 안내 데스크에서 무엇이 이용 가능한가?

(A) 환승 항공편에 대한 세부 사항

(B) 식사권

해설 ① **문제 확인:** what, available, information desks → 안내 데스크에서 이용 가능한 것

② **단서 찾기:** available, information desks를 키워드로 삼아 단서 포착. there are complimentary dinner vouchers available at the information desks "안내 데스크에 이용 가능한 무료 저녁 식사권이 있다"

③ **Paraphrasing:** (지문 → 정답)
complimentary dinner vouchers → Meal vouchers

3. 화자는 승객들에게 무엇을 하라고 조언하는가?

(A) 탑승권을 준비한다

(B) 출발 터미널 근처에 있는다

해설 ① **문제 확인:** What, advise, the passengers → 승객들이 권고받는 것

② **단서 찾기:** 담화 후반부에서 제안·권유 표현 또는 명령문 포착. try to remain close to your departure terminal "출발 터미널 가까이에 있어라"

③ **Paraphrasing:** (지문 → 정답)
remain close → Stay near

호주

Questions 4-6 refer to the following announcement.

M Let me remind you of the company's initiative to be more eco-friendly. **4** One suggestion we're making is that you try to share rides when commuting to work. This will not only help our environment and reduce your gas costs, but **5** it will get you a better parking spot. We will reserve the spaces that are closest to the entrance of the building for carpool vehicles. So if you would like to share a ride with someone, **6** please email your current home address to Anna Davies in the HR Department. With that information, she'll match up employees who live near one another.

4-6번은 다음 안내 방송에 관한 문제입니다.

남 더 환경친화적이 되겠다는 회사의 계획에 대해 다시 한번 알려 드리겠습니다. **4** **저희가 드리는 한 가지 제안은 통근하실 때 차를 같이 타려고 하셔야 한다는 것입니다.** 이것은 우리 환경에 도움이 되고 유류비를 줄여 줄 뿐만 아니라, **5** **더 좋은 주차 공간을 얻게 해 줄 겁니다. 저희가** 카풀 차량을 위해 **건물 입구와 가장 가까운 공간을 따로 남겨 놓을 겁니다.** 그러니 누군가와 차를 같이 타고 싶으시다면, 인사부의 안나 데이비스에게 **6** **현재 자택 주소를 이메일로 보내십시오.** 그 정보로 그녀가 가까이 사는 직원들을 서로 짝지어 줄 것입니다.

어휘 remind (기억하도록) 다시 한번 알려 주다, 상기시키다 | initiative (문제 해결·목적 달성을 위한 새로운) 계획 | eco-friendly 환경친화적인 | share a ride 차를 같이 타다 | commute 통근하다 | environment 환경 | reduce 줄이다 | parking spot 주차 공간 | reserve (자리 등을) 따로 남겨[잡아] 두다 | entrance 입구 | carpool 카풀, 승용차 함께 타기 | HR 인사부 | match up ~을 짝짓다

4. 회사는 직원들에게 무엇을 하라고 권장하는가?

(A) 세미나에 참석한다

(B) 직장까지 차를 같이 탄다

해설 ① **문제 확인:** What, company, encouraging, employees → 회사가 직원에게 권하는 것

② **단서 찾기:** 담화 초반부에서 제안·권유 표현 포착. One suggestion we're making is that you try to share rides when commuting to work. "우리의 한 가지 제안은 통근할 때 차를 같이 타려고 해야 한다는 것이다."

5. 직원들은 무엇을 제공받는가?

(A) 비용 변제

(B) 따로 마련된 주차 공간

해설 ① **문제 확인:** What, employees, offered → 직원들이 제공받는 것

② **단서 찾기:** offered를 키워드로 삼아 단서 포착. it will get you a better parking spot. We will reserve the spaces that are closest to the entrance of the building "더 좋은 주차 공간을 얻게 해 줄 것이다. 우리가 건물 입구와 가장 가까운 공간을 따로 남겨 놓을 것이다"

③ Paraphrasing: (지문 → 정답)
spot → spaces

6. 관심 있는 직원들은 어떤 정보를 제공하라고 요청받는가?
(A) 자택 주소
(B) 신분증 번호

해설 ① 문제 확인: What information, employess, asked to provide → 직원들이 제공해야 할 정보
② 단서 찾기: 담화 후반부에서 제안·요청 표현 포착. please email your current home address "현재 자택 주소를 이메일로 보내라"

Practice

본서 p.225

1. (B)	2. (C)	3. (A)	4. (A)	5. (D)	6. (D)
7. (B)	8. (D)	9. (C)	10. (C)	11. (C)	12. (A)
13. (C)	14. (D)	15. (B)	16. (A)	17. (C)	18. (D)

영국

Questions 1-3 refer to the following talk.

W 1 Welcome to your first training session at Fair Play, where you'll learn everything you need to be the best piano instructor you can be. I'm sure many of you have had some teaching experience before. 2 However, here at Fair Play, we provide you with a nationally recognized certificate that is highly regarded. Completing your course here today is your first step to a professional career. There are some extra perks that come with it. 3 For instance, becoming certified will allow you to access our practice rooms to conduct your lessons in. Now, let's get started.

1-3번은 다음 담화에 관한 문제입니다.

여 1 **페어 플레이의 첫 번째 교육 과정에 오신 것을 환영하며, 여기서 여러분은 가능한 한 최고의 피아노 강사가 되기 위해 필요한 모든 것을 배우게 되실 겁니다. 분명 여러분들 중 상당수가 전에 교수 경험이 있으실 거예요.** 2 **하지만, 이곳 페어 플레이에서는, 여러분에게 높이 평가 받는 국가 공인 자격증을 드립니다.** 오늘 여기서 과정을 완료하는 것이 전문 직업으로 가는 첫 단계가 됩니다. 거기에 딸려 오는 추가 혜택이 몇 가지 있습니다. 3 **예를 들어, 자격을 취득하면 저희 연습실을 이용해 수업을 진행하실 수 있습니다.** 이제, 시작해 봅시다.

어휘 training 교육 | instructor 강사 | nationally 국가적으로 | recognized 공인의, 인정된 | certificate 자격증, 면허증 | highly regarded 높은 평가를 받는 | complete 완료하다 | professional 전문적인 | career 직업, 경력 | extra 추가의 | perk 혜택, 특전 | come with ~이 딸려 있다 | certified 공인의, 증명된 | access 이용하다, 접근하다 | conduct (특정한 활동을) 하다

1. 화자는 누구에게 말하고 있겠는가?
(A) 웹사이트 디자이너
(B) 음악 교사
(C) 행사 진행자
(D) 헬스 트레이너

해설 ① 문제 확인: Who, the speaker, addressing → 화자가 말하고 있는 대상(청자의 정체)
② 단서 찾기: 특정 직업이나 장소를 알 수 있는 단어나 표현 포착. Welcome to your first training session at Fair Play where you'll learn everything you need to be the best piano instructor you can be. I'm sure many of you have had some teaching experience before. "페어 플레이의 첫 번째 교육 과정에 온 것을 환영하며, 여기서 여러분은 가능한 한 최고의 피아노 강사가 되기 위해 필요한 모든 것을 배우게 될 것이다. 분명 여러분들 중 상당수가 전에 교수 경험이 있을 거다."

2. 청자들은 무엇을 받게 될 것인가?
(A) 이메일 주소
(B) 상담
(C) 자격증
(D) 교과서

해설 ① 문제 확인: What, the listeners, receive → 청자들이 받게 될 것
② 단서 찾기: receive를 키워드로 삼아 단서 포착. However, here at Fair Play, we provide you with a nationally recognized certificate that is highly regarded. "하지만, 이곳 페어 플레이에서는, 여러분에게 높이 평가 받는 국가 공인 자격증을 준다."

3. 화자는 어떤 특별 혜택을 언급하는가?
(A) 시설 이용
(B) 멘토링 기회
(C) 장비 할인
(D) 소득 인상

해설 ① 문제 확인: What special benefit, mention → 언급되는 특별 혜택
② 단서 찾기: special benefit를 키워드로 삼아 단서 포착. For instance, becoming certified will allow you to access our practice rooms to conduct your lessons in. "예를 들어, 자격을 취득하면 우리 연습실을 이용해 수업을 진행할 수 있다."

호주

Questions 4-6 refer to the following announcement.

M We hope you are all enjoying today's wonderful concert by the Orchestral All-stars. During this short interval, we have a couple of announcements to make. 4 5 First, we'd like to remind you to keep the park litter-free. When the concert is over, please be sure to take all your trash with you. 4 You'll see plenty of trash cans and recycling bins located around the park. 6 Second, please don't forget to pick up one of our fantastic souvenir T-shirts from the souvenir store at the rear of the seating area. The T-shirts will be a wonderful memento of today's event, and all money raised will go to charity.

4-6번은 다음 안내 방송에 관한 문제입니다.

남 오늘 오케스트라 올스타즈의 멋진 콘서트를 모두 즐기고 계시길 바라겠습니다. 이 짧은 중간 휴식 시간 동안, 몇 가지 말씀드릴 안내 사항이 있습니다. **4 5 우선, 공원에 쓰레기가 없도록 유지해 주실 것을 상기시켜 드리고자 합니다. 콘서트가 끝나면 모든 쓰레기를 꼭 가져가 주십시오. 4 공원 주변에 위치한 쓰레기통과 재활용 수거함이 많이 보일 것입니다. 6 둘째, 좌석 구역 뒤편의 기념품 판매점에서 저희 멋진 기념 티셔츠 중 하나를 잊지 말고 구입하세요. 이 티셔츠는 오늘 행사의 근사한 기념품이 될 것이며, 모금된 모든 돈은 자선 단체에 기부될 것입니다.**

어휘 interval (콘서트 등의) 중간 휴식 시간 | a couple of 몇 개의 | remind 상기시키다 | litter 쓰레기 | -free ~이 없는 | be sure to do 꼭[반드시] ~해라 | plenty of 많은 | trash can 쓰레기통 | recycling bin 재활용 수거함 | pick up ~을 얻다[사다] | souvenir 기념품 | at the rear of ~의 뒤에 | seating 좌석 | memento 기념품 | raise (자금을) 모으다 | charity 자선 단체

4. 청자들은 어디에 있는가?

(A) 야외 공연에

(B) 영화관에

(C) 재활용 공장에

(D) 박물관 개관식에

해설 ① **문제 확인:** Where, the listeners → 청자들이 있는 장소

② **단서 찾기:** 특정 장소를 알 수 있는 단어나 표현 포착. First, we'd like to remind you to keep the park litter-free. When the concert is over, please be sure to take all your trash with you. You'll see plenty of trash cans and recycling bins located around the park. "우선, 공원에 쓰레기가 없도록 유지해 줄 것을 상기시켜 주고자 한다. 콘서트가 끝나면 모든 쓰레기를 꼭 가져가라. 공원 주변에 위치한 쓰레기통과 재활용 수거함이 많이 보일 것이다."

5. 화자는 청자들에게 무엇을 하라고 요청하는가?

(A) 노래를 부른다

(B) 기부를 한다

(C) 휴대 전화를 끈다

(D) 장소를 깨끗이 유지한다

해설 ① **문제 확인:** What, ask, the listeners → 청자들에게 요청하는 것

② **단서 찾기:** 담화 중·후반부에서 제안·요청 표현 포착. First, we'd like to remind you to keep the park litter-free. When the concert is over, please be sure to take all your trash with you. "우선, 공원에 쓰레기가 없도록 유지해 줄 것을 상기시켜 주고자 한다. 콘서트가 끝나면 모든 쓰레기를 꼭 가져가라."

6. 청자들은 무엇을 구매하도록 권장받는가?

(A) 지역 안내 책자

(B) 학교 프로그램

(C) 음식 제품

(D) 의류

해설 ① **문제 확인:** What, the listeners, encouraged → 청자들이 권장받는 것

② **단서 찾기:** 담화 후반부에서 제안·권유 표현 또는 명령문 포착. Second, please don't forget to pick up one of our fantastic souvenir T-shirts from the souvenir store at the rear of the seating area. The T-shirts will be a wonderful memento of today's event, and all money raised will go to charity. "둘째, 좌석 구역 뒤편의 기념품 판매점에서 우리의 멋진 기념 티셔츠 중 하나를 잊지 말고 구입해라. 이 티셔츠는 오늘 행사의 근사한 기념품이 될 것이며, 모금된 모든 돈은 자선 단체에 기부될 거다."

③ **Paraphrasing:** (지문 → 정답)
souvenir T-shirts → Clothing items

호주

Questions 7-9 refer to the following announcement.

M Attention shoppers. **7 9** In case you haven't heard, The Cake Factory will be hosting our annual bake sale this Sunday. We will be selling cakes of all kinds from our menu, as well as some special treats made just for this occasion. **8** Many of our friendly staff will be present, but we could always use more volunteers. We only have half the numbers as last year. This is a community event, and all proceeds will go towards helping a school build an auditorium. And as a big thank you to all who attend, **9** we have confirmed that the Valese Orchestra will be putting on a short performance at noon.

7-9번은 다음 안내 방송에 관한 문제입니다.

남 쇼핑객 여러분께 안내 말씀드립니다. **7 9 못 들으신 분들을 위해, 이번 주 일요일에 더 케이크 팩토리에서 연례 구움 과자 바자회를 진행합니다.** 이번 행사만을 위해 마련한 특별 간식뿐만 아니라 메뉴에 있는 케이크 전 품목도 판매할 예정입니다. **8 친절한 저희 직원들 상당수가 그 자리에 있겠지만, 언제나 자원봉사자들이 더 필요합니다. 작년 인원의 절반밖에 되지 않습니다.** 지역 사회 행사이고, 모든 수익금은 학교 강당 설립을 지원하는 데 쓰일 예정입니다. 참석하시는 모든 분들께 깊은 감사의 의미로, **9 정오에 발레즈 오케스트라가 짧은 공연을 하도록 확정했습니다.**

어휘 in case ~하는 경우에 | host (행사를) 진행하다, 주최[개최]하다 | annual 연례의 | bake sale 자선 모금 마련을 위해 빵, 케이크 등을 구워 파는 행사 | treat 간식 | occasion 행사 | friendly 친절한 | present 있는, 참석한 | volunteer 자원봉사자 | proceeds 수익금 | go towards ~에 쓰이다 | auditorium 강당 | attend 참석하다 | confirm 확정하다 | put on (연극, 쇼 등을) 무대에 올리다[공연하다] | performance 공연

7. 안내 방송은 주로 무엇에 관한 내용인가?

(A) 스포츠 행사

(B) 구움 과자 바자회

(C) 매장 개장

(D) 다가올 축제

해설 ① **문제 확인:** What, announcement, about → 안내 방송의 주제

PART 4 UNIT 18

② **단서 찾기:** 담화의 주제를 언급하는 전반부에 집중. In case you haven't heard, The Cake Factory will be hosting our annual bake sale this Sunday. "못 들은 사람들을 위해, 이번 주 일요일에 더 케이크 팩토리에서 연례 구움 과자 바자회를 진행한다."

8. 화자는 왜 "작년 인원의 절반밖에 되지 않습니다"라고 말하는가?

(A) 제안에 반대하기 위해

(B) 청자들에게 최근 변경 사항에 대해 재차 알려 주기 위해

(C) 높아진 가격을 정당화하기 위해

(D) 더 많은 자원봉사자를 끌어모으기 위해

해설 ① **문제 확인:** "We only have half the numbers as last year" → 화자가 "~"라고 말한 의도

② **단서 찾기:** 해당 문장에 연결된 전후 문맥 파악. Many of our friendly staff will be present, but we could always use more volunteers. "친절한 우리 직원들 상당수가 그 자리에 있겠지만, 언제나 자원봉사자들이 더 필요하다." → We only have half the numbers as last year. "작년 인원의 절반밖에 되지 않는다." → 올해는 작년에 비해 자원봉사자의 인원이 부족하여 더 많은 인원이 필요하다.

9. 일요일 정오에 무슨 일이 일어날 것인가?

(A) 간단한 공사가 있을 것이다.

(B) 촬영이 있을 것이다.

(C) 음악 공연이 열릴 것이다.

(D) 상을 수여할 것이다.

해설 ① **문제 확인:** What, happen, noon, Sunday → 일요일 정오에 일어날 일

② **단서 찾기:** noon, Sunday를 키워드로 삼아 단서 포착. In case you haven't heard, The Cake Factory will be hosting our annual bake sale this Sunday. "못 들은 사람들을 위해, 이번 주 일요일에 더 케이크 팩토리에서 연례 구움 과자 바자회를 진행한다." → we have confirmed that the Valese Orchestra will be putting on a short performance at noon "정오에 발레즈 오케스트라가 짧은 공연을 하도록 확정했다"

영국

Questions 10-12 refer to the following talk.

W 10 Thank you for attending today's workshop for factory supervisors. I'll be discussing how to give your employees feedback. 11 Employees want and need to know what they are doing wrong, but often, managers don't tell them. Now, I get that you might be worried about giving negative feedback. But keep in mind your staff are respectable professionals. 12 Remember to be specific when giving recommendations on which areas they should improve in. This will let your employees know that you want to help them succeed.

10-12번은 다음 담화에 관한 문제입니다.

여 10 **공장 관리자들을 위한 오늘 워크숍에 참석해 주셔서 감사합니다.** 직원들에게 피드백하는 법을 논의할 겁니다. 11 **직원들은 자신이 무엇을 잘못하고 있는지 알고 싶어 하고 알아야 하지만, 많은 경우 관리자들이 말을 해 주지 않아요. 자, 저는 여러분이 부정적인 피드백을 하는 것을 걱정할지도 모른다는 사실을 알고 있습니다. 하지만 여러분의 직원들은 모두 존경할 만한 전문가들이라는 것을 명심하세요.** 12 **충고를 해줄 때 어떤 영역에서 직원이 향상되어야 하는지에 관해 구체적이어야 한다는 걸 기억하세요.** 이는 직원들이 성공하도록 여러분이 돕고 싶어 한다는 것을 그들이 알 수 있게 해 줄 겁니다.

어휘 supervisor 관리자 | wrong 잘못된 | worried 걱정하는 | negative 부정적인 | keep in mind ~을 명심하다 | respectable 존경할 만한 | professional 전문가 | specific 구체적인 | recommendation 충고, 권고 | improve 향상시키다

10. 청자들은 누구인가?

(A) 이사진

(B) 영업 사원

(C) 공장 관리자

(D) 트레이닝 강사

해설 ① **문제 확인:** Who, the listeners → 청자들의 정체

② **단서 찾기:** 특정 직업이나 장소를 알 수 있는 단어나 표현 포착. Thank you for attending today's workshop for factory supervisors. "공장 관리자들을 위한 오늘 워크숍에 참석해 줘서 고맙다."

③ **Paraphrasing:** (지문 → 정답)
factory → Plant

11. 화자는 왜 "여러분의 직원들은 모두 존경할 만한 전문가들입니다"라고 말하는가?

(A) 어떤 부서를 칭찬하기 위해

(B) 수상 후보들을 요청하기 위해

(C) 안심시키는 말을 하기 위해

(D) 한 공석을 논의하기 위해

해설 ① **문제 확인:** "your staff are respectable professionals" → 화자가 "~"라고 말한 의도

② **단서 찾기:** 해당 문장에 연결된 전후 문맥 파악. Employees want and need to know what they are doing wrong, but often, managers don't tell them. Now, I get that you might be worried about giving negative feedback. "직원들은 자신이 무엇을 잘못하고 있는지 알고 싶어 하고 알아야 하지만, 많은 경우 관리자들이 말을 해 주지 않는다. 자, 나는 여러분이 부정적인 피드백을 하는 것을 걱정할지도 모른다는 사실을 알고 있다." → But keep in mind your staff are respectable professionals. "하지만 여러분의 직원들은 모두 존경할 만한 전문가들이라는 것을 명심하라." → 직원들은 부정적인 피드백을 충분히 수용할 만큼 성숙한 사람들이니 안심하고 얘기하라.

12. 화자는 청자들에게 무엇을 하라고 상기하는가?

(A) 자세한 권고를 한다

(B) 연락 목록을 업데이트한다

(C) 평가 양식을 제출한다
(D) 합리적인 예산 제안서를 작성한다

해설 ① **문제 확인:** What, remind, the listeners → 청자들에게 상기시키는 것
② **단서 찾기:** remind를 키워드로 삼아 단서 포착. Remember to be specific when giving recommendations on which areas they should improve in. "충고를 해 줄 때 어떤 영역에서 직원이 향상되어야 하는지에 관해 구체적이어야 한다는 걸 기억하라."
③ **Paraphrasing:** (지문 → 정답)
recommendations on which areas they should improve in → detailed recommendations

미국

Questions 13-15 refer to the following talk and schedule.

W I'd like to welcome everyone to today's session. 13 Today's speakers have considerable experience in all things writing, including reporting events, novels, and scripts. Each of our speakers will run a one-hour session. 14 At the end of each session, we'll take a half-hour break where you can discuss some takeaways with your peers. I would like to mention that all of our guests have said that it is okay to record the sessions. Also, there has been one correction to the schedule. 15 Jeremy Caldwell has come down with an illness this weekend. I'll be taking over his session instead.

13-15번은 다음 담화와 일정표에 관한 문제입니다.

여 오늘 세션에 오신 모든 분을 환영합니다. 13 **오늘 연사님들은 사건 보도, 소설, 대본을 포함해 글쓰기 분야에 상당한 경험을 갖고 계십니다.** 각 연사님은 한 시간 분량의 세션을 진행할 예정입니다. 14 **세션이 끝날 때마다, 30분간 휴식 시간을 가지면서 동료들과 배운 내용을 논의하실 수 있습니다.** 모든 연사님이 세션 녹음을 허용하셨음을 알려 드립니다. 또한, 일정표에서 수정 사항이 한 가지 있습니다. 15 **제레미 콜드웰께서 이번 주말에 병에 걸리셨습니다. 대신에 그 시간은 제가 진행할 예정입니다.**

워크숍 일정표	
세션 1: 내 목소리 찾기	메이미 로페즈
세션 2: 줄거리의 구성 요소는?	제레미 콜드웰
세션 3: 영감 찾기	프랜시스 웨스트
세션 4: 인맥 형성하기	리키 월시

어휘 considerable 상당한 I experience 경험 I report 보도하다, 알리다 I novel 소설 I script 대본 I run 진행하다 I break 휴식 시간 I takeaway 배운 점 I peer 동료 I mention 언급하다 I record 녹음[녹화]하다 I correction 수정, 정정 I come down with ~에 걸리다 I illness 병[아픔] I plot 줄거리, 구성 I inspiration 영감 I networking 인맥 형성하기

13. 청자들은 어떤 관심사를 공유하겠는가?
(A) 웹사이트 디자인
(B) 요리
(C) 글쓰기
(D) 음악 이론

해설 ① **문제 확인:** What interest, the listeners, share → 청자들이 공유할 관심사
② **단서 찾기:** 담화의 주제를 언급하는 전반부에 집중. Today's speakers have considerable experience in all things writing, including reporting events, novels, and scripts. "오늘 연사들은 사건 보도, 소설, 대본을 포함해 글쓰기 분야에 상당한 경험을 갖고 있다."

14. 화자에 따르면, 청자들은 각 세션이 끝날 때 무엇을 할 것인가?
(A) 배운 것을 연습한다
(B) 설문지를 작성한다
(C) 동영상을 시청한다
(D) 무리 지어 생각을 나눈다

해설 ① **문제 확인:** what, the listeners, do, at the end of each session → 각 세션이 끝날 때 청자들이 할 일
② **단서 찾기:** at the end of each session을 키워드로 삼아 단서 포착. At the end of each session, we'll take a half-hour break where you can discuss some takeaways with your peers. "세션이 끝날 때마다, 30분간 휴식 시간을 가지면서 동료들과 배운 내용을 논의할 수 있다."
③ **Paraphrasing:** (지문 → 정답)
takeaways with your peers → ideas with the group

15. 시각 정보를 보시오. 어떤 세션에 진행자가 달라지는가?
(A) 세션 1
(B) 세션 2
(C) 세션 3
(D) 세션 4

해설 ① **문제 확인:** Which session, have, different presenter → 진행자가 다른 세션
② **단서 찾기:** 시각 정보를 미리 파악한 후 질문과 관련한 내용과 시각 정보 매칭. Jeremy Caldwell has come down with an illness this weekend. I'll be taking over his session instead. "제레미 콜드웰이 이번 주말에 병에 걸렸다. 대신에 그 시간은 내가 진행할 예정이다." → 시각 정보에서 제레미 콜드웰이 진행하는 세션 확인 → Session 2(세션 2)

미국

Questions 16-18 refer to the following announcement and directory.

M Attention, all customers. 16 17 We'll be holding special promotions throughout the month to clear out old merchandise. This week, select laptops and cameras will be on sale. Make sure you check out all the great deals in this section! You'll also want to drop by in the coming weeks to take advantage of discounts on other items like tennis rackets and dress shirts. If you're hungry, you should visit one of our delicious eateries on the first floor. 18 To find out more about all of our product lines, download a catalog on our store's website. We hope you have a great day.

16-18번은 다음 안내 방송과 안내도에 관한 문제입니다.

남 모든 고객에게 알립니다. 16 17 **한 달 동안 예전 상품의 재고 정리를 위한 특별 판촉 행사를 열 것입니다. 이번 주에는 엄선된 노트북과 카메라가 판매될 것입니다.** 이 구역의 좋은 혜택들을 모두 꼭 확인해 보세요! 고객님은 또한 테니스 라켓이나 와이셔츠와 같은 다른 상품들에 대한 할인을 이용하기 위해 몇 주 동안 들르고 싶으실 겁니다. 허기가 지실 경우에는, 1층에 있는 맛있는 식당들 중 한 군데를 방문해 보세요. 18 **우리의 모든 제품 라인에 대해 더 알고 싶다면, 매장 웹사이트에서 카탈로그를 다운로드해 주세요.** 좋은 하루 보내시기를 바랍니다.

켈몬트 백화점 안내도	
1층	식품
2층	의류 & 신발
3층	전자 제품 & 카메라
4층	스포츠

어휘 attention (안내 방송에서) 알립니다, 주목하세요 | promotion 판촉, 홍보 | clear out ~을 재고 정리를 하다 | merchandise 상품 | select 엄선된; 선택하다 | on sale 판매 중인 | check out ~을 확인하다, 점검하다 | section 구역, 부분 | drop by (~에) 들르다 | take advantage of ~을 이용하다 | dress shirt 와이셔츠, 드레스 셔츠 | eatery 식당, 음식점 | clothing 의류

16. 할인 판매는 왜 열리고 있는가?

(A) 예전 상품을 처리하기 위해

(B) 신상품을 홍보하기 위해

(C) 우대 고객에게 감사하기 위해

(D) 신규 매장의 개장을 축하하기 위해

해설 ① **문제 확인:** Why, sale, taking place → 할인 판매가 열리는 이유

② **단서 찾기:** sale을 키워드로 삼아 단서 포착. We'll be holding special promotions throughout the month to clear out old merchandise. This week, select laptops and cameras will be on sale. "한 달 동안 예전 상품의 재고 정리를 위한 특별 판촉 행사를 열 것이다. 이번 주에는 엄선된 노트북과 카메라가 판매될 것이다."

③ **Paraphrasing:** (지문 → 정답)
clear out old merchandise → get rid of old items

17. 시각 정보를 보시오. 몇 층에서 할인을 하고 있는가?

(A) 1층

(B) 2층

(C) 3층

(D) 4층

해설 ① **문제 확인:** On which floor, sale, held → 할인 행사가 열리는 층

② **단서 찾기:** 시각 정보를 미리 파악한 후 질문과 관련한 내용과 시각 정보 매칭. We'll be holding special promotions throughout the month to clear out old merchandise. This week, select laptops and cameras will be on sale. "한 달 동안 예전 상품의 재고 정리를 위한 특별 판촉 행사를 열 것이다. 이번 주에는 엄선된 노트북과 카메라가 판매될 것이다." → 시각 정보에서 노트북과 카메라가 위치한 층수 확인 → 3rd Floor: Electronics & Cameras(3층: 전자 제품 & 카메라)

18. 화자는 웹사이트에서 무엇을 이용할 수 있다고 말하는가?

(A) 신청서

(B) 지도

(C) 상품권

(D) 카탈로그

해설 ① **문제 확인:** What, available, website → 웹사이트에서 이용할 수 있는 것

② **단서 찾기:** available, website를 키워드로 삼아 단서 포착. To find out more about all of our product lines, download a catalog on our store's website. "우리의 모든 제품 라인에 대해 더 알고 싶다면, 매장 웹사이트에서 카탈로그를 다운로드해라."

UNIT 19. 방송·광고

핵심 문제 유형

본서 p.230

1. (A) **2.** (C) **3.** (B) **4.** (C) **5.** (A) **6.** (D)

1-3번은 다음 라디오 광고에 관한 문제입니다.

여 1 2 **원예에 필요한 모든 것을 위해 여러분들이 가장 먼저 선택하시는 곳인 그린 핑거스 가든 센터는 확장된 매장의 개장을 발표하게 되어 기쁩니다.** 확장된 원예용품점은 이제 수백 종의 식물들과 완전히 새로운 정원 연못 및 조경 센터가 특징인 큰 야외 공간을 갖추고 있습니다. 게다가, 저희는 완전히 무료인 "정원 가꾸기의 비결" 행사들을 개최하고 있습니다. 3 **이번 주 토요일에는, 유명 정원사인 톰 핀치가 여러분의 정원에 인공 연못을 추가하는 방법에 대해 이야기하러 올 것입니다.** 놓치지 마세요! 이번 주말 그린 핑거스로 오세요.

어휘 destination 곳[장소], 목적지 | gardening 원예 | pleased 기쁜 | expand 확장하다 | outdoor 야외의, 옥외의 | feature ~이 특징이다 | as well as ~뿐만 아니라 | pond 연못 | landscaping 조경 | absolutely 완전히, 전적으로 | free of charge 무료로 | celebrity 유명 인사 | gardener 정원사, 원예사 | water feature 인공 연못, 인공 폭포

1. 어떤 종류의 업체가 광고되고 있는가?

(A) 원예용품점

(B) 지역 전문대

(C) 자동차 수리점

(D) 슈퍼마켓

해설 ① 문제 확인: What type, business, advertised → 광고되고 있는 업종

② 단서 찾기: 광고되는 업종을 유추할 수 있는 단어나 표현 포착. Green Fingers Garden Center, your first-choice destination for all your gardening needs, is pleased to announce the grand opening of our expanded store. "원예에 필요한 모든 것을 위해 여러분들이 가장 먼저 선택하는 곳인 그린 핑거스 가든 센터는 확장된 매장의 개장을 발표하게 되어 기쁘다."

2. 업체에 어떤 변화가 있었는가?

(A) 소유권이 바뀌었다.

(B) 새로운 정책이 생겼다.

(C) 확장되었다.

(D) 가격을 인하했다.

해설 ① 문제 확인: What, change, business → 업체에 생긴 변화

② 단서 찾기: change를 키워드로 삼아 단서 포착. Green Fingers Garden Center, your first-choice destination for all your gardening needs, is pleased to announce the grand opening of our expanded store. "원예에 필요한 모든 것을 위해 여러분들이 가장 먼저 선택하는 곳인 그린 핑거스 가든 센터는 확장된 매장의 개장을 발표하게 되어 기쁘다."

③ Paraphrasing: (지문 → 정답)

expanded → enlarged

3. 이번 주 토요일에 무엇이 제공될 것인가?

(A) 연장된 영업시간

(B) 무료 담화

(C) 익일 가정배달

(D) 가격 인하

해설 ① 문제 확인: What, offered, this Saturday → 이번 주 토요일에 제공될 것

② 단서 찾기: this Saturday를 키워드로 삼아 단서 포착. This Saturday, we have celebrity gardener Tom Finch coming in to talk about how to add water features to your garden. "이번 주 토요일에는, 유명 정원사인 톰 핀치가 여러분의 정원에 인공 연못을 추가하는 방법에 대해 이야기하러 올 것이다."

4-6번은 다음 방송에 관한 문제입니다.

남 오늘 방송의 다음 부분인 개인 재정으로 넘어갑시다. 매일, 저는 불필요한 제품을 구매하려는 충동에 저항하는 방법에 대해 청자들에게서 질문을 받습니다. **4 그래서 오늘, 여러분이 돈을 아끼도록 도와줄 수 있는 훌륭한 시스템을 논의하려고 합니다. 5 이 시스템을 친구 몇 명에게 이야기했는데, 그 친구들은 월 지출을 20% 넘게 줄일 수 있었습니다. 이건 큰 변화입니다! 6** 여러분이 먼저 해야 하는 것은 주간 목표를 정하는 겁니다. 이번 달 각 주에 얼마나 쓰고 싶은지를 적으십시오.

어휘 segment 부분 | personal 개인의 | finance 재정 | resist 저항하다 | urge 충동, 욕구 | unnecessary 불필요한 | conserve 아끼다, 아껴 쓰다 | share (남에게) 이야기하다, 공유하다 | cut back ~을 줄이다 | monthly 매월의, 한 달에 한 번의 | expense 지출, 비용 | weekly 매주의, 주 1회의 | target 목표

4. 방송의 주된 주제는 무엇인가?

(A) 온라인 쇼핑

(B) 집 개조

(C) 돈 절약

(D) 건강하게 먹기

해설 ① 문제 확인: What, topic, broadcast → 방송의 주제

② 단서 찾기: 담화의 주제를 언급하는 전반부에 집중. So today, I'll be discussing a great system that can help you conserve money. "그래서 오늘, 여러분이 돈을 아끼도록 도와줄 수 있는 훌륭한 시스템을 논의하려고 한다."

③ Paraphrasing: (지문 → 정답)

conserve → saving

5. 화자는 왜 "이건 큰 변화입니다"라고 말하는가?

(A) 시스템의 이점을 알려 주기 위해

(B) 일정 변경에 놀라움을 표현하기 위해

(C) 의견을 요청하기 위해

(D) 새 절차를 칭찬하기 위해

해설 ① 문제 확인: "That's a big change" → 화자가 "~"라고 말한 의도

② 단서 찾기: 해당 문장에 연결된 전후 문맥 파악. I've shared this system with some friends, and it's helped them cut back their monthly expenses by over 20 percent. "이 시스템을 친구 몇 명에게 이야기했는데, 그 친구들은 월 지출을 20% 넘게 줄일 수 있었다." → That's a big change! "이건 큰 변화다!" → 시스템의 큰 효과를 확인했다!

6. 화자에 따르면, 청자들은 처음에 무엇을 해야 하는가?

(A) 스튜디오에 연락한다

(B) 상담 일정을 잡는다

(C) 사용자 계정을 만든다

(D) 목표 목록을 만든다

해설 ① 문제 확인: what, the listeners, do first → 청자들이 처음에 해야 할 일

② 단서 찾기: do first를 키워드로 삼아 단서 포착. The first thing you have to do is to set weekly targets. Please write down how much you'd like to spend each week of this month. "여러분이 먼저 해야 하는 것은 주간 목표를 정하는 거다. 이번 달 각 주에 얼마나 쓰고 싶은지를 적어라."

③ Paraphrasing: (지문 → 정답)

set → Create

Warm-up

본서 p.232

1. (B) 2. (A) 3. (A) 4. (A) 5. (A) 6. (A)

미국

Questions 1-3 refer to the following broadcast.

M And lastly, **1 2** let me remind our viewers that our show will not be airing next Wednesday. Instead,

PART 4 UNIT 19

our television network will air a news report on this year's Winter Olympics. But we'll return the following Wednesday with a special guest, designer [3] Stella Morgan, who will be talking about her latest line of women's dresses for the upcoming fall season. So until next time, [1] this is Oliver Raines of *The Variety Show* wishing you a good evening.

1-3번은 다음 방송에 관한 문제입니다.

남 그리고 마지막으로, [1] [2] **저희 프로그램이 다음 주 수요일에는 방송되지 않을 거라는 걸 시청자분들께 다시 한번 알려 드립니다. 대신, 저희 방송국은** 올해 동계 올림픽에 대한 **뉴스 보도를 방송할 것입니다.** 하지만 그 다음 주 수요일에는 다가오는 가을 시즌 [3] **본인의 최신 여성복 제품에 대해 말씀해 주실** 특별 손님이신 디자이너 **스텔라 모건**과 함께 돌아올 것입니다. 그럼 다음 시간까지, 여러분이 즐거운 저녁을 보내시길 바라며 [1] **저는 〈버라이어티 쇼〉의 올리버 레인스입니다.**

어휘 remind (기억하도록) 다시 한번 알려 주다, 상기시키다 | viewer 시청자 | air 방송하다, 방송되다 | instead 대신에 | television network 텔레비전 방송국 | following (시간상으로) 그 다음의 | latest 최신의 | line 제품, 상품 | upcoming 다가오는

1. 화자는 누구이겠는가?

(A) 의상 디자이너

(B) 텔레비전 진행자

해설 ① **문제 확인:** Who, the speaker → 화자의 정체

② **단서 찾기:** 특정 직업이나 장소를 알 수 있는 단어나 표현 포착. let me remind our viewers that our show will not be airing next Wednesday. Instead, our television network will air a news report "우리 프로그램이 다음 주 수요일에는 방송되지 않을 거라는 걸 시청자들에게 다시 한번 알리겠다. 대신, 우리 방송국은 뉴스 보도를 방송할 것이다" → this is Oliver Raines of *The Variety Show* "난 〈버라이어티 쇼〉의 올리버 레인스다"

2. 다음 주 수요일에는 무엇이 방송될 것인가?

(A) 뉴스 보도

(B) 다큐멘터리 영화

해설 ① **문제 확인:** What, broadcast, next Wednesday → 다음 주 수요일에 방송될 것

② **단서 찾기:** next Wednesday를 키워드로 삼아 단서 포착. let me remind our viewers that our show will not be airing next Wednesday. Instead, our television network will air a news report "우리 프로그램은 다음 주 수요일에는 방송되지 않을 거라는 걸 시청자들에게 다시 한번 알리겠다. 대신, 우리 방송국은 뉴스 보도를 방송할 것이다"

③ **Paraphrasing:** (지문 → 문제)
air → broadcast

3. 스텔라 모건은 무엇에 관하여 논할 것인가?

(A) 여성복

(B) 동계 올림픽

해설 ① **문제 확인:** What, Stella Morgan, discuss → 스텔라 모건이 논할 것

② **단서 찾기:** Stella Morgan, discuss를 키워드로 삼아 단서 포착. Stella Morgan, who will be talking about her latest line of women's dresses "본인의 최신 여성복 제품에 대해 얘기해 줄 스텔라 모건"

③ **Paraphrasing:** (지문 → 정답)
dresses → clothes

미국

Questions 4-6 refer to the following news report.

W If you are around Marlowes Center today, remember to visit the Global Workspace Exhibition. [4] This year's theme is "The Look of Tomorrow's Office". [5] Renowned French architect Henri Du Blanc has designed the main piece for the exhibit, and his work will certainly be the center of attention at the venue. In a 1,800-square-meter display, his exhibits will feature five different office layouts. [6] Visitors are encouraged to vote for their favorite setup.

4-6번은 다음 뉴스 보도에 관한 문제입니다.

여 오늘 말로스 센터 근처에 계신다면, 국제 작업 공간 전시회에 방문하도록 하십시오. [4] **올해의 주제는 "미래 사무실의 외관"입니다.** [5] **저명한 프랑스 건축가 헨리 듀 블랑**이 전시의 주요 부분을 설계했고, 그의 작품은 그 장소에서 확실한 주목의 대상이 될 것입니다. 1,800제곱미터짜리 전시에서, 그의 전시는 다섯 가지의 다양한 사무실 배치를 특징으로 할 것입니다. [6] **방문객들은 가장 선호하는 구조에 투표해 주시길 권장합니다.**

어휘 exhibition 전시(회) | theme 주제 | renowned 저명한, 유명한 | architect 건축가 | certainly 확실히, 틀림없이 | be the center of attention 주목의 대상이 되다 | venue (행사가 열리는) 장소 | layout 배치, 레이아웃 | vote for ~에 투표하다 | setup 구조, 배열

4. 전시의 주제는 무엇인가?

(A) 미래 사무실의 외관

(B) 공공 구역을 위한 예술품

해설 ① **문제 확인:** What, theme, exhibition → 전시의 주제

② **단서 찾기:** theme, exhibition을 키워드로 삼아 단서 포착. This year's theme is "The Look of Tomorrow's Office". "올해의 주제는 "미래 사무실의 외관"이다."

③ **Paraphrasing:** (지문 → 정답)
Look → appearance

5. 헨리 듀 블랑은 누구인가?

(A) 건축가

(B) 자동차 설계사

해설 ① **문제 확인:** Who, Henri Du Blanc → 헨리 듀 블랑의 정체

② **단서 찾기:** Henri Du Blanc이라는 이름과 함께 특정 직업이나 장

소를 알 수 있는 단어나 표현 포착. Renowned French architect Henri Du Blanc "저명한 프랑스 건축가 헨리 듀 블랑"

6. 방문객들은 무엇을 하라고 요청받는가?
(A) 선호도를 표시한다
(B) 카탈로그를 주문한다

해설 ① **문제 확인:** What, visitors, invited → 방문객들이 요청받는 것
② **단서 찾기:** visitors를 키워드로 삼아 담화 후반부에서 제안·요청 표현 포착. Visitors are encouraged to vote for their favorite setup. "방문객들은 가장 선호하는 구조에 투표하길 권장한다."
③ **Paraphrasing:** (지문 → 정답)
vote for ~ favorite setup → Indicate a preference

Practice

본서 p.233

1. (D)	2. (B)	3. (D)	4. (D)	5. (B)	6. (C)
7. (C)	8. (B)	9. (C)	10. (D)	11. (A)	12. (C)
13. (B)	14. (A)	15. (A)	16. (C)	17. (D)	18. (A)

미국

Questions 1-3 refer to the following broadcast.

W **1** In the business world, there is a growing concern in the computer space. **2** Several local computer manufacturers have expressed concern over the government's latest budget proposal. With an anticipated 10% drop in funding for research, companies fear that it will significantly cut research output and cause the country to lag behind. One company, Celsus, is intent on fighting this change. Celsus has begun organizing a coalition of computer manufacturers to come together and speak with government officials. **3** On September 24th, Celsus will be holding a live webinar about why the budget proposal is a bad idea. Anyone who is interested is invited to attend the webinar.

1-3번은 다음 방송에 관한 문제입니다.

여 **1** **재계 내에서, 컴퓨터 분야에 대한 우려가 커지고 있습니다.** **2** **몇몇 현지 컴퓨터 제조사에서는 정부의 최근 예산안에 대해 우려를 표했습니다.** 연구비 지원이 10퍼센트 줄어들 것으로 예상되면서, 업체들은 연구 성과가 현저히 줄어들며 국가가 뒤처지게 될 것을 우려합니다. 켈수스라는 업체에서는 이러한 변화에 맞서 싸우는 데 전념하고 있습니다. 한데 모여 정부 관계자와 대화를 나누기 위해 켈수스에서는 컴퓨터 제조업체 연합을 조직하기 시작했습니다. **3** **9월 24일에는 예산안이 왜 좋지 않은 아이디어인지에 관해 생방송 웨비나를 개최할 예정입니다. 관심 있는 분들은 누구나 웨비나에 참석하실 수 있습니다.**

어휘 growing 커지는, 증가하는 | concern 우려, 걱정 | manufacturer 제조업체 | budget 예산 | proposal 제안 | anticipate 예상하다 | drop 하락 | funding 재정 지원 | research 연구 | fear 두려워하다 | significantly 현저히 | cut 줄이다, 자르다 | output 결과물[성과], 생산량 | cause 야기하다 | lag behind 뒤처지다 | intent on ~에 전념하는, 열중하는 | fight 싸우다 | organize 조직하다 | coalition 연합 | come together 모이다 | attend 참석하다 | webinar 웨비나(인터넷상의 세미나)

1. 뉴스 보도는 주로 어떤 분야에 관한 것인가?
(A) 재무
(B) 광고
(C) 물류
(D) 전자 제품

해설 ① **문제 확인:** What field, news report, about → 뉴스 보도의 주제
② **단서 찾기:** 담화의 주제를 언급하는 전반부에 집중. In the business world, there is a growing concern in the computer space. "재계 내에서, 컴퓨터 분야에 대한 우려가 커지고 있다."

2. 지역 업체들은 무엇에 관하여 걱정하는가?
(A) 최저 임금 인상
(B) 새롭게 제안된 예산안
(C) 개정된 이민 정책
(D) 안전 규정 체계

해설 ① **문제 확인:** What, local companies, concerned about → 지역 업체들이 걱정하는 것
② **단서 찾기:** concerned를 키워드로 삼아 단서 포착. Several local computer manufacturers have expressed concern over the government's latest budget proposal. "몇몇 현지 컴퓨터 제조사에서는 정부의 최근 예산안에 대해 우려를 표했다."

3. 청자들은 9월 24일에 무엇에 참석하도록 초청받는가?
(A) 공무원과의 만남
(B) 시위
(C) 공장 견학
(D) 생방송 웨비나

해설 ① **문제 확인:** What, the listeners, invited, attend, September 24th → 청자들이 9월 24일에 참석하도록 초청받은 것
② **단서 찾기:** September 24th를 키워드로 삼아 단서 포착. On September 24th, Celsus will be holding a live webinar about why the budget proposal is a bad idea. Anyone who is interested is invited to attend the webinar. "9월 24일에는 예산안이 왜 좋지 않은 아이디어인지에 관해 생방송 웨비나를 개최할 예정이다. 관심 있는 사람들은 누구나 웨비나에 참석할 수 있다."

미국

Questions 4-6 refer to the following advertisement.

W Are you tired of high utility bills during the summer and winter? Looking for ways to conserve energy when you're away? Well then, what you need is our smart thermostat—the NXT Sense Pro. **4** The NXT

Sense Pro regulates the temperature of your home from wherever you are. **All you need to have is access to the Internet.** 5 You'll also be impressed with how long the battery lasts. **Most thermostats need replacements after one year, but ours last two years. But that's not all:** 6 if you order the NXT Sense Pro this week, we'll take 15 percent off your total amount due.

4-6번은 다음 광고에 관한 문제입니다.

여 여름과 겨울의 높은 공과금 때문에 지치셨습니까? 집을 비우셨을 때 에너지를 절약하는 법을 찾고 계십니까? 그렇다면, 귀하에게는 저희 회사의 스마트 온도 조절 장치인 엔엑스티 센스 프로가 필요합니다. **4 엔엑스티 센스 프로는 당신이 어디에 있든 집 내부의 온도를 통제합니다.** 단지 인터넷만 이용할 수 있으면 됩니다. **5 배터리가 얼마나 오래 지속되는지에 대해서도 깊은 인상을 받으실 겁니다.** 대부분의 온도 조절 장치는 1년 뒤 배터리를 교체해야 하지만, 저희 장치는 2년간 지속됩니다. 그것뿐만이 아닙니다. **6 이번 주에 엔엑스티 센스 프로를 주문하시면, 총금액에서 15퍼센트를 할인해 드립니다.**

어휘 utility bill 공과금 | conserve 절약하다, 보존하다 | thermostat 온도 조절 장치 | regulate 통제하다, 규제하다 | temperature 온도 | access 이용, 접근 | impressed 깊은 인상을 받은 | last 지속되다 | replacement 교체(품) | amount due 지불해야 할 금액

4. 화자는 엔엑스티 센스 프로의 어떤 특징을 언급하는가?
(A) 소포를 추적한다.
(B) 개인의 재정 상태를 계산한다.
(C) 보안 경보를 즉시 제공한다.
(D) 실내 온도를 원격으로 조절한다.

해설 ① 문제 확인: What feature, NXT Sense Pro → 엔엑스티 센스 프로의 특징
② 단서 찾기: NXT Sense pro를 키워드로 삼아 제품의 특징을 나타내는 설명에서 단서 포착. The NXT Sense Pro regulates the temperature of your home from wherever you are. "엔엑스티 센스 프로는 당신이 어디에 있든 집 내부의 온도를 통제한다."
③ Paraphrasing: (지문 → 정답)
regulates the temperature of your home from wherever you are → adjusts room temperatures remotely

5. 화자에 따르면, 엔엑스티 센스 프로의 어떤 점이 깊은 인상을 주는가?
(A) 호환성
(B) 배터리 수명
(C) 저렴한 가격
(D) 가벼운 디자인

해설 ① 문제 확인: what, impressive, NXT Sense Pro → 엔엑스티 센스 프로에 관하여 인상적인 것
② 단서 찾기: impressive를 키워드로 삼아 단서 포착. You'll also be impressed with how long the battery lasts. "배터리가 얼마나 오래 지속되는지에 대해서도 깊은 인상을 받을 것이다."
③ Paraphrasing: (지문 → 정답)
how long the battery lasts → battery life

6. 이번 주에 구매하면 무엇이 제공되는가?
(A) 집안 설치
(B) 액세서리
(C) 할인
(D) 무료 배송

해설 ① 문제 확인: What, being offered, purchase order, this week → 이번 주 구매 시 제공되는 것
② 단서 찾기: order, this week을 키워드로 삼아 단서 포착. if you order the NXT Sense Pro this week, we'll take 15 percent off your total amount due "이번 주에 엔엑스티 센스 프로를 주문하면, 총금액에서 15퍼센트를 할인해 준다"
③ Paraphrasing: (지문 → 정답)
15 percent off ~ total amount → discount

미국

Questions 7-9 refer to the following broadcast.

W You're listening to *Community Chat*. 7 Today, we're going to be talking about how you can get businesses to sponsor your event. 8 Before our show, I spoke with a member of a local organization who attended various industry conferences to get companies to support a charity dinner. And I heard that the banquet was quite successful. But now, 9 we'll be speaking with AMB Foundation President Lisa Salters, who will give an in-depth talk about acquiring funding from companies. **She'll start by sharing how a simple video presentation can grab a business' attention. Ms. Salters, just how effective is this approach?**

7-9번은 다음 방송에 관한 문제입니다.

여 여러분은 〈커뮤니티 챗〉을 듣고 계십니다. **7 오늘, 저희는 여러분의 행사를 후원해 줄 기업을 구하는 방법에 관해 이야기를 나눌 것입니다. 8 저희 쇼 시작 전에, 저는 자선 저녁 식사를 지원해 줄 업체들을 구하려고 다양한 종류의 업계 학회에 참여한 적이 있는 지역 단체의 회원과 이야기를 나눴습니다. 그리고 그 연회가 꽤 성공적이었다고 들었습니다.** 하지만 이제, **9 저희는 기업들에서 재정 지원을 얻는 것에 관해 상세히 이야기를 해 줄 에이엠비 재단의 이사장인 리사 솔터스와 이야기를 나눌 겁니다.** 그녀는 간단한 비디오 프레젠테이션으로 어떻게 기업의 관심을 얻을 수 있는지에 대해 공유하면서 이야기를 시작할 것입니다. 솔터스 씨, 이러한 접근법이 얼마나 효과적인 건가요?

어휘 sponsor 후원하다; 후원자 | organization 단체, 조직 | various 다양한 | industry 업계, 산업 | conference 학회, 회의 | support 지원하다 | charity 자선 (단체) | banquet 연회 | successful 성공적인 | foundation 재단, 설립 | in-depth 면밀한, 상세한, 심도 있는 | acquire 얻다 | funding 재정 지원, 자금 | share 공유하다 | grab 잡다 | attention 관심, 주의 | effective 효과적인 | approach 접근법

7. 방송은 주로 무엇에 관한 것인가?
(A) 은행 대출 신청

(B) 회의 장소

(C) 기업 후원

(D) 다가올 지역 사회 행사

해설 ① 문제 확인: What, broadcast, about → 방송의 주제

② 단서 찾기: 담화의 주제를 언급하는 전반부에 집중. Today, we're going to be talking about how you can get businesses to sponsor your event. "오늘, 우리는 여러분의 행사를 후원해 줄 기업을 구하는 방법에 관해 이야기를 나눌 것이다."

8. 화자는 "그 연회가 꽤 성공적이었다"라고 말할 때 무엇을 의도하는가?

(A) 메뉴가 인기 있었다.

(B) 전략이 효과적이었다.

(C) 위치가 편리했다.

(D) 쇼가 재미있었다.

해설 ① 문제 확인: "the banquet was quite successful" → 화자가 "~"라고 말한 의도

② 단서 찾기: 해당 문장에 연결된 전후 문맥 파악. Before our show, I spoke with a member of a local organization who attended various industry conferences to get companies to support a charity dinner. "우리 쇼 시작 전에, 자선 저녁 식사를 지원해 줄 업체들을 구하려고 다양한 종류의 업계 학회에 참여한 적이 있는 지역 단체의 회원과 이야기를 나눴다." → And I heard that the banquet was quite successful. "그리고 그 연회가 꽤 성공적이었다고 들었다." → 연회를 통해 후원 업체들을 많이 모으고자 한 전략이 통했다.

9. 화자에 따르면, 다음에 무슨 일이 일어날 것인가?

(A) 광고가 방송될 것이다.

(B) 교통 안내가 제공될 것이다.

(C) 상세한 설명이 있을 것이다.

(D) 대회 우승자가 선발될 것이다.

해설 ① 문제 확인: what, happen, next → 다음에 일어날 일

② 단서 찾기: 담화 후반부에서 미래 계획 표현 포착. we'll be speaking with AMB Foundation President Lisa Salters, who will give an in-depth talk about acquiring funding from companies "우리는 기업들에서 재정 지원을 얻는 것에 관하여 상세히 이야기를 해 줄 에이엠비 재단의 이사장인 리사 솔터스와 이야기를 나눌 것이다"

③ Paraphrasing: (지문 → 정답)
in-depth talk → detailed explanation

영국

Questions 10-12 refer to the following broadcast.

W Welcome back to our show. 10 I'd like to remind viewers of the spring musical series beginning this weekend. This Saturday's performance will star the award-winning singer Shane Bouffant, so 11 it's expected to be a big hit. The musical starts at 6 at Witherton Park, but plan to 11 arrive early to ensure you can get in. Also, you should bring something to sit on as this is an outdoor event. 12 Most parts of the park will be open, but several areas will be closed. For a map of these areas, go to the Witherton Park website. This Saturday is just the beginning, so make sure to check out all of the scheduled plays this spring!

10-12번은 다음 방송에 관한 문제입니다.

여 우리 쇼에 다시 오신 것을 환영합니다. 10 **이번 주말부터 봄 뮤지컬 시리즈가 시작한다는 것을 시청자 여러분들께 상기시켜 드리고 싶습니다.** 이번 토요일의 공연은 수상 경력이 있는 가수 셰인 부팡이 출연할 것이므로, 11 **대히트가 예상됩니다.** 뮤지컬은 위덜튼 파크에서 6시에 시작하지만, 11 **입장 확보를 위해 일찍 도착하시기 바랍니다.** 또한, 실외 행사이기 때문에 깔고 앉을 것을 가지고 오시기 바랍니다. 12 **공원의 대부분은 개방되지만, 몇몇 구역은 폐쇄될 것입니다. 이 구역의 지도를 보시려면, 위덜튼 파크 웹사이트를 방문해 주십시오.** 이번 주 토요일은 시작에 불과하니, 이번 봄에 예정된 모든 공연을 확인하십시오!

어휘 remind 상기시키다 | viewer 시청자 | beginning ~부터 | performance 공연 | award-winning 상을 받은 | be expected to do ~할 것으로 예상되다 | ensure 확보하다, 확실히 하다 | get in 들어가다[입장하다] | outdoor 야외[실외]의 | make sure to do 꼭 ~하다 | scheduled 예정된

10. 방송의 주된 주제는 무엇인가?

(A) 극장 주인

(B) 시상식

(C) 유명한 연예인

(D) 뮤지컬 시리즈

해설 ① 문제 확인: What, topic, broadcast → 방송의 주제

② 단서 찾기: 담화의 주제를 언급하는 전반부에 집중. I'd like to remind viewers of the spring musical series beginning this weekend. "이번 주말부터 봄 뮤지컬 시리즈가 시작한다는 것을 시청자 여러분에게 상기시켜 주고 싶다."

11. 화자는 "대히트가 예상됩니다"라고 말할 때 무엇을 의도하는가?

(A) 많은 사람들이 쇼에 참석할 것이다.

(B) 이벤트가 더 큰 장소로 옮겨질 것이다.

(C) 티켓을 더 이상 살 수 없다.

(D) 상품이 주어질 것이다.

해설 ① 문제 확인: "it's expected to be a big hit" → 화자가 "~"라고 말한 의도

② 단서 찾기: 해당 문장에 연결된 전후 문맥 파악. it's expected to be a big hit "대히트가 예상된다" → arrive early to ensure you can get in "입장 확보를 위해 일찍 도착해라" → 일찍 와야 입장이 가능할 정도로 사람들이 많이 올 예정이다.

12. 청자들은 왜 웹사이트를 방문하도록 권장받는가?

(A) 신청서를 다운로드하기 위해

(B) 공연 비디오를 보기 위해

(C) 출입 가능 지역을 보기 위해

(D) 대회의 수상자를 확인하기 위해

해설 ① 문제 확인: Why, the listeners, encouraged, visit, website → 청자들이 웹사이트 방문을 권장받는 이유

② 단서 찾기: website를 키워드로 삼아 담화 후반부에서 제안·권유 표현 또는 명령문 포착. Most parts of the park will be open, but several areas will be closed. For a map of these areas, go to the Witherton Park website. "공원의 대부분은 개방되지만, 몇몇 구역은 폐쇄될 것이다. 이 구역의 지도를 보려면, 위덜튼 파크 웹사이트를 방문해라."

호주

Questions 13-15 refer to the following broadcast and map.

M This is Channel 3 News. 13 If you haven't already heard, Durant County is holding its annual film festival this weekend. This year is expected to be even bigger than last year, with some famous movies entering the fray. 14 Make sure to check out the full list of movies on the event's website. If you're already on your way to the festival, then 15 don't make the mistake of taking the Main Road from Aberfoil to Durant. We are receiving reports that traffic has completely clogged the route. Instead, you should get to Durant by driving through Sharon Hill.

13-15번은 다음 방송과 지도에 관한 문제입니다.

남 채널 3 뉴스입니다. 13 **아직 소식을 못 들으셨다면, 듀랜트 카운티에서 이번 주말 연례 영화제를 개최합니다.** 올해는 유명한 영화 여러 편이 경쟁에 참여해, 작년보다 규모가 훨씬 클 예정입니다. 14 **행사 웹사이트에서 전체 영화 목록을 확인하세요.** 이미 영화제로 향하고 계신다면, 15 **애버포일부터 듀랜트 구간까지 메인 로드를 타는 실수를 하지 않으시길 바랍니다. 교통이 완전히 정체되어 있다는 소식이 들어오고 있습니다.** 대신, 듀랜트까지 샤론 힐을 거쳐 운전해서 오셔야 합니다.

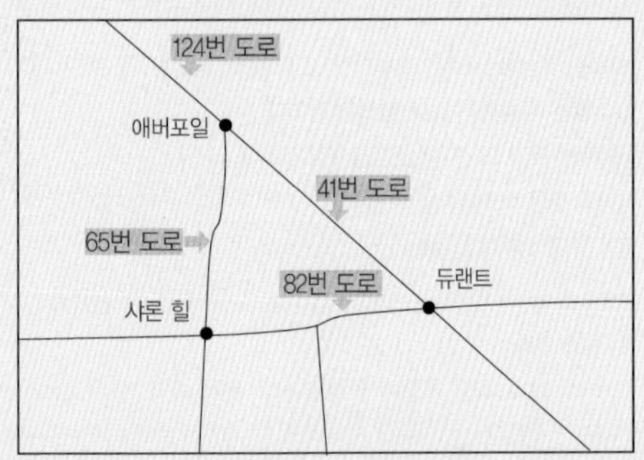

어휘 hold 개최하다 | annual 연례의 | film festival 영화제 | enter 참가하다, 출전하다 | fray 경쟁 | check out ~을 확인하다 | mistake 실수 | report 보도 | traffic 교통(량) | completely 완전히 | clog (정체하여 길을) 막히게 하다 | route 길, 경로

13. 화자는 어떤 행사에 관해 이야기하고 있는가?

(A) 음악 콘서트

(B) 영화제

(C) 스포츠 경기

(D) 모금 행사

해설 ① 문제 확인: What event, the speaker, talking about → 화자가 이야기하고 있는 행사

② 단서 찾기: 특정 행사와 관련된 단어나 표현 포착. If you haven't already heard, Durant County is holding its annual film festival this weekend. "아직 소식을 못 들었다면, 듀랜트 카운티에서 이번 주말 연례 영화제를 개최한다."

14. 청자들은 온라인에서 무엇을 찾을 수 있는가?

(A) 상세한 목록

(B) 후기글

(C) 규정집

(D) 공지

해설 ① 문제 확인: What, the listeners, find, online → 청자들이 온라인에서 찾을 수 있는 것

② 단서 찾기: online을 키워드로 삼아 단서 포착. Make sure to check out the full list of movies on the event's website. "행사 웹사이트에서 전체 영화 목록을 확인해라."

③ Paraphrasing: (지문 → 정답)
full list → detailed list

15. 시각 정보를 보시오. 화자에 따르면, 어느 도로가 교통 체증이 심한가?

(A) 41번 도로

(B) 65번 도로

(C) 82번 도로

(D) 124번 도로

해설 ① 문제 확인: which road, heavy traffic → 교통 체증이 심한 도로

② 단서 찾기: 시각 정보를 미리 파악한 후 heavy traffic을 키워드로 삼아 해당 내용과 시각 정보 매칭. don't make the mistake of taking the Main Road from Aberfoil to Durant. We are receiving reports that traffic has completely clogged the route. "애버포일부터 듀랜트 구간까지 메인 로드를 타는 실수를 하지 않길 바란다. 교통이 완전히 정체되어 있다는 소식이 들어오고 있다." → 시각 정보에서 애버포일부터 듀랜트 구간 확인 → Road 41(41번 도로)

미국

Questions 16-18 refer to the following advertisement and service plan.

M 16 Would you like to improve the look of your garden or lawn at your home? Then, contact J and L Yard Care. Our team of professionals has been serving residents of Croucher County for more than two decades. 16 We offer a wide range of maintenance services, including mowing, fertilizing, trimming, and tree and shrub care. And 17 for this month only, we are giving 10 percent off on any of our service plans. So hurry and take advantage of this special offer. Visit our website at www.JandLyardcare.ca, and 18 see our service plans listed in order of popularity.

16-18번은 다음 광고와 서비스 플랜에 관한 문제입니다.

남 **16 당신의 집에 있는 정원이나 잔디의 외관을 개선하고 싶으신가요?** 그렇다면, 제이 앤 엘 정원 관리에 연락하세요. 저희 전문 팀은 크로처 카운티 주민들에게 20여 년간 서비스를 제공해 왔습니다. **16 저희는 잔디 깎기, 거름주기, 나무 손질, 그리고 나무와 관목 보호를 포함하여 매우 다양한 유지 관리 서비스를 제공하고 있습니다.** 그리고 **17 이 달 동안만, 저희의 모든 서비스 플랜들에 대해 10퍼센트 할인을 제공해 드립니다. 그러니 서두르셔서 이 특가의 혜택을 누리세요.** 저희 웹사이트 www.JandLyardcare.ca를 방문하셔서, **18 인기 순서로 열거되어 있는 저희 서비스 플랜을 확인하세요.**

서비스 플랜	가격
표준	150달러
결합	180달러
긴급	40달러
포괄	200달러

어휘 look 외관, 겉모습 | professional 전문가 | resident 주민, 거주자 | decade 10년 | a wide range of 매우 다양한 | maintenance 유지 관리 | mowing 잔디 깎기 | fertilizing 거름주기 | trimming 나무 손질 | shrub 관목 | take advantage of ~을 기회로 활용하다 | special offer 특가 (판매) | in order of ~의 순서로 | popularity 인기 | regular 표준의 | combined 결합된 | on-call 긴급 대기의 | all inclusive 포괄적인, 모두를 포함한

16. 어느 업종이 광고되고 있는가?
(A) 꽃 배달
(B) 집 청소
(C) 조경
(D) 음식 공급

해설 ① 문제 확인: What type, business, advertised → 광고되는 업종
② 단서 찾기: 광고되는 업종을 유추할 수 있는 단어나 표현 포착. Would you like to improve the look of your garden or lawn at your home? "당신의 집에 있는 정원이나 잔디의 외관을 개선하고 싶은가?" → We offer a wide range of maintenance services, including mowing, fertilizing, trimming, and tree and shrub care. "우리는 잔디 깎기, 거름주기, 나무 손질, 그리고 나무와 관목 보호를 포함하여 매우 다양한 유지 관리 서비스를 제공하고 있다."

17. 화자에 따르면, 이달 말에 무슨 일이 일어나겠는가?
(A) 한 지점이 문을 열 것이다.
(B) 입상자들이 발표될 것이다.
(C) 새로운 서비스를 이용할 수 있을 것이다.
(D) 할인이 끝날 것이다.

해설 ① 문제 확인: what, happen, at the end of the month → 이달 말에 발생할 일
② 단서 찾기: at the end of the month를 키워드로 삼아 단서 포착. for this month only, we are giving 10 percent off on any of our service plans. So hurry and take advantage of this special offer. "이달 동안만, 우리의 모든 서비스 플랜들에 대해 10퍼센트 할인을 제공한다. 그러니 서둘러 이 특가의 혜택을 누려라."

18. 시각 정보를 보시오. 업체에서 가장 인기 있는 서비스 플랜은 가격이 얼마인가?
(A) 150달러
(B) 180달러
(C) 40달러
(D) 200달러

해설 ① 문제 확인: How much, most popular service plan, cost → 가장 인기 있는 서비스 플랜의 가격
② 단서 찾기: 시각 정보를 미리 파악한 후 질문과 관련한 내용과 시각 정보 매칭. see our service plans listed in order of popularity "인기 순서로 열거되어 있는 우리 서비스 플랜을 확인해 봐라" → 시각 정보에서 가장 첫 번째로 나오는 플랜 확인 → Regular $150(표준 150달러)

UNIT 20. 관광·견학

핵심 문제 유형

본서 p.238

1. (B) 2. (A) 3. (B) 4. (B) 5. (A) 6. (C)

1-3번은 다음 담화에 관한 문제입니다.

남 **1 토렌트 투어 페리 탑승을 환영합니다. 저는 선장입니다.** 현재 날씨가 아주 쾌청하여, 환상적인 경치를 즐기실 수 있습니다. **2 하지만, 곧 많은 비가 내릴 예정이므로, 즐길 수 있으실 때 누리시길 바랍니다. 30분 정도 시간이 있습니다.** 또한 아래층 식당 구역에서 다과 및 음료를 제공해 드리고 있으며, 저희 안내 책자도 이용하실 수 있습니다. 하피 섬에서 기대할 만한 것들을 책에서 자세히 소개하고 있습니다. **3 이번이 처음이시면, 휘트먼 그룹의 공연을 관람해 보십시오.** 실망하지 않으실 겁니다. 자, 이제 한 시간 정도 후에 저희는 하피 섬에 도착합니다.

어휘 on board 탑승한, 승선한 | captain 선장 | weather conditions 날씨 상황 | spectacular 환상적인, 장관의 | view 경치, 전망 | expect 예상하다 | serve 제공하다 | refreshments 다과 | beverage 음료 | lower 아래쪽의 | level 층 | dining area 식사 구역, 식당 | detail 자세히 알리다 | catch 보다, 참석하다 | performance 공연

1. 화자는 누구인가?
(A) 관광 가이드
(B) 페리 선장
(C) 지역 어부
(D) 매표원

해설 ① 문제 확인: Who, the speaker → 화자의 정체
② 단서 찾기: 특정 직업이나 장소를 알 수 있는 단어나 표현 포착. The Torrent-Tour Ferry welcomes you on board. This is your captain speaking. "토렌트 투어 페리 탑승을 환영한다. 나는 선장이다."

PART 4 UNIT 20

2. 화자는 왜 "30분 정도 시간이 있습니다"라고 말하는가?

(A) 한정된 기회를 강조하려고

(B) 특정 장비 사용을 추천하려고

(C) 예정된 지연을 알려주려고

(D) 문제가 왜 발생했는지 설명하려고

해설 ① 문제 확인: "You have around thirty minutes" → 화자가 "~"라고 말한 의도

② 단서 찾기: 해당 문장에 연결된 전후 문맥 파악. However, we are also expecting a lot of rain very soon, so enjoy it while you can. "하지만, 곧 많은 비가 내릴 예정이므로, 즐길 수 있을 때 누리길 바란다." → You have around thirty minutes. "30분 정도 시간이 있다." → 비가 오기 전 즐길 수 있는 시간이 30분이니 한정된 시간을 누려라.

---

3. 화자는 하피 섬에서 무엇을 하라고 제안하는가?

(A) 하이킹을 한다

(B) 공연을 본다

(C) 호텔 방을 예약한다

(D) 현지 요리를 먹어 본다

해설 ① 문제 확인: What, the speaker, suggest, Harpy Island → 화자가 하피 섬에서 하라고 제안하는 것

② 단서 찾기: 담화 후반부에서 제안·권유 표현 또는 명령문 포착. If this is your first time, try to catch a performance of the Whitman Group. "이번이 처음이면, 휘트먼 그룹의 공연을 관람해 보아라."

③ Paraphrasing: (지문 → 정답)
catch → attend

4-6번은 다음 공지와 지도에 관한 문제입니다.

남 **4 저희 의류 제조 시설 투어에 와 주셔서 감사합니다.** 이곳에서 저희가 다음 시즌용 최신 디자인의 대부분을 생산합니다. 이 투어를 통해, 여러분은 초기 디자인 제작에서부터 제품을 고객에게 발송하기에 이르기까지 전체 제조 과정을 보게 됩니다. **5 오늘 이곳에서 실제 제품이 만들어지기에, 물건을 만지는 것을 삼가 주실 것을 기억해 주시기 바랍니다.** 저희 공정의 전 단계는 서로 다른 시설에서 이루어지며, 오늘 우리는 모든 곳을 방문할 예정입니다. 저희 시설이 자리한 위치를 보여 주는 지도가 여기 있습니다. **6 우리는 주차장에 있습니다. 여기서 서쪽 건물로 가서 디자인 공정을 살펴봅시다.**

웨슨 제조 공장

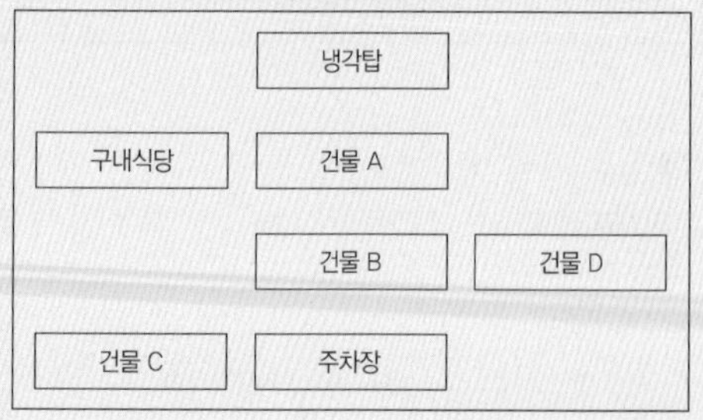

어휘 clothing 의류 | manufacturing 제조 | facility 시설 | produce 생산하다 | latest 최신의 | entire 전체의 | initial 초기의 | ship 발송하다 | real 실제의 | refrain from ~을 삼가다 | touch 만지다 | parking lot 주차장 | head 가다[향하다] | check out ~을 확인하다 | plant 공장 | cooling tower 냉각탑 | cafeteria 구내식당

4. 제조 공장에서 무엇을 생산하는가?

(A) 사무용 가구

(B) 의류

(C) 보석

(D) 자동차

해설 ① 문제 확인: What, manufacturing plant, produce → 제조 공장에서 생산하는 것

② 단서 찾기: manufacturing plant를 키워드로 삼아 단서 포착. Thank you for coming along on this tour through our clothing manufacturing facility. "우리 의류 제조 시설 투어에 와 주어 고맙다."

---

5. 청자는 화자들에게 무엇을 해 달라고 상기하는가?

(A) 제품을 만지지 않는다

(B) 무리에서 이탈하지 않는다

(C) 마지막에 질문한다

(D) 입장료를 지불한다

해설 ① 문제 확인: What, remind, the listeners → 청자들에게 상기시키는 것

② 단서 찾기: remind를 키워드로 삼아 단서 포착. Please remember that real products are being made here today, so please refrain from touching anything. "오늘 이곳에서 실제 제품이 만들어지기에, 물건을 만지는 것을 삼가 줄 것을 기억해 주길 바란다."

---

6. 시각 정보를 보시오. 청자들은 다음으로 어느 건물로 갈 것인가?

(A) 건물 A

(B) 건물 B

(C) 건물 C

(D) 건물 D

해설 ① 문제 확인: Which building, the listeners, go to next → 청자들이 다음에 갈 건물

② 단서 찾기: 시각 정보를 미리 파악한 후 질문과 관련한 내용과 시각 정보 매칭. We're at the parking lot. Let's head to the building west of here and check out our design process. "우리는 주차장에 있다. 여기서 서쪽 건물로 가서 디자인 공정을 살펴보자." → 시각 정보에서 주차장 서쪽에 있는 건물 확인 → Building C(건물 C)

Warm-up

본서 p.240

1. (B) 2. (B) 3. (B) 4. (A) 5. (A) 6. (B)

호주

Questions 1-3 refer to the following tour information.

M Thank you for coming to the Museum of Design. **1** This is the tour for the East Asian traditional pottery exhibit—please have your tickets ready. As you walk around, **2** you'll probably have questions about the history and background of the items. That's what I'm here for. OK, before we start, **3** I want to remind everyone that any photography is not allowed during the tour.

1-3번은 다음 투어 정보에 관한 문제입니다.

남 디자인 박물관에 와 주셔서 감사합니다. **1** **이 투어는 동아시아 전통 도자기 전시 투어입니다.** 입장권을 준비해 주시기 바랍니다. 돌아다니실 때, **2** **전시품들의 역사와 배경에 대한 질문이 있으실 겁니다. 그래서 제가 여기 있는 겁니다.** 좋아요, 시작하기 전에, 투어 동안에는 **3** **어떠한 사진 촬영도 안 된다는 것을 모든 분들께 상기시켜 드리고 싶습니다.**

어휘 traditional 전통의 | pottery 도자기, 도예 | exhibit 전시 | background 배경 | remind 상기시키다 | photography 사진(술) | allow 허용하다

1. 박물관 전시는 무엇에 관한 것인가?
(A) 보석
(B) 도자기

해설 ① 문제 확인: What, museum exhibit, about → 박물관 전시 주제
② 단서 찾기: museum exhibit을 키워드로 삼아 단서 포착. This is the tour for the East Asian traditional pottery exhibit "이 투어는 동아시아 전통 도자기 전시 투어다"
③ Paraphrasing: (지문 → 정답)
pottery → Ceramic

2. 화자는 왜 "그래서 제가 여기 있는 겁니다"라고 말하는가?
(A) 인터뷰에 참여하기 위해
(B) 도움을 주기 위해

해설 ① 문제 확인: "That's what I'm here for" → 화자가 "~"라고 말한 의도
② 단서 찾기: 해당 문장에 연결된 전후 문맥 파악. you'll probably have questions about the history and background of the items "돌아다닐 때 전시품들의 역사와 배경에 대한 질문이 있을 거다" → That's what I'm here for. "그래서 내가 여기 있는 거다." → 내가 여기 있는 이유는 여러분들의 질문에 답변하여 도움을 주기 위함이다.

3. 화자에 따르면, 무엇이 허락되지 않는가?
(A) 전화 통화하는 것
(B) 사진 찍는 것

해설 ① 문제 확인: what, NOT allowed → 허락되지 않는 것
② 단서 찾기: NOT allowed를 키워드로 삼아 단서 포착. I want to remind everyone that any photography is not allowed "어떠한 사진 촬영도 안 된다는 것을 모두에게 상기시켜 주고 싶다"
③ Paraphrasing: (지문 → 정답)
photography → Taking pictures

영국

Questions 4-6 refer to the following announcement and table.

W Welcome to the next leg of your tour. **4** I hope you enjoyed today's specially prepared breakfast. I know it wasn't what we originally planned, but we did what we could. So today, we have an exciting day ahead of us. **5** Before I get to that, I want to let everyone know that the boat trip has unfortunately been canceled. Our captain has had to tend to urgent family matters. We'll spend that time shopping instead. **6** However, the hike will continue as planned, which I'm excited about. I'll be taking you through my favorite route. But that's getting ahead of ourselves. For now, I'm going to turn you to Ms. Collins, our birdwatching expert.

4-6번은 다음 공지와 표에 관한 문제입니다.

여 투어의 다음 단계에 오신 것을 환영합니다. **4** **오늘 특별히 준비한 아침 식사를 맛있게 드셨기를 바랍니다. 저희가 애초에 계획한 것은 아니지만, 최선을 다했습니다.** 그래서 오늘, 아주 흥미진진한 하루가 기다리고 있습니다. **5** **시작하기 전에, 여러분께 보트 여행이 아쉽게도 취소됐다는 것을 알려 드립니다. 저희 선장님이 긴급한 집안일을 돌봐야 했습니다.** 대신 저희는 그 시간에 쇼핑을 하며 보낼 거예요. **6** **하지만, 하이킹은 예정대로 진행될 예정이어서, 저는 아주 기대됩니다. 제가 가장 좋아하는 길로 여러분을 안내해 드릴 예정입니다.** 하지만 거기까진 한참 남아 있습니다. 우선 지금은, 여러분께 조류 전문가이신 콜린스 씨를 소개해 드릴게요.

활동	가이드
조류 관찰	M. 콜린스
시장 투어	D. 콕스
숲 하이킹	S. 메이어스
보트 타기	P. 버틀러

어휘 leg (여정의) 구간 | specially 특별히 | originally 원래 | ahead of ~앞에 | get to ~을 시작하다 | cancel 취소하다 | captain 선장 | tend 돌보다, 보살피다 | urgent 긴급한 | matter 문제, 일 | instead 대신에 | hike 하이킹, 도보 여행 | as planned 계획대로 | route 경로, 길 | get ahead of ~을 앞지르다, 능가하다 | turn (~쪽으로) 향하게 하다, 집중시키다 | birdwatching 조류 생태 관찰, 탐조 | expert 전문가 | sailing 보트 타기 | guide 가이드, 안내인

4. 화자는 청자들의 아침 식사에 관하여 무엇이라고 말하는가?

(A) 손님이 예상한 것은 아니었다.

(B) 전통적인 조리법을 사용해 만들어졌다.

해설 ① **문제 확인:** What, the speaker, say, the listeners' breakfast → 화자가 청자들의 아침 식사에 관하여 말하는 것

② **단서 찾기:** breakfast를 키워드로 삼아 단서 포착. I hope you enjoyed today's specially prepared breakfast. I know it wasn't what we originally planned, but we did what we could. "오늘 특별히 준비한 아침 식사를 맛있게 먹었기를 바란다. 우리가 애초에 계획한 것은 아니지만, 최선을 다했다."

5. 활동은 왜 취소되었는가?

(A) 가이드가 참석할 수 없었기 때문에

(B) 한 고객이 참여하기를 거부했기 때문에

해설 ① **문제 확인:** Why, activity, canceled → 활동이 취소된 이유

② **단서 찾기:** canceled를 키워드로 삼아 단서 포착. Before I get to that, I want to let everyone know that the boat trip has unfortunately been canceled. Our captain has had to tend to urgent family matters. "시작하기 전에, 여러분에게 보트 여행이 아쉽게도 취소됐다는 것을 알린다. 우리 선장님이 긴급한 집안일을 돌봐야 했다."

6. 시각 정보를 보시오. 화자는 누구인가?

(A) P. 버틀러

(B) S. 메이어스

해설 ① **문제 확인:** Who, the speaker → 화자의 정체

② **단서 찾기:** 시각 정보를 미리 파악한 후 질문과 관련한 내용과 시각 정보 매칭. However, the hike will continue as planned, which I'm excited about. I'll be taking you through my favorite route. "하지만, 하이킹은 예정대로 진행될 예정이어서, 나는 아주 기대된다. 내가 가장 좋아하는 길로 여러분을 안내해 줄 예정이다." → 시각 정보에서 하이킹 가이드 정체 확인 → S. Myers(S. 메이어스)

Practice

본서 p.241

1. (B)	2. (D)	3. (B)	4. (A)	5. (B)	6. (A)
7. (B)	8. (A)	9. (C)	10. (A)	11. (C)	12. (D)
13. (D)	14. (D)	15. (B)	16. (A)	17. (D)	18. (D)

미국

Questions 1-3 refer to the following talk.

W Welcome to this year's Tech Expo. My name is Julia, and I work for Umbarg. 1 We produce electronic scales and sensors used at airports to measure and weigh bags. Today, we have our most sophisticated device, the Umbarg Mark 2. It delivers the most accurate results yet and within a fraction of the time. 2 However, what really makes the Umbarg Mark 2 stand out is its size. 2 3 It's so small that it can fit under this desk. 3 Can you all see the projector? Let me show you.

1-3번은 다음 담화에 관한 문제입니다.

여 올해 기술 엑스포에 오신 것을 환영합니다. 제 이름은 줄리아이고, 움바르크에서 일합니다. 1 **저희는 공항에서 가방을 측정하고 무게를 재는 데 사용되는 전자 저울 및 감지기를 제조합니다.** 오늘은, 저희의 가장 정교한 기기인 움바르크 마크 2를 가져왔습니다. 가장 정확한 결과를 아주 짧은 시간에 산출합니다. 2 **하지만, 움바르크 마크 2를 정말 돋보이게 하는 건 크기입니다.** 2 3 **그건 아주 작아서 이 책상 아래에 들어갈 수 있어요.** 3 **다들 프로젝터가 보이시나요? 제가 보여 드릴게요.**

어휘 produce 제조[생산]하다 | electronic 전자의 | scale 저울 | sensor 감지기 | measure 측정하다 | weigh 무게를 재다 | sophisticated 정교한, 복잡한 | device 기기 | deliver 내놓다, 산출하다 | accurate 정확한 | result 결과 | fraction 소량, 작은 부분 | stand out 돋보이다 | fit 맞다 | projector 프로젝터, 영사기

1. 화자의 회사에서는 어떤 종류의 제품을 판매하는가?

(A) 의료 기기

(B) 측정 장비

(C) 농업 기계

(D) 공장 기계

해설 ① **문제 확인:** What type, product, company, sell → 회사가 판매하는 제품 종류

② **단서 찾기:** 담화 초반부에 제품과 관련된 단어나 표현 포착. We produce electronic scales and sensors used at airports to measure and weigh bags. "우리는 공항에서 가방을 측정하고 무게를 재는 데 사용되는 전자 저울 및 감지기를 제조한다."

③ **Paraphrasing:** (지문 → 정답)
electronic scales and sensors → equipment

2. 화자에 따르면, 제품에서 무엇이 특별한가?

(A) 가볍다.

(B) 저렴하다.

(C) 주문 제작된다.

(D) 크기가 작다.

해설 ① **문제 확인:** What, unique, product → 제품에 관하여 특별한 것

② **단서 찾기:** unique, product를 키워드로 삼아 단서 포착. However, what really makes the Umbarg Mark 2 stand out is its size. It's so small that it can fit under this desk. "하지만, 움바르크 마크 2를 정말 돋보이게 하는 건 크기다. 그건 아주 작아서 이 책상 아래에 들어갈 수 있다."

③ **Paraphrasing:** (지문 → 문제)
Umbarg Mark 2 → a product / what makes ~ stand out → unique

3. 화자는 청자들에게 무엇을 하라고 청하는가?
(A) 제품을 구입한다
(B) 시연을 본다
(C) 의견을 준다
(D) 쿠폰을 받는다

해설 ① **문제 확인:** What, invite, the listeners → 화자가 청자들에게 청하는 것
② **단서 찾기:** 담화 후반부에서 제안·요청 표현 포착. It's so small that it can fit under this desk. Can you all see the projector? Let me show you. "그건 아주 작아서 이 책상 아래에 들어갈 수 있다. 다들 프로젝터가 보이는가? 내가 보여 주겠다."

영국

Questions 4-6 refer to the following talk.

W I will start today's auction shortly. 4 A friendly reminder that the auction items are presented in the catalog in front of you. Please take some time before we start to look through the items. 5 Today's items largely include a range of office furniture. We have a huge selection of desks, chairs, and filing cabinets. We'll put up photographs of each item on the screen behind me as we proceed with the auction. If you are interested in bidding on an item, simply raise your personal auction number. 6 If you are the winner of a bid and you would like your item delivered to you, talk to my colleague Evelyn Ramos. She will help sort out the logistics.

4-6번은 다음 담화에 관한 문제입니다.

여 금일 경매를 곧 시작합니다. 4 **경매 물품은 여러분 앞에 놓인 카탈로그에 제시되어 있음을 알려 드리는 바입니다. 시작하기 전에 잠시 시간 내어 물품을 살펴봐 주시기 바랍니다.** 5 **오늘 물품에는 대체로 다양한 사무용 가구가 포함되어 있습니다.** 다양한 종류의 책상, 의자, 서류 보관함이 준비되어 있습니다. 경매를 진행하면서 제품별 사진을 제 뒤에 마련된 화면에 띄워 드릴 예정입니다. 제품 입찰에 관심 있으시면, 개인 경매 번호판을 들어 주시면 됩니다. 6 **만약 낙찰받으셔서 물품을 배송받고 싶으신 경우, 제 동료인 에블린 라모스에게 알려 주세요.** 물류 문제를 해결해 드릴 겁니다.

어휘 auction 경매 | shortly 곧 | friendly reminder 친절한 안내[알림] | present 제시하다 | catalog 카탈로그 | in front of ~ 앞에 | largely 주로 | a range of 다양한 | office furniture 사무용 가구 | huge 거대한 | a selection of 다양한 | put up ~을 게시하다 | proceed 진행하다 | bid 입찰하다 | raise 들어 올리다 | personal 개인의 | winner 승자 | colleague 동료 | sort out ~을 해결[처리]하다 | logistics 물류

4. 화자는 청자들에게 경매가 시작되기 전 무엇을 하라고 청하는가?
(A) 카탈로그를 살펴본다
(B) 개인 정보를 업데이트한다
(C) 양식에 서명한다
(D) 다과를 즐긴다

해설 ① **문제 확인:** What, invite, the listeners, before the auction begins → 경매가 시작되기 전에 화자가 청자들에게 청하는 것
② **단서 찾기:** before the auction begins를 단서로 삼아 제안·요청 표현 포착. A friendly reminder that the auction items are presented in the catalog in front of you. Please take some time before we start to look through the items. "경매 물품은 여러분 앞에 놓인 카탈로그에 제시되어 있음을 알리는 바다. 시작하기 전에 잠시 시간 내어 물품을 살펴봐 주길 바란다."
③ **Paraphrasing:** (지문 → 정답)
look through → Review

5. 어떤 종류의 제품이 판매될 예정인가?
(A) 보석류
(B) 사무용 가구
(C) 원예 도구
(D) 미술품

해설 ① **문제 확인:** What type, items, sold → 판매되는 제품 종류
② **단서 찾기:** items, sold를 키워드로 삼아 단서 포착. Today's items largely include a range of office furniture. "오늘 물품에는 대체로 다양한 사무용 가구가 포함되어 있다."

6. 화자에 따르면, 청자들은 왜 에블린 라모스와 이야기를 나눠야 하는가?
(A) 배송 일정을 잡기 위해
(B) 월간 업데이트를 받기 위해
(C) 지불을 마무리하기 위해
(D) 문제를 알리기 위해

해설 ① **문제 확인:** why, the listeners, talk to Evelyn Ramos → 청자들이 에블린 라모스와 이야기를 나눠야 하는 이유
② **단서 찾기:** talk to Evelyn Ramos를 키워드로 삼아 단서 포착. If you are the winner of a bid and you would like your item delivered to you, talk to my colleague Evelyn Ramos. "만약 낙찰받아서 물품을 배송받고 싶은 경우, 내 동료인 에블린 라모스에게 알려 달라."

호주

Questions 7-9 refer to the following tour information.

M We'll be entering the city of Paulsberg in just a few minutes. 7 If you look out the front window, you can see the iconic clock tower. I think you're really going to enjoy this next part of the tour. We'll be taking you through Saris Square, which is filled with coffee shops and street performances. 8 There is also the famous bakery street. In case you didn't know, handmade bread is Paulsberg's claim to fame. You simply must try it for yourself. 9 Also, bear in mind that most of these places will not accept cards. Not to worry, though. We'll be passing by a bank on our way into the city.

PART 4 UNIT 20

7-9번은 다음 관광 정보에 관한 문제입니다.

남 저희는 몇 분 후면 폴스버그 시에 도착합니다. **7** **앞쪽 창문 밖을 바라보시면, 명물인 시계탑을 보실 수 있습니다.** 제 생각에 여러분들은 관광의 이 다음 파트를 굉장히 즐기게 되실 거 같습니다. 저희는 여러분을 새리스 광장으로 안내해 드릴 텐데, 그곳은 커피숍과 거리 공연으로 가득합니다. **8** **유명한 빵집 거리도 있습니다. 모르셨을 경우를 대비해 알려 드리면, 폴스버그는 수제 빵으로 유명합니다.** 무조건 직접 드셔 보세요. **9** **또한, 이곳 상점에서는 대부분 카드를 받지 않는다는 점을 명심해 주세요. 하지만 걱정하지 마세요. 시내로 가는 길에 은행을 지날 예정입니다.**

어휘 enter 들어가다 | iconic 상징이 되는 | clock tower 시계탑 | be filled with ~으로 가득 차다 | street performance 거리 공연 | famous 유명한 | in case ~한 경우에 대비해서 | claim to fame 유명한 이유 | bear in mind ~을 명심하다 | accept 받다 | pass by ~을 지나가다

7. 청자들은 어떤 종류의 관광을 하고 있는가?

(A) 자전거 투어

(B) 버스 투어

(C) 도보 투어

(D) 가상 투어

해설 ① **문제 확인:** What kind, tour, the listeners, taking → 청자들이 하고 있는 관광 종류

② **단서 찾기:** 특정 관광과 관련된 단어나 표현 포착. If you look out the front window, you can see the iconic clock tower. "앞쪽 창문 밖을 바라보면, 명물인 시계탑을 볼 수 있다."

8. 화자에 따르면, 폴스버그 시는 무엇으로 유명한가?

(A) 수제 빵

(B) 거리 공연

(C) 미술관

(D) 장인 커피

해설 ① **문제 확인:** What, Paulsberg, known for → 폴스버그 시가 유명한 이유

② **단서 찾기:** Paulsberg, known for를 키워드로 삼아 단서 포착. There is also the famous bakery street. In case you didn't know, handmade bread is Paulsberg's claim to fame. "유명한 빵집 거리도 있다. 몰랐을 경우를 대비해 알려 주면, 폴스버그는 수제 빵으로 유명하다."

③ **Paraphrasing:** (지문 → 문제)
famous, claim to fame → known for

9. 화자는 "시내로 가는 길에 은행을 지날 예정입니다"라고 말할 때 무엇을 의도하는가?

(A) 청자들은 은행 위치를 알아둬야 한다.

(B) 청자들은 은행 사진을 찍어야 한다.

(C) 청자들은 돈을 인출할 기회가 있을 것이다.

(D) 청자들은 곧 결제를 해야 할 것이다.

해설 ① **문제 확인:** "We'll be passing by a bank on our way into the city" → 화자가 "~"라고 말한 의도

② **단서 찾기:** 해당 문장에 연결된 전후 문맥 파악. Also, bear in mind that most of these places will not accept cards. Not to worry, though. "또한, 이곳 상점에서는 대부분 카드를 받지 않는다는 점을 명심해라. 하지만 걱정하지 마라." → We'll be passing by a bank on our way into the city. "시내로 가는 길에 은행을 지날 예정이다." → 상점 대부분이 카드를 받지 않으니 시내로 가는 길에 은행을 지날 때 그곳에서 현금을 찾아도 된다.

미국

Questions 10-12 refer to the following introduction.

M Greetings. **10** My name is Jake Boone from UP Realtors. I'll be showing you the offices we have available in the Micron Building. We have a few different offerings depending on your business needs. Floors may have up to four businesses, and every floor has a shared kitchen and recreation area. **11** Take this brochure. It has information on some of the extra services we provide, including beverages and games. **12** If you are looking to move in next month, that can be arranged. However, for the sake of transparency, please note that there will still be some ongoing construction.

10-12번은 다음 소개에 관한 문제입니다.

남 안녕하세요. **10** **저는 유피 부동산 중개사의 제이크 분입니다. 제가 여러분께 마이크론 빌딩에서 입주 가능한 사무실을 보여 드릴 겁니다.** 여러분의 사업적 요구에 따라 나와 있는 물건이 여러 개 있습니다. 모든 층에는 최대 4개 업체까지 입주 가능하고, 층마다 공유 주방과 휴게 공간이 있습니다. **11** **이 안내 책자를 챙겨 주세요.** 책자에 음료 및 게임을 비롯해 저희가 제공하는 부가 서비스 정보가 나와 있습니다. **12** **다음 달에 입주를 고려 중이시라면, 맞춰 드릴 수 있습니다. 하지만, 명확하게 말씀드리자면, 몇 군데 공사는 여전히 계속 진행될 예정이라는 것을 유의해 주세요.**

어휘 realtor 부동산 중개인 | available 이용 가능한 | offering 내놓은 것 | depending on ~에 따라 | need 요구, 수요 | brochure 안내 책자 | extra 추가의[부가의] | provide 제공하다 | including ~을 비롯하여[포함하여] | move in 이사 들어오다 | arrange (일을) 처리하다, 주선하다 | for the sake of ~을 위해서 | transparency 명료함, 투명성 | note 유의하다 | ongoing 진행 중인 | construction 공사

10. 화자는 누구이겠는가?

(A) 부동산 중개인

(B) 건설 노동자

(C) 회계사

(D) 인테리어 디자이너

해설 ① **문제 확인:** Who, the speaker → 화자의 정체

② **단서 찾기:** 특정 직업이나 장소를 알 수 있는 단어나 표현 포착. My name is Jake Boone from UP Realtors. I'll be showing you the offices we have available in the Micron Building. "나는 유피 부동산 중개사의 제이크 분이다. 내가 당신에게 마이크론 빌딩에서 입주 가능한 사무실을 보여 줄 거다."

③ **Paraphrasing:** (지문 → 정답)
Realtors → A real estate agent

11. 화자는 청자들에게 무엇을 주는가?
(A) 명함
(B) 평면도
(C) 안내 책자
(D) 청구서

해설 ① **문제 확인:** What, give, to the listeners → 화자가 청자들에게 주는 것
② **단서 찾기:** give를 키워드로 삼아 단서 포착. Take this brochure. "이 안내 책자를 챙겨라."

12. 화자는 왜 "몇 군데 공사는 여전히 계속 진행될 예정입니다"라고 말하는가?
(A) 현재 상황에 만족하지 않는다.
(B) 새로운 아이디어를 제안하고 싶다.
(C) 청자들은 완공 때까지 기다려야 한다.
(D) 청자들은 혼잡을 예상해야 한다.

해설 ① **문제 확인:** "there will still be some ongoing construction" → 화자가 "~"라고 말한 의도
② **단서 찾기:** 해당 문장에 연결된 전후 문맥 파악. If you are looking to move in next month, that can be arranged. "다음 달에 입주를 고려 중이라면, 맞춰 줄 수 있다." → However, for the sake of transparency, please note that there will still be some ongoing construction. "하지만, 명확하게 말하자면, 몇 군데 공사는 여전히 계속 진행될 예정이라는 것을 유의해라." → 입주 고려 중인 청자들에게 일부 공사가 여전히 진행 중이니 혼잡이 있을 거라는 주의를 준다.

호주

Questions 13-15 refer to the following talk and map.

M Welcome to the Guest Center at the Welmont Nature Reserve. 13 My name's Sherman, and I'll be showing you around the reserve today. 14 If you've joined us before, you'll know we usually take the Forest Path all the way around to the Meadow Pond, but because of last month's fire, only a part of that path is open. We can go as far as the river, but then we'll have to turn and take the River Path for the rest of the way. Once we reach the end of the path, we'll have some lunch and then continue down the Garden Path. Although it's springtime, it gets pretty cold in the evening, so 15 make sure you take a jacket or sweater with you for later on.

13-15번은 다음 담화와 지도에 관한 문제입니다.

남 웰몬트 자연 보호 구역의 방문객 센터에 오신 것을 환영합니다. 13 **제 이름은 셔먼이고, 오늘 여러분에게 이 보호 구역을 안내해 드릴 것입니다.** 14 **이전에 저희와 함께한 적이 있었던 분들은, 보통은 미도우 연못으로 가는 내내 포레스트 길로 간다는 것을 알고 계실 테지만, 지난달에 있었던 화재로, 그 길 중 일부만이 개방되어 있습니다. 강까지는 갈 수 있지만, 그러고 나서 나머지 길은 길을 돌아 리버 길로 가야 합니다.** 일단 길 끝에 다다르면, 점심을 먹고 가든 길로 계속해서 갈 겁니다. 비록 봄이지만, 저녁에 꽤 춥기 때문에 15 **나중에 입을 스웨터나 재킷을 꼭 챙기세요.**

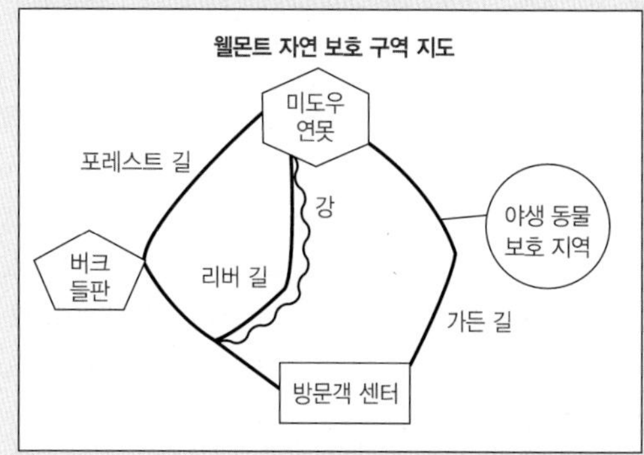

어휘 **reserve** 보호 구역 | **path** 길 | **rest** 나머지 | **reach** 도달하다 | **later on** 나중에 | **pond** 연못 | **wildlife** 야생 동물 | **sanctuary** 보호 구역

13. 화자는 누구이겠는가?
(A) 여행객
(B) 책임자
(C) 관리인
(D) 안내원

해설 ① **문제 확인:** Who, the speaker → 화자의 정체
② **단서 찾기:** 특정 직업이나 장소를 알 수 있는 단어나 표현 포착. My name's Sherman, and I'll be showing you around the reserve today. "내 이름은 셔먼이고, 오늘 여러분에게 이 보호 구역을 안내할 것이다."

14. 시각 정보를 보시오. 청자들은 오늘 어디를 방문할 수 없는가?
(A) 방문객 센터
(B) 야생 동물 보호 지역
(C) 미도우 연못
(D) 버크 들판

해설 ① **문제 확인:** Where, the listeners, NOT, visit → 청자들이 방문할 수 없는 곳
② **단서 찾기:** 시각 정보를 미리 파악한 후 질문과 관련한 내용과 시각 정보 매칭. If you've joined us before, you'll know we usually take the Forest Path all the way around to the Meadow Pond, but because of last month's fire, only a part of that path is open. We can go as far as the river, but then we'll have to turn and take the River Path for the rest of the way. "이전에 우리와 함께한 적이 있었던 사람들은, 보통은 미도우 연못으로 가는 내내 포레스트 길로 간다는 것을 알고 있을 테지만, 지난달에 있었던 화재로, 그 길 중 일부만이 개방되어 있다. 강까지는 갈 수 있지만, 그러고 나서 나머지 길은 길을 돌아 리버 길로 가야 한다." → 시각 정보에서 방문객 센터에서 출발하여 미도우 연못으로 가는 길 중 포레스트 길에 있는 방문 구역 확인 → Berk Field(버크 들판)

15. 화자는 청자들에게 무엇을 하도록 권장하는가?
(A) 사진을 찍는다
(B) 따뜻한 옷을 챙긴다
(C) 지도를 확인한다
(D) 음식을 싼다

해설 ① **문제 확인:** What, recommend, the listeners → 청자들에게 권장하는 것
② **단서 찾기:** 담화 후반부에서 제안·권유 표현 또는 명령문 포착. make sure you take a jacket or sweater with you for later on "나중에 입을 스웨터나 재킷을 꼭 챙겨라"

미국

Questions 16-18 refer to the following talk and diagram.

W 16 As I said at the start of today's tour, you'll see how our herbal teas are made here at Sunshine Tea Manufacturing Plant. So far, you've tasted and enjoyed our fragrant teas. We are now entering the blending area. Here, we'll demonstrate how we mix some of our most famous teas. To your right, you can see that the ingredients for cinnamon tea are ready for blending. 17 In just a few moments, we'll arrive at the last stop of the tour. 18 Before we go in, I'll be asking everyone to put away their electronic devices. That facility contains some confidential information, so you are not allowed to take any photos.

16-18번은 다음 담화와 도표에 관한 문제입니다.

여 16 **오늘 견학 처음에 이야기했듯, 여러분은 이곳 선샤인 차 제조 공장에서 저희의 허브티가 어떻게 만들어지는지 보게 될 겁니다.** 지금까지, 저희 회사의 향기로운 차를 맛보고 즐기셨을 텐데요. 이제는 혼합하는 구역으로 들어가고 있습니다. 여기서, 저희 회사의 가장 유명한 차를 어떻게 섞는지 시연할 겁니다. 여러분의 오른쪽에, 계피차 재료가 혼합을 위해 준비되었다는 것을 보실 수 있습니다. 17 **잠시 뒤, 견학의 마지막 장소에 도착할 겁니다.** 18 **들어가기 전에, 모두 전자 기기를 넣어 주시기 바랍니다.** 이 시설에는 기밀 정보가 있기 때문에 사진을 찍으실 수 없습니다.

어휘 herbal 허브의, 약초의 | manufacturing plant 제조 공장 | fragrant 향기로운 | enter 입장하다, 들어가다 | blending 혼합, 조합 | demonstrate 시연하다 | ingredient 재료 | cinnamon 계피 | put away ~을 넣다[치우다] | electronic device 전자 기기 | confidential 기밀의, 비밀의

16. 청자들은 왜 제조 공장을 방문하고 있는가?
(A) 견학에 참여하기 위해
(B) 장비를 수리하기 위해
(C) 축하 행사에 참여하기 위해
(D) 일자리에 지원하기 위해

해설 ① **문제 확인:** Why, the listeners, visiting, manufacturing plant → 청자들이 제조 공장을 방문하는 이유
② **단서 찾기:** visiting, manufacturing plant를 키워드로 삼아 단서 포착. As I said at the start of today's tour, you'll see how our herbal teas are made here at Sunshine Tea Manufacturing Plant. "오늘 견학 처음에 이야기했듯, 여러분은 이곳 선샤인 차 제조 공장에서 우리의 허브티가 어떻게 만들어지는지 보게 될 것이다."

17. 시각 정보를 보시오. 청자들은 다음에 어디로 갈 것인가?
(A) 정문으로
(B) 시음실로
(C) 혼합 구역으로
(D) 조리법 센터로

해설 ① **문제 확인:** Where, the listeners, go next → 청자들이 다음에 갈 곳
② **단서 찾기:** 시각 정보를 미리 파악한 후 질문과 관련한 내용과 시각 정보 매칭. In just a few moments, we'll arrive at the last stop of the tour. "잠시 뒤 견학의 마지막 장소에 도착할 것이다." → 시각 정보에서 마지막 장소 확인 → Recipe Center(조리법 센터)

18. 화자는 청자들에게 무엇을 하라고 요청하는가?
(A) 요금을 지불한다
(B) 신분증을 보여 준다
(C) 상품을 맛본다
(D) 전자 기기를 넣는다

해설 ① **문제 확인:** What, ask, the listeners → 청자들에게 요청하는 것
② **단서 찾기:** 담화 후반부에서 제안·요청 표현 포착. Before we go in, I'll be asking everyone to put away their electronic devices. "들어가기 전에 모두 전자 기기를 넣어 주길 바란다."

REVIEW TEST

본서 p.244

71. (D)	72. (B)	73. (B)	74. (D)	75. (D)	76. (D)
77. (A)	78. (C)	79. (B)	80. (D)	81. (A)	82. (D)
83. (C)	84. (C)	85. (A)	86. (B)	87. (D)	88. (C)
89. (A)	90. (D)	91. (D)	92. (A)	93. (C)	94. (A)
95. (C)	96. (D)	97. (B)	98. (D)	99. (B)	100. (A)

영국

Questions 71-73 refer to the following excerpt from a meeting.

W Thank you all for coming to the meeting. 71 I'm sure everyone has heard that our latest navigation app has been functioning poorly. I'm very worried because we promised our users that the new version would be a big improvement. 72 For the entire meeting, we'll be going over some common issues that most of our customers are experiencing. This will help us determine what we can do to resolve these problems. 73 I've prepared some presentation slides, but this projector won't turn on. Can someone visit the maintenance office and bring another one?

71-73번은 다음 회의 발췌록에 관한 문제입니다.

여 회의에 와 주셔서 모두 감사합니다. 71 **우리 최신 내비게이션 앱이 제대로 작동하지 않고 있다는 것을 모든 분들이 분명 들어 보셨을 겁니다. 저는 걱정이 되는데** 우리 이용자들에게 새로운 버전이 크게 개선될 것이라고 약속했기 때문입니다. 72 **전체 회의에서, 대다수의 우리 고객들이 경험하고 있는 몇 가지 공통적인 문제를 살펴보겠습니다.** 이것은 이러한 문제를 해결하기 위해 우리가 무엇을 할 수 있을지 알아내는 데 도움이 될 것입니다. 73 **발표 슬라이드를 준비했는데, 이 프로젝터가 켜지지 않네요. 누군가 관리 사무실에 가서 다른 걸 가져다 줄 수 있을까요?**

어휘 navigation 내비게이션 | function 작동하다 | poorly 좋지 않게, 형편없이 | improvement 개선, 향상 | entire 전체의 | go over ~을 살펴보다, 검토하다 | common 공통적인, 흔한 | issue 문제, 사안 | determine 알아내다, 결정하다 | resolve 해결하다 | maintenance (건물·기계 등의) 관리, 유지, 보수

71. 화자는 왜 걱정하는가?
(A) 부서에 더 많은 직원들이 필요하다.
(B) 프로젝트 비용이 너무 많이 든다.
(C) 마감일을 맞출 수 없다.
(D) 앱이 잘 작동하지 않는다.

해설 ① **문제 확인:** Why, the speaker, worried → 화자가 걱정하는 이유
② **단서 찾기:** 담화 초반부에서 부정 표현 포착. I'm sure everyone has heard that our latest navigation app has been functioning poorly. I'm very worried "우리 최신 내비게이션 앱이 제대로 작동하지 않고 있다는 것을 모든 분들이 분명 들어 봤을 것이다. 나는 매우 걱정이 된다"
③ **Paraphrasing:** (지문 → 정답)
functioning poorly → not working well

72. 청자들은 회의하는 동안 무엇을 할 것인가?
(A) 각각의 그룹으로 작업한다
(B) 정보를 분석한다
(C) 제품을 시험한다
(D) 비디오를 본다

해설 ① **문제 확인:** What, the listeners, do, during the meeting → 청자들이 회의 때 할 일
② **단서 찾기:** during the meeting을 키워드로 삼아 미래 시제 표현 포착. For the entire meeting, we'll be going over some common issues that most of our customers are experiencing "전체 회의에서, 대다수의 우리 고객들이 경험하고 있는 몇 가지 공통적인 문제를 살펴보겠다"
③ **Paraphrasing:** (지문 → 정답)
go over ~ common issues → Analyze some information

73. 화자는 왜 자원자를 필요로 하는가?
(A) 고객들에게 연락하기 위해
(B) 장비를 가져오기 위해
(C) 더 큰 회의실을 예약하기 위해
(D) 문서를 출력하기 위해

해설 ① **문제 확인:** Why, the speaker, need, a volunteer → 화자가 자원자를 필요로 하는 이유
② **단서 찾기:** volunteer를 키워드로 삼아 단서 포착. I've prepared some presentation slides, but this projector won't turn on. Can someone visit the maintenance office and bring another one? "발표 슬라이드를 준비했는데, 이 프로젝터가 켜지지 않는다. 누군가 관리 사무실에 가서 다른 걸 가져다줄 수 있는가?"
③ **Paraphrasing:** (지문 → 정답)
projector → a piece of equipment

영국

Questions 74-76 refer to the following tour information.

W OK, the bus is approaching the concert hall, which you can see straight ahead of us. 74 As you know, we'll be seeing the 6 P.M. jazz performance, but we're arriving about an hour early. So 75 you'll have some time to visit some places around this neighborhood. There are several famous restaurants on the right side of the street, and on the left is Marlon's Antiques. From the outside, it doesn't look that great, but 75 Marlon's Antiques has a lot of interesting items. Alright, 76 I'll pass out maps of the area now. Just make sure you find your way to your seats by 5:50.

74-76번은 다음 투어 정보에 관한 문제입니다.

여 네, 버스가 우리 바로 앞에 보이는 콘서트홀에 다 와 갑니다. 74 **여러분도 알고 계시듯, 저희는 오후 6시에 있는 재즈 공연을 볼 예정이지만,** 한 시간 일찍 도착할 겁니다. 그래야 75 **이 동네 근처의 몇몇 장소들을 구경하실 시간이 있을 거예요.** 거리 오른편에는 유명한 식당 몇 군데가 있고, 왼편에는 말론 골동품점이 있습니다. 밖에서 보면, 그렇게 대단해 보이지 않지만, 75 **말론 골동품점에는 흥미로운 물건들이 아주 많아요.** 좋습니다, 76 **이제 이 지역의 지도를 나눠 드릴게요.** 5시 50분까지 콘서트홀 지정석으로 오셔야 한다는 걸 명심하세요.

어휘 approach 접근하다 | performance 공연 | neighborhood 동네 | antique 골동품점 | pass out ~을 나눠 주다, 분배하다

74. 청자들은 오후 6시에 무엇을 할 예정인가?
(A) 몇몇 가게에서 쇼핑을 한다
(B) 공항으로 떠난다
(C) 식당 투어를 한다
(D) 음악 공연을 관람한다

해설 ① 문제 확인: What, the listeners, do, 6 P.M. → 청자들이 오후 6시에 할 일
② 단서 찾기: 6 P.M.을 키워드로 삼아 단서 포착. As you know, we'll be seeing the 6 P.M. jazz performance "여러분도 알고 있듯, 우리는 오후 6시에 있는 재즈 공연을 볼 예정이다"
③ Paraphrasing: (지문 → 정답)
seeing ~ jazz performance → Watch a musical show

75. 화자는 왜 "말론 골동품점에는 흥미로운 물건들이 아주 많아요"라고 말하는가?
(A) 한 지역 상점의 성공에 대해 묘사하기 위해
(B) 청자들에게 사진을 찍자고 권유하기 위해
(C) 새 상품을 소개하기 위해
(D) 한 상점을 방문해 보라고 청자들에게 권유하기 위해

해설 ① 문제 확인: "Marlon's Antiques has a lot of interesting items" → 화자가 "~"라고 말한 의도
② 단서 찾기: 해당 문장에 연결된 전후 문맥 파악. you'll have some time to visit some places around this neighborhood "이 동네 근처의 몇몇 장소들을 구경할 시간이 있을 것이다" → Marlon's Antiques has a lot of interesting items "말론 골동품점에는 흥미로운 물건들이 아주 많다" → 이 상점에 흥미로운 물건들이 많으니 방문해라.

76. 화자는 다음에 무엇을 할 것인가?
(A) 좌석을 예매한다
(B) 주차증을 받는다
(C) 스케줄을 검토한다
(D) 지도를 나눠 준다

해설 ① 문제 확인: What, the speaker, do next → 화자가 다음에 할 일
② 단서 찾기: 담화 후반부에서 미래 시제 표현 포착. I'll pass out maps of the area now "이제 이 지역의 지도를 나눠 주겠다"
③ Paraphrasing: (지문 → 정답)
pass out → Distribute

미국

Questions 77-79 refer to the following broadcast.

W Welcome to another episode of *Thinking Business*. 78 Today's episode is all about marketing, a topic I'm all too familiar with. As they say, when it comes to the fashion industry, advertising is king. So to that point, 77 78 I want to share some of the biggest lessons I learned in marketing from running my own clothing stores 78 79 and then really dive deep into the various avenues you can advertise through. I am very fortunate to be joined by Candice Webb, a marketing guru with over 15 years of experience. Everybody, please give Candice a warm welcome!

77-79번은 다음 방송에 관한 문제입니다.

여 〈생각하는 비즈니스〉의 또 다른 에피소드에 오신 것을 환영합니다. **78 오늘의 에피소드는 마케팅에 관한 모든 것입니다.** 제가 너무나 잘 알고 있는 주제네요. 사람들이 얘기하듯이, 패션 산업에 관한 한, 광고는 왕입니다. 그래서 그 점에 있어서, **77 78 제가 옷 가게를 운영하면서 마케팅에서 배운 가장 큰 교훈들 몇 가지를 공유하고 싶고 78 79 그러고 나서 여러분이 그걸 통해 광고할 수 있는 다양한 방법들로 깊이 들어가고 싶습니다.** 저로서 매우 다행스러운 건 15년 이상의 경력을 가진 마케팅 전문가, 캔디스 웹과 함께하게 된 것입니다. 여러분, 캔디스를 따뜻하게 맞이해 주세요!

어휘 episode 에피소드, (연속 프로의) 1회 방송분 | familiar with ~을 잘 아는, ~에 친숙한 | when it comes to ~에 관한 한 | share 공유하다 | lesson 교훈 | dive deep into ~에 대해 깊이 들어가다[심층 조사하다] | avenue 방법, 길 | fortunate 다행인, 운 좋은 | guru 전문가, 권위자 | give a warm welcome 따뜻하게 맞이하다, 환대하다

77. 화자는 어떤 종류의 사업을 소유하고 있는가?
(A) 옷 가게
(B) 슈퍼마켓
(C) 박물관
(D) 마케팅 회사

해설 ① 문제 확인: What type, business, the speaker, own → 화자가 소유하고 있는 업종
② 단서 찾기: 특정 직업이나 장소를 알 수 있는 단어나 표현 포착. I want to share some of the biggest lessons I learned in marketing from running my own clothing stores "내가 옷 가게를 운영하면서 마케팅에서 배운 가장 큰 교훈들 몇 가지를 공유하고 싶다"

78. 오늘 에피소드의 주제는 무엇인가?
(A) 직원 유지
(B) 업계 동향
(C) 광고 매체
(D) 금융 팁

해설 ① 문제 확인: What, topic, today's episode → 오늘 에피소드의 주제
② 단서 찾기: today's episode를 키워드로 삼아 단서 포착. Today's episode is all about marketing "오늘의 에피소드는 마케팅에 관한 모든 것이다" → I want to share some of the biggest lessons I learned in marketing from running my own clothing stores and then really dive deep into the various avenues you can advertise through. "내가 옷 가게를 운영하면서 마케팅에서 배운 가장 큰 교훈들 몇 가지를 공유하고 싶고 그러고 나서 여러분이 그걸 통해 광고할 수 있는 다양한 방법들로 깊이 들어가고 싶다."

79. 화자는 다음에 무엇을 하겠는가?
(A) 청자들로부터 질문을 받는다
(B) 토론을 시작한다
(C) 제품을 광고한다
(D) 손님을 축하한다

해설 ① 문제 확인: What, the speaker, do next → 화자가 다음에 할 일
② 단서 찾기: 담화 후반부에서 미래 시제 표현 포착. and then really dive deep into the various avenues you can advertise through "그리고 나서 여러분이 그걸 통해 광고할 수 있는 다양한 방법들로 깊이 들어가고 싶다"

호주

Questions 80-82 refer to the following telephone message.

M Hi, this is Brad Andrews from Tomik Motors. 80 **I hope you are happy with your vehicle inspection.** For us, your satisfaction is our mission. I'm just calling to confirm that you are eligible for our insurance plan at the rate I provided. 81 **If you could let me know whether you would like to purchase insurance from us, that would be appreciated.** I will sort everything out on our end once you do. 82 **Also, I wanted to let you know that we do allow you to prepay for your next check. In fact, we'll offer you a reduced rate if you do.** Thanks, and have a great day.

80-82번은 다음 전화 메시지에 관한 문제입니다.

남 안녕하세요. 저는 토믹 자동차의 브래드 앤드루스입니다. 80 **차량 점검에 만족하셨기를 바랍니다.** 귀하의 만족이 저희의 사명입니다. 제가 제안 드린 요금으로 저희 보험에 가입하실 수 있다는 걸 확실히 말씀 드리기 위해 전화를 드렸습니다. 81 **저희 보험에 가입하실 의향이신지 저에게 알려 주시면, 감사하겠습니다.** 가입하시면 저희 쪽 업무는 제가 모두 처리해 드리겠습니다. 82 **또한, 다음 청구서에 대해 선납하실 수 있다는 걸 알려 드리고자 합니다. 사실, 그렇게 하시면 할인을 제공해 드립니다.** 감사합니다. 그럼 좋은 하루 보내세요.

어휘 vehicle 차량 | inspection 점검 | satisfaction 만족 | mission 사명, 임무 | confirm 확실히 하다 | eligible ~을 가질[할] 수 있는, 자격이 있는 | insurance plan 보험 | rate 요금 | purchase 구입하다 | appreciate 고마워하다 | sort out ~을 처리[정리]하다 | end 끝, 부분, 몫 | allow 하게 두다, 허용하다 | prepay 선납하다 | check 청구서 | reduced 할인된

80. 화자의 회사에서는 어떤 서비스를 제공하는가?
(A) 의료 지원
(B) 배송
(C) 자산 관리
(D) 차량 점검

해설 ① 문제 확인: What type, service, the speaker's company, offer → 화자의 회사가 제공하는 서비스 종류
② 단서 찾기: service를 키워드로 삼아 단서 포착. I hope you are happy with your vehicle inspection. "차량 점검에 만족했기를 바란다."
③ Paraphrasing: (지문 → 정답)
vehicle inspection → Vehicle checks

81. 화자는 청자에게 무엇을 하라고 요청하는가?
(A) 결정을 알려 준다
(B) 양식을 작성한다
(C) 결제를 한다
(D) 문서를 보낸다

해설 ① 문제 확인: What, ask, the listener → 청자에게 요청하는 것
② 단서 찾기: 제안·요청 표현 포착. If you could let me know whether you would like to purchase insurance from us, that would be appreciated. "우리 보험에 가입할 의향인지 내게 알려 주면, 고맙겠다."

82. 청자는 어떻게 할인받을 수 있는가?
(A) 친구를 소개함으로써
(B) 회원이 됨으로써
(C) 지점을 방문함으로써
(D) 사전 결제를 함으로써

해설 ① 문제 확인: How, the listener, receive, discount → 청자가 할인받을 수 있는 방법
② 단서 찾기: receive, discount를 키워드로 삼아 단서 포착. Also, I wanted to let you know that we do allow you to prepay for your next check. In fact, we'll offer you a reduced rate if you do. "또한, 다음 청구서에 대해 선납할 수 있다는 걸 알려 주고자 한다. 사실, 그렇게 하면 할인을 제공해 준다."
③ Paraphrasing:
(지문 → 문제) a reduced rate → a discount
(지문 → 정답) prepay → paying in advance

영국

Questions 83-85 refer to the following telephone message.

W Hi, Aaron. This is Toshiko. 83 **I just wanted to go over a couple of things about our company's anniversary celebration next month.** I'm really looking forward to it. 84 **I know you had wanted to use that Italian bistro on College Boulevard, but we've confirmed that 200 people will be attending. Maybe we should check out that new pasta place on Metcalf Avenue—they have a pretty big banquet hall.** 85 **In any case, we'll need to discuss the plans as soon as possible. I'll reserve a conference room for us this Thursday at 10:00 A.M.**

83-85번은 다음 전화 메시지에 관한 문제입니다.

여 안녕하세요, 애런. 토시코입니다. 83 **저는 다음 달 있을 우리 회사 기념일 행사에 관해 몇 가지 확인하고 싶었어요.** 저는 그 행사를 매우 기대하고 있습니다. 84 **당신이 컬리지 대로에 있는 이탈리아 식당을 이용하고 싶어 한 걸 알고 있지만, 200명이 참석할 거란 사실을 확인했습니다. 아마도 멧칼프 가에 새로 생긴 파스타 식당을 알아봐야 하지 않을까 싶어요. 거기에 꽤 큰 연회장이 있거든요.** 85 **어떤 경우든지, 가능한 한 빨리 계획에 대해 논의해야 할 거예요. 제가 이번 주 목요일 오전 10시로 회의실을 예약해 놓을게요.**

어휘 go over ~을 검토하다 | anniversary 기념일 | celebration 기념행사 | look forward to ~을 고대하다 | bistro 작은 식당 | boulevard 대로, 도로 | confirm 확인해 주다, 확정하다 | check out ~을 알아보다, 확인하다 | banquet 연회 | reserve 예약하다

83. 화자는 어떤 종류의 행사를 준비하고 있는가?
(A) 투자자 회의
(B) 기업 연수
(C) 기념일 행사
(D) 신입 사원 저녁 식사

해설 ① 문제 확인: What type, event, the speaker, organizing → 화자가 준비하고 있는 행사 종류
② 단서 찾기: event, organizing을 키워드로 삼아 단서 포착. I just wanted to go over a couple things about our company's anniversary celebration next month. "나는 다음 달 있을 우리 회사 기념일 행사에 관해 몇 가지 확인하고 싶었다."

84. 화자는 "하지만 200명이 참석할 거란 사실을 확인했습니다"라고 말할 때 무엇을 의도하는가?
(A) 식당 메뉴가 변경될 필요가 있다.
(B) 예산이 검토되어야 한다.
(C) 제안된 장소가 충분히 크지 않다.
(D) 유명 연사가 행사에 올 것이다.

해설 ① 문제 확인: "but we've confirmed that 200 people will be attending" → 화자가 "~"라고 말한 의도
② 단서 찾기: 해당 문장에 연결된 전후 문맥 파악. I know you had wanted to use that Italian bistro on College Boulevard, but we've confirmed that 200 people will be attending. "당신이 컬리지 대로에 있는 이탈리아 식당을 이용하고 싶어 한 걸 알고 있지만, 200명이 참석할 거란 사실을 확인했다." → Maybe we should check out that new pasta place on Metcalf Avenue—they have a pretty big banquet hall. "아마도 멧칼프 가에 새로 생긴 파스타 식당을 알아봐야 하지 않을까 싶다. 거기에 꽤 큰 연회장이 있다." → 200명이 참석하기에 컬리지 대로에 있는 이탈리아 식당은 200명을 수용할 만큼 크지 않다.

85. 화자는 목요일에 무엇을 하고 싶어 하는가?
(A) 회의를 한다
(B) 사업체에 연락한다
(C) 지불금을 낸다
(D) 시설을 견학한다

해설 ① 문제 확인: What, the speaker, like to do, Thursday → 화자가 목요일에 하고 싶어 하는 것
② 단서 찾기: like to do, Thursday를 키워드로 삼아 단서 포착. In any case, we'll need to discuss the plans as soon as possible. I'll reserve a conference room for us this Thursday at 10:00 A.M. "어떤 경우든지, 가능한 한 빨리 계획에 대해 논의해야 할 거다. 내가 이번 주 목요일 오전 10시로 회의실을 예약해 놓겠다."
③ Paraphrasing: (지문 → 정답)
discuss ~ plans → Have a meeting

호주

Questions 86-88 refer to the following talk.

M **86** First off, a big thank you to everyone here for another fantastic year. This has been our best year yet. We managed to sell three million copies while also being mentioned as perhaps the best game of the year. **87** Critics and fans alike praised our genius storytelling as well as our beautiful designs, **so hats off to everyone here!** **88** We mentioned earlier this year that if we had a good year, everyone would be receiving their bonuses. Well, I'm making it official. They'll be reflected in your first paycheck next year. Well done, everyone!

86-88번은 다음 담화에 관한 문제입니다.

남 **86** **먼저, 다시 한번 또 멋진 한 해를 함께한 모든 분들께 정말 감사드립니다. 올해가 지금껏 최고의 한 해였어요. 우리는 올해 어쩌면 최고의 게임으로 언급되면서 300만 장을 팔고야 말았습니다.** **87** **비평가들과 팬들 모두 우리의 천재적인 스토리텔링과 아름다운 디자인을 칭찬했으니,** 여기 계신 모든 분들의 업적에 경의를 표합니다! **88** **올해 초 우리는 우리가 좋은 한 해를 보내면, 모두가 보너스를 받을 것이라고 얘기했습니다. 음, 저는 이것을 공식화하고자 합니다. 여러분의 내년 첫 월급에 반영될 것입니다.** 수고하셨습니다, 여러분!

어휘 first off 먼저, 우선 | fantastic 멋진, 기막히게 좋은 | manage to do (어떻게든) 해내다 | critic 비평가 | alike 둘 다, 똑같이 | praise 칭찬하다 | hats off to ~의 업적에 경의를 표합니다 | official 공식적인 | bonus 보너스, 상여금 | reflect 반영하다 | paycheck 월급, 급료

86. 청자들은 누구이겠는가?
(A) 단편소설 작가
(B) 비디오 게임 개발자
(C) 인터넷 기술자
(D) 비즈니스 컨설턴트

해설 ① 문제 확인: Who, the listeners → 청자들의 정체
② 단서 찾기: 특정 직업이나 장소를 알 수 있는 단어나 표현 포착. First off, a big thank you to everyone here for another fantastic year. This has been our best year yet. We managed to sell three million copies while also being mentioned as perhaps the best game of the year. "먼저, 다시 한번 또 멋진 한 해를 함께한 모든 분들에게 정말 고맙다. 올해가 지금껏 최고의 한 해였다. 우리는 올해 어쩌면 최고의 게임으로 언급되면서 300만 장을 팔고야 말았다."

87. 제품의 어떤 특징이 좋은 평가를 받았는가?
(A) 저렴한 가격
(B) 접근의 용이함
(C) 혁신적인 기능들
(D) 시각적 디자인

해설 ① 문제 확인: What feature, product, received, good reviews → 좋은 평가를 받은 제품의 특징

② 단서 찾기: feature, good reviews를 키워드로 삼아 단서 포착. Critics and fans alike praised our genius storytelling as well as our beautiful designs "비평가들과 팬들 모두 우리의 천재적인 스토리텔링과 아름다운 디자인을 칭찬했다"

③ Paraphrasing: (지문 → 정답)
beautiful designs → visual design

88. 화자는 청자들이 내년에 무엇을 받을 거라고 말하는가?

(A) 건강 보험
(B) 휴가
(C) 추가 급여
(D) 무료 검진

해설 ① 문제 확인: What, the listeners, receive, next year → 내년에 청자들이 받을 것

② 단서 찾기: receive, next year를 키워드로 삼아 미래 시제 표현 포착. We mentioned earlier this year that if we had a good year, everyone would be receiving their bonuses. Well, I'm making it official. They'll be reflected in your first paycheck next year. "올해 초 우리는 우리가 좋은 한 해를 보내면, 모두가 보너스를 받을 것이라고 얘기했다. 음, 나는 이것을 공식화하고자 한다. 여러분의 내년 첫 월급에 반영될 것이다."

③ Paraphrasing: (지문 → 정답)
bonuses → Extra pay

미국

Questions 89-91 refer to the following telephone message.

W Hi, Mark. 89 I'm just calling to share some comments regarding this morning's consultation about your business. I'm hoping you didn't take what I said the wrong way. As a management consultant, 90 I'm very impressed with how you run your stores. You oversee five different locations all by yourself. 90 Not many people can do that. So don't worry if you're having a little trouble with record keeping. Instead, 91 why don't you attend the Executive Education Seminar in Dallas in May? I noticed they have speakers covering some very useful material on client files and bookkeeping.

89-91번은 다음 전화 메시지에 관한 문제입니다.

여 안녕하세요, 마크. 89 **오늘 아침 당신의 회사에 대해 제가 상담해 드린 것과 관련하여 드릴 말씀이 있어서 전화했어요.** 제가 말했던 걸 오해하지 않으셨으면 해서요. 경영 상담사로서, 90 **저는 당신이 매장들을 운영하는 방식에 아주 깊은 인상을 받았습니다.** 혼자서 다섯 개 지점 모두를 감독하고 계시죠. 90 **그런 일을 할 수 있는 사람은 많지 않아요.** 그러니 기록 관리에 약간의 어려움을 겪으시더라도 걱정하지 마세요. 대신, 91 **5월에 댈러스에서 있는 경영자 교육 세미나에 참석해 보시는 건 어때요?** 고객 파일과 부기에 대해 아주 유용한 것들을 이야기해 줄 연사들이 있다는 걸 알았거든요.

어휘 share (남에게) 말하다, 공유하다 | consultation 상담, 협의, 상의 | management consultant 경영 상담사 | be impressed with ~에 깊은 인상을 받다 | oversee 감독하다 | record keeping 기록 관리 | attend 참석하다 | bookkeeping 부기

89. 화자는 무엇에 관해 전화하고 있는가?

(A) 비즈니스 상담
(B) 영업 보고서
(C) 비용 견적
(D) 다가오는 점검

해설 ① 문제 확인: What, calling about → 전화의 주제

② 단서 찾기: 담화의 주제를 언급하는 전반부에 집중. I'm just calling to share some comments regarding this morning's consultation about your business. "오늘 아침 당신의 회사에 대해 내가 상담해 준 것과 관련하여 해 줄 말이 있어서 전화했다."

90. 화자는 왜 "그런 일을 할 수 있는 사람은 많지 않아요"라고 말하는가?

(A) 어떤 규정을 설명하기 위해
(B) 요청을 거절하기 위해
(C) 감사를 표하기 위해
(D) 격려하기 위해

해설 ① 문제 확인: "Not many people can do that" → 화자가 "~"라고 말한 의도

② 단서 찾기: 해당 문장에 연결된 전후 문맥 파악. "I'm very impressed with how you run your stores. "나는 당신이 매장들을 운영하는 방식에 아주 깊은 인상을 받았다." → Not many people can do that. "그런 일을 할 수 있는 사람은 많지 않다." → 당신은 일을 아주 잘하고 있다.

91. 화자는 청자에게 5월에 무엇을 하라고 추천하는가?

(A) 상점을 보수한다
(B) 직원을 채용한다
(C) 다른 도시로 이사한다
(D) 세미나에 참여한다

해설 ① 문제 확인: What, recommend, the listener, May → 청자에게 5월에 권하는 것

② 단서 찾기: May를 키워드로 삼아 제안·권유 표현 포착. why don't you attend the Executive Education Seminar in Dallas in May "5월에 댈러스에서 있는 세미나에 참석해 보는 게 어떠한가"

③ Paraphrasing: (지문 → 정답)
attend → Participate in

호주

Questions 92-94 refer to the following excerpt from a meeting.

M Good morning, everyone. 92 As you may know, today is the grand launching of our new app. Our customers will now be able to view train schedules

PART 4 REVIEW TEST

and check real-time running status through their phones. 93 However, I think the feature our passengers will really enjoy is the ticket booking system. With the mobile ticket, they won't need to arrive 30 minutes prior to departure to buy physical tickets. This is bound to save them a lot of time. 94 For our next meeting, we'll be watching the lead developer of the app go over some of the main functions. That way, you will be able to explain how everything works to our passengers.

92-94번은 다음 회의 발췌록에 관한 문제입니다.

남 안녕하세요, 여러분. 92 **아시다시피, 오늘은 대망의 신규 앱 출시일입니다. 이제 저희 고객은 전화기로 열차 시간표를 보고 실시간으로 운행 상황을 확인할 수 있습니다.** 93 **하지만, 제 생각에는 저희 승객이 정말 좋아할 기능은 티켓 예약 시스템인 것 같습니다. 모바일 티켓이 있으면, 실물 티켓을 구입하러 출발 30분 전까지 도착하지 않아도 됩니다.** 시간을 많이 절약시켜 줄 겁니다. 94 **다음 회의 때는, 앱 선임 개발자께서 주요 기능 몇 가지를 살펴보는 것을 지켜볼 예정입니다.** 그렇게 하면, 승객에게 모든 사항이 어떻게 작동하는지 설명해 드릴 수 있을 겁니다.

어휘 launch 출시하다 | app 앱, 응용 프로그램 (= application) | view 보다 | train schedule 열차 시간표 | real-time 실시간의 | running status 실행 상태 | feature 기능, 특징 | passenger 승객 | prior to ~ 전에 | departure 출발 | physical 실제의, 물질의 | be bound to do 반드시 ~하다 | lead 선도하는 | developer 개발자 | go over ~을 살펴보다 | main 주요한 | function 기능

92. 회의는 어디에서 이루어지겠는가?

(A) 기차역에서
(B) 여객 항구에서
(C) 버스 터미널에서
(D) 공항에서

해설 ① 문제 확인: Where, meeting, taking place → 회의가 이루어지는 장소
② 단서 찾기: 특정 직업이나 장소를 알 수 있는 단어나 표현 포착. As you may know, today is the grand launching of our new app. Our customers will now be able to view train schedules and check real-time running status through their phones. "알다시피, 오늘은 대망의 신규 앱 출시일이다. 이제 우리 고객은 전화기로 열차 시간표를 보고 실시간으로 운행 상황을 확인할 수 있다."

93. 화자는 모바일 애플리케이션에서 이용자들이 무엇을 가장 마음에 들어 할 것이라고 생각하는가?

(A) 자주 업데이트될 것이다.
(B) 많은 앱과 호환된다.
(C) 티켓 구입이 더 수월해진다.
(D) 무료로 다운로드받을 수 있다.

해설 ① 문제 확인: What, users, will like, mobile application → 모바일 애플리케이션에서 이용자들이 가장 마음에 들어 할 것
② 단서 찾기: users, like, mobile application을 키워드로 삼아 단서 포착. However, I think the feature our passengers will really enjoy is the ticket booking system. With the mobile ticket, they won't need to arrive 30 minutes prior to departure to buy physical tickets. "하지만, 내 생각에는 우리 승객이 정말 좋아할 기능은 티켓 예약 시스템인 것 같다. 모바일 티켓이 있으면, 실물 티켓을 구입하러 출발 30분 전까지 도착하지 않아도 된다."

94. 화자는 다음 회의에서 무엇을 할 것인가?

(A) 시연을 본다
(B) 고객에게 청구서를 보낸다
(C) 토론을 진행한다
(D) 의견을 수집한다

해설 ① 문제 확인: What, the speaker, do, at the next meeting → 화자가 다음 회의에서 할 일
② 단서 찾기: at the next meeting을 키워드로 삼아 미래 시제 표현 포착. For our next meeting, we'll be watching the lead developer of the app go over some of the main functions. "다음 회의 때는, 앱 선임 개발자가 주요 기능 몇 가지를 살펴보는 것을 지켜볼 예정이다."

영국

Questions 95-97 refer to the following announcement and chart.

W 95 I know many of you were surprised at our company's decision to branch out into new products last year. It wasn't an easy decision to make, but I am proud to say that it has paid off. 96 I want to give ourselves a pat on the back for the superb marketing we did. As the head of the department, I couldn't be prouder. We'll launch a new model soon, so 97 I've asked Janine to come talk to us. Her team's product accounted for 30% of our sales last quarter, so it's going to be an important task for us.

95-97번은 다음 공지와 도표에 관한 문제입니다.

여 95 **많은 분들이 작년에 신제품을 시작하겠다는 회사의 결정에 놀라셨다는 걸 알고 있습니다.** 쉬운 결정은 아니었지만, 성과를 거두었다고 말씀드리게 되어 자랑스럽네요. 96 **정말 훌륭한 마케팅을 펼친 것에 대해 우리 모두를 칭찬하고 싶어요. 부서장으로서, 매우 자랑스럽습니다.** 우리가 이제 곧 새로운 모델을 출시할 예정이라, 97 **재닌 씨께 이 자리에 와 달라고 요청드렸어요. 그분의 팀 제품이 지난 분기 매출에서 30%를 차지했기에, 중요한 업무가 될 거예요.**

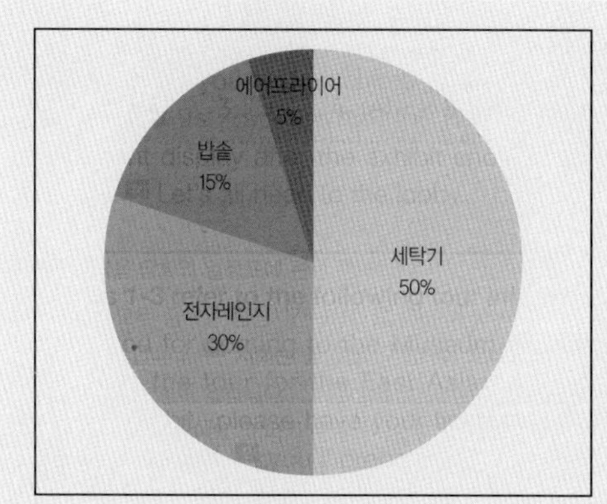

어휘 decision 결정 | branch out into (새로운 사업을) 시작하다 | pay off 성과를 올리다 | give a pat on the back 칭찬하다 | superb 최고의, 대단히 훌륭한 | head 책임자 | launch 출시하다, 시작하다 | account for (부분 등을) 차지하다 | quarter 분기 | task 업무, 일 | air fryer 에어프라이어 | rice cooker 밥솥 | microwave 전자레인지 | washing machine 세탁기

95. 회사는 작년에 어떤 전략을 결정했는가?
(A) 해외 진출하는 것
(B) 영업 부서장을 신규 채용하는 것
(C) 제품을 다양화하는 것
(D) 비용 절감에 주력하는 것

해설 ① 문제 확인: What strategy, company, decide, last year → 작년에 회사가 결정한 전략
② 단서 찾기: decide, last year를 키워드로 삼아 단서 포착. I know many of you were surprised at our company's decision to branch out into new products last year. "많은 사람들이 작년에 신제품을 시작하겠다는 회사의 결정에 놀랐다는 걸 알고 있다."
③ Paraphrasing: (지문 → 정답)
branch out into new products → Diversifying their products

---

96. 화자는 어느 부서를 이끄는가?
(A) 제조
(B) 회계
(C) 인사
(D) 마케팅

해설 ① 문제 확인: Which department, the speaker, head → 화자가 이끄는 부서
② 단서 찾기: 특정 부서와 관련된 단어나 표현 포착. I want to give ourselves a pat on the back for the superb marketing we did. As the head of the department, I couldn't be prouder. "정말 훌륭한 마케팅을 펼친 것에 대해 우리 모두를 칭찬하고 싶다. 부서장으로서, 매우 자랑스럽다."

---

97. 시각 정보를 보시오. 재닌의 팀은 어떤 제품을 맡고 있는가?
(A) 세탁기
(B) 전자레인지
(C) 밥솥
(D) 에어프라이어

해설 ① 문제 확인: Which product, Janine's team, work on → 재닌의 팀이 맡고 있는 제품
② 단서 찾기: 시각 정보를 미리 파악한 후 Janine's team을 키워드로 삼아 해당 내용과 시각 정보 매칭. I've asked Janine to come talk to us. Her team's product accounted for 30% of our sales last quarter, so it's going to be an important task for us. "재닌 씨에게 이 자리에 와 달라고 요청했다. 그분의 팀 제품이 지난 분기 매출에서 30%를 차지했기에, 중요한 일이 될 거다." → 시각 정보에서 30%를 차지한 제품 확인 → Microwaves(전자레인지)

미국

Questions 98-100 refer to the following talk and map.

W Thank you all for coming in on the weekend. 98 **At today's workshop, we'll get you familiar with the recent changes to the exhibits at the Bellafore Art Gallery so that you'll be able to guide the guests.** We'll learn interesting details about several collections, including the new Egyptian sculpture exhibit. 99 **The only exhibit we won't spend time covering is that one nearest to the elevators because it changes every four weeks.** As you may know, 100 **we recently started an arts program with local middle and high schools. At the end of every month, students send us their artwork, and we choose the best ones to display in that section.**

98-100번은 다음 담화와 지도에 관한 문제입니다.

여 주말에 와 주셔서 감사합니다. 98 **오늘 워크숍에서는, 여러분이 방문자들을 안내할 수 있도록 벨라포레 미술관의 전시품들에 대한 최근 변경 사항을 잘 알 수 있게 할 것입니다.** 우리는 새로운 이집트 조각 전시회를 비롯한 여러 컬렉션에 대한 흥미로운 세부 사항을 배우겠습니다. 99 **우리가 다루지 않을 유일한 전시품은 엘리베이터에서 가장 가까이에 있는 것인데 4주마다 바뀌기 때문입니다.** 아시다시피, 100 **우리는 최근에 지역 중고등학교에서 미술 프로그램을 시작했습니다. 매월 말, 학생들은 우리에게 미술 작품을 보내 주고, 우리는 그중 가장 좋은 것들을 선택하여 그곳에 전시합니다.**

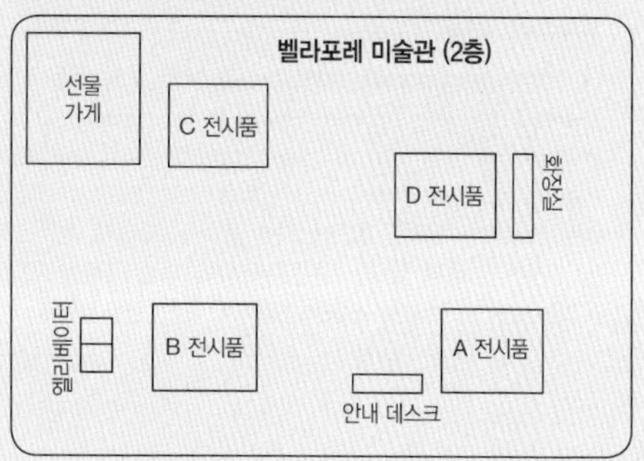

PART 4 REVIEW TEST

어휘 familiar with ~을 잘 아는, ~에 익숙한 | exhibit 전시하다; 전시품 | sculpture 조각품, 조각 | cover 다루다 | local 지역의, 현지의 | display 전시하다, 내보이다; 전시, 진열 | section 부분, 부문

98. 청자들은 누구이겠는가?

(A) 뉴스 기자들

(B) 학교 교사들

(C) 지역 예술가들

(D) 박물관 직원들

해설 ① **문제 확인:** Who, the listeners → 청자들의 정체

② **단서 찾기:** 특정 직업이나 장소를 알 수 있는 단어나 표현 포착. At today's workshop, we'll get you familiar with the recent changes to the exhibits at the Bellafore Art Gallery so that you'll be able to guide the guests. "오늘 워크숍에서는 여러분이 방문자들을 안내할 수 있도록 벨라포레 미술관의 전시품들에 대한 최근 변경 사항을 잘 알 수 있게 할 것이다."

99. 시각 정보를 보시오. 어떤 전시품이 논의되지 않을 것인가?

(A) A 전시품

(B) B 전시품

(C) C 전시품

(D) D 전시품

해설 ① **문제 확인:** Which display, NOT be discussed → 논의되지 않을 전시품

② **단서 찾기:** 시각 정보를 미리 파악한 후 NOT be discussed를 키워드로 삼아 해당 내용과 시각 정보 매칭. The only exhibit we won't spend time covering is that one nearest to the elevators because it changes every four weeks. "우리가 다루지 않을 유일한 전시품은 엘리베이터에서 가장 가까이에 있는 것인데 4주마다 바뀌기 때문이다." → 시각 정보에서 엘리베이터에 가장 가까이 있는 전시품 확인 → Display B(B 전시품)

100. 화자에 따르면, 프로그램의 목적은 무엇인가?

(A) 학생들 작품을 소개하기 위해

(B) 주민들에게 미술 수업을 제공하기 위해

(C) 보수를 위한 자금을 모으기 위해

(D) 운영비를 절감하기 위해

해설 ① **문제 확인:** what, purpose, program → 프로그램의 목적

② **단서 찾기:** program을 키워드로 삼아 단서 포착. we recently started an arts program with local middle and high schools. At the end of every month, students send us their artwork, and we choose the best ones to display in that section. "우리는 최근에 지역 중고등학교에서 미술 프로그램을 시작했다. 매월 말, 학생들은 우리에게 미술 작품을 보내 주고, 우리는 그중 가장 좋은 것들을 선택하여 그곳에 전시한다."

MEMO

MEMO

파고다 토익 LC

고득점 완성 | 해설서